U0915139

食品与消费品
安全监管技术丛书

农产品质量安全与检测技术

The Detecting Technology of Agricultural Product Quality and Safety

陈文锐　主编　　谢建军　王志元　副主编

化学工业出版社
·北京·

内 容 提 要

《农产品质量安全与检测技术》主要介绍了我国及国际上其他主要国家涉及农产品质量安全的法律法规概况，以及影响我国农产品质量安全的生物因素、化学因素和转基因食品，并分章节叙述了微生物与寄生虫、植物性食物的内源性有害成分、农药残留、兽药残留、生物毒素、真菌毒素、工业与环境污染物、转基因食品等对农产品安全的影响、来源分布与危害，且重点概述了检测技术与方法。既有理论知识的介绍，也有实际检测技术的汇总，是一部理论联系实际、操作性强的实用性读物。

本书可供农产品质量安全检测机构、食品卫生、安全监管部门专业人员参考，也可作为农产品质量与安全专业、食品科学与工程专业和各相关专业的教学用书。

图书在版编目（CIP）数据

农产品质量安全与检测技术/陈文锐主编.—北京：化学工业出版社，2020.11

（食品与消费品安全监管技术丛书）

ISBN 978-7-122-37497-4

Ⅰ.①农… Ⅱ.①陈… Ⅲ.①农产品-质量管理-安全管理-中国②农产品-质量检验-中国 Ⅳ.①F326.5②S37

中国版本图书馆 CIP 数据核字（2020）第 145829 号

责任编辑：成荣霞　　文字编辑：李　玥

责任校对：宋　玮　　装帧设计：王晓宇

出版发行：化学工业出版社（北京市东城区青年湖南街 13 号　邮政编码 100011）

印　　装：北京捷迅佳彩印刷有限公司

710mm×1000mm　1/16　印张 33½　字数 643 千字　2022 年 1 月北京第 1 版第 1 次印刷

购书咨询：010-64518888　　售后服务：010-64518899

网　　址：http：//www.cip.com.cn

凡购买本书，如有缺损质量问题，本社销售中心负责调换。

定　　价：188.00 元

《农产品质量安全与检测技术》编写人员

主　编　陈文锐　广州海关技术中心

副主编　谢建军　广州海关技术中心

王志元　广州海关技术中心

参　编（按姓氏汉语拼音排序）

陈　捷　广州海关技术中心

葛萃萃　浙江公正检验中心有限公司

蓝　草　广州海关技术中心

李　荀　广州海关技术中心

林　峰　广州海关技术中心

林海丹　广东省兽药监督检验所

凌　莉　广州海关技术中心

刘慧智　广州海关技术中心

刘　青　广州海关技术中心

欧阳少伦　广州海关技术中心

庞世琦　广州海关技术中心

邵琳智　广州海关技术中心

孙海滨　广东省农业科学院植物保护研究所

王　璐　广州海关技术中心

王文祥　浙江古茗科技有限公司

王志强　广州海关技术中心

温巧玲　广州海关技术中心

伍绍登　广东省兽药监督检验所

徐　娟　广州海关技术中心

许崇辉　广州海关技术中心

易敏英　广州海关技术中心

张　旺　广州海关技术中心

序

食品与消费品的质量安全与消费者的健康安全和环境安全息息相关，因此备受民众的关注。食品、消费品种类繁多，质量安全影响因素复杂，伴随人们生活水平的提高和经济全球化的进程，庞大的生产、贸易体系和复杂的消费环境使得食品、消费品质量安全问题益发严峻，人们面临越来越多来自化学品危害、放射性危害、微生物污染等方面的风险，这不仅威胁消费者的健康和权益，打击消费者信心，也削弱了政府监管威望，并给产业带来严重的负面影响。

中国现已成为世界第二大经济体，尤其在食品和消费品领域，无论是生产、贸易还是消费总量，中国均位居世界前列，但在食品、消费品质量安全状况总体趋好的同时，中国所面临的食品、消费品质量问题仍不容忽视。近年来，食品、消费品质量安全事件时有发生，而中国食品和消费品生产中小企业居多，地区发展不均衡、城乡发展水平差距大、民众质量安全意识薄弱的现实使得这一问题愈发凸显。以出口为例，欧盟非食用消费品快速预警通报系统（RAPEX）对华产品通报的占比总体呈现上升趋势，由 2006 年的 50%、2012 年的 58%上升到 2013 年的 64%。2013 年，美国消费品安全委员会（CPSC）共发布不安全产品召回通报 290 起，其中 198 起产品召回的产地在中国（含中国台湾和中国香港），约 2947 万件，占其全球召回总量的 68.28%，同比增长 5.5%。可以说，质量安全问题已成为制约中国食品、消费品走向世界的重要影响因素。

食品和消费品质量安全的敏感性和复杂程度，使得应对食品和消费品质量安全问题不仅在中国，同时在国际上也是一项极具挑战性的任务。近年来，各国政府、企业和研究机构不断加大投入，积极开展食品和消费品质量安全的研究和控制工作，针对食品、消费品的技术法规及标准一直处在快速发展和更新中，这对食品、消费品的管理和检验检测工作提出了更高的要求和挑战。相对于国际发达国家的水平，我国现阶段针对食品和消费品质量安全的管理和研究工作，尤其在风险评估、市场监管、分析检测技术等方面，与国际先进水平相比较仍还有不小的差距。作为中国检验检疫系统重要的技术支撑机构，广东检验检疫技术中心长期跟踪和研究食品、消费品质量安全问题，依托下设的多个食品、消费品国家检测重点实验室和高素质专家队伍，一直积极参与食品、消费品的风险评估和检测技术研究，积累了大量的信息和经验，致力于为中国的食品、消费品质量安全控制提供技术支撑。

为了促进食品、消费品质量提升，加强检验检测技术交流，提高我国食品、消费品检验检测技术水平，我们编撰了这套“食品与消费品安全监管技术丛书”。

丛书涉及食品、消费品质量安全管理和分析技术的诸多方面。丛书的编者均系国内消费品检验检测行业的知名专家，书中不仅有相关产品安全评估和检验检测的基础知识，还有他们多年来工作经验的总结和国内外最新研究成果的分享。因此本丛书既具有较高的学术水平，又具有很强的实践价值，不仅对于消费品监管和检测从业人员是一套能提供理论和实践经验的工具书，而且对从事食品、消费品研发、生产、贸易、销售工作，以及有关专业的大专院校师生也有着很高的参考价值。

由于编者水平有限，丛书中不足之处在所难免，敬请读者批评指正。

郑建国

前 言

“民以食为天，食以安为先”，农业是一个国家经济、社会发展的根本，而农产品质量安全则是一个国家的农业持续、健康发展的前提条件；农产品质量安全也是关系到国计民生的大问题，是国民经济顺利发展和社会稳定的基石，关系到我国农产品是否具有强大的国际竞争力。

近年来，肥料、农药、兽药、饲料、饲料添加剂、动植物激素等的广泛推广和应用，在促进农产品产量大幅度增长的同时，也带来了农产品质量安全的隐患。加之工业“三废”和城市生活垃圾对农业生产环境的污染，农药残留、兽药残留和其他有毒有害物质超标导致的农产品污染和中毒事件时有发生，严重威胁了消费者的身体健康甚至是生命安全。随着人民生活水平、健康意识的日益提高，以及世界经济贸易一体化的不断推进，农产品质量安全问题，日益成为全社会关注的焦点，并成为新农业发展历程中亟待解决的主要矛盾之一。改革开放以来，我国农产品质量安全检验检测体系建设稳步发展，基本形成了从中央到各级地方政府的多层次农产品质量安全检验检测体系，为加强农产品的质量安全监管工作提供了强大的技术支撑。但总体而言，我国目前的农产品质量安全检验检测体系还尚不完善，需要面对农业和农村经济发展新阶段的问题，以及我国农业应对加入 WTO 后挑战的需要。本书从国际和国内农产品质量安全的法律法规剖析入手，深入分析和探讨我国当前在农产品质量安全领域取得的成绩和存在的问题，特别针对农产品质量检测技术方面进行了详细的综述，系统全面地解读了农产品质量安全的方方面面，为推动我国农产品的质量提升贡献绵薄之力。

本书详细解读了我国农产品质量安全的主要法律法规，及与国际上其他国家相关法律法规的比较；同时，详细介绍了影响我国农产品质量安全的生物因素（主要包括微生物与寄生虫）、化学因素（主要包括植物性食物的内源性有害成分、农药残留、兽药残留、水产品中的生物毒素、真菌毒素、毒蕈毒素、工业与环境污染物、海洋生物毒素等）、转基因食品，及其来源、理化性质、毒理和检测技术。本书既有理论知识的介绍，也有实际检测技术的汇总，并将国内外最新研究成果和进展吸纳进来，是一本理论联系实际、操作性强的实用性读物，填补了国内在农产品质量安全检测领域缺乏系统性书籍的空白。

本书由广州海关技术中心食品实验室陈文锐研究员主编，谢建军研究员和王志元高级工程师担任副主编。具体章节编写人员分工如下：第 1 章、第 2 章由谢建军研究员负责编写；第 3 章由王文祥博士、葛萃萃工程师、易敏英研究员负责编写；第 4 章由刘青研究员负责编写；第 5 章由孙海滨研究员、谢建军研究员负责编写；第 6 章由林海丹研究员、伍绍登高级兽医师负责编写；第 7 章由王志强高级工程师和张旺工程师负责编写；第 8 章由许崇辉研究员、刘慧智工程师和刘青研究员编写；第 9 章、第 10 章由庞世琦高级工程师负责编写；第 11 章由王志元高级工程师编写；第 12 章由王文祥博士、葛萃萃工程师负责编写；第 13 章由陈捷研究员和徐娟高级工程师负责编写；第 14 章由林峰研究员、邵琳智高级工程师、欧阳少伦高级工程师和蓝草工程师负责编写；第 15 章由温巧玲工程师、刘慧智工程师和王璐工程师负责编写；第 16 章由李荀高级工程师和王志元高级工程师负责编写；第 17 章由王志元高级工程师和谢建军研究员负责编写；第 18 章由凌莉高级工程师编写。

本书在编写过程中得到了邹志飞研究员的许多宝贵意见和建议，在此一并表示诚挚的感谢！

由于本书内容涉及的学科较广，加之时间和水平有限，若有疏漏，欢迎广大读者给予批评指正！

编者

目录

第 1 章　绪论 ………………………………………………… 1

1.1　概念 ………………………………………………… 2

1.1.1　产品 ………………………………………………… 2

1.1.2　农产品 ………………………………………………… 3

1.1.3　初级加工农产品 ………………………………………………… 3

1.1.4　转基因农产品 ………………………………………………… 4

1.1.5　农产品品质 ………………………………………………… 4

1.1.6　农产品质量 ………………………………………………… 4

1.1.7　农产品安全 ………………………………………………… 5

1.1.8　农产品质量安全 ………………………………………………… 5

1.2　我国农产品质量安全现状及农产品品质检验的意义 ………………… 5

1.2.1　我国农产品质量安全概况 ………………………………………… 5

1.2.2　我国农产品质量安全仍存在的主要问题 ………………………… 11

1.2.3　农产品品质检验的内容及意义 ………………………………… 13

1.3　国内外农产品质量安全检测体系比较 ……………………………… 16

1.3.1　国外农产品质量安全检验检测体系建设的通行做法 …………… 16

1.3.2　我国农产品质量安全检验检测体系现状 ………………………… 17

1.3.3　我国农产品质量安全检验检测体系存在的主要问题 …………… 19

1.3.4　展望 ………………………………………………… 20

参考文献 ………………………………………………… 21

第 2 章　农产品质量安全法律法规 ………………………………… 23

2.1　国内外农产品质量安全法律法规发展概况 ………………………… 24

2.1.1　国外农产品质量安全法律制度概述 …………………………… 24

2.1.2　我国农产品质量安全立法现状 ………………………………… 25

2.1.3　国外主要国家或组织关于农产品质量安全的专门立法概况 …… 26

2.2　我国主要农产品质量安全法律法规、应急预案及其他部门文件 ……… 28

2.2.1　《中华人民共和国农业法》 ……………………………………… 28

2.2.2　《中华人民共和国农产品质量安全法》 ………………………… 30

2.2.3 《中华人民共和国食品安全法》 …… 30
2.2.4 《中华人民共和国产品质量法》 …… 31
2.2.5 《中华人民共和国食品安全法实施条例》 …… 33
2.2.6 《中华人民共和国认证认可条例》 …… 34
2.2.7 《中华人民共和国农药管理条例》 …… 34
2.2.8 《农业转基因生物安全管理条例》 …… 34
2.2.9 《生猪屠宰管理条例》 …… 35
2.2.10 其他部门文件 …… 35
2.3 我国农产品质量安全法制存在的主要问题及建议 …… 36
2.3.1 我国农产品质量安全法制存在的主要问题 …… 36
2.3.2 建立与完善我国农产品质量安全法律制度的必要性 …… 38
2.3.3 完善农产品质量安全法律制度的建议 …… 39
参考文献 …… 41

第3章 农产品污染与食源性疾病 …… 43

3.1 影响食品安全的因素 …… 43
3.1.1 影响食品安全的自然因素 …… 43
3.1.2 影响食品安全的人为因素 …… 45
3.2 食源性疾病现状 …… 48
3.2.1 细菌性食物中毒 …… 49
3.2.2 食源性肠道传染病 …… 50
3.2.3 食源寄生虫病 …… 53
3.2.4 食源变态反应性疾病 …… 55
3.2.5 食源慢性中毒 …… 57
3.2.6 食源慢性退行性疾病 …… 58
3.3 疯牛病与其他可传播性海绵状脑病 …… 59
3.3.1 疯牛病 …… 59
3.3.2 人类克-雅氏病 …… 60
3.3.3 羊痒病 …… 61
3.4 食源性疾病的人群暴露评估和健康效应 …… 62
3.5 食源性疾病的控制 …… 64
参考文献 …… 65

第4章 植物性食品中内源性有害成分 …… 67

4.1 食用植物毒素的来源与危害 …… 67

4.1.1 来源 …… 67
4.1.2 人类对天然植物毒素的摄入 …… 68
4.1.3 危害 …… 69
4.2 含天然毒素的食用植物 …… 71
4.2.1 槟榔 …… 71
4.2.2 苏铁 …… 71
4.2.3 蕨菜 …… 71
4.2.4 银杏 …… 72
4.2.5 甘草 …… 72
4.2.6 辣椒 …… 73
4.2.7 豆类 …… 73
4.2.8 咖啡 …… 74
4.2.9 马铃薯 …… 74
4.2.10 棉与大麻 …… 75
4.2.11 杏仁与木薯 …… 75
4.2.12 菠萝 …… 76
4.2.13 蔬菜 …… 76
4.2.14 黑胡椒 …… 77
4.2.15 药用植物 …… 78
4.2.16 其他 …… 78
4.3 植物性的有毒成分 …… 79
4.3.1 糖苷类 …… 79
4.3.2 生物碱 …… 80
4.3.3 有毒植物蛋白 …… 82
4.3.4 毒氨基酸 …… 83
4.3.5 有毒胺类 …… 84
4.3.6 酚类衍生物 …… 84
4.3.7 有毒酸及盐类 …… 85
4.3.8 酶抑制剂 …… 85
4.3.9 抗维生素物质 …… 86
4.3.10 树脂和挥发油 …… 87
4.3.11 其他 …… 88
参考文献 …… 89

第5章 农药及农药残留 …… 90

5.1 概述 …… 90

5.1.1 农药是现代农业生产的投入品 …… 90
5.1.2 对农药残留的认识 …… 91
5.1.3 农药残留对农产品和产地环境的影响 …… 91
5.1.4 农药污染的概念 …… 93
5.1.5 现代农药的发展 …… 95
5.2 农药种类与毒性 …… 97
5.2.1 农药分类（有机为主） …… 97
5.2.2 农药毒性 …… 113
5.2.3 农药环境毒性 …… 119
5.2.4 农药残留毒性对人类健康的影响 …… 121
5.3 农药污染途径与影响因素 …… 123
5.3.1 农药播散与传导途径 …… 124
5.3.2 农药的理化性质与残留特征 …… 125
5.3.3 农药使用与污染问题 …… 127
5.3.4 影响农药残留的主要因素 …… 131
5.4 农产品安全生产与农药合理使用 …… 136
5.4.1 农药科学使用与农药合理使用准则 …… 136
5.4.2 暴露性风险评估 …… 136
5.4.3 农产品安全生产标准 …… 139
5.4.4 农药投入量毒性系数与农产品生产 …… 143
5.5 农药管理与法规 …… 144
5.5.1 CAC、CCPR 和 JMPR 简介 …… 144
5.5.2 国外的农药管理机构 …… 144
5.5.3 我国的农药管理机构 …… 148
5.5.4 我国农药管理法规 …… 149
5.5.5 农药最大残留限量和膳食摄入风险评估 …… 153
5.5.6 我国的 MRL 水平 …… 159
参考文献 …… 161

第 6 章 兽药及兽药残留 …… 162

6.1 概述 …… 162
6.2 常见兽药种类 …… 163
6.2.1 抗微生物类 …… 163
6.2.2 消毒防腐药 …… 164
6.2.3 抗寄生虫药 …… 164
6.2.4 中枢神经系统药物 …… 165

6.2.5　外周神经系统药物 …… 165
6.2.6　解热镇痛抗炎药 …… 165
6.2.7　消化系统药物 …… 166
6.2.8　呼吸系统药物 …… 166
6.2.9　血液循环系统药物 …… 166
6.2.10　体液补充药与电解质、酸碱平衡调节药 …… 166
6.2.11　泌尿生殖系统药物 …… 166
6.2.12　调节组织代谢药物 …… 167
6.2.13　抗过敏药 …… 167
6.2.14　局部用药 …… 167
6.2.15　解毒药 …… 167
6.2.16　中兽药 …… 168
6.2.17　兽用生物制品 …… 168
6.3　兽药残留来源与污染原因 …… 168
6.3.1　非法使用违禁药物 …… 168
6.3.2　乱用和滥用药物 …… 168
6.3.3　不遵守休药期规定 …… 168
6.3.4　不按处方规定生产兽药 …… 168
6.3.5　屠宰前用药 …… 168
6.3.6　环境污染 …… 169
6.3.7　其他原因 …… 169
6.4　兽药残留的危害 …… 169
6.4.1　急性中毒 …… 169
6.4.2　过敏反应和变态反应 …… 169
6.4.3　“三致”作用 …… 169
6.4.4　激素（样）作用 …… 170
6.4.5　破坏人体胃肠菌群平衡 …… 170
6.4.6　细菌耐药性增加 …… 170
6.4.7　生态环境毒性 …… 170
6.4.8　影响食品出口贸易 …… 170
6.5　兽药及兽药残留管理及监控体系 …… 171
6.5.1　兽药及兽药残留管理法规 …… 171
6.5.2　组织机构体系 …… 171
6.5.3　标准和技术规范体系 …… 173
6.5.4　残留监控计划的制定和实施情况 …… 173
6.6　部分国家和地区禁止使用和允许使用的兽药 …… 174

6.6.1 部分国家和地区禁止使用的兽药 …… 174
6.6.2 部分国家和地区允许使用的兽药 …… 175
6.7 中国禁止使用的兽药及其他相关规定 …… 175
6.7.1 中国大陆禁止使用的兽药及其他相关规定 …… 176
6.7.2 香港地区禁止和允许使用的兽药 …… 177
参考文献 …… 177

第7章 微生物与寄生虫污染 …… 179

7.1 概述 …… 179
7.1.1 食品中微生物污染的途径 …… 179
7.1.2 常见食品的微生物污染 …… 181
7.2 细菌污染 …… 182
7.2.1 细菌性食物中毒发生的原因 …… 183
7.2.2 细菌性食物中毒的分类 …… 183
7.2.3 食品中主要致病菌污染路径 …… 184
7.3 病毒污染 …… 186
7.3.1 病毒污染来源 …… 186
7.3.2 污染路径 …… 187
7.3.3 病毒污染食品的特点 …… 187
7.3.4 食品中常见的病毒污染 …… 188
7.4 真菌污染 …… 192
7.4.1 霉菌毒素产生的特点 …… 193
7.4.2 主要的产毒霉菌 …… 193
7.5 寄生虫对食品的污染 …… 193
7.5.1 常见的食源性寄生虫 …… 193
7.5.2 食品中寄生虫的污染途径 …… 195
7.5.3 人感染寄生虫的途径 …… 195
7.5.4 食源性寄生虫病的预防 …… 196
参考文献 …… 196

第8章 水产品中的生物毒素污染 …… 198

8.1 西加鱼毒 …… 198
8.2 麻痹性贝类毒素 …… 199
8.2.1 背景 …… 199
8.2.2 PSP的主要来源 …… 200

8.2.3 PSP的理化性质和分类 …… 201
8.3 腹泻性贝类毒素 …… 202
8.3.1 化学结构 …… 202
8.3.2 来源 …… 202
8.3.3 毒性 …… 203
8.4 神经性贝类毒素 …… 204
8.4.1 毒素的发现和来源 …… 204
8.4.2 毒素的结构和理化性质 …… 205
8.4.3 中毒 …… 206
8.5 记忆丧失性贝类毒素 …… 207
8.5.1 软骨藻酸理化特性 …… 207
8.5.2 毒素的发现和来源 …… 208
8.5.3 软骨藻酸累积及其毒理机制 …… 209
8.5.4 软骨藻酸中毒症状和代谢 …… 209
8.6 河鲀毒素 …… 210
8.6.1 河鲀毒素结构、生物特性和毒性 …… 210
8.6.2 河鲀毒素来源与分布 …… 211
8.6.3 毒素作用机制 …… 212
8.7 淡水藻类毒素 …… 212
8.7.1 主要的藻类毒素 …… 212
8.7.2 藻毒素主要的健康危害 …… 213
8.8 其他海洋毒素 …… 213
8.8.1 多肽类毒素-芋螺毒素 …… 213
8.8.2 聚醚类毒素 …… 214
8.8.3 生物碱类毒素 …… 215
参考文献 …… 216

第9章 真菌毒素 …… 218

9.1 概述 …… 218
9.1.1 真菌毒素的种类 …… 218
9.1.2 真菌毒素生长环境及其食物中毒特点 …… 219
9.1.3 防止真菌毒素污染的措施 …… 219
9.2 真菌毒素对人类和动物健康的影响 …… 220
9.2.1 引发疾病 …… 220
9.2.2 破坏免疫系统 …… 220
9.2.3 降低饲料品质 …… 221

9.3 黄曲霉毒素 221
9.3.1 结构与性质 221
9.3.2 食品中黄曲霉毒素的来源与分布 222
9.3.3 毒性与危害 223
9.3.4 在农产品中的污染与限量要求 223
9.3.5 黄曲霉毒素的检测方法 225
9.4 赭曲霉毒素 227
9.4.1 结构与性质 228
9.4.2 食品中赭曲霉毒素的来源与分布 228
9.4.3 毒性与危害 229
9.4.4 农产品中赭曲霉毒素的限量标准 229
9.4.5 赭曲霉毒素A的分析方法 230
9.5 单端孢霉烯族化合物 231
9.5.1 T-2毒素 231
9.5.2 呕吐毒素 233
9.6 玉米赤霉烯酮 236
9.6.1 结构与性质 236
9.6.2 食品中玉米赤霉烯酮的来源与分布 237
9.6.3 毒性与危害 237
9.6.4 农产品中玉米赤霉烯酮的限量标准 237
9.6.5 玉米赤霉烯酮的分析方法 237
9.7 伏马菌素 239
9.7.1 结构与性质 239
9.7.2 食品中伏马菌素的来源与分布 239
9.7.3 毒性与危害 240
9.7.4 农产品中伏马菌素的限量标准 240
9.7.5 伏马毒素的分析方法 240
9.8 展青霉素 241
9.8.1 结构与性质 241
9.8.2 食品中展青霉素的来源与分布 241
9.8.3 毒性与危害 242
9.8.4 农产品中展青霉素的限量标准 242
9.8.5 展青霉素的分析方法 242
9.9 桔青霉素 242
9.9.1 结构与性质 243
9.9.2 食品中桔青霉素的来源与分布 243

9.9.3 毒性与危害 …… 243
9.9.4 农产品中桔青霉素的限量标准 …… 243
9.9.5 桔青霉素的分析方法 …… 244
9.10 杂色曲霉素 …… 244
9.10.1 结构与性质 …… 244
9.10.2 食品中杂色曲霉素的来源与分布 …… 244
9.10.3 毒性与危害 …… 245
9.10.4 杂色曲霉素的分析方法 …… 245
9.11 3-硝基丙酸 …… 245
9.11.1 结构与性质 …… 246
9.11.2 食品中3-硝基丙酸的来源与分布 …… 246
9.11.3 毒性与危害 …… 246
9.11.4 3-硝基丙酸的分析方法 …… 246
9.12 其他毒素 …… 247
9.12.1 青霉酸 …… 247
9.12.2 烟曲霉震颤素 …… 247
9.12.3 交链孢霉毒素 …… 247
9.12.4 二乙酸镳草镰刀菌烯醇 …… 248
参考文献 …… 248

第10章 毒蕈毒素 …… 249

10.1 概述 …… 249
10.2 蘑菇毒素类型 …… 250
10.2.1 鹅膏肽类毒素 …… 250
10.2.2 色胺类毒素 …… 251
10.2.3 鹅膏毒蝇碱 …… 251
10.2.4 鹿花菌素 …… 251
10.2.5 异噁唑衍生物 …… 252
10.2.6 鬼伞素 …… 252
10.2.7 奥来毒素 …… 252
10.3 中毒类型 …… 252
10.3.1 胃肠炎型 …… 253
10.3.2 神经精神型 …… 253
10.3.3 溶血型 …… 254
10.3.4 肝脏损害型 …… 254
10.3.5 呼吸循环衰竭型 …… 254

10.3.6 光过敏性皮炎型 …… 255
10.4 中毒控制 …… 255
10.4.1 诊断要点 …… 255
10.4.2 急救措施 …… 255
10.4.3 治疗措施 …… 255
10.4.4 预防措施 …… 257
10.5 蘑菇毒素的检测 …… 257
10.5.1 结晶析出鉴别法 …… 257
10.5.2 纸色谱法 …… 258
参考文献 …… 258

第 11 章 工业与环境污染物引起的食品安全问题 …… 260

11.1 二噁英及类似物 …… 260
11.1.1 二噁英及其类似物的种类 …… 260
11.1.2 二噁英污染源 …… 262
11.1.3 二噁英污染事件 …… 263
11.1.4 二噁英对人体健康的影响 …… 264
11.1.5 预防和控制对二噁英的接触 …… 265
11.2 多氯联苯化合物 …… 266
11.2.1 PCBs 的性质 …… 266
11.2.2 PCBs 对环境和食品的污染 …… 267
11.2.3 PCBs 对健康危害 …… 267
11.2.4 PCBs 的消除处理技术 …… 267
11.3 多环芳香烃化合物 …… 268
11.3.1 PAHs 的结构 …… 268
11.3.2 环境和食品中 PAHs 污染的来源 …… 268
11.3.3 PAHs 对健康的危害 …… 269
11.3.4 PAHs 的污染控制 …… 270
11.4 邻苯二甲酸酯类化合物 …… 270
11.4.1 PAEs 的结构 …… 270
11.4.2 PAEs 导致的环境与食品污染 …… 273
11.4.3 PAEs 的危害性 …… 273
参考文献 …… 274

第 12 章 转基因食品与食品安全 …… 276

12.1 概况 …… 276

12.2 转基因食品的产生、分类与功能 …… 278
12.2.1 转基因食品的产生 …… 278
12.2.2 转基因食品的分类 …… 278
12.2.3 转基因食品的功能 …… 280
12.3 转基因食品的安全性及评价 …… 280
12.3.1 转基因食品的安全性评价 …… 281
12.3.2 转基因食品的安全性评价基本原则 …… 283
12.4 国内外转基因食品的研究发展概况 …… 284
12.4.1 国际上食用转基因植物的研究与发展 …… 285
12.4.2 我国食用转基因植物的研究与发展 …… 286
12.4.3 转基因动物食品的研究与发展 …… 286
12.4.4 转基因微生物食品的研究与发展 …… 286
12.5 应用与前景 …… 287
12.5.1 转基因食品的意义 …… 287
12.5.2 转基因食品的应用与前景 …… 288
12.6 主要转基因食品简介 …… 289
12.6.1 转基因大豆 …… 290
12.6.2 转基因玉米 …… 291
12.6.3 转基因油菜 …… 293
12.6.4 转基因甜菜 …… 294
12.6.5 转基因马铃薯 …… 295
12.6.6 转基因水稻 …… 296
12.6.7 转基因小麦 …… 297
12.6.8 转基因番茄 …… 297
12.6.9 转基因番木瓜 …… 298
12.7 各国对转基因食品的立法与监管 …… 299
12.7.1 美国 …… 299
12.7.2 欧盟 …… 300
12.7.3 中国 …… 301
12.7.4 其他国家 …… 302
12.7.5 世界贸易组织（WTO） …… 304
12.8 转基因食品贸易 …… 305
参考文献 …… 306

第13章 农药残留检测技术 …… 308

13.1 常用的农药残留分析样品前处理技术 …… 308

13.1.1 常用的农药残留分析样品前处理技术 …… 308
13.1.2 农药残留分析样品前处理新技术 …… 310
13.2 农药残留分析常用的检测技术 …… 312
13.2.1 色谱法 …… 313
13.2.2 光谱法 …… 314
13.2.3 质谱法 …… 315
13.2.4 联用技术 …… 317
13.2.5 毛细管电泳 …… 319
13.2.6 生物监测技术 …… 319
13.3 有机氯农药残留及其检测技术 …… 320
13.3.1 有机氯农药 …… 320
13.3.2 食品中有机氯农药的残留 …… 320
13.3.3 有机氯农药对人体的危害 …… 320
13.3.4 有机氯农药检测方法简介 …… 320
13.3.5 部分现行有机氯农药检测标准 …… 321
13.4 有机磷农药残留及其检测技术 …… 321
13.4.1 有机磷农药 …… 321
13.4.2 有机磷农药的检测方法 …… 322
13.4.3 部分现行有机磷农药检测标准 …… 323
13.5 菊酯类和氨基甲酸酯类农药残留及其检测技术 …… 324
13.5.1 拟除虫菊酯类农药 …… 324
13.5.2 菊酯类农药检测方法简介 …… 325
13.5.3 部分现行菊酯类农药检测标准 …… 325
13.5.4 氨基甲酸酯类农药 …… 326
13.5.5 氨基甲酸酯类农药检测方法简介 …… 326
13.5.6 部分现行氨基甲酸酯类农药检测标准 …… 327
13.6 其他农药残留检测技术 …… 328
13.7 农药残留量检测技术展望 …… 328
13.7.1 多农药残留检测技术 …… 328
13.7.2 快速检测技术 …… 329
13.7.3 在线检测技术 …… 329
13.7.4 提高测定复杂样品的能力 …… 329
13.7.5 非目标化合物的检测技术 …… 330
参考文献 …… 330

第 14 章 兽药残留及其检测技术 …… 331

14.1 样品前处理技术 …… 331

14.1.1 固相萃取 …… 332
14.1.2 固相微萃取 …… 332
14.1.3 基质分散固相萃取 …… 333
14.1.4 超临界流体萃取 …… 333
14.1.5 QuEChERS 法 …… 333
14.2 氯霉素兽药残留及其检测技术 …… 334
14.2.1 概述 …… 334
14.2.2 样品前处理 …… 334
14.2.3 检测方法 …… 335
14.3 β-兴奋剂类兽药残留及其检测技术 …… 337
14.3.1 概述 …… 337
14.3.2 样品前处理 …… 338
14.3.3 检测方法 …… 338
14.4 喹诺酮类兽药残留及其检测技术 …… 341
14.4.1 概述 …… 341
14.4.2 样品前处理方法 …… 342
14.4.3 检测方法 …… 342
14.5 四环素类兽药残留及其检测技术 …… 345
14.5.1 概述 …… 345
14.5.2 四环素类药物的毒副作用和残留限量 …… 345
14.5.3 四环素类兽药残留样品前处理 …… 346
14.5.4 四环素类抗生素的检测方法 …… 346
14.6 链霉素兽药残留及其检测技术 …… 349
14.6.1 概述 …… 349
14.6.2 链霉素的毒副作用和残留限量 …… 349
14.6.3 链霉素的前处理及净化 …… 350
14.6.4 链霉素的检测方法 …… 350
14.7 磺胺类兽药残留及其检测技术 …… 351
14.7.1 概述 …… 351
14.7.2 样品前处理方法 …… 352
14.7.3 检测方法 …… 353
14.8 染料类兽药残留及其检测技术 …… 356
14.8.1 免疫测定法 …… 357
14.8.2 液相色谱法 …… 357
14.8.3 液相色谱-质谱联用技术 …… 357
14.9 抗球虫药残留及其检测技术 …… 358

14.9.1 概述 …… 358
14.9.2 抗球虫药的毒副作用和残留限量 …… 359
14.9.3 样品的前处理 …… 360
14.9.4 抗球虫药残留的分析方法 …… 360
14.10 激素类兽药残留及其检测技术 …… 361
14.10.1 激素的概述 …… 361
14.10.2 激素的毒副作用和残留限量 …… 362
14.10.3 激素的前处理及净化 …… 362
14.10.4 激素的检测方法 …… 363
14.11 兽药残留生物检测技术 …… 365
14.11.1 酶联免疫吸附法 …… 365
14.11.2 放射受体分析法 …… 365
14.11.3 微生物抑制法 …… 366
14.12 多残留组分检测技术 …… 366
参考文献 …… 367
第15章 海洋生物毒素检测 …… 369
15.1 概述 …… 369
15.1.1 常规检测技术 …… 370
15.1.2 新型检测技术 …… 372
15.2 河鲀毒素检测 …… 372
15.2.1 小鼠生物法 …… 372
15.2.2 酶联免疫吸附检测 …… 373
15.2.3 高效液相色谱法 …… 373
15.2.4 色谱质谱联用法 …… 374
15.2.5 薄层色谱法 …… 374
15.3 麻痹性贝类毒素 …… 375
15.3.1 生物测定法 …… 375
15.3.2 理化分析法 …… 376
15.3.3 其他方法 …… 376
15.4 腹泻性贝类毒素 …… 377
15.4.1 小鼠生物测定法 …… 378
15.4.2 免疫测定法 …… 378
15.4.3 色谱及质谱联用法 …… 379
15.5 神经性贝类毒素 …… 380
15.5.1 小鼠生物试验法 …… 380

15.5.2 神经母细胞瘤钠通道增强试验法 …… 380
15.5.3 ELISA 试验法 …… 381
15.5.4 微平板受体试验法 …… 381
15.6 失忆性贝类毒素 …… 382
15.6.1 小鼠生物实验法 …… 382
15.6.2 酶联免疫吸附法 …… 383
15.6.3 仪器分析法 …… 383
参考文献 …… 384

第 16 章 天然植物毒素的检测 …… 386

16.1 罂粟壳中毒素的检测 …… 386
16.1.1 概述 …… 386
16.1.2 罂粟壳中毒素的检测 …… 387
16.2 四季豆中皂素检测 …… 389
16.2.1 概述 …… 389
16.2.2 四季豆中皂素的检测 …… 390
16.3 棉酚检测 …… 393
16.3.1 概述 …… 393
16.3.2 棉酚的检测 …… 394
16.4 马铃薯毒素检测 …… 397
16.4.1 概述 …… 397
16.4.2 龙葵碱的检测 …… 398
16.5 芥酸 …… 399
16.5.1 概述 …… 399
16.5.2 芥酸的检测 …… 400
16.6 鱼藤酮检测 …… 401
16.6.1 概述 …… 401
16.6.2 鱼藤酮检测 …… 402
16.7 秋水仙碱 …… 404
16.7.1 概述 …… 404
16.7.2 秋水仙碱的检测方法 …… 405
参考文献 …… 406

第 17 章 有机污染物的检测技术 …… 407

17.1 二噁英检测 …… 407
17.1.1 化学分析法 …… 408

17.1.2 免疫学和生物学检测法 …… 409
17.2 多氯联苯检测 …… 411
17.2.1 样品提取技术 …… 411
17.2.2 样品净化方法 …… 413
17.2.3 多氯联苯分析技术 …… 413
17.3 多环芳香烃检测 …… 416
17.3.1 样品提取和净化技术 …… 416
17.3.2 PAH 的检测方法 …… 416
17.4 邻苯二甲酸酯检测 …… 419
17.4.1 邻苯二甲酸酯检测标准 …… 419
17.4.2 样品的前处理 …… 420
17.4.3 邻苯二甲酸酯的检测方法 …… 421
参考文献 …… 423
第 18 章 微生物检验技术 …… 425
18.1 微生物检验技术研究进展 …… 425
18.1.1 分子生物学技术 …… 425
18.1.2 代谢学检测技术 …… 432
18.1.3 免疫分析检测技术 …… 433
18.1.4 其他快速检测技术 …… 435
18.2 样品的采集 …… 436
18.2.1 采样前的准备工作 …… 436
18.2.2 取样 …… 437
18.2.3 包装密封 …… 438
18.2.4 样品的标记 …… 438
18.2.5 样品的运输 …… 438
18.2.6 样品的接收 …… 438
18.2.7 样品的保存 …… 438
18.3 菌落总数测定 …… 439
18.3.1 检测意义 …… 439
18.3.2 相关检验标准 …… 439
18.3.3 检验技术要点 …… 439
18.4 大肠菌群测定 …… 440
18.4.1 生物学特性 …… 440
18.4.2 流行病学特性 …… 440
18.4.3 相关检验标准 …… 440

18.4.4 检验技术要点 …… 441
18.5 食品中金黄色葡萄球菌的检验 …… 441
18.5.1 生物学特性 …… 441
18.5.2 流行病学特点 …… 442
18.5.3 相关检验标准 …… 442
18.5.4 检验技术要点 …… 443
18.6 食品中溶血性链球菌的检验 …… 443
18.6.1 生物学特性 …… 444
18.6.2 流行病学特点 …… 445
18.6.3 相关检验标准 …… 445
18.6.4 检验技术要点 …… 445
18.7 食品中沙门氏菌的检验 …… 446
18.7.1 生物学特性 …… 446
18.7.2 流行病学特性 …… 448
18.7.3 相关检验标准 …… 448
18.7.4 检验技术要点 …… 449
18.8 食品中志贺氏菌的检验 …… 450
18.8.1 生物学特性 …… 450
18.8.2 流行病学特性 …… 452
18.8.3 相关检验标准 …… 452
18.8.4 检验技术要点 …… 452
18.9 食品中单增李斯特菌的检验 …… 453
18.9.1 生物学特性 …… 453
18.9.2 流行病学特性 …… 454
18.9.3 相关检验标准 …… 454
18.9.4 检验技术要点 …… 455
18.10 食品中出血性大肠杆菌 O157 的检验 …… 455
18.10.1 生物学特性 …… 455
18.10.2 流行病学特性 …… 456
18.10.3 相关检验标准 …… 456
18.10.4 检验技术要点 …… 457
18.11 食品中霍乱弧菌的检验 …… 458
18.11.1 生物学特性 …… 458
18.11.2 流行病学特性 …… 459
18.11.3 相关检验标准 …… 459
18.11.4 检验技术要点 …… 460

参考文献 …… 460

附录 …… 462

一 中华人民共和国农业部公告第 2625 号《饲料添加剂安全使用规范》 …… 462
二 中华人民共和国农业部、卫生部、国家药品监督管理局（农业部公告第 176 号）《禁止在饲料和动物饮用水中使用的药物品种目录》 …… 490
三 中华人民共和国农业部公告 193 号《食品动物禁用的兽药及其它化合物清单》 …… 493
四 中华人民共和国农业部、国家药品监督管理局公告第 227 号《食品动物禁用的兽药及其它化合物清单》 …… 494
五 中华人民共和国农业部公告第 235 号《动物性食品中兽药最高残留限量》 …… 495
六 中华人民共和国农业部公告第 278 号《兽药国家标准和部分品种的停药期规定》 …… 496
七 农业部公告第 560 号《兽药地方标准废止目录》 …… 506
八 农业部公告第 1218 号《关于饲料中三聚氰胺的限量值》 …… 508
九 农业部公告第 1519 号《禁止在饲料和动物饮水中使用的物质》 …… 508
十 农业部公告第 2292 号《食品动物中停止使用洛美沙星、培氟沙星、氧氟沙星、诺氟沙星 4 种兽药，撤销相关兽药产品批准文号》 …… 509
十一 中华人民共和国农业农村部公告第 250 号 …… 509

Chapter 01

第1章 绪论

“民以食为天，食以安为先”，农业是一个国家经济、社会发展的根本，而农产品质量安全则是一个国家的农业持续、健康发展的前提条件；农产品质量安全是关系到国计民生的大事，是国民经济顺利发展和社会稳定的基石，关系到我国农产品是否具有强大的国际竞争力。随着我国改革开放几十年来的发展，特别是我国“十二五”“十三五”发展规划的圆满完成，“十四五”发展规划的顺利进行，我国农产品质量安全形势总体平稳向好。2021 年 4 月，农业农村部于康震副部长做了“十四五”期间我国农产品质量安全工作目标任务及 2021 年工作重点的报告。报告中提到，2020 年是新中国历史上极不平凡的一年。新冠肺炎疫情暴发，给农产品质量安全工作带来许多困难和挑战。各级农业农村部门坚决贯彻中央部署要求，坚持农产品质量安全和农业稳产保供同部署同落实同考核，在大战大考中经受住了考验。农产品质量安全保持稳中向好的发展态势，主要农产品例行监测合格率达到 97.8%，为农产品稳产保供和全面建成小康社会作出了积极贡献。

改革开放以来，化肥、农药、兽药、饲料、饲料添加剂、动植物激素等的广泛推广和应用，在促进农产品产量大幅度增长的同时，也带来了农产品质量安全的隐患。加之工业“三废”和城市生活垃圾对农业生产环境的污染，农药残留、兽药残留和其他有毒有害物质超标导致的农产品污染和中毒事件时有发生，严重威胁了消费者的身体健康和生命安全，已成为社会广泛关注的焦点和热点问题。随着人民生活水平、健康意识的日益提高，以及世界经济贸易一体化的不断推进，农产品的质量安全问题，日益成为全社会关注的焦点，并成为新农业发展历程中亟待解决的主要矛盾之一。

面对农产品质量安全问题的严峻形势，我国有关部门采取了一系列加强我国农产品质量安全保障的措施，同时，出台了一系列农产品质量安全管理办法、规章制度和生产标准，努力构建我国农产品质量安全体系，特别是 2006 年 11 月颁布施行了《中华人民共和国农产品质量安全法》（以下简称《农产品质量安全法》），2009 年颁布实施了《中华人民共和国食品安全法》（2018 年修定，以下简称《食品安全法》），2017 年农业部印发《“十三五”全国农产品质量安全提升规划》，2021 年农业农村部农产品质量安全中心印发《关于扎实做好 2021 年及“十四五”农产品质量安全与优质化相关业务技术工作的通知》。但是，农产品质量安全问题是涉及农产品产地环境、农业投入品、生产、加工、流通和消费的多环节、多领域、多层次、多学科的复杂课题，仅仅依靠一部新颁布施行的法律尚不能从根本上解决现阶段我国农产品的质量安全问题。有鉴于此，对我国农产品的质量安全现状和存在的问题进行分析，考察我国现阶段的农产品质量安全法律制度，同时借鉴和吸收国际农产品质量安全法律保障机制的先进经验，提出并完善我国农产品质量安全领域的相关标准体系的建设，提高我国农产品质量控制的检验检测技术；分析我国农产品风险监测评估预警体系，加快建设追溯体系，推进平台建设。

总之，只要深入贯彻党的十九大、十八大及十八届三中、四中、五中、六中全会和习近平总书记系列重要讲话精神，牢固树立并切实贯彻绿色发展理念，坚持质量兴农，把农产品质量安全作为推进农业供给侧结构性改革、建设现代农业和健康中国的重要任务，坚持“产出来”“管出来”两手抓、两手硬，大力推进标准化生产、绿色化发展、规模化经营、品牌化创建、法制化监管，带动农业转型升级，提高质量效应，逐步探索出一套符合中国国情和农情的农产品质量安全监管模式，切实保障农业产业健康发展和公众“舌尖上的安全”。这一指导思想的贯彻和实施对提高我国农产品质量安全，提升我国农产品的国际竞争力，保护我国农民和农产品的利益，将具有十分重要的现实意义。

1.1 概念

1.1.1 产品

产品即劳动产品的总称，是在人们有目的的生产劳动中创造并能满足人们某种需要的物品。在生产力高度发达、商品经济愈加繁荣的今天，产品在继续保持其价值和使用价值属性的同时，对产品法律含义的界定也因国与国之间社会制度、意识形态、价值观念和经济发展水平的不同而呈现出明显的地域差异。从不同角度出发，人们对产品的定义有着不同的描述和理解。从最一般意义上讲，“产品”是指“物质生产领域的劳动者所创造的物质资料”。从经济学的意义上看，产品（product）是指能够提供给市场以满足需要和欲望的任何东西。而产品责任法中的“产品”，既不同于物理学意义上的“物”，也与经济学意义上的“商品”有很大区别，它是一个法学上的概念。

我国 1993 年《中华人民共和国产品质量法》（2000 年第一次修订，2009 年第二次修订，2018年第三次修订，以下简称《产品质量法》）对产品下的定义是：“本法所称产品是指经过加工、制作，用于销售的产品。”并明确指出：“建设工程不适用本法规定。”这一规定采用的是概括式的方法，调节的适应性较强。按照此规定，产品必须具备两个条件：首先，必须经过加工、制作。这就排除了未经加工的天然品及初级农产品。其次，用于销售。这是区分产品责任法意义上的产品与其他物品的又一重要特征。这样，非为销售而加工、制作的物品被排除在外，初级农产品和天然品不属于“产品”的范围。

1.1.2 农产品

就农产品而言，一般认为，其范围有广义和狭义之分。广义农产品是指农业生产部门生产的所有动植物产品，包括种植业部门的产品、林产品、畜禽产品、水产品等；狭义的农产品仅指粮食作物种植和经济作物种植所获得的劳动成果，即种植业部门的产品。而《中华人民共和国农产品质量安全法》（以下简称《农产品质量安全法》）总结我国农产品质量管理经验，同时借鉴其他国家的立法经验，有选择地采用了“广义农产品说”。具体规定如下：“本法所称农产品是指来源于农业的初级产品，即在农业活动中获得的植物、动物、微生物及其产品。”这里所讲的“农业活动”既包括传统的种植、养殖、采摘、捕捞等农业活动，也包括设施农业、生物工程等现代农业活动。“植物、动物、微生物及其产品”，通常是指在农业活动中直接获得的以及经过分拣、去皮、剥壳、粉碎、清洗、切割、冷冻、打蜡、分级、包装等加工，但未改变其基本自然性状和化学性质的产品。农业各部门以及渔猎活动、采集活动提供的一切未经加工或只经初级加工的动植物产品，包括种植业产品、畜牧业产品、渔业产品、采集产品和狩猎产品。而其他各种动植物制品，包括粮食制品（如面条、饼干等）、豆类制品（如豆腐、豆奶）、肉制品（如各种肉制罐头，熏、腌、干肉制品）、乳制品（如酸奶、乳粉、炼乳等）、果制品（如各种罐头、果酒、果脯）等等，由于满足了《中华人民共和国产品质量法》（以下简称《产品质量法》）所规定的“加工、制作”要件，属于《产品质量法》的调整范围，均不应纳入《农产品质量安全法》的范畴。

1.1.3 初级加工农产品

在我国《农产品质量安全法》第二条的规定中，农产品的定义是“来源于农业的初级产品，即在农业活动中获得的植物、动物、微生物及其产品”。具体应理解为：农业各部门以及渔猎活动、采集活动提供的一切未经加工过的或只经过初级加工的动物、植物、微生物产品以及种植业、林业、畜牧业和渔业等产业生产出的产品。初级加工的农产品与原料相比是一种加工程度浅和层次少，产品的理化性质、营养成分变化相对较小的物理加工。它不同于《产品质量法》中的加工、制作，如豆类制品、粮食制品、乳制品、果制品等，所以不应纳入《农产品质量安全法》的范畴。而由于它们满足了《产品质量法》所规定的“加工、制作”要件，所以应把它们归纳到《产品质量法》的调整范围内。

1.1.4 转基因农产品

“转基因”是指利用生物技术，将某些生物的基因转移到其他物种中去，改造生物的遗传物质，使其在性状、营养品质、消费品质等方面向人类所需要的目标转变。具体来讲是将人工分离和修饰过的基因引导入生物体基因组中，由于导入基因的表达，引起生物体的性状的可遗传的修饰，这一技术被称为转基因技术。人们通常所说的“遗传工程”“基因工程”“遗传转化”均为转基因的同义词。经转基因技术修饰的生物体也称为“遗传修饰过的生物体（genetically modified organism，GMO）”。例如，在棉花中导入红色基因或蓝色基因生产出来的彩色棉花，在番茄中导入抗腐烂基因生产出来的耐储运番茄，在鸡、鸭、牛、羊身上导入抗病基因生产出来的鸡肉、鸭肉、牛肉、羊肉等。

2002 年农业部《农业转基因生物安全评价管理办法》（2004 年第一次修订，2016 年第二次修订）规定的农业转基因生物，即利用基因工程技术改变基因组构成，用于农业生产或者农产品加工的植物、动物、微生物及其产品，主要包括：①转基因动植物（含种子、种畜禽、水产苗种）和微生物；②转基因动植物、微生物产品；③转基因农产品的直接加工品；④含有转基因动植物、微生物或者其产品成分的种子、种畜禽、水产苗种、农药、兽药、肥料和添加剂等产品。从《农产品质量安全法》关于农产品的定义来看，转基因农产品是利用生物技术而生产出来的农产品，因此应纳入其调整范围。该法第 30 条规定属于农业转基因生物的农产品应当按照农业转基因生物安全管理的有关规定进行标识。

1.1.5 农产品品质

农产品品质也可以说是农产品质量，它是反映农产品某些性质的一个模糊概念，含义很广。它有四个方面的内容：一是反映农产品外表特征的外部品质（主要有表面颜色、表面光泽、表面平整度、外表形状以及尺寸大小等）；二是反映农产品基本物理性质的品质（主要有质量、密度、弹性、硬度等）；三是反映农产品内部特征的内部品质（主要有安全性、成熟度、新鲜度、内部缺陷、营养成分的组成、味觉、口感等）；四是反映农产品质量优劣，主要是基于其作为食品其中所含的农/兽药残留、重金属、生物毒素污染等有毒有害成分对其质量的影响。

1.1.6 农产品质量

农产品质量是指农产品的内在品质和外在形象，即农产品的商品性能和使用价值，包括产品形状、大小、颜色、均匀性、新鲜度、安全和营养成分、加工性能及包装标识等。农产品的特性至少要包括以下几个方面。①功能性：农产品既要对人体有营养或保健的功能，又需要在外观上有其特有的状态、外形、颜色、光泽等；②保质性：农产品应保证在其保质期内不会变质，以及在外界自然环境或社会环境的影响下，都保证它的可用性；③安全性：农产品在生产、运输、储存和销售过程中，能够保证对人体不造成伤害或是对环境不会造成污染等；④互利性：农产品要使生产者对其生产有利可图，对消费者来说也物有所值，由于农产品的市场竞争激烈，所以互利性显得至关重要；⑤时间性：由于农产品容易受季节或是天气的影响，往往生产周期较短，因此要求在时间以及数量上都要满足消费者的需求。

1.1.7 农产品安全

农产品安全是指农产品在产地、生产、加工、运输、储存、销售和消费等各个环节是否能达到国家农产品质量安全的强制性标准要求，不会对人民的身体健康和社会环境造成危害或损失。

1.1.8 农产品质量安全

农产品的质量包括产品的形状、大小、颜色、均匀性、新鲜度等外在质量特性，以及营养成分和安全性、加工性能内在质量特性。就其安全而言则意味着农产品在生产产地、生产过程、储藏、运输、加工和销售等各个环节中各种有毒有害物质得到控制，产品都达到安全标准要求，对消费者本人、后代和环境不会导致危害和损失。农产品质量安全，是指一个国家或地区生产和提供的农产品在品种质量、营养卫生方面的状况。它以合理利用农业资源、保证农产品生产的可持续发展，确保农产品卫生安全、营养结构合理为特征，强调农产品质量安全是人类维持健康生活的权利。

1.2 我国农产品质量安全现状及农产品品质检验的意义

农产品质量安全问题是全世界各个国家共同面临的问题，每个国家都为此付出不少的努力，我国也不例外。在过去的几年里，我国政府为更好地解决农产品的质量安全问题，在提高农产品的质量和安全方面作出了巨大的努力。值得欣慰的是，我国农产品质量安全水平有了明显的提高。但是，随着人们对农产品质量安全要求的日益提高，我国的农产品质量安全工作与人们的需求之间仍具有很大的差距，要真正做到具有完善健全的农产品质量安全体系还需继续努力。

1.2.1 我国农产品质量安全概况

2000年以来，由于国内陆续发生农产品质量安全事故，我国政府已逐渐开始提高对农产品质量安全工作的重视程度。随着我国国民经济发展的“第十个”、

"第十一个"、"第十二个"和"第十三个"五年计划的顺利实施，我国的农产品质量安全得到了极大的提升。"十二五"期间，各级农业部门认真贯彻中央决策部署，紧紧围绕"两个千方百计、两个努力确保、两个持续提高"目标，坚持产管并举，全面强化农产品质量安全工作，取得了阶段性的进展。由农业部办公厅《"十三五"全国农产品质量安全提升规划》和《2017年农产品质量安全工作要点》中提到：2015年全国蔬菜、畜禽和水产品例行监测合格率为96.1%、99.4%和95.5%。进入"十三五"后，2016年农产品质量安全继续保持稳中向好的态势，全国主要农产品例行监测总体合格率达到97.5%，同比上升0.4个百分点，5年间没有发生重大农产品质量安全事故。"十三五"顺利完成后，我国农药、兽药残留限量标准总数超过1万项，新认证绿色、有机、地理标志农产品2.2万个，新登录名特优新农产品831个，认证良好农业规范（GAP）农产品1238个。

通过十几年的不懈努力，我国农产品质量安全水平有了大幅度的提高。表现在：农产品数量持续增长，农产品质量安全水平不断提高，产地保护和生产环境监测力度逐渐加大，农业投入品监管和生产源头治理不断强化，例行监测制度不断完善，农产品质量安全检验检测体系初步形成，安全优质的品牌农产品快速发展，依法强化农产品质量安全行政执法，农业标准化能力显著增强，积极推进农产品质量安全可追溯制度建设，农产品质量安全国际交流与合作日益活跃。

1.2.1.1 农产品数量持续增长

四十多年中，政府针对我国农业经济特有的实际情况，制定出一系列的方针和政策，积极发展农村经济，努力提高农产品数量。2017年10月18日，习近平主席在党的十九大报告中提到，我国已稳定解决了十几亿人的温饱问题，总体上实现小康。根据国家统计局2017年2月28日发布的2016年国民经济和社会发展统计公报数据，2016年全年粮食种植面积11303万公顷，其中，小麦种植面积2419万公顷，稻谷种植面积3016万公顷，玉米种植面积3676万公顷。棉花种植面积338万公顷，油料种植面积1412万公顷，糖料种植面积168万公顷。全年粮食产量61624万吨，夏粮产量13920万吨，早稻产量3278万吨，秋粮产量44426万吨。全年谷物产量56517万吨；其中，稻谷产量20693万吨，小麦产量12885万吨，玉米产量21955万吨。全年棉花产量534万吨，油料产量3613万吨，糖料产量12299万吨，茶叶产量241万吨。肉类总产量8540万吨，禽蛋产量3095万吨，牛奶产量3602万吨，年末生猪存栏43504万头，生猪出栏68502万头。水产品产量6900万吨，其中，养殖水产品产量5156万吨；捕捞水产品产量1744万吨。

1.2.1.2 农产品质量水平显著提高

2015年全国蔬菜、畜禽和水产品例行监测合格率为96.1%、99.4%和95.5%，分别比"十一五"末提高3.0个百分点、0.3个百分点和4.2个百分点。持续实施农药、"瘦肉精"、生鲜乳、兽用抗菌药、水产品、生猪屠宰、农资打假等专项治理行动。全国共查处各类问题17万余起，查处案件6.8万件。三聚氰胺连续7年监测全部合格，“瘦肉精”监测合格率处于历史最好水平。国家例行监测范围扩大到151个大中城市、117个品种、94项指标，基本涵盖主要城市、产区、品种和参数（数据来源，农业部2017年3月13日印发的《“十三五”全国农产品质量安全提升规划》）。各地例行监测工作全面启动，监督抽查和专项监测依法开展。

1.2.1.3 提高生产产地和环境保护监测力度

农产品产地环境的安全是农产品安全生产的基础，要确保农产品质量安全，提高农产品产地环境保护力度尤为重要。目前，我国农业部门已出台了相关的法律和法规，比如农业部制定的《农产品产地安全管理办法》，在全国大多数省市已开始实施的《农业环境保护条例》等。这些法律法规对加强农业环境质量的监测与管理以及农产品生产环境污染的治理起到重要的作用。其次，我国已逐渐建立了产地监控和评价机制，通过对重点区域的农业环境质量状况的掌握为政府决策提供重要依据，从而加强对农产品产地环境安全实施监控和管理。最后，我国还积极发展有机食品、绿色食品、无公害农产品，带领广大农民使用并推广农业无污染生产技术。与此同时，从农业部到各级地方主管部门，纷纷开展关于农业环境污染事故的调查处理，及时有效地减少农产品污染以及农业环境污染的扩散和蔓延。“十二五”期间，全国全面普及测土配方施肥技术，推广面积达到14亿亩；深入实施绿色防控，设立国家级绿色防控示范区150个，陆续淘汰高毒农药33种，大力推广使用高效低毒低残留及生物农药；开展农作物病虫专业化统防统治与绿色防控融合推进试点建设，建立示范基地218个。2015年初，印发了《到2020年化肥、农药使用量零增长行动方案》，启动实施化肥农药使用量零增长行动。2017年1月3日，按照党中央、国务院部署，国务院印发了《全国国土规划纲要（2016—2030年）》，这是我国首个国土空间开发与保护的战略性、综合性、基础性规划，对涉及国土空间开发、保护、整治的各类活动具有指导和管控作用。纲要中提到严格“三线”（“生存线”“生态线”和“保障线”）管控，划定城镇、农业、生态空间，严格落实用途管制。科学确定国土开发强度，严格执行并不断完善最严格的耕地保护制度、水资源管理制度、环保制度，对涉及国家粮食、能源、生态和经济安全的战略性资源，实行总量控制、配额管理制度，并分解下达到各省（区、市）。

1.2.1.4 加强农业投入品监管和生产源头治理

我国农业部门近年来不断加强了对农业投入品的监管以及生产源头的治理工作。针对农药、兽药不合格，农药、兽药残留超标，饲料及饲料添加剂的情况制定了一系列的检查管理计划，对那些违法销售、使用禁用药物和化学物质的行为进行严厉的打击与处罚。农业部为从源头确保农产品的质量安全，于2007年1月起，下属各级部门不但积极开展查获收缴例如甲胺磷等类高毒农药的工作，共查获收缴禁用高毒农药近五百吨，而且明令禁止高毒农药在国内市场上的销售和使用。同时，开展多次农资打假专项行动，对查获的各类假劣农资产品予以没收并销毁，有效控制了假劣农业生产资料流入我国农产品的生产领域。2016年，各级农业部门认真履行农资打假牵头职责，会同公安等部门严厉打击制售假劣农资违法犯罪行为，依法查处了一批制售假劣农资大案要案。为震慑不法分子，农业部对外公布2016年农资打假十大典型案件，其中农药案3件，种子案3件，兽药案3件，饲料案1件。从农业投入品销售源头上有效维护了农民合法权益，切实保障了农业生产安全和农产品质量安全。

1.2.1.5 农业标准化能力显著增强

据农业部2017年3月13日印发的《"十三五"全国农产品质量安全提升规划》中提到："十二五"结束后，我国已经制定农药残留限量标准4140项、兽药残留限量标准1584项，基本覆盖我国常用农兽药品种和主要食用农产品。制定发布农业行业标准5121项，各地制定农业生产技术规范1.8万项。创建园艺作物标准园、热带作物标准化生产示范园、畜禽养殖标准化示范场和水产健康养殖示范场10059个，创建标准化示范县185个。全国有效期内的无公害、绿色、有机和地理标志产品总数达到10.7万个。"十三五"顺利完成后，我国农药、兽药残留限量标准总数超过1万项；"十四五"时期，我国农产品质量安全的工作目标是：到"十四五"末，主要农产品监测合格率要稳定在98%以上；农兽药残留标准达到1.3万项，以安全、绿色、优质、营养为梯次的高质量发展标准体系基本形成，绿色、有机、地理标志等农产品认证登记数量稳步增长，达标合格证制度在新型农业经营主体基本实现全覆盖。通过以国家和行业的标准为主，地方和企业的标准为辅的原则，促进农产品生产规模化和产业化，提高农产品生产者的收入，转变农产品的生产方式。

1.2.1.6 基本形成农产品质量安全检验检测体系

改革开放以来，我国农产品质量安全检验检测体系建设稳步发展，尤其是2006年8月，国家发展改革委员会批复并实施了《全国农产品质量安全检验检测体系建设规划（2006—2010年）》，促使我国农产品质检体系建设加速发展，成效显著。我国部、省、地、县四级农产品质检体系初步形成。截至2015年底，全国所有省（区、市）、86%的地市、75%的县（区、市）、97%的乡镇建立了农产品质量安全监管机构，落实监管人员11.7万人。30个省（区、市）、276个地市和2332个县（区、市）开展了农业综合执法（据《"十三五"全国农产品质量安全提升规划》）。基本形成了从中央到各级地方政府的较为完善的农产品质量安全检验检测体系，为加强农产品的质量安全监管工作提供了强大的技术支撑。2017年组织开展例行监测（风险监测），按季度对全国150个大中城市的5大类产品110个品种94项参数进行监测。

1.2.1.7 快速发展农产品品牌战略

快速发展优质的农产品品牌战略，有利于充分利用各个地区资源优势的不同，扩大农产品的品种和提高农产品的品质，以培育发展各地的主导产业，迫使各地不断提高农产品的质量安全水平；并通过发挥其品牌效应，为当地农民创造更多的财富。目前我国已经形成以无公害农产品、绿色食品和有机农产品为一个有机整体来全面推广农产品品牌的战略。农业部 2017 年发布的题为《“三品一标”农产品 10.8 万个：农业品牌信心提振》报道中指出：截至 2016 年，我国“三品一标”（无公害农产品、绿色食品、有机农产品和农产品地理标志统称“三品一标”）总数接近 10.8 万个，逐渐成为人们购物篮里的“常客”。无公害农产品、绿色食品、有机食品、农产品地理标志分别达到 7.8 万个、2.4 万个、3844 个、2004 个。产地规模稳定扩大，全国有效无公害农产品产地超过 3.5 万个、种植面积达到 1604 万公顷，绿色食品原料标准化生产基地达到 696 个、面积为 1100 万公顷，有机农业示范基地达到 24 个、面积为 169 万公顷，农产品地理标志示范基地达到 20 个，这些产地基本实现了环境良好、生态稳定、产品安全的有机统一，达到了农业增效、农民增收、农村增绿的三生共赢效果。

1.2.1.8 努力建设农产品质量安全可追溯制度

农业部加快推进国家农产品质量安全追溯管理信息平台建设，组织各地开展追溯试点，努力建立“从农田到餐桌”全链条监管体系。为实现从农田到餐桌的全程管理模式，我国农业部从 2004 年开始，就已经在北京、上海、天津、南京等多个城市开展农产品质量安全可追溯制度的工作。北京地区在 2007 年间，开始重点推广农产品质量安全可追溯系统，在一些规模较大的超市里，给每种蔬菜都贴上了可追溯条码，在服务台还设置了追溯条码终端查询机。通过可追溯条码在可追溯条码终端查询机上就可轻松查询到这种蔬菜是由哪个村哪位农民生产的。2008 年北京市已建成奥运食品安全监控与追溯系统，实现“从农田到餐桌”的全程监控体系。在其他城市和地区，也分别从不同方面以不同手段开展农产品质量安全可追溯制度。例如南京市采用了农产品质量 IC 卡的管理体系，上海市在畜禽产品（如追溯鸡蛋产品的源头）质量可追溯制度中成功建立工作试点，寿光市以条形码的方式对无公害蔬菜建立可追溯系统。2015 年 4 月，国家发展改革委批复国家农产品质量安全追溯管理信息平台建设项目，并已于 2017 年 6 月底基本建成。同年，国务院办公厅发布了《关于加快推进重要产品追溯体系建设的意见（国办发〔2015〕95 号）》文件。2017 年 6 月，农业部印发了《农业部关于开展国家农产品质量安全追溯管理信息平台试运行工作的通知》，在山东、广东、四川三个省开展平台试运行工作，为下一步在全国范围开展追溯管理试点奠定实践基础。“十四五”时期，我国农产品质量安全的工作目标之一是：初步构建智慧化监管网络，稳步推进农产品追溯体系，建立健全以信用为基础的新型监管机制。

1.2.1.9 基本形成农产品质量安全法律体系

到目前为止，我国针对解决农产品质量安全标准、农产品投入管理、生产产地管理、农业生产资料管理、储存管理、销售管理、质量安全监管等方面的问题，陆续出台了一系列相关的法律法规和管理条例。《中华人民共和国农产品质量安全法》是目前我国农产品质量安全最权威的核心法律，除此之外还有《中华人民共和国农业法》《中华人民共和国畜牧法》《中华人民共和国食品质量安全法》《中华人民共和国动物防疫法》《中华人民共和国渔业法》等以及相关的多个条例，如《中华人民共和国农药管理条例》《中华人民共和国兽药管理条例》《中华人民共和国农业转基因生物安全管理条例》《中华人民共和国饲料和饲料添加剂管理条例》等等。围绕《中华人民共和国农产品质量安全法》的实施，农业部还组织起草和颁布了《农产品产地安全管理办法》《农产品包装标识管理办法》，并起草了《农业标准化管理办法》《农产品质量安全监测管理办法》和《农产品质量安全检验检测机构考核管理办法》，以《中华人民共和国农产品质量安全法》为基本法的农产品质量安全法律体系正在逐步形成。

1.2.1.10 依法强化行政执法

2017年5月29日下午，中共中央政治局就健全公共安全体系进行第二十三次集体学习，会上习近平总书记强调，要牢固树立安全发展理念，努力为人民安居乐业、社会安定有序、国家长治久安编织全方位、立体化的公共安全网。“用最严谨的标准、最严格的监管、最严厉的处罚、最严肃的问责”加快建立科学完善的食品药品安全治理体系，坚持产管并重，严把从农田到餐桌的每一道防线。

目前，我国各农业主管部门和食品药品监督管理部门根据相关的法律规定，每年都制定食品、食用农产品的监督抽查计划，积极开展农产品质量安全管理和检查工作。农业部发布2017年第一季度国家农产品质量安全例行监测（风险监测）信息显示，当年1～3月，农业部组织开展了第一季度国家农产品质量安全例行监测（风险监测），共监测了31个省（区、市）155个大中城市的蔬菜、水果、畜禽产品和水产品等4类产品83个品种94个参数，抽检样品10228个，总体合格率为97.6%。其中，蔬菜、水果、畜禽产品和水产品抽检合格率分别为96.8%、95.3%、99.4%和96.9%，农产品质量安全水平稳中向好。对于某些较为复杂的农产品质量安全问题，可依照《农产品质量安全法》，“集中开展专项整治行动，加强管理，加大监测力度，及时消除隐患，有效防止重大农产品质量安全事件的发生”，确保消费者的利益和市场的稳定。

1.2.1.11 农产品质量安全国际交流与合作日益活跃

通过我国农产品质量安全法律体系的不断完善，农产品标准化水平不断提高，检验检测体系不断增强，我国农产品的出口贸易也越来越频繁，我国与国际之间的交流与合作机会也越来越多。从1984年我国成为国际食品法典委员会的成员国，到2006年成为国际食品法典农药残留委员会的主持国，在此期间，我国提出的多项建议被通过，并参与三项农产品质量安全标准的制定。通过参加或主持多届国际食品法典农药残留委员会会议，我国农药残留标准已被国际所认可，同时也将我国在农产品质量安全工作中取得的成果在国内广泛宣传。自加入 WTO 以来，中国每年受 TBT 影响的出口额占总出口额的 25%～30%左右，其中农兽药、动植物检疫、转基因、农产品特别是畜产品的质量标准成为各成员国关注的焦点。2015 年，世界贸易组织成员共发布技术性贸易措施通报 3459 件，其中技术性贸易壁垒（TBT）通报 1777 件，实施卫生和植物卫生（SPS）通报 1682 件。其中，TBT 通报中影响较大的为：食品技术 309 件，农业 128 件，医药卫生技术 111 件，环保、保健与安全 106 件，家庭用品制造业 103 件，其中，中国发布 107 件。特别是在当前“一带一路”的大形势下，更应奉行互利共赢的开放战略，进一步推进和发展农产品质量安全生产理论技术规范、管理理念方式方法、风险信息交流共享及安全消费指导经验的国际与区域合作交流。

1.2.2 我国农产品质量安全仍存在的主要问题

1.2.2.1 农药、化肥等残留污染问题

据农业部报道，2015 年我国农药使用量在 32 万吨（有效成分）左右，占世界农药总用量的 1/7，农药利用率跟发达国家比较，我们还有较大差距。我国农药和化肥等残留污染问题仍然存在，并且比较严重。更为严重的问题是，这些农药投入品有很大一部分是已被国家明令禁止销售和使用的，还有一部分是可以对生产的土地造成严重污染以及能够对人体造成极大危害的有机氯和有机磷农药。在农药的科学合理使用方面存在严重问题，我国大部分农民的科学合理用药知识欠缺，缺乏专业性培训，在农药的使用中存在任意加大用量、盲目使用高毒农药、施药的时间和方法不当。与国外发达国家的化肥安全使用标准相比，2013 年我国化肥使用量为 5912 万吨，占世界的 35%。我国农产品生产农田的化肥使用量是国外的近两倍，土地中的化肥残留污染问题显而易见。蔬菜农产品中硝酸盐和亚硝酸盐的污染也相当严重，氮素化肥和有机肥施用会明显提高蔬菜中硝酸盐含量，农业生产中化肥的大量使用就会导致农产品中的硝酸盐蓄积。国家卫生部门针对由有毒化学物质污染导致癌症的发病率、死亡率做出调查，统计发现有毒的化学农药、化肥导致癌变的比例占到 7%，并每年呈上升趋势。

1.2.2.2 农产品生产加工中不规范使用化学添加问题

目前，在农产品生产加工过程中，使用不合格或违规使用化学色素、化学添加剂等现象也非常严重。据有关部门调查发现，我国许多农产品生产和加工者，为了延长保质期、美化产品外观或是满足加工工艺的需要，往往会使用各种化学添加剂，如催熟剂和激素等，这不但会导致农产品的质量急剧下降，严重的还会

对广大消费者的身体健康直接造成损害。苏丹红、亚硝酸盐等各种新的加工食品的添加剂或污染物对民众的安全食用也造成了极大的威胁，一些商家为了使产品的色泽更加鲜艳、口感更加独特，人为地在食品中加入了对人体有极大危害的成分，使产品的销量得以提升。除了在农产品生产加工过程中违规使用化学添加会导致消费者食物中毒，在农产品包装、运输、储藏时，如果不严格遵循农产品加工的卫生要求，例如铅、汞、苯、二甲苯、氯乙烯等有害化学物质单体溶出，会对农产品造成污染，从而对城乡居民的健康造成威胁。我国卫生部门每年收到的食物中毒报告中，生产性中毒与非生产性中毒的比率持平。

1.2.2.3 食物污染问题

近年来，我国食品行业逐渐暴露出各种污染问题，导致食品安全形势较为严峻。食品加工或包装储存中产生或接触到的有毒有害物质如二噁英、多氯联苯、多环芳烃类、邻苯二甲酸酯类等物质。另外，畜禽粪污是农业面源污染的另一个最大的来源，我国农业面源污染在COD里面大概90%以上都是由于畜禽粪污导致。此外，农产品在卫生不达标的或是曾经储存过有毒、有害物质的仓库或是运输工具存放或运输，而导致农产品在储藏、运输过程中受到有害物质的污染、有害微生物的污染。久而久之，这种来源和品种都相对较多的污染物在体内积累到一定程度时必然会对广大消费者的健康造成重大损害，特别严重时，甚至会引起社会的恐慌。

1.2.2.4 法律法规和管理问题

2013年，《农产品质量安全法》规定，食用农产品进入批发、零售市场或生产加工企业后的质量安全监管职责由食品药品监管部门依法履行，农业行政主管部门不再履行食用农产品进入市场后的相应质量安全监管职责。农业部门根据监管工作需要，可进入批发、零售市场开展农产品质量安全风险评估和风险检测工作。从管理上看，由于食用农产品质量安全监管涉及的品种多、链条长，市场监管部门和农业部门进行分段管理，分段管理时的食用农产品质量完全无缝衔接问题；两个部门之间的食用农产品质量安全监管信息共享、风险评估结果共享问题；两个部门之间的违法案件信息相互通报问题；部门之间密切行政执法的协调与协作问题；法律法规不健全导致的执法困难问题都亟待解决。因此，市场监管部门和农业部门要在依法依规认真履职的基础上，密切协作、加强配合，构建“从农田到餐桌”全程监管的制度和机制。从技术上看，农产品质量标准体系、认证体系尚需进一步完善，加强与国际的接轨；技术水平尚待加强，研发能力不强，成果转化慢，有一些难点和共性问题尚存。虽然我国农产品质量安全标准在近几年得到了快速的提高，但相比发达国家而言，我国标准的数量还是偏少，涉及范围不够深入、细致。

1.2.2.5 安全意识及市场体系问题

老百姓食品安全意识总体不强，消费水平仍偏低。只有人们的安全意识普遍提高了，才能逐步“蚕食”问题食品的流通空间，进而慢慢减小食品安全隐患。当前，老百姓在社会监督方面的经验十分欠缺，由于检验、检测结果公开力度不足，各种组织、媒体缺乏宣传或夸大宣传，社会公众不能尽快、如实地了解到食品安全的状况，特别是在我国广大农村地区，尤其是一些偏僻地区或成为某些低劣食品的倾销地。市场体系不健全，市场发育总体水平不高。我国农产品生产的小农经营特点决定了其市场准入机制的难度大。政府在加强农业集约化经营的前提下，大力开展、鼓励并支持，且通过立法的形式约束那些具备规定条件的生产者才允许进行生产经营活动，才允许其符合标准的农产品进入市场，以保障农产品质量安全。市场准入是政府干预市场的一种监管制度。开展农产品市场准入制度，是保障农产品安全生产和消费的有效措施。这既是发达国家的通行做法，也是国内农产品质量安全管理的必然趋势。

1.2.3 农产品品质检验的内容及意义

1.2.3.1 农产品品质检验的内容与任务

随着社会的发展，科学技术的进步，物质生活水平的提高，人们对农产品品质的要求日益增强。人们对农产品的要求，也从单一的满足身体基本需求转向了更高层次的需求，更加注重农产品内在品质的高性能及更高的安全性上，即要求量与质结合。同时，尤其是我国加入WTO之后，使农产品的进出口贸易更加频繁。不同国家对进口农产品的质量都有不同的要求，而且对农产品品质检验项目的要求越来越细、越来越多。2017年9月30日，中共中央办公厅、国务院办公厅印发《关于创新体制机制推进农业绿色发展的意见》，提出推进农业绿色发展理念，要利用有限的资源更多增加优质、安全、特色农产品供给，促进农产品供给由主要满足“量”的需求向更加注重“质”的需求转变。到2020年，绿色供给能力明显提升，全国粮食（谷物）综合生产能力稳定在5.5亿吨以上，农产品质量安全水平和品牌农产品占比明显提升，休闲农业和乡村旅游加快发展。

因此，当前的现代农业、畜牧业生产要求农产品的生产实现“二高一优”，即高产、高效、优质。而要知道农产品的品质如何，就要经过专门的农产品品质检测机构按照相关指标的检测标准进行检验检测。农产品品质检验就是指运用物理、化学以及感官鉴定等检测技术，按照国家标准规定的检验方法，对粮食、油料、油脂、水产品、饲料以及农产品制品和副产品等的品质进行检测与评定的工作。农产品品质检验的目的就是通过分析测定，了解农产品是否符合质量标准要求；了解农产品在储藏、加工中的品质变化，根据农产品品质确定农产品的科学合理利用，以保证农产品的加工品质，不断开发新的食品资源。农产品品质检验是检测和评定农产品品质的一门学科，是保证和监管农产品质量安全的有力措施。农产品品质检验主要内容包括：物理检验，化学成分分析，粮食食用、蒸煮（烘焙）品质评价与分析，油品物理常数检测，农产品储藏品质评价与技术，污染物残留量的检测等。

(1) 物理检验（感官鉴定）

农产品的物理检验是农产品质量检验工作中经常应用的一种检验方法，其应用范围十分广泛，包括：农产品的色泽、气味、纯度、容重、相对密度、千粒重、折射率、出糙率、出仁率、烹调性、形状、比容、白度、细度等等。这些项目反映了粮食、油料及农产品制品的商品外观价值、物理特性和工艺品质，而且其测定方法简便易行、快速，无需特殊设备仪器，因此，它是农产品食品检验工作中的重要组成部分。在现行农产品国家质量标准中，物理检验是主要检验项目。物理检验项目在质量标准中的应用，既能较好地贯彻“依质论价、优质优价”的政策，又有利于广大基层单位采用且易被广大农民所接受，有利于标准的贯彻与执行。

(2) 化学成分分析

化学成分分析除包括对农产品的水分、脂肪、蛋白质、碳水化合物、灰分等成分的定量分析，还包括一些含量虽低，但对营养起着重要作用的微量元素、维生素和氨基酸等成分的分析以及对粮食加工品质、食用品质、利用品质及与储藏安全性有密切关系的酶类活力的测定。通过对农产品成分分析，不仅可以科学评定农产品的营养价值，而且对合理用粮、节约用粮、发挥粮食资源的最大使用价值起着关键作用。

(3) 粮食食用、蒸煮（烘焙）品质评价与分析

粮食食用、蒸煮（烘焙）品质评价与分析，主要包括国内外对稻米和小麦及小麦粉食用品质评价与分析的先进技术与方法。根据品质分析结果，可对稻米和小麦及小麦粉质量进行全面科学的评价。

(4) 粮食储藏品质评价与技术

粮食储藏品质评价与技术，其内容包括：粮食在储藏期间的生理生化变化、粮食储藏品质控制指标以及储粮品质测定项目（生理特性、营养成分转化、流变学特性、新陈代谢试验等），根据粮食在储藏期间营养成分转化、生理特性和流变学特性在一定参数的变动或储藏前后的变化，应用回归分析来评定储粮品质的优劣，为做好粮食分类分级储存，提高保粮技术，及时除陈储新，防止粮食陈化、劣变，为安全储粮提供科学依据。

(5) 农产品中农药、兽药残留、重金属、生物毒素污染等有毒有害成分分析

近年来由于生产者受经济利益驱使，且政府和社会的监管力度没跟上去，农产品质量安全问题十分令人担忧，一些农产品中有毒有害物质残留超标，重金属、真菌毒素污染及农药污染严重，使用禁用的高毒剧毒农药、食品添加剂等问题屡见不鲜，有安全隐患的农产品已经成为人体健康的“隐形杀手”；具有相对

比较优势的农副产品出口频频遭遇国外绿色壁垒，因有毒有害物质超标引起的拒收、退货、销毁、索赔也屡有发生，对我国经济社会发展带来许多不利影响，也直接影响到广大农民的经济利益。因此，农产品质量安全检测中的一个重要内容就是对农产品中的农药、兽药残留、重金属污染、生物毒素污染等有毒有害成分定性、定量检测监控并做危害性分析。

总之，农产品品质检验在农产品的购储、贸易、加工各流通环节中都是必不可少的工作。其主要任务是：①分析农产品的化学成分和品质，加强农产品的科学合理利用。②研究和改进农产品分析方法，寻求或开发快速、准确而又经济的检测方法。尤其是研究开发快速检测仪器和“在线”仪器，因为在农产品市场上，生产现场要求迅速得到某些品质指标的数据，据此进行选购、调整配方，保证产品质量，体现“依质论价、优质优价”，以获得最大和最全面的效益。③调查研究农产品的品质，为国家有关部门制（修）订农产品技术标准提供科学依据。

1.2.3.2 农产品品质检验的意义

食物是人类生存和发展的基本条件，历来的主要食物是农产品及其制品。随着科学技术的发展，尽管有很多的新产品取代旧产品，新工业取代老工业，但是到目前为止，还没有也不可能有新的产品和工业可以取代农产品及其制品。农产品的品质直接或间接体现出它的使用价值。农产品主要作食用、饲料用和工业原料用。农产品作为食物和饲料，就要研究它的营养品质；作为工业原料，就要研究它的工艺品质（加工品质）。农产品是关系国计民生的重要物资，其质量好坏直接关系到人民身体健康和社会安定。

农产品品质分析检测工作是粮食安全中一个不可缺少的重要组成部分，服务于经济，它要兼顾国家、集体、个人三者利益，政策性和技术性都很强。因此，农产品品质检验工作要以“预防为主，严格把关，主动服务，层层监督，保证质量，使粮食、油料、油品、食品、饲料和农产品制品行业的质量管理水平不断提高”为总任务，依据农产品质量标准，采用国家统一颁布的农产品质量检验方法，在农产品食品流通环节实施监督检验，把好质量关，为农产品的合理储藏、加工、开发利用，为农业选种（生产布局）、品质育种工作等方面提供科学依据。我们是社会主义国家，党和政府历来强调“质量第一”“人民利益第一”，假如农产品质量不符合要求，不仅损害了消费者的利益，也会降低企业的声誉，影响党和政府的形象，给政治、经济、社会带来不安定因素。因此，稳定和提高农产品的质量，是国家赋予农产品质检部门的光荣职责，是广大人民群众对农产品品质分析检验工作的根本要求。由此可见，切实加强农产品质量管理，对稳定和提高农产品质量，维护国家、集体、个人三者利益，促进农产品生产，搞活商品流通，满足人民生活的需要，具有十分重要的意义。

1.3 国内外农产品质量安全检测体系比较

1.3.1 国外农产品质量安全检验检测体系建设的通行做法

对农产品质量安全实施管理是各国农业行政主管部门的主要职责。世界各国，特别是美国、加拿大、日本、韩国等国家和欧盟各成员国，根据农产品质量安全监管的需要，都建立了完善的农产品质量安全检验检测体系。这些检验检测机构不仅满足了农产品质量安全监管的需要，而且在检验检测服务过程中，及时将国际上有关农产品质量和安全方面的信息提供给政府、企业和农场主，使本国农产品生产能够及时采取应对措施，调整品种和结构，提高质量，增强竞争力。同时这些国家为了保护本国农民的利益，利用自己的经济、技术优势，借环境保护、人类和动植物健康之名，对进口的农产品设置层层技术性壁垒，除制定有针对性、要求苛刻的农产品品质标准外，还在检验检测程序、方法等方面设置障碍。

美国政府对农产品质量安全高度重视。农业部作为行政和执法部门负责农产品质量安全标准、检验与认证体系的建设和管理工作。根据农产品市场准入和市场监管的需要，美国建有农产品分品种的专业性监测机构和分区域设置的全国性、大区性农产品质量安全监测机构，形成了一个比较完善的农产品质量安全检验检测体系；同时，各州还根据自身需要建有州级农产品质量安全监测机构，主要负责农产品生产过程的质量安全监督和产地环境质量监督。

加拿大负责农产品检验的机构是农业部所属食品检验局（CFIA)。该机构在全国分 4 个大区，下设 18 个地区性办公室，185 个基层办事处，并在 408 个非政府机构设点。CFIA 拥有 22 个实验室和研究机构，从事新技术研究、组织测试和咨询指导工作。CFIA 下属的检验员、兽医及其他专业人员有 4600 多名，目前在国内开展了 14 个与食品、动植物有关的监控计划。

欧盟各成员国根据欧盟食品安全法令和本国法律，由农业行政主管部门按行政区划和农产品品种类型设立全国性、综合性和专业性监测机构，对农产品实施严格的市场准入和监管制度。仅丹麦就有农业部授权的农产品质检机构 38 个，承担农业部下达的市场准入和市场监督执法检验任务。丹麦各地方政府也设有相应的农产品质检机构，负责农产品产地环境、农产品及生产过程的监督检测。

日本农林水产省建有一个完善的农产品质量安全检验检测体系，负责农产品的监测、鉴定和评估，以及地方政府委托的市场准入和市场监督检验工作。日本农林水产省设有独立的行政法人组织——农林水产消费技术中心，该中心除东京本部外，在神户、横滨等各大区设有 7 个分中心，共有技术人员 480 余名，具体负责农产品质量安全监测、质量认证、风险评估等多种技术服务与指导工作。

韩国农林部设有国立农产品质量管理院、国立兽医科学检疫院，两院在各大区设有支院，各支院设有出张所，主要负责种植业产品和畜产品的质量安全监测、质量认证、技术服务工作；海洋渔业部下设水产品检查所及其各支所、出张所，主要负责水产品的质量安全监测工作；食品药品安全厅下设检验所。地方政府（省级）也设有食品药品安全检查所，主要负责市场农产品（不包括畜产品）的安全性检查检验工作。韩国的国家质检机构的仪器设备均由国家出资购置，层次高、门类全、配备齐，可满足大批量、多项目、高精度、高速度检验的需要。其检验技术人员开支统一纳入财政预算，从而保证了检测数据的公正性。

1.3.2 我国农产品质量安全检验检测体系现状

1.3.2.1 已经形成了农产品质量检验检测体系框架

农业部作为农产品质量安全的主管部门，从20世纪80年代中期开始，按照国家关于加快建立健全农产品质量安全检验检测体系的有关要求，从农业产业发展的客观需要出发，加强了农产品质量安全检验检测体系的建设和管理工作。并明确提出加强农产品质检体系建设与管理，必须坚持公益性服务原则，明确农产品质检体系在农产品质量安全监管和现代农业建设中的基础地位和保障作用。

“十三五”结束后，全国农产品质量安全监管体系不断完善，全国100%的省（自治区、直辖市）、88%的地级市及所有“菜篮子”产品大县及其乡镇设立了农产品质量安全监管机构。全国农产品质量安全监管及执法人员近15万人。71.1%的地级市、56.6%的县和21.9%的乡镇安排了专项监管经费。农产品质量安全检验检测条件不断改善、能力稳步提升，现有部、省、市、县四级农产品质量安全检测机构2732个，检测人员3.5万人。

经过多年的规划建设，目前我国部、省、地、县四级构成的农产品质量安全检验检测体系已初具规模，各级检验机构的检测条件有了很大的改善，从业人员素质得到了显著提高，检测能力基本能满足我国重点行业和重点产品现有国家、行业标准和地方标准规定的要求。这些质检机构在促进我国农产品质量安全水平的全面提高、保障农产品消费安全方面发挥了重要作用。

1.3.2.2 开展了大量的农产品质量安全检验检测工作

依托现有的农产品质量安全检验检测机构，农业部从1985年开始，根据农业生产资料和农产品质量监管需要，每年安排5～6大类产品20～30个品种的农产品和农业投入品的质量监督检查和普查工作。从2000年开始，农业部建立了食用农产品和农业投入品质量安全定点监测制度，全面开展了农产品和影响农产品质量安全的主要农业投入品的定点监测、跟踪检查和普查工作。2001年，农业部实施“无公害食品行动计划”，并同时开展了农产品质量安全定点跟踪监测工作。“十二五”完成时，国家例行监测范围扩大到151个大中城市、117个品种、94项指标，基本涵盖主要城市、产区、品种和参数。已经持续实施农药、

“瘦肉精”、生鲜乳、兽用抗菌药、水产品、生猪屠宰、农资打假等专项治理行动。全国共查处各类问题17万余起，查处案件6.8万件。三聚氰胺连续7年监测全部合格，“瘦肉精”监测合格率处于历史最好水平。同时，农业部还对饲料、兽药、畜牧兽医器械、天然橡胶、鱼粉等产品实施了强制性的生产许可证制度。“十三五”完成时，我国农产品质量安全监测参数从94项扩大到130项，合格率连续5年保持在97%以上。通过开展以上工作，加大了农产品质量安全执法力度，促进了农产品质量安全水平的提高，维护了消费者的合法权益，得到了各级政府和广大人民群众的普遍认同。

1.3.2.3 相关的法律法规体系逐步健全和完善

从改革开放到2017年，我国颁布的与农产品质量安全有关的法律法规有《中华人民共和国农业法》《中华人民共和国农产品质量安全法》《中华人民共和国食品安全法》《中华人民共和国产品质量法》《中华人民共和国商标法》《中华人民共和国农业技术推广法》《中华人民共和国标准化法》《中华人民共和国环境保护法》《中华人民共和国水污染防治法》《农业转基因生物安全管理条例》《农药管理条例》《中华人民共和国动物防疫法》《中华人民共和国渔业法》《中华人民共和国草原法》《饲料和饲料添加剂管理条例》《兽药管理条例》等农业方面的法律或行政法规。

2015年全国人大常委会修订了《食品安全法》，国务院对食品安全监管体制进行重大调整。农业部、食品药品监管总局签订了农产品质量安全全程监管合作协议，联合印发了加强农产品质量安全监管工作指导意见，厘清职责分工，建立无缝衔接工作机制。

2017年2月8日，农业部办公厅关于印发《2017年农产品质量安全工作要点》中提出要积极推进《农产品质量安全法》《农药管理条例》和《生猪屠宰管理条例》修订进程，建立与《食品安全法》相衔接的制度机制。不断完善农业投入品、畜禽屠宰、监督抽查、质量追溯、风险评估、生产经营主体责任等法规制度，配套制定相关实施细则和管理规范。推动农产品质量安全地方立法，健全农产品质量安全全程监管法律制度。

1.3.2.4 农业标准制定进程加快

农业国家标准、行业标准是开展农产品质量安全检验检测的依据。为适应农业和农村经济的发展，农业部、财政部从1999年起共同组织实施了农业行业标准制修订专项计划，每年安排3000万元的专项资金支持350项农业标准的制定和修订，通过10年左右的努力基本建立起一套既符合中国国情，又能与国际接轨的农产品质量标准体系。2021年4月，农业农村部总结“十三五”农业农村工作时提到，“十三五”结束后我国新报批农药、兽药残留限量标准3025项，限量标准总数超过1万项；现行有效的农业行业标准达到5342项；新认证绿色、有机、地理标志农产品2.2万个。其中，支持贫困地区认证产品6408个，新登录名特优新农产品 831 个，认证良好农业规范（GAP）农产品 1238 个。

1.3.3 我国农产品质量安全检验检测体系存在的主要问题

经过多年的努力，我国已经初步建立起农产品质量安全检验检测体系，并且开展了大量的工作，取得了一定的成绩。但总体而言，我国目前的农产品质量安全检验检测体系还不完善，尚不能完全适应农业和农村经济发展新阶段的需求，不能满足人们日益增长的物质文化需求。我国现有的农产品质量检验检测体系存在的主要问题如下。

1.3.3.1 检验检测体系尚待进一步完善

截至 2015 年底，全国所有省（区、市）、86%的地市、75%的县（区、市）、97%的乡镇建立了农产品质量安全监管机构，已经形成了从省部级、地市级、县、乡镇四级的检测体系构架，落实监管人员 11.7 万人，基本形成了从中央到各级地方政府的较为完善的农产品质量安全检验检测体系。当前我国农产品质量安全检验检测机构分属于农业农村部、市场监督管理总局、海关总署、高校和第三方检测机构等。但是，由于部门之间壁垒的存在，导致在实际工作中存在检测标准不互认，检测标准中的检出限不一致，给行政执法带来了困扰。另外，我国农产品质量安全检验检测机构分布不均匀，沿海地区、经济发达地区检测机构多，人员、硬件和软件实力较强；而在中西部地区，严重缺乏检测机构。有的检测机构规模较小，在检测工作中，缺乏综合应变能力，同时在安全监管方面力度也不足，导致实际工作中出现严重纰漏，检测结果不够准确，影响农产品质量。

1.3.3.2 检测能力需要加强

在“十二五”结束时，我国已经制定发布农业行业标准 5121 项。但是依旧无法满足社会的需求，特别是随着市场对有机、绿色、无公害农产品的需求量不断增加，需要新的检测手段确保相应农产品的品质等级。另外，随着经济利益驱动的掺杂掺假现象日益严重，假冒伪劣食用农产品层出不穷，一些检测领域的瓶颈制约了行政执法。如地沟油的鉴别、掺假蜂蜜、真假牛羊肉等，亟待应用先进的技术手段建立相应的检测方法。当前，食用农产品中使用快速检测技术检测农药残留、兽药残留、真菌毒素的应用也是如火如荼，从省部级检测部门到乡镇级检验室都在使用。快速检测方法在提高监督检验的针对性，及时控制食品安全风险，震慑制假售假中发挥了重要作用。截至 2017 年，我国快检产品的消耗费用约在 100 多亿左右，各种快检标准 250 多项。在快检工作中也发现，检测方法中的检出限与法定定量检测方法存在差异，有的快检方法虽称为快速实际上也不快，快检试剂盒性能指标不达标，质量层次良莠不齐的现象也很严重，还有许多项目没有建立快速检测方法。这些快速检测方面的短板也部分制约了我国农产品质量安全检测的发展，有待进一步加强。

1.3.3.3 检测人员技术水平和整体素质尚需提高

农产品质量安全检测工作涉及检验检测、计量、仪器分析、标准化技术以及法规、政策等领域，要求从事农产品质量安全检测工作的人员应当具备相应的专业知识和较高的素质。检测人员专业技术水平的高低决定着检测结果精确程度，因此，检测机构需要重视检测人员的技术培训工作，积极在机构中开展多种形式的培训，内容包括理论、检测方法宣讲、仪器设备的使用、质量体系等。目前，我国从事农产品质量安全检测的人员中，高学历人数占比少，具有高级技术职称的人数占比约占总检测人数的五分之一。面对国际农产品贸易激励竞争的需要、国内农产品质量安全的要求，我国掌握高、精、尖检测专业技术的人才相对缺乏，检测机构还应与高校合作，让高校为检测机构输送专业人才，不断夯实我国检测机构实力，有助于提升农产品质量安全检验检测水平。

1.3.3.4 农产品质量安全技术研发能力亟待加强

由于在农业进入发展新阶段以前，我国农业科技创新的主攻方向一直以增产为主，对农产品质量、安全、农业生态环境等方面重视不够。人们的消费观念也已经从“吃得饱”向“吃得好”转变，食品和食用农产品的质量安全成为人们关注的热点。面对新的国内和国际形势，国家从“十五”开始就已经加大食用农产品质量安全保障工作，各项科研经费的投入也是巨大的。经过近 20 年的发展，农产品质量安全工作也取得了显著的成绩，这几年的国家农产品质量安全例行监测抽检合格率都在 97%左右。2017 年 9 月 30 日中共中央办公厅、国务院办公厅印发《关于创新体制机制推进农业绿色发展的意见》，提出推进农业绿色发展理念，要利用有限的资源更多增加优质、安全、特色农产品供给，促进农产品供给由主要满足“量”的需求向更加注重“质”的需求转变。在这种新的形势下，加大提高农产品质量安全技术研发能力刻不容缓，对于一些近年困扰农产品质量安全领域的技术瓶颈才有望取得突破性进展。

1.3.4 展望

“十一五”以来，农业部初步构建起全国农产品质量安全检验检测体系。“十二五”时期，各级农业部门认真贯彻中央决策部署，紧紧围绕“两个千方百计、两个努力确保、两个持续提高”目标，坚持产管并举，全面强化农产品质量安全工作，取得了非常瞩目的阶段性的进展。2017 年 3 月农业部关于印发《“十三五”全国农产品质量安全提升规划》的通知，通知中提出了农产品质量安全工作的指导思想是深入贯彻党的十八大及十八届三中、四中、五中、六中全会和习近平总书记系列重要讲话精神，牢固树立并切实贯彻绿色发展理念，坚持质量兴农，把农产品质量安全作为推进农业供给侧结构性改革、建设现代农业和健康中国的重要任务，坚持“产出来”“管出来”两手抓、两手硬，大力推进标准化生产、绿色化发展、规模化经营、品牌化创建、法制化监管，带动农业转型升级，提高质量效应，逐步探索出一套符合中国国情和农情的农产品质量安全监管模式，切实保障农业产业健康发展和公众“舌尖上的安全”。力争通过5年努力，全面提升农产品质量安全源头控制能力、标准化生产能力、风险防控能力、追溯管理能力和执法监管能力。我国“十四五”时期农产品质量安全的工作目标是，到“十四五”末，主要农产品监测合格率要稳定在98%以上。农兽药残留标准达到1.3万项，以安全、绿色、优质、营养为梯次的高质量发展标准体系基本形成，绿色、有机、地理标志等农产品认证登记数量稳步增长，达标合格证制度在新型农业经营主体基本实现全覆盖。智慧化监管网络初步构建，农产品追溯体系稳步推进，以信用为基础的新型监管机制建立健全。生产经营者责任意识、诚信意识和质量安全管理水平明显提高，人民群众的获得感、幸福感、安全感显著增强。

2017年10月19日，党的十九大顺利召开，习近平主席在中国共产党第十九次全国代表大会报告中提到，中国特色社会主义进入新时代，我国社会主要矛盾已经转化为人民日益增长的美好生活需要和不平衡不充分的发展之间的矛盾。我国稳定解决了十几亿人的温饱问题，总体上实现小康，不久将全面建成小康社会，人民美好生活需要日益广泛。农业农村农民问题是关系国计民生的根本性问题，必须始终把解决好“三农”问题作为全党工作重中之重。确保国家粮食安全，把中国人的饭碗牢牢端在自己手中。实施食品安全战略，让人民吃得放心。

以全面提高农产品质量安全水平为核心，以法律、法规和技术标准为依据，以现有农产品质检机构为基础，以资源优化整合为前提，以配备现代化的检测仪器设备为手段，以加强监测技术人员队伍建设为保证，充分依靠各级政府齐抓共管，全面提升检验检测能力和水平，尽快建成一个布局合理、层次分明的，既符合中国国情又与国际接轨的农产品质量安全检验检测体系，从而规范农产品生产和贸易行为，指导农产品生产并引导消费，保障农产品的有效供给和消费安全，增强我国农产品在国内外市场上的竞争力，实现农业增效、农民增收和农业可持续发展。我们有理由相信：农产品质量安全的明天会更美好！

参考文献

[1] 刘毅，袁月华. 我国农产品质量安全检验检测体系建设要点分析 [J]. 粮食科技与信息，2015，40（1）：41-44.

[2] 梁丹辉，刘宏. 农产品质量安全追溯研究进展 [J]. 中国食物与营养，2015，21（4）：13-16.

[3] 尹献远，黄巧玲，吴燕芳，等. 农产品质量安全问题产生的原因及对策 [J]. 现代农业科技，2015，9：309-311.

[4] 戴萍，卢伟伟. 农产品质量安全体系存在的问题和对策 [J]. 北京农业，2014，12：291-292.

[5] 高美珍，魏秀珍. 我国农产品质量安全问题的现状及对策 [J]. 南方农业，2014，8（36）：142-143.

[6] 魏霜. 物联网技术在农产品质量安全追溯中的应用 [J]. 中外企业家，2013，11：130-131.

[7] 费威. 我国农产品质量安全与流通——基于国内研究的评述 [J]. 大连大学学报，2014，2（4）：

99-105.

[8] 李枫，姬文宇. 乡镇基层农产品农残检测工作的现状与对策 [J]. 安徽农学通报，2013，19（16）：141-142.

[9] 应华. 农产品质量安全监管存在的问题及对策 [J]. 现代农业科技，2013，(2)：288.

[10] 张冬青. 构建农产品质量安全标准体系的探讨 [J]. 安徽科技，2013，(1)：20-22.

[11] 闫丽芝. 农产品质量安全检测工作现状及建议 [J]. 现代农业科技，2013，21：291.

[12] 陈丽琳，喻法金. 我国农产品质量安全可追溯体系建设现状探析 [J]. 农产品质量安全，2012，4：62-65.

[13] 谭正林，吴谋成，傅廷栋. 近红外光谱技术在农产品品质检测中的应用 [J]. 中国油料作物学报，2012，34（4）：455-460.

[14] 李尧琴，杨丽军. 基层农产品质量安全检测实验室质量管理研究 [J]. 现代农业科技，2012，8：354-355.

[15] 曲洪岩，由晓飞. 加强农产品质量安全监管任重道远 [J]. 农业经济，2011，6：93-94.

[16] 赵辉. 我国农产品质量安全的探讨 [J]. 农业环境与发展，2010，1（2）：49-54.

[17] 应华. 我国农产品质量安全管理的制度缺陷与治理 [J]. 宏观经济研究，2007，(10)：39-43.

[18] 许海清. 中国农产品出口的绿色贸易壁垒研究 [M]. 北京：中国经济出版社，2009.

[19] 王世明，李坤. 基于技术标准的农产品品质提升研究 [J]. 科学学与科学技术管理，2009，6：33-36.

[20] 农业部关于印发《"十三五"全国农产品质量安全提升规划》的通知 [EB/OL]. [20170313]. http：//www.moa.gov.cn/zwllm/tzgg/tz/201703/t20170313_5519727.htm.

[21] 农业部办公厅关于印发《2017年农产品质量安全工作要点》的通知 [EB/OL]. [20170208]. http：//www.moa.gov.cn/sjzz/jianguanju/dongtai/201702/t20170208_5471007.htm.

[22] 农业部发布2017年第一季度国家农产品质量安全例行监测（风险监测）信息 [EB/OL]. [20170414]. http：//www.jgj.moa.gov.cn/dongtai/nybdt/201704/t20170414_5561103.htm.

[23] 农业部关于印发《全国种植业结构调整规划（2016—2020年）》的通知 [EB/OL]. [20160428]. http：//www.moa.gov.cn/zwllm/tzgg/tz/201604/t20160428_5110638.htm.

[24] 中华人民共和国2016年国民经济和社会发展统计公报 [EB/OL]. [20170228]. http：//www.gov.cn/xinwen/2017-02/28/content_5171643.htm.

[25] 农业部公布2016年农资打假十大典型案件 [EB/OL]. [20170329]. http：//www.gov.cn/xinwen/2017-03/29/content_5181877.htm.

[26] 打好农业面源污染防治攻坚战，促进农业可持续发展 [EB/OL]. [20170329]. http：//www.moa.gov.cn/sydw/stzyzz/nymywrfzgjz/201508/t20150817_4792789.htm.

Chapter 02

第2章 农产品质量安全法律法规

农产品质量安全是关系到国计民生的大问题。农产品质量安全与否关系到全国人民的身体是否健康，关系到国家、社会是否安定，更关系到我国农产品是否具有强大的国际竞争力。农产品质量安全的重要性决定了一个国家应该给予其充分的关注，并建立起一套与国家自身相适宜，与社会共进步的农产品质量安全法律制度体系，相应的法律法规是保障我国农产品质量安全及监管顺利进行的前提。

目前，我国直接或间接地涉及食用农产品质量安全监管的法律法规大致有以下几方面：动植物检疫和防疫方面，农产品卫生管理方面，种子管理方面，农药管理方面，饲料、兽药和肥料管理方面等。这些法律法规在确保我国农产品质量安全、保护消费者权益等方面起到了积极作用。2017 年 2 月 8 日，农业部（2018 年国家大部制改革后统称为农业农村部）办公厅在印发的《2017 年农产品质量安全工作要点》中特别提到要不断完善农产品质量安全监管制度机制，修订农产品质量安全法律法规，积极推进《中华人民共和国农产品质量安全法》《中华人民共和国农药管理条例》《中华人民共和国生猪屠宰管理条例》修订进程；建立与《中华人民共和国食品安全法》相衔接的制度机制；修订农产品产地安全管理办法；研究制订农业标准化生产评价办法等相关配套制度。为了适应形势发展的要求，现行的部分法规近年来也相继进行了修订，例如《中华人民共和国食品安全法》《中华人民共和国产品质量法》等。

尽管近年来我国在农产品质量安全立法方面取得了一定的成绩，但是与美国等发达国家的食用农产品质量安全管理的立法相比，我国食用农产品质量安全立法仍然存在一些问题，尚待进一步加强、提高和完善。

2.1 国内外农产品质量安全法律法规发展概况

2.1.1 国外农产品质量安全法律制度概述

在农产品质量安全法律制定这方面，发达国家起步较早，其相关法律制度体系相对完善。总体而言，其发展经历了以下三个阶段。

2.1.1.1 农产品质量安全法律制度初级发展阶段

对于农产品质量安全问题，美国早在20世纪初就已经提出。在生产上，提出“自然农业”“生物农业”“有机农业”“生态农业”等要求；在最终产品上，提出“生态食品”“健康食品”“自然食品”等概念。第二次世界大战后，各国热衷于战后经济的恢复，无论是工业领域还是农业领域，在一定程度上都存在着掠夺性的开发和生产，片面强调产品产量和出口量，从而忽视了产品质量安全问题和环境问题，以至于酿成诸多悲剧性环境事件的发生。在农产品质量安全管理方面亦然，日本的“痛痛病”事件就是其中有名的环境公害事件之一，震惊世界。这是由于人们食用了含有大量重金属的河水以及用重金属含量严重超标的河水浇灌产出的大米而产生的灾难性事件。这一事件的发生及其产生的严重后果使得日本政府和其他国家纷纷开始重视环境问题，以及与自然环境有着特殊关系的农业和农产品质量安全问题，从而拉开了大规模农产品质量安全立法活动的序幕。此时的农产品质量安全措施虽然已经成了许多国家立法的一个重要的组成部分，但是这些措施主要是建立在部门基础上的，还没有形成统一完善的体系。

2.1.1.2 农产品质量安全法律制度深入发展阶段

随着人们健康意识和环保意识的不断提高以及农产品国际贸易的不断发展，世界各农业发达国家进一步重视农产品质量安全问题，并逐步建立起适应本国国情和实际的农产品质量安全管理体系。例如，自从20世纪60年代中期开始，欧共体各国随着其经济在单一市场内的不断统一，农场和食品加工的发展，以及新的包装与流通形式的出现，有必要在欧共体内部制定新的、统一的法律措施和农产品标准体系。于是欧共体开始实行“共同经济政策”，并于1992年对该政策进行了重大改革，试图在保留原有共同农业政策价格支持功能的前提下，通过降低支持价格水平来弱化其作用，保证在内部市场上实现供给与需求的平衡，并促进农村经济的发展。在1997年欧盟提出了《2000年议程》，并通过了新的共同农业政策改革方案，试图形成有关欧盟未来农业和农村发展的全面指导纲领，在欧元区建立起统一的农产品质量安全法律制度体系和相关标准体系。

2.1.1.3 农产品质量安全法律制度相对完善阶段

伴随着农业生产技术的不断进步和长期的经验积累，在农产品质量安全管理方面，国外主要发达国家形成了一套比较科学适用的法律监管制度，农产品质量安全法律制度形成了多样性、层级性的特征。除了由议会通过法律来对农产品质量做出较为原则性的规定外，大量法律条文的细化和技术性规定都授权行政机关以法令和条例的形式出台并实施；而且同一层级的农产品质量安全立法具有多样性，用以分别调整农产品质量安全管理的不同方面。现阶段，在主要发达国家，不同层级、不同方面的农产品质量安全法律制度互相配合而又各有侧重，形成了比较严密的农产品质量安全管理体系，为农产品质量安全管理提供了充分的法律依据和执法手段。

2.1.2　我国农产品质量安全立法现状

我国农产品安全立法经历了从无到有，从综合立法到专门立法的过程。常言道："民以食为天，食以安为先"，农产品质量安全直接关系到人民群众的日常生活和生命安全，关系到社会的和谐稳定与民族的健康发展。近年来，通过组织实施"无公害食品行动计划"等一系列工作，特别是"十二五"规划的圆满完成，我国农产品质量安全水平有了很大程度的提高。但是，随之而来的相关法律、法规建设滞后的问题也日益凸显。

2.1.2.1　2006 年以前农产品质量安全的法制建设状况

我国自十一届三中全会以来颁布的经济法规中，有些直接或间接地涉及农产品质量管理问题，如动植物检疫和防疫、农产品卫生管理、种子和农药管理等方面，如我国先后颁布的《中华人民共和国农业法》《中华人民共和国种子法》《中华人民共和国食品卫生法》和《中华人民共和国产品质量法》，对调整农产品质量安全问题都发挥了巨大的作用。《中华人民共和国农业法》中的"农业生产"和"农产品流通"两章虽未明确提到市场准入的概念，但规定了多种涉及农产品的市场准入基本条件。除了大量的法律，还有很多条例和办法出台对农产品进行调整，如 2002 年颁布实施的《无公害农产品管理办法》和《农业转基因生物进口安全管理办法》等。2003 年，我国《认证认可条例》和农产品认证有关管理办法、认证程序、技术标准的发布与实施，为全面、规范地开展农产品质量安全认证工作奠定了基础。这些法规在特定时期内对于农产品质量、保护消费者权益等方面确实起过一定的作用，但是自从我国加入 WTO 之后，调整农产品质量安全的专门性法律的缺失与农业经济现实之间的矛盾日益突出。

2.1.2.2　2006 年以后的农产品质量安全的法制建设状况

在食物源性中毒事件层出不穷及绿色壁垒不断升级的大背景下，我国农产品质量安全问题不仅直接关系到广大消费者的食用安全，同时也影响到农产品生产者及经营者的经济利益，确实到了非下大力气治理不可的地步。为了有效应对我国现存的农产品质量安全问题，适应国际潮流，十届全国人大常委会第二十一次会议上审议通过了《中华人民共和国农产品质量安全法》，并于 2006 年 11 月 1 日起施行。这是我国第一部为农产品质量安全专门制定的法律，其内容涵盖了农产品从产地到市场的全过程，明确了各个农产品质量安全监管相关部门的权责。《中华人民共和国农产品质量安全法》的出台，标志着我国农产品由数量管理进入到数量、质量并重，并更加注重安全的阶段，是农产品质量安全监管从此走上依法监管的轨道和进入新阶段的重要体现。

2009 年 2 月 28 日《中华人民共和国食品安全法》由中华人民共和国第十一届全国人民代表大会常务委员会第七次会议通过，自 2009 年 6 月 1 日起施行，并于 2015 年和 2018 年分别进行了两次修订。《中华人民共和国食品安全法》的颁布彰显了国家强化食品安全监管的决心和信息，是做好食品安全工作的新起点。《中华人民共和国农业法》是一部农业和农村经济方面十分重要的法律，具有基本法的性质，2012 年进行了修订。新修订的农业法增加的重点内容是农业和农村经济结构调整、农业产业化经营、农产品质量安全、粮食安全、农业支持保护、农业科技推广、农民专业合作经济组织、农村经济发展、农业可持续发展、农民权益保护和农业综合执法、执法监督等，十分符合当前农业新阶段的特点。

与国外相比，我国农产品质量安全法律制度建设起步相对较晚，从全部过程看，我国农产品安全立法经历了从无到有，从综合立法到专门立法的过程。20 世纪 80 年代，随着改革开放的不断深入，我国陆续由全国人大常委会、国务院及各部委、各地方制定了一系列与食品安全有关的多角度的法律法规、管理规章及地方法规，使得农产品质量安全问题在一定程度上实现了有法可依，并逐步形成了农产品质量安全管理体系。然而这样一个庞大的法律体系却存在着很大的弊端：由于法律法规过于庞杂，相互间必然存在矛盾，缺乏系统性；农产品质量安全的内容没有完全纳入其中；相关执法机关因权责不清而造成执法混乱。

到目前为止，我国颁布的与农产品质量安全有关的法律法规有：《中华人民共和国标准化法》《中华人民共和国环境保护法》《中华人民共和国水污染防治法》《中华人民共和国反不正当竞争法》《中华人民共和国消费者权益保护法》等综合性法律，还有《中华人民共和国农业法》《中华人民共和国农业转基因生物安全管理条例》《中华人民共和国种子法》《中华人民共和国进出境动植物检疫法》《中华人民共和国进出境动植物检疫法实施条例》《中华人民共和国农药管理条例》《中华人民共和国动物防疫法》《中华人民共和国渔业法》《中华人民共和国草原法》《中华人民共和国饲料和饲料添加剂管理条例》《中华人民共和国兽药管理条例》等农业方面的法律或行政法规。

2.1.3 国外主要国家或组织关于农产品质量安全的专门立法概况

目前，主要发达国家尚没有综合性的规范农产品质量安全的法律或法规，而是通过制定多部法律、法规和规章来对农产品生产的不同方面、不同环节进行规制，积累了丰富有效的立法经验。其基本情况如下。

2.1.3.1 欧盟农产品质量安全立法状况

欧盟具有世界上完善的农产品质量安全法规体系，截至目前，制定的相关法律标准共13类涉及173个农产品，基本包括了“从农田到餐桌”的农业生产的全部环节，其中包括31个法令、128个指令和14个决定。现有农产品（食品）质量安全方面的法律主要有：《欧盟食品通法》（EC）No 178/2002、《食品卫生条例》（EC）852/2004、《动物源性食品特殊卫生条例》（EC）853/2004、《动物源性产品官方监管的组织条例》（EC）854/2004、《食品安全与动植物健康监管条例》（EC）No 882/2004，以及《动物源性食品生产、加工、流通等管理的动物健康条例》2002/99/EC。内容涉及动物饲料、疯牛病和流行性脑炎、污染和残留限量控制、新型食品等。这一法律框架统一规范了有关食品安全立法的原则、程序和实施范围，并明确了以食品安全性作为欧盟食品立法的基础目标。另外，在欧盟国家内部也有不少规制农产品质量安全的法律法规，如德国的《有机农业法》和《有机标志法》等。

2.1.3.2 美国农产品质量安全立法状况

美国政府最早提出了农产品质量安全问题，发展与完善的时间较长，因此美国在农产品相关方面的立法比较完备，主要是国会制定并经总统签署的各项法律。据资料介绍，美国涉及食品安全的联邦法律有35部，其中涉及农产品质量安全监管的主要联邦法律有7部，分别是《联邦食品、药品和化妆品法》（The Food Drug and Cosmetic Act）、《联邦肉类检查法》（Federal Meat Inspection Act）、《禽类产品检查法》（Poultry Products Inspection Act）、《蛋类产品检查法》（Poultry Products Inspection Act）、《食品质量保护法》（Food Quality Protection Act）、《公众健康服务法》（Public Health Service Act）和2002年出台的《公众健康安全和生物恐怖主义预防应对法》（又简称为《反恐法》）（Public Health Security and Bio-terrorism Preparedness and Response Act）。其中，《联邦食品、药品和化妆品法》是美国关于食品和药品的基本法，主要法律内容是在美国行销的食品、药品、化妆品的安全和卫生以及正确标识。《联邦肉类检查法》是猪、牛、羊、马等牲畜肉类的安全和卫生以及正确标识；《禽类产品检查法》制定了家禽，包括鸡、鸭、鹅、火鸡、珍珠鸡产品的安全、卫生和正确标识；《蛋类产品检查法》内容是蛋类加工产品的安全、卫生和正确标识；《食品质量保护法》主要对农药及食品中的农药残留进行；《公众健康服务法》涉及农产品质量安全的主要是对生物制品管理的规定。《反恐法》则主要从防范恐怖袭击和保障公众健康安全的角度强化对食品安全的监管。

2.1.3.3 加拿大农产品质量安全立法状况

加拿大涉及农产品质量安全的法律法规主要由法律及相关的法规条例两部分组成。主要法律有：《食品药物法》《有害物控制产品管理法》《植物保护法》《谷物法》《肉类检查法》《消费者包装标签法》《肥料法》《种子法》《饲料法》等。

同时，对应于这些法律有相应的法规条例，如《水果蔬菜条例》。这些法律主要涉及食品安全、消费者利益、植物保护和动物健康等。

2.1.3.4 日本、韩国农产品质量安全立法状况

日本早在1948年就已经开始陆续颁布实施相关法律法规，主要有：《食品卫生法》《输出品取缔法》《改正肥料取缔法》《植物防疫法》《农药取缔法》《家畜传染病预防法》《有机农业法》《农林产品品质规格和正确标识法》《有机农业和特别农业栽培法》《持续农业法》等。2001年暴发疯牛病疫情以及出现了多起食品标识错误等食品安全问题之后，日本在2002年修订了《农林产品品质规格和正确标识法》，同年还出台了《循环型社会形成推进基本法》《包装容器法》。2003年5月，日本修订了《食品卫生法》，并颁布了与之相配套的《农药残留规则》《农地法改正》《零售手料自由法》等大量相关的配套规章约定，为制定标准、实施标准、检验检测等奠定法律依据。日本依据新修订的《食品卫生法》于2006年5月29日起实施食品中农业化学品（农药、兽药及饲料添加剂等）残留"肯定列表制度"，并执行新的残留限量标准，这是目前世界上对食品中农业化学品残留限量的要求最全面和最严格的制度。

韩国涉及农产品质量安全管理的法律有《农产物品质管理法》《植物防疫法》《农药管理法》《家畜传染病预防法》《畜产品加工处理法》《水产品质量管理法》和《食品卫生法》等。

2.2 我国主要农产品质量安全法律法规、应急预案及其他部门文件

目前，我国现行有关农产品的国家法律主要有《中华人民共和国农业法》《中华人民共和国农产品质量安全法》《中华人民共和国食品安全法》《中华人民共和国产品质量法》《中华人民共和国商标法》《中华人民共和国农业技术推广法》；行政法规有《中华人民共和国食品安全法实施条例》《中华人民共和国农业管理条例》；其他地方法规很多，如广东省《中华人民共和国农产品质量安全法》实施办法、四川省《中华人民共和国农业技术推广法》实施办法、湖南省《农产品质量安全管理办法》等等；此外还有一些有关农产品食品安全事件紧急处理应急预案及中央和部门颁布的各种指令性文件。

2.2.1 《中华人民共和国农业法》

《中华人民共和国农业法》是农业和农村经济方面一部十分重要的法律，具有基本法的性质。该法于1993年7月2日第八届全国人民代表大会常务委员会第二次会议通过，自公布之日起施行。之后于2012年12月28日第十一届全国人民代表大会常务委员会第三十次会议通过《关于修改部分法律的决定》，并自

2013年1月1日起施行。修正后的该法总共包括13章，内容涵盖制定本法的目的、监管的范围、相关法律责任及附则。这部重要的法律对于巩固和加强农业在国民经济中的基础地位，深化农村改革，发展农业生产力，推进农业现代化，维护农民和农业生产经营组织的合法权益，增加农民收入，提高农民科学文化素质，促进农业和农村经济的持续、稳定、健康发展，实现全面建设小康社会的目标，会起到重要作用。新修订的农业法对指导新世纪我国农业新发展，建立和完善社会主义农村市场经济体制具有重要意义。

《中华人民共和国农业法》（以下简称《农业法》）第一章第一条：为了巩固和加强农业在国民经济中的基础地位，深化农村改革，发展农业生产力，推进农业现代化，维护农民和农业生产经营组织的合法权益，增加农民收入，提高农民科学文化素质，促进农业和农村经济的持续、稳定、健康发展，实现全面建设小康社会的目标，制定本法。第三条：国家把农业放在发展国民经济的首位。第一章第一条解释了制定农业法的目的，第三条明确了我国农业在国民经济中所处的地位。第二章到第十二章分别从农业生产经营体制、农业生产、农产品流通与加工、粮食安全、农业投入与支持保护、农业科技与农业教育、农业资源与农业环境保护、农民权益保护、农村经济发展、执法监督、法律责任等方面进行了详细的规定。

2012年修订后的《农业法》有以下特点：一是基本法的地位不变，继续把大农业作为调整范围，对农业、农村和农民问题统筹加以考虑。二是目标明确，党的十六大确定的奋斗目标是全面建设小康社会。农业法依据这一目标，把农业放在发展国民经济的首位，明确规定了农业和农村经济发展的基本目标是：建立适应发展社会主义市场经济要求的农村经济体制，不断解放和发展农村生产力，提高农业的整体素质和效益，确保农产品供应和质量，满足国民经济发展和人口增长、生活改善的需求，提高农民的收入和生活水平，促进农村富余劳动力向非农产业和城镇转移，缩小城乡差距和区域差距，建设宽裕、民主、文明的社会主义新农村，逐步实现农业和农村现代化。三是重点突出，新修订的农业法增加的重点内容是农业和农村经济结构调整、农业产业化经营、农产品质量安全、粮食安全、农业支持保护、农业科技推广、农民专业合作经济组织、农村经济发展、农业可持续发展、农民权益保护和农业综合执法、执法监督等，十分符合当前农业新阶段的特点。四是富有新意，原《农业法》有9章66条，新修订后（现行）的农业法共有13章99条，增加了4章33条。除保留了原有的农业生产经营体制、农业生产、农业科技与教育、农业资源与农业环境保护等7章章名外，又增加了粮食安全、农民权益保护、农村经济发展、执法监督等4章，还修订2章的名称，延伸了其内涵。新《农业法》的修改内容，更加适应新世纪新阶段农业和农村经济发展的要求，为全面建设农村小康社会提供有力的法律保障。

2.2.2 《中华人民共和国农产品质量安全法》

面对我国农产品质量安全存在的突出问题，借鉴国际惯例，同时考虑我国的实际情况，设计我国的农产品质量安全管理制度，增强管理制度的针对性和可行性，2006 年 4 月 29 日第十一届全国人民代表大会常务委员会第二十一次会议通过《中华人民共和国质量安全法》，并于 2006 年 11 月颁布施行。第一章第一条制定本法的目的为保障农产品质量安全，维护公众健康，促进农业和农村经济发展，制定本法。第一章第二条规定了本法所称农产品，是指来源于农业的初级产品，即在农业活动中获得的植物、动物、微生物及其产品。本法所称农产品质量安全，是指农产品质量符合保障人的健康、安全的要求。第一章第三条规定了农产品质量安全的主管行政部门是县级以上人民政府农业行政主管部门，负责农产品质量安全的监督管理工作；县级以上人民政府有关部门按照职责分工，负责农产品质量安全的有关工作。

《中华人民共和国农产品质量安全法》主要内容共分 8 章 56 条，其调整范围包括以下三个方面：一是关于调整的产品范围问题，本法所指农产品是指来源于农业的初级产品，即在农业活动中获得的植物、动物、微生物及其产品；二是关于调整的行为主体问题，既包括农产品的生产者和销售者，也包括农产品质量安全管理者和相应的检测技术机构和人员等；三是关于调整的管理环节问题，既包括产地环境、农业投入品的科学合理使用、农产品生产和产后处理的标准化管理，也包括农产品的包装、标识、标志和市场准入管理。可以说，《中华人民共和国农产品质量安全法》对涉及农产品质量安全的方方面面都进行了相应的规范，调整的对象全面、具体，符合中国的国情和农情。

2.2.3 《中华人民共和国食品安全法》

《中华人民共和国食品安全法》由中华人民共和国第十一届全国人民代表大会常务委员会第七次会议于 2009 年 2 月 28 日通过，自 2009 年 6 月 1 日起施行，包括 10 章 104 条。中华人民共和国第十二届全国人民代表大会常务委员会第十四次会议于 2015 年 4 月 24 日修订通过，自 2015 年 10 月 1 日起施行。2018 年《中华人民共和国食品安全法》又进行了修订并于 2018 年 12 月 29 日第十三届全国人民代表大会常务委员会第七次会议通过。2018 年《中华人民共和国食品安全法》与 2015 年旧法主要做了以下修改：①“食品药品监督管理部门”修改为“食品安全监督管理部门”；②将旧法律条款中多处的“质量监督部门”删去；③将第四十一条、第一百二十四条第三款、第一百二十六条第三款、第一百五十二条第三款中的“质量监督”修改为“食品安全监督管理”；④“食品药品监督管理、质量监督部门履行各自食品安全监督管理职责”修改为“食品安全监督管理部门履行食品安全监督管理职责”；⑤“环境保护部门”修改为“生态环境部门”。2021 年 4 月 29 日，《中华人民共和国食品安全法》在第十三届全国人民代表大会常务委员会第二十八次会议通过表决进行修正，将第三十五条第一款修改为：“国家对食品生产经营实行许可制度。从事食品生产、食品销售、餐饮服务，应当依法取得许可。但是，销售食用农产品和仅销售预包装食品的，不需要取得许可。仅销售预包装食品的，应当报所在地县级以上地方人民政府食品安全监督管理部门备案。”

《中华人民共和国食品安全法》全方位构筑食品安全法律屏障，对规范食品生产经营活动，防范食品安全事故的发生，增强食品安全监管工作的规范性、科学性和有效性，提高我国食品安全整体水平，切实保证食品安全，保障公众身体健康和生命安全，具有十分重要的意义。本法第一章第一条为立法宗旨：为保证食品安全，保障公众身体健康和生命安全，制定本法。食品生产经营者应当依照法律、法规和食品安全标准从事生产经营活动，对社会和公众负责，保证食品安全，接受社会监督，承担社会责任。第四条规定了食品安全监管体制：国务院设立食品安全委员会，其工作职责由国务院规定。国务院卫生行政部门承担食品安全综合协调职责，负责食品安全风险评估、食品安全标准制定、食品安全信息公布、食品检验机构的资质认定条件和检验规范的制定，组织查处食品安全重大事故。国务院市场监督管理监督总局依照本法和国务院规定的职责，分别对食品生产、食品流通、餐饮服务活动实施监督管理。第五条规定了地方政府及有关部门的职责：县级以上地方人民政府统一负责、领导、组织、协调本行政区域的食品安全监督管理工作，建立健全食品安全全程监督管理的工作机制；统一领导、指挥食品安全突发事件应对工作；完善、落实食品安全监督管理责任制，对食品安全监督管理部门进行评议、考核。

《中华人民共和国食品安全法》的颁布彰显了国家强化食品安全监管的决心和信息，是做好食品安全工作的新起点。真正实现食品安全，需要全社会的共同努力。各级政府和有关监管部门要依法履职，做好食品安全监督工作。企业要强化食品安全第一责任人的观念，承担起保障食品安全的社会责任。同时，要在全社会广泛开展食品安全法律、法规的宣传，增强消费者的食品安全意识和自我保护能力。在政府、企业和社会各方面的共同努力下，《中华人民共和国食品安全法》一定能够得到切实的贯彻实施，从而构筑起保障食品安全的钢铁长城，造就一个体质强健、生机勃勃的民族，塑造一个负责任的大国形象。

2.2.4 《中华人民共和国产品质量法》

《中华人民共和国产品质量法》于 1993 年 2 月制定，2000 年 7 月作了第一次修改。修改中新增条文为 25 条，修改原有条文 20 条，删去原有条文 2 条，使产品质量法从原有的 51 条增至现行的 74 条。全国人民代表大会常务委员会第十六次会议于2000年7月8日通过了关于修改《中华人民共和国产品质量法》的决定，规定2000年9月1日起施行，包括六章七十四条。根据2009年8月27日第十一届全国人民代表大会常务委员会第十次会议《全国人民代表大会常务委员会关于修改部分法律的决定》进行了第二次修正。本法首先明确了制定产品质量法的主要目的：一是为了加强国家对产品质量的监督管理，促使生产者、销售者保证产品质量；二是为了明确产品质量责任，严厉惩治生产、销售假冒伪劣产品的违法行为；三是为了切实地保护用户、消费者的合法权益，完善我国的产品质量民事赔偿制度；四是为了遏制假冒伪劣产品的生产和流通，维护正常的社会经济秩序。《中华人民共和国产品质量法》于2018年进行了第二次修改，由中华人民共和国第十三届全国人民代表大会常务委员会第七次会议通过，2018年12月29日起实施。新的《中华人民共和国产品质量法》与旧法相比主要进行了一下修改：①将第八条、第十条、第十四条、第十五条、第十七条、第十八条、第十九条、第二十四条、第二十五条、第六十六条、第六十七条中的“产品质量监督部门”修改为“市场监督管理部门”；②删去第十八条第二款；③将第二十二条中的“产品质量监督部门、工商行政管理部门”修改为“市场监督管理部门”；④将第四十条第三款、第六十三条、第六十五条、第六十八条、第六十九条中的“产品质量监督部门或者工商行政管理部门”修改为“市场监督管理部门”；⑤删去第七十条中的“本法规定的吊销营业执照的行政处罚由工商行政管理部门决定”，将“由产品质量监督部门或者工商行政管理部门按照国务院规定的职权范围决定”修改为“由市场监督管理部门决定”。

了解本法的内容并能正确地运用，首先应当清楚地认识到，质量的基本定义为产品的适用性。产品是为满足消费者的需要、社会的需要而生产的，产品的质量就是满足消费者需要、社会需要的程度。因此，产品的生产应当按照消费者需要、社会需要来进行，充分考虑市场的导向。产品只有具有适用性，符合消费者的需要、社会的需要，才是质量好的产品。所以产品质量如何，最终是要以消费者需要、社会需要以及可以满足这种需要的能力来评定的。

坚持质量第一，把质量看作是一个战略问题，高度重视产品质量，这是贯穿于产品质量法中的根本指导思想。因此，将产品质量纳入法制的轨道，用法律手段治理产品质量，严肃地对待产品质量，就成为制定和运用产品质量法的重要指导原则。从而在法律上确定，产品进入市场都应具有满足需要的能力，达到要求的质量水平，对消费者、对社会负责，用国家的强制力来保障产品质量秩序。

产品质量法同时规定了对产品质量实施监督管理的体制，确定了不同主体之间的职能分工，形成产品质量监督管理的基本框架。一是产品质量管理的主体是企业；二是政府应当对产品质量实施宏观管理；三是政府产品质量监督部门主管产品质量监督工作，国家对产品质量实行监督检查制度。

2.2.5 《中华人民共和国食品安全法实施条例》

《中华人民共和国食品安全法实施条例》经国务院第73次常务会议通过，自2009年7月20日起施行。条例包括10章64条，旨在进一步落实企业作为食品安全第一责任人的责任、强化各部门在食品安全监管方面的职责、将食品安全法一些较为原则的规定具体化。

（1）落实企业责任，条例规定：①食品生产企业应当建立并执行原料验收、生产过程安全管理、设备管理等食品安全管理制度；应当就原料、生产关键环节、检验和运输交付等事项制定并实施控制要求；生产过程中发生不符合控制要求的，要立即查明原因并采取整改措施；应如实记录食品生产过程的安全管理情况，记录的保存期限不得少于2年。②食品批发企业应当如实记录批发食品的名称、数量、购货者名称及联系方式等，或保留载有上述信息的销售票据；记录、票据的保存期限不得少于2年。③餐饮服务提供者应当制定并实施原料采购控制要求，确保所购原料符合食品安全标准；发现待加工食品及原料有腐败变质等情况的，不得加工或使用。

（2）强化政府监管，条例规定：县级以上地方人民政府应当建立健全食品安全监督管理部门的协调配合机制，整合、完善食品安全信息网络，实现食品安全信息共享和食品检验等技术资源的共享。条例还特别明确了县级、市级人民政府统一组织、协调食品安全监管工作的职责。此外，条例还强化了各部门在食品安全监管工作中的协调与配合。

（3）重大事故问责，条例规定：县级以上地方人民政府不履行食品安全监督管理法定职责，本行政区域出现重大食品安全事故、造成严重社会影响的，依法对直接负责的主管人员和其他直接责任人员给予记大过、降级、撤职或开除的处分。县级以上卫生行政、农业行政、市场监督管理部门、工商行政管理、食品药品监督管理部门或其他有关行政部门不履行食品安全监督管理法定职责、日常监督检查不到位或滥用职权、玩忽职守、徇私舞弊的，依法对直接负责的主管人员和其他直接责任人员给予记大过或降级的处分；造成严重后果的，给予撤职或开除的处分；其主要负责人应引咎辞职。

（4）事故发生2小时内须上报，系列食品安全事件产生的影响与危害之所以如此大，除不法商家的胆大妄为外，还有一个重要原因就是瞒报或不报。为此，条例规定：发生食品安全事故的单位对导致或可能导致食品安全事故的食品及原料、工具、设备等，应立即采取封存等控制措施，并自事故发生之时起2小时内向所在地县级人民政府卫生行政部门报告。

食品安全的其他问题如5种情形启动风险评估、召回制度、“病毒性肝炎”的范围等都做了详细规定并进一步明确。

2.2.6 《中华人民共和国认证认可条例》

《中华人民共和国认证认可条例》自2003年8月20日国务院第18次常务会议通过，2003年9月3日中华人民共和国国务院令第390号公布施行，该条例施行的同时1991年5月7日国务院发布的《中华人民共和国产品质量认证管理条例》同时废止。2016年1月13日国务院第119次常务会议通过进行了第一次修订，自2016年2月6日起施行。本条例的制定是为了规范认证认可活动，提高产品、服务的质量和管理水平，促进经济和社会的发展，制定本条例。《中华人民共和国认证认可条例》在行政法规层面确立了我国认证认可工作的各项基本制度，标志着我国认证认可工作全面走上了法制化轨道，成为中国特色认证认可事业发展史上一个重要的里程碑。

2.2.7 《中华人民共和国农药管理条例》

农药是重要的农业生产资料，不仅关系到有害生物防控，还关系到农产品质量安全，直接关系到民众的身体健康，直接关系到生态环境建设，对国家粮食生产安全、农业可持续发展，以及新农村建设影响重大。改革开放以来，为了规范农药的生产和市场秩序，保证农产品质量安全，中华人民共和国国务院令第216号1997年5月8号颁布了《中华人民共和国农药管理条例》，当日生效；2001年11月29号中华人民共和国国务院令第326号《国务院关于修改〈农药管理条例〉的决定》，自公布之日起施行。2017年3月16日，李克强总理签发了第677号中华人民共和国国务院令，新修订的《农药管理条例》已经2017年2月8日国务院第164次常务会议修订通过，自2017年6月1日起施行。本条例制定的目的是为了加强对农药生产、经营和使用的监督管理，保证农药质量，保护农业、林业生产和生态环境，维护人畜安全，制定本条例。条例从农药登记制度、农药生产、农药经营、农药使用、监督管理、法律责任方面做了详细的规定。

2.2.8 《农业转基因生物安全管理条例》

《农业转基因生物安全管理条例》是2001年5月9日国务院第38次常务会议通过，5月23日中华人民共和国国务院令第304号公布，自公布之日起施行。2011年1月8日发布的《国务院关于废止和修改部分行政法规的决定》（国务院令588号）进行修正。本条例制定的目的是为了加强农业转基因生物安全管理，保障人体健康和动植物、微生物安全，保护生态环境，促进农业转基因生物技术研究。并规定在中华人民共和国境内从事农业转基因生物的研究、试验、生产、加工、经营和进口、出口活动，必须遵守本条例。条例共八章五十六条。第一章和第八章是总则和附则。第二章到第五章分别规定了转基因生物的研究与试验、生产与加工、经营、进口与出口等环节的管理。第六章是监督检查，第七章是罚则。

2.2.9 《生猪屠宰管理条例》

《生猪屠宰管理条例》是1997年12月19日由中华人民共和国国务院令第238号发布。2007年12月19日国务院第201次常务会议进行第一次修订通过，2008年5月25日中华人民共和国国务院令第525号公布，自2008年8月1日起施行。2011年1月8日《国务院关于废止和修改部分行政法规的决定》进行了第二次修订。2016年1月13日国务院第119次常务会议第三次修订，于同年3月1日发布施行。为了加强生猪屠宰管理，保证生猪产品质量安全，保障人民身体健康，制定本条例。条例中对屠宰地点、监督管理、法律责任进行了限制和说明，省、自治区、直辖市人民政府确定实行定点屠宰的其他动物的屠宰管理办法，由省、自治区、直辖市根据本地区的实际情况，参照本条例制定。全文共五章三十六条。

2.2.10 其他部门文件

2.2.10.1 《国家食品安全事故应急预案》

为建立健全应对食品安全事故的运行机制，有效预防、积极应对食品安全事故，高效组织应急处置工作，最大限度地减少食品安全事故的危害，保障公众健康与生命安全，国务院2005年发布了《国家食品安全事故应急预案》，2011年10月14日进行了第一次修订。预案共7章，分别是总则、组织机构及职责、应急保障、监测预警、报告与评估、应急响应、后期处置和附则。预案是全国食品安全应急预案体系的总纲，规定了应对特别重大食品安全事故的组织体系、工作机制等内容，是指导预防和处置各类食品安全事故的规范性文件。预案要求国务院有关食品安全监管部门、地方各级人民政府参照本预案，制订本部门、本地区食品安全事故应急预案。预案明确了应对食品安全事故的工作原则：以人为本，减少危害；统一领导，分级负责；科学评估，依法处置；居安思危，预防为主。

2.2.10.2 中央文件

中华人民共和国国务院，即中央人民政府，是国家最高权力机关的执行机关，是国家最高行政机关。国务院的职权之一就是根据宪法和法律，规定行政措施，制定行政法规，发布决定和命令。因此，国务院在保障农产品质量安全方面具有无可替代的核心领导地位。国务院办公厅也发布了许多关于保障农产品、食品质量安全方面的规定与通知，如国务院办公厅《关于进一步做好农业标准化工作的通知》；国务院办公厅《关于认真贯彻实施食品安全法的通知》；国务院《关于加强食品等产品安全监督管理的特别规定》；国务院办公厅《关于严厉打击食品非法添加行为切实加强食品添加剂监管的通知》；国务院办公厅《关于加强鲜活农产品流通体系建设的意见》；2012 年中央一号文件：中共中央、国务院《关于加快推进农业科技创新持续增强农产品供给保障能力的若干意见》；国务院办公厅《关于印发 2016 年食品安全重点工作安排的通知》；2017 年中共中央办公厅、国务院办公厅印发《关于创新体制机制推进农业绿色发展的意见》《关于加快推进农业供给侧结构性改革大力发展粮食产业经济的意见》等等。

2.2.10.3 农业农村部文件

农业农村部（以下简称农业部）作为主管农业与农村经济发展的国务院组成部门，在保障农产品质量安全方面责无旁贷，改革开放以来，相继发布了多项文件对农产品质量安全进行规定。如农市发［2004］15 号《关于进一步加强农产品质量安全管理工作的意见》，从指导思想与工作原则、工作重点、工作措施及组织保障方面为切实贯彻执行国发［2004］23 号文件精神提出了切实可行的工作意见和建议。其他如农业部发布的文件：《农业部关于进一步加强农药管理工作的意见》《农产品包装和标识管理办法》《农产品产地安全管理办法》《农产品质量安全检测机构考核评审员管理办法》《绿色食品标志管理办法》《农产品质量安全监测管理办法》《无公害农产品管理办法》《2016 年农产品质量安全监管工作要点》和《2017 年农产品质量安全工作要点》的通知等，都可为农产品质量安全保驾护航。

2.2.10.4 《食用农产品市场销售质量安全监督管理办法》等

原国家食品药品监督管理总局令第 20 号，《食用农产品市场销售质量安全监督管理办法》已于 2015 年 12 月 8 日经原国家食品药品监督管理总局局务会议审议通过，现予公布，自 2016 年 3 月 1 日起施行。为规范食用农产品市场销售行为，加强食用农产品市场销售质量安全监督管理，保证食用农产品质量安全，根据《中华人民共和国食品安全法》等法律法规，制定本办法。国家市场监督管理总局及各省市的市场监督管理局还会结合当年的农产品质量安全具体情况出台不同的管理办法等，如 2017 年 3 月 28 日，国家食品药品监管总局办公厅发布了《食品快速检测方法评价技术规范》（食药监办科［2017］43 号），该规范制定的目的是为了保证食品快速检测方法评价工作的科学合理、标准统一。

2.3 我国农产品质量安全法制存在的主要问题及建议

2.3.1 我国农产品质量安全法制存在的主要问题

我国的农产品质量安全虽然取得了快速的发展，但相比发达国家而言，还存在一定的差距，表现在以下几个方面。

2.3.1.1 农产品质量安全相关法规尚不够健全、不完善

虽然我国在2006年出台了《中华人民共和国农产品质量安全法》，但相关的配套法律、法规不够健全、完善。《中华人民共和国农产品质量安全法》中的规定大多属于原则性规定，且缺少具体的实施细则或者司法解释，这导致一些农产品生产者、经营者不能准确地把握自己的权利与义务，相关主管机关在执行时无法明确自己的权力与执行标准，导致《中华人民共和国农产品质量安全法》的可执行性降低。2009年出台了《中华人民共和国食品安全法》（2018年进行了修订）和《中华人民共和国食品安全法实施条例》，明确规定了部门监管职责分工。但《中华人民共和国食品安全法》《中华人民共和国农产品质量安全法》均未明确给出食用农产品的定义，也未给出食用农产品清单。《中华人民共和国食品安全法》第三十五条规定，国家对食品经营实行许可制度。从事食品生产、食品销售、餐饮服务，应当依法取得许可，但是销售食用农产品不需要取得许可。因此，判断一种产品为食品或食用农产品对于监管部门和食用农产品经营者尤为重要。随着网络技术的高速发展，电子商务的蓬勃兴起，电子商务环境下鲜活农产品物流配送存在的问题也日益凸显，农产品冷链物流法律法规和行业标准需要建立。

2.3.1.2 农产品质量安全监管部门协调中存在问题

长期以来，我国食用农产品质量安全监管实行的是以“监管环节为主，产品种类为辅”来划分的多部门分段式监督管理，主要由农业、卫生计生、食品药品监督管理、公安、检验检疫、工商行政管理等部门负责监管。2013年，根据《国务院办公厅关于印发国家食品药品监督管理总局主要职责内设机构和人员编制规定的通知》，组建国家食品药品监督管理总局，并对有关食用农产品质量安全监管职责分工重新作出了调整和划分：农业部门负责食用农产品从种植养殖环节到进入批发、零售市场或生产加工企业前的质量安全监督管理，负责兽药、饲料、饲料添加剂和职责范围内的农药、肥料等其他农业投入品质量及使用的监督管理。食用农产品进入批发、零售市场或生产加工企业后，按食品由食品药品监督管理部门监督管理。农业部门负责畜禽屠宰环节和生鲜乳收购环节质量安全监督管理。但是，在实际的运作中如在农产品的运输、储藏等环节，关于农业部门和食品药品监督管理部门的衔接问题都需要进一步通过条例或实施办法作出明确规定或达成协议，以制定有效的监管措施，防止监管漏洞。2018年国家为了解决食品、食用农产品质量安全监管中存在的部门协调问题，进一步优化调整建立了国家市场监督管理总局以期改变上述局面。

2.3.1.3 农产品质量安全标准数量少、国际标准采标率低

虽然我国农产品质量安全标准在“十三五”期间得到了快速的提高，但相

比发达国家而言，我国标准数量还是偏少，涉及范围不够深入、细致。我国部分农产品质量标准滞后，多分散于各种与农产品质量相关的法律法规中，多数为禁止性、义务性标准，缺乏相应的责任承担。标准制订过程中各种组织与民众的参与力度小。在进行农产品质量安全标准制定时，相关单位对国际标准的采标率低，导致国内标准与国际标准接轨程度差。

2.3.1.4 农产品质量安全监督检查方面的不足

在监督监测方面的不足主要存在于三个方面：监督机构与人员、监督制度与手段、社会监督力度不足。我国的农产品质量安全监督机构与人员相对偏少，尤其是县乡级监督机构人员同时兼有多项工作，人手不足；同时，部分基层政府机构一小部分监管人员认识与执政水平有待提高、个别监管机构存在不依法行政等情况。农产品质量安全监督检查执法是属于技术执法，部分监督人员技术水平低，监测手段少，检测方法少；抽查样品处理技术、提取监测技术有待提高。社会监督方面，由于检验、检测结果公开力度和实效性问题，社会公众不能尽快、如实地了解到食品安全的状况，再加上传统生产观念的影响，偏远地区民众的农产品质量安全意识薄弱，导致社会监督力度不足。

2.3.2 建立与完善我国农产品质量安全法律制度的必要性

（1）建设法治国家的需要

法律作为上层建筑，是调整社会经济关系的最主要手段，是规制和提高农产品质量的最重要和最根本的选择。在法学上，安全性问题自然指向对人的基本权的保护，特别是人类共同的基本权，亦即生存权与健康权的保护。农产品质量安全自身的特点决定了其必然地关系到人类共同的基本权利。所以，加强农产品质量安全立法是建设法治国家的必然要求。

（2）保障人权

保障人权亦即保障个人的生存权和健康权。生存权毫无疑问是我们的首要人权，没有生存的权利还谈何其他的权利，谈何人权，生存权是人的其他任何权利得以实现的前提。健康权是指公民以其机体生理机能正常动作和功能完善发挥，以其维护人体生命活动的利益为内容的人格权。健康权是人身权的一项重要内容，是享有其他一切权利的基础，与人身权有着密不可分的关系。而人身权一直是安全的核心内容之一，它与财产权共同构成安全的两大基石。从远古的《汉穆拉比法典》到近代的《法国民法典》，不论是近、现代的国际条约，还是各国的国内立法，无不体现着对人身权的安全保障的永恒主题。在现代社会，人们更是把健康权放在更加重要的位置。而农产品质量安全与人的生存权与健康权天然地存在不可分割的联系，人类的基本生活离不开农业活动，其质量安全的高低必然地影响人的生存权与健康权。

(3) 维护正义价值

作为一种社会观念和社会准则，正义在社会意识中十分广泛而深刻，一直引导着法的发展。在历史长河中，从人类有道德上的是非观念以来，社会就产生了正义观念。正义观念从人类蒙智初开时就逐步发展和不断丰富，并随着社会更替而不断演进。然而不同时代，每个人的正义观念并非完全一致，而且可能有很大差异，甚至根本对立。正如博登·海默所说："正义变换无偿、随时可能呈现出不同形状并具有极不相同的面貌。"建立与完善农产品质量安全法律制度是为了保障广大消费者的权利，同时兼顾弱势农产品生产者的利益，促进共同发展，保障共同福利的基本法律形式。凡是与该农产品有直接联系的，有助于消费者正确判断、选择、使用的信息消费者都有权知悉。

(4) 维护经济秩序、促进社会发展的需要

人类为了生息繁衍，必然进行经济活动，但经济活动必须在安全的环境中进行。社会经济安全要求国家通过法律手段，为社会经济活动提供必要的秩序，为经济主体在交易活动中的利益提供强有力的保障，并对社会经济活动中可能出现的损害人身和财产安全的现象提供预防和救济机制。作为以保障社会公共利益为本位的经济法而言，保障社会经济安全是经济法的首要价值目标。具体到农产品质量安全而言，由于农产品质量的一些潜在的或现实的危害，同时我国农产品质量安全尚存在一些问题，因此国家通过法律建立安全保障机制，防患于未然，亦是一种当然和必然的选择。

2.3.3 完善农产品质量安全法律制度的建议

当前，世界农产品竞争越来越激烈，完善我国的农产品质量安全管理工作与体系建设已经刻不容缓，以下是关于完善农产品质量安全法律制度的一些意见与建议。

2.3.3.1 进一步建立、健全、完善农产品质量安全法律、法规

《中华人民共和国农产品质量安全法》作为我国农产品质量监管的核心法律，我们应以该法为中心建立一个强大的法律法规框架，涵盖所有农产品质量安全领域；出台有效、切实可行的法规措施，加强法律管理，并根据实际情况的变化逐步对法律、法规作出相应的调整，完善相关法律、法规，以法律形式明确各种技术标准、为农产品质量安全提供更多的法律保障。颁布实施《中华人民共和国农产品质量安全法》实施细则是对主体法的具体化、细分化。颁布了实施细则就可以弥补主体法的规定过于原则化的缺点，有了实施细则就更有利于政府明确自己的职权与监测范围、种类等，有利于民众明确自己的权利与义务，在实践中遵守《中华人民共和国农产品质量安全法》。《中华人民共和国农产品质量安全法》颁布后，其内容涉及的许多方面如市场准入制度、农产品质量安全标准、检验检测制度等，这些制度的实施仅靠《中华人民共和国农产品质量安全法》是远远不够

的，需要另行设立单独法规、条例。我们就对尚未立法的制度尽快立法，设立《农产品市场准入管理条例》，对已经设立过的，但需要进行修订的法律进行修订，如加快修订《中华人民共和国标准化法》。省级行政部门还应根据我国农户生产的分散性、自发性的特点，制订适合各地方的法规、政策，把工作落实到各县级基层单位，执行到各村。

2.3.3.2 通过立法理顺政府各部门间的关系

现在世界各个国家采取的管理方式有三种，第一种是农业部门负责制，典型的就是加拿大的食品检验局；第二种是独立机构负责制，如英国的食品标准局；第三种是多部门共同负责制，美国就是由农业部、卫生与公共事业部和环境保护署共同负责的。新修订的我国《农产品质量安全法》规定我国采用的也是多部门负责制，由农业农村部、市场监督管理总局、卫生部海关总署等多个部门共同负责，并规定了各部门职责范围。我们应在多部门共同负责的基础上建立一个多层次、职能明确、管理有序、运行有效的农产品质量安全管理体系，明确各部门分工与职责，提高各部门的效率。

2.3.3.3 完善农产品质量安全标准

我们应统一农产品质量安全规划，确定农产品质量安全标准的原则与依据，加快制订与改进农产品质量安全标准的步伐，强化标准的实施与推广，构建我国的标准体系，保护消费者的农产品质量安全。农业标准化的对象主要是种子标准化、生产技术标准化和农产品标准化。

(1) 加大制定标准范围、修改落后标准、提高标准要求

我国的农产品质量安全标准与发达国家相比，数量太少。政府应加大标准所涉及的范围，把涉及农业投入品、农业资源环境、安全卫生和动植物检验、检疫管理规范等方面都建立强制性标准；参照我国社会发展与世界发达国家的标准，及时修改滞后的标准，提高现有标准的要求，形成一套全面系统、协调统一、层次清晰的农产品质量安全的强制性标准体系。建立一套激励机制，积极鼓励与指导行业与企业自行建立非强制性标准，建立一套涵盖产品品格规制、分析测试方法、生产技术规程、名词术语的推荐性标准。

(2) 加大标准制定的透明度、提高相关企业的参与度

目前在国家标准的制订过程中，作为标准实施主体的相关组织、协会、企业的参与程度低下。我们应把透明度原则体现在标准制订的各个环节中，并坚持协商一致的原则。在各地建立组织、协会、企业与政府联系的专门接待机构，广泛听取社会关于标准的意见与建议。制订标准前，在网络电视、报纸、杂志等公共媒介上公布标准制订计划，向社会发布标准制订征求意见书，吸取意见中对标准有利的部分。在情况允许下，也可以委托特定的组织或者协会作为标准的草拟单位或者开办听证会。

2.3.3.4　完善农产品质量安全的监管制度建设

目前我国的农产品质量安全检验、检测机构与社会需求尚有较大差距，在农产品质量安全监管制度方面尚待加强完善。国务院关于印发《质量发展纲要(2011—2020年)》的通知中提到，到2020年农产品和食品实现优质、生态、安全，牢固树立质量法治理念，坚持运用法律手段解决质量发展中的突出矛盾和问题；制定实施国家重点监管产品目录（其中就包括食品和食用农产品），强化城乡结合部和农村市场等重点区域，以及生产、流通、进出口环节质量安全监管，增强产品质量安全溯源能力，建立质量安全联系点制度，健全质量安全监管长效机制，强化食品质量安全风险预警机制。

参考文献

[1] 国务院关于印发"十三五"国家食品安全规划和"十三五"国家药品安全规划的通知[EB/OL].[2017-02-21]，http：//www.gov.cn/zhengce/content/2017-02/21/content_5169755.htm.

[2] 农业部关于印发《"十三五"全国农产品质量安全提升规划》的通知[EB/OL].[2017-03-13]，http：//www.moa.gov.cn/zwllm/tzgg/tz/201703/t20170313_5519727.htm.

[3] 农业部办公厅关于印发《2017年农产品质量安全工作要点》的通知[EB/OL].[2017-02-08]，http：//www.moa.gov.cn/sjzz/jianguanju/dongtai/201702/t20170208_5471007.htm.

[4] 中共中央关于制定国民经济和社会发展第十三个五年规划的建议[EB/OL].[2015-11-03]，http：//www.gov.cn/xinwen/2015-11/03/content_5004093.htm.

[5] 中华人民共和国国民经济和社会发展第十三个五年规划纲要[EB/OL].[2016-06-17]，http：//www.gov.cn/xinwen/2016-03/17/content_5054992.htm.

[6] 李祥洲，钱永忠，邓玉，等.2016年我国农产品质量安全网络舆情监测与分析[J].科学通报，2017，62（11）：1095-1102.

[7] 马英娟.走出多部门监管的困境——论中国食品安全监管部门间的协调合作[J].清华法学，2015，9（3）：35-55.

[8] 国务院办公厅关于印发国家食品药品监督管理总局主要职责内设机构和人员编制规定的通知[EB/OL].[2013-05-15]，http：//www.gov.cn/zwgk/2013-05/15/content_2403661.htm.

[9] 梅星星，喻春桂.食用农产品质量安全现状、存在问题及政策建议[J].中国食物与营养，2014，20（3）：5-9.

[10] 李硕，邓掌，曹进.从食用农产品产地准出和市场准入制度论我国食用农产品质量安全监管部门间的协调合作[J].食品安全质量检测学报，2017，8（7）：2377-2382.

[11] 洪涛.我国食品法律法规标准体系的建设与完善对策[J].食品科学技术学报，2013，31（6）：76-82.

[12] 张冬青.构建农产品质量安全标准体系的探讨[J].安徽科技，2013（1）：20-22.

[13] 李宏，李世鑫.农产品质量安全法律监管制度探究[J].湖北农业科学，2012，51（5）：1045-1048.

[14] 阿坝藏族羌族自治州农业局组.农产品质量安全法律法规汇编[M].北京：中国农业科学技术出版社，2012.

[15] 钱永忠，王芳.国外农产品质量安全监管及法律法规[M].北京：法律出版社，2010.

[16] 钱永忠，王芳，李耘.国外农产品质量安全立法[J].科学决策，2006，2：48-49.

[17] 法律出版社法规中心.中华人民共和国农产品质量安全法案例解读本[M].北京：法律出版社，2010.

[18] 李海勇. 我国农产品质量安全法律制度研究 [D]. 上海：华东政法大学，2011.
[19] 边红彪. 日本食品法律法规体系框架研究 [J]. 食品安全质量检测学报，2011，2 (3)：170-173.
[20] 李梁钰. 欧盟食品质量安全的法律制度研究 [D]. 西安：西北大学，2011.
[21] 冯忠泽. 我国农产品质量安全市场准入机制研究 [D]. 北京：中国农业科学院，2007.
[22] 胡兰英. 我国农产品质量安全体系建设构想 [J]. 农村经济，2004 (9)：6-8.
[23] 冯世超. 农产品质量安全法律制度研究 [D]. 北京：对外经济贸易大学，2007.
[24] 任大鹏. 农产品质量安全法律制度研究 [M]. 北京：社会科学文献出版社，2009.
[25]《农产品质量安全法释义》编写组. 农产品质量安全法释义 [M]. 北京：中国法制出版社，2006.
[26] 浙江省标准化研究院. 欧盟食品安全管理基本法及其研究 [M]. 北京：中国标准出版社，2007.

Chapter 03

第3章 农产品污染与食源性疾病

3.1 影响食品安全的因素

《中华人民共和国食品安全法》中指出：食品安全指食品无毒、无害，符合应当有的营养要求，对人体健康不造成任何急性、亚急性或者慢性危害。随着我国人民生活水平日益提高，追求生活质量成为人们的首要目标，其中食品安全更是日益受到社会的重点关注。2012年10月在厦门举行的中国食品安全国际研讨会上，与会的国内外专家一致认为：食源性疾病危害远超违法滥用添加剂，中国应尽早加大对食源性疾病的监测和预防。食源性疾病，指食品中致病因素进入人体引起的感染性、中毒性等疾病。自2011年国家食品安全风险评估中心对1000万人展开了为期一年的食源性疾病主动监测，每隔两周入户调查家庭居民是否存在因饮食不当导致腹泻或肠炎等。最终的监测结果显示，在一年中每6.5人中就有一人曾经发生过食源性疾病。由此推算，全国每年将有超过2亿人遭受过致病微生物引起的食品安全问题，因此，食源性疾病是我国食品安全的第一大敌，然后依次是农兽药残留等化学性污染和添加非法添加物。

食品生产是一个复杂的过程，其安全问题源自整个食物链的各个环节，同时也与人工生产的各个环节有关，在消费、使用过程中也会由于加工、仓储、运输、销售以及烹饪食用过程中产生对食品安全造成危害的各种因素。这些因素大体上可以分为影响食品安全的自然因素和人为因素，其中人为因素是影响食品安全的主要因素。

3.1.1 影响食品安全的自然因素

3.1.1.1 生物因素

（1）微生物污染

微生物可以直接或间接地通过各种途径污染食品，并不断地利用食品中的丰富营养进行侵入、生长繁殖，最后导致食品发生腐败变质，甚至可以引起食物中毒。微生物污染包括细菌性污染、病毒和真菌及其毒素的污染，其中细菌性污染是涉及面最广、影响最大的微生物污染。污染食品的微生物主要来源于土壤、水、空气和人及动植物，包括来自于土壤中的大多数细菌、放线菌、酵母菌和霉菌，来自生活用水的大肠杆菌、粪肠球菌和厌氧的梭状芽孢杆菌，来自海水中的假单胞菌属、无色杆菌属、不动杆菌属，来自空气中的 G^+ 球菌、G^+ 杆菌（特别是芽孢杆菌）以及酵母菌和霉菌的孢子。在食品的加工、储存、运输和销售过程中，微生物主要是通过水、空气、人及动物、用具及杂物四种途径污染食品，在食品食用前的各个环节如果没有有效控制食品微生物污染措施，极易引起食品微生物污染，严重时引起大范围人群食物中毒事件。

（2）寄生虫

随着生活饮食多样化，吃鲜活水产以及其他野生动物的人们逐渐增多，由此导致的食源性寄生虫病案例随之增加，使寄生虫病引起的食品安全问题日益突出。常见的污染食品的寄生虫有绦虫（包括囊尾蚴）、旋毛虫、肝片形吸虫、姜片虫、弓形虫、华支睾吸虫、横川后殖吸虫、异形吸虫等。不同种类的寄生虫污染食品的途径不同，其中囊尾蚴、旋毛虫、肝片形吸虫、弓形体原虫等常寄生于畜肉中，鱼贝类中常见的寄生虫有华支睾吸虫（肝吸虫病）、阔节裂头绦虫、猫后睾吸虫、横川后殖吸虫、异形吸虫、卫氏并殖吸虫、棘颚口线虫、无饰线虫等，姜片虫则常寄生于菱、茭白、荸荠等水生植物的表面。寄生虫及其虫卵直接污染食品或通过病人、病畜的粪便污染水体或土壤后，再污染食品，人经口摄入而发生食物源性寄生虫病。寄生虫在其寄生宿主内生存，通过争夺营养、机械损伤、栓塞脉管及分泌毒素给宿主造成伤害。

3.1.1.2 食品本身因素

有些食品本身就含有危害人体的有毒物质，仅仅采用清洗等方式不能去除毒性，甚至有些可以致命，例如新鲜黄花菜、四季豆、秋扁豆和河豚毒素等。新鲜黄花菜中含有秋水仙碱，它在人体内经氧化后会生成有毒物质。吃新鲜黄花菜中毒的症状多发生在食后数小时，出现类似于急性胃肠炎的腹泻。经过加工的干黄花菜由于秋水仙碱大部分在浸泡过程中已溶入水中，因此食用干黄花菜不会中毒。四季豆中含有的皂苷和胰蛋白酶抑制物均对人体有害，没有煮熟的四季豆毒性未除，食用1～4h后毒性发作，表现为头昏、恶心、呕吐，间或伴有腹痛和腹泻症状。煮熟的四季豆中有毒物质受热完全分解，所以不会引起人体中毒。秋扁豆中含有“植物血凝素”毒蛋白和溶血素，分别可促使人体血液凝固和人体器官溶血性损伤。在秋季成熟的扁豆中这种有毒蛋白和溶血素含量特别高，如果烧煮得不透，就会使食用者出现头痛、头昏、恶心呕吐等食物中毒症状。此外，苦杏仁、魔芋等本身含有可在人体内分解产生氢氰酸的苷类物质，河豚含有的河豚毒素，毒杯伞等野生毒蘑菇中的蕈毒素等，这些食品本身含有的毒性都对人体具有致命性。

3.1.2　影响食品安全的人为因素

3.1.2.1　化学因素

（1）农药残留

农药的发明和应用提高了农作物产量，但由于大量不合理使用，食品中的农药残留对人类健康造成的负面影响日益显露出来。农药残留是农药使用后残存于生物体、农副产品和环境中的农药原体、有毒代谢物、降解物和杂质的总称，有机磷农药、有机氯农药、拟除虫菊酯类农药是造成其残留污染的主要原因。一次摄入或接触大量农药药剂，可引起食用者急性中毒，在日常生活中超标残留的农药会在人畜体内积累，从而可能致畸、致癌、致突变等。农药残留主要通过直接用药造成污染、土壤中农药残留、大气和水体污染等几种途径来影响食品安全，农药残留超标所带来的食品安全问题已经成为人们普遍关注的焦点。在农作物的蔬菜中多种农药残留较普遍，有机磷残留量超标问题突出，表明我国农产品的质量亟待提高，建立健全食品安全基本保障体系迫在眉睫。

（2）化肥和植物生长调节剂

化肥和植物生长调节剂对食品安全的影响主要是过量使用导致农作物品质发生显著变化和地下水污染，并可能造成当前耕地退化和农产品质量下降。化肥的使用使农产品的产量大幅提高，但同时也对食品的安全及品质带来了影响，特别是硝酸铵等含硝酸根的化肥，会造成农产品中硝酸盐、亚硝酸盐的含量明显偏高。此外，化肥在生产过程中难免含有对人体有害的镉等重金属元素，由于土壤微生物不能及时降解重金属而使其在土壤中累积，参与食物链可能直接危及生态环境和人体健康，给食品安全带来了潜在的威胁。植物生长调节剂是人工合成的对植物生长发育有调节作用的化学物质。植物生长调节剂是人们在了解天然植物激素的结构和作用机制后，通过人工合成与植物激素具有类似生理和生物学效应的物质，通过有效调节作物的生长、生育过程，达到稳产增产、改善品质、增强作物抗逆性等目的。如果植物生长调节剂未按登记批准标签上标明的使用剂量、时期和方法来使用，可能会使作物过快增长，或者使生长受到抑制，甚至死亡，并对农产品的品质和人体健康产生影响和危害。

（3）食品添加剂

食品添加剂指为改善食品品质和色、香、味以及为防腐、保鲜和加工工艺的需要而加入食品中的人工合成或者天然物质。使用食品添加剂的目的有：①保持或提高食品本身的营养价值，如高铁酱油里的营养强化剂；②作为某些特殊食品的必要配料或成分，如婴幼儿配方食品中使用的酸度调节剂碳酸钾；③提高食品的质量和稳定性，如食用油中的抗氧化剂；④改进食品感官特性，如冰淇淋中的乳化剂；⑤便于食品生产、加工、包装、运输或者储藏，如水果罐头里的防腐剂。食品添加剂大大促进了食品工业的发展，并被誉为现代食品工业的灵魂。需要说明的是：近年来出现在鸭蛋中的苏丹红、奶粉中的三聚氰胺等典型食品安全事件并不属滥用食品添加剂，而是违法添加属于对人体有害的非法添加物，公众谈食品添加剂色变，更多的原因是混淆了食品添加剂和非法添加物的概念。食品添加剂的广泛应用方便了人们的生活，合理地添加食品添加剂可以提高食品的感官质量，增加食物的储藏期限，满足人们的不同需要。但由于食品添加剂多为化学物质，过度滥用将会给食品安全造成较大威胁，与之相关的食品安全问题也一直受到人们的关注。食品添加剂，特别是化学合成的食品添加剂大多有一定的毒性，所以使用时要严格控制使用量。食品添加剂的毒性除与物质本身的化学结构和理化性质有关外，还与其有效浓度、作用时间、接触途径和部位、物质的相互作用与机体的机能状态等条件有关。因此，食品添加剂的安全使用非常重要。可能导致滥用食品添加剂的有：渍菜和葡萄酒中的着色剂，水果冻和蛋白冻中的着色剂、防腐剂和酸度调节剂，面点和月饼中的乳化剂、防腐剂，糕点中的膨松剂、增稠剂、甜味剂，肉制品和卤制熟食中的护色剂等。

(4) 非法添加物

非法添加物目前尚未有明确定义，通常是指不属于传统上认为是食品原料的，不属于批准使用的新资源食品的，不属于卫生部公布的食药两用或作为普通食品管理物质的，未列入我国食品添加剂［《食品添加剂使用卫生标准》(GB 2760) 及卫生部食品添加剂公告］、营养强化剂品种名单［《食品营养强化剂使用卫生标准》(GB 14880) 及卫生部食品添加剂公告］的，以及其他我国法律法规允许使用物质之外的物质。国务院食品安全委员会办公室已公布了上百种食品和饲料中非法添加物"黑名单"，防范非法添加物进一步影响和损害我国人民的身体健康，建立良好的食品安全条件和环境。在"黑名单"中作为典型的非法添加物有：腐竹中的吊白块，辣椒中的苏丹红，腐皮中的王金黄，面食制品中的硼砂，乳及乳制品中的三聚氰胺，酱油中的毛发水等。

经新闻媒体报道的，近年影响较大的有关非法添加物食品安全事件有：

① 三鹿"三聚氰胺奶粉"事件。2009 年 1 月 22 日三鹿"三聚氰胺奶粉"案终审宣判。自 2008 年 7 月全国各地陆续收治婴儿泌尿系统结石患者多达 1000 余人，经中华人民共和国卫生部调查证实由于三鹿集团在生产婴幼儿配方奶粉时人为加入三聚氰胺所致。

② 三聚氰胺重现事件。2010 年 7 月三聚氰胺超标奶粉事件"卷土重来"：在青海一家乳制品厂检测出三聚氰胺超标达 500 余倍，而原料来自河北等地。事件发生后立即严肃查处，杜绝问题奶粉流入市场，彻底查清其来源与销路，坚决予以销毁，并依法追究当事人责任。

③ 瘦肉精事件。2011 年 3 月 15 日央视"3·15"特别节目曝光，宣称"十

八道检验、十八个放心”的双汇集团对猪肉不检测“瘦肉精”，河南孟州等地添加“瘦肉精”养殖的有毒生猪可以顺利卖到双汇集团旗下公司。消息曝光后，河南多家商场紧急下架双汇食品。

④ 毒血旺事件。2011 年 3 月 17 日，重庆市工商局下属执法部门在九龙坡区白市驿一家没有任何手续的加工厂内突击检查，查获 2.5t 用福尔马林浸泡的血旺。由于福尔马林被世界卫生组织定性为让人致癌和致畸形的物质。因此，这种方式制作的血旺也被称为“毒血旺”。

⑤ 地沟油事件。据估计，目前我国每年返回餐桌的地沟油有 200 万～300 万吨，地沟油中的黄曲霉毒素强烈致癌，对人体健康损害严重。

3.1.2.2 环境污染因素

随着工业化高度发展带来的环境污染日趋严重，环境污染产生的有毒有害物质进入食品而使食品的营养价值和品质降低或对人体产生不同程度的危害。环境中能够对食品安全造成影响的污染物是多种多样的，污染物主要来源于工业、采矿、能源、交通、城市排污及农业生产。

① 大气污染是主要的环境污染来源之一，具体包括来自矿物燃料燃烧（如煤和石油等）和工业生产。矿物燃料燃烧产生二氧化硫、氮氧化物、碳氧化物、碳氢化合物和烟尘等，工业生产随所用原料和工艺不同而排出不同的有害气体和固体物质（粉尘），常见的有氟化物、各种金属及其化合物。大气污染物可以直接被人和动植物吸收，也可通过沉降和降水而污染水体与土壤，进入食物链，危及人类饮食安全。

② 水体污染引起的食品安全问题，主要是通过污水中的有害物质在动植物中累积而造成的。水体污染物通过污水灌溉对陆生生物施加影响，污灌可以使污染物通过植物的根系吸收，向地上部分以及果实中转移，使有害物质在作物中累积。同时，有害物质也可直接进入水生动物体内并蓄积。

③ 土壤污染的主要原因是向土壤施肥、施用农药、污水灌溉、堆放废弃物，以及大气中的污染物沉降到土壤中。当进入土壤的污染物不断增加，会导致土壤结构严重破坏，引起土壤微生物和小型动物的减少或死亡，会使农作物的产品质量和产量显著降低，收获的作物体内毒物残留量升高，从而影响食物安全。

此外，对食品安全的环境污染影响来源往往是相互关联的，大气、水体和土壤会产生立体多重效应影响食品安全。如在某些工厂附近的大气中，含有许多重金属微粒，如镉、铍、锑、铅、镍、铬、锰、汞、砷等。这些有毒污染物可以降落在农作物上、水体和土壤中，然后被农作物吸收并富集于蔬菜、瓜果和粮食中，通过食物和饮水在人体内蓄积，造成慢性中毒。此类污染物对人机体的危害在短期并不明显，但经过长期蓄积会引起长期效应，可能会影响神经系统、内脏功能和生殖、遗传等过程。

3.1.2.3 管理因素

（1）法律法规、标准缺乏系统性和完整性

在任何国家，食品安全都需要相关成熟的法律法规来予以保障，我国现行的食品安全法律体系构建较晚，是随着社会经济发展和人们生活进步的要求而逐步形成的。由于法律法规和标准体系仍有待完善，所以我国的食品安全法律法规缺乏一些西方发达国家相关法律法规的科学原则，如获得各国一致认可的确保食品安全制度的整体性原则、预防性原则、风险分析原则、科学原则、可追溯制度、召回制度等。或者以上部分原则和内容在我国法律法规中有所体现，但这些法律法规与有效保障人民身体食品安全还存在着诸多不完善。同时，我国的食品安全管理体系还存在着多头管理、多重标准、效率低下等问题，其应有的执法效果和作用仍有待进一步加强。

（2）食品安全科技成果和技术储备不足

由于我国的发展中国家地位和特殊国情决定了之前我国食品科技成果主要是围绕解决食物供给数量而建立起来的，对于食品质量安全问题的关注相对较少。我国还没有与国际接轨的食品安全危险性评估技术，可应用的食品安全科技成果数量较少，质量不高。与发达国家相比，我国现行食品安全危害关键检测和控制技术仍然比较落后，清洁生产和产地环境净化技术缺乏且没有得到广泛应用，导致环境污染严重，食品安全受到严重威胁。目前，经过重新认识食品安全重要性和调整食品安全管理思路后，重视食品安全评估与检测技术将成为今后食品安全科技发展的重点，可以预见我国将快步跟进和追赶发达国家食品安全科技水平。

（3）缺少知识全面的监督管理队伍

由于我国食品安全的法律法规、标准不够完善，以及食品安全科技成果和技术储备不足，导致我国食品安全监督管理的频率和效果不佳，存在着执法不规范、尺度不一致等问题，应对突发食品安全事件准备不足，食品安全监督管理在地级市和县等地区仍有较大提升空间。但是具有较高职业素质和技术水平的专业技术人员数量不足，对于一些关键技术的操作人员十分缺乏，特别是缺乏县一级食品安全的专业执法技术人员。这种情况导致食品安全执法基层对许多技术问题处理过于简单，监督力度不足，产生许多难以预料的食品安全事件。

3.2 食源性疾病现状

我国《食品安全法》中对食源性疾病定义为：指食品中致病因素进入人体引起的感染性、中毒性等疾病；WHO对食源性疾病的定义为：凡是通过摄食进入人体内的各种致病因子引起的、通常具有感染性质或中毒性质的一类疾病；美国FDA对其定义为指由于食用受污染的食品或者饮料而引起的疾病。根据以上的定义可以看出，不同国家和组织对食源性疾病的认识均达成了共识：是由食品中病原导致的人体感染或中毒的一类疾病。食源性疾病的病因主要有：病毒、细菌、寄生虫、毒素、重金属以及有毒化学物质等，此类疾病对人群健康的影响极大，无论是发达国家还是发展中国家，食源性疾病都时刻威胁着人群的健康和生命。

随着食品工业的规模化、食品的快速流通以及饮食习惯的变化，甚至全球化旅游人群的增加都是食源性疾病发病率升高、扩散速度加快的重要原因，食源性疾病已经成为全球公共卫生面临的最严峻挑战之一。急性腹泻是食源性疾病的主要临床症状。腹泻病构成全球食源性疾病的一半以上负担，造成每年约5.5亿人次患病和23万例死亡。食源性疾病的风险在低收入和中等收入国家最严重，这与用不安全的水制备食物、卫生条件差和食品生产及储存条件不足以及食品安全立法或此类法律执法不严有非常大的关系。目前世界上只有美国、英国、加拿大及日本等国家建立了食源性疾病年度报告制度，其中美国每年约有7200万人（占总人口的30%左右）发生食源性疾病，均有完整和全面的食源性疾病报告。而发展中国家的问题比发达国家情况要严重许多，发展中国家食源性疾病的种类较多，常见的有霍乱、空肠弯曲菌、大肠杆菌、沙门氏菌感染等，腹泻发病率和死亡率较高。2015年世界卫生组织调查显示，据保守估计，全球每年有高达6亿人因食用受到污染的食品而生病，每年全球食源性疾病导致42万人死亡，其中五岁以下儿童处于特高风险，尽管五岁以下儿童仅占全球人口的9%，但他们却几乎占食源性疾病死亡人数的30%。

尽管世界各国卫生部门在预防和控制食物中毒方面采取了一系列有效措施，积极开展食品安全专项整治工作并取得了一定效果，但从整体上看，各种生物性和化学污染尚未得到根本控制，食品安全和食源性疾病预防控制工作仍非常艰巨。

3.2.1 细菌性食物中毒

细菌性食物中毒（bacterial food poisoning）是指由于进食被细菌或其细菌毒素所污染的食物而引起的急性中毒性疾病。其中前者也称为感染性食物中毒，病原体有沙门氏菌、副溶血性弧菌（嗜盐菌）、大肠杆菌、变形杆菌等；后者称为毒素性食物中毒，由进食含有葡萄球菌、产气荚膜杆菌及肉毒梭菌等细菌毒素的食物所引起。细菌性食物中毒是食物中毒中最常见的一类，具有发病率高而死亡率低的特点，其食物中毒的特征通常为：潜伏期短，集中爆发性发病，多发生于夏秋季，临床表现以急性胃肠炎为主，肉毒梭菌毒素中毒以眼肌、咽肌瘫痪为主，多数在2～3日内自愈。

细菌性食物中毒根据发病机理分为两类：

(1) 感染型中毒

沙门氏菌、副溶血性弧菌、变形杆菌、致病性大肠杆菌等有害细菌在食品中大量繁殖时，人食用了含有大量活菌的食品后使肠道黏膜受感染而发病。患者临床表现症状多为发热和腹泻，如沙门氏菌食物中毒时体温可达 38～40℃，伴有恶心、呕吐、腹痛、无力、全身酸痛、头晕等，严重病例可发生抽搐甚至昏迷，老、幼、体弱者若不及时抢救，可发生死亡。副溶血性弧菌食物中毒发病急、体温不高、腹痛、腹泻、呕吐、脱水、大便为黄水样或黄糊状，25%病例大便呈血水样或洗肉水样，病程 1～7 日后多可恢复。此类有害细菌在人们日常生活的食品中分布广泛，包括肉类、动物内脏、蛋类及水产品中。

(2) 毒素型中毒

由细菌在食品中繁殖时产生毒素引起的中毒，食品中没有产毒的活菌仍然可能引起中毒，此类细菌如葡萄球菌、产气荚膜杆菌及肉毒梭菌。葡萄球菌肠毒素食物中毒患者临床表现症状为恶心、剧烈反复呕吐、上腹痛、腹泻等。肉毒梭菌毒素中毒的主要症状为头晕、头痛、视力模糊、眼睑下垂、张目困难、复视，随之出现吞咽困难、声音嘶哑等，最后可因呼吸困难而死亡。细菌毒素中毒的患者一般体温正常、意识清楚。引起葡萄球菌肠毒素中毒的食品有奶油、乳制糕点、奶酪、肉制品，以及剩饭、剩粥、糯米凉糕、含奶冷食等。引起肉毒梭菌中毒的食品与当地生活习惯有关，多为家庭自制食品引起，如美国多由家庭自制蔬菜及水果罐头传播，欧洲一些国家则主要经火腿、腊肠及其他肉制品传播，俄罗斯及日本以鱼制品为主，中国则以臭豆腐、豆酱、豆豉、面酱等发酵豆制品为主。

3.2.2 食源性肠道传染病

肠道是指人体内脏器官的大肠和小肠，是人体消化道的一部分。我们日常的饮用水及食物被病原体污染后，病原体经人的口腔进入肠道繁殖并释放毒素，使肠黏膜组织破坏，引起肠道功能紊乱进而严重影响人的身体健康。被传染的患者由粪便中排出病原体，病原体可能将再次传染他人，由此形成的传染病称为肠道传染病。当感染肠道传染病后，患者发病时临床表现会有恶心、呕吐、腹痛、腹泻、食欲不振等胃肠道症状，有些伴有发热、头痛、肢体疼痛、全身中毒症状，若治疗不及时，可引起严重的并发症甚至死亡。肠道传染病的重要媒介是水和食物，其传染途径主要有：传染患者的粪便、呕吐物排入水源，以及洗涤被病原体污染的衣裤、器具和手等都可使水受到污染，存放食物的容器、餐具和媒介昆虫都可使食物受到污染。肠道传染病包括细菌引起的霍乱、伤寒、细菌性痢疾，病毒引起的病毒性肝炎、脊髓灰质炎（小儿麻痹）等。肠道传染病发病突然，症状严重，传染性很强，给人们的健康和生活造成很大的威胁。夏季来临时，由于气温高、湿度大，食物易受肠道传染病的病原体污染，同时人体消耗大，免疫力也相对较弱，决定了夏季是食源性肠道传染病的高发季节。

(1) 霍乱

霍乱是由霍乱弧菌（*Vibrio cholerae*）所导致的烈性肠道传染病。霍乱的传染性极强，在水和食物中污染后易导致疾病大流行。一旦发生大流行，短时间出现的大量病人难以妥善安置，易造成大面积恐慌，因此，长期以来将其作为甲类传染病重点防控。霍乱临床表现以呕吐或腹泻大量米汤样排泄物、严重失水、肌肉痉挛及无尿为特征，多因休克、尿毒症及酸中毒死亡。霍乱弧菌可经水、食物、苍蝇以及日常生活接触而传播，在水中存活时间五至数十天，被污染的水可使许多生冷食品受到污染，食物传播的作用仅次于水，霍乱弧菌在食品上的存活时间可达1～2周或更长。由于霍乱传播快，常引起世界性大流行，造成严重的社会影响。1993年1月孟加拉国南部发病1万例，病死率达5%，且疫情迅速蔓延至泰国、中国、马来西亚等国。1993年5～9月，新疆阿克苏及喀什地区的5个县（82.5%的病例在柯坪县）发生O139霍乱的暴发流行，病人200例，带菌者225例，总发病率1.29人/10万人，病死率2%，人群感染率2.74人/10万人。1994年4～5月缅甸发生O139霍乱暴发流行，美国、英国、新加坡和中国香港等国家或地区均有输入性病例报告。2010年由于海地地震污染水源，造成当地霍乱流行，统计表明，至2010年12月19日，有10万余人染病，导致2535死亡病例。目前，每年有550万人感染霍乱，其中12万人丧生。5岁以下儿童死亡病因中霍乱占1/5。

(2) 伤寒

伤寒是由伤寒杆菌引起的急性消化道传染病。伤寒主要病理变化为全身单核-巨噬细胞系统的炎性增生反应，病变镜检的显著特征是以巨噬细胞为主的细胞浸润，巨噬细胞内可见吞噬了的淋巴细胞、红细胞、伤寒杆菌及坏死组织碎屑，称为“伤寒细胞”。伤寒发病潜伏期为7～23天，多数10～14天，整个病程4～5周，典型病例以持续发热、相对缓脉、脾大、玫瑰疹和血白细胞减少等为特征，主要并发症为肠出血和肠穿孔。患者初始感觉疲倦、无力、无食欲，常有肚胀、腹泻或便秘等症状，随后发高烧，两周左右逐渐退烧。发病第二周患者身上还会出现淡红色疹子，脾脏会肿大，病重者还可能有神志不清、烦躁不安、说胡话等症状，后期还可能发生肠出血或肠穿孔。人是伤寒杆菌的唯一宿主，被患者或携带者的排泄物污染的水或食物是疾病的主要传染源。

(3) 细菌性痢疾

细菌性痢疾是由痢疾杆菌引起的肠道传染病。患者临床主要症状有畏寒、发热，主要为腹痛、腹泻，每日大便数次至十余次不等。痢疾潜伏期为数小时至7天，平均1～2天，急性期一般数日即愈，少数病人病情迁延不愈，发展成为慢性菌痢，可反复发作。痢疾根据病情的轻重缓急可分为“二期”“六型”，分别为：急性菌痢（急性期）普通型、轻型和中毒型3种类型，慢性菌痢（慢性期）慢性迁延型、急性发作型及慢性隐匿型3种类型。急性菌痢一般预后良好，经一周左右的治疗大多痊愈，如在急性期治疗不及时、不彻底的情况下，易病程迁延发展为慢性病变。中毒型菌痢的死亡率约为8%～10%，我国现已降至1.5%以下，中毒型菌痢病人中80%为儿童，以1～7岁最多见，约占小儿中毒型菌痢的80%以上。临床中死亡率最高的中毒型约为80%，休克型占10%，余下10%为混合型，偶可见并发呼吸窘迫综合征。细菌性痢疾常年散发，患者及家属有必要认识疾病发生情况，避免在家庭成员之间传播。

(4) 病毒性肝炎

病毒性肝炎是由嗜肝病毒（肝炎病毒）引起的法定乙类传染病。病毒性肝炎病理上以肝细胞变性、坏死、炎症反应为特点，患者临床表现为恶心、呕吐、厌油、乏力、食欲减退、肝肿大、肝功能异常，具有传染性较强、传播途径复杂、流行广泛、发病率高等特点。目前，已确定的有甲型、乙型、丙型、丁型及戊型病毒性肝炎五种类型，其中甲型和戊型病毒性肝炎主要表现为急性肝炎，乙型、丙型、丁型病毒性肝炎可呈急性肝炎或慢性肝炎表现，并有发展为肝硬化和肝细胞癌的可能。不同类型的病毒性肝炎传播途径不尽相同，如甲型病毒性肝炎及戊型病毒性肝炎主要通过消化道传播，病毒通过污染食物或水源而引起大范围的流行。1988年由于食用受病毒污染的毛蚶在上海引起新中国成立以来最大一次甲型肝炎流行，1986年9月～1988年4月由于水源污染使新疆南部暴发戊型肝炎流行。乙型、丙型及丁型病毒性肝炎是通过血液、体液途径及母婴垂直传播，2006年统计数据显示我国1～59岁人群乙肝表面抗原携带率为7.18%，属于中流行地区。虽然五种类型病毒性肝炎的病原和病程均有所不同，病程在6个月之内的为急性肝炎，病程超过6个月为慢性肝炎。由于病毒感染的潜隐性，对于乙型、丙型、丁型病毒性肝炎，即使患者不能提供6个月以上的病史也不一定能排除慢性肝炎的可能。病毒性肝炎是一种感染性疾病，不同病原所引起的临床特征及转化有所差异，应根据病原学指标及临床特征来确定肝炎的临床类型，以便防止扩散传染和对症治疗。

(5) 脊髓灰质炎

脊髓灰质炎是由脊髓灰质炎病毒引起的急性传染病。脊髓灰质炎的传染源是患者及病毒携带者，其中隐性感染者及无症状患者由于不易被发现且数量较多，故为主要传染源。脊髓灰质炎病毒主要是经口侵入，在病前3～5日至发病后1周左右亦可经呼吸道由飞沫侵入人体。人群对本病普遍易感，感染能产生对同型病毒的持久免疫力。新生儿由于从母体内获得抗体而不易患病，生后3～4个月抗体降至最低水平。脊髓灰质炎一般多发生于小儿，部分患者可发生弛缓性神经麻痹，故又称“小儿麻痹症”。感染后不发病但能通过感染而获得免疫力者，称为隐性感染，隐性感染者远比发病者多，约占流行期的90%以上，而出现麻痹的病例仅占其中的极少数，一般少于1%。然而，一旦发生麻痹往往留有不同程度的后遗症，严重者甚至终身残疾。

3.2.3 食源寄生虫病

食源性寄生虫病是指通过食用被寄生虫感染或污染的食物而传播的疾病。随着人们生活水平的不断提高，一些人喜食用生、冷、偏、怪的食物以追求口感刺激，导致食源性寄生虫病的发病率显著上升，这已成为影响食品安全和人民健康的因素之一。据统计，可经食物和水感染的食源性寄生虫病有 40 余种，在我国流行和危害比较严重的近 10 种，包括猪/牛带绦虫病、旋毛虫病、弓形虫病、华支睾吸虫病、卫氏并殖吸虫病和广州管圆线虫病。

（1）猪/牛带绦虫病

猪/牛带绦虫病是猪带绦虫（链状带绦虫）和牛带绦虫（肥胖带绦虫）引起的人体肠道绦虫感染。患有该病患者一般无明显症状，有报道最多为 19 条临床症状，可有腹痛恶心、消化不良、腹泻体重减轻，虫数多时偶可发生肠梗阻，患者多以粪便中发现节片而就诊。人在食用未煮熟的牛肉时感染牛带绦虫，但引起的绦虫病通常对人体健康的影响很小。但与此相对应的猪带绦虫病是人在食用生的或未煮熟的猪肉时发生感染（猪带绦虫）而患上的，猪带绦虫感染后可引起危险性极高的囊虫病。囊虫病是在幼虫阶段（囊尾蚴）感染绦虫，在人体内囊尾蚴可在肌肉、皮下组织、眼睛和大脑等若干组织内发育，处在中枢神经系统的囊尾蚴会引起脑囊虫病，即囊虫病最严重的形式。由于囊虫病可使人患癫痫并造成死亡，并影响食用牲畜肉类的食用安全性，因此，该病会对非洲、亚洲和拉丁美洲发展中国家自给农业社区居民的健康和生活带来显著影响。我国在西藏和四川等少数民族聚居地区猪/牛带绦虫病发病严重，主要因牧民生食牛肉所致。调查显示，在猪带绦虫病严重的流行区，居民爱吃生的或未煮熟的猪肉，如云南省少数民族用生猪肉制作菜肴，熏肉、腌肉不再经火蒸煮，“生片火锅”“过桥米线”及猪肉包子或饺子等食物因蒸煮时间过短而易患囊虫病。而城市地区人患病是因烧烤盛行，习惯于食用烤猪、牛肉的居民增多而感染率呈上升趋势。

（2）旋毛虫病

旋毛虫病是由旋毛线虫引起的人畜共患寄生虫病，人因生吃或半熟食含旋毛虫囊包的猪肉等而感染，主要临床表现为胃肠道症状，发热，肌痛、水肿和血嗜酸粒细胞增多等。人食入含有活旋毛虫囊包的不熟肉类后，经胃液消化在十二指肠释出幼虫，经 5～7 天幼虫蜕皮后发育为成虫。成虫寄生于小肠上部的黏膜上皮层内，雌虫受精后产卵孵化为幼虫，小肠黏膜受幼虫侵袭而充血、水肿，患者可有腹痛、腹泻、恶心、呕吐等症状，持续 3～5 天自行缓解。幼虫排出后即钻入淋巴管或小静脉并随体循环到达全身各处，主要在横纹肌，尤其是膈肌、舌肌及其他活动较多的肌肉内成囊，囊内幼虫可存活多年，但成虫寿命仅 1 个月左右。鼠、家猪、犬、野猪、熊等均可为其宿主，人们常因进食不熟的带绦虫猪肉或其他肉而受感染。旋毛虫病在世界各地分布发生，以欧美的发病率为高，国内主要流行于有生食猪肉习惯的云南、西藏、四川等地。

(3) 弓形虫病

弓形虫病是由刚地弓形虫所引起的人畜共患病，在人体多为隐性感染。患者临床表现复杂，其症状和体征缺乏特异性，主要影响眼、脑、心、肝、淋巴结等器官，成人免疫功能缺损（如有艾滋病、恶性肿瘤、器官移植等），弓形虫病易呈引起全身播散性损害。弓形虫几乎可以感染各种类型细胞，从入侵部位进入血液后散布全身并迅速进入单核-巨噬细胞以及宿主的各脏器或组织细胞内繁殖，被侵染细胞死亡后逸出的原虫（速殖子）又可侵入邻近的细胞，如此反复不已，造成局部组织的灶性坏死和周围组织的炎性反应。孕妇感染后病原可通过胎盘感染胎儿，直接影响胎儿发育，致畸严重，成为人类先天性感染中最严重的疾病之一。弓形虫病多流行于有生食肉及肉制品的地区，例如法国人由于普遍有饲养宠物和吃生小牛肉的习惯，人群弓形虫感染率高达80%以上。弓形虫病传播途径可分为先天性和获得性两种：先天性系胎儿通过子宫内从母体获得感染，获得性感染方式主要是吃了未煮熟的肉、乳、蛋及未洗净的水果及蔬菜等感染。

(4) 华支睾吸虫病

华支睾吸虫病是由华支睾吸虫即肝吸虫寄生在人肝胆管内所引起的以肝胆病变为主的一种人兽共患寄生虫病，也称为肝吸虫病。华支睾吸虫病的临床症状轻重悬殊，轻者常毫无症状。一般病例大多呈消瘦、倦怠乏力、食欲减退、腹泻(时断时续，或成慢性)、腹痛、腹部饱胀等慢性消化道症状。重度感染者除上述症状外，可出现全身浮肿、腹水、脾大、贫血等类似肝硬变的症状，或营养不良、生长停滞等发育障碍的症状。人体感染是因为食入含有华支睾吸虫活囊蚴的鱼或虾所致，寄生在肝胆管内虫体运动的机械性刺激和虫体代谢产物的作用会导致胆管上皮损伤，胆管阻塞，从而引起华支睾吸虫病，临床表现为胆管胆囊炎、胆石症和儿童发育障碍等，重者可发生肝硬化。华支睾吸虫囊蚴可以寄生在鱼类的体表和体内，70%以上分布在背部的肌肉内，人生吃或吃未熟鱼、虾是引起感染华支睾吸虫病的主要原因。华支睾吸虫病主要分布在日本、朝鲜、韩国、越南北部地区，在我国流行较严重的有广东省、广西壮族自治区、台湾省、湖南省、江西省、四川省的部分地区和东北三省朝鲜族居民聚居地。

(5) 卫氏并殖吸虫病

卫氏并殖吸虫病又称肺吸虫病，是由卫氏并殖吸虫童虫、成虫在组织器官中移行、窜扰、定居所引起的疾病。卫氏并殖吸虫，全称卫斯特曼氏并殖吸虫，是人体并殖吸虫的重要虫种之一，其成虫主要寄生于肺。卫氏并殖吸虫引起的以肺部病变为主的全身性疾病，主要临床表现为咳嗽、咳出铁锈色或烂桃样痰、胸痛、咯血等症。因虫体不仅对组织破坏大，又有游走特性，可造成身体任何组织和器官的新、旧病变，故临床表现极为复杂。卫氏并殖吸虫病的致病原因主要包括：童虫或成虫在人体组织与器官内移行、寄居造成的机械性损伤，及其代谢物等引起的免疫病理反应。该病潜伏期不易确定，感染后可长期无症状，多数在感染后半年左右缓慢发病，也可再一次重症感染后急性发病，临床表现随虫体寄生的部位不同而异，以胸、腹、脑损害的表现为多见。卫氏并殖吸虫病分布流行于亚洲、非洲、拉丁美洲和南美洲，在我国分布于24个省或地区，尤以浙江、安徽、东北各省广泛分布，患病主要是由于人食用生或未煮熟并含有并殖吸虫囊蚴的蟹类、喇咕和沼虾等，或饮用含囊蚴的污水而感染。

（6）广州管圆线虫病

广州管圆线虫病是指由广州管圆线虫幼虫在人体内移行，侵犯中枢神经系统引起以急性剧烈头痛为主要表现的嗜酸性粒细胞增多性脑膜炎或脑膜脑炎。广州管圆线虫病以脑脊液中嗜酸性粒细胞显著升高为特征，最明显症状为急性剧烈头痛、颈项僵直，伴有颈部运动疼痛、恶心、呕吐、低度或中度发热。该病主要分布在热带和亚热带地区，在太平洋地区某些岛屿及东南亚一些国家早就有散布或暴发性嗜酸性粒细胞增多性脑膜炎，但直至20世纪60年代才明确此病与广州管圆线虫寄生有关，人类患广州管圆线虫病于1944年在我国台湾省首次被发现。广州管圆线虫的终宿主为哺乳动物，主要是鼠类，如黑家鼠、褐家鼠、黑线姬鼠、黄毛鼠等，成虫寄生于鼠类的肺动脉内。人类不是广州管圆线虫的正常宿主，只是转续宿主之一。人除了食用生的或未熟的各种中间宿主可能被感染外，还可能因食用生的或未熟的转续宿主而感染，其转续宿主包括鱼、蛙、蛇以及鸟禽类等，目前，人感染最多的是通过福寿螺和褐云玛瑙螺。1997年10月，浙江温州105人在酒店因吃未煮熟福寿螺制成的凉拌“辣味螺肉”致使47人致病。2006年6～7月，北京市某医院对141例广州管圆线虫病患者进行病情分析表明，其中140例都吃过未煮熟福寿螺制成的“凉拌螺肉”。

3.2.4　食源变态反应性疾病

食源变态反应（food allergy）也称为消化系统变态反应（allergic reaction of digestive system）或过敏性胃肠炎（allergic gastroenteritis）、食物过敏（food allergy）等，是由于某种食物或食品添加剂等引起的免疫球蛋白（IgE）介导和非免疫球蛋白介导的免疫反应，而导致消化系统内或全身性的变态反应。食源变态反应抗原指的是能引起免疫反应的食物抗原分子，几乎所有食物抗原分子都是蛋白质，大多数为水溶性糖蛋白，而单一食物可能含有几种不同的变态反应抗原。食源变态反应有以下特点：

① 任何食物可诱发变态反应。常见的食源变应原为牛奶、鸡蛋、大豆，其中牛奶和鸡蛋是最常见的强变应原致敏食物，花生、海鲜和坚果也属常见的变应原致敏食物。虽然任何食物均可致敏，但约90%过敏反应是由少数食物引起的。

② 食物中仅部分成分具变应原性：以牛奶和鸡蛋为例，牛奶中至少有5种具变应原性，其中以酪蛋白、乙种乳球蛋白（β-lactoglobulin，β-LC）变应原性

最强。鸡蛋中蛋黄具有相当少的变应原，蛋清中的卵白蛋白和卵类黏蛋白为鸡蛋中最常见的变应原。

③ 食物变应原性的可变性：加热可使大多数食物的变应原性降低。胃的酸度增加和消化酶的存在可减少食物的变应原性。

④ 食物间存在交叉反应性：不同的蛋白质可有共同的抗原决定簇，使变应原具交叉反应性。许多食源变态反应病例表明：至少50%牛奶过敏者也对山羊奶过敏，对鸡蛋过敏者可能对其他鸟类的蛋也过敏。交叉反应不存在于牛奶和牛肉之间，也不存在于鸡蛋和鸡肉之间。植物的交叉反应性比动物明显，如对大豆过敏者也可能对豆科植物的其他种类如扁豆、苜蓿等过敏。患者对花粉过敏也会对水果和蔬菜有反应，如对桦树花粉过敏者也对苹果、榛子、桃、杏、樱桃和胡萝卜等有反应，对艾蒿过敏者也对伞形酮类蔬菜如芹菜、茴香和胡萝卜有反应。

⑤ 对食物的中间代谢产物过敏：一些致敏性食品，是经过与消化液的反应后才具有致敏活性，患者多在进食后2～3h出现过敏症状，此种情况极为少见。

食源变态反应临床表现的严重程度，与食物中变应原性的强弱和宿主的易感性有关。IgE介导的食物变态反应临床症状出现较快，可在进食后几分钟到1～2h，有时极微量就可引起十分严重的过敏症状。食源变态反应的症状出现具有先后次序，通常最早是皮肤、黏膜症状。呼吸道症状如哮喘出现较晚或不出现，但严重者常伴呼吸道症状，食物诱发的哮喘在婴儿比较多见，除吸入所致者外，一般均合并其他过敏症状。成人食物虽可诱发多种过敏症状包括休克在内，但诱发哮喘的较少。食物一般不引起变应性鼻炎，变应性鼻炎作为食物变态反应的唯一症状更是十分罕见。非IgE（即IgM、IgG或几种抗体联合）介导的食源变态反应Ⅱ型、Ⅲ型、Ⅳ型免疫病理均可涉及，有些食物不良反应涉及非IgE的免疫机制。发生的食源变态反应中涉及Ⅱ型者如牛奶诱发的血小板减少；涉及Ⅲ型和Ⅳ型者，如疱疹样皮炎、麸质致敏肠病、牛奶诱发肠出血、食物诱发小肠结肠炎综合征、食物诱发吸收不良综合征等。此外，食源变态反应可以引起严重的过敏反应并发症，并可能导致休克等后果。食源变态反应临床中肠道外症状最常见的表现为：血管神经性水肿和各种皮疹、湿疹，以及鼻炎、结膜炎、复发性口腔溃疡、支气管哮喘、过敏性紫癜、心律失常、头痛眩晕等，甚至可引起过敏性休克的全身反应，婴儿期食物过敏尚有发生猝死综合征的报道。

食源变态反应的鉴别诊断往往通过详细的病史、皮肤试验或放射变应原吸附试验（RAST）结果来进行判定，由于食物过敏引起的症状具有多样性和非特异性，因此，在诊断中还应与非变态反应所引起的消化道和全身性疾病相区别，如各种原因引起的消化不良、胆石症、炎症性肠病、乳糜泻等。此外，还要引起重视的是：食用某些食物后引起的不良反应，不能都认为是食物过敏，应将变态反应与其他异常反应区别对待，以防误诊。食物异常反应（abnormal reaction of food）是一个总的概念，适用于由摄入的食物和（或）食物添加剂引起的所有异常反应。其主要包括人体对食物成分或添加剂引起的免疫反应（IgE 介导和非 IgE 介导的免疫反应）及非免疫性副反应，如食物不耐受、食物中毒、药理样食物反应、假性食物过敏和食物变态反应等。其中食物不耐受、食物中毒和药理样食物反应等一般不涉及机体的免疫反应，与食物的变态反应不同，临床上应注意区分，尤其应避免将食物变态反应误诊为食物的毒副作用或食物不耐受。

3.2.5 食源慢性中毒

慢性中毒指毒物在不引起急性中毒的剂量条件下，长期反复进入机体所引起的机体在生理、生化及病理学方面的改变，出现临床症状、体征的中毒状态或疾病状态。食源慢性中毒指食物中含有的污染物进入人体内引起的慢性中毒，引起危害的主要有二噁英等化合物，是被称为持久性有机污染物的环境污染物。二噁英之所以引起广泛关注是因其具有非常大的潜在毒性，其本身具有化学稳定性并易于被脂肪组织吸收，进入人体后会长期积蓄，在体内的半衰期估计为 7～11 年，实验证明它们可以损害多种器官和系统。在环境中，二噁英容易聚积在食物链中，食物链中依赖动物食品的程度越高，二噁英聚积的程度就越高。自然界的微生物和水解作用对二噁英的分子结构影响较小，决定了二噁英在自然环境条件下很难降解。二噁英的毒性十分严重，是氰化物的 130 倍、砒霜的 900 倍，有“世纪之毒”之称，国际癌症研究中心已将其列为人类一级致癌物。人类短期接触高剂量的二噁英，可能导致皮肤损害，如氯痤疮和皮肤色斑，还可能改变肝脏功能。长期接触则会影响免疫系统、发育中的神经系统、内分泌系统以及生殖功能。动物慢性接触二噁英已导致几种类型的癌症。

二噁英的化学名为：2,3,7,8-四氯二苯并对二噁英（TCDD），其名称“二噁英”通常用来指结构和化学性质相关的多氯二苯二噁英（PCDDs）和多氯二苯并呋喃（PCDFs），结构类似二噁英的化合物中有近 30 种被认为具有相当的毒性，以 TCDD 的毒性最大。二噁英污染物广泛分布在环境各个角落中，聚积最严重的地方在土壤、沉淀物和食品中，特别是乳制品、肉类、鱼类和贝壳类食品中，在植物、水和空气中的含量非常低。目前，认为二噁英来源主要有三种途径：①对氯乙烯等含氯塑料的焚烧过程中，当焚烧温度低于 800℃时含氯垃圾不完全燃烧形成氯苯，极易生成二噁英；②其他含氯、含碳物质如纸张、木制品、食物残渣等经过铜、钴等金属离子的催化作用不经氯苯生成二噁英；③制造包括农药在内的化合物过程中，尤其是含氯化合物，如杀虫剂、除草剂、木材防腐剂、落叶剂、多氯联苯等产品生产过程中的衍生物。

自 20 世纪中叶以来，二噁英的相关事件逐渐见诸报端，成为影响人体健康的重要污染物之一。1998 年 3 月德国销售的牛奶中出现高浓度二噁英，追踪来源后确认是巴西出口的动物饲料含有柑橘果泥球所致。此项调查导致了欧盟禁止所有巴西柑橘果泥球的进口。1999 年比利时的家禽和蛋类中发现了高含量的二噁英，经查来源是遭受非法处置的 PCB 工业废油污染的动物饲料。2008 年末爱尔兰因在猪肉抽样检查中检测出二噁英含量超出限量 200 倍，随即召回大量猪肉和猪肉产品，其风险评估结果表明没有造成公共健康威胁，并追查到污染起因来自污染的饲料。2012 年 4 月德国两家养殖场生产的有机鸡蛋中经检测发现二噁英多氯联苯（PCB）含量超标，而导致这一问题的原因尚不清楚。

由于人类 90%以上通过食品中的肉制品、乳制品、鱼类和贝类与二噁英直接接触，因此，为了防止二噁英对人体健康的影响，杜绝食品中含有二噁英是防范的根本措施。各国政府应建立食品污染监测体系来确保二噁英不超过允许含量水平，并有责任监督食品供应的安全和采取措施保障公众健康。同时，各国政府应制订在怀疑发生二噁英污染时确定、阻止、处理被污染饲料和食品的应急计划，以防止污染情况进一步扩散。

3.2.6 食源慢性退行性疾病

慢性退行性病变是指人随着年龄的增长，人体的细胞、组织、器官所发生的一种异常改变，而食源慢性退行性疾病是指由于饮食不当引起的慢性退行性疾病，包括糖尿病和心血管疾病等。食源慢性退行性疾病的根源在于日常饮食的营养不平衡，长期的不平衡膳食会导致食源慢性退行性疾病产生。

糖尿病是一种因人体内胰岛素绝对或者相对不足所导致的一系列临床综合征，与遗传基因有着非常密切的关联。糖尿病的主要临床表现为多饮、多尿、多食和体重下降（“三多一少”），以及血糖高、尿液中含有葡萄糖（正常的尿液中不应含有葡萄糖）等。大多数食物中的糖类在人体内几个小时就会转化成葡萄糖，其主要过程为血液中葡萄糖的浓度升高时，β 细胞就释放胰岛素到血液中。胰岛素使得大多数的细胞（全身 2/3 细胞，包括肌细胞和脂肪组织）从血液中吸收葡萄糖作为它们的能量，或转化成其他人体所需要的分子，或储存起来。食源性糖尿病主要是 2 型糖尿病，也称非胰岛素依赖型糖尿病，常出现在成年人（特别是肥胖症患者）身上，由于青少年和青壮年肥胖率的增加，该年龄段罹患 2 型糖尿病也越来越多见，其病症会导致消瘦。糖尿病可以引起多种并发症，急性并发症如低血糖症、酮症酸中毒、非酮高渗性昏迷；严重的长期并发症包括：心血管疾病、慢性肾衰竭、视网膜病变、神经病变及微血管病变。其中，微血管病变可能导致勃起功能障碍（阳痿）以及伤口难以愈合。而足部难以愈合的伤口则可能导致坏疽（俗称“糖尿病足”），进而导致患者截肢。由于食源性糖尿病与饮食不当、肥胖和少运动有着密切联系，因此，控制糖尿病的发生和预防主要应在饮食上特别关注。

心血管疾病又称为循环系统疾病，是一系列涉及循环系统的疾病，循环系统指人体内运送血液的器官和组织，主要包括心脏、血管（动脉、静脉、微血管），如冠心病、高血压、运动猝死、心绞痛、急性心肌梗死、冠心病、高脂血症等。

心血管疾病属于典型慢性退行性病变，由于饮食不当导致的心血管疾病具有较高死亡率和难以治愈的情况，对患者的生活质量产生极大的困扰。为有效预防和控制心血管疾病，合理饮食对于治疗疾病具有极其重要的意义。过量摄入饱和脂肪酸及多不饱和脂肪酸可增加超重与高血压的风险。研究表明，体重指数与血压呈正相关，体重每相差 10kg，收缩压相差约 3.0mmHg (0.4kPa)，舒张压相差约 2.2mmHg (0.29kPa)，而高血压已知是心血管病的重要危险因素。膳食中饱和脂肪酸及钠摄入与脑卒中呈正相关，是人群脑卒中病死率的主要决定因素。蛋白质缺乏增加脑卒中发病率，有调查表明，日本本土人群比美国夏威夷移民人群患脑卒中的比率高 3 倍，两组人群血压水平无显著差异，但夏威夷人群动物蛋白摄入显著高于日本本土人群，且发现动物蛋白与脑卒中呈负相关，动物蛋白可以抑制脑卒中的发生。老年人摄入优质蛋白质，如鱼、蛋、奶类、瘦肉、豆制品可使脑卒中发病率降低。缺乏膳食纤维可能导致高血压。在美国有研究表明，所有营养因素中只有膳食纤维与高血压呈负相关，即增加膳食纤维摄入可预防高血压。提倡多食用谷类食物，少食用甜食、糖果，多吃粗杂粮、蔬菜、水果等含膳食纤维较高的食物可预防和控制高血压。长期高盐摄入也会导致高血压，高血压为心血管病第一危险因素，在中国高血压患病率，北方高于南方。全国高血压患病率最高的是西藏、北京、内蒙古、河北、天津；最低的是海南。高血压和食盐摄入量关系密切，摄入量越高，血管收缩压、舒张压水平就越高。与每天食盐摄入量小于 6g 者相比，每天吃盐大于等于 12g 的人患高血压的风险增高 14%，每天吃盐大于等于 18g 的人患高血压的风险增高 27%。中国居民每天食盐摄入量普遍较大，平均在 15～16g，尤其是北方居民口味“重”，对高血压的预防非常不利。从心血管病预防角度来说，人们的饮食还是要尽量清淡一些，逐渐减少食盐用量，直到食物中加盐量在安全范围内。

3.3 疯牛病与其他可传播性海绵状脑病

3.3.1 疯牛病

牛海绵状脑病（bovine spongiform encephalopathy，BSE）又称疯牛病，是一种侵犯牛中枢神经系统的慢性致命性疾病，由一种非常规的病毒——朊病毒（prion）引起的一种亚急性海绵状脑病。感染的牛脑组织呈现海绵体化、空泡化，星形胶质细胞和微小胶质细胞的形成以及致病型蛋白积累，无免疫反应。这类病还包括绵羊的痒病、人的克-雅氏病（Creutzfeldt-Jakob syndrome，CJD）（又称早老痴呆症）等，此类病症的共同特征是：生物体的认知和运动功能严重衰退直至死亡。疯牛病病原朊病毒是一类非正常病毒，它不含有通常病毒所含有的核酸，而是一种不含核酸仅有蛋白质的蛋白感染因子。导致疯牛病等疾病的朊病毒从一类动物传染给另一类动物后，即这种病毒跨物种传播后，其毒性更强，潜伏期更短。食用被疯牛病污染了的牛肉、牛脊髓的人，其典型临床症状为出现痴呆或神经错乱、视觉模糊、平衡障碍、肌肉收缩等，病人最终因精神错乱而死亡。医学界对该病的发病机理还没有定论，也未找到有效的治疗方法。

疯牛病是英国在1986年被首次发现并命名的，患病的牛出现神经质、攻击性、运动失调和站姿异常（半爬半站）等症状，最后体重显著下降直至6个月后死亡，经政府兽医人员解剖“疯牛”后发现牛的脑部呈海绵状病变，正式命名为牛海绵状脑病。目前，对于感染疯牛病的病牛处理尚没有有效办法，只能坚决予以宰杀并进行焚化深埋处理，并严格防范和控制这类病毒在牲畜中的传播。对于病毒究竟通过何种方式在牲畜中传播，又是通过何种途径传染给人类，研究还有待进一步深入。据统计，1986～2004年共确诊患有疯牛病的牛18万头，而潜在感染疯牛病的牛在200万头以上，涉及35000多个农场。随后，该病逐渐蔓延并已传播到整个欧洲、美洲，在亚洲的日本和韩国也发现有确诊病例。1993年加拿大彻底普查了从英国进口的奶牛，焚化处理了BSE检测呈阳性的奶牛，并且加拿大和美国从1997年开始禁止从发生疯牛病或存在疯牛病风险的国家进口反刍动物饲料产品。由于采取这些防范措施，此前北美洲一直没有发生疯牛病。但2003年5月20日加拿大发现第一例本土6龄牛感染疯牛病，同年12月美国农业部公布其境内年龄为6.5岁的感染疯牛病的牛来自加拿大。由此说明，世界各国强有力的防疫政策和措施使疯牛病的传播得到了有效控制，但在北美洲和亚洲等国家发现疯牛病病例说明疯牛病的暴发风险仍然客观存在，不容忽视。

3.3.2 人类克-雅氏病

人类克罗伊茨费尔德-雅各布氏症简称克-雅氏症（creutzfeldt-Jakob disease，CJD），该病与牛海绵状脑病均属于传染性海绵状脑病（transmissible spongiform encephalopathy，TSE），是一类侵犯中枢神经系统的人畜共患病。人的海绵状脑病有4种：CJD、格斯特曼综合征、库鲁病和致死性家庭性失眠症。克-雅氏症（CJD）是由变异朊蛋白引起的可传递的中枢神经系统变性疾病，具有传染性和致死性。克-雅氏症可分为散发型（sCJD）、遗传型、医源型及变异型（vCJD），以散发型最常见，sCJD主要特征为快速进展的痴呆伴多系统损害，病程短，进展快，病死率达100%。目前，人类新型克-雅氏病的传播途径与方式尚未完全清楚，有研究发现，有1%为医源性传播，多为神经外科术后或接受垂体提取激素治疗、应用硬膜电极者，移植人类尸体硬脑膜、用硬脑膜制品栓塞颅外动脉、肝移植、角膜移植，甚至胃肠内镜检查均有传染CJD的可能。此外，10%～15%具有家族遗传性，余下为散发性病例。以上发现虽然没有人类直接垂直传播的证据，但在动物试验中证明 CJD 可通过胎盘传播。人类克-雅氏病的传染源、传播途径问题目前也尚无定论，但多数学者认为与食用含有 BSE 致病因子的牛肉有关，并有众多流行病学数据和动物实验证据支持 vCJD 与 BSE 相关联。英国是世界上因牛海绵状脑病而感染 vCJD 人数最多的国家，自 1996～2004 年共计 147 人死于 vCJD，2000 年死亡人数 28 人达到最多，之后逐年减少。在法国 1996 年出现首例病例，之后在 2000～2003 年又相继出现 5 例。

由于常规的消毒方法对致病因子（朊病毒）无效，感染后血清学无法检出，在潜伏期时组织已具有传染性，所以，BSE 和 vCJD 的防治已受到国际社会的极大关注。联合国粮农组织和 WHO 发表声明指出，必须停止使用含有动物来源蛋白，特别是从英国等西欧发达国家进口的饲料喂养动物。自 2001 年起欧洲国家和组织都采取了积极主动的疯牛病监测措施，我国农业部等有关部门已多次下发文件提出了对预防疯牛病的相关禁令和监测措施。英国是 vCJD 多发的国家，对全部死于该病患者的血液及血制品实行了严格的统一管理。美国对凡是 20 世纪 80～90 年代期间去过英国或在英国居住超过 6 个月的人严禁献血。目前，对朊病毒既无疫苗进行有效免疫预防，也无有效药物治疗，因此，针对该病的可能传播途径，只能采取相应措施进行被动的积极预防，以降低患病感染率和死亡率。

3.3.3 羊痒病

羊痒病（scrapie）是羊的一种缓慢发展致死性海绵状脑病，会引起绵羊和山羊中枢神经系统退化变性，使病羊产生中枢神经系统变性、空泡化、星形胶质细胞增生等症状，表现为共济失调、痉挛、麻痹、衰弱和严重的皮肤瘙痒，引起病畜 100%死亡。目前，已知的动物海绵状脑病有 6 种：羊痒病、传染性水貂脑病、马骡和麋鹿的慢性消耗病、猫海绵状脑病、野生反刍动物海绵状脑病和 BSE。对传染性海绵状脑病有一个共识：该病是由朊病毒引起人和动物的一组具有共同特征的亚急性、渐进性、致死性中枢神经系统性疾病，统称为朊病毒病，而羊痒病是传染性海绵状脑病的原型。羊痒病最早于 1732 年在英格兰被发现，20 多年后羊痒病在世界各地广泛传播。1920～1950 年在英国严重流行。由欧盟成员国和 OIE 提供的数据显示，该病在西欧的一些国家十分流行。自 20 世纪以来，羊痒病的发生呈现全球化蔓延的趋势，20 世纪 50 年代澳大利亚和新西兰均有该病病例，1972 年在南非发现羊痒病，1993 年在以色列也有该病病例。羊痒病现已广泛分布于欧洲、美洲、非洲和亚洲多数养羊业发达国家，如加拿大、美国、巴西、埃塞俄比亚、日本等国家。动物体感染羊痒病后潜伏期长达数年甚至数十年。刚出生不久的羔羊最容易感染，随着年龄增长而对该病的易感性逐渐降低，公羊和母羊均可感染。在羊群中 3～5 岁的母羊患病频率最高，母羊可经过胎膜传染给羔羊；而在产羔期间，成年羊与患病感染母羊同舍饲养也可能被感染。羊痒病在绵羊之间及绵羊与山羊之间都可能自然传播。羊痒病致病因子可在土壤中存活相当长一段时间，因此，环境污染可使病原在羊群间传播。此外，羊痒病致病因子也可通过口服进入到被感染动物体内。

羊痒病是一种严重危害养殖业和人类健康的人畜共患病，患病牲畜死亡率高，潜伏期长，且对人具有感染性，到目前尚无有效的治疗方法，只能以预防为主。因此，我们必须对其加强重视，建立完善的预警监测体系来预防该病的发生和扩散，禁止从发病国或高危险国进口活羊或相关制品，发现羊痒病病羊和可疑羊必须焚烧以降低疫情风险。

3.4 食源性疾病的人群暴露评估和健康效应

食源性疾病的人群暴露评估和健康效应是制定食品安全技术措施（法律、法规和标准及进出口食品的监督管理措施）的必要技术手段，也是评估食品安全技术措施有效性的重要手段。我国现有的食品安全技术措施与国际水平不一致的原因之一，就是没有广泛地应用食源性疾病评估技术，特别是对化学性和生物性危害的暴露评估和定量危险性评估，如沙门氏菌致病菌对不同人群和个体的致病剂量尚不清楚，疯牛病与人的克-雅氏病之间的确切关系尚待阐明，国际上所报道的男性精子减少是否确与二噁英和氯丙醇等环境内分泌干扰物的暴露增加有关。

食源性疾病的人群暴露评估是指通过食源性疾病可能暴露于人群和/或环境的生物、化学和物理性因子（风险源及相关风险源）的定性和/或定量评价。食源性疾病的人群暴露途径主要是通过人们日常饮食而获取的，不同种类的风险源会有不同的吸收和代谢过程，同一个风险源其暴露期间不同，也可能会造成不同的后果及不良健康效应。

暴露效果主要与以下因素相关：

① 暴露的期间与频率。暴露的期间指暴露的个体或是群体接受危害物质暴露时间的长短。通常可分为急性暴露、慢性暴露和亚慢性暴露，急性暴露通常为单次的暴露，且暴露的期间不会超过1天，慢性暴露则为人一生大部分时间均暴露在危害物质影响下，亚慢性暴露介于两者之间。暴露的频率是指暴露的人群接触食源性疾病的时间周期，接触的频率可以是连续性的，或是阶段性的。

② 暴露的微环境。微环境指不同时间经历的暂时性或区域性的生活环境，一般分为家庭、交通工具、职场及休闲场所等。

③ 病原的物理和化学属性。病原的属性会影响与人群暴露的接触模式。例

如，直径小于 10μm 与大于 10μm 的悬浮微粒暴露模式差异较大，前者微粒可进入人体肺部，后者只能被鼻子的过滤机制所净化。病原的化学属性如极性等也会影响在体内的吸收程度，也会影响暴露的结果。

④ 暴露人群的社会背景和对病原的敏感性。人群的年龄组成、经济状况、活动规律会严重影响对于食源性疾病的暴露程度。如年轻人群与高龄人群对食源性疾病的暴露期间与敏感性均差别较大，此外，对于居家型高龄人群接触最多的暴露环境应是家庭的饮食，而对于职场人群接触最多的暴露环境则更加复杂多变。由于人群在暴露影响因素以上的种种显著差别，因此，在处理食源性疾病的暴露评估过程中，应分别予以重视，以便真实反映暴露效果。

食源性疾病的人群暴露评估和健康效应研究的重要目的是为了对各种消费人群进行暴露评估，以得出危险性评价的最终结果。国际上成熟的经验是依据平均每人每天某些危害（如食品中的铅）的膳食摄入量，即“外暴露”，以及人体内的负荷（如血、尿中铅的浓度，耵聍中 DDT、二噁英的浓度等），即“内暴露”，两者相互结合进行相关性分析来确定人群暴露评估结果。由于当前所关注的主要化学性危害都是在低剂量和长时间暴露情况下影响人群的，以临床指标评价健康效应是不现实的。因此，采用生物学标志物（包括接触性和效应性）来评价食源性疾病危害的危险性是十分必要的。接触性标志物可以反映某些危害的摄入水平（如尿中黄曲霉毒素与 DNA 的结合物，氯丙醇的代谢产物巯基尿酸和氯乳酸等），效应性标志物可以反映机体生理功能的损伤（如镉导致尿中微球蛋白的出现，伏马菌素引起神经鞘氨醇的改变，二噁英和氯丙醇引起男性精子动力学的变化）。如果外暴露指标不超过 FAO/WHO 提出的安全摄入量水平（每日允许摄入量 ADI，或暂定每周允许摄入量 PTWI），内暴露不超过正常值，生物学标志物没有变化（不显著高于非暴露人群），则可认为此摄入量是安全的；反之，则是不安全的，需要采取相应的控制措施。食源性疾病的人群暴露评估技术是发达国家近 20 年来工作经验的总结，并已纳入 FAO/WHO 和 WTO/CAC 的文件体系中。同时，这也是制定食品安全标准和仲裁贸易纠纷的重要手段和依据。我国在这方面的起步较晚，自 1990 年以后开始的中国总膳食研究为建立中国人的某些污染物的摄入量提供了重要资料，如发现我国儿童的膳食铅摄入量已超过 FAO/WHO 的 PTWI 的 18%。而随后在某些城市进行的相对大样本量调查也证实此结果，如按照美国 CDC 设定的出现认知能力降低时血负荷干预水平（100g/L）来评估，表明我国有 40%儿童的血铅超过此水平。目前 CAC 制定的食品中铅允许限量标准在我国是难以实现的，则需要开展进一步的危险性评估来决定我国应该采取的对策。我国现有的暴露评估数据具有较大的不足，主要包括：一是项目少，特别是缺乏一些危害性大而目前急需应对的项目，如伏马菌素、二噁英和氯丙醇等；二是数据不连续；三是覆盖的地区较少；四是生物学标志物的研究薄弱。由此表明，我国食源性疾病的人群暴露评估数据库基础薄弱，与国际水平和食品安全控制的需要有很大差距，有待进一步深入丰富和完善相关暴露评估数据内容。

3.5 食源性疾病的控制

目前，无论是在发达国家还是发展中国家，食源性疾病的安全问题都没有得到有效控制。食源性疾病与人们日常生活息息相关，不但严重危害人们的身体健康，而且还会造成重大的经济损失。食源性疾病大多数是可以预防的，随着人类生活水平的提高和医疗条件的改善，使老龄免疫缺陷人群的数量显著增多，目前几乎四分之一的人口为食源性疾病的高危人群。因此，食源性疾病的病原、特征和防治等信息就变得非常重要，定期报告及具体研究食源性疾病为立法及采取干预措施提供基础。

食源性疾病的有效控制是确保食品安全的主要任务之一，根本措施主要有：健全法制、加强监督、严格执法，尽快形成适应现阶段的有中国特色食品安全管理体系。在有效控制食源性疾病的过程中，农业、质量技术监督、工商、卫生等部门是维护食品安全的重要职能部门，要切实发挥监管职能覆盖食品生产、加工、流通和消费各个领域，严格规范执法，做到食品安全违法案件“零容忍”。食源性疾病控制应在以下方面着重加强和提高：

(1) 加强宣传

既要通过宣传教育提高广大食品生产经营企业的管理水平和责任意识，自觉遵纪守法，为食品安全生产和销售提供保障，又要开展全民食品安全科普知识宣传，提高普通消费者的食品安全意识，增强自我保护能力。

(2) 加强部门合作

通过食品安全管理机构协调管理涉及食品安全的各单位和部门管理职责和任务，解决部门管理交叉环节的敷衍塞责、相互推诿的管理弊端，实现责任到人管理食源性疾病的发生和控制。

(3) 积极立法制标

立法和标准制定是食源性疾病控制的有效措施，健全和完善相关的法律、法规和标准是食源性疾病控制的重要保证，两者互为促进，互为支撑。在食源性疾病控制领域立法和制标为食品安全和预防食源性疾病提供法律和标准依据，实现规范执法时有法可依。

(4) 完善监督管理体系

食源性疾病控制的管理体系，是食品安全监督管理体系的重要组成部分。在食源性疾病控制监督管理体系中，建立和完善食品市场准入制度、食品安全监测和监督抽检制度，对食源性疾病控制可以起到有效保障和风险防范的作用。

（5）建立和实施食品安全和食源性疾病报告制度

食源性疾病数据库的建立、收集和分析是食源性疾病控制的必要基础，通过食源性危害与食源性疾病发生率评估信息可确定食源性疾病是否得到有效控制。食源性疾病报告制度通过定期报告和分析研究可获得必要的食品安全信息，为立法和制定疾病防治策略提供科学依据。

（6）加强食源性疾病的监测

对食源性疾病的监测单位配备高素质的专业检测人员和先进的检测仪器，加强食源性疾病的安全风险监测和风险评估能力建设，建立和完善食源性疾病的风险评估体系。

（7）加强关键控制点（HACCP）管理系统的应用和行业协会作用

推广食品生产企业的良好生产规范和 HACCP 管理是保证工业化食品安全的重要措施。危害分析和 HACCP 是为保证食品安全的系统性的加工流程控制系统，是对食品原料、关键生产工序及影响产品安全的人为因素进行分析，确定加工过程中的关键环节，建立、完善监控程序和监控标准，采取规范的纠正措施。在食品生产企业推广应用 HACCP 已成为发达国家进行食源性疾病控制的有效手段之一，并取得显著效果。此外，行业协会要经常组织对食品行业重点高发食源性疾病单位开展督促检查，对存在食源性疾病安全隐患问题的单位可视具体情况要求限期整改，充分发挥行业协会的作用，做好食源性疾病的防控工作。

参考文献

[1] 蔡炯. 食源性疾病的现状与防制 [J]. 中国卫生检验杂志，2005，15（9）：1150-1152.

[2] 陈锦屏，张志国. 关于影响食品安全因素的探讨 [J]. 食品科学，2005，26（8）：490-493.

[3] 韩彩霞，吴长德，赵德明. 羊痒病概述 [J]. 中国畜牧兽医，2005，32（10）：52-53.

[4] 何炜，李向臣. 疯牛病与朊蛋白的研究进展 [J]. 安徽农业科技，2007，35（25）：7853-7854，7865.

[5] 黄中夯，李咏梅. 国外食品安全控制与食源性疾病监控策略研究现状 [J]. 国外医学卫生学分册，2007，34（2）：116-119.

[6] 江馗语. 羊痒病研究进展 [J]. 现代畜牧兽医，2013，03：45-47.

[7] 姜培珍，施爱珍，朱珍妮. 食源性寄生虫病的流行现状及控制措施 [J]. 上海食品药品监管情报研究，2009，6（98）：13-17.

[8] 李巍，张岭岭，王金凤，李宁，等. 人兽共患病的现状、危害及防控措施 [J]. 动物医学进展，2010，31：241-243.

[9] 林金祥. 食源性寄生虫病的防治 [J]. 海峡预防医学志，2006，12（5）：77-80.

[10] 刘丽波，崔克. 疯牛病的研究进展 [J]. 云南农业科技，2009，增刊：105-110.

[11] 庞宏佳，李树环. 食品安全与食源性疾病 [J]. 食品科技，2006，08：10-13.

[12] 秦玉昌，吕小文，李军国，杨海峰，等. 疯牛病的研究动态和我国防控体系建设 [J]. 饲料工业，2006，27（1）：2-6.

[13] 邱文毅，钱进，胡月珍，等.食源性疾病现状及国际航行船舶食品卫生监管建议［J］.口岸卫生控制，2011，16（1）：43-46.

[14] 孙晓智，吴绍强.食源性寄生虫的危害及检测研究现状［J］.中国畜牧兽医，2007，34（8）：104-106.

[15] 谭国新.我国食品安全与食源性疾病控制对策［J］.清江论坛，2009，3：20-22.

[16] 王国政，徐彦渊.食品过敏原的安全管理［J］.食品科学，2007，28（4）：355-359.

[17] 王智勇.论影响食品安全的多重因素［J］.防保康复，2012，35（14）：309-310.

[18] 闫杰，谢雯，李蕴.牛海绵状脑病与人类变异性克雅病［J］.中国医刊，2006，41（4）：48-50.

[19] 袁界平，肖玫.影响食品安全的制度性因素及对策探讨［J］.食品科学，2006，27（11）：563-566.

[20] 郑华英，龙一兵.食品安全与食源性疾病的控制［J］.中国卫生监督杂志，2002，01：32-34.

Chapter 04

第4章 植物性食品中内源性有害成分

纯天然食品由于不添加任何化学物质，不含污染物质、激素等，逐渐受到广大消费者的青睐，但即使在纯天然食品中，也存在着天然有害成分，会给人们的健康造成危害。根据有关资料，食品中的危害因素由大到小依次排列为：微生物污染、营养失平衡（过剩和不足）、环境污染、天然毒素、农药污染和食品添加剂。这种危害程度分布不是呈线性的，环境污染和天然毒素只是营养失平衡的1/1000，而农药残留和食品添加剂只是天然毒素的1/100。许多有毒植物如果大量食用，会产生中毒和过敏，甚至致癌。人类从食物中摄取的天然毒素，其数量远多于人工合成毒素，生活中大多数食物中毒都是由于食物中的天然毒素造成的。化学加工、人为添加及环境污染所导入食品的有毒物质容易被认识和预防，天然食品中存在的内源性毒素，由于与食品混为一体，很不容易被认识和确定，对健康的威胁更大。虽然我们食用的所有食物几乎都含有有毒物质，但机体对每种食物毒素都有一个可承受量，只要摄取低于这个剂量，身体就不受毒素的损害，因此人们也不必对种植的食物中的毒素过分担忧。

4.1 食用植物毒素的来源与危害

4.1.1 来源

4.1.1.1 植物的自我保护作用

一些植物的毒素并不是植物必需的基本生化过程，是一组所谓的次级化合物或代谢物的一部分。它们包括废物、储存产物、花的色素，以及生长抑制剂和应付掠食者的毒素。不少植物能够自行合成抗虫的毒素，这些有毒物质是植物对抗昆虫和草食动物的一种重要防御手段，在自然生态环境平衡中起着关键作用。如茄类蔬菜中含有尼古丁，菠菜中含有有毒物质“草酸”，土豆中含有有毒生物碱等等，使草食动物不去吃它。龙舌兰、南瓜、西红柿、马铃薯等受到外来侵犯时，都有自卫的能力。南瓜植株在遭到昆虫危害时会立即产生毒素，使昆虫避开。西红柿和马铃薯在遭到害虫侵犯时，会分泌出两种酶抑制剂，破坏害虫消化过程。西红柿在害虫第一次侵入 4h 后，受害部位会积聚大量阻化剂；如果遭到第 2 次侵入，入侵部位就会合成并分泌一种能增强自身抵抗力的激素，使阻化剂的浓度增加 3 倍。有些植物在受到机械损伤之前只有很少的防御性毒素，受伤之后毒素立即聚集在受伤的部位和附近。番茄和马铃薯叶片受伤之后立即产生蛋白酶抑制剂，不仅在伤处而且遍布全身。

4.1.1.2 环境因素

硝酸盐与亚硝酸盐在自然界本来就是存在的，所有蔬菜、水果都会吸收，但是量的多寡除受到种类的影响，与土壤中硝酸盐含量及施用氮肥等情况有很大关系。氮肥一般可以提高含生物碱植物中生物碱含量；钾肥使某些含挥发油植物含油量增加。

4.1.1.3 局部微生物共生与污染

美国东海岸的草地上有一种羊茅，长得很快、很高，又能抵抗害虫。长得高的羊茅草的根部有一种霉菌能制造很强烈的毒素。羊茅草保护自己的办法就是把毒素运到叶片的顶端，阻止草食动物来吃它。

花生、玉米、大米的黄曲霉毒素是霉菌污染繁殖的结果。

4.1.2 人类对天然植物毒素的摄入

有人认为天然的化学物质的危害比合成的化学物质危险更大。估计每个美国人每天食入 1.5g 天然杀虫剂，是食入的人造杀虫剂的 10000 倍以上（图 4-1）。

估计是基于在大量植物食品中的毒素含量（如每人每天摄入 13g 的烤咖啡中含有约 765mg 绿原酸、新氯原酸、咖啡酸）。在其他植物中的酚类估计有几百毫克，黄酮类化合物和芥子油苷也占了几百毫克，土豆和番茄又占了 100mg，豆类的皂苷又为 100mg，谷物类，如面粉和精稻米较少，但全麦、糙米和玉米可能有数百毫克以上。虽然植物中有毒成分的百分比是变化的，但在一些干重物质中所占的比例较恒定。紫花苜蓿苗的 1.5%为刀豆氨酸，咖啡的 4%为酚类，但在一些栽种植物，如番茄和土豆中较低。天然致癌物质比人工合成物质危害更大的观点是加利福尼亚大学伯克利分校的生化学家 Ames 博士提出的，但也有人对他的观点提出批评。如认为他没有考虑人不可避免地在多种场合暴露于人造毒物，也没有考虑天然和人造的物质的固有差异等。也有人认为即使蔬菜水果中有致癌物，但同时还含有抗癌物。

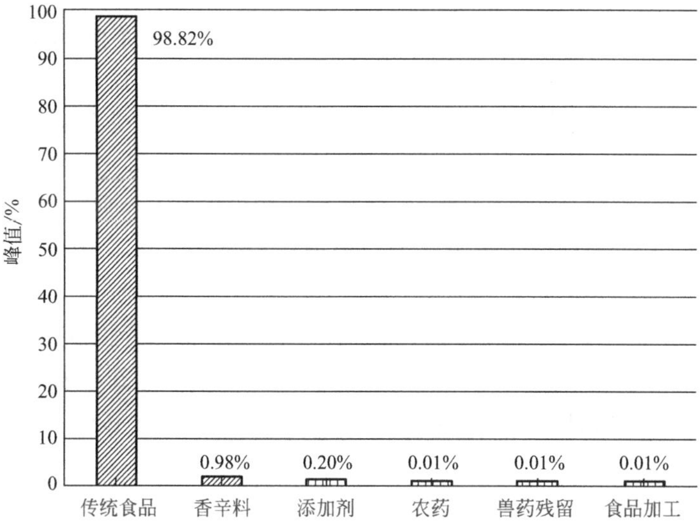

图 4-1　各类食品中致癌物风险估测

4.1.3 危害

4.1.3.1 急、慢性中毒

地球上现存约 40 万种植物，其中高等植物约 30 万种，作为人类食品的不过几百种，用作饲料不超过数千种，这正是植物的毒素限制了其利用价值。据植物学家及化学家的研究，约有数千种属于有毒植物，它主要集中于夹竹桃科、百合科、石蒜科、天南星科、大戟科、漆科、豆科、杜鹃花科等。采用对人造化学物质安全性评价的方法对这些天然物质进行评估，会发现这些天然化学物质都会引起特别的毒理学危害。测定植物中的天然杀虫剂，浓度为千分之几到百万分之一。估计人类摄入约 5000～10000 种不同的天然杀虫剂及其分解产物。生活中大多数食物中毒都是食物天然毒物中毒，比如四季豆、豆浆、木薯、马铃薯、曼陀罗、银杏、苦杏仁中毒等。食用卷心菜会摄入 49 种天然杀虫剂（代谢物）。利马豆在应激时含有一系列 23 种完全不同的天然毒素，在鲜重物质中含量为 0.2‰～33‰。其他有毒化学物质，如胡萝卜毒素和番茄素影响神经系统；2,3-硫化物在动物体内产生抗甲状腺活性物质；三肉豆蔻酸甘油酯是人类迷幻剂；异黄酮对动物有雌激素样作用。植物性中毒有如下原因：

（1）将天然含有毒成分的植物或其加工制品当作食品，如桐油、大麻油等引起的中毒。

（2）食品的加工过程中，将未能破坏或除去有毒成分的植物当作食品食用，如木薯、苦杏仁等。

(3) 烹调不当，没有利用热破坏某些植物毒素。海芋叶和块根中的糖苷在加热之后被破坏，因此成为欧洲人早期的食物。四季豆、豆浆不熟毒性很大，充分加热或烹煮能彻底破坏它的有毒物质。但也有些毒素在高温下是稳定的。

(4) 盲目追求时尚食物。许多人把芦荟、杏仁作为美容食物，把山野菜、野菌当作美味，也会出现中毒事故。如芦荟中毒量为9～15g，服用芦荟过量，刺激胃肠黏膜，从而引起一系列消化道毒性反应，甚至引起流产。

(5) 食品加工过程中，烘烤、煎炸、烟熏的过程中产生致癌作用的物质，形成的热解物、多环芳烃等。如瑞士学者Michael报道，在油炸、烤制食品中发现引起大鼠、小鼠肿瘤的丙烯酰胺，就可能是碳水化合物以某些方式加热形成的。

4.1.3.2 肿瘤

在自然和食用植物中也存在许多致癌物质。天然食品致癌的概率在某些人群中比人工毒素还高。在天然毒素中，属于致癌物质的有肼类、硝酸盐（转化为亚硝胺后）、氨基甲酸盐、丙酮醛、单宁酸、苯并芘、黄樟油精和丁子香酚。其他的如栎精、呋喃衍生物、丙二醛、杂环胺类和补骨脂素是诱变物质。过氧化氢和补骨脂既是致癌物质，又是诱变物质。乙醇是致畸胎物质。

饮食是生活最重要的组成部分，尽管食物中的有害物质含量很少，但天天接触，积少成多，也足以损害健康，甚至导致癌症，但到目前为止，到底有多少人的癌症发生属于天然植物的致癌作用，还不太清楚。当然不是指所有的癌症都是由饮食引起，但专家们估计，人类癌症中的30%～35%则要归咎于饮食不当。临床医生已经观察并证实了饮食的确与人体各个不同部位的特种癌症息息相关。虽然这种观点也受到了许多质疑，但研究天然毒素的致癌作用确实是容易忽视的领域。食物中最常见的致癌物有黄曲霉菌、黄樟素、苏铁苷、吡咯烷生物碱、亚硝胺类以及偶氮苯类物质等。

4.1.3.3 致敏

据美国国家健康学会估计有2%～2.5%的美国人，六七百万人受到食物过敏的影响。引起变态反应的常见植物食品有大豆、小麦、花生、坚果（如核桃）；面粉制品以及蔬果中的荔枝、芒果、茄子等也较易引起过敏；有些食物即使只接触也可能造成皮肤发痒、红肿的过敏反应，例如香蕉、酪梨、奇异果、栗子、木瓜、凤梨、桃子、无花果、马铃薯、樱桃、葡萄、芹菜、番茄、红萝卜、小麦、榛豆，甚至苹果、水梨都有记录；另一情况是人体对某些食物的特殊成分无法适应所引起的，如有些人吃草莓、巧克力，会出现皮肤过敏，有些人会因食物而引起偏头痛。

4.2 含天然毒素的食用植物

4.2.1 槟榔

在印度及我国云南、广西、广东和台湾部分地区有嚼槟榔的习惯。槟榔含有槟榔碱，据调查，嚼槟榔的习惯与口腔和上消化道肿瘤的发生有关。在印度，妇女嚼食槟榔的人数多于男性，并且是从儿童时期开始，故女性的上消化道肿瘤发病率高于男性，更高于居住在印度而无嚼食槟榔习惯的人。早在1990年已有调查显示，我国台湾地区口腔癌发生明显上升，因口腔癌而死亡总数的80%与嚼槟榔有关。因槟榔成分代谢吸收而引起癌的形成，不仅口腔癌，可能输尿管癌和膀胱癌发生也与嚼槟榔有关。中国台湾高雄医学大学口腔卫生科学研究所持续多年进行的口腔癌和槟榔之间的关系的研究发现，只要有嚼槟榔的习惯，会提早10年罹患口腔癌。也有研究发现，槟榔对雄性小鼠生殖功能有一定影响，使小鼠精子数量显著减少，精子活动率明显降低，精子畸形率明显升高。

4.2.2 苏铁

苏铁是常绿乔木，生长在热带和亚热带，在我国主要分布于广东、福建等地，目前国内已普遍栽培，是热带地区重要的食物资源。苏铁的坚果呈卵圆形，长2～4cm，成熟时呈朱红色。一般苏铁坚果不作为食物，但特殊情况下用它充饥。苏铁坚果含有苏铁素和在喂饲动物后引起动物肝肾肿瘤有关的氧化偶氮基糖苷。用未经处理的苏铁坚果制成的面粉饲喂大白鼠，半年后会发生结肠癌和肾肿瘤。但人吃苏铁坚果面粉是否会致癌，还没有充分的证据。1959年11月，强台风袭击太平洋冲绳岛西南的小岛，岛上7万多居民只能以苏铁坚果充饥，有十几个人在进食后几天内急性中毒死亡，但在受灾十年后，并没有发现这些居民的癌症发病率增高。

4.2.3 蕨菜

蕨菜属羊齿植物，世界上蕨类有1万多种，我国有2600多种，南北方均有生长，常被当作蔬菜食用，还有从蕨的根茎中提取淀粉做凉粉和酿酒。蕨菜中含有致癌性很强的吡咯兹定碱（双苄基异喹啉类生物碱）和生物碱Achiride A。蕨的头部尖端的嫩叶比茎的致癌性强。地下茎和根部的毒性更大，但制成粉体后就不再有致癌性。一些主要以蕨类为饲料的动物易发生肿瘤。1960年有人报道5头长期以蕨为饲料的牛，在膀胱黏膜发生肿瘤样变化。后来进行的动物试验也证明以新鲜或干蕨的嫩叶当饲料，可使大白鼠和豚鼠发生膀胱和肠道的肿瘤。英国威尔兹大学的伊万斯和马逊两位学者首次从蕨菜中提取出致癌物质。目前已从蕨的提取物中鉴定出致癌物为莽草酸和槲皮黄酮，还有栎精、山萘酚和单宁酸。在威尔兹蕨菜等羊齿类植物很多，这里放牧的牛经常发烧并伴随着尿血而死亡。对蕨菜彻底脱涩可降低致癌危险，给大鼠喂饲新鲜的蕨类，可使83%的大鼠致癌。而将蕨莱蘸草木灰放置一夜，用开水浸泡10min后予以清洗，再喂饲大鼠，则致癌率下降为25%；将蕨莱浸以6%苏打水，致癌率则下降为10%；将100kg的蕨菜放入2kg食盐、2～5kg氧化镁和0.1kg的烧明矾，腌渍4个月，取出后先用热水烫5min，再用流水冲洗6h，其致癌率则下降为5%。

日本人胃癌、食道癌的发生率上升可能与其吃蕨类植物有关。还没有证据直接证明蕨菜是否对人有致癌危险。人类因吃蕨菜引起致癌的危险很小，可能与进食量少，且在烹调过程中蒸煮和加碱破坏了致癌物质有关。值得注意，如果牛吃了大量的蕨菜会使奶中含有致癌物质，长期大量地饮用这样的生牛奶，可能间接地受到危害。

4.2.4 银杏

银杏叶含有氨基酸、生物类黄酮（包括栎精、4,5,7-三羟黄酮醇）和它们的配糖，类萜烯（白果内酯，银杏苦内酯A、B、C），谷甾醇。种子含有生物碱（银杏毒素）、氨基酸、生氰配糖类、酚类、脂肪酸、生物黄酮。由于白果中含有白果毒素，有人认为是银杏酸和银杏酚，以胚芽部位的毒素含量最高。一般6～7岁的孩子，吃100粒即可发生中毒现象；甚至生食白果5～10粒也可中毒死亡。中毒初期出现消化道症状，如恶心、呕吐、腹痛、腹泻等，接着出现神经系统症状，如头痛、抽搐，继而呼吸困难、紫绀，甚至昏迷、瞳孔散大、对光反射迟钝或消失，最后死于呼吸衰竭和心力衰竭。吃的时候应将白果中的绿色胚芽剔掉，因为胚芽部位的毒素含量最高。接触白果还易引起过敏。银杏制品目前是热门的保健食品，由于银杏提取物抑制血小板激活因子（PAF），增加机体出血危险，有个别服用银杏产品后，引起术后出血。近来研究还发现长期摄入银杏制品与硬膜下血肿发生有关。白果苦内酯是血小板活化因子（PAF）的抑制剂，它在市售银杏提取物中占6%。普通的市售银杏制品提取物不会引起任何出血。

有研究发现在怀孕期间服用银杏提取物的孕妇胎盘血中含有秋水仙碱，可能对胎儿的正常发育有潜在危害。进一步对她们服用的市售银杏产品检测，发现含有一定量的秋水仙碱。反对者认为近50年来的研究都没有发现银杏中含有秋水仙碱。并经过多家检测机构对多种银杏产品检测，都没有发现秋水仙碱。美国草药产品协会、美国营养食品协会、美国植物委员会都认为没有可信的科学证据，认为即使有也是污染或掺假。

4.2.5 甘草

甘草含有甘草皂苷、甘草酸、三萜化合物、黄酮类、甘草苦素、查耳酮、香豆素、氨基酸、胺类（胆碱、甜菜碱、天冬酰胺）、雌激素样物质、单宁酸、挥发油等。甘草酸在体内水解为甘草次酸，其具有盐皮质激素样的效应，抑制 11-羟基类固醇 deHase（催化皮质醇转化为可的松，减少皮质醇与盐皮质激素受体的结合）。能激活盐皮质激素受体，在体外能阻止 17-羟基类固醇 deHase（催化雄烯二酮转化为睾酮）。连续服用引起男性血清睾酮降低，17-羟基-孕酮（17-羟基-黄体酮）升高。摄入甘草怀疑引起男性性欲减退或其他性功能紊乱和高血压。长期使用高剂量甘草会引起钠潴留、低钾和高血压，发生眩晕和头痛。长期大剂量会引起忧郁症。服用含地高辛药物的不能服用甘草。妊娠和肝硬变也不要使用。

4.2.6 辣椒

对辣椒致癌与抗癌效应还有争议。有研究认为食用辣味最重的人，实际上胃癌的发生率更低，似乎有防癌作用；但另外的研究又发现长期食用辣椒增加患胃癌的危险。许多研究表明辣椒素或辣椒提取物是肿瘤促进剂，印度和韩国调查发现常吃辣椒可引起消化道的癌症，特别是结肠癌。美国学者则发现辣椒具有致癌与防癌的双重作用，人体摄取少量有预防癌症的作用。辣椒素经过小肠吸收后进入肝脏，被转化成一种特殊化合物，具有吸收“自由基”、预防癌症的作用。动物实验表明，当体内的辣椒素达到高水平时，就有明显的副作用，可导致便秘，最后诱发结肠癌、直肠癌。

4.2.7 豆类

豆类包括绿豆、扁豆、鹰嘴豆、豇豆、木豆、蚕豆、胡芦巴籽、绿和黑鹰嘴豆、四季豆、乌头叶菜豆、赤小豆、大豆、荚果。

大豆中含有热稳定蛋白酶抑制剂（胰蛋白酶和淀粉酶的抑制剂）、血细胞凝集素、皂苷、致甲状腺肿原、低聚糖、植酸盐、抗维生素因子等。目前已发现大豆中至少有 16 种蛋白质能引起过敏，其中主要的过敏原是胰蛋白酶抑制剂，它能抑制体内蛋白酶的正常功能，影响蛋白质的消化和吸收，引起消化不良和过敏反应。低聚糖产生胃肠胀气，植酸盐与矿物质结合影响吸收；皂素破坏红细胞，引起溶血。皂素对胃黏膜有较强的刺激性，使人产生恶心、呕吐、腹痛、腹泻、头晕等症状。大豆破碎时在脂肪氧化酶作用下，部分脂肪氧化产生醛、醇以及羰基化合物，出现豆腥味而影响口感。大豆中所含丁香酸、香草酸、阿魏酸、龙胆酸等 9 种酚酸带有苦涩味。

四季豆内含皂苷和植物血凝集素，主要集中在四季豆的豆粒中，生四季豆在仅占膳食 1%水平时，2 周就引起大鼠死亡。当加热到 100℃时毒素才会破坏。皂苷进入血液中的红细胞，破坏红细胞而出现溶血。

扁豆长得越老，皂素就越多。皂苷进入胃肠道，可刺激胃肠道黏膜产生炎症反应，使食者出现头昏、头痛、恶心、呕吐、腹泻等症状。烹调没有熟透时会造成中毒，一般在食后0.5～3h内便会发生中毒。有志愿者食急炒扁豆后很快出现吐泻症状，而另外同时食红烧扁豆者却安然无恙。

蚕豆又名胡豆，成熟季节因吃新鲜蚕豆而得“蚕豆病”。3岁以下患者占70%，男性患者占90%。蚕豆病是一种遗传性疾病，具有明显的家族性。有些人体内的红细胞中缺少葡萄糖-6-磷酸脱氢酶（G6PD），接触蚕豆和蚕豆花粉，特别是鲜嫩的蚕豆，更容易发病。初步研究发现，蚕豆浸出液与缺乏G6PD的红细胞温育后，能使红细胞内还原型谷胱甘肽（GSH）含量显著降低，高铁血红蛋白浓度增高。这一结果提示蚕豆浸出液中含有类似氧化剂的物质。研究者对从蚕豆中提取出的多种生物质如蚕豆嘧啶核苷、蚕豆嘧啶、异脲脒和多巴进行分析，发现均有抑制G6PD活性或减少缺乏G6PD红细胞的GSH含量的作用。也有可能在体内几种毒性物质产生协同作用。蚕豆中引起溶血的物质究竟为何物，至今仍不清楚。至于为何新鲜蚕豆比干蚕豆容易致病，研究发现新鲜或阴天采集的蚕豆皮中含有更多的毒性物质。晒干后，蚕豆皮中蚕豆嘧啶核苷和多巴被氧化，毒性因而降低。蚕豆病只发生于G6PD缺乏者，但并非所有的G6PD缺乏者吃蚕豆后都发生溶血；曾经发生蚕豆病者每年吃蚕豆但不一定每年都发病；发病者溶血和贫血的程度与所食蚕豆量的多少并无平行关系。蚕豆病发生溶血的机理比G6PD缺乏所致的药物性溶血性贫血复杂，尚有待进一步探讨。

4.2.8 咖啡

咖啡主要成分为咖啡因，研究发现一杯咖啡中约含有2000种天然化学成分，其中一些具有强的致突变性，一杯咖啡摄入的致突变物是抽烟者从一支烟吸入的50倍。联乙醯（芳香成分）乙二醛、甲基乙二醛都是致突变的。咖啡中还发现有大量的过氧化氢。一杯咖啡中约有250mg绿原酸，还有单宁酸、苯并芘、咖啡因。咖啡因大量时也有毒，100杯咖啡中的咖啡因可引起人体惊厥，如果按照这一剂量摄入会引起死亡。也有研究表明咖啡中的咖啡因或其他成分与胰腺癌患者肿瘤中K-ras基因异常有剂量相关关系。K-ras突变，即许多ras基因如果有几个改变或激活，会有一个形成癌，在3/4胰腺癌病人中有这种突变发生，突变存在常用于诊断这种疾病。但也有患癌时K-ras基因正常的。虽然人类已长期饮用咖啡，不会致癌，但咖啡因确实会影响细胞的DNA修复和干扰诸如细胞自毁等细胞基本程序。有学者认为不饮咖啡者比饮用者修复K-ras基因突变的能力更强。

4.2.9 马铃薯

现代栽培的马铃薯是从同一科中致命的茄属植物（含有大量高毒性化学物质茄碱和马铃薯碱）驯化改良的品种，含有龙葵素和卡茄碱。其蛋白质中含有

15%阻碍消化的酶。马铃薯嫩芽、块茎的外层皮含有较多龙葵素。每100g优质马铃薯约含龙葵素10mg，食用不会引起中毒。但当发芽或表皮变成黑绿色时，龙葵素的含量会明显增多。据测定，每100g发芽马铃薯嫩芽部位含龙葵素可高达500mg，大量食用会引起中毒。蒸汽或水能使龙葵碱减少40%。龙葵素对人体胃肠道黏膜有较强的刺激作用，对呼吸中枢有麻痹作用，并能引起脑水肿等病症。机体能将龙葵碱转化为有毒的茄次碱，能引起实验动物自然流产。

一般中毒发生在吃后0.5～3h，表现为上腹部疼痛、头痛、头晕、恶心；呕吐及腹泻，吐泻严重者，可造成脱水和电解质紊乱；重症患者可因呼吸中枢麻痹、心力衰竭而死亡。

有研究表明，在油炸、烤制的土豆片、炸薯条和其他碳水化合物丰富的食品中发现了能引起大鼠、小鼠肿瘤的丙烯酰胺，也增加了人类患癌的危险。丙烯酰胺可能是碳水化合物以某些方式加热形成的。但美国科学健康委员会（ACSH）认为丙烯酰胺致癌是基于动物试验高剂量时出现的，还没有证据证明人类食用这一观察水平的剂量引起致癌，因此没必要对这一发现引起惊慌。

4.2.10 棉与大麻

我国种植的棉包括陆地棉、海岛棉及草棉，属锦葵科。棉籽中含有大量棉酚和棉酚紫、棉绿素等。棉籽油是用棉花籽榨制的，粗制油色黑、黏稠。未经精炼的粗制棉籽油中棉酚类物质清除不彻底，游离棉酚是一种细胞毒素和血管神经毒素，可以造成人体的胃和肾脏损害，人们若长期、大量食用，则会引起中毒，出现头痛、疲乏无力、恶心、呕吐、腹痛腹泻，甚至可有胃肠道出血等全身中毒症状。棉酚还会引起精子异常，影响雄性的生殖能力。

大麻属桑科大麻属草本植物，大麻仁中含有大麻酚、四氢大麻酚、大麻二酚等。其仁可以榨油，大麻油呈棕褐色，可供工业和药用，有润肠通便的功效。有些地区用其制成麻子豆腐。炒食大麻子或食用大麻子豆腐后均可中毒。大多在食后1～4h发病。主要侵犯神经系统，轻者有头晕、头痛、口渴、咽干、口苦、眼花、乏力等；重者可有恶心、心慌、胸闷、四肢麻木、视物模糊、烦躁不安，或精神错乱，时哭时笑，手舞足蹈，有的还出现幻视、复视、血压升高、意识丧失，甚至引起昏迷、抽搐、肝脾肿大及心力衰竭等。

4.2.11 杏仁与木薯

杏仁分为苦杏仁和甜杏仁两种，内含有毒物质苦杏仁苷。苦杏仁苷经酶或酸水解后，释放出氢氰酸与苯甲酸，过多的氢氰酸与细胞色素氧化酶中的铁结合，阻止细胞色素氧化酶递送氧，从而使组织细胞缺氧坏死，严重者导致呼吸麻痹，甚至死亡。甜杏仁含毒性物质很少，约含苦杏仁苷0.11%，可以食用，但一次不能吃得过多。苦杏仁中含苦杏仁苷高达3%，其毒性比甜杏仁高25～30倍。

小孩吃10～20粒或成人吃40～60粒苦杏仁就有可能产生中毒。杏仁中毒一般在食用后1～2h，早期可出现头痛、头晕、口中苦涩、恶心、呕吐、心跳加快、血压升高，随病情发展可出现组织细胞缺氧，患者呼吸急促而不规则，并可闻到苦杏仁味；严重中毒时表现为意识丧失、大小便失禁、瞳孔散大、潮式呼吸、四肢发冷、深度昏迷，最后可死于呼吸麻痹和细胞缺氧。

木薯中含有亚麻苷及亚麻苷酸，被水解后产生氢氰酸。一般氢氰酸中毒过程迅速。但木薯中毒病情发展较慢，可能由于亚麻苷在消化道内水解需一定时间，一般于进食后2～3h出现症状，早期主要有恶心、呕吐、腹痛、头痛、头晕、心悸、脉快、无力、倦睡等。中毒严重者出现呼吸困难，躁动不安，心跳加快，瞳孔散大，对光反应迟钝或消失，以致昏迷，最后因抽搐、缺氧、休克或呼吸衰竭而死亡。因为氢氰酸易溶于水，经加热可以挥发掉。削皮、浸泡、煮熟可起到去毒效果。

4.2.12 菠萝

菠萝含有苷类、5-羟色胺和菠萝蛋白酶。苷类对人的皮肤和口腔黏膜有一定的刺激作用。5-羟色胺能使血管收缩，造成人的血压升高，引起头痛、头晕等症状。菠萝蛋白酶一般在胃内被胃液分解破坏，但是少数人对它有过敏反应，吃后0.5～1h就出现恶心、呕吐、腹痛、头痛、荨麻疹等症状，严重者还会发生呼吸困难及休克。食用前先把菠萝去皮切成片，放在盐水里浸泡30min，或将菠萝片放在开水里煮，破坏酶和去除有毒物质。

4.2.13 蔬菜

“嗜硝酸盐”蔬菜是指含有大量硝酸盐和亚硝酸盐的蔬菜，多为叶菜类，主要包括甜菜、菠菜、芹菜、大白菜、小白菜、洋白菜、萝卜、菜花、生菜、韭菜、莴苣等；野菜类如灰菜、荠菜、青菜等也属于“嗜硝酸盐”蔬菜。菜中硝酸盐含量的多少与土壤中硝酸盐含量及施用氮肥等情况有很大关系。这些蔬菜由于储藏过久、煮熟后存放过久，或胃肠道中硝酸盐还原细菌大量存在，硝酸盐会还原成亚硝酸盐，食用可能发生急性亚硝酸盐中毒。

芸苔属蔬菜具有产生气体的特点，一些椰菜含维生素K高，影响抗凝血药物的治疗效应。芸苔属蔬菜，如卷心菜、芽甘蓝和大头菜含有较多干扰甲状腺功能和促进甲状腺肿的物质（新鲜蔬菜为65～140mg/100g）。烹调能降低这些蔬菜的这种危害。甲状腺肿原还在芜菁、大豆、萝卜、油菜籽、芥菜中发现。菠菜中还含有草酸；茄类中含有尼古丁；瓠瓜属葫芦科，形如丝瓜，正常的瓠瓜不苦，但如瓠瓜在结瓜过程中瓜藤被踩烂或由于其他原因，结出的瓠瓜就会发苦。食用苦瓠瓜可发生中毒，苦瓠瓜中的有毒成分为葱苷类化合物，能刺激胃肠黏膜，引起头晕、恶心、胃部不适、呕吐、腹痛、腹泻、口干及乏力等症状。

每 50g 鲜黄花菜大约含有 0.1mg 的秋水仙碱，进入人体后被氧化成毒性很强的氧化二秋水仙碱。氧化二秋水仙碱对胃肠黏膜和呼吸器官黏膜有强烈的刺激作用，而引起恶心、呕吐、腹痛、腹泻、口渴、腹胀等症状，严重者可有血便、血尿或无尿。秋水仙碱易溶于水，在食用前数小时将鲜黄花菜用冷水浸泡即可预防中毒。

南瓜久存其瓜瓤含有较高的糖量并进行无氧醇解，产生酒精，吃后很容易中毒。吃时最好去尽瓜瓤，并检查有无酒精味。

4.2.14 黑胡椒

实验发现黑胡椒对实验小鼠有致癌作用。哌嗪（胡椒嗪）和 α-甲基吡咯啉是黑胡椒中的次级胺类，能够亚硝基化为 N-亚硝基哌嗪，具有很强的致癌作用。胡椒碱对啮齿动物的 LD_{50} 见表 4-1。

表 4-1 胡椒碱对啮齿动物的 LD_{50}

实验动物	LD_{50}/(mg/kg 体重)
小鼠(腹膜内注射)	1638.6
小鼠(经口)	330.0
断奶大鼠(经口)	585.0
大鼠(经口)	514.0
大鼠(腹膜内注射)	800.0

采用实验动物对胡椒碱的抗生育特性进行了研究。无论采用腹膜内注射还是经口给予 12.5mg/kg 胡椒碱，每天 2 次，都能明显阻止小鼠妊娠。胡椒碱在着床前后都有作用。但如果用 5mg/(kg · d) 的剂量，胡椒碱对小鼠就没有抗生育作用。在明显抑制生育的剂量水平，并没有观察到对雌激素变化周期和子宫的影响，也没有发现临床毒性。抗生育的作用机制还不清楚。但似乎不是通过激素机制或子宫的活动产生的。虽然黑胡椒提取物有肿瘤抑制活性，但也有研究表明黑胡椒有致癌作用的可能性。采用黑胡椒的乙醇提取物，胡椒碱比药理学效应高 400～700 倍，应用 3 个月，导致小鼠肿瘤明显增加。研究者特别提到其中的成分黄樟脑、单宁酸、萜类生物碱（如柠檬油精、蒎烯、沉香醇、水茴香萜）潜在致癌物、复合致癌物、肿瘤促进剂。

胡椒碱并不可能是一个肿瘤化合物，但推理它及黄樟油精、异胡椒酰胺、哌啶和肉豆蔻油醚具有亚甲基二氧基苯（methylen dioxy benzene）的结构。胡椒碱和黄樟油精虽然化学特性相同，但代谢是不同的，在大鼠肝脏相互作用于肝微粒体也不同，可能与这两个化合物的侧链不同有关。例如大鼠用胡椒碱处理，肝脏微粒体细胞色素 P450 降低 20%，而用黄樟油精前处理使细胞色素 P450 含量增加 50%。

胡椒碱在体外明显地增加了苯并芘的细胞毒性。而另一报道却发现胡椒碱能通过减少苯并芘氧化抑制苯并芘的活性，从而对细胞毒性有解毒作用。

4.2.15 药用植物

曾毅等研究了1693种中草药及植物，发现52种中草药及植物含有促癌物质。如凤仙子、铁海棠、红背桂、假连翘、射干、青牛胆、怀牛膝、土沉香、芫花、狼毒、巴豆、泽漆、甘遂、鸡尾木、红雀珊瑚、木油桐、独活、金钱草、苏木、曼陀罗、乌桕等中草药中都含有促癌物质；千里光、农吉利、猪尿豆等含有千里光生物碱，是一种强致癌物；细辛、桂皮、八角茴香中含有黄樟素，是一种可诱发肝癌的物质；中药巴豆、砒石、砒霜、甘遂、瑞香、芫花根、狼毒、苏木、三棱、金果榄等，都有致癌活性。

4.2.16 其他

紫草科植物的叶或根含有双苄基异喹啉类生物碱，具有很强的肝毒，引起大鼠肝细胞腺瘤和增加膀胱肿瘤的发生率。

槲寄生含有生物碱、黏霉素和外源凝集素，具有降低血压、利尿和解痉作用，但生物碱复合成分具有细胞毒性，还有报道摄入后引起肝炎。

薄荷提取物长期推荐用于流产，但效果可疑，认为长期摄入可引起肝脏损害致死。

细辛含有甲基丁香酚和黄樟醚等，两者都能形成DNA加合物。

芦荟主要含芦荟大黄素苷，在所有大黄苷类泻药中，芦荟的刺激性最强。若内服芦荟过量，就会刺激胃肠黏膜，在泻下的同时多伴有显著腹痛和盆腔充血。孕妇服之过量还容易引起流产。有报道，芦荟中毒量为9～15g。芦荟还可产生过敏性皮炎。

苍耳幼芽很像黄豆芽，味甜，其子能出一些油，苍耳的有毒成分主要是毒苷、苍耳苷及毒蛋白，可损害心、肝、肾等内脏实质性器官，引起浊肿、出血及坏死，严重者可因呼吸及循环衰竭而致死。中毒程度与食用方法有关，如吃苍耳幼苗中毒比较轻，若发芽种子食后中毒性较大。

石榴皮含有毒性物质异石榴皮碱、伪石榴皮碱等，对人的中枢神经系统具有先兴奋后抑制的作用。中毒后表现为恶心、呕吐、腹泻、惊厥、反射亢进，随后出现肌肉无力、瞳孔散大、视力障碍、虚脱、呼吸肌麻痹，甚至死亡。

檫木含有黄樟脑，是一种强的肝毒物质。曾经作为无醇饮料的香味剂，1960年开始被禁止用作香味添加剂。

龙蒿、罗勒和茴香中都发现有草蒿脑，它能引起小鼠肝癌。β-细辛醚是白菖蒲油的重要成分，用于苦味剂和苦艾酒，能引起大鼠肠道肿瘤。

谷物抗营养的成分有抗淀粉酶和植酸盐。浸泡和发芽能使植酸盐减少。

芋头含有胰蛋白酶抑制剂和外源凝集素，能被热破坏。

欧防风含有补骨脂素，补骨脂素是光激活的致癌物和致突变物，欧防风含补骨脂素的浓度为 40mg/kg。

紫花苜蓿苗含有约 1.5%的刀豆氨酸，引起红斑狼疮样综合征。刀豆氨酸与精氨酸类似，在蛋白质合成时取代精氨酸。如果紫花苜蓿苗经过高温后，这些作用就消失了。

芥子油和山葵中的异硫氰酸酯对大鼠有致癌作用。

4.3 植物性的有毒成分

4.3.1 糖苷类

糖苷（配糖）是由糖或糖的衍生物与非糖物质（苷元或配基）通过糖的端基碳原子连接而成，广泛存在于植物中，许多是无毒的，但也有部分为有毒化合物。

4.3.1.1 生氰配糖

在 80 个科的植物中，有 800 种植物含有生氰配糖体，许多水果如杏、樱桃的叶、皮和种仁中都含有，桃的叶、细枝、核在咀嚼时也会释放出氰化物。典型的生氰配糖有苦杏仁苷、芥子油苷、甾苷、多萜苷等。生氰配糖广泛存在于某些豆类、核果和仁果（苦杏仁、桃仁、李子仁、枇杷仁、樱桃仁、杨梅仁及亚麻仁）的种子、果仁和幼叶中及木薯的块根等高等植物中。氰苷的毒性是潜在的，只有在酸、水解酶或者被摄食动物肠道里的细菌分解，使氢氰化物从生氰配糖释放出来，才能生成剧毒氰、硫氰化合物。产生氰化物的食品来源和产生氢氰酸（HCN）的量见表 4-2。

表 4-2 产生氰化物的食品来源和产生氢氰酸（HCN）的量

植物	HCN 的量/(mg/100g)	配糖物
苦杏仁	250	amygdalin 苦杏苷
木薯根茎	53	linamarin 亚麻苦苷
完整的高粱	250	dhurrin 蜀黍苷
利马豆	10～312	linamarin 亚麻苦苷

4.3.1.2 硫苷类

硫苷类有毒成分又称为致甲状腺肿物质。洋白菜、花椰菜、芜菁甘蓝、芣蓝及含油种子、油菜籽和芸苔等十字花科蔬菜及葱、大蒜等植物中都含有致甲状腺肿物质。人和动物食用后，这些化合物经水解后产生硫氰酸盐、异硫氰酸盐、甲状腺肿因子等，能抑制甲状腺功能，引起甲状腺肿大或萎缩。但真正存在于这些蔬菜或植物的可食性部分的致甲状腺肿物质成分很少，绝大部分致甲状腺肿原物质往往储藏在它们的种子中。过多地摄入此物质，可以引发甲状腺肿大。虽然硫氰化物远比氰化物毒性低，但它仍然有阻止甲状腺组织正常地摄取碘的作用，可以引起工作负担过重的甲状腺肿大。白菜属的许多蔬菜，包括芽菜、花菜、甘蓝，因含烯异硫氰酸盐而有强烈的气味。

植物中致甲状腺肿物质产生需要的酶通过烹调可以破坏，致甲状腺肿物质也可以通过滤去烹调的水而除去。给动物和禽类喂饲含高水平致甲状腺肿物质的油菜籽诱发甲状腺肿，血液中甲状腺素降低，肝、肾和肾上腺异常，生长和生殖能力降低。研究显示志愿者每天摄入含有 40mg 甲状腺肿因子的芽甘蓝的 4 周里，没有疾病发生。另一研究显示每天摄入 50～200mg 甲状腺肿因子后，碘摄入受到抑制。是否及如何食用芸苔蔬菜会影响人类健康还不清楚。在某些地区流行甲状腺肿的原因可能是碘缺乏和某些食物成分，如葡糖异硫氰酸盐相互作用的结果。异硫氰酸烯丙酯是芥末和山葵中的一种天然香味成分，花茎甘蓝和卷心菜中也少量存在。

4.3.1.3 皂苷

皂苷（皂素）是一种分布很广泛的苷类物质。其溶于水后可以生成胶体溶液，会产生像肥皂一样的蜂窝状泡沫。皂苷具有破坏红细胞的溶血作用，充当分散剂的作用，增加肠道对单宁、酶抑制剂、肌醇六磷酸、雌激素异黄酮等许多有毒物质的渗透。这些已在实验动物上观察到，但还缺乏临床观察。当使用过量时可引起中毒，症状表现为喉部发痒、噎逆、恶心、腹痛、头痛、晕眩、泄泻、体温升高和痉挛，最后因麻痹而致死亡。皂苷在食用豆类中广泛存在。

皂苷的代表物质为大豆皂苷和茄碱。大豆皂苷存在于大豆中，含量甚微。研究表明热加工后的大豆或制品对人、畜并没有出现损害，但大豆皂苷本身具有溶血作用。

茄碱存在于茄子、马铃薯、未成熟的青西红柿等茄属植物中，其毒性极强，即使在煮熟情况下也不易被破坏。在一般情况下茄碱的含量很小，不会使食用者发生中毒。但发芽的马铃薯及见光变绿的马铃薯表层，茄碱含量会大幅度提高，人食用一定量后会出现中毒现象。食后口腔有苦涩感，其一般的中毒症状为腹痛、恶心、头晕、呕吐、战栗、呼吸及脉搏加速、瞳孔散大，严重者可发生痉挛、昏迷和虚脱。

4.3.2 生物碱

生物碱广泛存在于毛茛科、芸香科、豆科等许多植物根、果中，成分极其复杂。依其化学结构可细分为非杂环氮类、吡咯烷类、吡啶哌啶类、异喹啉类、吲哚类和萜类等。根据生源特点被分为原生物碱（protoalkaloid）、真生物碱（truealkaloid）和伪生物碱（pseudoalkaloid），典型的生物碱是吡咯烷生物碱

(pyrrolizidine alkaloid，PA)。它们能引起摄食者轻微的肝损伤，但中毒的第一反应是恶心、腹痛、腹泻甚至腹水。连续食用生物碱食品2周甚至2年才有可能出现死亡，一般中毒都可康复。由于生物碱大多具有苦涩性，容易使动物产生拒食，所以引起人体生物碱中毒的主要食物源是：①谷物等农作物被含生物碱的杂草污染，进入面粉及相关食品中；②食用含生物碱植物的动物所产的奶和蜂蜜等食品；③特殊食疗食品、个别调味料和特殊提取物饮料等。

4.3.2.1　吡咯双烷类生物碱

吡咯双烷类生物碱（PA）存在于动物食用的某些植物中。如果谷类作物污染了含PA的杂草，PA也可以进入人类食物中。摄入含PA的动物肉和奶中会含有少量的PA。PA还在药茶和草药制剂中发现。人中毒多数是使用含PA的家用药物，如果摄入剂量足够大，会引起肝细胞中毒和急性肝脏疾病。某些PA对动物是强诱变剂和致癌剂，但PA对人类致癌重要性还不清楚。菊科和豆科家族的许多植物含有100种以上的肝毒吡咯双烷类生物碱。

食用含有这些生物碱的植物，或者通过已被PA污染的其他农作物，如谷类作物和草料作物有时可能被能产生吡咯双烷类的杂草污染，生物碱通过一定方式进入到面粉和其他食品，包括喂饲了这些植物的奶牛所产的牛奶中。多数病例中毒都表现为中度到严重的肝损害，中毒后首先出现胃肠症状，主要有腹痛伴随呕吐，发展为腹水。继发死亡可发生在中毒后2周～2年。如果停止摄入生物碱则肝损伤不是很严重，病人可完全恢复。有时摄入生物碱后毒性证据并不明显。

4.3.2.2　双苄基异喹啉类生物碱

草药和草药茶含有这些致癌、致突变和致畸物质。这些化学物中最常见的是紫草科植物中的草碱（symphytine）。茶通常都是用这种雏菊样的草药制成，作为保健食品出售。研究曾发现纯的草碱可引起大鼠肝脏肿瘤。

4.3.2.3　麻黄素生物碱

1997年6月，美国FDA就建议限制膳食补充剂中麻黄素生物碱的含量。麻黄素生物碱是一种安非他命类化合物，对神经系统和心脏有潜在、强烈的刺激性作用。由于麻黄素生物碱对心脏和神经系统的刺激作用，那些有高血压、心脏及神经系统功能失调的人应避免使用该类产品。市场上销售的含麻黄素生物碱的膳食补充剂主要用于减肥、增加精力和强壮体格，使用该类产品带来的影响包括一过性高血压、心律紊乱、失眠、神经紧张、震颤、头痛、痉挛、心脏病发作、中风和死亡等。膳食补充剂中的麻黄素生物碱通常来源于一种或几种麻黄属植物类的药草，这些麻黄属植物有时叫麻黄、中国麻黄。其他植物性来源还有心叶黄花稔（sida cordifolia）。

4.3.2.4　马兜铃酸

主要存在于马兜铃属植物中，我国的马兜铃属植物如马兜铃、天仙藤、关木通、青木香、广防己、寻骨风；德国的铁线莲状马兜铃；美洲的蛇根马兜铃；印度马兜铃。马兜铃酸在我国没有单独作为一个药物使用，患者接触马兜铃酸主要来自中草药，其中应用最多的是关木通和广防己。马兜铃酸为潜在致癌物质，在人和动物的目的组织中可形成DNA加合物。啮齿类动物食用马兜铃酸后，会发展成淋巴瘤以及肾癌、肝癌、胃癌和肺癌。而且有报道说有些病人患了“中草药肾病”后又得了膀胱癌。据研究，病人摄入马兜铃酸可能会增加罹患恶性肿瘤的危险。1993年比利时学者首先发现2例女性服中草药减肥治疗后，出现进行性肾间质纤维化，经调查发现该减肥药15年未见毒副作用报告，1990年在原方中加入广防己后，发现9例患者中7例血肌酐于3个月内升高一倍，肾活检显示广泛间质纤维化。经药物成分分析发现，减肥胶囊中含有马兜铃酸。至1998年在比利时有100人患马兜铃酸肾病，其中1/3已接受肾移植。1999年7月，英国报道有2位病人使用了含有马兜铃酸的植物制品后，造成了永久性的严重肾脏损害。病理检查发现肾间质纤维化导致皮层肾小管大量丧失。美国FDA接到国内的2个病例报告，病人严重的肾脏损害都与使用经实验分析证明含有马兜铃酸的植物制品有关。他们还分析了美国常见的马兜铃属植物以及可能含有马兜铃酸的其他植物，共计38种，发现其中有18种含有马兜铃酸。2001年6月20日，美国FDA建议消费者立即停止使用任何含马兜铃酸的植物制品。

4.3.3 有毒植物蛋白

目前所发现的有毒蛋白质主要来自植物性食品，包括血凝素和酶抑制剂。其中血凝素是某些豆科、大戟科等植物中的有毒蛋白质，这类毒素现已发现10多种，包括蓖麻毒素、巴豆毒素、相思子毒素、大豆凝血素、菜豆毒素等。

植物细胞凝集素指豆类及一些豆状种子中含有的一种能使红细胞凝集的蛋白质。含有凝集素的植物子实有蓖麻、大豆、豌豆、扁豆、菜豆、刀豆、蚕豆、绿豆、芸豆等，马铃薯、香蕉、芒果、麦芽等也含有。含量最高是红肾豆，生的红肾豆含有20000～70000凝血素单位，煮熟后仍有200～400单位。虽然菜豆等白肾豆中凝血素相对较低（一般是红肾豆的1/3），但不良的饮食方式也能导致中毒。对食品进行有效的热处理能破坏凝血素，但加热到80℃时，显示毒性更大(是生食物的5倍)。通常采用热处理（或高压蒸汽处理）以及热水抽提的办法来除去凝集素或使其失活。许多爆发性凝血素食物中毒都是食物加工不当所引起的。

免疫学家早就认识到血凝素能在淋巴细胞中触发DNA的合成；最近又发现它能激活潜伏在人体末梢淋巴细胞中的免疫缺陷病毒-1（HIV-1)。它能激活人外周淋巴细胞中的潜伏状态的Ⅰ型人类免疫缺陷病毒。除了诱发有丝分裂，还能黏附多种哺乳动物的红细胞，改变细胞膜的转运系统，改变细胞膜对蛋白质的渗透作用，从而干扰细胞的代谢。摄取富含凝血素食物1～3h后，即有强烈的恶心、呕吐、腹泻（个别腹痛）以及虚脱等症状出现，一般发病3～4h后康复。人们对凝血素的易感性仅与摄取剂量有关，而与年龄、性别等因素无关。集体食用同批含凝血素的食物后，发病率为100%。主要的凝集素有以下几种。

4.3.3.1 大豆凝集素

大豆凝集素是一种糖蛋白，将大豆凝集素混入饲料中饲喂大白鼠时，可以明显地抑制它的生长和发育。但是，尚未见有人食用后中毒死亡的报道。

4.3.3.2 蓖麻毒蛋白

蓖麻毒蛋白也称蓖麻毒素，毒性极大，2mg即可使人中毒死亡，为其他豆类凝集素的1000倍。人、畜中毒，主要是个别地区有生食蓖麻子或蓖麻油的习惯所造成的。除凝集素作用外，蓖麻毒蛋白还易使肝、肾等实质细胞发生损害而产生浑浊、肿胀、出血及坏死等现象。蓖麻毒蛋白也可以麻醉呼吸中枢、血管运动中枢。

4.3.3.3 菜豆属豆类凝集素

动物试验表明，可以明显地抑制大白鼠的生长，在高剂量时，可导致死亡。人食用菜豆属豆类中毒，主要是由于生食或烹调加热不够引起的。

4.3.4 毒氨基酸

主要指非蛋白有毒氨基酸。在发现的400多种非蛋白氨基酸中，有20多种具有积蓄中毒作用。在一些豆科与十字花科植物中也发现少量特异而具有毒性的氨基酸，如二氨基丁酸、左旋多巴、刀豆氨酸等。它们作为一种“伪神经递质”取代正常的氨基酸，产生神经毒性，造成动物的颤抖、痉挛、死亡等；另外，还有一些含硫、氰的非蛋白氨基酸可在体内分解为有毒的氰化物、硫化物而间接发生毒性作用。重要的毒性非蛋白氨基酸有刀豆氨酸、香豌豆氨酸、白蘑氨酸等。值得注意的是，色氨酸是蛋白氨基酸，现已发现它的某些衍生物对中枢神经有毒，通过生物基因食品使这类毒素导致的爆发性食物中毒也曾有发生。有毒氨基酸成分，包括它们的衍生物，大多存在于豆科植物的种子中。

4.3.4.1 山黧豆毒素原

存在于山黧豆中，它实际上是由两类毒素成分构成的。其中，第一类是致神经麻痹的成分，即α,γ-二氨基丁酸；γ-N-草酰基-α,γ-二氨基丁酸和β-N-草酰基-α,β-二氨基丙酸。第二类是致骨骼畸形的成分，即β-N-(γ-谷氨酰)-氨基丙腈。摄食山黧豆中毒的典型症状是肌肉无力、不可逆的腿脚麻痹，严重者可导致死亡。山黧豆中毒仅发生在没有食物时，以野豌豆、香豌豆和草豌豆为食物时，中毒特点为骨变细，肢体麻痹。

4.3.4.2 氰基丙氨酸

氰基丙氨酸存在于蚕豆中，是一种神经性毒素，其引起的中毒症状与山黧豆中毒相似。

4.3.4.3 刀豆氨酸

刀豆氨酸存在于豆科植物的蝶形花亚科植物中，为精氨酸的同系物。刀豆氨酸在人体内是一种抗精氨酸代谢物，其中毒效应也因此而起。加热或煮沸可以破坏大部分的刀豆氨酸。

4.3.4.4 *l*-3,4-二羟基苯丙氨酸

l-3,4-二羟基苯丙氨酸又称多巴，主要存在于蚕豆中。其引起的主要中毒症状是急性溶血性贫血症。一般来讲，在摄食过量的青蚕豆后5～24h，即开始发作，经过约24～48h的急性发作期后，大多可以自愈。

4.3.4.5 降糖氨酸

降糖氨酸是西非荔枝果中的天然毒素，当食入不成熟的水果2～3h后，产生急性毒性。症状有恶心、呕吐、头痛和嗜睡。严重的在12h内出现昏迷和死亡。在有西非荔枝果种植的国家中，牙买加是最重要的生产加工者。毒素以环状氨基、降糖氨酸A及其γ-谷氨酰胺衍生物、降糖氨酸B形式存在，水果成熟时含量降低。降糖氨酸对热稳定，通过何种加工方法可使其减少目前还不清楚。研究发现，在牙买加儿童约消耗29.11g/d，成人的消耗量约为65.92g/d。

4.3.5 有毒胺类

天然的毒胺成分，主要是指苯乙胺类衍生物、5-羟色胺和组胺，它们大多有强烈的升血压作用，同时还可以造成头痛现象。毒胺一般是微生物的代谢产物。在许多水果和蔬菜中，也存在微量的这类物质。由于在正常情况下，毒胺的含量甚小，所以大多不会引起中毒。毒芹碱主要存在于斑毒芹、洋芫荽菜（洋芹菜）、水毒芹菜等中。毒芹碱中毒，主要是由于洋芫荽与芫荽相误用、毒芹叶与芫荽及芹菜相误认、毒芹根与芫荽根或莴笋相误认、毒芹果与八角茴香相误认等造成的。毒芹碱的致死量为0.15g，最快可以在数分钟内使人致死。主要的中毒症状为：运动失调，由下上行的麻痹，最后导致呼吸停止。

4.3.6 酚类衍生物

食品原料尤其是植物性原料往往含有一些酚类化合物，其中的简单酚类毒性很小，有杀菌、杀虫作用，但食品中含有复杂酚类如漆酚、香豆素、鬼臼毒素、大麻酚和棉酚等特殊结构的酚类化合物，则显示毒性，最典型的食物中毒事件是棉籽引发的棉酚中毒。棉酚能使人体组织红肿出血、精神失常、食欲不振，并且在长期食用后，还会影响生育能力。主要的棉子酚中毒途径，是食用了未经脱酚处理的食用棉籽油。禽畜中毒，则是由于吃了未经脱毒处理的棉籽蛋白。

单宁酸引起大鼠和小鼠肝癌，可能与人类食道癌有联系。它存在于咖啡、茶、红酒、蕨菜和其他植物源性食品中。槟榔的单宁酸含量很高，习惯咀嚼槟榔的国家口腔癌发生率很高。在南亚，食用含单宁酸的高粱的地区食道癌发生率高。

4.3.7　有毒酸及盐类

4.3.7.1　草酸和草酸盐

主要为草酸钠或草酸钾。草酸也是一种植物防御毒素。在大黄叶中的浓度特别高，它与钙等金属离子结合成难溶性盐。草酸钙是一种基本不溶于水的盐类。大量摄入引起草酸和草酸盐大量蓄积，造成肾脏和其他器官机械性损害。钙与草酸结合形成草酸钙，在肾和膀胱形成结石。过多地食用含草酸或草酸盐多的蔬菜，会产生急性草酸中毒性状，其表现包括口腔及消化道糜烂、胃出血、血尿等症状，严重者会发生惊厥。草酸及其盐广泛地存在于菠菜、豆类、黄瓜、食用大黄、甜菜等植物中，有时含量可达到1%～2%。维生素C也能代谢为草酸。

4.3.7.2　硝酸盐、亚硝酸盐和*N*-亚硝胺

硝酸盐、亚硝酸盐这两种物质在自然界本来就存在，甜菜、芹菜、莴苣、菠菜、萝卜和大黄每100g都含有约200mg硝酸盐，十字花科蔬菜如芥菜、羽衣甘蓝、芜菁和卷心菜含硝酸盐也较高。亚硝酸盐毒性较高，在蔬菜中含量都不高，微生物的代谢会将硝酸盐还原成亚硝酸盐。亚硝酸盐被人体吸收进入血液后，可将血红蛋白中所含的二价铁氧化为三价铁，使正常的血红蛋白变为高铁血红蛋白，而高铁血红蛋白不能运送氧气。当血液中的高铁血红蛋白达到一定浓度时，就会发生组织缺氧症状，引起呼吸困难、神经和循环系统损害。人体因缺氧而引起头痛、头晕、皮肤青紫、恶心、呕吐及疲倦乏力等症状；严重者可有呼吸急促、心跳加快、抽搐、昏迷，甚至因呼吸和循环衰竭而死亡。

虽然硝酸盐本身不致癌，但能在体内转化为亚硝酸盐，故在硝酸盐与亚硝酸盐毒性方面，更引人注意的是亚硝酸盐会与次级胺和氨基化合物结合成有致癌作用的*N*-亚硝胺。吃熏肉会摄取亚硝酸盐，但量很少。估计经口摄入的72%亚硝酸盐是由蔬菜中的硝酸盐转化而来，只有9%亚硝酸盐是从吃熏肉和咸猪肉摄入的。一个成年人平均每天摄入硝酸盐约为100mg，亚硝酸盐1mg，形成的亚硝胺为1μg。这些量在不同人群中是变化的。素食者摄入量可以是食用传统食物人的2倍。蔬菜的硝酸盐含量可以随着使用含硝酸盐肥料的增加而增加。

4.3.8　酶抑制剂

4.3.8.1　胆碱酯酶抑制剂

乙酰胆碱是脑内和外周神经系统的一种中枢递质，胆碱酯酶能分解这种递质。胆碱酯酶受到抑制时，存在的乙酰胆碱持续刺激后面连接的神经细胞，引起抗胆碱酯酶的特异性症状。人工合成的有机磷和氨基甲酸酯类有相同的作用机制。

配糖生物碱是一种天然存在的抗胆碱酯酶物质，最常见的是茄碱和查茄碱。这些在茄属类植物中存在，包括土豆、西红柿和茄子。在土豆块茎中，配糖生物

碱总量因种类而变化，在芽、皮和阳光晒绿的部分浓度最大。中毒往往是由于摄入发芽的土豆或土豆的芽和晒绿的土豆。绿土豆中毒的症状包括胃痛、恶心和呕吐，呼吸加快和呼吸困难甚至死亡。配糖生物碱在新鲜组织中超过 20mg/100g 被认为是不安全的。烹调后的含有较高配糖生物碱的土豆一般有苦味。作为对照实验，高于 11mg/100g 能被一些人感觉到苦味。但味道并不是毒性的指示剂，没有苦味也并不表示不含配糖生物碱。

4.3.8.2 蛋白酶抑制剂

对食品成分消化起障碍作用的抑制剂中，主要有胰蛋白酶抑制剂、卵白的黏蛋白以及淀粉酶抑制剂。蛋白酶抑制剂干扰胰岛素和胰凝乳蛋白酶这些胰腺产生的分解摄入蛋白的酶，在谷物（燕麦、大麦和玉米）、芽甘蓝、洋葱、甜菜根、小麦、指状粟和花生中均有一定程度的含量，它们能引起鸡和大鼠胰腺过度增生，但对小牛、猪和狗却没有任何影响。

生大豆含有大量的胰岛素抑制剂。含有高胰岛素抑制剂的大豆提取物抑制大鼠、鸡和小鼠的生长。加热使大豆中的高胰岛素抑制剂被大量破坏。但在作为商品出售的大豆食品中，仍约有相当于原始产品 5%～20%的胰岛素抑制剂。例如每克生豆粉样本中含有 52.1TI（高胰岛素抑制剂活性），而烘烤后的豆粉每克含有 3.2TI～7.9TI。

4.3.8.3 淀粉酶抑制剂

小麦含有一组抑制淀粉酶的抗酶物质，淀粉酶存在于唾液和肠道，能分解淀粉。虽然小麦很少会生吃，加热能破坏抗淀粉酶物质，但在面包和以小麦为主要原料制成的早餐谷物制品中都能发现。动物实验和人类试验都没有影响，但如果存在的量足够大时，可能像蛋白酶抑制剂那样造成胰腺肥大。

单宁酸在茶、咖啡、可可和高粱中存在。实验显示它干扰蛋白质的消化，但没有证据证明对人类有害（单宁酸通过注射实验动物发现为致癌物）。

淀粉酶抑制剂主要存在于小麦、菜豆、芋头、芒果以及未成熟的香蕉等食物中。由于生食或烹调加热不够，在摄取比较多的这类食物之后，淀粉酶抑制剂得以发挥作用，使得食物中含有的淀粉不能被消化或被机体吸收利用，大部分又直接被排泄掉。长期如此，会使人的营养素吸收下降，生长和发育受到影响。充分加热处理以后的豆类、麦类食物，基本上可以完全去除有关消化酶蛋白质抑制剂的活性。

4.3.9 抗维生素物质

4.3.9.1 抗硫胺化合物

抗硫胺化合物在绿豆、稻糠、甜菜、芽甘蓝、荞麦和某些浆果中都有发现。栎精、芦丁这些生物类黄酮具有灭活硫胺的作用。在鱼和贝类中发现含有硫胺酶，但鱼中主要存在于人们很少吃的内脏。硫胺缺乏容易引起脚气病，表现为虚弱、食欲减退、易怒等。

4.3.9.2　抗生物素蛋白

抗生物素蛋白是一种在生蛋清中的蛋白质，它能与生物素结合。细胞生长和脂肪酸产生需要生物素（Vitamin B6）。生物素在碳水化合物和蛋白质代谢中起主要作用，对其他B族维生素利用也是必需的。生物素能保持皮肤和头发健康，对防止脱发起重要作用。长期大量食用生蛋会造成生物素缺乏，但食用熟蛋则没有任何问题。生物素缺乏表现为抑郁、懒散、湿疹、皮炎、恶心、呕吐、舌炎、肌痛等。

4.3.10　树脂和挥发油

4.3.10.1　黄樟素

黄樟素是许多草药中的一种精油，国外曾用作饮料和食品中的香料。在许多体外试验体系中呈阳性，能在肝组织形成黄樟素-DNA加合物。食物中的含量在0.5%或以上时引起肝细胞瘤，但在2年的试验中，含量小于0.5%时不会引起肿瘤。早在1976年国际癌症研究中心（IARC）就确证黄樟素、异黄樟素、二氢黄樟素对实验动物有致癌作用。大剂量的黄樟素可诱发大鼠肝癌和食管癌。用含量5000mg/kg黄樟素的饲料饲养大鼠2年，50只大鼠中19只发生肿瘤，其中14只为恶性肿瘤。通过膳食给予雄性和雌性大鼠，肝细胞癌和胆管癌以及雄性小鼠肝细胞癌发生率增加。经口灌胃则增加了小鼠肝肿瘤的发生率。当给新生小鼠皮下注射，诱发了两个性别小鼠肺腺瘤和腺癌以及雄性小鼠肝细胞癌。但没有有关人类的资料。黄樟素在檫木、可可粉（微量）、肉豆蔻和其他草药，以及樟脑、月桂、樟叶等香料中都存在。腐烂生姜也会产生黄樟素。

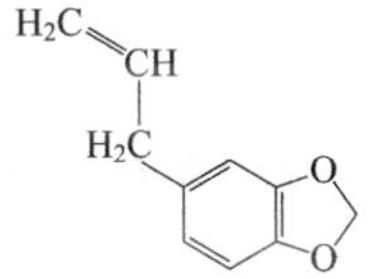

黄樟素结构式

4.3.10.2　异黄樟素

异黄樟素是衣兰油的成分，存在于各种食品之中，如丁香、多香果、朝鲜蓟、肉豆蔻、胡萝卜、欧防风、香蕉、荷兰芹、鳄梨、茴香。

4.3.10.3　柠檬油精

柠檬油精为类单萜，能诱导一相和二相酶，抑制突变启动，20mg/kg能抑制大鼠肿瘤，100000mg/kg没有毒性，但在长期试验中有致癌作用。

4.3.10.4　栎精

栎精在日常食物中含量丰富，约每天达1g。Ames试验为阳性，在其他多数体外试验中为阳性，体内试验为阳性/阴性。

4.3.11 其他

4.3.11.1 木藜芦烷类毒素

包括木藜芦毒素、梫木毒素、玫红毒素和日本杜鹃毒素等六十多种化合物。这类毒素主要作用于消化系统、心血管系统和神经系统，是心脏-神经系统毒素。由于这类毒性食源主要来自某些花草的花蜜制品，又称蜂蜜中毒。人畜常见中毒症状有流涎、呕吐、腹痛、腹泻、心跳缓慢、头晕、呼吸困难、肢体麻木和运动失调，中毒后能在24h内康复；中毒严重时还可能出现角弓反张、昏睡和因呼吸抑制而死亡。

4.3.11.2 黄酮类

一般黄酮的功能已经较明确，某些特别的黄酮如五羟黄酮，是人类膳食中一种常见的黄酮，具有致突变作用但不是致癌物，体外试验并有抗癌作用。黄酮还抑制哺乳动物的酶系统。黄酮类根皮苷及其分解产物能抑制动物组织的呼吸。苯醌及其酚前体有致突变和抗突变作用。

肼类：二孢蘑菇或称双孢蘑菇含有肼类衍生物，它本身又含有酶，可使肼类衍生物水解，水解的肼类能诱发小鼠患肺癌，因此具有一定的致癌性。动物实验发现肼类化合物是强致癌物质，所吃的蘑菇（假羊肚菌、常规栽种的蘑菇等）多数都含有肼类。一般经常吃大量假羊肚菌者，比不吃蘑菇者有较大的患肺肿瘤的危险。常规栽种的蘑菇都含有较多的蘑菇氨酸，具有很强的致癌性。美国内布斯加大学医学中心托思博士，通过动物实验证实，生吃蘑菇可致癌。由于在双孢伞菌属的生蘑菇中含4-羟甲基重氮苯四氟硼酸，把4-羟甲基重氮苯四氟硼酸注射入小鼠体内，当其在体内浓度高于0.6μg/kg时，即可引起皮肤肿瘤，故最好不要生食蘑菇。

4.3.11.3 氨基甲酸乙酯

氨基甲酸乙酯在发酵食品和饮料中存在，能引起各种组织肿瘤。这种化合物在面包、酸奶酪和酱油中存在。

雌激素样物质：植物性雌激素化合物在啤酒花、大豆和紫花苜蓿中都有存在。这些植物化合物还没有显示有致癌性。

乙醇：大量消耗酒精饮料（特别同烟一起使用）与人的口腔、食道、咽喉部癌有联系。酒精与肝癌有关，可引起先天畸形，长期饮用酒精会引起严重的肝损害。

霉菌毒素：世界上的真菌约有10万种，大多对人有益。但发霉的食物能引起人畜中毒。近年来发现，霉变的粮食、油里含有霉菌的毒性代谢产物，不仅能引起人畜中毒，还可诱发肿瘤。黄曲霉毒素、赭曲霉毒素、致癌性青霉毒素、致癌性镰刀菌毒素等均有致癌性，能使动物发生肝癌、胃癌、肾癌，以及直肠、乳腺、卵巢等部位的肿瘤。经气管的毒素可诱发气管鳞状上皮癌。黄曲霉毒素主要污染粮油及其制品，如花生、花生油、玉米、大米、棉籽等，还可污染干果类，如胡桃、杏仁、榛子等。

参考文献

[1] 汪东风. 食品中有害成分化学［M］. 北京：化学工业出版社，2006.

[2] 曾洁. 烹饪化学［M］. 北京：化学工业出版社，2013.

[3] 陈宁庆. 实用生物毒素学［M］. 北京：中国科技出版社，2010.

[4] 张胜勋. 论植物毒素［J］. 郑州牧业工程高等专科学校学报，1990（3）.

[5] 黄绍重，秦振华. 生物毒素研究进展［J］. 毒理学杂志，2006（4）.

[6] 杨洁彬. 食品安全性［M］. 北京：中国轻工业出版社，2008.

[7] Watson D H. Natural Toxicants in food［M］. Sheffield：Sheffield Academic Press，1998.

[8] Jim Riviere D V M. Chemicals present in natural food［M］. Iowa：Iowa State Press，2008.

[9] Concon J M. Food science and toxicology. Part A：Principles and concepts［M］. New York：Marcel Dekker，1988.

[10] 胡怡秀，臧雪冰，丘丰，等. 槟榔对小鼠精子的影响研究［J］. 癌变·畸变·突变，1999，11：40-42.

[11] Rowin J，Lewis S L. Spontaneous bilateral subdural hematomas associated with chronic Ginkgo biloba ingestion［J］. Neurology，1996，46：1775-1776.

[12] Petty H R，et al. Identification of colchicine in placental blood from patients using herbal medicines［J］. Chem Res Toxicol，2001，14：1254-1258.

[13] Buiatti E，et al. A case-control study of gastric cancer and diet in Italy［J］. Int J Cancer，1989，44：611-616.

[14] Lopez-Carrillo L，et al. Chili pepper consumption and gastric cancer in Mexico：A case-control study［J］. Amer J Epidem，1994，139：263-271.

[15] Akagi A，et al. Non-carcinogenicity of capsaicinoids in B6C3F1 mice［J］. Food Chem Toxicol，1998，36：1065-1071.

[16] Surh Y-J，et al. Capsaicin in hot chili pepper：Carcinogen，co-carcinogen or anticarcinogen［J］. Food Chem. Toxicol，1996，34：313-316.

[17] Miquel Porta，et al. Association between coffee drinking and K-ras mutations in exocrine pancreatic cancer［J］. Journal of Epidemiology and Community Health，2001，53：702-709.

[18] Hurrell R. Bioavailability of iron［J］. European Journal of Clinical Nutrition，1997，51（suppl 1）：S4-S8.

[19] Hertog M G L，et al. Quercetin in foods，cardiovascular disease，and cancer//Rice-Evans C A，Packer Leds. Flavonoids in Health and Disease［M］. New York：Marcel Dekker，Inc.，1998.

[20] 李平. 如何防治马兜铃酸肾病［N］. 健康报，2001-11-23（2）.

Chapter 05

第5章 农药及农药残留

5.1 概述

5.1.1 农药是现代农业生产的投入品

农药的称谓在不同地区和不同时期也有所区别，美国早期称农药为“economic poison”，在欧洲被定义为“agrochemicals”。在20世纪80年代以前，农药的定义和范围侧重于对有害物的“杀死”，但80年代以后，更加注重调控，“biorational pesticides”“environmental acceptable pesticides and environmental friendly pesticides”“crop protection chemicals”等概念应运而生。在中国，农药的内涵基本与国际上一致，《农药管理条例》中规定，农药是指用于预防、消灭或者控制危害农业、林业的病、虫、草和其他有害生物以及有目的地调节植物、昆虫生长的化学合成或者来源于生物、其他天然物质的一种物质或者几种物质的混合物及其制剂。

农药在农业生产中具有非常重要的意义，农药已被广泛应用于农业的产前至产后的全过程，是重要的农业生产资料。据统计，在我国农作物病虫害发生种类达1700多种，发生较为严重的有100多种，年发生面积为4.0亿～4.3亿公顷，防治面积4.2亿～5.0亿公顷。通过使用农药挽回粮食损失5800万吨、棉花150万吨、油料230万吨、蔬菜5000万吨、水果600万吨。我国既是农业大国又是人口大国，由于粮食产量与品质、保护生态环境和人民身体健康的需要，既要不断创制高效、低毒、环境友好的新农药，又要对其安全性、环境行为、毒理学、农药残留分析、残留标准等方面进行研究。

目前世界上生产使用的农药已达1300余种，其中大量使用的有250余种，每年化学农药的产量约220万吨。我国已成为世界上使用化肥、农药数量最大的国家。目前，我国农药年生产量保持在45万吨左右，有效成分品种近500个，年使用农药制剂 100 万吨左右，我国农作物病虫草等常年发生面积达 60 亿亩以上。

5.1.2　对农药残留的认识

农药残留（pesticide residue）是指农药使用后残存于生物体、农副产品和环境中的微量农药原体、有毒代谢物、在毒理学上具有重要意义的降解物和反应杂质的总称。施用于作物上的农药，其中一部分附着于作物上，一部分散落在土壤、大气和水等环境中，环境中残存农药的一部分又会被植物吸收。残留农药直接通过植物果实或水、大气到达人、畜体内，或通过环境、食物链最终传递给人、畜。导致和影响农药残留的原因有很多，其中农药本身的性质、环境因素以及农药的使用方法是影响农药残留的主要因素。

农药残存的数量称为残留量。以每千克样品中有多少毫克（或微克、纳克）表示（mg/kg，μg/kg，ng/kg）。农药残留是施药后的必然现象，但如果超过最大残留量（MRL），对人畜产生不良影响或通过食物链对生态系统中的生物造成毒害，则称为农药残留毒性（残毒）。研究农药残留的最终目的是通过科学合理用药，以减少对环境的污染及对人类和生态系统的不良影响。从中可以看出，农药残留包含了三个层次的意思：①农药残留研究的主体是农药原体及其代谢物、降解物和杂质；②农药残留研究的基质是生物体、农副产品和环境介质；③农药残留是有毒理学意义的微量物质。

农药残留物不仅包括农药化合物母体，也涉及分解后的非母体化合物的残留。从农药残留的定义可以知道，农药残留研究的目标除了农药原体外，还包括有毒理学意义的代谢物、降解物和杂质，残留物的意义应根据测定的目的区别对待，用于膳食风险评估和市场监管的残留物定义有时是不同的。残留物的确定需要综合考虑化合物的毒性、残留量与降解行为、市场样品测试结果和分析方法可行性等诸多综合因素。总之，在进行农药残留研究时，对于原药中存在的杂质以及在环境或生物体中产生的降解物或代谢物、甚至一些助剂应给予足够的重视，以合理评价农药产品的安全性。

5.1.3　农药残留对农产品和产地环境的影响

农药使用后，包括直接残存在农作物及其产品中，和间接传导、渗透到产品中。

5.1.3.1　农产品

（1）农药残留对健康的影响

食用含有大量高毒、剧毒农药残留食物会导致人、畜急性中毒事故。长期食用农药残留超标的农副产品，虽然不会导致急性中毒，但可能引起人和动物的慢性中毒，导致疾病的发生，甚至影响到下一代。使用农药可造成农产品中硝酸盐、亚硝酸盐、亚硝胺、重金属和其他有毒物质在农产品中大量积累，造成农药在动植物食品中的富集和残留，直接威胁着人体健康。农药的使用使农产品质量与安全性降低。在我国，由于农药污染的不断加剧，以致出现农产品中农药残留超标而使农产品的国际竞争力大大下降。以苹果为例，我国苹果产量居世界第1位，而目前我国苹果出口量仅占生产总量的1%左右，出口受阻的主要原因是农药残留超标。中国橙优质率为3%左右，而美国、巴西等柑橘大国橙类的优质品率达90%以上，原因是中国橙的农药残留量超标等。

(2) 农产品、家禽与牧业

有机氯类农药是一种含有氯元素的有机化合物，对防治植物病虫害起到重要作用，是农业上迄今为止生产量最大、使用面积最广的一类有机合成农药。许多报告指出，人体内有机氯农药的蓄积量与乳腺癌发病率有关，妇女体内脂肪和血清中DDE及多氯联苯含量高者，其乳腺癌发生率高于对照组。也有研究发现有机氯农药干扰人体内分泌系统。

(3) 农药残留对农业生产的影响

由于不合理地使用农药，特别是除草剂，导致药害事故频发，经常引起大面积减产甚至绝产，严重影响了农业生产。土壤中残留的长效除草剂是其中的一个重要原因。

5.1.3.2 产地环境与生物

(1) 生物

拟除虫菊酯类农药绝大多数属于高亲脂性，水中存在的拟除虫菊酯类农药能直接进入到鱼的鳃和血液中，而鱼类对它们的转化能力和排泄能力较低，因此，容易引起鱼类的行为异常和生理病变。有研究表明，拟除虫菊酯能作用于神经膜钠通道，干扰神经传导功能，作用于鳃组织引起鳃组织病变，并抑制鳃组织Na^+、K^+-ATPase的活力。蚯蚓是土壤中最重要的无脊椎动物，它对保持土壤的良好结构和提高土壤肥力有着重要意义，但有些高毒农药，比如毒石畏、对硫磷、地虫磷等能在短时期内杀死它；农药对土壤微生物的影响是人们关心的又一个农药对微生物总数的影响，对硝化作用、氨化作用、呼吸作用的影响。而对土壤微生物影响较大的是杀菌剂，它们不仅杀灭或抑制了病原微生物，同时也危害了一些有益微生物，如硝化细菌和氨化细菌。

(2) 水源

农药对水体的污染主要来自于：直接向水体施药；农田施用的农药随雨水或灌溉水向水体迁移；农药生产、加工企业废水的排放；大气中残留农药随降水进入水体；农药使用过程中，农药雾滴或粉尘微粒随风漂移沉降进入水体以及施药工具和器械的清洗等。各种水体受农药污染的程度和范围，因农药品种不同而有所差异。一般而言，农药在水中的溶解度越大，性质越稳定，农药使用后进入水体的概率越大，在水体中的残留也越高。农药对水体的污染主要是对地表水和地下水的污染。目前使用的杀虫剂和除草剂，如涕灭威、克百威、莠去津和甲草胺等在水中溶解度大，易被雨水淋溶而污染地下水。已有国家制订了地下水中农药允许残留量的指标，我国正在开展相关的研究。

(3) 农作物

① 表面污染。为促进农作物生长、增加农产品产量施用农药，农作物的表面大量残留的农药直接污染农产品。

② 循环系统污染。农作物的生长环境被污染，即使农作物生长期不施用任何农药，含有农药残留物的空气、水、土壤，还有可能通过循环进入农作物体内，这种危害农产品的方式是间接的，但是也不可忽视。

据统计，中国每年农药使用面积达1.8亿公顷，20世纪50年代以来使用的六六六达到400万吨、DDT达50多万吨，受污染的农田达1330万公顷。粮食中有机氯的检出率为100%，小麦中六六六含量超标率为95%。

(4) 土壤

农药对土壤的污染是指人类向土壤环境中投入或排入超过其自净能力的农药而导致土壤环境质量的降低，以至影响土壤生产力和危害土壤环境生物安全的现象。农药对土壤的污染与施用农药的理化性质、农药在土壤环境中的行为及施药地区自然环境条件密切相关。然而长期大量地使用农药其污染及危害是极为严重的，农药对土壤、大气、水体的污染对生态环境的影响与破坏已引起了世人的广泛关注。研究表明，施用农药的80%～90%最终将进入土壤环境。

5.1.4 农药污染的概念

1962年美国海洋生物学家蕾切尔·卡逊（Rachel Carson）出版了《寂静的春天》，对农药残留的危害敲响了警钟，促使人们加强了对农药的法制管理和合理使用研究，促进了易降解、高效、低毒农药新品种的研发。

(1) 农药污染的定义

农药污染（pesticide pollution）指农药或其有害代谢物、降解物对环境和生物产生的污染。农药及其在自然环境中的降解产物，污染大气、水体和土壤，会破坏生态系统，引起人和动、植物的急性或慢性中毒。

据有关报道，农药利用率一般为10%，约90%的农药残留在环境中。过多地使用农药，尤其是一些高毒、三致、禁用的农药，大量未被利用的农药经过降雨、农田渗滤和水田排水等进入水体，对地下、地表水体造成污染，水生生态系统遭到破坏。同时，还有大量散失的农药挥发到空气中，最后汇入水域，沉降积淀在土壤中，通过农作物吸收，残留在粮食、蔬菜和水果中，或通过饲料、饮用水进入畜体，或通过水体进入水生经济动植物体内，继而又通过食物链或空气进入人体。

(2) 农药污染的管理

农药是一种特殊商品，为有效控制无效或低效甚至有害的农药产品进入市场而实行农药登记制度。即农药进入市场前须在国家相关部门进行登记，获取批准(登记证或其他证明)。农药登记试验主要包括毒理学资料（制剂要求急性毒性，原药要求全套资料，但相同原药或过保护期原药除外)、药效资料（原药不要求)、残留资料（原药不要求)、环境影响资料（制剂、原药一般均要求)，这几方面的试验是待登记的农药的毒性、使用方法、使用范围、用药量、次数、安全间隔期等对农产品安全有重要保证的参数。

农产品中农药残留量超标不仅影响人民身体健康，而且影响我国农产品在国际市场中的竞争力，因此已经引起我国政府的高度重视和社会公众的广泛关注。农业农村部非常重视农产品中农药残留监测工作，加强了农产品中农药残留控制和监测工作，全面提高我国农产品质量，以满足广大人民群众对农产品多样、优质、安全的要求。在防治病、虫、草害时，每年都有大量的农药未被作物完全利用。滥用农药，不仅达不到理想的防治效果，还会造成农产品和环境的污染，影响人类健康。因此，必须研究和制定各种农药在防治各种农作物病、虫、草害时的各项技术指标，控制施药量、施药次数和安全间隔期等，以达到防治效果和减少农药污染的目的。我国为了加强农药管理，制定了农药合理使用准则国家标准。进行科学、合理、规范化的农药残留田间试验，用合适的分析技术和方法进行样品中农药残留量的测定，参照 CAC 或一些发达国家规定的食品中的农药残留最大允许限量（MRL）值标准，根据中国的膳食结构进行风险评估，推荐农药在防治农作物病、虫、草害时的各项技术指标，由国家相关管理部门审批、颁布实施。

(3) 农药残留最大允许限量

我国农药残留限量标准主要由国家标准和行业标准两部分组成，具体是由卫生部和国家标准化管理委员会共同发布的国家标准、农业部发布的农业行业标准和国家质量监督检验检疫总局发布的出入境检验检疫行业标准组成。我国于 2005 年发布了《食品中农药最大残留量标准》国家标准（GB 2763—2005)，该标准共包括了 135 种农药的 478 项 MRL，代替并废止了以前 34 个食品中农药残留限量国家标准。农业部也加快了农业行业标准的制定，截至 2009 年，已制定了 118 种农药在 68 类食品和农产品中的 329 项 MRL 标准。根据《中华人民共和国农产品质量安全法》、《中华人民共和国食品安全法》和《中华人民共和国农药管理条例》的有关规定，2010 年我国成立了国家农药残留标准审评委员会，该委员会主要负责审议农药残留国家标准，制定农药残留国家标准体系规划，为农药残留国家标准管理提供政策和技术意见，研究农药残留标准相关重大问题。到 2016 年为止，《食品中农药最大残留限量》在科学性、针对性和实用性上都有显著提升。到 2021 年，GB 2763 新标准规定了 564 种农药 10092 项最大残留限量，力求用最严谨的标准，为最严格的监管、最严厉的处罚、最严肃的问责，确保人民群众“舌尖上的安全”提供法定的技术依据。

（4）农药的三致作用

农药的“三致”作用指的是致畸、致突变和致癌。致畸是指农药干扰胚胎或胎儿的正常生长发育，造成器官形态结构的异常从而形成畸胎或畸形儿的毒性。致突变是指农药损伤生物遗传物质造成不可逆诱变的作用。这种诱变如发生在体细胞则影响个体本身，如发生在生殖细胞则可遗传给下一代。化学物质（包括农药）诱发突变的机理还未完全阐明，因为脱氧核糖核酸（DNA）复制和基因表达的每一阶段都可能受到化学物质的直接或间接影响。致癌是指农药能引起人或动物发生恶性肿瘤的作用，可表达为发癌率增高、发癌时间缩短，或两者均有。

（5）禁、限用农药

禁用农药是指经国家批准生产、使用的农药或未经批准使用的农药，经实践证明，对生态环境、人畜健康和农业生产有严重影响的，国家明文公布禁止生产、销售和使用的农药。

限用农药是根据我国农药品种结构特点、农药产品性能特征等因素，对一些取得农药登记、正常生产、销售的农药产品，对其使用区域、使用作物、使用方法等进行限制，以最大限度地减少这些农药品种的负面影响。

禁用农药：

① 国家明令禁止使用的农药（23 种） 六六六，滴滴涕，毒杀芬，二溴氯丙烷，杀虫脒，二溴乙烷，除草醚，艾氏剂，狄氏剂，汞制剂，砷、铅类，敌枯双，氟乙酰胺，甘氟，毒鼠强，氟乙酸钠，毒鼠硅，甲胺磷，甲基对硫磷，对硫磷，久效磷，磷胺。

② 在蔬菜、果树、茶叶、中草药材上不得使用和限制使用的农药（19 种） 禁止氧乐果在甘蓝上使用；禁止三氯杀螨醇和氰戊菊酯在茶树上使用；禁止丁酰肼（比久）在花生上使用；禁止叔丁硫磷在甘蔗上使用；禁止甲拌磷、甲基异柳磷、叔丁硫磷、甲基硫环磷、治螟磷、内吸磷、克百威、涕灭威、灭线磷、硫环磷、蝇毒磷、地虫硫磷、氯唑磷和苯线磷在蔬菜、果树、茶叶、中草药材上使用。按照《中华人民共和国农药管理条例》规定，任何农药产品都不得超出农药登记批准的使用范围使用。

5.1.5 现代农药的发展

农药的发展经历了天然药物时代、无机农药时代和有机农药时代三个阶段，而农药残留研究的发展主要是随着有机农药的使用而开展起来的。

农药的使用可以追溯到公元前，早在古希腊就有用硫黄熏蒸杀虫防病的记载。1865 年，巴黎绿（亚砷酸铜与醋酸铜形成的络盐，原作颜料用）开始用于防治马铃薯甲虫，并于 1900 年在美国注册，成为世界上第一种正式注册的农药。

德国化学家 O. Zeidler 合成了滴滴涕（DDT），但其杀虫活性却是由瑞士化学家 P. Mtiller 于 1939 年发现。这一发现成为大规模使用有机广谱杀虫剂的开端，滴滴涕也成了人类历史上第一个有机合成农药，它开启了有机农药的时代。六六六（BHC）是英国人 M. Faraday 于 1925 年合成的，其杀虫活性在 1942 年才开始被科学家发现。随后，德国化学家 G. Schrader 等的研究工作为有机磷农药的发展奠定了基础。1943 年，特普（TEPP）成为第一个商品化的有机磷杀虫剂；1945 年，对硫磷成为战后第一个大吨位的有机磷杀虫剂。20 世纪 50 年代瑞士 Geigy 公司首先研制了氨基甲酸酯类杀虫剂地麦威，并陆续研发了广泛应用的代表产品，如甲萘威、涕灭威、克百威和灭多威等。甲基氯、有机磷和氨基甲酸酯类农药成为这一时期杀虫剂的三大支柱。

在杀菌方面，早期使用铜、硫、砷等无机杀菌剂，20 世纪 40 年代之前有机汞、醌类及福美双等有机杀菌剂开始大量使用。随后，福美双、克菌丹、百菌清、多菌灵等各类杀菌剂开始出现。有机除草剂也是在 20 世纪 40 年代以后开发的，首先是二甲四氯、2,4-二氯苯氧乙酸等苯氧羧酸类除草剂的研发，随后，各种作用机理的除草剂也得到了快速发展。

可以说，从 20 世纪 40 年代中期开始，科技的快速发展使农药进入了有机合成时代。随着这些合成有机物的广泛使用，其在环境和生物体中的缓慢降解、累积、毒性以及残留危害也逐渐引起了人们的重视，农药残留研究也随之发展起来。

现代化农药发展的四个阶段：

(1) 高效高毒

1939 年瑞士科学家 Paul Muller 发现了 DDT 的杀虫作用，并因此获得了 1948 年的诺贝尔医学奖，这是现代化学合成农药的里程碑。1947 年对硫磷发明，标志着世界农药进入了有机磷农药时代。我国农药起步较晚，1950 年开始有机氯农药的工业生产，1957 年在天津农药厂开始生产有机磷农药。相对于无机农药，这个阶段生产的有机氯、有机磷和氨基甲酸酯类农药，具有杀虫谱广、见效快、杀虫效果好和使用成本低等显著特点。

(2) 高效低毒

1949 年第一个人工合成的拟除虫菊酯——烯丙菊酯的诞生，是仿制天然杀虫剂的首次成功。

(3) 高效低风险农药

具有以下优点：①对靶标生物活性高，单位面积使用量小；②对人畜低毒；③对农作物本身安全，无药害；④对环境有益生物安全，如对蜂、鸟、鱼、蚕毒性低；⑤易降解，且降解产物安全。

(4) 绿色农药

绿色农药的特点是：①具有很高的生物活性，即控制农业有害生物药效高，单位面积使用量小；②选择性高，对农业有害物的自然天敌和非靶标生物无毒或毒性极小；③对农作物无害；④使用后在农作物体内外、农产品及土壤、大气、水体中无残留或即使有微量残留也可在短期内降解，生成无毒天然物而完全融入大自然。可以说，绿色农药是未来农药发展的必然趋势，也是农业可持续发展的实现途径之一。

5.2 农药种类与毒性

5.2.1 农药分类（有机为主）

农药种类繁多，通常可按照来源、用途、作用方式和化合物类型进行分类。

5.2.1.1 按来源分类

根据农药的发展历程，可将农药按来源进行分类，根据农药的来源分类，可以了解农药不同发展时期的不同特征。分为矿物源农药（无机化合物）、生物源农药（天然有机物、抗生素、微生物）及化学合成农药三大类。矿物源农药是起源于天然矿物原料的无机化合物和石油的农药，它包括砷化物、硫化物、铜化物、磷化物和氟化物，以及石油乳剂等。目前使用较多的品种有硫悬浮剂、波尔多液等。生物源农药是指利用生物资源开发的农药，它包括动物源农药（如杀虫双、烯虫酯、昆虫性引诱剂、赤眼蜂等）、植物源农药（如除虫菊素、印楝素、丁香油、乙烯利等）、微生物源农药（井冈霉素、白僵菌、苏云金杆菌等）。

化学合成农药是由人工研制合成，并由化学工业生产的一类农药。其中有些是以天然产品中的活性物质作为母体，进行模拟合成或作为模板据此结构改造、研究合成效果更好的类似化合物，这叫仿生合成农药。

化学合成农药的发展经历了三个阶段：20 世纪 50 年代中期以前为开创时期，50 年代后期至 60 年代末为发展时期，70 年代以后为高效化时期。现阶段化学合成农药的主要特点有：①高效化。40 年代以前防治病虫草的农药每公顷平均用药量高达 7～8kg，50～70 年代的新一代化学合成农药用药量降低了一个数量级，为 0.75～15kg，而 70 年代以后出现的高效和超高效农药的用药量已降低达 15～150g，某些品种已降至 15g 以下，芸苔素内酯在 10^{-5}～10^{-6}mg/L 的浓度下，便对植物显示生理活性。②随着人们对环境质量要求的提高，农药的管理及登记日趋严格，致使新农药品种出现速度滞缓，部分老品种因高毒性或高残留等原因而被禁用。

化学合成农药发展趋势大致有三个方向：①增加新品种，特别是具有特异性能的新品种；②提高合成农药质量，由低纯度的粗制品向精细化工品方向发展；③更新筛选方法，提高新化合物的命中率。随着科学技术的飞速发展，21 世纪的农药应是“生物合成农药”或“环境和谐农药”。

5.2.1.2 按用途（防除）对象分类

根据农药的使用目的、防治对象，可将农药按照用途进行分类，根据农药的用途可以针对不同的防治目标进行恰当的使用。分为杀虫剂（insecticides）、杀螨剂（miticides also called acaricides）、杀菌剂（fungicides）、杀线虫剂（nematicides）、除草剂（herbicides）、杀软体动物剂、杀鼠剂（rodenticides）、植物生长调节剂（plant growth regulators）等。

（1）杀虫剂

主要用于防治害虫的药剂。对防治如直翅目蝼蛄、缨翅目稻蓟马等、同翅目飞虱叶蝉等、半翅目蝽象、脉翅目草蛉、鳞翅目小菜蛾、鞘翅目跳甲、双翅目稻瘿蚊等具有重要作用。如氯虫苯甲酰胺属邻甲酰胺基苯甲酰胺类广谱杀虫剂，是防治水稻稻纵卷叶螟、三化螟螟虫的新型药剂；如氰戊菊酯属拟除虫菊酯类杀虫剂，用于防治鳞翅目幼虫效果好，对同翅目、直翅目、半翅目等害虫的防治也有较好效果，可用于防治荔枝蒂蛀虫等害虫，但对螨类无效；氯氰菊酯（cypermethrin）是一种拟除虫菊酯类杀虫剂，适用于防治棉花、蔬菜、果树、茶树、林木等多种植物上的菜青虫、小菜蛾、蓟马等害虫；毒死蜱（chlorpyrifos）是一种有机磷类杀虫剂，对水稻、小麦、棉花、果树、蔬菜、茶树上多种咀嚼式和刺吸式口器害虫均具有较好防效；如敌百虫是高效、低毒及低残留的有机磷类杀虫剂，可防治玉米螟、小菜蛾、稻象甲、荔枝蒂蛀虫等害虫；啶虫脒（dipterex）是一种新型杀虫剂，可防治蔬菜、果树上的蚜虫、蓟马、稻飞虱等害虫。

（2）杀菌剂

主要用于防治由各种病原微生物引起的植物病害的一类农药，随着杀菌剂的发展，又区分出杀细菌剂、杀真菌剂、杀病毒剂、杀藻剂等亚类。据调查，全世界对植物有害的病原微生物（真菌、细菌、立克次氏体、支原体、病毒、藻类等）有 8 万种以上。由细菌引起的病害主要有细菌性疫病、条纹病、萎蔫病、褐条病、青枯病、穿孔病、软腐病等，防治药剂主要有硫黄、石灰、铜制剂和各种农药链霉素等；由低等真菌引起的病害主要有猝倒病、霜霉病、白锈病、疫病、绵疫病、晚疫病、疫霉病等，防治药剂主要有乙磷铝、杀毒矾、金雷多米尔等；由高等真菌引起的病害主要有赤霉病、白粉病、炭疽病、叶斑病、稻瘟病、黑斑病等，防治药剂主要有粉锈宁、多菌灵、甲基托布津、世高、阿米西大、代森锰锌等。三唑类杀菌剂有三唑酮、三唑醇、丙环唑、己唑醇、腈菌唑、烯唑醇和氟硅唑等 30 多个品种，杀菌谱广，对子囊菌、担子菌、半知菌的许多种病原真菌有很高的活性，对香蕉叶斑病和黑星病有较好的防治效果。

（3）除草剂

除草剂主要指能防治杂草和有害植物的药剂，主要用于防治马齿苋、铁苋菜、马塘、异性莎草等一年生杂草，野燕麦、看麦娘等二年生杂草以及可由种子和营养器官繁殖的多年生杂草，有除草醚、杀草丹、氟乐灵、绿麦隆等农药。根据它们杀草的作用方式可分为触杀性除草剂和内吸性除草剂，前者只能用于防治由种子发芽的一年生杂草，后者可以杀死多年生杂草。如精噁唑禾草灵（fenoxaprop-*p*-ethyl）主要用于防除野燕麦、看麦娘、狗尾草、燕麦、黑麦草、早熟禾、稗草、自生玉米和马唐等。2,4-二氯苯氧乙酸可在麦、稻、玉米、甘蔗等作物田中防除藜、苋等阔叶杂草及萌芽期禾本科杂草。有些除草剂在使用浓度过量时，不但草能够被杀死，还会对作物造成药害。

（4）杀螨剂

杀螨剂指用于防治有害蜱螨的一类农药，螨类属于节肢动物门蛛形纲蜱螨亚纲螨目，中亚植食性害虫，杀螨剂主要用于防治红蜘蛛、叶螨、全爪螨、白蜘蛛、茶叶瘿螨、荔枝瘿螨、腐食酪螨、稻跗线螨和茶短须螨等害虫。三氯杀螨砜、三氯杀螨醇和克螨特等属于此类农药。杀螨剂有一定的选择性，对不同发育阶段的螨防治效果不一样，有的对卵和幼虫或幼螨的触杀作用较好，但对成螨的防治效果较差。而炔螨特（Propargite）具有触杀和胃毒作用，对成、若螨有效，杀卵效果差，炔螨特是目前杀螨剂中不易出现抗性、药效较为稳定的品种之一。阿维菌素（abamectin）是一种高效、广谱的抗生素类杀虫杀螨剂，对螨类和昆虫具有胃毒和触杀作用。

（5）植物生长调节剂

植物生长调节剂指用于调节植物生长发育的一类农药，包括人工合成的化合物和从生物中提取的天然植物激素。主要作用有：控制萌芽和休眠；促进生根；促进细胞伸长及分裂；控制侧芽或分蘖；控制株型（矮壮防倒伏）；控制开花或雌雄性别，诱导无子果实；疏花疏果，控制落果；控制果实成熟期；增强抗逆性（抗病、抗旱、抗盐分、抗冻）；增强吸收肥料能力；增加糖分或改变酸度；改进香味和色泽；促进胶乳或树脂分泌；脱叶或催枯（便于机械采收）；保鲜等。某些植物生长调节剂若以高浓度使用就成为除草剂，而某些除草剂在低浓度下使用也有植物生长调节作用。如赤霉素（九二零）、萘乙酸、矮壮素、乙烯剂等农药。这类农药具有与植物激素相类似的效应，可以促进或抑制植物的生长、发育，以满足人类控制植物生长的需求。

（6）杀线虫剂

杀线虫剂指用于防治有害线虫的一类农药。线虫属于线形动物门线虫纲，体形微小，在显微镜下方能观察到。对植物有害的线虫约3000种，大多生活在土壤中，有的也寄生在植物体内。线虫通过土壤或种子传播，能破坏植物的根系，或侵入地上部分的器官，影响农作物的生长发育，还间接地传播由其他微生物引起的病害，造成很大的经济损失，如根结线虫、小麦线虫等。杀线虫剂由原来的有兼治作用的杀虫、杀菌剂发展成为一类药剂。目前的杀线虫剂几乎全部是土壤处理剂，多数兼有杀菌、杀土壤害虫的作用，有的还有除草作用。按化学结构分为3类。卤化烃类、二硫代氨基甲酸酯类和有机磷类。溴甲烷（bromomethane）在常温下为气体，能够在土壤颗粒间扩散和渗透，可有效地杀灭土壤中的真菌、细菌、线虫、病毒、昆虫、螨类、啮齿动物、寄生性种子植物及杂草等各种土栖有害生物。

(7) 杀鼠剂

狭义的杀鼠剂仅指对鼠类具有毒杀作用的化学药剂，广义的杀鼠剂还包括能熏杀鼠类的熏蒸剂、防止鼠类损坏物品的驱鼠剂、使鼠类失去繁殖能力的不育剂、能提高其他化学药剂灭鼠效率的增效剂等。杀鼠剂按作用方式分为胃毒剂和熏蒸剂。按来源分为无机杀鼠剂、有机杀鼠剂和天然植物杀鼠剂。按作用时效分为急性杀鼠剂（单剂量杀鼠剂）及慢性抗凝血剂（多剂量抗凝血剂）。砒霜，即三氧化二砷，最早是被用来治疗梅毒或肺结核病的一种辅助药物，后被开发用来制杀虫剂或灭鼠药。

① 磷剂

主要为磷化锌（zinc phosphide），对哺乳类、鸟类毒性都很大，作用方式是在鼠类胃中与胃酸作用产生磷化氢毒气，影响内脏器官肝、肾、心脏等正常生理作用而致死。该剂遇湿易分解失效，故须保持干燥。毒性强，须由培训过的技术员指导使用，并将家禽家畜隔离以免误食而致死。

② 抗凝血剂

这类杀鼠剂的毒杀作用形式是双重的，一方面抑制血管中凝血素原的合成，另一方面又对微血管造成伤害，以致中毒动物内出血。但必须连续服食数日，方能致死。因此造成人类意外死亡率较低，而杀鼠力是迟效的。此类药剂有杀鼠灵（Warfarin）、得伐鼠（Diphacin）、伏灭鼠（Flocoumafen）。

③ 其他杀鼠剂

主要有两种：弗拉倒（Fratol）为对温血动物有剧毒性的物质，所以必须由经过培训的技术人员施用，避免对人畜造成伤害，此类化合物会破坏心脏及神经系统，引起抽筋麻痹，以致死亡；必灭鼠（Vacor）一次取食极微量，即可于4～8h内致死，鼠类对此化合物的敏感度较其他动物高，它的作用形式为抑制烟酰胺（niacinamide）的新陈代谢，以致中毒的老鼠麻痹窒息而死，用于灭除已对杀鼠灵产生抗性的鼠类十分有效。

5.2.1.3 按化合物类型分类

根据组成农药的化合物的结构特点、元素特征，可将农药按照化合物类型进行分类。根据化合物的结构特点等分类可以为农药的提取、检测提供较大帮助。具体包括有机氯化合物、有机磷化合物、拟除虫菊酯、氨基甲酸酯、有机硫化合物、有机金属化合物、酰胺类化合物、杂环类化合物、苯氧羧酸类、酚类化合物、脲类化合物、醚类化合物、酮类化合物、三氮苯类、苯甲酸类、脒类化合物和香豆素类化合物。

(1) 有机氯类

有机氯杀虫剂（organochlorine insecticides）即由碳元素、氯元素和氢元素组成的化合物，其他的名称还有氯化烃类等，它开始于对 DDT 的认识。DDT 的杀虫活性是由瑞士化学家 P. Muller 于 1939 年发现，这一发现成为大规模使用有机广谱杀虫剂的开端，DDT 也成了人类历史上第一个合成农药，它开启了有机农药的时代。DDT 在第二次世界大战期间被大量生产和应用，在美国军队的指导下用 DDT 成功地控制了斑疹伤寒的流行，在医学史上首开纪录。接下来的 10 年，用它成功地控制了流行于南亚的另一种虫传疾病——疟疾。此后，DDT 一直是世界卫生组织用来防止疟疾的主要药品。DDT 的化学性质非常稳定，在它问世的时候这是一个非常重要的优点，也是其廉价和容易生产的基础。DDT 对哺乳动物低毒及对皮肤无刺激作用，有非常宽的杀虫谱，又具有非常好的持效性。因 DDT 的发明，缪勒博士于 1948 年获得了诺贝尔医学奖。六六六是另一个著名的有机氯农药，于 1825 年首次发现，直到 1940 年才由法国和英国的昆虫学家发现这个化合物原来是一个广谱的杀虫剂。有机氯农药在很长一段时间用于害虫防治和卫生防疫工作，为人类的身体健康和粮食增产作出了巨大贡献。但由于其稳定的化学结构，易在环境中残留，对人类居住的环境与自身健康造成了威胁。1973 年 1 月 1 日，由美国环境保护局宣布禁止使用 DDT，随后，各国也先后作出了类似的规定。20 世纪 70 年代中期以后，各国纷纷开展了有机氯类农药在粮食产品及环境中残留的研究，并有充分的理由说明有机氯化合物在环境中具有顽固的残留性，此后，如六六六等一些有机氯杀虫剂先后被禁用。

（2）有机磷类

有机磷类农药（organophosphate pesticides）通过破坏乙酰胆碱酯酶影响神经系统。大部分有机磷农药为杀虫剂。它们开发于 19 世纪早期，但是它们对昆虫的影响类似于对人类的影响是在 1932 年被发现的，其中一些种类是剧毒的（二战时用作神经毒剂）。

有机磷化合物作为农药使用迄今已有 60 多年的历史。虽然早在 19 世纪末和 20 世纪初就广泛开展了对有机磷化合物的研究，然而它们的生物活性直到 1932 年才被 Lange 和 Kruegere 发现。有机磷化合物是在第二次世界大战期间及以后得到发展。在第二次世界大战期间，英国人 Saunders 和德国人 Schrader 领导的研究组在合成有机磷神经毒剂时，发现若干化合物对昆虫具有优良的毒效。1941 年德国化学家 G. Schrader 第一个合成出内吸性有机磷杀虫剂——八甲基焦磷酸酰胺和四乙基焦磷酸酯，后者于 1944 年在德国商品化。在 Schrader 的领导下，于 1944 年合成了代号为 E605 的化合物，即一种重要的杀虫剂——对硫磷。E605 的问世是有机磷化合物作为杀虫剂的一个重要突破，在当时也是农药研究史上的重大成就。此后，在 E605 结构上稍加修饰，合成出了许多 E605 类似物，都表现出了优良的杀虫活性，1950 年美国氰胺公司合成出对哺乳动物低毒的有机磷杀虫剂——马拉硫磷，1952 年 Perkow 发现了合成乙烯基磷酸酯的反应，合成了具有优异杀虫活性的敌敌畏和速灭磷等，使有机磷杀虫剂的发展进入一个新的阶段。

第二次世界大战以后，有机磷制剂发展很快，成为一类重要的杀虫剂，取代了来源受到限制的植物性杀虫剂和药效不高的砷制剂等无机杀虫剂，其中对硫磷最早成为世界性的杀虫剂品种。在有机磷农药中还最早发现了对刺吸性口器害虫高效的内吸性杀虫剂。第一个大量应用的内吸性有机磷杀虫剂品种是德国1950年合成的内吸磷。

有机磷农药是现代农药中最重要、最常用的品种之一，其使用量占全部农药的70%以上，并且广泛施用于蔬菜。在这一类农药中，有些对人畜有高毒，如对硫磷、甲胺磷和甲拌磷等；而后逐步开发了许多高效低毒低残留品种，如敌百虫、乐果、马拉硫磷等。有机磷农药发展较快、品种多、使用广，至今已有60余种。一般来说，这类农药在施用后，大多数能迅速分解，残留期较短，对大自然的污染和在农产品中的残留问题不是很突出。但由于有机磷类农药使用范围广，使用频率高，施用量大，已成为目前污染食品最为严重的农药类型之一。

有机磷农药在人体内的毒害作用主要表现为胆碱酯酶活性受抑制，失去分解乙酰胆碱的能力，造成大量乙酰胆碱在体内积蓄，引起神经基本功能紊乱的一系列症状。急性有机磷农药中毒的主要死因是支气管痉挛引起呼吸衰竭、肺水肿、呼吸肌麻痹等烟碱样症状。代表品种：丙溴磷（profenofos）、敌百虫（trichlorfor）、毒死蜱（chlorpyrifos）和辛硫磷（phoxim）。

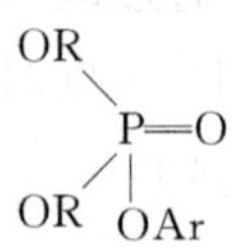

磷酸酯结构式

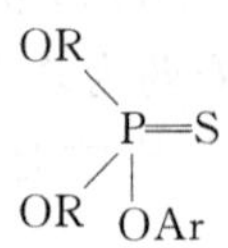

硫代磷酸酯结构式

(3) 氨基甲酸酯类

氨基甲酸酯类农药（carbamate pesticides）影响神经系统，破坏控制乙酰胆碱酶。氨基甲酸酯类农药是20世纪70年代之前的第三大支柱农药品种之一，即有机氯类农药、有机磷类农药和氨基甲酸酯类农药三大品种。人们曾在西非生长的一种蔓生豆科植物毒扁豆种子——一种咖啡色的小豆中，发现这种剧毒物质并命名为“eserine”。1864年从该毒物中分离得到毒扁豆碱，1925年确定了毒扁豆碱的化学结构，1935年完成了毒扁豆碱的人工合成，毒扁豆碱是首次发现的天然存在的氨基甲酸酯类化合物。1931年杜邦公司研究了具有杀虫活性的二硫代氨基甲酸衍生物，发现双二硫物对蚜虫和螨类具有触杀活性，福美双具有拒食活性，代森钠具有杀螨活性。这是研究氨基甲酸酯类化合物杀虫活性的开始，20世纪50年代瑞士Geigyg公司首先研制了氨基甲酸酯类杀虫剂地麦威；1953年，Union Carbide公司合成了甲萘威并于1957年正式登记生产，后来成为市场上产量最大的农药品种之一；1954 年，Metcalf 和 Fukuto 等合成了一系列脂溶性、不带电荷的毒扁豆碱类似物，成为研究此类化合物结构与活性关系的典范，后来，这些化合物中的害扑威、异丙威、二甲威、速灭威被开发成为杀虫剂。自此，确定了 *N*-甲基氨基甲酸芳基酯在杀虫剂中的地位，也为后来新的氨基甲酸酯类杀虫剂的开发奠定了基础。此后，Union Carbide 公司的化学家又将肟基引入，从而导致具有触杀和内吸活性的高效杀虫、杀螨和杀线虫剂的出现，如灭多威、涕灭威和杀线威等。氨基甲酸酯类杀虫剂以其作用迅速、选择性高、有些品种还具有强内吸性以及没有残留毒性等优点，到 20 世纪 70 年代已发展成为杀虫剂中的一个重要类型，但有些品种的高毒性也制约了其使用范围。

氨基甲酸酯类杀虫剂是一种高效、低毒、低残留、选择性高的农药。该农药易被土壤中的微生物分解，不易在生物体内蓄积，故对温血动物、鱼类和人的毒性较低。其毒性为可逆性胆碱酯酶抑制剂，中毒者可出现神经中毒症状，还有研究认为其可形成亚硝胺。氨基甲酸酯类在作物上的残留时间一般为 4 天，在动物肌肉和脂肪中的明显蓄积时间约为 7 天，一般情况下含量均不超过国家标准。但氨基甲酸酯类杀虫剂进入人体后，在胃中酸性条件下可与食物中的亚硝基化合物前体物质（亚硝酸盐和硝酸盐）反应生成亚硝基化合物，而亚硝基化合物具有致癌作用，因此可以认为氨基甲酸酯类杀虫剂具有致畸、致突变、致癌的可能。代表品种：克百威、抗蚜威、仲丁威（Fenobucarb）和涕灭威（Aldicarb）。

（4）拟除虫菊酯类

除虫菊素是菊科植物如白花除虫菊和红花除虫菊等花中的有效杀虫成分。对其化学结构的研究始于 1908 年；1909 年日本药物学家报道除虫菊素的有效成分为“酯”结构；1923 年，另一个日本科学家山本证实构成除虫菊素的酸具有三碳环结构；1924 年，瑞士化学家首次报道了除虫菊素Ⅰ、除虫菊素Ⅱ的结构，后经多人修正，直到 1947 年才最终确定其结构。目前天然除虫菊素中的有效成分已明确的共有 6 种，均为酯类化合物。天然除虫菊酯是一类比较理想的杀虫剂，杀虫毒力较高，杀虫谱广，对哺乳动物低毒，不污染环境，没有慢性毒性等不良效应，也不会产生累积中毒；但其主要问题是遇光不稳定，即在光照下很快失去杀虫活性，因此，天然除虫菊酯不能在田间使用，只能用于室内防治卫生害虫。在人们不懈地探索下，成功实现了人工合成除虫菊酯即拟除虫菊酯（pyrethroid pesticides），并逐渐解决了其存在的种种不足，发展为一类优良的拟除虫菊酯类杀虫剂。第一代拟除虫菊酯杀虫剂是在天然除虫菊酯化学结构的基础上发展起来的，大体经历了 20 多年的时间（1948～1971 年）。第一个人工合成的拟除虫菊酯是丙烯菊酯，由 Schechter 和 Laforge 于 1947 年合成，并于 1949 年商品化。

天然除虫菊酯的分子结构中存在两个光不稳定中心，一个是菊酸的乙烯侧链上的偕二甲基，另一个是醇部分的戊烯酮环及侧链上的双键。在光照条件下，这两个部分很快被氧化而失去杀虫活性。

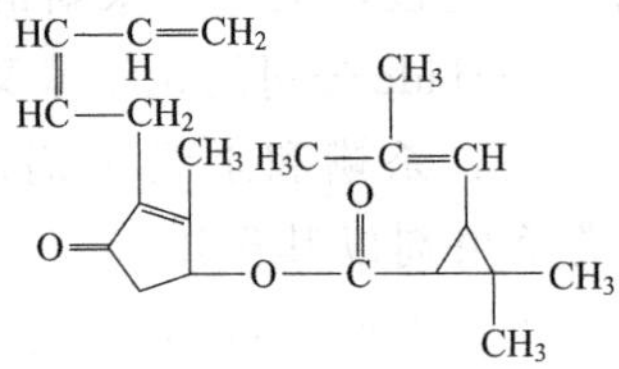

光不稳定菊酯结构式

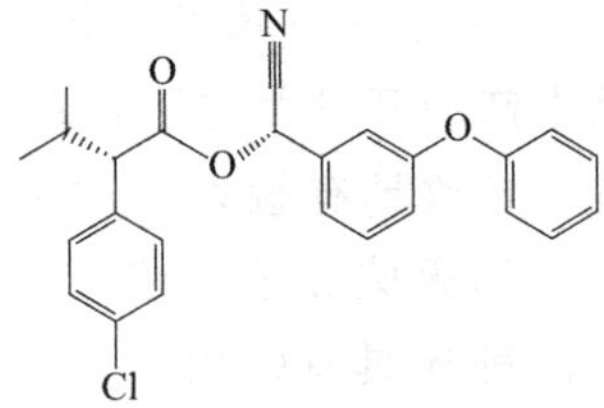

光稳定菊酯结构式

拟除虫菊酯类杀虫剂是蔬菜种植中广泛使用的一种高效、广谱、低残留农药。但拟除虫菊酯普遍具有对环境稳定、降解速率慢的特点。它们的应用对生态环境也产生了一定的影响，近些年来使用拟除虫菊酯类农药的趋势逐渐增加，所以联合国粮农组织和世界卫生组织（FAO/WHO）已对它们在农产品中的残留做出了严格的限定。拟除虫菊酯类农药在喷施时与果实、谷物直接接触，是造成污染的主要原因，且主要集中在果皮上。拟除虫菊酯类农药是一种高效、低毒、低残留的农药，该类农药中毒主要为神经系统症状，如流涎、多汗、意识障碍、肌肉震颤，重者昏迷、心动过速、心力衰竭、呼吸衰竭和死亡。此类农药中氯氰菊酯、溴氰菊酯、氰戊菊酯等一般毒性较大且有蓄积性，中毒表现为神经系统症状和皮肤刺激症状。

（5）沙蚕毒素类

1934 年日本学者新田清三郎从沙蚕中首次分离得到一种毒物，称其为沙蚕毒素（nereistoxin），1962 年确定其化学结构，1964 年发现这种毒素对水稻螟虫具有特殊的毒杀作用，1965 年 Hagiwara 等人工合成了沙蚕毒素。此后，日本武田药品工业株式会社成功开发了第一个沙蚕毒素类杀虫剂——杀螟丹，这是人类历史上第一次成功利用动物毒素进行仿生合成的生物源杀虫剂。1974 年我国贵州省化工研究所和遵义碱厂合作，首次发现了杀虫双对水稻螟虫的防治效果，并成功将其开发为商品。1975 年，瑞士山都士公司开发出杀虫环，1987 年，Baillie 等根据沙蚕毒素的结构与活性，合成了一系列与该毒素作用机制相同的化合物。我国的化学家们也先后合成了 4 个该类杀虫剂，目前已经商品化的杀虫剂有杀螟丹（cartap）、杀虫双（bisultap）、杀虫单（monosultap）和杀虫环（thiocyclam）等。

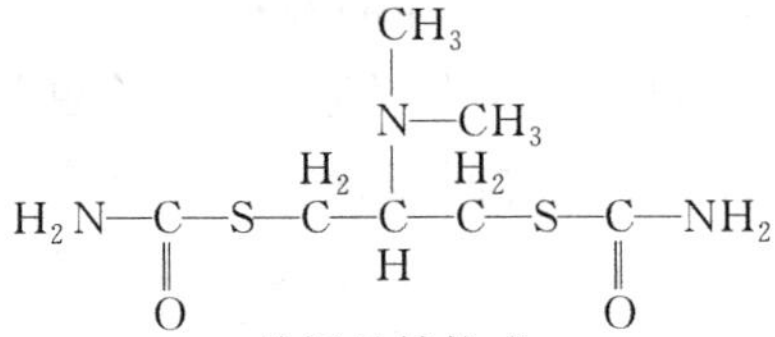

杀螟丹结构式

(6) 有机硫化合物

有机硫化合物(organosulfur compound)是指毒性基团或成型基中含有硫的有机合成杀菌剂，是最早研制的有机杀菌剂。到20世纪80年代，陆续开发了上百个品种，其中常用的有一二十种，是世界大吨位农药，如福美双、代森锌、克菌丹、灭菌丹、代森锰锌等。

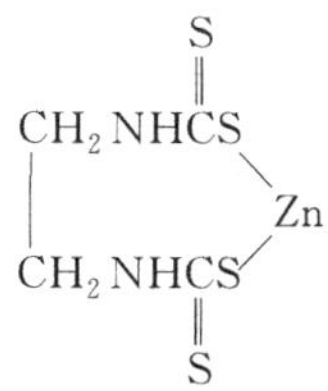

代森锌

(7) 有机金属化合物

有机金属化合物又称金属有机化合物(metallo-organic compound)，是指烷基(包括甲基、乙基、丙基、丁基等)和芳香基(苯基等)的烃基与金属原子结合形成的化合物，以及碳元素与金属原子直接结合的物质之总称。与锂、钠、镁、钙、锌、镉、汞、铍、铝、锡、铅等金属能形成较稳定的有机金属化合物，如甲基汞化合物、四乙基铅、三丁锡、苯基汞盐、三苯基锡、苯丁锡等。

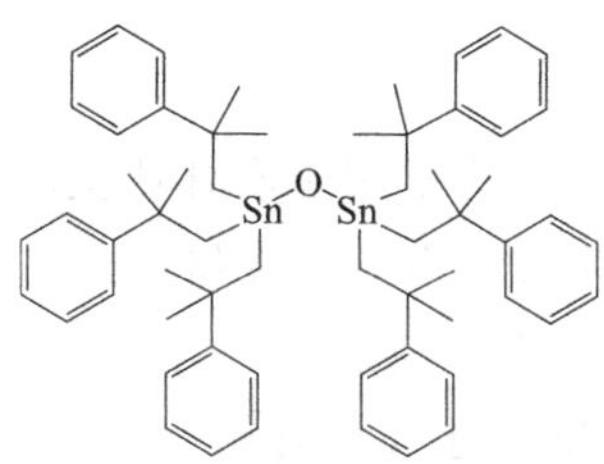

苯丁锡

(8) 酰胺类化合物

酰胺类化合物是1965年哈姆等发现酰草胺能防除玉米、大豆田一年生禾本科及若干阔叶杂草以来，同年由孟山都公司正式推广的一类除草剂，在近代农田化学除草剂中占重要地位，一直居世界除草剂市场第二位，其应用的作物种类与使用面积均居除草剂前列。代表品种有苯噻酰草胺(mefenacet)、异丙甲草胺(metolachlor)、甲草胺(alachlor)、乙草胺(acetochlor)、丙草胺(pretilachlor)、异丙草胺(propisochlor)、丁草胺(butachlor)。羧酸酰胺类化合物是用来替代苯酰胺类化合物，主要防治植物卵菌病害的一类结构新颖的药剂，如烯酰吗啉、氟吗啉等杀菌剂；由日本公司在长期的研究中发现的一类作用机理独特、化学结构新颖的邻苯二甲酰胺类杀虫剂氟虫酰胺。

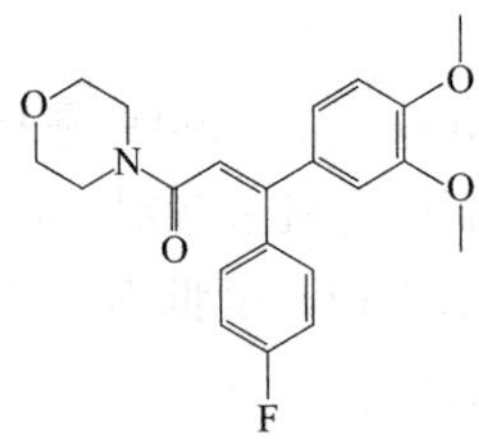

氟吗啉

(9) 杂环类化合物

杂环类化合物是指分子中含有杂环结构的有机化合物，构成环的原子除碳原子外，还至少含有一个杂原子，杂原子包括氧、硫、氮等。从理论上讲，可以把杂环化合物看成是苯的衍生物，即苯环中的一个或几个 CH 被杂原子取代而生成的化合物。如苯醚甲环唑、多菌灵、灭草松、噁草酮、异菌脲、十三吗啉等。最常见的杂环化合物是五元和六元杂环及苯并杂环化合物等。五元杂环化合物有：呋喃、噻吩、吡咯、噻唑、咪唑、唑等。六元杂环化合物有：吡啶、吡嗪、嘧啶等。稠环杂环化合物有：吲哚、喹啉、蝶啶、吖啶等。杂环化合物中，最小的杂环为三元环，最常见的是五、六元环，其次是七元环。

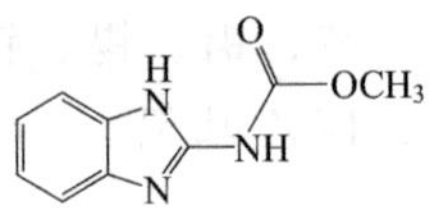

多菌灵

(10) 苯氧羧酸类

苯氧羧酸是最早开发成功并广泛用于农林业生产的一类有机选择除草剂，自从 1942 年美国 P. Zimeman 和 Hitchcock 在研究植物激素过程中，发现氯代苯氧乙酸化合物在高浓度条件下能够抑制双子叶植物的生长发育，具有除草活性以来，除草剂新品种的研制与开发进入了有机化合物领域。从 20 世纪 40 年代到 70 年代，美国的 Amchem 公司开发的 2,4-二氯苯氧乙酸是这类除草剂中应用最广泛的品种。1941 年合成了第一个苯氧羧酸类除草剂的品种 2,4-二氯苯氧乙酸，1942 年发现了该化合物具有植物激素的作用，1944 年发现 2,4-二氯苯氧乙酸和 2,4,5-涕对田旋花具有除草活性，1945 年发现除草剂二甲四氯。此类除草剂显示的选择性、传导性及杀草活性成为其后除草剂发展的基础，促进了化学除草的发展。迄今为止，苯氧羧酸类除草剂仍然是重要的除草剂品种。代表性品种有吡氟禾草灵、精噁唑禾草灵、2,4-二氯苯氧乙酸丁酯等。

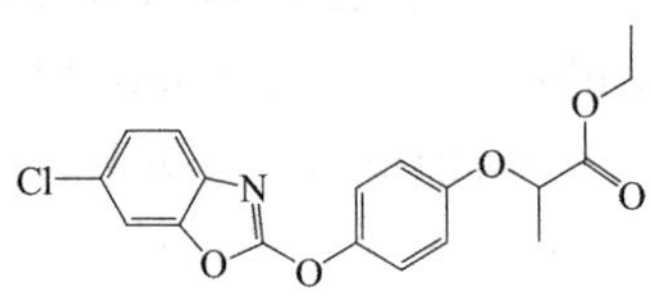

精噁唑禾草灵

(11) 酚类化合物

酚类化合物是芳烃的含羟基衍生物，根据其挥发性可分为挥发性酚和不挥发性酚。自然界中存在的酚类化合物大部分是植物生命活动的产物，植物体内所含的酚称内源性酚，其余称外源性酚。酚类化合物都具有特殊的芳香气味，均呈弱酸性，在环境中易被氧化。酚类化合物的毒性以苯酚最大，通常含酚废水中又以苯酚和甲酚的含量最高。目前环境监测常以苯酚和甲酚等挥发性酚作为污染指标，代表性品种有五氯酚钠等。

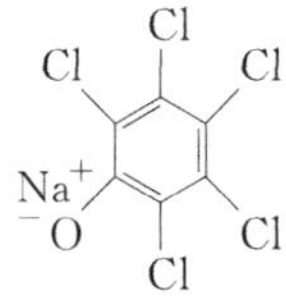

五氯酚钠

(12) 脲类化合物

20 世纪 70 年代末发展起来的苯甲酰脲类杀虫剂既不是传统的神经毒剂，也不是乙酰胆碱酯酶抑制剂，而是几丁质合成的高效抑制剂。到目前为止，这类化合物的确切生化作用机制仍没有得到完全深入的阐述，但普遍认为主要是昆虫表皮组织几丁质的生物合成及沉积，致使尿苷二磷酸酯-*N*-乙酰氨基葡萄糖［uridine diphosphate-*N*-acetyl-*D*-(+)-glucosamine，UDPAG］在昆虫体内积累，使昆虫表皮变薄，体液渗出，或不能蜕皮而死亡。由于几丁质不存在于哺乳动物及高等植物中，因此具有极高的环境安全性；同时，还具有使用浓度低、降解速度快等特点，使得该类化合物经过 30 多年的发展仍然是研究开发的热点，被誉为“21 世纪的农药”。代表品种有灭幼脲（diflubenzuron）、氟铃脲（hexaflumuron）、除虫脲（diflubenzuron）、伏虫隆（teflubenzuron）、定虫隆（chlorfluazuron）等。

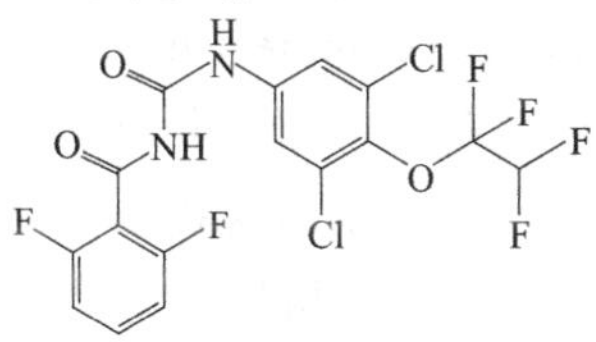

氟铃脲

(13) 醚类化合物

醚类化合物是指在有机物中含有 R-O-R 或者 R-S-R 结构的化合物，如三氟羧草醚（acifluorfene）、乙氧氟草醚（oxyfluorfen）、除草醚（bifenox）等。

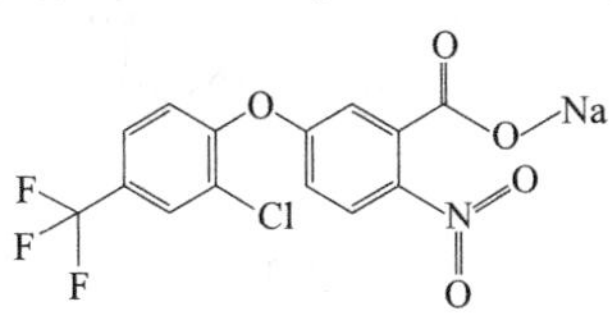

三氟羧草醚

(14) 酮类化合物

酮类化合物有烯草酮、灭草烟等。

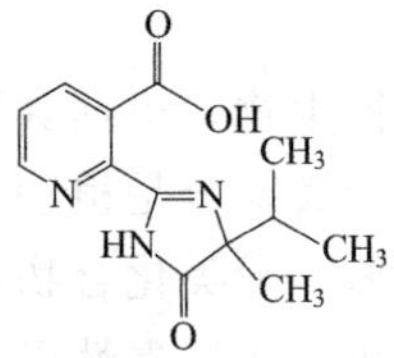

灭草烟

(15) 三氮苯类

均三氮苯类除草剂是应用较早的一大类除草剂，是目前主要的一类旱田除草剂，1952 年 Gast 等发现了可乐津的除草活性，从而开创了均三氮苯类除草剂的研究。该类除草剂最大的特点是能与多种除草剂复配使用，杀草谱比较广。代表性品种有莠去津（atrazine）、西玛津（simazine）、扑草净（prometryne）、氰草津（cyanazine）、西草净（simetryne）、莠灭净（ametryn）、扑灭津（propazine）、异丙净（dipropetryne）、氟草净（SSH-108）、特丁净（terbutryn）和特丁津（terbutylazine）等。

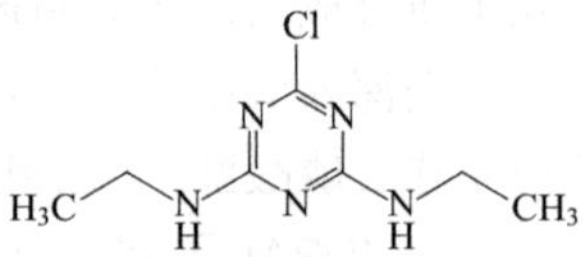

西玛津

(16) 苯甲酸类

苯甲酸（$C_7H_6O_2$）又称安息香酸，是苯环上的一个氢被羧基（—COOH）取代形成的化合物。最初苯甲酸是由安息香胶干馏或碱水水解制得，也可由马尿酸水解制得。工业上苯甲酸是在钴、锰等催化剂存在的条件下用空气氧化甲苯制得，如甲氨基阿维菌素苯甲酸盐（emamectin benzoate）、甲脒类化合物。甲脒类杀虫剂对农药发展的突出贡献在于其昆虫毒理学意义，其独特的作用机制曾引起研究人员的高度关注。对杀虫脒的作用曾提出过 10 多种可能的机制，后来有了比较明确的认识，即该杀虫剂的作用机制：一是对轴突膜局部的麻痹作用，二是对章鱼胺受体的激活作用。此外，双甲脒还抑制单胺氧化酶的活性。这种独特的作用机制对抗药性害虫的治理有重要意义。如双甲脒（amitraz）、啶虫脒（acetamiprid）等。

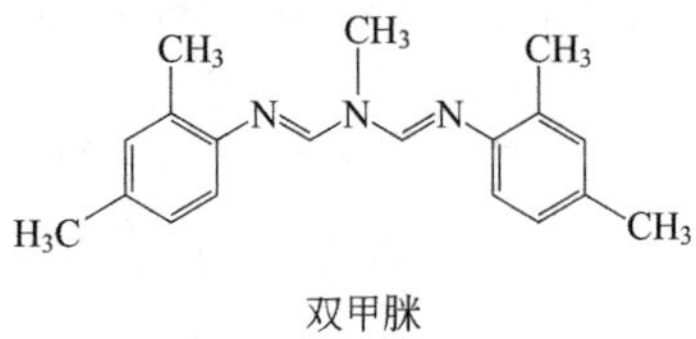

双甲脒

(17) 香豆素类化合物

香豆素最早由 Vogel 于 1820 年报道从圭亚那的零陵香豆，即黄香草木樨中获得，香豆素名称就起源于零陵香豆的加勒比词“coumarou”，一般分为四大类，简单香豆素、呋喃香豆素、吡喃香豆素和其他香豆素类。是具有苯骈 α-吡喃酮母核的一类天然化合物的总称，在结构上可以看作是顺邻羟基桂皮酸失水而成的内酯。是具有芳甜香气的天然产物，是药用植物的主要活性成分之一。香豆素类化合物可以游离态形式广泛存在于植物界中，只有少数来自于动物和微生物。如溴敌隆（bromoadiolone）、溴鼠隆（brodifacoum）等。

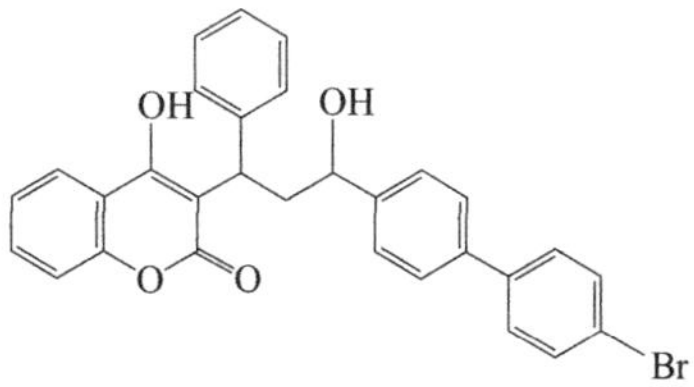

溴敌隆

5.2.1.4 按作用方式分类

农药作用方式是指农药进入靶标体内的途径，根据其作用方式的不同，可以为农药的机理研究提供帮助。

（1）杀虫剂作用方式（mode of action of insecticide）

指杀虫剂侵入昆虫体内并到达作用部位的途径和方法。杀虫剂的杀虫作用，除本身毒力外，首先是以一定方式侵入虫体，到达作用部位，接着才是如何在体内靶部位起作用。因此了解杀虫剂的作用方式对科学用药、提高防治效果与经济效益、减少对环境的污染都具有重要理论意义和实用价值。

① 胃毒作用（action of stomach poisoning） 药剂随食物经昆虫口腔进入消化道被中肠吸收，通过体液淋巴到达作用部位引起昆虫中毒致死的作用方式。有胃毒作用的杀虫剂称胃毒剂。胃毒剂的胃毒作用应具以下两个条件：a. 昆虫嗜食而不引起呕吐或腹泻。因为呕吐或腹泻会降低胃毒作用的效果。如，有一种夜盗蛾幼虫食用含有亚砷酸钠的毒饵后，由于中肠肌肉收缩而停止取食，将已吞食的毒饵呕吐出来，同时消化道内分泌液增多，在消化道的毒饵会随粪便成水泻状排出体外。b. 药剂随食物进入消化道后能否被溶解与吸收，这与药剂的分子量在消化液中的溶解度、解离度等性质有关。理想的胃毒剂，应该是分子量小、溶解度大、解离度小。敌百虫是一典型的胃毒剂，在昆虫体内易被溶解吸收，而且在偏碱性的消化液内被分解为毒性更大的敌敌畏。因此昆虫体内消化液的酸碱度也是决定药剂能否被吸收的重要因素。巴黎绿、氟化钠、氟硅酸钠在鳞翅目的一些幼虫消化道内，吸收量较少，是因为这些幼虫体内消化液的 pH＝9.2～9.7，解离度大，不易透入。而在蝗虫体内，因消化液 pH＝6.8，吸收较多，胃毒作用大。在昆虫体内尚有很多消化酶可分解胃毒剂使其无毒。如夜蛾幼虫的脂肪酶可分解除虫菊毒素，而有机磷制剂则可抑制消化酶增加胃毒效果。例如砷酸类杀虫剂主要是胃毒作用杀虫，所以只能用于咀嚼口器的害虫，如蝗虫、蝼蛄等，对刺吸式口器害虫如蚜虫无效。

② 触杀作用（action of contact poisoning） 药剂与昆虫表皮或跗节接触，渗入虫体，到达作用部位使昆虫中毒致死的作用方式。具有触杀作用（action of contact poisoning）的杀虫剂称触杀剂，如对硫磷、辛硫磷、甲萘威、溴氰菊酯等。影响触杀作用的因素主要是昆虫表皮的构造与触杀剂的理化性质。昆虫表皮是一蜡水两相系统，分上表皮、外表皮、内表皮和真表皮四部分。上表皮几乎覆盖整个虫体的表面，内含的蜡质和蛋白质为脂溶性，因此油剂、乳剂型的触杀剂易透过。外表皮和内表皮是由几丁质和蛋白质组成，为亲水性。触杀剂能否侵入虫体，主要由上表皮决定。不同种的昆虫以及同一种昆虫不同部位的表皮对触杀作用的反应是不同的。头部、胸部、足部，尤其以跗节的表皮较薄，是触杀剂易进入的部位，触杀剂的理化性质对触杀作用也有影响，它需要有最佳的分配系数，也就是要有较大的脂溶性和相应的水溶性，才能顺利穿透昆虫的内部表皮。昆虫体壁表皮亦是一典型的生物膜，触杀剂的解离度大小影响其穿透性。解离度大进入表皮难，非离子型的药剂解离度小，易穿透表皮，有助于增强触杀效果。无论是有机磷、有机氯还是氨基甲酸酯类农药，大多是以触杀作用为主，兼有胃毒作用，适用于各种口器害虫，对于体表具有较厚蜡层保护物的害虫，如介壳虫常常效果不佳。

③ 熏蒸作用（action of fumigant poisoning） 熏蒸作用是将药剂以气体状态经昆虫呼吸系统进入虫体，使昆虫中毒致死的作用方式。有熏蒸作用的杀虫剂称熏蒸剂，如溴甲烷、氯化苦、磷化铝、硫酰氟、敌敌畏等，用于防治棉粮等农产品的仓储害虫。影响熏蒸作用的因素有以下几点：a. 熏蒸剂的理化性质。如蒸气压、沸点、相对密度等。理想的熏蒸剂应该是蒸气压高、沸点低、相对密度小，蒸气压高、挥发快、渗透力大、熏蒸作用强；沸点低、相对密度小、容易扩散，熏蒸作用小。b. 环境中的温度、湿度。温度升高，一方面熏蒸剂气压加大促使挥发，被熏蒸物的吸附力减小，空气中药剂的浓度增高；另一方面昆虫更加频繁活动，呼吸增快，加速中毒。湿度影响不大，但在实际使用熏蒸剂时，如氢氰酸，应考虑其对金属制品的腐蚀性，湿度大，腐蚀性大。c. 不同种昆虫对熏蒸作用的反应因种而异。如米象对氯化苦的熏蒸作用较谷象敏感，不同目昆虫的差异更大。同一种昆虫在不同发育阶段反应也不同。如完全变态的昆虫在幼虫期，对熏蒸作用较蛹期敏感。d. 与昆虫气门关闭的变化有关。如蝗虫遇到氢氰酸熏蒸时随即产生自卫反应，立即关闭气门，如加入乙酸乙酯促使气门开放，熏蒸效果陡增；增加空气中二氧化碳浓度，昆虫呼吸频率加快，可提高熏蒸效果而减少爆炸的危险。如溴甲烷、磷化铝、氢氰酸等。熏蒸剂一般在密闭条件下使用，除非在特殊情况下，如土壤熏蒸，否则在大田条件下使用效果不易得到保证。

④ 杀卵作用（ovicidal action） 药剂与虫卵接触后进入卵内降低卵的孵化率，或直接进入卵壳使幼虫或虫胚中毒致死的作用方式。有杀卵作用的药剂称杀卵剂。其作用方式有以下 3 种：a. 使卵壳变硬，胚胎干死，如石灰硫黄合剂；b. 包围卵壳，阻碍胚胎呼吸，累积有毒代谢物使卵窒息致死，如一些油剂对蚊卵、

叶螨卵和苹果小卷蛾卵的作用；c. 进入卵壳，通过保护层使卵内蜡质溶化，渗透入卵黄膜，使卵中毒，胚胎不再发育致死，如苯甲酚、二硝甲酚。

⑤ 引诱作用（attracting action） 化学物质或物理因子刺激昆虫，产生聚集趋向反应的作用方式。昆虫的行为，如雌雄成虫的求爱、交配，成虫和幼虫寻食，雌虫产卵都与理化条件有关。昆虫在进化过程中为了自身的生存，利用各种器官，如视觉、味觉、触角以及跗节与化学感受器的功能，选择最优的外界条件，延续生命与繁殖后代。有引诱作用的化学物质，在自然界多为能产生气味而弥散于空间的有机物，一般分三类：a. 食物引诱。这是昆虫的食性决定的，以植物或动物为食物源，可被动植物原有的成分或其分解物所散发出的气味所引诱。也有人工配制的昆虫喜食的饲料作为引诱剂，其组成成分如香精、树脂、醇、有机酸、醛酮、胺、氨和二氧化碳等。b. 产卵引诱。昆虫产卵、繁殖多喜在取食的食物上，而且仅限于雌成虫。如棉铃虫喜在玉米丝上或用玉米丝的汁液浸过的绳上产卵；对甲基苯乙酮可引诱二化螟寻找产卵场所。c. 信息引诱。昆虫外分泌的分泌物，可引起同种个体的特异反应。如性引诱、报警、跟踪、聚集和生理发育中的特殊变化，有性引诱作用的信息素普遍存在于昆虫纲内，仅鳞翅目中已有170 多种有信息素，它是由雌虫尾端可外翻的腺体产生的，而为雄虫的特殊感受器接受，引起性的激动以促成交配。有引诱作用的物理因子有声、光、色素及湿度等，如埃及伊蚊的雄蚊可被性成熟的雌蚊飞行声调引来；北美萤火虫雌雄成虫都能发光，在雌雄成虫交换几次闪光后，雄虫就飞向雌虫交尾；雄性蝴蝶追逐有适宜颜色的雌蝶，如将有颜色的纸模仿雌蝶飞舞，雄蝶也会追逐而来，一旦成双配对就进行交配；雌蚊在吸血后喜飞向水面产卵等。昆虫通过自身器官可产生、辨别或趋向这些化学或物理因子，人们可利用或模仿它们，为害虫防治服务。

⑥ 拒食作用（antifeeding action） 药剂抑制昆虫味觉感受器，影响其对嗜好食物的识别，使其找不到食物或憎恶取食，定向离开，直至饥饿死亡的作用方式。有拒食作用的因子有物理的和化学的两种。植物外部形态，如多汁、强韧、多毛、有刺或棘以及一些特殊的构造，这些属于物理因子，可阻碍昆虫取食或产卵。有拒食作用的化学因子大多是植物外层组织的次生代谢物，有的是刺激取食，有的是抑制取食，抑制取食的称为拒食剂。在楝科、菊科和马鞭草科的植物中含有拒食作用的化学物质，拒食活性高、作用谱广，对鳞翅目、鞘翅目、半翅目和直翅目昆虫都有明显的拒食作用。从天然植物中分离出提纯物、萃取物、挥发油和其他物质作为拒食剂的化合物已有 300 多种，如糖苷类、醌和酚类、萜烯类、香豆素、木聚糖、生物碱、甾族化合物等，其中萜烯类有较强的广谱拒食作用。根据昆虫对拒食行为的反应及相应的时间因素，拒食作用分为两种类型：a. 绝对性拒食，昆虫表现出持续性回避直至饥饿而亡；b. 相对拒食性，在规定的时间内可控制昆虫取食。研究昆虫的拒食作用很有应用前景，如人工合成拒食剂，或利用拒食物质培育抗虫品种，用于害虫的综合治理。

⑦ 驱避作用（repelling action） 药剂涂在皮肤或衣物上逐步挥发，引起昆虫感觉器官难以忍受而离去的作用方式。具有此作用的化合物称驱避剂。驱避剂的驱避作用，可用来预防危害人畜的病媒节肢动物和骚扰性害虫。烟草熏烟驱虫，中国早有记载。驱虫作用的发现，最早是从植物开始的。在20世纪30年代，枸橼油是广泛使用的驱蚊剂，它是以一种从茅草（*Andropogon nardus*）中提取出的牻牛儿醇为主要成分，并含有少量的香茅醇、香茅醛冰片和萜类。近代多采用人工合成的有驱避作用的化合物，最为常见的是避蚊胺，化学名称是*N*,*N*-二乙基间甲苯甲酰胺。其使用方式有直接涂在皮肤上、浸渍衣物或喷洒。在森林采伐、地质勘探、野外施工等地广人稀、害虫分布广、且难以实行大规模杀虫措施的环境中，使用驱避剂有着特殊意义。而在农业害虫中使用叶面驱避剂几乎没有使用价值，因为驱避剂的使用，可导致害虫侵袭未处理的农作物等。

⑧ 卫生 杀虫剂主要是用于室内外环境和公共场所，防治媒介生物，保护人类身体健康的特殊商品，如菊酯类的蚊香和气雾剂等。

(2) 杀菌剂作用方式（mode of action of fungicide）

杀菌剂对病菌毒力表现为杀菌和抑菌两种作用方式，对植物表现为保护作用和治疗作用两种方式。非内吸性杀菌剂多为杀菌作用和保护作用；内吸性杀菌剂多表现为抑菌作用和治疗作用。

① 保护作用（protective action） 病原菌侵染植物之前使用杀菌剂，使植物免受病菌侵染危害的作用。许多杀菌剂都是以这种方式达到防治植物病害的目的。如福美双、代森锌、代森铵、代森锰锌等；酞酰亚铵类的克菌丹、敌菌丹和灭菌丹等；抗生素类的如井冈霉素、灭瘟素、多氧霉素等。

② 治疗作用（therapeutic action） 在病原菌侵染植物或发病以后施用杀菌剂，抑制病菌的生长或致病过程，使植物病害停止发展或使植株恢复健康的作用。苯并咪唑类，如苯菌灵、多菌灵、噻菌灵、硫菌灵与甲基硫菌灵等；二甲酰亚胺类，如异菌脲、乙烯菌核利等；有机磷类，如稻瘟净、异稻瘟净、三乙膦酸铝等；苯基酰胺类，如甲霜灵等；甾醇生物合成抑制剂类，如十三吗啉、嗪氨灵、丁赛特、甲菌啶和乙菌啶、抑霉唑和咪酰胺等。

(3) 除草剂

① 内吸性除草剂是指一些除草剂能被杂草根茎、叶分别或同时吸收，通过输导组织运输到植物体的各部位，破坏它的内部结构和生理平衡，从而造成植株病残死亡。如二甲四氯、草甘膦可被植物的茎、叶吸收，然后传导到植物体内各个部位，包括地下根茎，所以草甘膦除了能防一年生杂草外，还能有效地防除多年生杂草。

② 触杀性除草剂是指某些除草剂喷到植物上，只能杀死直接接触到药剂的那部分植物组织，但不能内吸传导，只能杀死杂草的地上部分，对杂草地下部分

或有地下繁殖器官的多年生杂草效果较差，如除草醚、五氯酚钠等。

5.2.2 农药毒性

农药毒性（toxicity of pesticide）是指农药损害生物体的能力，农业上习惯将对靶标生物的毒性称为毒力。毒性产生的损害则称为毒性作用或毒效应。毒性大小通过所产生损害的性质和程度来表示。

农药是防治农林花卉作物病、虫、鼠、草和其他有害生物的化学制剂，使用极为广泛。所有农药对人和畜、禽、鱼和其他养殖动物都是有毒的，使用不当，常常引起中毒死亡。不同的农药，由于分子结构与组成成分的不同，因而其毒性大小、药性强弱和残效期也就各不相同。在农药生产、分装、运输、销售、施用过程中，直接接触者通过呼吸道、皮肤和消化道等途径最易受到危害，特别是一些挥发性强、易经皮肤吸收的剧毒或高毒品种可导致急性中毒，对接触者造成严重损伤或死亡。农药还能通过食品中的残留对整个人群产生影响，因此在新农药投产前必须按照农药登记要求完成其毒性测试内容。

5.2.2.1 农药毒性分类及其特殊危害

（1）分类

毒性主要根据化学物质对机体所致损害的性质或持续时间进行分类。一般可分为急性和慢性毒性、迟发性神经毒性、致畸作用、致癌作用、致突变作用等。化学物对机体所引起的损害或变化是与化学物的剂量、持续时间、可逆性、蓄积性以及在体内的代谢规律密切相关的。

急性毒性是指化学物一次大剂量或24h内多次对生物体作用后，所产生的毒性。主要测定半数致死量（LD_{50}）或半数致死浓度（LC_{50}）。LD_{50} 和 LC_{50} 可使用统计学方法处理动物实验结果获得。此数值不受敏感性特别高或耐受性特别大的动物影响，因而是一个比较有代表性的毒性指标。农药毒性有两种表述形式：

① 急性经口毒性（acute oral toxicity） 一次经口腔给药摄入体内而使动物中毒致死时的药物剂量，以及中毒反应、症状。通常以半数致死量——即 LD_{50}（mg/kg）——来表示。是衡量药物（特别是农药，包括杀鼠剂）急性经口毒性大小的重要指标之一，也是衡量药物优劣的重要指标之一。吡虫啉原药大鼠经口 LD_{50} 为 450mg/kg；毒死蜱为 163mg/kg；阿维菌素为 10mg/kg。其急性毒性大小为阿维菌素＞毒死蜱＞吡虫啉。

② 急性经皮毒性（acute percutaneous toxicity） 一次给药经动物皮肤摄入体内而使动物中毒致死时药物的剂量，以及中毒反应、症状。通常以半数致死量——即 LD_{50}（mg/kg）——来表示，是衡量药物（特别是农药，包括杀鼠剂）急性经皮肤中毒的毒性大小的重要指标之一。这一指标对生产、储存、使用者的安全极为重要。

慢性毒性（chronic toxicity）：长期接触毒物或染毒对机体所致功能或结构

形态的损害。慢性毒性是衡量蓄积毒性的重要指标，也是制订卫生标准的重要资料。常涉及毒作用剂量、作用性质、靶器官、病损程度（可逆性或不可逆性病变）及无害作用剂量等。是预测人类在生活环境和生产环境中过量接触有害物质可能引起慢性危害的主要依据。

亚慢性毒性是指实验动物连续多日接触较大剂量的外来化合物所出现的中毒效应。所谓较大剂量，是指小于急性 LD_{50} 的剂量。

（2）农药的特殊危害

农药致畸作用：是指农药干扰胚胎或胎儿的正常生长发育，造成器官形态结构的异常而形成畸胎或畸形儿的毒性。广义的致畸还应包括生理功能或精神活动的发育缺陷。

① 化学致突变作用　化学致突变作用是指化学物对生物遗传物质造成不可逆损伤的作用。突变是细胞遗传物质脱氧核糖核酸（DNA）发生改变所引起的一种生物学现象。自然突变与物种进化密切相关，而化学致突变对人具有潜在的致癌危险性。

② 化学致癌作用　化学致癌作用是指化学物引起人和实验动物发生肿瘤或使肿瘤发生率增加的作用。这种物质即为化学致癌物。仅有实验动物致癌的结果，不能肯定某化学物对人是否有致癌性，还应有人群流行病学调查资料才能做出定论。由于致癌性要经过相当长的潜伏期（约 15～20 年），因此新的农药不可能有人群资料，可以采用动物致癌试验结果外推于人。对有致癌性的农药，要根据其致癌作用强度采取禁产、禁用或限用等措施。

（3）农药进入人体途径

农药一般是通过三条途径进入人体的：

① 皮肤吸收　从皮肤吸收产生的毒性，称为经皮毒性。农药能溶解在脂肪和汗液中，如内吸磷等有机磷农药，都能通过皮肤进入人体。天热高温，皮肤血液循环旺盛，更容易吸收药剂；皮肤损伤时，农药进入更容易；吸烟喝酒后也容易经皮吸收农药。

② 呼吸吸收　经呼吸系统吸入产生的毒性，称为吸入毒性。一些挥发性强和熏蒸性农药易从呼吸道随呼吸进入人体而引起中毒。夏天施药时，由于温度高，农药易挥发产生气体，如不戴口罩，则容易吸入毒气，从而引起中毒。对高毒的农药来说，如包装不好而又储存在不通风较密闭的房间内更容易中毒。从呼吸道吸入的农药，由于直接进入血液，所以中毒更快。呼吸吸收中毒要特别注意那些无臭、无味、无刺激性的药剂引起的中毒，因为这些药剂不容易被人所察觉。

③ 经口服吸入　农药从口食入经消化系统吸收产生的毒性，称口服毒性。这类情况多见于误服、误食污染的食物；喷药后不洗手就吃东西、喝水、吸烟等。这种中毒往往是急性的，进入体内的药量比前两种大，危险性更大些。多次少量食入还易引起积累中毒。

5.2.2.2 农药毒性分级

根据农药致死中量（LD_{50}）的多少可将农药的毒性分为以下五级。

① 剧毒农药。致死中量（LD_{50}）为1～50mg/kg体重。如久效磷、磷胺、甲胺磷、苏化203、3911等。

② 高毒农药。致死中量（LD_{50}）为51～100mg/kg体重。如呋喃丹、氟乙酰胺、氰化物、401、磷化锌、磷化铝、砒霜等。

③ 中等毒农药。致死中量（LD_{50}）为101～500mg/kg体重。如乐果、叶蝉散、速灭威、敌克松、402、菊酯类农药等。

④ 低毒农药。致死中量（LD_{50}）为501～5000mg/kg体重。如敌百虫、杀虫双、马拉硫磷、辛硫磷、乙酰甲胺磷、二甲四氯、丁草胺、草甘磷、托布津、氟乐灵、苯达松、阿特拉津等。

⑤ 微毒农药。致死中量（LD_{50}）为5000mg/kg以上体重。如多菌灵、百菌清、乙磷铝、代森锌、灭菌丹、西玛津等。因此，广大花农在购买农药防治花卉的病、虫、鼠、草害时，一定要事先了解所购农药毒性的大小，按照说明书上的要求，在技术人员的指导下使用，千万不可粗心大意。

为便于反映农药可能造成的人、畜危害程度，目前多根据其急性毒性大小进行分级，我国1990年颁布的标准共将其分为四级（参见表5-1）：剧毒、高毒、中等毒、低毒。

表5-1 我国农药急性毒性分级建议标准（1990年）

级别	经口 LD_{50}/(mg/kg)	吸入 LD_{50}/(mg/h)	经皮 LD_{50}(4h)/(mg/kg)
剧毒	<5	<0.2	20
高毒	5～50	0.2～2	20～200
中等毒	50～500	2～20	200～2000
低毒	>500	>20	>2000

注：本表数据皆为大鼠的实验结果。

急性毒性分级是指利用急性毒性指标，将外来化合物的毒性分为不同等级，以粗略地表示外来化合物急性毒性的高低。各国际组织及各国提出的急性毒性分级表并不一致。如世界卫生组织推荐分为极毒、剧毒、高毒、中等毒、低毒五级；美国环境保护局规定分为剧毒、高毒、中等毒、低毒四级；我国对农药、工业毒物及食品毒性也提出了类似的暂行标准或建议。表5-2～表5-4列出了几种急性毒性的分级标准。

外来化合物的急性毒性分级标准用于对急性毒性进行评价。但各种分级标准还没有完全统一。我国目前除参考使用国际上几种分级标准外，又提出了相应的暂行标准。不论我国还是国际上，急性毒性分级标准均还存在不少缺点，因为它们主要是根据经验确定，客观性还不足。

表 5-2 工业毒物急性毒性分级标准

毒性分级	小鼠一次经口 LD_{50}/(mg/kg)	小鼠吸入 2h LC_{50}/(mg/kg)	兔经皮 LD_{50}/(mg/kg)
剧毒	<10	<50	<10
高毒	11～1000	51～500	11～50
中等毒	101～1000	501～5000	51～500
低毒	1001～10000	5001～50000	501～5000
微毒	>10000	>50000	>5000

表 5-3 化合物经口急性毒性分级标准

毒性分级	小鼠一次经口 LD_{50}/(mg/kg)	大约相当体重 70kg 人的致死剂量
6 级，极毒	<1	稍尝，<7 滴
5 级，剧毒	1～50	7 滴～1 茶匙
4 级，中等毒	51～500	1 茶匙～35g
3 级，低毒	501～5000	35～350g
2 级，实际无毒	5001～15000	350～1050g
1 级，无毒	>15000	>1050g

表 5-4 外来化合物急性毒性分级（WHO）

毒性分级	大鼠一次经口 LD_{50}/(mg/kg)	6 只大鼠吸入 4h，死亡 2～4 只的浓度/(mg/kg)	LD_{50} /(mg/kg)	经皮对人可能致死的估计量	
				/(g/kg)	/(g/60kg)
剧毒	<1	<10	<5	<0.05	0.1
高毒	1～50	10～100	5～44	0.05～0.5	3
中等毒	51～500	101～1000	45～350	0.5～5	30
低毒	501～5000	1001～10000	351～2180	5～15	250
微毒	>5000	>10000	>2180	>15	>1000

世界卫生组织推荐的农药危害分级标准，于 1975 年的世界卫生立法会议通过，主要根据农药的急性经口和经皮 LD_{50} 值（大鼠），分固体和液体两种存在形态对农药产品的危害进行分级（表 5-5）。

表 5-5 世界卫生组织的农药危害分级标准

毒性分级	级别符号语	经口半数致死量		经皮半数致死量	
		固体	液体	固体	液体
Ⅰa 级	剧毒	≤5	≤20	≤10	≤40
Ⅰb 级	高毒	>5～50	>20～200	>10～100	>40～400
Ⅱ级	中等毒	>50～500	>200～2000	>100～1000	>400～4000
Ⅲ级	低毒	>500	>2000	>1000	>4000

欧洲的农药毒性分级标准也是参照 WHO 推荐的分级标准制定的，并考虑产品存在的形态，但仅分为三个级别，如表 5-6 所示。

表 5-6　欧盟农药毒性分级标准

级别符号语	急性经口半数致死量/(mg/kg)		急性经皮半数致死量/(mg/kg)		急性吸入半数致死量浓度/(mg/L)
	固体	液体	固体	液体	气体及液化气体
剧毒	≤5	≤25	≤10	≤50	≤0.5
有毒	>5～50	>25～200	>10～100	>50～400	>0.5～2
有害	>50～500	>200～2000	>100～1000	>400～4000	>2～20

美国的农药毒性粉剂，是在 WHO 推荐的农药危害分级标准基础上，增加了依据农药产品对眼刺激、皮肤刺激试验结果，将剧毒和高毒两级合并为一级，并明确提出了微毒级农药（表 5-7）。

表 5-7　美国农药毒性分级标准

毒性分级	级别符号语	经口半数致死量/(mg/kg)	经皮半数致死量/(mg/kg)	吸入半数致死浓度/(mg/L)	眼睛刺激	皮肤刺激
Ⅰ级	高毒、剧毒	≤50	≤200	≤0.2	腐蚀性、不可恢复的；角膜混浊	腐蚀性
Ⅱ级	中等毒	50～500	200～2000	0.2～2.0	在 7d 内可恢复的角膜；混浊，持续 7d 的刺激	72h 重复刺激
Ⅲ级	低毒	500～5000	2000～20000	2.0～20	没有角膜混浊、7d 内可恢复的刺激	72h 中等度刺激
Ⅳ级	微毒	≥5000	≥20000	≥20	无刺激	72h 轻度或中度刺激

参考国际上的做法，我国的农药毒性分级也是以 WHO 推荐的农药危害分级标准为模板，并考虑以往毒性分级的有关规定，结合我国农药生产、使用和管理的实际情况制定（表 5-8）。

表 5-8　中国农药毒性分级标准

毒性分级	级别符号语	经口半数致死量/(mg/kg)	经皮半数致死量/(mg/kg)	吸入半数致死浓度/(mg/L)
Ⅰa 级	剧毒	≤5	≤20	≤20
Ⅰb 级	高毒	>5-50	>20～200	>20～200
Ⅱ级	中等毒	>50～500	>200～2000	>200～2000
Ⅲ级	低毒	>500～5000	>2000～5000	>2000～5000
Ⅳ级	微毒	>5000	>5000	>5000

但这仅能反映对人体危害性的一个方面，有的农药尽管急性毒性不大，但有很强的蓄积性或有致癌、致畸、致突变或生育障碍作用，危害性依然严重，故要客观评价农药的危害性，除了解其急性毒性外，还需结合其慢性毒性、特殊毒性等综合考虑。

真正对人类健康构成威胁的农药，主要是杀虫剂、杀鼠剂，其次是杀霉菌剂及个别除草剂，其他几类农药多为低毒物质，在临床上很少见有中毒报告。引起急性中毒最常见的农药为有机磷类、氨基甲酸酯类、拟除虫菊酯类、有机氯类、有机氟类、毒鼠强、杀鼠灵、百草枯、磷化锌、五氯酚钠等；此外，为有机硫类（代森铵、福美双、稻脚青等）、有机砷类（福美胂等）、沙蚕毒素类（杀虫双、杀虫环、螟蛉畏等）。但某些在国内已明令禁产禁用的农药如有机汞类、杀虫脒等，仍不断有中毒病例出现，临床实践中应予以注意。

各类农药不少有着共同的毒性作用，如：①具有皮肤黏膜刺激性，尤以有机氯、有机磷、有机汞、氨基甲酸酯、杀虫脒、卤代烃、酚类、有机硫、有机锡、除草醚、百草枯等作用最强，常引起接触部位皮肤充血、水肿、皮疹、瘙痒、水泡，甚至灼伤、溃疡。②具有较强的神经毒性。上述农药尤其是杀虫剂，多为有机化合物，脂溶性较强，其对神经系统代谢、功能，乃至结构的损伤更是不少杀虫剂发挥毒性作用的主要机制，故急性农药（特别是杀虫剂）中毒常引起明显神经症状，其程度可因剂量及农药品种不同而有差别。作用最强的为有机磷、有机氯、有机氟、有机汞、氨基甲酸酯、卤代烃等，常可致中毒性脑病、脑水肿、周围神经病等而引起的烦躁、意识障碍、抽搐、昏迷、肌肉震颤、感觉障碍或感觉异常等现象，有的如六六六、狄氏剂、艾氏剂、毒杀芬等有机氯杀虫剂，还可引起中枢性高热。③具有较明显的心脏毒性。上述农药对神经系统的毒性作用常是心脏功能损伤的病理生理基础，有些尚对心肌有直接损伤作用，如有机氯、有机磷、有机氟、有机汞、百草枯、卤代烃和磷化锌等，常导致心电图异常（ST-T波改变、心律失常、传导阻滞）、心源性休克甚至猝死。④具有较强的消化系统刺激作用。多数农药口服可引起化学性胃肠炎，产生恶心、呕吐、腹痛、腹泻等症状，有的如砷制剂、百草枯、有机硫、环氧丙烷、酸类、酚类等甚至可引起腐蚀性胃肠炎，从而有呕血、便血等表现。

不少农药还有着自身独特的毒性作用，不应忽视。如：①有的农药血液系统毒性十分明显，如杀虫脒、螟蛉畏、甲酰苯肼、敌稗、除草醚等可引起高铁蛋白血症，甚至导致溶血；茚满二酮类及羟基香豆素类杀鼠剂则可阻碍体内凝血机制，引起全身严重出血。②有的具有较强肝脏毒性，如有机砷、有机硫、有机汞、有机氯、氨基甲酸酯、卤代烃、环氧丙烷、百草枯和杀虫双等，可引起肝功能异常及肝脏肿大。③有的农药对肺脏有较强刺激性，如五氯酚钠、氯化苦、磷化氢、福美锌、安妥、卤代烃、杀虫双、有机磷、氨基甲酸酯、百草枯等，可引起化学性肺炎、肺水肿，百草枯尚能引起急性肺间质纤维化。④有的农药则对肾脏有特殊毒性，除前述可引起血管内溶血的农药可因生成大量游离血红蛋白而导致急性肾小管堵塞、坏死外，不少农药如有机硫、有机砷、有机汞、有机磷、有机氯、杀虫双、安妥、五氯苯酚、环氧丙烷、卤代烃等还对肾小管有直接毒性，可引起肾小管急性坏死，严重者常导致急性肾功能衰竭；杀虫脒还可引起出血性膀胱炎，导致血尿等。⑤有些农药可引起高热。如有机氯类可因损伤神经系统而导致中枢性高热；五氯酚钠、二硝基苯酚、二硝基甲酚、乐杀螨、敌普螨等则因可引起体内氧化磷酸化解偶联，使氧化过程产生的能量无法以高能磷酸键形式储存而转化为热能释出，导致机体发生高热、大汗、昏迷和惊厥。

不少因素可加强农药的毒性，如高温、高湿、高强度劳动、饥饿、脱水、疾病等；不同农药混用时，多使毒性作用增强，但有研究表明，有机氯农药与有机磷农药混用时，因可促进有机磷的分解代谢，故可降低其毒性；但有机磷农药与其他农药混用时，由于有机磷在体内与胆碱酯酶结合牢固，解离甚慢，故毒作用较为持久，临床表现也往往最为突出，且其他农药多无特殊解毒剂，而使治疗也常以有机磷的解毒措施为主。

5.2.3 农药环境毒性

绝大部分农药进入环境中，在各种环境介质中发生变化与滞留，从而与环境中生物有着极为密切的关系。

5.2.3.1 环境行为与残留性

农田、草场和森林施药后，有40%～60%的农药降落至土壤，5%～30%的药物扩散到大气中，逐渐积累到空中随雨雪降落；喷洒农药后，有一小部分以极细的微粒漂浮于大气中，长时间随雨雪降落到土壤和水域。农药在环境中的行为主要包括农药降解、代谢和轭合。

农药降解：是指化学农药在环境中从复杂结构分解为简单结构，甚至会降低或失去毒性的作用。造成降解的因素有生物的、物理的、化学的等。残留于土壤中的农药，以微生物的降解作用最为重要，其降解速度取决于农药的种类、土壤水分含量、氧化还原状态及土壤微生物相等。有些农药虽然自身的毒性不大，但中间降解产物的毒性却很大。因此，农药对环境的危害，不仅要看农药本身的毒性，还要注意其降解产物的去向和毒性。

代谢分解：氟虫腈对甲壳类水生生物和蜜蜂具有高风险，而且在水和土壤中降解慢，MB46136是氟虫腈的主要代谢物，它对鸟、淡水鱼、淡水脊椎动物的毒性比氟虫腈母体大，而且其残留时间较长，不易降解。

乐果在植物体内外均可被氧化成毒力更强的氧化乐果，其氧化过程在植物体内进行非常迅速，氧化乐果（大鼠口服LD_{50}为55mg/kg）对高等动物的毒性比乐果高（大鼠口服LD_{50}为500～600mg/kg），乐果在牛体内可以被谷胱甘肽转移酶和羧酸酰胺酶降解为无毒的去甲基乐果和乐果酸，所以可用于家畜体内外寄生虫的防治。

轭合残留：农药轭合物是指农药及其代谢物与生物有机体组分发生轭合反应形成的新产物，农药轭合产物的急性毒性通常要比农药亲体的低，极性比亲体的大，所以轭合反应在去毒作用上具有重要意义。

5.2.3.2 环境激素

环境激素（environmental endocrine）是指环境中存在的一些能够像激素一样影响人体内分泌功能的化学物质的总称。由于人类的生产和生活活动而释放到周围环境中，对人体和动物体内的正常激素功能施加影响，从而影响内分泌系统的化学物质，又被称为环境荷尔蒙或环境内分泌干扰物。此类物质具有很弱的激素样作用，可能影响到包括人类在内的各种生物的生殖功能、生殖器肿瘤、免疫系统和神经系统。“环境激素”一词，最早见于1996年由美国记者戴安·达玛诺斯所著的《Our Stolen Future》一书，引起了美、欧、日等发达国家和地区对环境激素问题的重视和研究。欧洲环境毒理和化学学会（SETAC）1998年年会将环境激素定为大会的重要主题，环境激素迅速成为国际研究的新热点。如塑料添加剂中的邻苯二甲酐类，润滑油添加剂中的乙二酸，为防止贝类附在船体的三丁基锡、三苯锡等涂料，农药中的DDT、氯丹以及苯乙烯、二噁英等，各种产业与垃圾焚烧中出现的物质。

在正常情况下，人和其他生物能根据自身各个生长阶段的需要合成各种代谢调节物质，即内分泌激素。正是因为有了它，自然界中的生物才得以进行正常的新陈代谢，世代相传。然而，近些年来，人类不断发现一些存在于生物机体之外的、具有与人和生物内分泌激素作用类似的物质，有时能引起生物内分泌紊乱，就将之称为环境激素，又称环境荷尔蒙。20世纪30年代，人们采用人工合成的方法生产雌性激素（DES），用作药品。这种合成雌性激素在诞生的同时就被指出有导致恶性肿瘤的危险。近80年来，随着工业的发展，大量环境激素在制药、塑料制品、添加剂生产、除草剂的使用和垃圾处理等过程中不断释放，对生态环境造成了巨大危害。环境激素不易分解，可在食物链中循环，又可随风飘散，因此，不管其原生地在哪里，都会形成区域性或全球性的威胁。让欧洲人闻之色变的二噁英，就是环境激素中的一种。环境激素对人体的危害，主要表现为含有这种激素成分的物质，被人食用或使用后会产生不良反应。比如化妆品、洗浴剂、洗涤剂、瓜果、蔬菜、肉类、粮食等当中的环境激素进入人体时，会让人体的内分泌系统误认为是天然荷尔蒙，而加以吸收，占据了人体细胞中正常荷尔蒙的位置，从而引发内分泌紊乱，造成人体正常激素调节失常。表现为人类生殖机能的低下，男性精子减少四分之一到一半；女性子宫内膜症及不孕症者增加。免疫系统失调致癌症的好发性——乳癌、肺癌、肝癌、睾丸癌及血癌，母亲传给子女造成下一代学习障碍及行动异常；妊娠中妇女服用流产防止剂DES，发现会造成阴道癌，据保守估计，约有600万人曾经服用。

中国医疗保健国际交流促进会健康饮用水专家李复兴教授指出，许多除草剂、杀虫剂、医用药物和重金属等都属于环境激素，某些防腐剂、增塑剂、洗涤剂、芳香剂、涂料染料、化妆品材料等也含有一些环境激素。它们会通过空气、食品和水等途径进入人体。

由农药直接对鸟类造成的危害最明显的就是蛋壳变薄。DDT 禁用以后，蛋壳薄化现象稍微缓和，部分鸟类的数量反有增加的倾向，但是近年来又发现有机农药及工业化学物质等环境荷尔蒙，造成鸟类孵化个体的生殖器官异形、骨骼异常，甲状腺功能异常，以及雌雄同体的鱼，还有一些动物的双性化，雄的个体数大量减少，以致二只雌的共同养育下一代，且雌的雄性化，雄性生殖器短小化等现象。环境激素给人类带来了明显的经济利益，但同时也对人体健康和生态安全造成一定的危害。如今，人们已经认识到它的严重危害性，各国科学家已经开始关注，并着手解决这个问题。

5.2.3.3　农药环境激素的来源

在农业生产中，不少农场或农民滥用农药。其一，不少农药本身就是环境激素，在滥用的情况下，过多的农药超过了环境所能容纳的能力，这样使不少农药留在作物体内不能分解，还有不少渗入土、地下水中，流入河中，造成长期的环境激素危害。其二，农业生产者为了钱，在养殖业中，昧良心地加了大量的催产、生长类激素；种植业加了大量的催熟剂，如乙烯利、脱落酸等。虽然这加快了动植物的生长速度，但是，这些物质本身就是环境激素或对人体能产生直接危害的化学物质。

世界野生动物基金会提出的各类环境激素类污染物中，包括农药苯菌灵、六氯（代）苯、代森锰锌、代森锰、代森联、代森锌、福美锌、甲草氨、杀草强、莠去津、2,4-二氯苯氧乙酸、嗪草酮、除草醚、2,4,5-涕、氟乐灵、β-六六六、西维因、氯丹、氯氰菊酯、三氯杀螨醇、狄氏剂、硫丹、高氰戊菊酯、氰戊菊酯、七氯、七氯环氧化物、开乐散、开蓬、林丹、马拉硫磷、灭多虫、甲氧DDT 和涕灭威。

5.2.4　农药残留毒性对人类健康的影响

5.2.4.1　日允许摄入量

日允许摄入量（acceptable daily intake，ADI）是农药慢性毒性的一项指标，指人体终身每日摄入某种农药，对健康不引起可觉察有害作用的剂量，以相当于人体每千克体重每日摄入的农药毫克数表示［mg/(kg·d)］，按以下公式计算：

$$日允许摄入量=动物最大无作用剂量/安全系数$$

日允许摄入量是制定食品中农药最大残留限量（MRL）的毒理学依据。制定步骤为先求出最大无作用剂量，根据上式，再除以安全系数即得。

以动物毒性试验为依据，制定最大无作用剂量。①急性毒性试验，求出剂量-效应和剂量-反应关系，为进一步进行亚急性、慢性毒性的其他特殊毒性试验提供依据。②亚急性毒性试验，进一步确定被检农药的主要中毒作用、作用部位，初步估计最大无作用剂量和中毒阈剂量。③慢性毒性试验，是使用实验动物生命大部分时间或终身接触被检农药的毒性试验，主要是食物毒性试验，观察长期反复摄入低剂量农药可能对动物体造成的损害，并确定其最大无作用剂量。④还必须考虑农药的致畸、致突变、致癌和迟发性神经毒性等方面的效应以及它在机体内的蓄积作用、代谢过程，与其他农药的联合毒作用和在环境中的降解情况等。⑤动物最大无作用剂量以 mg/kg 表示。

考虑种间差异和个体差异，估算出安全系数，即将最大无作用剂量换算成 ADI，首先是人和动物对药剂的敏感性不同，种间差异约为 10 倍；其次是人类本身存在个体差异，即人群中少数人比大多数人敏感，个体差异亦定为 10 倍，则安全系数为 10×10＝100，通常安全系数为 100。如农药有特殊毒性作用，安全系数可定为 1000～5000，甚至更高。

农药的日允许摄入量的多少和急性毒性数据的高低常常是不一致的。我国主要参考 JMPR 的数值，我国创制的新农药品种，其 ADI 由卫生部门研究制定。

5.2.4.2 最大残留限量

最大残留限量（maximun residue limit，MRL）是指在农畜产品中农药残留的法定最高允许浓度，又称最高残留限量，以每千克农畜产品中农药残留的毫克数（mg/kg）表示。这是按照农药标签上规定的施药剂量和方法使用农药后，在食物中残留的最大浓度；其数值必须是毒理学上可以接受的，最后由各国政府部门依法公布。

MRL 的制定，主要根据毒量学、人们膳食结构数据和田间残留试验等三方面资料。我国制定了农产品及食品中农药残留风险评估指南和最大残留限量的制定指南。农药最大残留限量标准（MRL）是指按照良好的农业生产规范，直接或间接使用农药后，允许在食品和饲料中残留的农药的最大浓度。制定农产品中农药最高残留限量（MRL）标准，以及制定“农药合理使用准则”等有关规定，均以充分的残留资料为科学依据。规范化的残留试验是取得完整、可靠的残留评价资料的保证。为确保残留试验设计科学、合理，数据完整、可靠，特制定本准则。农药残留试验包括田间试验（或模拟试验）和农药残留量检测两部分。

急性参考剂量（ARfD）是一个重要的毒理学阈值，主要用来评价外来化学物短时间急性暴露造成的健康损害。其定义是：食品或饮水中某种物质，其在较短时间内（通常指在一餐或一天内）被吸收后不致引起目前已知的任何可观察到的健康损害的剂量。它不同于每日容许摄入量和参考剂量。

5.3　农药污染途径与影响因素

自第二次世界大战以来，化学农药在确保农业生产和保护人类健康方面起到了巨大的作用。目前全世界每年的农药总产量已超过500万吨，并且仍以每年5%的速度在增长。尽管如此，化学农药仍然远远不能满足客观需求。

农药发展之所以如此迅速，与其在保证农业增产方面所起的作用是分不开的。在农作物和家畜所处的环境中，大约有5万种真菌，能引起1500种病害；全世界大约有3万种杂草，其中1800种以上可造成经济上的损失；此外，还有1万种昆虫能产生各种危害。据估计，如果不使用农药，全世界粮食总产量的50%将会被各种病、虫和杂草所吞噬。使用了农药，则可挽回其损失的15%。全世界因病、虫、草害造成的损失，估计每年达800亿美元。据我国有关部门统计，我国由于防治病、虫、草害，每年可挽回粮食损失150亿～200亿公斤，皮棉500万～600万担，瓜、果、烟、茶等经济作物因使用农药而获得的经济效益更为显著。鉴于上述原因，目前人类实际上已处于不得不使用农药的地步，尤其在一些用药水平低的亚、非、拉国家，为解决粮食安全问题，农药用量将有较大的增加。在一些发达的国家，农药用量也有增加的趋势。另外，农药在卫生保健方面所起的作用也很大。如在1955～1965年的10年间，由于使用合成杀虫剂所挽救的病人，单就疟疾而言就达1500万人，远远超过了抗生素所挽救的人。随着人口增加，粮食产量也要相应增加。增产粮食的主要途径无疑是提高单位面积产量，而提高单产的重要技术措施就是使用农药。

随着农药的大量使用，也引起了一些不良后果。在20世纪60年代，人们认识到了DDT等有机氯农药不仅对害虫有杀伤作用，同时对害虫的天敌及传粉昆虫等益鸟益虫也有杀伤作用，因而打乱了生物间的相互制约和相互依赖的相对平衡，引起新害虫的猖獗。另外，长期使用同类型农药，使害虫产生抗药性，也增加了防治药量和防治次数，大大增加了防治经费。据国外初步调查，目前已产生抗药性的害虫有300种左右，其中农业害虫占100余种。除上述不良后果外，还存在一个更为重要的问题，即农药污染问题。对人体健康和生物界产生直接或间接的危害。

农业生产区域辽阔，分布于全球各地，覆盖全球25%～30%的土地面积。农业生产活动如土地的农业利用、耕作、作物间套种植方式、放牧、农药化肥的使用以及农业动植物遗传改良（包括外来种引入）等是农业生产力提高的重要途径，同时也是影响生物多样性的重要因素之一。农药（除草剂、杀虫剂等）的高度使用使非靶标动植物受到伤害。农药施用后，一部分附着于植物体上，或渗入株体内残留下来，使粮、菜、水果等受到污染；另一部分散落在土壤上（有时则是直接施于土壤中）或蒸发、散逸到空气中，或随雨水及农田排水流入河湖，污染水体和水生生物。农产品的残留农药通过饲料，污染禽畜产品。农药残留通过大气、水体、土壤、食品，最终进入人体，引起各种慢性或急性病害。

5.3.1 农药播散与传导途径

农药在农业生产中针对不同的靶标有不同的使用方法。田间使用的靶标有植株、果实、土壤等。在农产品保鲜防腐中，也有许多防腐保鲜剂（如咪鲜胺、抑霉唑、多菌灵）的应用。

一般来说，农药的使用是围绕植物进行的。同样，农药的生物活性表达与其在植物体上的行为密不可分。从“农药传导生物学”的角度来看，几乎所有的农药都会在植物体上表现出不同程度的吸收和传导作用，绝对的非传导作用的品种几乎不存在，只是它们因植物的种类、吸收部位、植物生长时期的不同而表现出较大的差异。施用于作物上的农药，其中一部分附着于作物上，一部分散落在土壤、大气和水体等环境中，环境中残存的一部分农药又会被植物吸收。残留农药直接通过植物果实或水、大气到达人、畜体内，或通过环境、食物链最终传递给人、畜。

(1) 喷洒作物

为防治农作物病虫害使用农药，直接污染食用作物，但农药在食用作物上的残留受农药的品种、浓度、剂型、施用次数、施药的方法、施药的时间、气象条件、植物的品种以及生长发育阶段等多种因素的影响。

由于农药的施用通常采用喷雾的方式，农药中的有机溶剂和部分农药漂浮在空气中，从而污染大气；农田被雨水冲刷，农药随地表径流则进入江河，进而污染海洋。这样，农药就由气流和水流带到世界各地，残留土壤中的农药则可通过渗透作用到达地层深处，从而污染地下水。据世界卫生组织报道，伦敦上空 1 吨空气中约含 10μg DDT，1 吨雨水中含 7～400μg DDT，全世界生产了约 1500 万吨 DDT，其中约 100 万吨仍残留在海水中。

(2) 运输和储存中混放

食品在运输中由于运输工具、车船等装运过农药未予以清洗以及食品与农药混运，可引起食品的农药污染。另外，食品在储存中与农药混放，尤其是粮仓中使用的熏蒸剂没有按规定存放，也可导致污染。

(3) 农药在环境中的传导

通常环境中的农药可以在大气、水和土壤三相之间迁移。土壤、水体和植物表面的农药可以通过挥发进入大气，大气中的农药可以气溶胶或降水形式进入土壤和水体，而土壤中的农药也会因为渗滤、淋溶现象而污染水体。

农药在植物上可以通过植物根、茎、叶吸收传导。农药通过角质层是一种扩散过程，然后从角质层解吸进入含水非原生质体与细胞壁内。从植物的根部进入植物体内是除草剂吸收的主要途径，某些条件下杀虫剂和杀菌剂也可能需要从根部进入。一般来说，进入植物茎的化合物亦会出现向上或双向传导两种可能。化合物一般表现为侧向运转后随植物的蒸腾流或同化流进行上下传导。

土壤是一个由无机胶体、有机胶体以及有机-无机胶体所组成的胶体体系，其具有较强的吸附性能。在酸性土壤下，土壤胶体带正电荷，在碱性条件下，则带负电荷。进入土壤的化学农药可以通过物理吸附、化学吸附、氢键结合和配位价键结合等形式吸附在土壤颗粒表面。农药被土壤吸附后，移动性和生理毒性随之发生变化。土壤中的农药，在被土壤固相吸附的同时，还通过气体挥发和水的淋溶在土体中扩散迁移，因而导致大气、水和生物的污染。大量资料证明，不仅易挥发的农药，而且不易挥发的农药（如有机氯）都可以从土壤、水及植物表面大量挥发。对于低水溶性和持久性的化学农药来说，挥发是农药进入大气中的重要途径。

土壤农药进入水体后，会造成地表水中农药的残留。地表水体中的残留农药，可发生挥发、迁移、光解、水解、水生生物代谢、吸收、富集和被水域底泥吸附等一系列物理化学过程而逐渐消失。

以水为介质进行迁移主要有两种方式：一是直接溶于水；二是被吸附于土壤固体细粒表面上随水分移动而进行机械迁移。一般来说，农药在吸附性能小的砂性土壤中容易移动，而在黏粒含量高或有机质含量多的土壤中则不易移动，大多积累于土壤表层 30cm 土层内。因此有的研究者指出，农药对地下水的污染是不大的，主要是由于土壤侵蚀，通过地表径流流入地面水体造成地表水体的污染。

5.3.2 农药的理化性质与残留特征

5.3.2.1 农药的理化性质及其在环境中的残留特性

六六六、DDT 等有机氯农药和它们的代谢产物，化学性质稳定，在生物体内不易分解，它们通过食物链进入人体后，在人体内日积月累，然而人体又不能通过新陈代谢把它们排出体外，因此，人体内有机氯农药含量会越来越高，达到一定程度就会发生中毒。有机磷、氨基甲酸酯类农药化学性质不稳定，在施用后容易受环境条件影响而分解，但有机磷和氨基甲酸酯类农药中存在着部分高毒和剧毒品种，如甲胺磷、对硫磷等，如果被施用于生长期较短、连续采收的蔬菜，则很难避免因残留超标而导致人畜中毒。乳油、悬乳剂等用于直接喷洒剂型对农作物的污染相对较大一些，而粉剂由于其容易飘散而对环境和施药者的危害更大，水剂残留相对较低。另外还有一部分农药虽然本身毒性较低，但其产生的杂质或代谢物残毒较高，如三氯杀螨醇中的杂质 DDT。

目前使用的农药，有些在较短时间内可以通过生物降解成为无害物质，但有些则是残留性强的农药。根据残留的特性，可把残留性农药分为三种：容易在植物机体内残留的农药称为植物残留性农药；易于在土壤中残留的农药称为土壤残留性农药；易溶于水，而长期残留在水中的农药称为水体残留性农药。残留性农药在植物、土壤和水体中的残存形式有两种：一种是保持原来的化学结构；另一种以其化学转化产物或生物降解产物的形式残存。残留在土壤中的农药通过植物的根系进入植物体内，不同植物机体内的农药残留量取决于它们对农药的吸收能力。如不同植物对艾氏剂的吸收能力为：花生＞大豆＞燕麦＞大麦＞玉米。农药被吸收后，在植物体内分布量的顺序是：根＞茎＞叶＞果实。农药残留会直接影响农产品的质量。农药与土壤的结合情况常因农药品种、土壤有机质含量和组分而异。如扑草净的结合残留物大多集中在有机质的胡敏素部分，杀虫剂伏杀磷普遍与富里酸结合，而杀螟松的结合残留主要与腐殖酸和富里酸组分有关。此外，微生物活性及土壤水分状况也会影响结合能力。一些研究表明，物理束缚在形成土壤结合残留中也起重要作用。一般认为，含有酚酸、苯羧酸的腐殖质通过氢键连接形成相当稳定的筛状分子聚合结构，这种聚合结构具有许多不同分子大小的空隙，因而能镶嵌农药有机分子，结合残留物在一定条件下也可以被土壤微生物、土栖动物或植物所释放和吸收，如杀螟松和扑草净的结合残留物在微生物的作用下可以释放出来，且发现扑草净的结合残留物对土壤微生物的呼吸作用有抑制效应。被蚯蚓吸取的残留物有半数以上又在体内形成结合态，而进入燕麦植株体内的结合残留物，绝大多数可被提取。

化学农药属有毒化学品，它在靶标生物与非靶标生物之间无严格的选择性，因此它在田间使用时，不可避免地会对环境与环境中的非靶标生物带来污染与危害，因此防止与减轻农药污染，是新农药开发与利用中的一项重要任务。

5.3.2.2 农药物理化性质与消减速率的关系

有机氯农药多属于低毒和中毒、稳定难降解、半衰期＞10 年，可通过胃肠道、呼吸道和皮肤吸收，可透过胎盘、乳汁进入胎儿和婴儿，脂溶性强，蓄积于脂肪和含脂高的组织器官，在食物链中生物富集作用很强；有机磷农药多难溶于水，可溶于脂肪及各种有机溶剂，在碱性介质、高温、水分含量高等环境中易水解，在自然界中降解快、残留时间短，在生物体内易受酶作用水解，残毒在体内不积蓄，烹调加工后农药残留量减少；氨基甲酸酯类农药对人畜和鱼类低毒，且在自然界易被土壤微生物所分解，残留量低，主要残留在植物性食品中，残留时间一般为 4 天，残留量一般不超过国家标准；拟除虫菊酯类农药不溶或微溶于水，易溶于有机溶剂，在酸性条件下稳定，遇碱易分解，高效、广谱、低毒、易降解、在作物中残留期短（通常为 7～30 天），降解后易转变成极性化合物，对环境污染很轻。因此，一般上述四类农药的降解快慢顺序为有机磷降解最快，拟除虫菊酯类和氨基甲酸酯类次之，有机氯类最慢。

现已被禁用的有机砷、汞等农药，由于其代谢产物砷、汞最终无法降解而残存于环境和植物体中。六六六、DDT 等有机氯农药和它们的代谢产物化学性质稳定，在农作物及环境中消解缓慢，同时容易在人和动物体脂肪中积累。因而虽然有机氯农药及其代谢物毒性并不高，但它们的残毒问题仍然存在。有机磷、氨基甲酸酯类农药化学性质不稳定，在施用后，容易受外界条件影响而分解。如辛硫磷在田间因对光不稳定，很快分解，所以残留期短，残留危险小，但该药施入土中，残留期很长。农药的内吸性、挥发性、水溶性、吸附性直接影响其在植物、大气、水、土壤等周围环境中的残留。

5.3.2.3 农药的渗透与传导

农药的渗透作用是指农药可以渗透到植物中，避免被雨水冲刷，从而提高农药的残效期。农药传导是指植物吸收该农药后，可在植物体中输导而达到防治病、虫、草害的目的。农药的渗透与传导可以提高农药的耐雨水冲刷能力，增加农药对害虫的残效期，提高防效。

例如三环唑，有良好的内吸性，施药后很快被水稻吸收（1～2h 内就能吸收，所以能在雨隙施药），并在体内传导，进入稻叶表层，阻止稻瘟病孢子的萌发和侵入，而该药对离体稻瘟病病菌的抑杀作用很弱。吡虫啉等农药，正是因为有良好的内吸性，所以对主要在稻株基部活动和危害的褐飞虱有良好防效，优于其他仅有触杀性能的杀虫剂。但并不是药物内吸性强就能奏效，还需要有很高的活性。乙酰甲胺磷有很强的内吸性，但对稻飞虱的活性并不是太高，施药后仅对稻飞虱有一定触杀效果，进入稻株体内的药物，因浓度低，对稻飞虱没有多少防治效果。杀虫双有很强的内吸作用，能被作物的叶、根等吸收和传导。除草剂的内吸性是主要针对防治对象杂草而言的，如草甘膦、氯氟吡氧乙酸有良好的内吸性，有利于将杂草连根杀死。

具有渗透与传导作用的农药受植物体内各种酚类、酮类等物质的影响在植物体内达到逐渐稀释的效果，但有些农药的残效期较长，还有些农药的代谢物毒性较大，因此其残毒问题应注意。如甲拌磷进入植物体后，受植物代谢的影响而转化成毒性更大的氧化物（亚砜、砜），在植物体内能保持较长的时间（约 1～2 个月，甚至更长），因此药效期长，但也要特别注意残留毒性问题。

5.3.3 农药使用与污染问题

随着人口的增长，对作物收获量的需求越来越大。为了能够更好地提高作物收获率，农药在种植过程中的使用必不可少。但近年来农药的不合理使用，如农药的单一使用、农药过量使用、滥用农药等问题已经引起人们越来越多的关注。我国是农药生产和使用大国，农药施用面积在 $2.8\times10^8\mathrm{hm}^2$ 以上，每年用量 $(50\sim60)\times10^7\mathrm{kg}$，全国平均用量为 $2.34\mathrm{kg/hm}^2$。农药生产主要集中在江苏、浙江、天津、山东等地，而使用量较大的地区是上海、浙江、山东、江苏和广东。以小麦为主要农作物的北方干旱地区施药量小于南方水稻产区，蔬菜、水果的用药量明显高于其他农作物。近年来农药使用量有增大的趋势，如 1990 年为

7.33×10^8kg，1995年为1.09×10^9kg，2000年达到1.28×10^9kg，2003年达到1.33×10^9kg。据全国31个省（自治区、直辖市）植保植检站（不含西藏）调查统计：2013年我国农业用药96.72万吨（商品量），折合31.10万吨，比上年减少1.15%。其中杀虫剂11.64万吨，占农药总量的37.42%；杀螨剂9604.05吨，占农药总量的3.09%；杀菌剂8.03万吨，占农药总量的25.82%；除草剂10.06万吨，占农药总量的32.35%；植物生长调节剂3945.54吨，占农药总量的1.27%；杀鼠剂55.40吨。更为严重的是，由于农药的大量使用，害虫的天敌或其他益虫迅速减少，造成追加使用农药的恶性循环。而这些农药的利用率只有30%左右，随着使用量和使用年数的增加，农药残留逐渐增加，残留地域逐渐扩大，产生了立体式污染。截至2011年，全国2000万公顷耕地正在受到重金属污染的威胁；农业部进行的全国污水灌溉区域调查统计显示，140万公顷的污水灌溉区中，遭受重金属污染的土地面积占农田灌溉区面积的64.8%；在广东，清洁土壤只有11%，轻度污染土壤占总耕地数量的77%，重度污染土壤占总量的12%左右；太湖流域有三分之一的耕地受到了污染；湖北省受三废污染的耕地面积已经达到40万公顷，占全省耕地面积的10%。同时，农药中毒事件时有发生。大量接触或误服农药，人体会出现头晕、头痛、全身乏力、多汗、恶心、呕吐、腹痛、腹泻、胸闷、呼吸困难等症状。还会出现特殊症状，如瞳孔明显缩小、嗜睡、肢体震颤抖动、肌肉纤维颤动、肌肉痉挛或癫痫样大抽搐、口中有金属味、有出血倾向等。

5.3.3.1 农药不合理使用

农药是现代农业生产中防治有害生物必需的生产资料和战略物资，但农药使用不当或过度使用会对生态环境和人类健康造成直接或间接的威胁。近年来，随着农业种植结构的调整、种植方式的改变、施肥量的增加及对高产的追求，农作物病、虫、草害的发生与危害呈逐年加重的趋势，造成农药使用量与使用面积成倍增加，生态环境和广大群众的身心健康受到严重威胁。倡导科学合理使用农药，降低农药不合理使用的负面影响对确保粮食丰产丰收，保证农产品质量安全具有重要的意义。

目前我国农业生产模式不统一，农业生产方式以分散的农户为主，在发达地区虽有较大面积的菜场和果场，但所占的比例仍不大，农作物生产中植保技术、农药管理、农药使用技术都落后于发达国家，不同生产方式下农药使用方式、用量等方面都存在差异。

我国自古以来就是农业生产大国，农业生产模式多样。自改革开放以来，农业集体化的变更、农产品价格的提高和流通体制的放松等使得我国农业生产模式得到了较大改善。全国各地结合实际情况，创建了一系列新的农业生产模式，改变了过去单一的生产模式，这使得我国农业生产模式更加复杂。虽然农产品生产在整体上具有区域化的集群性，但是农产品生产与企业中产品的生产不同，企业中产品生产具有集成化、严格规范化等特点，而农产品生产是由各个农户自主进行的，具有自主性和分散性。在农业生产过程中，很难实行统一的、规范的操作规程，使得农药的使用出现滥用、过量使用等不合理的现象。

5.3.3.2　病虫草抗药性

农药的抗药性是指被防治对象病、虫、草对农药的抵抗能力。抗药性可分为自然抗药性和获得抗药性两种。自然抗药性又称时药性，是由于生物种的不同，或同一种的不同生育阶段、不同生理状态等对药分别产生不同耐力。获得抗药性是由于在同一地区长期、连续使用一种农药，或使用作用机理相同的农药，使害虫、病菌或杂草对农药抵抗力的提高。农药使用作为预防措施对于防治病、虫、草害，保护植物生长，保护人民健康具有重要作用。但化学防治措施是一种应急措施，是在被防治对象达到一定数量，对农作物将构成相当危害、损失时，在其他措施又一时难以奏效的情况下，利用农药快速、高效的特点，适时用药，控制危害。为了防治病、虫、草害，农药的使用是必要的，但要有节制地使用，科学地使用，不能一见病、虫、草害就用农药，用药次数过多，会大大增加被防治对象对农药的选择机会，加快产生抗药性。

自 1908 年 Melander 首次发现美国梨圆蚜（*Aspidiotus perniciosus*）对石硫合剂产生抗性以来，1908～2011 年，全球报道各种害虫对杀虫剂产生抗性的案例达到 10065 例，涉及 338 个农药化合物、570 种害虫，而 1992 年才上市的吡虫啉为首的新烟碱类杀虫剂，在短短的 20 年间就有 346 例有关其抗性的报道，主要集中在水稻褐飞虱和烟粉虱两类害虫上，更值得一提的是泰国的小菜蛾、日本茶树的褐带卷蛾已对近年刚开发上市的氟虫双酰胺和氯虫苯甲酰胺产生了严重的抗性。据报道，对杀虫剂产生抗药性案例最多的为双翅目害虫，其次为鳞翅目、同翅目、鞘翅目。世界范围内，昆虫抗药性发展主要在 20 世纪 90 年代中期，这与有机磷农药在这一时期的大量使用有关。从抗性程度而言，山东蚜虫对乐果的抗药性已增加了 160 倍；水稻二化螟对杀虫双抗药性为 22～257 倍。以棉蚜为例，它对对硫磷、甲拌磷、马拉硫磷、乐果、氧乐果等有机磷农药均产生了严重的抗性，而且多数有机磷农药对棉蚜还产生了交互抗性；我国广州郊区用抑太保（IGR 类）防治小菜蛾，两年以后即产生抗性。东南亚地区的小菜蛾，对氟虫脲和特氟脲（IGR 类）的抗性也已分别超过 100 倍和 3000 倍。从 1951 年至今，小菜蛾几乎对所有种类的杀虫剂产生了不同程度的抗药性。

5.3.3.3　使用技术

任何一个农药品种都有其适合的防治对象、防治作物，有其合理的施药时间、使用次数、施药量和安全间隔期（最后一次施药距采收的安全间隔时间）。大多数农药如果按照推荐的剂量、次数、时间和方法施药，农产品中不会有农药过量残留问题。合理施用农药能在有效防治病、虫、草害的同时，减少不必要的浪费，降低农药对农产品和环境的污染，但是在农业生产过程中，一是没能对症下药，乱用药；二是施药时间、时机不当；三是农药配制比例不准确，随意性太大；四是农药用量偏大、用药次数偏多；五是农药安全使用间隔期短。在蔬菜产区使用高毒农药防治地下害虫，有的农民在韭菜、洋葱、芹菜等蔬菜上使用限用的高毒农药灌根来防治地下害虫，轻者农药残留严重超标，重者成为毒蔬菜。农户随意加大用药浓度，增加用药次数，必然会导致农产品的污染和环境的破坏。

（1）使用农药品种过于单一，不注意与不同种类的同效品种进行轮换使用

在农作物病、虫、草害的防治过程中，有些农民对某一品种农药防治效果认可后，就不愿接受其他种类的同效品种，或与之轮换使用。连续长期使用单一农药品种，不可避免地导致抗性的产生。为了弥补抗性对药效的影响，只有采取增加用药次数或提高使用浓度的办法，这样虽可以暂时满足农业生产的要求，但随之带来的是防治对象的抗性进一步提高，药效急剧下降，甚至使该品种农药无效而遭淘汰，这样不仅大大缩短了农药的使用寿命，而且加大了农药的开发成本。

（2）使用者素质较低，滥用农药的现象时有发生

目前，在不少农村地区，使用者的素质较低，与科学合理使用农药的要求还有差距。据笔者调查了解，有些农民由于缺乏农药使用技术知识，往往不管防治对象和发生的数量，也不管防治的时间和方法，更不看防治药剂使用的具体要求，看别人施什么药剂，就盲目地跟着施，还有些农民偏爱剧毒农药，认为毒性越大，防效越好。更有甚者，将几种农药任意混在一起进行“保险”防治，以图“一劳永逸”解决所有病、虫、草害。此外，随意提高使用量或使用浓度的现象也时有发生。

（3）技术服务环节薄弱

农药的使用是一门多学科的综合技术。其推广和应用，首先应由农资、农技部门进行试验、示范、宣传，以便让使用者正确掌握新农药的防治对象、使用方法、注意事项等，达到安全、经济、有效的防治目的，但许多偏远地区的基层农资部门的经营者，受本身业务素质的限制，对农药商品知识一知半解，根本谈不上对农药使用的科学指导，因此，错误指导或以赢利为目的而卖药给农民，也是造成农民盲目用药的重要原因。

5.3.3.4 农药施用器械

施药器械和施药方法的落后是中国农药污染的另一个重要原因。由于施药器械的质量无法保证，造成喷雾器雾化不好，施药时“跑、冒、滴、漏”现象严重，喷洒出去的农药只有25%～50%能沉积在作物叶片上，大量的农药流失到土壤、田水或飘失到环境中去，造成了严重的环境问题，并通过各种渠道进入人体，严重威胁人类的生命安全。

据全国农技推广服务中心初步调查统计，2013年全国病虫草鼠害发生面积729739.68万亩次，比上年减少4.14%，防治面积862731.42万亩次，比上年减少4.94%。其中，病虫害的发生面积539837.47万亩次，比上年减少6.43%，

防治面积669503.77万亩次，比上年减少7.34%；农田草害的发生面积146209.35万亩次，比上年增加3.45%，防治面积158649.51万亩次，比上年增加5.24%；农田鼠害发生面积38355.63万亩次，比上年增加1.84%，防治面积29008.65万亩次，比上年减少1.77%。这些农药主要依靠施药机械喷洒。2003年农业部门的统计数据表明，全国施药机械社会保有量达到7870多万台，手动喷雾器是主体，所承担的防治面积占80%以上。而这些手动喷雾器产品质量一直不高，质检总局发布2015年第二季度植物保护机械产品质量国家监督抽查结果显示，120家企业生产的120批次植物保护机械产品，占全国植物保护机械生产企业总数的32%，不合格产品检出率为5.8%，主要为小型企业生产的产品，主要不合格项目涉及药液箱容量、整机密封性能、喷射部件耐压性能。同时，机型落后，目前农村使用最多的背负式手动喷雾器和背负式机动喷雾机，虽然品牌繁多，但都属于20世纪50～60年代定型的产品，不但结构形式和技术性能很落后，施药时“跑、冒、滴、漏”现象严重，同时这种器械均属于大水量液力式粗雾喷洒机具，每公顷农田施药液量为375～1500L不等，果树、灌木和其他高大作物更远高于2500L。此类喷洒器械早在20世纪50年代在工业化国家农业生产中就基本淘汰。更有一些看起来似乎既省钱又方便的施药土方法完全不是喷成药雾，而是力图制造“药雨”，使绝大部分有毒农药流失而并未起到除害作用。工业化国家的农药施用从20世纪40年代开始就已经向细雾喷洒方向发展，先后发展出低容量、很低容量、超低容量喷雾法等先进的喷洒技术，20世纪70年代又发展到静电喷雾法。施药液量从每公顷600L降低到100L、50L。超低容量法更低于5L，静电喷雾法甚至每公顷的用药量低于1.5L。上述的施药土方法和粗陋器具不但造成农药使用浪费，而且是引发农药污染环境的主凶之一。

5.3.4　影响农药残留的主要因素

导致和影响农药残留的原因有很多，其中农药本身的性质、环境因素以及农药的使用方法是影响农药残留的主要因素。农药的内吸性、挥发性、水溶性、吸附性直接影响其在植物、大气、水体、土壤等周围环境中的残留。温度、光照、降雨量、土壤酸碱度及有机质含量、植被情况、微生物等环境因素也在不同程度上影响着农药的降解速度，影响农药残留。

5.3.4.1　环境因素

温度、光照、降雨量、土壤酸碱度及有机质含量、植被情况、微生物等环境因素也在不同程度上影响着农药的降解速度，影响农药残留。如有机磷农药在土壤中的降解会随土壤含水量、温度和pH的升高而加快；在水体中的降解会随水的温度、pH的增高，以及微生物数量、光照等增加而加快。有机磷、氨基甲酸酯类农药化学性质不稳定，在施用后，容易受外界条件影响而分解。

(1) 农药挥发性

农药挥发性指农药在自然条件下，能向大气挥发药物的蒸气性能，其挥发性大小以 20℃时蒸气压多少表示。一般来说，挥发性越强，空气中药剂蒸气量越大，人、畜从呼吸道吸入药物越多，越容易被毒害。

(2) 温度

双草醚钠盐在 25℃下经过 30d 的水解反应均未超过 10%，而强碱性环境下的水解速度明显加快。温度升高有利于双草醚钠盐的水解反应，温度对甲氰菊酯、功夫菊酯、氰戊菊酯、溴氰菊酯的降解有着较大的影响，且影响一致，即 4 种农药半衰期均随温度的升高而减小。

(3) 光解

噻虫嗪在甲醇溶剂中光解速率（ν=3.17h）比在纯水中的光解速率（ν=5.99h）快，而在丙酮中几乎不发生光解；光解速率随 pH 的升高而加快；温度对噻虫嗪在水中的光解速率影响不大。紫外灯辐射波长对阿维菌素的光解速率影响较大，波长越短，越有利于阿维菌素的光降解；模拟太阳光强度越大，阿维菌素的光解速率越快；1% H_2O_2、0.1% TiO_2 和 10%丙酮作为添加物质都能加快阿维菌素的光解进程。有机磷的光解速率较快，而氨基甲酸酯类农药的光解较慢。

(4) 水解

噻虫嗪在 pH 低于 7 时水解十分缓慢，在碱性条件下水解加速，表明噻虫嗪水解以碱催化为主；在碱性条件下水解速率随温度的升高而增加。苯醚甲环唑水解作用随溶液 pH 值的增大而增强，25℃时其在 pH=5、pH=7 和 pH=9 的缓冲液中的水解半衰期分别为 315.07d、11.53d 和 1.33d。苯醚甲环唑在水体中的水解速率随温度升高而加快。三唑磷农药较易水解，其水解速率受 pH 和温度的影响较大。在碱性条件下的水解速率明显大于中性及酸性条件，而高温（70℃）条件下的水解速率远大于室温（25℃）。双草醚钠盐在酸性条件下易水解，酸能催化双草醚钠盐的水解，且随着 pH 的降低水解速度加速，当 pH=3 和 pH=5 时，双草醚钠盐的水解半衰期分别为 2.61d、36.67d。双草醚钠盐在中性和弱碱性条件下水解缓慢，当 pH=7 和 pH=9 时，双草醚钠盐表现得相当稳定。

(5) 土壤微生物

磺酰脲类除草剂降解情况受微生物数量多少的影响，大量的微生物可加速它在土壤中的降解，甲磺隆、氯磺隆、甲基苯磺隆和甲基噻磺隆 4 种磺酰脲类除草剂在不同深度的土壤中，其降解速率也不一样，其原因是随着土壤的加深，土壤微生物数量也逐渐减少。

(6) 化学氧化

进入土壤中的农药在有氧或无氧的情况下都会发生氧化还原反应。分子氧是自然环境中广泛存在的一种氧化剂，它能缓慢氧化一些酚类和苯胺类有机农药，锰氧化物和铁氧化物等固体氧化剂也能氧化这些污染物。在工业危险物处理场，工业上使用的氧化剂也可能参与有机化合物的氧化反应。如铬（Cr）能以高溶解性和高毒性的铬酸阴离子出现，研究表明，铬酸盐可以相当可观速率氧化烷基取代酚和烷氧基取代酚，尤其是在低 pH 时。此外，土壤中的有机质在吸收太阳辐射后可以产生单分子氧、羟基、过氧烷基等自由基和过氧化氢、烷基过氧化物和过酸等氧化剂，这些氧化剂能氧化许多有机污染物。

(7) 有机质含量

有机质能为微生物的活动和生长提供其所需要的物质和能量。杜丽亚等研究得出，提高灭菌土壤有机质时均对 DDT 的降解产生抑制作用，不灭菌时提高土壤有机质处理均促进 DDT 的降解。这是因为灭菌的土壤中几乎没有微生物，提高的有机质主要体现在其吸附有机农药的作用；相反，不灭菌的土壤中存在大量微生物，提高的有机质作为微生物的能源物质提高了土壤中微生物的活性，从而促进了 DDT 的降解。提高土壤有机质处理后期，常常出现 DDT 的浓度会升高的现象，估计是提高土壤有机质除了具有的吸附农药和提高微生物活性的作用外，对 DDT 还产生了其他方面的影响。

(8) 根系分泌物

植物在整个生长期间进行着活跃的新陈代谢活动，根系不仅从环境中摄取养分和水分，同时也不断地向生长介质中分泌大量的低分子有机化合物，如糖类、有机酸、氨基酸、脂肪、酚类化合物、芳香族化合物和植物表皮组织的不断死亡和脱落改变了根际土壤的物理性质和化学性质，这种改变使根际微生物不仅种类和数量远高于非根际土壤，而且其代谢活动也比非根际微生物高。关于根际土比非根际土对农药等污染物降解速率高的报道较多。胡立芳等研究发现，接种 *Penicillium* sp. 的根际土壤中甲磺隆降解半衰期为 8.6d，其降解速率是接种 *Penicillium* sp. 的非根际土壤的 1.8 倍，是普通根际土壤的 2.7 倍。其主要原因可能是由于根系分泌物为土壤微生物提供大量的营养和能源物质，因而根际是微生物代谢活动特别旺盛的场所，微生物活动能加快土壤中有机磷、有机氮的分解及其他矿质元素的活化，从而提高了养分的有效性和根际土壤中甲磺隆的降解速率。毛应明等也发现毒死蜱在土壤中的降解情况是在小麦拔节期比分蘖期更快，而拔节期的根系分泌量比分蘖期要旺盛，因此认为根系分泌物对农药的微生物降解确实有促进作用。

(9) 土壤粒径

土壤粒径不仅影响土壤通气性和透水性，也影响农药的降解。但有关这方面的研究较少。岳永德等研究发现氯氰菊酯等 3 种农药在 0.5～1.0mm 粒径范围的土壤中光解速率最快，在 0.1～0.25mm 粒径范围土壤中的光解速率最慢，在砂质和黏质两种土壤中表现了完全一致的趋势。这些结果说明，一定的土壤团粒结构因其合适的孔隙通气性而有利于农药在土壤中的光解。所以适当改变土壤结构有利于农药在土壤中的降解。

5.3.4.2 农作物

(1) 作物类型和作物部位

农药在作物上的原始沉积量因作物种类而异，在相同施药条件下主要决定于作物可食部位的表面积大小，在蔬菜、茶叶、牧草等叶用作物上农药的原始沉积量，较黄瓜、茄子、苹果等果品、果菜类大得多。如以40%乐果乳油800倍液喷施于茶叶上，原始沉积量为103～158mg/kg；相同浓度喷黄瓜，黄瓜上的原始沉积量为0.38～0.85mg/kg。目前使用的农药大多是亲脂性的，沉积在作物表面的农药很快溶入蜡质层，不再以物理方式消失，大多积存于果皮、糠和麸皮中，因此去除农产品的外皮，可以去除大部分残留。

(2) 施药方法、用量和时期

任何一个农药品种都有其适合的防治对象、防治作物，有其合理的施药时间、使用次数、施药量和安全间隔期（最后一次施药距采收的安全间隔时间）。不同施药方法对残留影响大，飞机喷药时在植株上部1/3处约有总药量的90%；内吸型杀虫剂用不同方法施药残留期相差很大，喷雾于叶面，原始药量高，但残留期短，土壤处理或根茎处理，则农药被缓慢吸收，残留期长。施药量和施药次数增加，残留量亦递增，对杀虫脒及六六六等高残留农药特别明显；施药时期尤其是最后一次施药离收获的间隔天数对残留的影响很大。施在作物上的农药随时间而不断消失，施药后不同时间测定农作物上的残留量，可得残留消解动态曲线。大多数农药按照推荐的剂量、次数、时间和方法施药，农产品中不会有农药过量残留现象。合理施用农药能在有效防治病、虫、草害的同时，减少不必要的浪费，降低农药对农副产品和环境的污染；但是在生产过程中，个别农户随意加大用药浓度，增加用药次数，必然会导致农产品的污染和环境的破坏。

内吸性农药使用后通过叶片、根或茎被植物吸收，进入植物体内后，被输导到其他部位。如通过蒸腾流由下向上输导，以药剂有效成分本身或在植物体内代谢为更具生物活性的物质发挥作用，此类农药主要防治刺吸式口器害虫，如康福多。触杀性农药通过昆虫表皮进入体内发挥作用，使虫体中毒死亡，此类农药用于防治各种类型口器的害虫，如辛硫磷等。

根据防治对象和农药性能选用适当的农药剂型和施药方法。防治农作物病、虫、草害要根据其发生部位、为害方式、特点和农药的性能、用途采用适当的施药方法。农药在杀虫或者杀菌方面在作用方式上有内吸、触杀等。触杀性农药以喷雾为主，并且一定要均匀喷雾，使药剂充分接触虫体，从而使害虫致死。而内吸性农药既可喷雾又可根部用药，内吸性杀虫、杀菌剂施药后4～5h便有80%的有效成分能通过植株的根、茎、叶等吸收进入到组织内部发挥药效，从而使取食的病菌害虫致死。

施用的农药，仅有10%～20%直接作用到作物上，有20%～50%落入土壤，其余则进入大气和水体中。落到作物上的农药，具有输导性能的能够在作物内部进行传导发挥其作用，如通过茎叶进行传导；不具有输导作用的，如触杀型的杀虫剂，直接作用于虫体发挥作用。当农药的使用按照合理用量，其自身及代谢产物会通过光解、水解、生物降解等途径逐渐减少，不会对土壤、空气、水等造成农药的残留量超标；当农药的使用未按照要求或者滥用高毒等国家明令禁止的农药，就会产生上述降解途径饱和、无法将多余的农药进行降解的现象，最终导致农药的过量累积，特别是残留期较长的农药，其产生的危害更为严重。具有传导性能的农药可能会累积在植物的果实、根部等，从而影响其食用的安全性，超量的农药还可能进一步对水源、土壤、生物等造成污染，对河流湖泊的污染可能会导致人畜食用后中毒，农药进入河流、湖泊、海洋，造成农药在水生生物体中积累。在自然界的鱼类机体中，含有机氯杀虫剂相当普遍，浓缩系数为 5～40000 倍，对人体的各项机能产生影响，还可能会导致“三致”；对土壤的污染，会影响下茬作物的种植，产生药害；对生物的污染会导致有益生物的死亡。另外一部分农药虽然本身毒性较低，但其生产杂质或代谢物残毒较高，如二硫代氨基甲酸酯类杀菌剂生产过程中产生的杂质及其代谢物亚乙基硫脲属致癌物；三氯杀螨醇中的杂质滴滴涕；丁硫克百威、丙硫克百威的主要代谢物克百威和 3-羟基克百威等；如氟虫腈在水和土壤中降解慢，MB46136 是氟虫腈的主要代谢物，它对鸟、淡水鱼、淡水脊椎动物的毒性比氟虫腈母体大，而且其残留时间较长，不易降解。

（3）生产环境

各种农作物的水分含量不同，如蔬菜和水果的含水量较大，农药在这几类样品基质中很容易发生水解和氧化作用；基质的 pH 值对农药降解速率的影响也较大，对添加亚乙基硫脲的黄瓜、日本香梨和土豆研究显示亚乙基硫脲在三种水果或蔬菜中的降解速率较快，而后在含亚乙基硫脲的样本中加入调理剂半胱氨酸发现亚乙基硫脲的降解减少，亚乙基硫脲在 pH 较低的情况下更加稳定。此外，样本基质中的其他因素也可能影响基质中农药残留的稳定性。对氟菌唑及其代谢物 FM-6-1 在辣椒和百合中避光条件下进行研究发现，氟菌唑和 FM-6-1 在辣椒和百合的乙腈溶液中稳定性受溶液中叶绿素含量等因素的影响。

一般来讲，乳油、悬浮剂等用于直接喷洒的剂型对农作物的污染相对要大一些。而粉剂由于其容易飘散而对环境和施药者的危害更大。

任何一个农药品种都有其适合的防治对象、防治作物，有其合理的施药时间、使用次数、施药量和安全间隔期（最后一次施药距采收的安全间隔时间）。合理施用农药能在有效防治病虫草害的同时，减少不必要的浪费，降低农药对农副产品和环境的污染，而不加节制地滥用农药，必然导致对农产品的污染和对环境的破坏。

5.4 农产品安全生产与农药合理使用

科学、合理、安全使用农药是确保现代农业生产的必要措施与手段。发达国家的农业生产大多是集约化的，管理体系完善，农药经营和使用管理比发展中国家好，因此容易控制农产品中的农药残留水平，没有制定《农药合理使用准则》。而我国农业生产方式以分散的农户为主，在发达地区虽有较大面积的菜场和果场，但所占的比例仍不大，农作物生产中植保技术、农药管理、农药使用技术都落后于发达国家，因此，结合我国生产力发展现状和生产方式，制定出化学投入品的安全合理使用技术，以满足农产品质量安全标准。

5.4.1 农药科学使用与农药合理使用准则

农作物病虫害种类较多，危害轻者造成局部卷叶、落叶，重者使作物不结果实，甚至死亡。当前新农药的种类不断增加，农民缺乏对农药性能和使用技术的掌握，因使用不当，造成的事故常有发生。或不重视病虫的预测预报，病虫的发生发展规律，盲目施药，任意加大使用浓度，易使植株发生药害，病虫产生抗性，增加防治成本。科学合理使用农药是植物保护的关键，是提高防治效果，节约农药用量，确保丰产丰收最经济、有效、安全的措施。

《农药合理使用准则》（guideline for safety application of pesticide）是国家颁布的农药使用技术规范，亦称农药安全使用标准，是农药管理的一种措施，目的在于指导科学、合理、安全使用农药，达到既能有效地防治农作物病、虫、草害，又使收获的农产品中农药残留量低于规定的限量标准。

《农药合理使用准则》是指导科学、合理、安全使用农药的依据。是解决农业生产中农药污染农产品和环境的关键技术和重要手段，既具科学性和先进性，更具可行性的技术规范（从我国国情出发，符合我国生产实际）。

5.4.2 暴露性风险评估

5.4.2.1 暴露性风险评估过程

一种农药产品在我国进行登记并使用，需要对其在主要作物上的残留进行试验，一般要求在代表性作物生长区进行连续两年的试验。应选择具有代表性的、覆盖主要种植区、种植方式、土壤和气候条件的试验地点。对于种植面积广泛的作物，如水稻、小麦、甘蓝、黄瓜、番茄、辣椒、柑橘、梨、苹果、大豆、茶、花生等进行三地以上的农药残留试验；对于种植面积或产量比较小的作物，如榴莲、亚麻籽、可可、咖啡、调味品类和香草类等，应当进行一地以上的农药残留试验；其他作物应当进行两地以上的农药残留试验。

（1）进行规范化的农药残留田间试验：农药残留试验是农药登记系列试验的

重要组成部分，残留试验数据是农药登记评审和制定农药最大残留限量标准的重要依据，田间试验则是农药残留试验的重要前提和基础。没有统一规范的田间试验设计与操作，则难以保证室内残留分析的准确。建立科学、规范、统一的农药登记残留田间试验标准和方法，有助于提高农药登记残留试验水平，保证数据的准确、可靠。同时，对于科学评价农药应用的残留风险及制定最大残留限量，确保农产品质量安全，具有重要意义。为此，农业部农药检定所组织有关技术专家编写了《农药登记残留田间试验标准操作规程》，以标准操作规程（SOP）的形式对残留试验实施进行了规范。

（2）用合适的分析技术和方法进行样品预处理、提取、净化等，用符合要求的方法测定、规范残留试验样品中农药残留量。

（3）参照CAC或一些发达国家规定的食品中MRL标准，根据中国人的饮食结构等具体情况进行风险评估，推荐每种农药在防治农作物病、虫、草害时的各项技术指标，如使用对象、施药剂量范围、次数、用水量和安全间隔期等。

合理使用准则制定后，由国家有关管理部门审批，并颁布实施。

5.4.2.2 我国耕作制度与SOP条件下、试验数据与评估结果

我国最早的农药残留试验规定制定于1984年，经过多年实践经验和适应不断发展的时代要求，《农药残留试验准则》（NY/T 788—2004，现被NY/T 788—2018代替）正式颁布，该《准则》规定了规范残留试验的定义，指在良好的农业生产规范（GAP）和良好实验室规范（GLP）或相似条件下，为获取推荐使用的农药在可食用（或饲用）初级农产品和土壤中可能的最高残留量，以及这些农药在农产品、土壤（或水）中的消解动态而进行的试验。规范残留试验是根据某种农药在防治农作物病、虫、草害时的实际使用情况，再按残留试验要求设计的试验，而防治对象并不影响试验方案的进行，它主要是为农药登记和制定农产品中农药MRL标准或制定农药合理使用准则，提供残留资料。

规范农药残留试验研究包括两个部分，田间试验部分和实验室内样品测定部分。

（1）田间试验设计

一种农药产品在我国登记并使用，需要对其在主要作物上的残留实验进行研究，一般要求在具有代表性的作物生长区连续进行两年的试验。

① 试验地点：选择具有代表性的、能覆盖主要种植区、种植方式、土壤和气候条件的试验地点。

② 供试作物：根据农药登记资料要求规定，一种剂型用于多种作物的农药产品，可在作物组中选择1～2种主要作物的主栽品种作为代表进行残留试验。

③ 试验小区：应在对该小区进行背景（包括试验地点的土壤类型、前茬作物、农药使用历史、气候等）调查后选择作物长势均匀、地势平整的地块。前茬以及试验进行中为避免干扰对试验农药的分析测试，不得施用与供试农药类型相

同的农药。

④ 施药方法和器具

残留试验应采用根据药效试验要求正式推荐的施药方法和器具。

(2) 最终残留量试验

① 施药剂量：在不发生药害的前提下，以药效试验或登记时的最高推荐剂量作为残留试验的低剂量，通常以低剂量的1.5～2倍剂量作为残留试验的高剂量。

② 施药次数和时间：以登记时推荐的最多防治次数和增加1次的次数作为残留试验的施药次数。

③ 采收间隔期（interval to harvest）：指采收距最后一次施药的间隔天数。

(3) 消解动态试验

① 残留消解动态与半衰期：残留消解动态（pesticide dissipation dynamics）也称消解动态，指施药后残留农药逐步降解和消失的过程，是为研究农药在农作物、土壤、因水中残留量变化规律而设计的试验，是评价农药在农作物和环境中稳定性和持久性的重要指标。半衰期（half life，DT_{50}）是指农药残留量消解一半所需的时间，可用图示法求半衰期，也可以通过计算得出。

② 消解动态试验的施药剂量和方法：根据我国《农药残留试验准则》（NY/T 788）规定，通常以残留试验的高剂量（或高浓度）作为消解动态试验施药剂量（浓度）。可采用一次施药多次采样，或多次施药一次采样的方法进行试验，施药后分别于0d（在施药后药液基本风干的2h之内，即原始沉积量）、1d、3d、7d、14d、21d、30d、45d和60d采样。有的农药消解快，采样间隔时间应以小时计。原则上采样次数不少于6次，最后一次的样品中残留量以消解率大于90%为宜。

安全期间隔（pre-harvest interval，PHI）是指法定的最后一次使用农药于作物（包括牧草），到收获可供人们食用或放牧之间的最短间隔的日期。在我国《农药残留试验准则》（NT/T 788）中，安全间隔期定义为经残留试验确证的试验农药实际使用时采收距最后一次施药的间隔天数。

5.4.2.3 风险评估体系

农药残留试验是农药管理的一个重要组成部分。农药登记、制定农产品中农药最高残留限量（MRL）标准以制定《农药合理使用准则》等有关规定。以充分的残留试验资料为科学依据，对保障农产品卫生和食品安全具有重要意义。

农药风险评估是农药管理的基石，发达国家高度重视农药风险评估，建立起了相对完善的农药风险评估体系，同时在农药管理法律中赋予了风险评估极高的地位，国际协定中对农药风险评估也有了明确的要求。我国必须加快建立和实施农药风险评估制度，这是依法履行政府职能的迫切需要、有效保障农业生产安全和农产品质量安全的现实需求，也是积极推动我国农药管理与国际接轨的必由之路。农药风险评估不仅在农药登记评审过程中实行，而且对登记后的农药产品，一旦发现有安全风险，立即启动相应的农药再评价程序。农药风险评估是一项涉及诸多领域，系统而复杂的科学技术活动，以资料和数据为基础，运用分析、统计手段，独立进行评估并做出评估结论。

我国先后颁布了国家标准《农药合理使用准则》（一至九）共涉及200余种农药，30余种作物，500余项技术要求。每项技术要求中，规定了农药在相应防治作物上的施药量、施药次数、施药方法、安全间隔期、最高残留限量参考值以及施药注意事项。

(1) GB/T 8321.1—2000 农药合理使用准则（一）

规定了18种农药在11种农作物上32项合理使用准则。

(2) GB/T 8321.2—2000 农药合理使用准则（二）

规定了35种农药在14种农作物上51项合理使用准则。本标准适用于农作物病、虫、草害的防治。

(3) GB/T 8321.3—2000 农药合理使用准则（三）

规定了53种农药在13种农作物上83项合理使用准则。

(4) GB/T 8321.4—2006 农药合理使用准则（四）

规定了50种农药在17种农作物上的合理使用准则。本部分适用于农作物病、虫、草害的防治。代替了GB 8321.4—93农药合理使用准则（四）。

(5) GB/T 8321.5—2006 农药合理使用准则（五）

规定了43种农药在14种农作物及蘑菇上的61项合理使用准则。代替了GB/T 8321.5—1997农药合理使用准则（五）（已废止）。

(6) GB/T 8321.6—2000 农药合理使用准则（六）

规定了39种农药在15种农作物上52项合理使用准则

(7) GB/T 8321.7—2002 农药合理使用准则（七）

规定了32种农药在17种作物上42项合理使用准则。

(8) GB/T 8321.8—2007 农药合理使用准则（八）

规定了37种农药在21种作物上的55项合理使用准则。

(9) GB/T 8321.9—2009 农药合理使用准则（九）

规定了56种农药在23种作物上69项合理使用准则。

(10) GB/T 8321.10—2018 农药合理使用准则（十）

规定了430种农药在50种作物上580项合理使用准则。

GB 8321.4—1993农药合理使用准则（四）（已作废）被GB/T 8321.4—2006农药合理使用准则（四）代替；GB/T 8321.5—1997农药合理使用准则（五）（已作废）被GB/T 8321.5—2006农药合理使用准则（五）代替。

5.4.3 农产品安全生产标准

农产品质量标准体系是农业部门依法行政、组织农产品生产和监管农产品市场的重要技术支撑和保障体系，在评价农产品质量、引导农产品消费和促进农产品国际贸易中具有十分重要的地位和作用。为了适应农业结构战略性调整，和加入世贸组织后农产品国际贸易开展的需要，借鉴国外有益的经验和做法，加快我国农产品质量标准体系建设就显得至关重要。目前，我国农业标准体系基本形成以国家标准为龙头、行业标准为主导、地方和企业标准为补充的四级标准结构。农业国家标准（兽药除外）由国家质检总局编号发布，行业标准由农业部审批、编号并发布；各地在国家标准和行业标准的基础上，分别制定了相应的农产品安全卫生、生产技术规程和名、特、优、新农产品等地方农业标准；生产规模大、组织化程度高的农产品生产和加工企业，为满足本企业生产管理和提高产品市场竞争力的需要，制定了相应企业标准。

1999 年启动农业行业标准制修定财政专项计划，有 1446 个农业行业标准列入制修定计划。为推动“无公害食品行动计划”的实施，2001 年和 2002 年，农业部组织制定和发布了无公害食品行业标准 199 项，有机茶行业标准 4 项。据不完全统计，截至 2015 年，我国共有农业领域的国家标准 2746 项，行业标准 4246 项、地方标准 17000 多项。农业行业标准范围已扩展到种植业、畜牧业、渔业、热作业（农垦）、饲料工业、农村工业、农机化、农村能源与环境、高新技术等农业各个领域，农业标准类别也从原有的农作物种子、种畜禽标准发展到农产品生产的全过程，包括农产品产地环境、品种标准、种子标准、生产加工标准、产品质量安全标准、包装储运等方面的标准。

（1）无公害农产品

无公害农产品标志

“无公害农产品”是指源于良好生态环境，按照专门的生产技术规程生产或加工，无有害物质残留或残留控制在一定范围之内，符合标准规定的卫生质量指标的农产品。严格来讲，无公害是食品的一种基本要求，普通食品都应达到这一要求。2001 年，国家质量监督检验检疫总局印发了《无公害农产品标志管理规定》，2002 年，《无公害农产品管理办法》出台。

2001 年 4 月，农业部启动了“无公害食品行动计划”，先期将北京、天津、上海和深圳四市确定为试点城市。从 2002 年开始，在全国范围内全面推进“无公害食品行动计划”，将蔬菜中农药残留监测的抽检工作，扩展到全国省会城市、计划单列市等 37 个城市。

无公害食品标准：

NY/T 5340—2006 无公害食品　产品检验规范；

NY/T 5341—2017 无公害食品　认定认证现场检查规范；

NY/T 5342—2006 无公害食品　产品认证准则；

NY/T 5343—2006 无公害食品　产地认定规范；

NY/T 5344.1—2006 无公害食品　产品抽样规范　第一部分　通则；

NY/T 5344.2—2006 无公害食品　产品抽样规范　第二部分　粮油；

NY/T 2103—2011 蔬菜抽样技术规范；

NY/T 5344.4—2006 无公害食品　产品抽样规范　第四部分　水果；

NY/T 2102—2011　茶叶抽样技术规范；

NY/T 5344.6—2006 无公害食品　产品抽样规范　第六部分　畜禽产品；

NY/T 5344.7—2006 无公害食品　产品抽样规范　第七部分　水产品。

农产品中农药残留的状况，越来越引起人们的关注。农产品施用什么农药，日益成为人们关注的焦点，对此，农业部门经过慎重考察，正式推荐出无公害农产品施用的农药品种。在这个详细的农药品种名单中，首先是杀虫、杀螨剂和杀菌剂两大门类；其次是各个具体分类。有关农业专家介绍说，这些推荐农药品种，大多具有高效、低残留等特点，不仅可以杀灭农作物上的病虫害，而且不会对农产品造成药物残留，可以放心使用。

（2）绿色食品

绿色食品标志

“绿色食品”是遵循可持续发展原则，按照特定生产方式生产，经过专门机构认证，许可使用“绿色食品标志”的无污染的安全、优质、营养类食品，级别比“无公害食品”高。中国绿色食品发展中心负责全国绿色食品的统一认证和最终认证审批，各省、市、区绿色食品办公室协助认证。

1990 年，称为我国“绿色食品的起步年”。1991 年，《农业部“绿色食品”产品管理暂行办法》出台，1993 年，《绿色食品标志管理办法》颁发。从 1996 年开始，在申报审批过程中将经绿色食品区分为 AA 级和 A 级。其中 A 级绿色食品生产中允许限量使用化学合成生产资料，AA 级绿色食品则较为严格地要求在生产过程中不使用化学合成的肥料、农药、兽药、饲料添加剂、食品添加剂和其他有害于环境和健康的物质。AA级绿色食品标准达到甚至超过国际有机农业运动联盟对有机食品的基本要求。

绿色食品标准：

① 产品的原料产地具有良好的生态环境。

② 原料作物的生长过程及水、肥、土条件必须符合一定的无公害控制标准，并接受农业部农垦司环境保护监测中心的监督。

③ 产品的生产、加工及包装、储运过程应符合《中华人民共和国食品卫生法》的要求，最终产品须由中华人民共和国食品卫生标准检测合格才准出售。

④ 农药使用标准

a. 允许使用AA级绿色食品生产资料农药类产品

在AA级绿色食品生产资料农药类不能满足植保工作需要的情况下，允许使用以下农药及方法：中等毒性以下植物源杀虫剂、杀菌剂、拒避剂和增效剂，如除虫菊素、鱼藤根、烟草水、大蒜素、苦楝、川楝、印楝、芝麻素等；释放寄生性捕食性天敌动物，昆虫、捕食螨、蜘蛛及昆虫病原线虫等；在害虫捕捉器中使用昆虫信息素及植物源引诱剂；使用矿物油和植物油制剂；使用矿物源农药中的硫制剂、铜制剂；经专门机构核准，允许有限度地使用活体微生物农药，如真菌制剂、细菌制剂、病毒制剂、放线菌、拮抗菌剂、昆虫病原线虫、原虫等。

禁止使用有机合成的化学杀虫剂、杀螨剂、杀菌剂、杀线虫剂、除草剂和植物生长调节剂；禁止使用生物源、矿物源农药中混配有机合成农药的各种制剂；严禁使用基因工程品种（产品）及其制剂。

b. 生产A级绿色食品的农药使用准则：允许使用AA级和A级绿色食品生产农药类产品。在AA级和A级绿色食品生产资料农药类产品不能满足植保工作需要的情况下，允许使用以下农药及方法：中等毒性以下植物源农药、动物源农药和微生物源农药；在矿物源农药中允许使用硫制剂、铜制剂；有限度地使用部分有机合成农药，应按GB8321.1、GB8321.2、GB8321.3、GB8321.4、GB8321.6的要求执行。此外，还需严格执行以下规定：应选用上述标准中列出的低毒农药和中等毒性农药；严禁使用剧毒、高毒、高残留或具有三致毒性（致癌、致畸、致突变）的农药；每种有机合成农药（含A级绿色食品生产资料农药类的有机合成产品）在一种作物的生长期内只允许使用一次。有机合成农药在农产品中的最终残留应符合GB8321.1、GB8321.2、GB8321.3、GB8321.4、GB8321.5、GB8321.6的最高残留限量（MRL）要求。严禁使用高毒、高残留农药防治储藏期病、虫害。严禁使用基因工程品种（产品）及制剂。

(3) 有机产品

有机产品标志

有机食品（organic food）源于欧洲，有时也称“生态食品”或“生物食品”。国家环保总局有机食品发展中心（OFDC）认证标准中有机食品的定义是：来自于有机农业生产体系，根据有机认证标准生产、加工，并经独立的有机食品认证机构认证的农产品及其加工品等。

有机食品必须经过国家环保总局下属的中国有机食品发展中心认证，有机茶由中国农业科学院茶叶研究所有机茶研究与发展中心认证，一些国外有机食品的认证机构在中国也开展了有机食品的认证。

5.4.4 农药投入量毒性系数与农产品生产

农药投入量毒性系数是指农药在不同作物上的田间推荐使用量和该农药对哺乳动物急性毒性比值，反映了不同作物产地环境中单位面积上所负载的毒性值。计算公式如下：

$$K = A \times 1000 / B$$

式中 A——农药有效成分投入量，g/hm^2；

B——农药试验大鼠经口 LD_{50}，mg/kg；

K——单位面积 LD_{50} 作用千克值。

由上述公式看出 K 值越小，农药应用哺乳动物急性毒性值越小，应用风险相对越小；K 值越大，农药应用哺乳动物急性毒性值越大，农药应用风险相对越大。

农药投入量毒性系数（K 值）将农药的田间应用量与农药的急性毒性联系在一起，据此评价农药使用风险更加直观、贴近实际、易于操作、是科学和可行的，K 值的提出丰富了我国农药应用风险评价体系，对农民选药、指导农药开发、农药合理使用、降低环境和健康风险具有积极意义。当然，农药使用的风险不仅仅与农药用量、急性毒性有关，还与“三致”作用、农药在作物或环境中的降解速度、环境毒理、对人体健康的影响、害虫抗性以及对作物本身的影响等多个因素密切相关，仅仅依靠毒理学终点是不能反映出农药对环境中生物的实际风险的。如两种农药对鱼 LC_{50} 虽然相等，但在农田施用后通过漂移、流失、排水等方式进入水环境后的残留量（浓度）随着有效成分用量、环境行为、使用方法、使用地点和条件等的不同表现出差异，从而对该环境中的鱼带来的风险也不同。因此，不断完善农药风险评价的内容、建立完善的农药风险评估体系对保护生态环境和人类健康、促进食品安全以及延长药剂使用寿命是十分必要的。

5.5 农药管理与法规

5.5.1 CAC、CCPR和JMPR简介

国际食品法典委员会（Codex Alimentarius Commission，CAC）是由 FAO 和 WHO 成立于 1961 年/1963 年的国际政府间组织；1961 年，FAO 第 11 届大会第 12 号决议；1963 年，WHO 第 16 届大会批准建立 FAO/WHO 联合食品标准计划并通过国际食品法典委员会章程，同年 6 月在意大利罗马召开了第 1 届 CAC 大会。CAC 的宗旨是保护消费者健康，确保国际食品公平贸易，协调国际组织食品安全标准，包括标准、准则和建议，统称为“食品法典”。在食品标准方面，法典标准是最重要、唯一的国际参考标准，WTO 认可的涉及食品国贸易的仲裁依据。

国际食品法典农药残留委员会（Codex Committee on Pesticide Residues，CCPR）是 CAC 下属的 10 个综合主题委员会之一。其职责是：①制定残留限量（MRL），包括食品、动物饲料中的 MRL 和再残留限量（EMRL）；②制定农药优先名单，交 FAO/WHO 农药残留联席会议（JMPR）评估，以制定 MRL；③审议食品和饲料中的农药残留测定的采样和分析方法；④审议与农药残留有关的其他事项。

JMPR 目前由 WHO 核心评估组和 FAO 食品和环境中农药残留专家组组成。它是由 FAO 和 WHO 总干事根据两个组织的规章召集成立的一个独立的科学专家机构，主要任务是提供有关农药残留的科学建议。WHO 核心评估组负责审查农药毒理学及相关数据，估算农药的无观察副作用剂量水平（NOAELs），制定人类食用的食品中残留的日允许摄入量（ADI）。另外，根据资料和情况的要求，该组还负责评估急性参考剂量和其他毒理学标准特征，如非膳食暴露。FAO 专家组负责审查农药使用模式（GAPs）、农药的化学组成资料、环境归趋、家畜和作物体内的代谢、农药残留分析方法以及估算食品和饲料商品中最大残留量和规范残留试验中值的分析方法。

5.5.2 国外的农药管理机构

世界上经济发达的国家都对农药实行了严格的管理，其中法国 1905 年制定

的《农药管理法》是世界上第一部农药管理的专门法规，标志着世界农药管理法制化的开始。随后美国、加拿大、德国等国也相继制定了农药管理法。

5.5.2.1　美国环境保护局

美国环境保护局（Environment Protection Agency USA，EPA）是美国负责环境保护的国家执法单位，农药管理是其职称之一。成立于1970年，其相关部门包括美国环境保护局农药项目办公室（OPP）登记部、美国环保署（Environmental Protection Agency，EPA）、美国农业化学物联合会（American Federation of Agricultural Chemistry）、美国农业部（U. S. Department of Agriculture，SUDA）、食品及药品管理局（Food and Drug Administration）、卫生管理局（Health Administration）、消费者产品安全委员会（Consumer Product Safety Commission）。

美国管理法规对农药立法工作十分重视，旨在通过严格的法律来保障、规范农药的生产、运输、销售及使用。美国已登记了两万多种农药产品，联邦政府的一些部门依据几种法律来管理这些农药品种，美国环保局肩负了管理农药的生产、销售和使用，以及农药在食品中或施用于作物上的允许量的重任，EPA的权力以及权力限制来源于两个核心法令，即《联邦杀虫剂、杀菌剂与杀鼠剂法案》（The Federal Insecticide，Rodenticide，and Fungicide Act，FIFRA）和《联邦食品、药品及化妆品法案》（The Federal Food，Drug，and Cosmetic Act，FFDCA）。1996年，《食品质量安全保护法》The Food Quality Protection Act，FQPA）修订了这两条核心法律。另外，一些其他环境保护和程序条例也为农药管理提供了依据。美国1910年通过了《联邦杀虫剂管理法》（The Federal Insecticide Act，FIA），1947年扩大了FIA的范围，通过《联邦杀虫剂、杀菌剂、杀鼠剂法》（The Federal Insecti Cide，Fungicide and Rondenticide Act，FIFRA），并首次提出农药要进行登记，规定了农药登记和标签的内容，这是一部十分重要的非常有影响的农药法规，根据此法，州与州之间贸易的所有农药必须是通过登记的，按标签上的使用方法使用，其目标是为保证农药的效果与安全，此法在1959年将杀线虫剂、植物生长调节剂、脱叶剂与干燥剂补充为适用对象。1970年美国为了加强对环境的管理成立了环境保护局（EPA），该局将FDA（根据FFDCA制定耐受量）、内务部（根据FIFRA对鱼和野生动物研究）和农业部（根据FIFRA管理农药）三个与农药有关的部门的主要力量集中起来。1972年，环保局对FIFRA作了大幅度的修定，规定了EPA负责农药的注册登记、标识、在食品中限量的制定及农药残留益大于害的水平值，并首次规定将农药分为二类，即通用类和限制类，并实施农药使用许可证制度。通用类农药毒性低，对人畜环境较安全，任何商店都可买卖，使用者不需办理使用许可证。限制类农药毒性比较强，像有机磷农药都属于限制类使用农药，使用不当会造成环境污染、人畜中毒，因而使用者必须办理农药使用许可证。该法此后又经过几次修定，并于

1988 年 10 月 25 日经里根总统签字颁布。1973 年美国颁布《濒于绝灭的物种法》，该法规禁止对任何物种及其栖息地进行造成危害的行为。随着食品安全工作越来越受到人们的重视，1996 年 8 月 3 日，克林顿总统签署了《食品质量保护法》（The Food Quality Protection Act，FQPA），该法对 FFDCA 和 FIFRA 均进行了修正，建立了一个农药在食物上应用的严格标准，成为美国农药史上一个新的里程碑。FQPA 规定了一个单一的基于健康的标准来评估农药在食品或饲料中的残留，新的标准考虑到来源于食物渠道及非食物渠道危害的总和，诸如食用水和住宅草坪。另外，如果规定一个新的允许量，或者重新评定已有的允许量，那么这个新的允许量必需高于原来的水平。EPA 必须严格控制婴幼儿食品中的农药残留，加速了安全农药的正式批准，为农民提供了一个发展和维持有益作物的工具，要求定期评审农药的登记和允许量，以确保农药登记数据的科学性和适时性。

5.5.2.2　欧盟

在欧盟享有食品安全立法权的机构包括欧盟委员会和欧共体理事会。其中，欧盟委员会有权制定质量安全相应法律法规和指令，如食品安全卫生标准、化学残留标准。欧共体理事会制定食品卫生规范法律性文件的形式包括指令或决议。欧盟食品和兽医办公室隶属欧盟委员会，工作目标是督促成员国以及其他出口食品到欧盟的国家的整个食品生产链遵守欧盟有关食品安全措施、体系符合欧盟有关规则，主要手段是审核、控制与调查。欧盟食品链和动物健康常务委员会是另一个重要的食品安全责任部门。它由成员国代表组成，分为食品基本法、食品链生物安全、食品链毒理学安全、控制和进口条件、动物营养等八个专门委员会，会有一定立法权限，只有经过该委员会成员国有条件多数同意才可以采取食品安全相关执行措施。欧盟法律性文件分为法规（regulation）、指令（directive）和决议（decision），法规普遍适用于全体成员，要求成员直接遵守；指令仅对其涉及的成员国有约束力，并且仅要求接受国达到规定的结果即可，成员可以根据自己的情况制定本国实施的具体规范和标准；决议是针对特定事项的法律性文件。

20 世纪末欧洲发生的一系列食品和饲料安全危机促使欧盟提高农产品和食品安全立法的水平，积极制定和执行食品安全计划。欧盟在农产品质量安全方面的综合性法律主要有《欧盟食品安全白皮书》、178/2002/EC 法规及其 2003 年、2004 年、2006 年的修订版、852/2004/EC 法规以及新生效的 1881/2006/EC 法规等。2000 年《欧盟食品安全白皮书》明确提出进行食品安全法规调整、完善食品安全法规体系的目标。其后，欧盟逐步建立起以 178/2002/EC 法规为核心的新一揽子食品安全法律法规体系，同时，一系列分散的、针对特定产品的农产品和食品安全相关指令失效。新的法规体系将有关指令整理升级成规范各国严格执行的法规，有利于各成员国相关政策和措施的统一。《欧盟食品安全白皮书》确立了从农田到餐桌全过程控制为原则的食品安全监控理念，同时，对于食品安全法规和标准也提出了原则性要求。178/2002/EC 法规则制定了食品法的基本原则和要求，以及有关食品安全方面的各种程序，它最大的贡献包括明确了可追溯性要求、确定了风险分析原则、成立了欧洲食品安全局等。852/2004/EC 法规是关于食品卫生的通用规章，适用范围包括初级农产品生产、加工、销售直至最终消费者的生产加工全过程的食品安全。

参考世界卫生组织“预测日常饮食农药残留”指导纲领，欧盟通过 2004/115/EC 指令，修订原农药残留标准规定（90/642/EEC 指令），通过相关最高限量标准的制定来控制每日摄取允许限量或急性中毒参考剂量不会过量。可依据药物残留、作物类别以及产品，查询相关标准规范。相关法律法规还包括：396/2005/EC 法规、比较早的 76/895/EEC（蔬菜水果中指定农药的最高残留限量）、79/700/EEC、80/428/EEC、81/36/EEC、82/528/EEC、86/362/EEC、88/298/EEC、89/186/EEC、90/642/EEC（特定植物产品，包括水果及蔬菜，农药残留最高限量）指令等等。

5.5.2.3 日本

日本已于 1947 年在农林水产省设立“农药检查所”具体承担农药管理工作。2007 年，农药检查所、农林水产消费技术中心、肥饲料检查所三者合并成独立行政法人农林水产消费安全技术中心（food and agricultural materials inspection center，FAMIC）。

农林水产消费安全技术中心的农药检查部是日本具体承担农药管理工作的机构，主要工作职能为农药登记检查，还开展 GLP 实验室认证检查工作、检测技术的研究、农药国际协调对策研究、培训与指导工作、国际间技术合作、农药生产、销售和使用的现场检查等业务。日本各都道府县农药管理机构承担农药登记检查工作，但承担农药登记后的安全管理工作，如承担农药销售的申报备案、农药生产、销售和使用的现场检查、培训与指导工作等。参与日本农药管理的行政机构还有日本厚生劳动省、环境省等及其各都道府县下属部门，各部门各司其职、互相配合，以确保农药登记、生产、销售、使用等各环境的安全性。

5.5.2.4 澳大利亚

澳大利亚农药管理部门包括澳大利亚农药和兽药管理局（APVMA）和国家初级产业部长理事会（PIMC）。澳大利亚采用风险管理体系对农药进行管理，即农药管理的目的和重点是对农药使用风险，并形成了从上到下，从国家相关政策制定→登记管理→登记后的监督管理→使用管理→行业风险管理一整套成熟健全的农药管理体系。依据澳大利亚农业和兽药用化学品法的规定，隶属澳大利亚农业、渔业和林业部的澳大利亚农药兽药管理局是澳大利亚具体负责农药登记的执行部门，包括对农药进口、生产、广告和供应的管理。

除了澳大利亚农药兽药管理局以外，下列相关部门也对澳大利亚农药兽药管理局的农药评审工作予以协助。①卫生老龄部，负责对毒理学资料进行审核，提供有关毒理和工作安全方面的咨询，推荐 ARfDs，并对急救指南、危险声明和安全使用指导等方面提供建议。在卫生老龄部对毒理学资料进行评价的基础上，国家药品和毒品分类委员会对化学品的毒性进行分类。②环境水资源部，负责提供有关环保方面的意见。③各州或领地初级工业或农业部、环保局，负责提供有关农药药效方面的意见。

5.5.2.5 加拿大

加拿大农药管理部门包括加拿大农业部农药署（Agriculture and Agri-Food Canada）、加拿大农业及农业食品部（Agriculture and Agri-Food Canada）、卫生福利部（Canadian Department of National Health and Welfare）。

5.5.2.6 法国

法国农药管理部门包括法国国家食品安全局（French Food Safety Agency）、法国健康产品卫生安全署、法国农渔业部（Ministère de l'Agriculture et de la Pêche）。

5.5.2.7 新西兰

新西兰农药管理部门包括新西兰环境保护署（Environmental Protection Authority）、农业部和农药管（New Zealand Ministry of Agriculture and Pesticide Management Bureau）、新西兰农药兽药管理局（ACVM）。

5.5.2.8 英国

英国农药管理部门包括环境、食品与农业部（Department for Environment, Food and Rural Affairs）、卫生部（Department of Health）、苏格兰环境与农业部行政署（Scotland environment and the Department of Agriculture Administration Department）、威尔士国民大会（National Assembly for Wales）、农药安全理事会（UK Pesticide Safety Directorate）。

5.5.2.9 意大利

意大利农药管理部门是国家卫生部（Ministry of Health）。

5.5.2.10 德国

德国农药管理部门是联邦消费者保护与食品安全办公室（BVL）。

5.5.3 我国的农药管理机构

5.5.3.1 农业农村部

农业农村部（Ministry of Agriculture and Rural Affairs of the People's Republic of China）主要职责是统筹研究和组织实施“三农”工作战略、规划和政策，监督管理种植业、畜牧业、渔业、农垦、农业机械化、农产品质量安全，负责农业投资管理等。

5.5.3.2 生态环境部

环境保护部（Ministry of Ecology and Environment of the People's Republic of China）主要负责制定并组织实施生态环境政策，统一负责生态环境监测和执法工作，监督管理污染防治、核与辐射安全，组织开展中央环境保护督察等工作。

5.5.3.3 国家卫生健康委员会

国家卫生健康委员会（National Health Commission of the People's Republic of China）贯彻落实党中央关于卫生健康工作的方针政策和政策部署，在履行过程中坚持和加强党对卫生健康工作的集中统一领导。

5.5.3.4 农业农村部农药鉴定所

农业农村部农药鉴定所负责全国农药的具体登记工作。省、自治区、直辖市人民政府农业农村行政主管部门所属的农药检定机构协助做好本行政区域内的农药具体登记工作。

5.5.4 我国农药管理法规

5.5.4.1 法规

（1）农药管理条例实施办法

《农药管理条例实施办法》1999 年 4 月 27 日经农业部常务会议通过，中华人民共和国农业部令第 20 号发布，自 1999 年 7 月 23 日起施行。2002 年 7 月 27 日，农业部令第 18 号修订。2004 年 7 月 1 日，农业部令第 38 号修订。2007 年 12 月 8 日，农业部 2007 年第 9 号令修订。

（2）中华人民共和国食品安全法

为了维护中国人民的安全权益，该法于 2009 年 2 月 28 日第十一届全国人民代表大会常务委员会第七次会议通过，后于 2015 年 4 月 24 日第十二届全国人民代表大会常务委员会第十四次会议修订通过，自 2015 年 10 月 1 日起施行。食品安全法明确了保障公众身体健康的原则，赋予了卫生行政部门食品安全综合协调、重大事故查处、风险监测与评估、信息发布、标准制定、新产品的许可及检验规范的制定等六项重要使命。

（3）农药管理法

为防止农药通过饮用水、植物、动物进入人体、畜体，造成急性或慢性积累中毒而制定的关于农药生产、销售和使用的法规的总称，它是随着农药的广泛使用而产生的。中国从 1978 年恢复了农药检定所，1982 年 4 月由农业部、林业部、化学工业部、卫生部、商业部、国务院环境保护领导小组共同颁发了《农药登记规定》。此前，1974～1978 年农业部曾组织有关单位在广泛开展研究的基础上，先后制定了两批农药安全使用标准。1982 年 6 月，农牧渔业部（现农业部）和卫生部又联合颁发了《农药安全使用规定》，对农药的采购、运输、保管、使用时的安全防护措施，施药人员的选择等作了具体规定。对于外国厂商的农药，还规定其应用效果和残留方面的资料，需在中国两个有代表性的地区进行两年试验并取得合格的试验结果，方可进口。改变剂型或变更使用范围须申请补充登记，外国农药在中国登记有效期为5年。

5.5.4.2 农药登记与使用制度

1978年根据国务院对《关于加强农药管理工作的报告》[农林（保）字第26号] 批转报告的精神，农业部农药检定所恢复建所，负责农药管理等工作。1982年，农业部、林业部、化工部、卫生部、商业部和国务院环境保护领导小组联合颁发《农药登记规定》([82] 农业保字第10号)，并成立了全国农药登记评审委员会。同年，农业部发布《农药登记规定实施细则》。1997年5月8日，国务院发布《农药管理条例》，对农药实施登记管理制度。该《条例》明确国务院农业行政主管部门负责全国农药登记和农药监督管理工作。各省、自治区、直辖市人民政府主管协助国务院农业行政主管部门做好本行政区域内的农药登记，并负责本行政区域的监督管理工作。2001年修订实施的《条例》，其修改的最大变化是取消农药临时登记，完善登记的再评审制度等。

(1) 农药登记程序

目前，农药登记可分为药效试验、临时登记和正式登记三个阶段。药效试验证有效期3年，临时登记证有效期1年（可续展3年），正式登记证有效期5年（可续展）。根据农业部第517号公告（2009年第971号公告修订）规定，自2005年7月15日起，农药田间试验审批、农药临时登记、农药正式登记、农药分装登记、农药续展登记和农药广告审查6项农药行政许可纳入农业部行政审批综合办公业务范围，应当按照《农业部行政审批综合办公办事指南》规定办理。申请人按农药登记程序，首先由省农药检定机构初审，通过后送交农业部行政审批综合办公大厅（境外的直接在综合办公大厅办理），经受理后转农药检定所。随后，农药检定所各专业处室（生测、分析、毒理、环境、残留、监督和药政综合）审批通过，对特殊的药效试验、所有的临时登记和新农药分别提交农药登记评审委员会讨论（图5-1）。对通过的上报农业部批准，并分别颁发批准证书和登记证。

(2) 试验单位管理

① 根据农药登记药效试验单位认证管理办法（农农发 [2001] 25号），125个具有农药登记田间药效试验资质的单位和37个具有农药登记卫生杀虫剂药效试验资质的单位被批准（农业部第745号公告，2006-11-13）；37个农药登记室内活性验证试验单位被批准（农业部第992号公告，2008-02-29）。

② 根据农药登记残留试验单位认证管理办法（农农发 [2002] 10号），60个具有农药登记残留试验资质的单位被批准（农业部第802号公告，2007-01-19）。

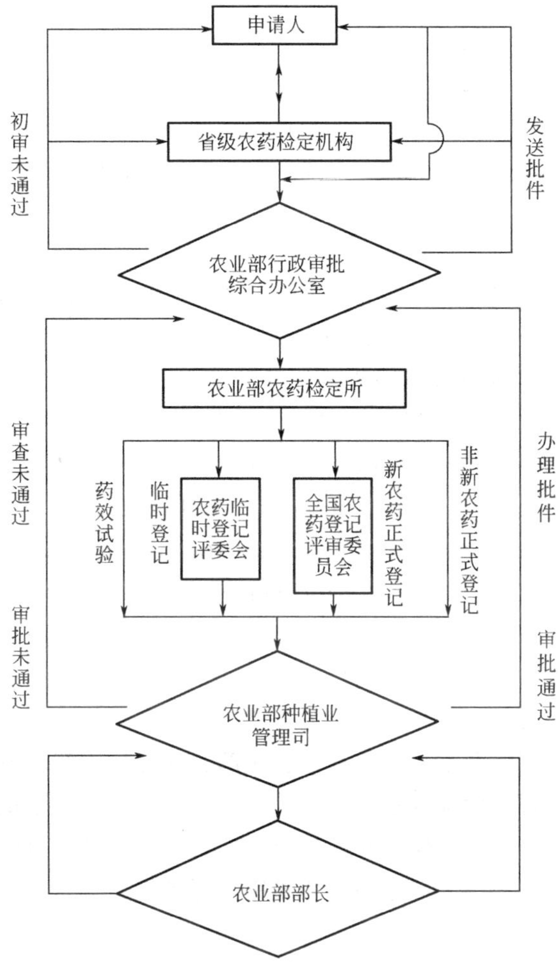

图 5-1　农药登记程序

③ 根据农药登记环境试验单位管理办法（农业部第 374 号公告，2004-5-14），8 个具有农药登记环境试验资质的单位被批准（农业部第 980 号公告，2008-01-31）。

④ 根据农药登记毒理学试验单位认证管理办法（农药检（环毒）[2006] 62 号），35 个具有农药登记毒理学试验资质的单位被批准。

⑤ 根据农药登记原药全组分分析试验单位管理办法（农业部第 525 号公告，2005-7-27），9 个农药登记原药全组分分析试验单位被批准（农业部第 1279 号公告，2009-10-19）。

⑥ 公布农药良好实验室考核管理办法（农业部第 739 号公告，2006-11-08），经考核合格，批准 6 个单位为良好实验室规范（GLP）实验室（农业部第 1386 号公告，2010-05-07）。

⑦ 公布47家蚊香产品检验机构名单（国家质检总局、国家发展和改革委员会、农业部的国质检监联［2004］198）。

（3）农药标准化建设

目前，已制订国家和行业标准产品标准200多个，方法标准近400个，安全标准近100个，中毒急救和环境安全10多个。主要基础标准有农药中文通用名称（GB 4839—2009，Chinese conimon name for pesticides）、农药剂型名称及代码（GB/T 19378—2017，nomenclature and codes for pesticide formulations）、真菌农药母药、粉剂、可湿性粉剂、油悬浮剂和饵剂产品标准编写规范等［GB/T 21459.1～5—2008，pecification guidelines for fungal pesticide（TK、DP、WP、OF、RB）］、农药产品标准编写规范（HG/T 2467.1～20—2003，guidelines on drafting specificatlons of pesticides）、农药登记管理术语（NY/T 1667.1～8—2008，terfmnology of pesticide resistration management）、农药通用名称及制剂名称命名原则和程序（HG 3308—2001，principles and procedure of the nomenclature for conimon names of pesticides and pesticide formulations）、农药残留试验准则（NY/T 788—2018，guideline on pesticide residue trials）和农药残留分析样本的采样方法（NY/T 789—2004，guideline on sampling for pesticide residue analysis）等。

（4）高毒农药的管理法规

中华人民共和国农业部、工业和信息化部、环境保护部、国家工商行政管理总局、国家质量监督检验检疫总局公告第1586号，五部门发布进一步禁限用高毒农药管理措施的公告。为保障农产品质量安全、人畜安全和环境安全，经国务院批准，决定对高毒农药采取进一步禁限用管理措施。

5.5.4.3 管理模式

近年来，从阜阳奶粉到三鹿奶粉事件，一系列食品质量安全问题的出现，引发了人们对食品质量安全的忧虑，以及对《中华人民共和国食品安全法》的期待。1995年我国颁布的《食品卫生法》，是在原有《食品卫生法》的基础上加以完善，经过四次审议之后才通过的。明确了生产经营者作为食品安全的第一责任人，同时，建立了对食品安全全过程的监管，吸收了在国际上行之有效的先进管理理念，规定了食品安全风险监测和评估制度、完善食品安全标准制度、食品生产经营行为等基本准则。

《食品安全法》明确了政府和各级监管部门的责任，采用统一协调管理机制，并建立问责制，明确了生产经营当中索证、索票制度，不安全食品的召回制度、食品安全信息发布制度等一系列规定，实现了风险评估、标准制定、食品检验、信息发布、事故处理相统一。

对现行的食用农产品安全标准、食品卫生标准、食品质量标准和有关食品的行业标准中强制执行的标准予以整合，统一发布为食品安全国家标准。这样就能使原来的标准相互协调一致，既不重复冲突，也不留空白，统一整合为一个食品安全的国家标准。

5.5.5 农药最大残留限量和膳食摄入风险评估

5.5.5.1 CAC 限量

MRL 法典标准数量是动态变化的，2012 年 7 月召开的第 35 届 CAC 大会后批准第 44 届 CCPR 年会制修订的标准后，MRL（含 EMRL）达到 3820 个，涉及 183 种农药，326 种（类）产品。

农药残留专家委员会联席会议评估农药残留物和推荐农药最大残留限值所采用的原则、方法和程序。

农药残留专家委员会联席会议是由联合国粮农组织和世界卫生组织共同管辖的科学专家组合体。世界卫生组织分管的专家组依据农药的毒性（包括农药经口、经皮、吸入、遗传毒性、神经毒性或致癌性等急性、慢性毒理学）数据，负责评估和制定其每日允许摄入量（ADI）和急性毒性参考剂量(ArfDs)。农药残留专家委员会联席会议对需评议的各类和各种新、老农药品种，制、修订其每日允许摄入量，在评审各国按照新、老农药品种的使用中采用良好农业规范（GAP）所提交的监督残留试验数据，评定和推荐法典食品中农药最大残留限值。联合国粮农组织分管的食品和环境中农药残留专家组依据良好农业规范、农药化学、农药在环境中迁移和积累行为、在作物和家畜体内代谢、农药残留分析方法以及农产品和食品的加工系数等资料，进行的农药残留试验数据评定食品和饲料中农药最大残留限值。良好农业规范是指在施药中既能有效防治有害生物的情况下，而在农产品和食品中仅存留最小量的残留物，以确保消费者使用存有此残留物的食品为安全食品，并确保环境和施药人员安全的操作规范。

农药残留专家委员会联席会议对要求评议的农药品种必须列出其通用名称、化学文摘登录号、分子式及其物理化学性质，如：熔点、水溶性、辛醇/水分配系数、蒸气压和水解率，这类物化性能有助于了解农药加工制剂的稳定性，以及残留物在食品中残留特性和在环境中的积累和移动状况。

（1）农药残留限值的评估和推荐

① 残留物（计量）定义：农药残留物在动物和农作物中的代谢研究主要为确定其在食品和饲料中的计量残留物。

通常采用^{14}C标记的放射性示踪化合物来进行代谢研究，依据所了解的残留物的特性鉴别其代谢物。

通常用大鼠作为实验动物进行代谢研究，以此来鉴别动物体内的代谢物和查明药物动态消失时间。

通常用哺乳期山羊和下蛋的母鸡作为家畜、家禽进行代谢研究，进行重复的口服饲喂试验以便取得相关资料，用以残留物的评估。

残留物在奶和蛋中的蓄积率；残留物的脂溶性（脂溶性农药残留物以“脂溶”加以注明，在进行农药代谢研究和饲喂试验中，不采用列明残留物在脂肪和其他动物组织中分配比的方法，而加以注明残留物的辛醇/水分配系数）；残留物在家畜/禽体组织、奶和蛋中的分布；代谢物的鉴别；进行农药在植物体中的代谢研究以提供相关资料以便对农药残留物评估；代谢物（包括光解产物）的性质；仅在植物中出现的代谢物；通常关注收获后植物中的残留物性质；叶部吸收的残留物；根部吸收的残留物；由种子、果实或其他可食部分所转移的残留物；土壤代谢物的吸收和转基因农作物中农药残留物具有不同的代谢状况。对仅从植物中检出而在动物中未检出的农药代谢物必须进行附加的毒性评定。

特别在用农药作为土壤和种子处理剂时，农药在土壤中的积累会影响到农作物中残留物的性质和量的大小。对于轮作作物的研究很好地揭示了这一例证，进行药剂处理的原有作物会影响到其后播种或移栽作物中的农药残留物的性质和量的大小。

农药在转基因作物中的代谢途径不同于非转基因作物，因此在商品贸易中当不知商品属于转基因或非转基因而对其进行残留物分析时，对于残留物的计量定义应同时按两种不同状况进行处置。

为强制实施农药最大残留限量规定和进行膳食摄入量的评估工作制定残留物计量定义。通常情况下，本体化合物及其转化物的残留量以本体化合物剂量表示。

因为农药的代谢产物及其光解产物与农药的本体化合物具有相似的毒性，为进行农药残留物膳食摄入评估工作必须将其全部纳入其中。为强制实施农药最大残留规定，特别在食品贸易运输过程遵照此规定时，如果农药残留物中代谢物所占组分很小，或者对其分析很困难和费用昂贵，则计量残留物中可不包括代谢物。代谢物或分析物与其他农药相同则避免列入计量残留物中，如果在强制实施农药最大残留限量规定中发生异常状况，就应分别制定农药最大残留限量。

② 残留物分析方法的确定：进行监督残留试验和商品加工过程对残留物影响的研究，多采用的分析方法必须用分析物或机体加以验证或确认。分析物必须包括上述两项试验研究所涉及的代谢物，以及农药最大残留限量和膳食摄入量所规定必须测定的计量残留物。残留分析方法回收率应为70%～130%，方法的测定低限应达到试验所要求的最低检出限，同时达到上述的回收率。

依据采用^{14}C标记的放射性示踪方法取得测定代谢物已知的试验结果，在分析试样中添加不同浓度的分析物、本体化合物和代谢物，进行残留物的提取试验。

在日常监测工作和强制实施农药最大残留限量规定中，应对分析方法加以验证和认可。分析方法应按计量残留物定义规定进行计量，在强制实施农药最大残留限量规定中最好采用多残留分析方法。

在进行监督残留试验和商品加工过程对残留物影响的研究、动物饲喂试验和代谢物研究工作期间内为取得残留数据的稳定性，至少要求在此间隔时期内冷冻储存还有残留物（包括农药本体化合物及其相关代谢物）的分析样品有良好的稳定性，储存的分析基质要对于试验研究中所取的一系列分析机制具有代表性。一般情况下，由于监督残留试验和上述研究中的条件和储存间隔期的影响导致残留量的减少值不得大于30%。

③ 推荐农药最大残留限值评定中对监督残留试验数据的汇总和采纳：农药残留专家委员会联席会议接受在各国登记的农药按照良好农业规范使用后的残留物数据资料，其推荐的农药最大残留限量依据在按照良好农业规范使用后的残留物数据资料，其推荐的农药最大残留限量依据在按照良好农业规范监督残留试验情况下，以登记的最高位的使用说明，即最高的施药率和最短的间隔期所得出的最高位的残留量曲线为主要导向，监督规范残留试验应包括试验所涉及和要求的各项条件和范围，如施药方法、季节、栽培规范和作物品种。

农药残留专家委员会联席会议从众多的残留试验数据中评定出进行贸易商品的农药最大残留限量，从认可的各个监督残留试验的残留量数据中由残留试验一个点取其中间值和最高值，确定监督残留试验的中间值残留量（STMR）和最高值残留量（HR)，均以食品的可食部分计量。

评定的农药最大残留限量限值推荐给食品法典农药残留委员会制定为农药最大残留限制量，监督残留试验的中间值残留量和最高值残留量用于长期和短期膳食摄入残留物暴露量的评估。

④ 加工食品中残留物研究的目标：鉴别由于加工过程所引发的残留物分解和反应产物，以模拟试验方式或相当于商品的加工过程，按与加工产品相对于未加工农产品（RAC）这两者的残留量水平计算加工因子和支持膳食暴露量，如果加工产品残留量水平超过了未加工农产品的残留量水平，农药残留专家委员会联席会议应该设定加工产品的残留量水平。

农药残留物动物饲服研究的目标为在动物组织中、奶和蛋中能明显发现残留物的存在。农药在饲料中的剂量浓度以饲料的干重计，避免采用低微浓度的剂量而应加大饲料中残留量水平。

按农药产品登记的要求应推荐其加工剂型、剂量稀释率、使用方法和时间对家畜进行直接体外药剂试验。动物体外试验应按皮肤代谢物研究中所显示的结果来计算皮肤中残留物的沉积量和观察其性质，以此来进行药剂体外毒性试验评估。

由监督残留试验的中间值残留量和最高值残留量派生，按成倍于动物标准饲料量以加大对家畜农药残留物饲喂量，如此从加大家畜农药饲喂量的研究来评定动物产品中农药最大残留限量。由监督残留试验的中间值残留量和最高值残留量派生，对家畜进行农药的体外试验，此与对家畜的饲喂暴露量试验相一致，评定农药最大残留限量，从试验中取得的残留量最高水准推荐为最大残留限值。

(2) 农药残留专家委员会联席会议向食品法典农药残留委员会推荐最大残留限值程序

由监督残留试验得出的最高值残留量用于一天短期膳食摄入残留物暴露量的评估，依照许多国家提供的其国民每天的主要食物、水果和蔬菜的进食量，以算式［分别按每一种主食物量×最高值残留量（HR）×状况变异系数］计算出短期膳食摄入的残留物的总量应与其急性毒性参考剂量（ArfDs）相一致。

当计算出由慢性膳食摄入的残留物的总量超过其急性毒性参考剂量，农药残留专家委员会联席会议在推荐农药最大残留限值时应加以注明。

(3) 依据短期和长期膳食摄入农药残留物的风险评估食品中农药最大残留限量设定的安全性

由评定的最大残留限量计算膳食摄入农药残留量，对制、修订的食品中农药最大残留限值进行风险评估。

① 农药的每日允许摄入量：每日允许摄入量是由FAO/WHO农药残留专家委员会联席会议来制定，依据农药对实验动物研究和人体观察获得的资料和数据进行充分的综合评估后加以制定，评估包括农药的生化、代谢、药理和毒理学特性的试验资料和数据。通常测试出药物对最敏感的实验动物物种的“未观察到有害作用的剂量（NOAEL）”，然后除以一个安全因子（通常是100）和成年人个体平均体重60kg，计算确定人体的每日允许摄入量。参见1965～2008年农药残留专家委员会联席会议评定、撤销和确证的农药每日允许摄入量和急性毒性参考剂量（acute RfD）。

② 长期膳食摄入农药残留物的风险评估：按推荐最大残留限值和评定监督残留试验的中间值残留量（STMRs）的农药品种进行长期膳食摄入风险评估。膳食摄入农药残留量由一种给定的食物中的农药残留限量乘以食物消费量求得，膳食摄入农药残留物的总量按进食含有农药残留物的全部食品量算出，按照全球环境监测系统/食品污染监测及其评估项目（GEMS/Food）公布的13个消费人群膳食结构中每日每种商品法定的消费量乘以其残留物浓度，其中包括残留试验的中间值残留量，加工食品的监督残留试验的中间值残留量（STMR-P）或最大残留限量，由此计算国际评估日摄入量（IEDIs）。国际评估日摄入量以一个成人体重60kg而定的每日允许摄入量的百分数表示，估算出由长期膳食摄入的残留

物的总量应小于已制定的每日允许摄入量。

③ 短期膳食摄入农药残留物的风险评估：依据评定出监督残留试验的中间值残留量和最高值残留量，以及制定了急性毒性参考剂量（ArfD）的农药品种，并在已具有相应有效食品消费数据的情况下，进行短期膳食摄入风险评估，计算得出的国际评估短期摄入量（IESTI）应低于急性毒性参考剂量。

无论是最大残留限量，还是每日允许摄入量，都不是固定不变的。两者都是在其评定的时间内，提交有效试验数据的情况下，经国际上公认专家组的最佳审理而确定的。这些规定值发表在农药残留专家委员会联席会议的年报告和评论文集［农药残留（Ⅰ部）、农药毒理（Ⅱ部）］中。当提供新的、有效的数据和资料时，该组织将重新审理 ADI 或 MRLs 值。此外，该组织在持续进行的周期性再评审程序中，将重新审理的农药列入优先计划表中以便进行重新评估。

5.5.5.2 OECD 农药残留化学试验准则

由于国际间农药残留化学试验技术要求的差异，影响到试验结果的可比性和膳食风险评估的结论。为了协调和规范国际农药残留化学试验技术，2003 年，经济合作与发展组织（OECD）成立了由澳大利亚、加拿大、德国、意大利、日本、荷兰、新西兰、英国、美国、欧盟、欧洲食品安全局（EFSA）、联合国粮农组织（FAO）和国际作物生命协会、工商业顾问委员会（BIAC）组成的 OECD 农药残留专家组，在借鉴澳大利亚、加拿大、日本、美国、欧盟和联合国粮农组织（FAO）现行的农药残留化学试验技术要求的基础上，完成了《OECD 农药残留化学试验准则》。

2006 年，经国际试验准则合作协调计划工作组（WNT）第十八次会议批准，《OECD 农药残留化学试验准则》正式成为 OECD 成员和 FAO 评估农药安全性的规范性技术文件。

《OECD 农药残留化学试验准则》共有 9 章，分别规定了农药在农作物中的代谢、后茬农作物代谢、家畜体内代谢、农产品中农药残留的储藏稳定性和加工农产品中农药残留的特性以及加工中农药残留量的研究方法、操作程序和技术要求等。

5.5.5.3 其他国家限量标准

（1）欧盟的限量标准

① 正式标准：凡通过欧盟重新评估的农药活性物质，登记使用在欧盟发布的《需要制定 MRLs 标准的食品和饲料名单》中的食用或饲用作物上时，其 MRLs 为正式标准。正式标准各成员国须统一执行。原则上，10 年各利益方须重新提供数据评估 1 次，但也可结合消费中实际存在的风险和贸易需求，随时申请修订或撤消。

② 临时标准：对仍处欧盟重新评估待审状态的农药活性物质、膳食结构

中占比例较小的食用或饲用作物，或在欧盟成员国内暂无法达成一致的三类MRLs标准定为临时标准。临时标准须经过1年的监控，在实际消费中观察，若对人和动物没有不可接受的风险，方可实施。临时标准须4年重新评估1次。

③ 加工和未加工作物标准：考虑到部分食用或饲用作物经加工后的残留量可能增加风险，欧盟制定了农药食品加工因子和饲料转化因子，在正式标准和临时标准中将食用或饲用植物分为加工和未加工两类。

④ 动物源性标准：鉴于农药存在通过饲料进入家禽、家畜体内，可能经过代谢产生残留风险，另行制定家禽、家畜的肉、蛋、奶、脂肪和可食内脏的MRLs标准。动物源性标准也分正式或临时两类。

⑤ 熏蒸剂标准：因部分食用或饲用作物采收后，需后期催熟或仓储保鲜以保证周年供应，存在使用熏蒸剂作用后可能再次对食用或饲用作物造成残留污染的风险，欧盟将熏蒸剂作为一类特殊的MRLs标准，须充分评估其保留周期后另行规定。

⑥ 豁免物质目录：经科学确证对人、动物和环境不存在风险或风险可忽略的农药活性物质可不制定MRLs标准。

⑦ 进口标准：未在欧盟获得授权的农药活性物质对应的食用或饲用作物，进入欧盟市场，进口商须向欧盟委员会提交相关评估资料，申请制定进口MRLs标准。如不申请，默认其MRLs值为0.01mg/kg。

⑧ 一律限量标准：考虑以上情况无法覆盖消费中因农药残留造成的实际风险，欧盟规定未在欧盟获得授权使用的、评估数据不充分的或被撤销、禁止使用的农药活性物质、其残留限量为0.01mg/kg。一律限量标准接受各方提供最新的评估资料而动态修订。

(2) 日本肯定列表

“肯定列表制度”（positive list system）是日本为加强食品（包括可食用农产品，下同）中农业化学品（包括农药、兽药和饲料添加剂，下同）残留管理而制定的一项新制度。该制度要求：食品中农业化学品含量不得超过最大残留限量标准；对于未制订最大残留限量标准的农业化学品，其在食品中的含量不得超过“一律标准”，即0.01mg/kg。该制度于2006年5月29日起执行。

日本大部分食品（60%左右）依赖进口。目前，世界上通用的农业化学品大约有700余种，但日本制定了限量标准的农业化学品仅有300多种（主要是在日本注册登记的农业化学品），其余400多种尚无限量要求。对于进口食品中可能含有的这部分农业化学品，日本尚无明确的监管措施，这对日本食品安全形成了严重安全隐患。另外，日本近年来频频发现进口农产品中农业化学品残留超标问题，国内也出现了未登记农药的违法使用情况，这使得日本消费者陷入对食品安全性的极度不信任状态。为了扭转这种局面，日本于2002年成立了直属于内阁的食品安全委员会，以加强和协调相关机构对食品安全的管理。同时，农林水产省修改了农药取缔法，加强对未登记农药的取缔和处罚。厚生劳动省于2003年修订了食品卫生法，并以该修订案为依据，开始在农业化学品残留管理引入“肯定列表制度”。

日本实施“肯定列表制度”的法律依据是《食品卫生法2003修订案》中第11条第三款：“任何食品，只要含有‘农药取缔法’中规定的农药活性原料，或含有‘确保饲料安全及品质改善法律’中规定的饲料添加剂，或含有‘药事法’中规定的兽药［包括由活性成分发生化学变化而产生的物质，但不包括经日本厚生劳动省确定不会对人体健康造成负面影响的任何物质（豁免物质）］，并且其含量超过了厚生劳动省在听取药事和食品安全委员会的意见后确定的不会对身体健康产生负面影响的水平（一律标准），就不得生产、进口、加工、使用、制备、销售或者为销售而存储，但食品中已建立最高残留限量标准的化学物质除外”。

该条款可以简要表述为：对于已建立最高残留限量标准的化学物质，其在食品中的含量不得超过最高残留限量标准；对于未制定限量标准的农业化学品，其含量不得超过厚生劳动省确定的一律标准，但经厚生劳动省确定的豁免物质不受此限制。

“肯定列表制度”提出了食品中农业化学品残留管理的总原则。厚生劳动省根据该原则，采取了以下三项具体落实措施：

① 确定“豁免物质”，即在常规条件下其在食品中的残留对人体健康无不良影响的农业化学品。对于这部分物质，无任何残留限量要求。

② 针对具体农业化学品和具体食品制定的“最大残留限量标准”。

③ 对在豁免清单之外且无最大残留限量标准的农业化学品，制定“一律标准”。

日本现行管理制度只禁止农业化学品含量超过最大残留限量标准的食品销售，对于未制定最大残留限量标准的农业化学品残留无明确要求。“肯定列表制度”则覆盖了所有农业化学品和食品：有“最大残留限量标准”的遵从“最大残留限量标准”，无“最大残留限量标准”的遵从0.01mg/kg的“一律标准”。因此，“肯定列表制度”比现行制度覆盖面广得多，要求也严得多。

5.5.6 我国的MRL水平

2010年4月12日，第一届国家农药残留标准评审委员会在北京成立。国家农药残留标准评审委员会主要负责审议农药残留国家标准，制定农药残留国家标准体系规划，为农药残留国家标准管理提供政策和技术意见，研究农药残留标准相关重大问题。委员会由农业、化学、医学、食品、营养等方面的专家和国务院有关部委的代表组成。第一届国家农药残留标准评审委员会由42名委员以及工业与信息化部、商务部、卫生部、国家质量监督管理局、国家粮食局等7个单位委员组成。国家农药残留标准评审委员会的成立，标志着我国农药残留标准体系建设日趋完善，对全面提升我国农产品质量安全水平具有里程碑式的意义。

目前，我国农药的MRLs标准主要由国家标准和行业标准两部分组成，国家标准由卫生部和农业部共同发布，行业标准主要由农业部发布，属于农业行业标准。形成了以国家标准为主，以安全标准和配套支撑标准共同组成的较为完善的农药残留标准体系。

由中华人民共和国卫生部、农业部共同发布的GB 2763《食品安全国家标准食品中农药最大残留限量》从2005年到2021年经过多年的修订，农药最大残留限量从136种增加到564种农药在376种（类）食品中10092项最大残留限量，标准数量首次突破1万项，达到国际食品法典委员会（CAC）的近2倍。基本涵盖了我国居民日常消费的主要农产品，其科学性、可操作性和系统性有明显提升。新标准的最大变化是引用了一大批新发布的检测方法类的国家标准。

该标准代替以下标准，GB 2763—2005《食品中农药最大残留限量》；GB 2763—2005《食品中农药最大残留限量》第1号修改单；GB 2715—2005《粮食卫生标准》中的4.3.3农药最大残留限量；GB 25193—2010《食品中百菌清等12种农药最大残留限量》；GB 26130—2010《食品中百草枯等54种农药最大残留限量》；GB 28260—2011《食品中阿维菌素等85种农药最大残留限量》。

该标准实施后，以下标准作废：NY 660—2003《茶叶中甲萘威、丁硫克百威、多菌灵、残杀威和抗蚜威的最大残留限量》；NY 661—2003《茶叶中氟氯氰菊酯和氟氰戊菊酯的最大残留限量》；NY 662—2003《花生仁中甲草胺、克百威、百菌清、苯线磷及异丙甲草胺最大残留限量》；NY 773—2004《水果中啶虫脒最大残留限量》；NY 774—2004《叶菜中氯氰菊酯、氯氟氰菊酯、醚菊酯、甲氰菊酯、氟胺氰菊酯、氟氯氰菊酯、四聚乙醛、二甲戊乐灵、氟苯脲、阿维菌素、虫酰肼、氟虫腈、丁硫克百威最大残留限量》；NY 775—2004《玉米中烯唑醇、甲草胺、溴苯腈、氰草津、麦草畏、二甲戊乐灵、氟乐灵、克百威、顺式氰戊菊酯、噻吩磺隆、异丙甲草胺最大残留限量》；NY 831—2004《柑橘中苯螨特、噻嗪酮、氯氰菊酯、苯硫威、甲氰菊酯、唑螨酯、氟苯脲最大残留限量》；NY 1500—2007《农产品中农药最大残留限量》；NY 1500—2008《蔬菜、水果中甲胺磷等20种农药最大残留限量》；NY 1500—2009《农产品中农药最大残留限量》。

参考文献

[1] GB 2763 食品中农药最大残留限量 [S].

[2] 李宏，李世鑫. 农产品质量安全法律监管制度探究 [J]. 湖北农业科学，2012，51 (5)：1045-1048.

[3] 冯世超. 农产品质量安全法律制度研究 [D]. 北京：对外经济贸易大学，2007.

[4] 刘长令. 世界农药大全 [M]. 北京：化学工业出版社，2005.

[5] 孔庆喜，姚宝玉，胡翠清. 农药的致癌性评价 [J]. 农药科学与管理，2005，26 (7)：26-28.

[6] 王鲁梅，刘维屏，马云，等. 农药的内分泌干扰研究 [J]. 环境化学，2006，25 (3)：326-330.

[7] 沙家骏，王荣弟，周良佳，等. 化工产品手册——农用化学品 [M]. 北京：化学工业出版社，1999.

[8] 周炯林，徐培渝. 有机磷农药遗传毒性研究进展 [J]. 国外医学卫生学分册，2007，34 (6)：339-344.

[9] 汪立刚. 土壤残留农药的环境行为与农产品安全 [M]. 北京：中国农业大学出版社，2011.

[10] 张一宾，张怿，伍贤英. 世界农药新进展 3 [M]. 北京：化学工业出版社，2014.

[11] 韩熹莱. 农药概论（农药专业用）[M]. 北京：中国农业大学出版社，1995.

[12] 中国标准出版社第一编辑室. 中国农业标准汇编：农药管理和使用卷 [M]. 北京：中国标准出版社，2010.

Chapter 06

第6章 兽药及兽药残留

6.1 概述

兽药（veterinary drug）是指用于预防、治疗、诊断动物疾病或者有目的地调节动物生理机能的物质（含药物饲料添加剂），主要包括疫苗、诊断制品、化学药品、抗生素、生化药品、中药材、中成药及外用杀虫剂、消毒剂等。兽药在我国包括用于家畜、家禽、宠物、野生动物、水产动物和蚕、蜂等的各种药物。

兽药在养殖业生产中的应用，极大促进了养殖业的发展，有效地控制了动物的疫病，带动并促进了农村经济的发展，产生了巨大的经济效益和社会效益。兽药的使用带来了高效益的养殖业发展，同时也不可避免地带来了畜产品中的兽药残留问题。

兽药残留是指食品动物在应用兽药（包括药物添加剂）后，蓄积或储存在细胞、组织或器官内，或进入乳和蛋等产品中的药物原型以及有毒理学意义的代谢物和药物杂质。在美国，因兽药的使用而产生的耐药菌也包含在兽药残留中。

动物在使用药物以后，药物以原型或代谢产物的方式通过粪便、尿液等排泄物进入生态环境，造成环境土壤、表层水体、植物和动物等的兽药蓄积或残留，即兽药在生态环境中的残留，也属于兽药残留的范畴。

随着人们生活水平的逐步提高，人们对食品的需求开始从量的方面向质的方面转化，食品的安全、卫生引起了社会的普遍关注。消费者对动物产品的质量要求与畜牧产品的质量之间的矛盾日益突出。近年来我国不时发生的氯霉素、硝基呋喃、孔雀石绿、三聚氰胺、“瘦肉精”残留等事件，不仅严重危害人体健康，还给消费者造成极大的心理恐慌。另外，兽药残留问题也是影响我国动物性食品国际贸易的突出问题。

6.2 常见兽药种类

兽药种类繁多，分类方式不一。国际食品添加剂联合专家委员会（JECFA）于 1987 年第 32 次会议报告了有关兽药残留的毒性评价，将目前残留毒理意义上比较重要的兽药按用途分为 7 类，分别为：抗微生物类、驱肠虫类、生长促进剂类、抗原虫类、抗锥虫类、镇静剂类和 β-肾上腺素能受体阻断剂类等，其中抗微生物类药物包括抗生素类和化学合成类抗菌药物。我国农业部 2002 年颁布的 235 号公告中根据最高残留限量（MRL）要求将兽药分为 4 大类，分别为允许使用且不需要制定 MRL 的药物（87 种）、允许使用且已制定 MRL 的药物（96 种）、允许作治疗使用但不得在动物性食品中检出的药物（9 种）和禁止使用且在动物性食品中不得检出的药物（30 种）。

《中华人民共和国兽药典及兽药使用指南》2010 年版将兽药分成以下 17 类。

6.2.1 抗微生物类

抗微生物药是指对细菌、真菌、支原体、立克次体、衣原体、螺旋体和病毒等病原微生物具有抑制或杀灭作用的一类化学物质，包括抗生素和人工合成的抗菌药。这类药物对病原微生物具有明显的选择性作用，对动物机体没有或仅有轻度的毒性作用，称为化学治疗药（包括抗寄生虫药等）。抗微生物药可分为抗细菌药、抗病毒药、抗真菌药等。

（1）抗生素

抗生素是细菌、真菌、放线菌等微生物在生长繁殖过程中产生的代谢产物。根据其化学结构，可以分为以下几类：

① β-内酰胺类，常见有青霉素、阿莫西林、头孢噻呋等。

② 氨基糖苷类，常见有链霉素、大观霉素、庆大霉素等。

③ 四环素类，常见有土霉素、四环素、多西环素等。

④ 大环内酯类，常见有红霉素、吉他霉素、泰乐菌素等。

⑤ 酰胺醇类，常见有甲砜霉素、氟苯尼考等。

⑥ 林可胺类，常见有林可霉素。

⑦ 多肽类，常见有黏菌素和杆菌肽锌等。

⑧ 多糖类，有黄霉素和阿维拉霉素。

⑨ 其他，有泰妙菌素等。

（2）合成抗菌药

① 磺胺类，常见有磺胺嘧啶、磺胺二甲嘧啶等。

② 喹诺酮类，常见有恩诺沙星、环丙沙星、诺氟沙星等。

③ 其他合成抗菌药，常见有乙酰甲喹、盐酸小檗碱、洛克沙胂等。

(3) 抗真菌药

常见的有水杨酸、酮康唑等。

6.2.2 消毒防腐药

消毒防腐药是杀灭病原微生物或抑制其生长繁殖的一类药物。

(1) 酚类

常见有复合酚、苯酚。

(2) 醛类

常见有甲醛、戊二醛。

(3) 醇类

如乙醇。

(4) 卤素类

常见有碘伏、聚维酮碘等。

(5) 季铵盐类

常见有苯扎溴铵、癸甲溴铵等。

(6) 氧化剂

常见有高锰酸钾、过氧化氢等。

(7) 酸类

常见有醋酸、硼酸等。

(8) 碱类

有氢氧化钠、碳酸钠。

(9) 染料类

有甲紫、依沙吖啶。

(10) 其他

有氧化锌等。

6.2.3 抗寄生虫药

抗寄生虫药是指能杀灭寄生虫或抑制其生长繁殖的物质。

(1) 抗蠕虫药

① 抗线虫药。常见有阿苯达唑、左旋咪唑、伊维菌素、阿维菌素等。

② 抗绦虫药。有氯硝柳胺。

③ 抗吸虫药。常见有三氯苯达唑、氯氰碘柳胺钠等。

④ 抗血吸虫药。常见有吡喹酮。

(2) 抗原虫药

① 抗球虫药。常见有磺胺喹噁啉、地克珠利、马度米星、尼卡巴嗪、氯羟

吡啶等。

② 抗锥虫药。常见有三氮脒。

③ 抗梨形虫药。常见有盐酸吖啶黄。

(3) 杀虫药

① 有机磷化合物。常见有二嗪农、马拉硫磷等。

② 有机氯化合物。常见有氯芬新。

③ 拟除虫菊酯类化合物。常见有氰戊菊酯、溴氰菊酯。

(4) 其他

有双甲脒、环丙氨嗪等。

6.2.4 中枢神经系统药物

(1) 中枢兴奋药

常见有咖啡因、安钠咖等。

(2) 镇静药与抗惊厥药

常见有氯丙嗪、地西泮等。

(3) 麻醉性镇痛药

常见有吗啡、哌替啶。

(4) 全身麻醉药与化学保定药

常见有乙醚、氯胺酮、赛拉嗪等。

6.2.5 外周神经系统药物

(1) 拟胆碱药

常见有氨甲酰胆碱。

(2) 抗胆碱药物

常见有硫酸阿托品、氢溴酸东莨菪碱。

(3) 拟肾上腺素药

有肾上腺素、去甲肾上腺素。

(4) 局部麻醉药

有普鲁卡因、利多卡因等。

6.2.6 解热镇痛抗炎药

(1) 解热镇痛抗炎药

常见有阿司匹林、安乃近、对乙酰氨基酚等。

(2) 糖皮质激素类药物

常见有氢化可的松、地塞米松等。

6.2.7 消化系统药物

(1) 健胃药与助消化药

常见有干酵母、氢氧化铝等。

(2) 瘤胃兴奋药

有浓氯化钠注射液。

(3) 制酵药与消沫药

有薄荷油、二甲硅油等。

(4) 泻药与止泻药

有硫酸镁、硫酸钠等。

6.2.8 呼吸系统药物

(1) 祛痰镇咳药

有氯化铵、碘化钾等。

(2) 平喘药

有氨茶碱。

6.2.9 血液循环系统药物

(1) 强心药

有洋地黄酊、毒毛花苷 K 等。

(2) 止血药与抗血凝药

有亚硫酸氢钠甲萘醌、维生素 K_1 等。

(3) 抗贫血药

常见有右旋糖酐铁、叶酸等。

6.2.10 体液补充药与电解质、酸碱平衡调节药

(1) 体液补充药

常见有右旋糖酐、葡萄糖等。

(2) 电解质与酸碱平衡调节药

常见有氯化钠、氯化钾等。

6.2.11 泌尿生殖系统药物

(1) 利尿药与脱水药

有甘露醇、山梨醇等。

(2) 生殖系统药物

有缩宫素、绒促性素、氯前列腺醇等。

6.2.12　调节组织代谢药物

(1) 维生素类药

常见有维生素 A、维生素 C 等。

(2) 钙、磷与微量元素

常见有氯化钙、亚硒酸钠等。

(3) 其他

有盐酸甜菜碱、氯化胆碱等。

6.2.13　抗过敏药

常见有盐酸苯海拉明、马来酸氯苯那敏等。

6.2.14　局部用药

(1) 刺激药

常见有樟脑、浓碘酊等。

(2) 保护药

常见有白陶土、明矾、滑石粉。

(3) 乳房内用药

常见有氯唑西林、头孢氨苄等。

(4) 子宫腔内用药

有露它净溶液、复方黄体酮缓释圈。

(5) 眼科用药

常见有硫酸新霉素、醋酸泼尼松等。

6.2.15　解毒药

(1) 金属络合剂

有二巯丙醇。

(2) 胆碱酯酶复活剂

有碘解磷定、氯磷定。

(3) 高铁血红蛋白还原剂

有亚甲蓝。

(4) 氰化物解毒剂

有亚硝酸钠、硫代硫酸钠。

(5) 氟乙酰胺解毒剂

有乙酰胺。

6.2.16 中兽药

如止痢散、小柴胡散等。

6.2.17 兽用生物制品

常见的有重组禽流感疫苗、鸡新城疫活疫苗等。

6.3 兽药残留来源与污染原因

6.3.1 非法使用违禁药物

虽然我国农业部、卫生部、国家药品监督管理局先后在第176号、193号、227号、560号、1519号和2292号公告中列出了在食用动物、饲料和动物饮用水中禁止使用的多个兽药品种目录，但一些生产企业和养殖户受经济利益驱动，人为在饲料生产中或养殖环节中添加盐酸克伦特罗、硝基呋喃、氯霉素、性激素等违禁药物，最终引起动物性食品中药物的残留。

6.3.2 乱用和滥用药物

我国现有养殖模式中存在着长期使用药物添加剂，随意使用新的或高效抗生素，超量使用抗生素，使用人用药物等现象。此外，还存在不符合用药剂量、给药途径、用药部位和用药动物种类等用药规定以及重复使用几种商品名不同但成分相同药物的现象。这些因素都能造成兽药在动物体内残留。

6.3.3 不遵守休药期规定

休药期（withdrawal time）是指食品动物从停止给药到活动物或其产品（奶、蛋）许可屠宰（上市）的间隔时期。我国农业部第278号公告对临床常用的202种兽药和药物饲料添加剂规定了休药期，但一些养殖户使用这些药物时并未按规定时间作隔离处理，不遵守休药期规定就将动物性食品出售，这是造成兽药残留最主要的原因。

6.3.4 不按处方规定生产兽药

我国2004年起施行的《兽药管理条例》明确规定，兽药生产企业必须按批准的处方和标准组织兽药的生产。但有些兽药生产企业为了所谓的提高疗效，在产品中添加一些处方外的药物，使用户在不知情的情况下盲目用药而造成兽药残留。

6.3.5 屠宰前用药

一些非法商户在生猪等活体动物收购、贩卖、运输、屠宰前使用兽药掩饰患病畜禽临床症状，逃避宰前检验，这也能造成动物性食品中的兽药残留。

6.3.6 环境污染

主要指工业“三废”、农药和有害的城市生活垃圾，这些有害物质进入农田，不仅直接伤害作物，导致减产、绝收，同时还会破坏水质，影响土壤。其中所含有害重金属、无机物、农药等经食物链进入动物和人体，引起多种疫病。大多数植物饲料原料来自于种植业，由于病虫害的长期危害使得农药被广泛地使用，某些残存于植物体或果实中的农药经动物食入后停留于动物体内，如有机磷、有机氯、杀虫剂、除草剂、植物生长调节剂等。由于江、河、湖、海被工业废水、农药污染，使畜禽特别是水产品的药残程度日趋严重。

6.3.7 其他原因

动物饲料来源受污染或者发生霉变产生黄曲霉毒素引起的残留问题已引起了人们的高度关注。一些企业违法使用“苏丹红”增强鸡蛋黄色泽等现象也时有发生。

6.4 兽药残留的危害

6.4.1 急性中毒

一般情况下，动物性食品中残留的兽药浓度较低，加上人们食用数量有限，并不引起急性毒性。但是，残留严重超标的可引发急性食物中毒。我国广东、浙江、上海等地和世界其他地区就发生过多起由于摄入饲喂过盐酸克伦特罗（瘦肉精），并在组织中有较高残留的猪产品发生人体急性中毒的事件，主要表现为人体肌肉震颤、头疼、心动过速和肌肉疼痛等。

6.4.2 过敏反应和变态反应

一些抗菌药物如青霉素类、磺胺类、四环素类及某些氨基糖苷类药物能使部分人群发生过敏反应。当这些抗菌药物残留于动物性食品中进入人体后，使部分敏感人群致敏，产生抗体。当这些被致敏的个体再接触时，这些药物就会与抗体结合生成抗原抗体复合物，发生过敏反应，轻者表现为荨麻疹、发热、关节肿痛及蜂窝织炎等，严重时可出现过敏性休克，甚至危及生命。

6.4.3 “三致”作用

“三致”作用即致癌、致畸、致突变作用。苯并咪唑类、喹噁啉类、硝基呋喃类、硝基咪唑类、雌激素、砷制剂等多种药物都已证明有“三致”作用。喹诺酮类药物个别品种已在真核细胞内显示出致突变作用。磺胺二甲嘧啶等一些磺胺类药物可诱发啮齿动物甲状腺增生，并有致肿瘤倾向。链霉素和治疗量的四环素具有潜在的致畸作用。

6.4.4 激素（样）作用

人们长期食用含低剂量激素的动物性食品，激素会蓄积在人体内，干扰机体的激素分泌机能，影响人体正常激素水平和功能，并有一定的致癌性，特别是类固醇类激素类药物残留，可造成儿童性别畸形、性早熟、异性化和肥胖等症状，有些还有致癌和增加心血管疾病的危险性。

6.4.5 破坏人体胃肠菌群平衡

在正常条件下，人体消化道内的多种微生物维持着共生状态的平衡。某些有益菌群还能合成人体所需的 B 族维生素和维生素 K。长期或过量摄入广谱抗生素残留的食品，会使敏感菌群受到抑制，不敏感菌乘机大量繁殖，导致二次感染，破坏菌群平衡，使消化道功能紊乱，造成维生素缺乏等疾病。

6.4.6 细菌耐药性增加

动物反复接触某些抗菌药物，使得体内耐药菌株大量增殖，从单药耐药到多重耐药，使得抗菌药的临床效果降低。这些抗菌药物残留于动物性食品中，使人长期与药物接触，一方面可使具有耐药性能引起人兽共患病的病原菌大量增加，另一方面动物病原菌的耐药性可传递给人类病原菌，当人体发生疾病时，会给临床治疗带来很大的困难，乃至引起病人的生命危险。有一种对绝大多数抗生素都有耐药性的“超级细菌”NDM-1 在英、美、印度等国家小规模爆发，已引起全世界的关注。

6.4.7 生态环境毒性

兽药及其代谢产物通过动物粪便、尿液等进入环境，对周围环境有潜在的毒性，会对土壤微生物、水生生物及昆虫等造成影响。甲硝唑、喹乙醇、土霉素、泰妙菌素、泰乐菌素等抗菌药物对水环境有潜在的不良作用。阿维菌素类药物对低等水生动物、土壤中的线虫和环境中的昆虫均有较高的毒性作用。有机砷制剂作为添加剂大量使用后，对土壤固氮细菌、解磷细菌、纤维素分解等均产生抑制作用。另外，进入环境中的兽药被动植物富集，然后进入食物链，还可危害人类健康。

6.4.8 影响食品出口贸易

兽药残留问题是严重影响动物源性食品出口贸易的重要因素之一。因兽药残留超标而造成出口贸易受阻，不仅给我国动物性产品生产企业造成了巨大经济损失，而且严重影响了我国食品的国际声誉。由于氯霉素、氯羟吡啶、硝基呋喃类药物残留超标，造成我国动物性食品向欧盟、日本、韩国等国家和地区出口受限的问题已经多次发生。

6.5 兽药及兽药残留管理及监控体系

兽药残留监控体系的主要内容包括：兽药立法工作、兽药残留监控体系建设（包括基础设施建设、兽药残留检测能力、兽药标准体系、兽药残留标准体系）、兽药作用监管、兽药残留监控计划。

6.5.1 兽药及兽药残留管理法规

我国规定兽药及兽药残留监管工作的主要法规为《兽药管理条例》。与兽药及兽药残留监控有关的法律有：《食品安全法》《动物防疫法》《畜牧法》《农产品质量安全法》《标准化法》等。《兽药管理条例》对兽药的使用管理、兽药残留监控工作主管机构、残留标准的制定、残留监控措施的设立和实施、法律责任及违法责任的追究等内容均给予了明确规定，是我国实施兽药残留监控的主要法律依据。

为配合法律法规的实施，农业部制定发布的配套部门规章有：《兽药生产质量管理规范（GMP）》《兽药生产质量管理规范检查验收办法》《兽药 GMP 检查验收工作制度》《兽药 GMP 飞行检查程序》《兽药经营质量管理规范》《兽药产品批准文号管理办法》《兽药标签和说明书管理办法》《兽药生物制品经营管理办法》《兽药标签和说明书备案规定》《兽药广告审查标准》《兽药广告审查办法》《兽药质量监督抽样规定》《饲料药物添加剂使用规范》《动物性食品中兽药最高残留限量》《兽药休药期规定》《禁止在饲料和动物饮用水中使用的药物品种目录》《食品动物禁用的兽药及其它化合物清单》《禁止在饲料和动物饮水中使用的物质》。

6.5.2 组织机构体系

我国兽药及兽药残留监控工作的组织机构由管理机构、监测机构和技术支持机构三方面组成。

兽药残留管理机构是指县及县级以上兽医行政管理部门。其工作职责分别是：农业部负责全国兽药残留监管工作；制定、修订兽药残留法规、规定；发布兽药残留限量标准、检测方法等技术规定；发布兽药残留监控计划和年度计划；负责兽药残留工作的组织、协调、监督等管理工作。省级兽医行政管理部门负责本辖区的兽药残留管理工作，协调本辖区内国家兽药残留监控计划的实施，制定和实施本省的兽药残留监控计划。县级兽医行政管理部门负责本辖区的兽药残留管理工作。兽药使用的监督管理工作由县级以上兽医行政管理部门负责。

兽药残留监测机构是指中国兽医药品监察所及农业部指定的相关检测机构、各省兽药监察所及动物防疫机构和部分省以下的残留检测机构，以兽药监察机构为主体。其职责分别是：中国兽医药品监察所负责国家兽药残留监控计划中安排的中央级的监测任务；指导省级兽药残留监测机构的检测工作；负责残留检测标准物质的制备、标定和发放；参与残留标准的制定工作。如图 6-1 所示，农业部指定的相关检测机构承担国家兽药残留监控计划中安排的相关检测任务。省级兽药监察所（部分省加挂省畜产品检测中心牌子）负责本省范围的国家兽药残留监控计划中的检测任务和本省兽药残留监控计划的检测工作；参与残留标准制定工作。省级动物防疫机构负责本省国家兽药残留监控计划和本省兽药残留监控计划的样品抽取工作。

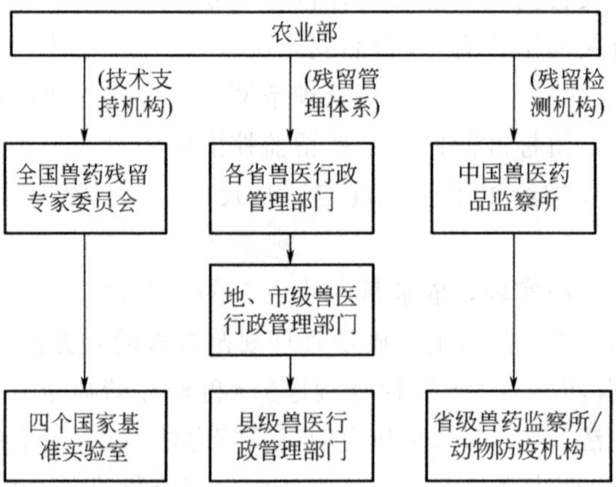

图 6-1　全国兽药残留监控工作机构

注：1. 水产养殖用兽药的残留监控工作由渔业管理部门负责；
2. 进出口产品的残留监测工作由国家质量监督检验检疫系统负责

畜禽兽药残留技术支持机构有全国兽药残留专家委员会和四个国家级兽药残留基准实验室。兽药残留专家委员会是农业部领导下的对我国动物及动物源性食品中药物及有毒有害物质的残留进行预防和监控的技术审议咨询组织，委员来自食品卫生、进出境检疫检验、农药残留、兽药残留和体育、动物兴奋剂检测方面的研究专家和检测专家。残留专家委员会的主要职责是：

① 拟定、修订动物及动物源性食品中兽药最高残留限量标准。

② 根据有关研究报告，拟定、修订动物及动物源性食品中兽药残留的检测方法。

③ 制订和修订国内年度兽药残留检测抽样计划并对年度检测结果进行评估。

④ 收集国内兽药使用情况及有关环保监控信息，组织评估兽药残留监控计划的效果，及时调整年度抽样计划。

四个国家基准实验室分别建在：中国兽医药品监察所、中国农业大学、华南农业大学和华中农业大学。全国兽药残留专家委员会负责兽药残留标准的拟订、修订和审定；负责制订和修订国家残留监控计划；汇总和评价残留监控计划的监测结果；负责国家兽药残留基准实验室的技术协调工作；负责与相关国际组织的技术交流。国家兽药残留基准实验室的主要职责是：参与残留标准的制定；参与国家残留监控计划的制定与实施；负责残留检测结果的最终仲裁；负责对残留检测实验室的技术指导、人员培训，组织比对试验；负责提供技术咨询意见和建议。

商检部门在主要口岸所在地的进出口检验局都设立了残留检测室，并已开展进出口商品的残留检测的正常业务工作。通过多年的努力，目前我国基本形成了残留监察和检测体系，为全面开展残留工作提供了组织保证。

6.5.3 标准和技术规范体系

我国兽药残留标准和规范体系由兽药使用规定、残留限量标准和检测方法标准三部分组成。兽药使用规定由禁用药规定、休药期规定和已批准兽药的使用规定三部分组成。现行的禁用药清单由农业部公告第 176 号，国家药品监督管理局公告第 227 号，农业部公告第 193 号、560 号、1159 号和 2292 号公告等公布，禁止了 39 种（类）兽药和其他化合物用于食品动物。现行的残留限量标准由农业部 2002 年 12 月第 235 号公告发布。它规定了不需要制定最高残留限量的 88 种兽药；制定了 94 种兽药的最高残留限量标准；规定可以用于食品动物，但不得检出兽药残留的 9 种兽药。2003 年 5 月，农业部发布《兽药休药期规定（农业部 278 号公告）》，对临床常用的 202 种（类）兽药和饲料药物添加剂规定了休药期，要求兽药产品标签上必须有休药期，养殖场必须按休药期在动物上市或屠宰前停止用药。我国兽药休药期规定与国际上同种兽药休药期规定大体接近。经过十多年的努力，农业部共制定发布兽药残留检测方法国家标准 146 个。其中，30 个可用于残留筛选，116 个可用于残留定量检测。在这 146 个标准中，涉及检测方法 9 种，可检测药物 150 余种。有 46 个标准可用于多残留检测。

6.5.4 残留监控计划的制定和实施情况

我国自 1999 年起开始实施国家兽药残留监控计划，要求各省按计划实施检测，每季度汇总 1 次结果，并向全国兽药残留专家委员会报告。国家兽药残留监控计划主要针对我国禁用兽药和常用兽药品种进行监测。自 2004 年起，我国建立了残留超标样品追溯制度，要求各地对超标样品实施追加样品检测，采取后续处理措施，使得我国残留监控计划逐步走向完善。

为加强大中城市的食品安全监控，农业部还实施了无公害食品行动。在实施国家残留监控计划的同时，农业部还要求各省农业部门制定和实施本辖区残留监控计划，监控计划的样本数量不得低于国家监控计划在该地区抽样数量的20%，但实际上，各省的辖区计划数量大大超过这一要求。辖区计划的结果汇总和分析工作由本省兽药残留监测部门完成。对检测出现的阳性样品由省兽医行政管理部门按《兽药管理条例》的规定进行处理。

6.6 部分国家和地区禁止使用和允许使用的兽药

6.6.1 部分国家和地区禁止使用的兽药

6.6.1.1 欧盟

1973年欧共体规定青霉素、氨苄青霉素、头孢菌素、四环素类抗生素，磺胺类药物，喹诺酮类药物，三甲氧苄氨嘧啶、氨基糖苷类、新霉素、链霉素和氯霉素类抗生素不宜作为饲料添加剂。1988年欧盟立法禁止使用盐酸克伦特罗。1996年96/22/EEC指令规定禁止销售用于动物的反二苯代乙烯及其衍生物/盐和酯、甲状腺素类物质、β-促生长素；禁止以任何方式对饲养或水产养殖动物施用具有甲状腺素、雌激素、雄激素或孕激素作用的物质和促生长素、镇静剂、β-兴奋剂、盐酸克伦特罗。从1997年4月起全面禁止使用阿伏霉素。从1999年1月1日起禁止使用下列抗生素作为饲料添加剂：维吉尼亚霉素、磷酸泰乐菌素、杆菌肽锌、喹乙醇、卡巴氧、螺旋霉素。从1999年10月开始欧盟对不少磺胺类抗球虫药也颁布了禁令。欧盟常务食品委员会投票确定从1999年10月1日起停止生产和使用下列三种促进增重的药物添加剂：氯氟苄腺嘌呤、二硝甲苯酰胺（球痢灵）、异丙硝哒唑。目前欧盟全面禁止使用洛硝哒唑、氯羟吡啶。

6.6.1.2 日本

家禽禁止使用的药物有克球粉（主要有效成分为二氯二甲基吡啶酚，类似药物有可爱丹、克球多、克球酚、氯羟吡啶、氯甲吡啶醇、氯吡醇、氯吡多、氯吡克、广虫灵、乐百克、三字牌球虫粉、球落）、尼卡巴嗪（又名球虫净、球净，主要成分为双硝脲二甲嘧啶醇）、螺旋霉素、灭霍灵、喹乙醇、甲砜霉素、恶喹酸（喹恶酸）、氨丙啉（安保乐、鸡宝、富力宝）、磺胺喹噁啉、磺胺二甲基嘧啶、磺胺嘧啶、磺胺间甲基嘧啶（制菌磺）、磺胺甲氧嘧啶（球虫宁）、万能胆素、前列斯汀、甲苯、苯酚类消毒药，以及含有磺胺喹噁啉成分的药物（球虫血痢散、克球仙、六旺白冠灵、伏球先锋、球痢杀、牧龙球帝、球康、点球等）。

6.6.1.3 美国

从1997年8月20日起，禁止将氟喹诺酮类和氨基糖苷类药物作为非限制性药物使用。2003年起，美国FDA公布禁止在进口动物源性食品中使用下列11

种药物：氯霉素、克伦特罗、已烯雌酚、二甲硝咪唑、其他硝基咪唑类、异烟酰咪唑、呋喃西林、呋喃唑酮、磺胺类药、氟乙酰苯酮、糖肽。

6.6.1.4 英国

禁止在鸡、火鸡和猪中使用阿伏霉素（也称卑霉素），禁止青霉素、金霉素、土霉素、磺胺类和呋喃类药物用作饲料添加剂。

6.6.2 部分国家和地区允许使用的兽药

6.6.2.1 美国

近期，《美国饲料纲要》中明确规定了在家禽饲料中允许添加的药物共32种，具体如下：氨丙啉、阿砷尼里克酸、亚甲基二水杨酸杆菌肽、杆菌肽锌、班伯霉素、氯四环素、氯甲羟吡啶、杀落抹净、乙羟喹啉、红霉素、氢溴常山酮、潮霉素、拉沙里霉素、林可霉素、马杜霉素铵盐、莫能霉素、那宁素、尼卡巴嗪、硝苯胂酸、新生霉素、制霉菌素、氧四环素、青霉素、双氯苄氨胍盐酸盐、洛克沙胂、盐霉素、森杜拉霉素、磺胺间二甲氧嘧啶和二甲氧甲基苄胺嘧啶、泰乐霉素、弗吉尼亚霉素、球痢灵。美国没有批准任何沙星类药物用于家畜和鱼类，仅批准恩诺沙星和沙拉沙星用于家禽，批准恩诺沙星、二氟沙星、马波沙星和奥比沙星用于伴侣动物。

6.6.2.2 欧盟

允许使用的抗生素为：莫能霉素、盐霉素、黄霉素（巴波霉素）、卑霉素。另外欧盟只批准恩诺沙星、氟甲喹、马波沙星和达氟沙星用于家畜，恩诺沙星、二氟沙星、氟甲喹和恶喹酸用于家禽，恩诺沙星、二氟沙星和马波沙星用于伴侣动物，沙拉沙星和恶喹酸用于鱼。

6.6.2.3 日本

仅批准恩诺沙星、达氟沙星、奥比沙星、二氟沙星和恶喹酸用于家畜，恩诺沙星、达氟沙星、氧氟沙星、马波沙星和恶喹酸用于家禽，恩诺沙星和奥比沙星用于伴侣动物，恶喹酸用于鱼。

6.6.2.4 澳大利亚

没有批准任何沙星类药物用于家畜、家禽和鱼类，只批准恩诺沙星用于伴侣动物。

6.6.2.5 加拿大

仅批准恩诺沙星用于家禽和伴侣动物。

6.7 中国禁止使用的兽药及其他相关规定

为保证动物性产品质量安全，维护人民身体健康，根据《兽药管理条例》、《食品安全法》规定，农业部、卫生部发布了系列公告，对饲料药物添加剂使用、在饲料和动物饮用水中禁止使用的药物品种目录、食品动物禁用的兽药及其他化合物清单、兽药地方标准废止目录、饲料中三聚氰胺的限量值、禁止在饲料和动物饮水中使用的物质做了详细的规定，各兽药生产、经营、使用单位不得从任何渠道购进、使用各公告明令禁止的原料药品和各类制剂产品，凡在检查现场发现禁用兽药或同品种人用药品的，严格按照《兽药管理条例》等有关规定进行查处，性质严重的，吊销其《兽药生产许可证》《兽药经营许可证》；对性质恶劣、造成严重后果的，要依法追究其刑事责任。各级兽药行政管理部门和药品监督管理部门要积极配合、齐抓共管，对跨行业、跨区域的重大违规案件和涉案人员要采取联合办案的工作方式，一查到底，严厉处罚；要互通信息，及时协调，不断深化禁用兽药查处工作，使动物性产品质量安全状况得到明显改善。从养殖、生产、用药环节对动物产品质量安全实施监控。

6.7.1 中国大陆禁止使用的兽药及其他相关规定

(1) 农业部公告第 2625 号《饲料药物添加剂使用规范》

见附录一。

(2) 农业部、卫生部、国家药品监督管理局公告第 176 号《禁止在饲料和动物饮用水中使用的药物品种目录》

见附录二。

(3) 农业部公告第 193 号《食品动物禁用的兽药及其它化合物清单》

见附录三。

(4) 农业部、国家药品监督管理局公告第 227 号《食品动物禁用的兽药及其它化合物清单》

见附录四。

(5) 农业部公告第 235 号《动物性食品中兽药最高残留限量》

见附录五。

(6) 农业部公告第 278 号《兽药国家标准和部分品种的停药期规定》

见附录六。

(7) 农业部公告第 560 号《兽药地方标准废止目录》

见附录七。

(8) 农业部公告第 1218 号《关于饲料中三聚氰胺的限量值》

见附录八。

(9) 农业部公告第 1519 号《禁止在饲料和动物饮水中使用的物质》

见附录九。

(10) 农业部公告第 2292 号《食品动物中停止使用洛美沙星、培氟沙星、氧氟沙星、诺氟沙星 4 种兽药，撤销相关兽药产品批准文号》

见附录十。

(11) 农业农村部公告第250号《食品动物中禁止使用的药品及其他化合物清单》

见附录十一。

6.7.2 香港地区禁止和允许使用的兽药

(1) 禁止使用的兽药

《公众卫生(动物及禽鸟)(化学物残余)规例》规定禁止使用的7种药物是：盐酸克伦特罗、沙丁胺醇、氯霉素、阿伏霉素、己二烯雌酚、己烯雌酚、己烷雌酚。第一阶段(从2001年12月31日起)实施管制的10种药物是：磺胺类、四环素、土霉素、金霉素、强力霉素、羟氨苄青霉素、氨苄青霉素、苄青霉素、邻氯青霉素、双氯青霉素。

(2) 允许使用的兽药

《公众卫生(动物及禽鸟)(化学物残余)规例》允许使用但有最高残留限量规定的35种药物是：羟氨苄青霉素、氨苄青霉素、杆菌肽、苄青霉素、卡巴氧、头孢噻利、金霉素、邻氯青霉素、多黏菌素、丹奴氟沙星、双氯青霉素、二氢链霉素、二甲硝咪唑、强力霉素、恩诺沙星、红霉素、氟甲喹、呋喃唑酮、庆大霉素、伊维菌素、柱晶白霉素、林可霉素、甲硝基羟乙唑、新霉素、恶喹酸、土霉素、沙拉氟沙星、大观霉素、链霉素、硫酰胺、四环素、硫酸粘菌素、甲氧苄氨嘧啶、泰乐菌素、维吉尼霉素。

参考文献

[1] 温海燕.兽药残留的危害及防控措施[J].卫生检疫，2012，186(7)：63-65.

[2] 李金辉，周贵德.兽药在畜禽养殖中安全使用问题及对策[J].农业与技术，2011，31(4)：31-32.

[3] 田胜，王晓云，刘宝胜.饲料中滥用抗生素的危害及应对措施[J].中国饲料添加剂，2010，14(7)：5-9.

[4] 陈明利，魏强，陈金国，等.仔猪功能性饲料添加剂配方筛选[J].饲料工业，2011，32(06)：45-47.

[5] 贺家亮，李开雄，于见亮.动物性食品兽药残留现状及对策[J].中国动物检疫，2006，23(7)：22-24.

[6] 陈一资，胡滨.动物性食品中兽药残留的危害及其原因分析[J].食品与生物技术学报，2009，28(2)：162-166.

[7] 钱建伟，钱宏光.兽药残留的危害及应对措施[J].畜牧与饲料科学，2008，(2)：100-101.

[8] 王俊菊，刘金财.对我国动物源性食品安全问题的思考[J].动物科学与动物医学，2004(1)：18-19.

[9] 贺家亮.动物性食品中兽药残留现状及对策[J].食品研究与开发，2006(6)：176-178.

[10] 聂芳红，徐晓彬.食品动物兽药残留的研究进展[J].中国农学通报，2006(9)：71-75.

[11] 金成浩.兽药残留的危害及防控措施[J].吉林畜牧兽医，2007，(6)：50-53.

[12] 农业部公告第2625号《饲料药物添加剂使用规范》.

[13] 农业部、卫生部、国家药品监督管理局公告第176号《禁止在饲料和动物饮用水中使用的药物品种目录》.

[14] 农业部公告第 193 号《食品动物禁用的兽药及其它化合物清单》.
[15] 农业部、国家药品监督管理局公告第 227 号《食品动物禁用的兽药及其它化合物清单》.
[16] 农业部公告第 235 号《动物性食品中兽药最高残留限量》.
[17] 农业部公告第 278 号《兽药国家标准和部分品种的停药期规定》.
[18] 农业部公告第 560 号《兽药地方标准废止目录》.
[19] 农业部公告第 1218 号《关于饲料中三聚氰胺的限量值》.
[20] 农业部公告第 1519 号《禁止在饲料和动物饮水中使用的物质》.
[21] 农业部公告第 2292 号《食品动物中停止使用洛美沙星、培氟沙星、氧氟沙星、诺氟沙星 4 种兽药，撤销相关兽药产品批准文号》.
[22] 中华人民共和国农业农村部公告第 250 号《食品动物中禁止使用的药品及其他化合物清单》.

Chapter 07

第7章 微生物与寄生虫污染

食品本身不应含有有毒有害的物质。但是，食品在种植或饲养、生长、收割或宰杀、加工、储存、运输、销售到食用前的各个环节中，由于环境或人为因素的作用，可能使食品受到有毒有害物质、微生物或放射性物质的侵袭而造成污染，使食品的营养价值和卫生质量降低。这个过程就是食品污染，其共同特点是对人体健康造成急性或者慢性损害。目前根据食品中可能出现的有害因子分类如下：生物性污染，包括微生物污染，比如细菌、病毒、霉菌、毒素等；寄生虫污染，比如旋毛虫、囊毛虫、弓形虫等；昆虫污染，如蟑螂、苍蝇及蝇蛆等。化学性污染，其中包括有机磷类等农药残留；重金属污染；食品添加剂滥用；放射性污染，主要来自放射性物质的开采和生活使用不当污染食物。本章主要叙述食品的微生物与寄生虫污染，微生物和寄生虫污染食品后不仅造成食品的腐败变质，而且能使人患上传染病，或者造成急性或者慢性中毒，危害较大。

7.1 概述

7.1.1 食品中微生物污染的途径

7.1.1.1 内源性途径

动物体在生活过程中，由于本身携带的微生物而造成的污染，称为食品内源性途径。比如牲畜在生活期间，其消化道、上呼吸道和身体表面，总是存在一定量的微生物。此外，被病原微生物感染的牲畜，在其组织内部还有微生物存在，如牛乳在乳房内就不是无菌的，常含有小球菌和链球菌。病原微生物还可以通过血液循环侵入卵巢，在卵黄形成时，即被病原菌所污染。

7.1.1.2 外源性污染

食品在生产、加工、运输、储藏、销售、食用过程中不遵守操作规则或者不按卫生要求使得食品发生污染，称为食品外源性污染。这是食品污染的主要方面。

(1) 通过水污染

食品生产单位，包括生产加工的设备、地面、用具的洗刷都需要水，而且水也是食品加工的配料之一。各种水源特别是天然水，包括地下水、地上水，不仅有自然的水生微生物，还受周边环境的影响，如生活垃圾、医院污水、厕所、动物圈舍等微生物的污染使得水中的微生物数量剧增，有细菌、病毒、真菌、钩端螺旋体、原虫等，特别是致病微生物的出现，可散布疾病或者引发食物中毒。所以，水的质量好坏与食品的卫生质量关系密切，在建食品加工厂时，必须保证良好的水源。

(2) 通过生产加工污染

几乎每个加工环节都可能造成食品的污染，比如肉食品加工时动物皮毛上的微生物会污染内脏以及鲜肉；挤奶过程中，挤奶工人的手未经严格消毒，工作衣帽不整洁，则可污染乳汁；制作罐头食品时封闭不严，加热灭菌不彻底也可造成食品的微生物污染。另外，加工用具对食品的污染也是不可忽视的，如肉联厂分割肉车间的桌面、盛肉盘、工作手套、刀具等。

(3) 通过运输污染

食品从生产加工到消费者的运输过程中容易造成微生物的严重污染。如运输车辆不清洁，在运输食品前未经过彻底的清洗和消毒而连续使用，即可严重污染新鲜食品。或者在运输途中未对食品进行良好的包装，致使受到尘土的污染，所以在运输中应该做到专车专用，经常清洗消毒。

(4) 保藏过程污染

食品在保藏过程中，往往由于环境被微生物污染而造成食品的污染。比如在阴暗潮湿、霉菌滋生的仓库中储存食品会造成霉菌污染；存放于露天广场的食品会受到风尘中的微生物污染。因此，应该将食品存放于冰箱或者加以遮盖。

(5) 通过昆虫和动物传染

苍蝇、蟑螂、老鼠体内或者体表带有大量的微生物。80%的苍蝇肠道内带有痢疾杆菌；鼠类粪便中带有沙门氏菌、钩端螺旋体等。因此，当食品在生产加工、运输、储藏、销售过程中，如被苍蝇、老鼠、蟑螂等叮咬，则会造成食品污染。

(6) 通过空气污染

食品受空气中微生物污染是最常见又最为重要的污染源之一。空气中带菌微尘的沉降可使食品中的细菌数增加。此外，人体带有微生物的痰沫、鼻涕、唾沫在讲话、咳嗽、打喷嚏时，也可随空气直接或者间接地污染食品。

7.1.2 常见食品的微生物污染

7.1.2.1 肉类食品的微生物污染

健康动物的血液、肌肉、内脏一般没有微生物存在，但由于屠宰、加工、运输过程中的污染致使肌肉和肉制品有一定数量的微生物。

(1) 肉类微生物的来源

肉类微生物的来源大体可以分为以下两类：

① 宰前微生物的污染：牲畜消化道、呼吸道、体表存在大量微生物；另外还有可能感染某种传染病，特别是一些人畜共患病，比如炭疽、结核、布氏杆菌病等。

② 宰后微生物的污染：从屠宰到消费食用各个环节都有被微生物污染的可能。宰杀时放血、脱毛、剥皮、去内脏、分割环节会造成多次污染。宰杀后的运输、储藏、加工销售等过程也可能造成污染。

(2) 肉类中微生物的分类

① 细菌类：主要为肠道菌，比如大肠埃希菌、变形杆菌、沙门氏菌，也有枯草杆菌、马铃薯杆菌、球菌等。肉的深部有厌氧性细菌，比如腐败梭菌、溶解组织梭菌等。还可能有人畜共患病原菌，比如炭疽杆菌、钩端螺旋体等。

② 真菌类：有芽枝霉菌属、曲霉属、交链孢霉属、毛霉属、根霉属、青霉属。

除此之外，在肉上还常见到酵母菌、灵杆菌、八联球菌以及一些浅蓝色或者绿色的假单胞菌、病毒等。

7.1.2.2 乳制品的微生物污染

即使严格遵守无菌操作挤出的乳汁，每毫升平均也有数百个细菌。

(1) 乳中微生物的来源

乳中微生物的来源主要有两方面：

① 乳房中的微生物：从乳房中挤出来的鲜乳并不是无菌的，尤其是乳畜感染某种疾病时，体内致病微生物可进入乳房，并进入乳汁中。

② 来自畜体外的微生物：在挤奶过程中，饲料、粪便、垫草、土壤、挤奶工的手等带有的微生物可进入乳汁中，乳汁挤出来后，在加工、运输、储藏过程中，又可能被病人、带菌者、动物粪便所污染。

(2) 乳中微生物的分类

① 细菌：分为病原菌和非病原菌两大类，乳链球菌、乳酪链球菌、嗜热链球菌、粪链球菌、枯草杆菌、地衣芽孢杆菌、蜡样芽孢杆菌、荧光假单胞菌、腐败假单胞菌、产碱杆菌、黄杆菌、乳酸杆菌是非致病菌；布氏杆菌、结核杆菌、大肠杆菌、沙门氏菌、炭疽杆菌、葡萄球菌、溶血性链球菌、伤寒杆菌、副伤寒杆菌和小肠结肠炎耶尔森菌等为病原菌。

② 真菌：有乳卵胞霉、乳酪卵胞霉、黑念珠霉和蜡样芽枝霉等。

7.1.2.3 蛋制品的微生物污染

(1) 微生物的来源主要有

① 形成过程中的污染，禽类患传染病时，病原菌可经过血液循环进入卵巢，在蛋黄形成时即被污染。

② 产蛋时的污染，在蛋壳形成前，存在于泄殖腔的细菌向上污染至输卵管，导致蛋受污染；在产蛋时，蛋从泄殖腔内向外排出时，由于外界空气的自然冷却作用，引起蛋内的收缩。此时，空气可经过蛋壳进入蛋内。

③ 经蛋壳污染，蛋壳上有大量介于4～40μm 的毛细孔，蛋壳表面的微生物可经过此孔进入壳内。此外，蛋生下后，在收购、运输、储藏等过程中可被禽粪、鸡巢、人手以及装蛋容器上的微生物污染。

(2) 禽蛋中微生物的种类

① 细菌：常见的非致病菌有枯草杆菌、马铃薯杆菌、变形杆菌、产碱杆菌、荧光杆菌、假单胞菌、灵杆菌等；常见的病原菌有沙门氏菌属，另外还有大肠杆菌和绿脓杆菌等。

② 霉菌：有芽枝霉、分支胞霉、毛霉、曲霉和交链孢霉等。

7.1.2.4 水产品的微生物污染

(1) 鱼类中的微生物来源

① 来源于水中：活鱼组织内是没有细菌的，但是鱼类生活的环境是有菌的。因此，鱼类的体表、鳃以及消化道内都有一定量的微生物存在。

② 来源于捕获后：被捕获后的鱼经过运输、储存、加工等可污染大量微生物。

(2) 鱼类中微生物的种类

① 海水鱼所带的细菌：常见的有假单胞菌属、黄杆菌属、无色杆菌属、莫拉杆菌属、副溶血弧菌等。

② 淡水鱼所带的细菌：除了上述细菌，还有产碱杆菌、乳单胞杆菌、乳杆菌属等。

③ 捕获后的鲜鱼：由于和外界环境接触而被污染，所带的微生物更多。比如金黄色葡萄球菌、沙门氏菌、枯草杆菌、大肠杆菌、变形杆菌、伤寒杆菌、霍乱弧菌、肉毒梭菌等。

7.2 细菌污染

因为细菌污染而引起的食物中毒是最常见的食物中毒。加拿大发生的细菌性食物中毒以金黄色葡萄球菌（40.2%）和沙门氏菌（29.0%）为主，肠炎弧菌（0.5%）较少；美国发生的细菌性食物中毒以葡萄球菌（33.9%）、沙门氏菌

(33.5%)、肠炎弧菌(1.0%)为主;日本细菌性食物中毒占食物中毒总件数的70%~85%,占患者人数的80%~85%,其中肠炎弧菌34%~35%,葡萄球菌20%~25%,沙门氏菌10%,弯曲杆菌3%~3.5%,致病性大肠埃希氏菌2.5%~3%。近十年来由于日本饮食安全和饮用水卫生水平的提高以及生态的改善,使食物中毒事件大幅下降,原先处于第三位的沙门氏菌引起的食物中毒上升至第一位。中国发生的细菌性食物中毒以沙门氏菌、变形杆菌、金黄色葡萄球菌为主,其次是副溶血性弧菌、蜡样芽孢杆菌。

7.2.1 细菌性食物中毒发生的原因

细菌性食物中毒发生的原因比较复杂多变,主要原因有以下几点:

① 食物在生产加工、包装、运输、储存、销售等过程中受到致病菌的污染。这些污染主要来自:a. 一些动物生前带菌;b. 食品加工作业人员卫生状况不良;c. 生产环境状况不良;d. 食品包装发生破损,进而被微生物污染。

② 被致病菌污染的食品未经烧熟煮透。

③ 被致病菌污染的食品在适宜细菌生长繁殖的条件下储存到一定时间或者储存时间过长,造成致病菌大量生长繁殖或者产生毒素。

④ 生熟食品发生交叉污染或者烧熟的食品发生二次污染,这些污染也包括来自食品的加工器具和容器的污染。

7.2.2 细菌性食物中毒的分类

依据中毒的作用机理,细菌性食物中毒分为感染型、毒素型和混合型三种。

7.2.2.1 感染型

感染型,也称为侵袭型。病原菌污染食品并在其中大量繁殖,随同食物进入肠道,在肠道内继续生长繁殖,依靠侵袭力附着于肠道黏膜和黏膜上层,引起肠黏膜充血,白细胞浸润、水肿、渗出等炎症病理变化。某些病原菌比如沙门氏菌进入黏膜固有层后可被吞噬细胞吞噬或者杀灭,内毒素可作为致热源刺激体温调节中枢引起体温升高,也可协同致病菌刺激黏膜引起腹泻等胃肠道症状,有些致病菌可经过淋巴系统进入血液循环系统,引起菌毒血症以及全身感染。

7.2.2.2 毒素型

产生毒素的细菌污染食品后,在食品中生长繁殖并且产生毒素,随同食品进入机体而引起食物中毒。因此,引起此类中毒的食品,虽然经过加热方式杀菌,但是毒素不能被高温破坏,仍有可能引起食物中毒,此特性可和感染型食物中毒相区分。属于此类中毒的病原菌有金黄色葡萄球菌、肉毒梭菌和椰毒假单胞菌等。

7.2.2.3 混合型

致病菌既能直接侵袭肠黏膜又同时产生毒素,引起急性胃肠道疾病。比如副溶血弧菌等致病菌，进入肠道侵袭黏膜引起肠黏膜的炎症反应，同时还产生毒素，属于这一类的还有蜡样芽孢杆菌和产气荚膜梭菌等。

以上的分类只是相对的，即对某些细菌来说侧重感染型或者毒素型，一般而言混合型的居多。

7.2.3 食品中主要致病菌污染路径

7.2.3.1 食品中沙门氏菌污染路径

沙门氏菌分布遍及自然界，在人、动植物、土壤、冰雪、食物中均可找到，因此沙门氏菌污染肉类食品的概率很高。健康畜禽肠道沙门氏菌检出率2%～15%，鸡鸭鹅等家禽及其蛋带菌率30%～40%，病猪肠道中沙门氏菌检出率达到70%；健康人类粪便中沙门氏菌检出率0.02%～0.3%，腹泻患者粪便中沙门氏菌检出率8.6%～18.8%。

沙门氏菌常见于土壤、空气、灰尘、动物消化道及其排泄物中，极易通过各种路径污染食品，容易受到污染的食品有肉类、蛋类、乳类和水产品等，由于沙门氏菌特别适合在含蛋白质多的食品中生长繁殖，因此沙门氏菌食物中毒多因摄食了受到沙门氏菌污染的动物源性食品。沙门氏菌的污染路径如图7-1。

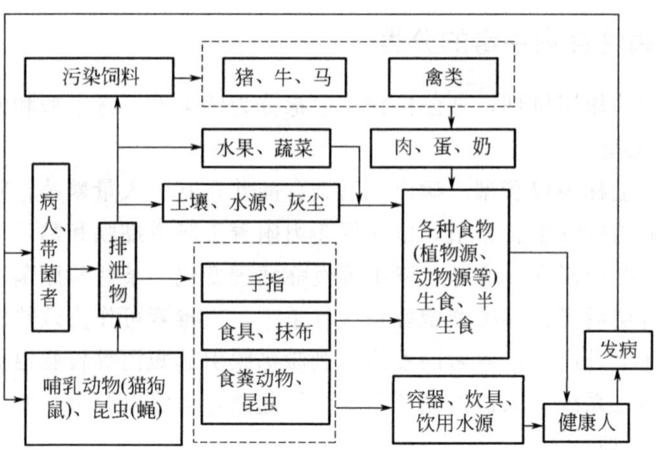

图7-1 沙门氏菌的污染路径

7.2.3.2 金黄色葡萄球菌的污染路径

金黄色葡萄球菌的污染路径如图7-2。

7.2.3.3 链球菌的污染路径

链球菌的污染路径类似于金黄色葡萄球菌的污染路径。病畜、病死畜肉是重要的污染源。

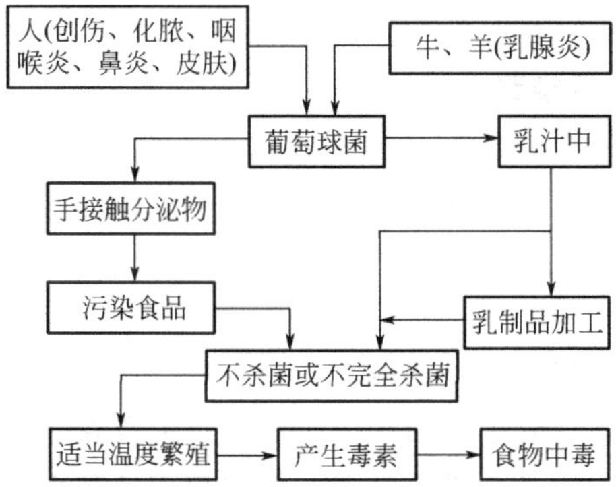

图 7-2 金黄色葡萄球菌的污染路径

7.2.3.4 志贺氏菌的污染路径

感染源为患者的粪便，直接或者间接污染食品和水。污染途径同沙门氏菌。

7.2.3.5 副溶血弧菌的污染路径

① 人群带菌者对食品的直接污染，健康人群以及渔民副溶血弧菌带菌率为11.7%，有肠道病史者带菌率可达31.6%～88.8%。

② 间接污染，炊事厨具、带菌容器、苍蝇等病媒昆虫都可能对食品构成污染。

③ 捕捞水产品在较高温度下存放自动带菌。

副溶血弧菌的污染路径见图 7-3。

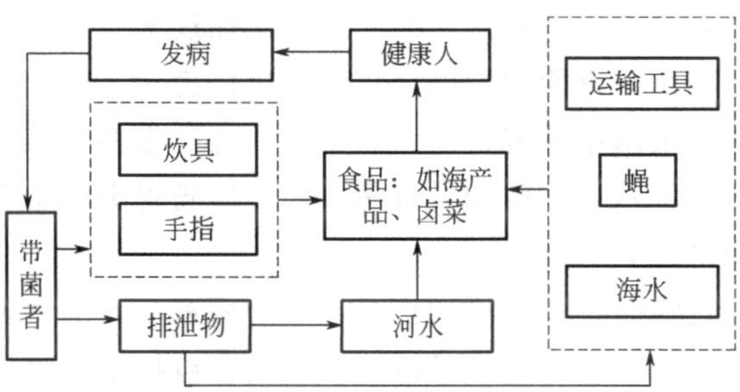

图 7-3 副溶血弧菌的污染路径

7.2.3.6 肉毒梭菌的污染路径

肉毒梭菌的污染路径与沙门氏菌相类似。

7.2.3.7 大肠埃希氏菌的污染路径

大肠埃希氏菌的污染路径类似沙门氏菌，病原性大肠埃希氏菌在人类粪便中较多，可经过土壤、水、昆虫、鼠等病媒直接或者间接地污染食品，从而进入人体引起中毒。

7.2.3.8 空肠弯曲菌的污染路径

空肠弯曲菌的污染路径与沙门氏菌的类似。

7.2.3.9 李斯特菌的污染路径

李斯特菌的污染路径与沙门氏菌的类似，但是蔬菜以及水果也是主要污染源。冷藏食品不能抑制李斯特菌的繁殖，是有别于沙门氏菌和副溶血弧菌的一个特点。所以，引起李斯特菌中毒的食品以在冰箱中保存时间过长的乳制品、肉制品为多见。

7.2.3.10 蜡样芽孢杆菌的污染路径

蜡样芽孢杆菌在自然界中分布十分广泛，主要存在于土壤、尘埃、植物和空气中，因而食品受该菌污染的机会很多。蜡样芽孢杆菌引起中毒的食品，包括乳以及乳制品、畜禽肉类食品、蔬菜、马铃薯、豆芽、甜点心、调味汁、色拉、米饭和油炒饭，偶尔见于酱、鱼、冰淇淋等。因为该菌很容易在米饭中繁殖，特别是大米饭，其次是小米饭、高粱米饭，个别还有米粉、甜酒酿、月饼等，我国主要是剩饭。根据调查，市场销售食品中蜡样芽孢杆菌的带菌率为：肉制品13%～26%、乳制品23%～77%、饼干12%、生米67.7%～91%、米饭10%、炒饭24%、豆腐54%、蔬菜水果51%。本细菌的主要污染源是尘土，也可能是食品操作人员卫生状况不良、不洁的容器和用具以及苍蝇、蟑螂等生活害虫传播所污染。

7.3 病毒污染

近年来，病毒在食物中毒致病因素中的比例在逐渐上升，美国、日本、中国香港的病毒性食物中毒占查明原因的食物中毒比例为8%～20%。

病毒一般要在活细胞中才能存活并繁殖。病毒寄生在动植物体内繁殖，使得昆虫、鱼类、畜禽、植物、细菌和人致病。病毒性肠胃炎的出现频率仅次于普通感冒，居食源性病毒感染的首位。

病毒感染在未发病时很难检测到病毒，有些病毒对人的危害极大，除了可引起急性感染外，还可对感染者造成可持续性感染，包括隐性感染、潜伏感染、慢性感染和迟发性临床症状的急性感染。

7.3.1 病毒污染来源

一般情况下病毒只能寄生在活细胞内才能存活和复制，因此人和动物是病毒复制的主要宿主和传播源。

7.3.1.1 病人和健康带毒者

病人是重要的传播源，尤其在临床症状明显时期，其病毒传播能力最强。此外，有些病毒携带者表面健康，但处于传染病的潜伏期，在一定条件下，可向外排毒，由于没有明显的临床症状，因而具有更大的传播隐蔽性。

7.3.1.2 受病毒感染的动物

由于畜牧养殖业的发展和流通，以及人们捕食野生动物，一些人兽共患病毒不仅给养殖业带来巨大损失，而且通过各种流通渠道，最终传染给人，对人类健康和生命造成威胁，比如口蹄疫、禽流感、疯牛病、非典型肺炎等。

7.3.1.3 环境和水产品中的病毒

有些病毒粒子可在土壤、水、空气中存活很长时间，可造成水产品、谷物、蔬菜等食物污染，比如脊髓灰质炎病毒可在污泥和污水中存活 10 天以上，在其中生长的蔬菜等食品可能携带有病毒。

7.3.2 污染路径

来源于污染源的病毒，可通过各种路径污染食品，传播方式主要有以下几种：

① 携带病毒的人和动物通过粪便、排泄物、尸体等直接污染食品原料和水源，比如细小病毒、呼吸道病毒、肠道病毒等。

② 带有病毒的食品从业人员通过手、生产工具、生活用品等在食品加工、运输、销售等过程中对食品造成污染，比如肝炎病毒。

③ 蚊子、苍蝇、老鼠、跳蚤等媒介生物可作为某些病毒的传播媒介，造成食品污染，比如肺炎、流行性出血热等。

④ 感染或者携带病毒的动物，可能导致动物源性食品的病毒污染，比如牛、羊、猪肉中的口蹄疫病毒，禽和禽蛋中的禽流感病毒。

⑤ 污染食品的病毒被人和动物摄食，并在体内繁殖后，又可通过生活用品、粪便、唾液、动物尸体造成二次污染。

7.3.3 病毒污染食品的特点

7.3.3.1 散在发生和流行性发生相关性不大

① 散在发生　由于安全防范措施、地域以及自然条件不同，使得病毒污染食品的事件呈零星发生，各个污染事件之间没有明显的线性关系。

② 流行性发生　在某一时期某一地区某种病毒污染食品的数量明显地超过了平时的污染量。

③ 污染大流行　往往是食品流行性污染的进一步发展，在一定时期内迅速传播，波及范围很大。

④ 爆发污染　特点是具有突发性，食品在短时间内发生大批的病毒污染。

7.3.3.2 污染和流行有一定的时间性

① 季节性明显　比如肠道病毒多发生在夏秋季，呼吸道病毒多发生在冬春季。

② 周期性变化　一些病毒对食品的污染具有周期性。

7.3.3.3　污染和流行具有区域性

有些病毒对食品的污染与其发育所需要的自然条件、传播媒介以及当地的居民生活习惯有关，因而呈现区域局限性。

7.3.4　食品中常见的病毒污染

7.3.4.1　肝炎病毒对食品的污染

肝炎病毒可导致传染性肝炎和慢性肝炎损伤。引起病毒性肝炎的病毒目前已经发现了7种，即甲、乙、丙、丁、戊、己、庚型，经证实可通过食物传播的主要是甲型和戊型肝炎病毒，甲型和戊型传播路径类似，乙型存在很多疑点和争议，这里主要介绍甲型和乙型。

(1) 甲型肝炎病毒的污染来源和路径

① 甲肝的传播路径主要是粪→口路径，病人的粪便中含有大量的甲肝病毒，粪便也容易污染水源，因而甲肝病毒污染的水和食物是甲肝的主要传播方式，手和污染的水是甲肝传播的重要载体。

② 接触也是甲肝传播的重要方式，因为病人在症状出现前两周至黄疸出现后两周体内病毒通过分泌物大量排出而使病人的手等体表带有病毒。

③ 在黄疸出现前两周至出现后两周，病人排毒量大，具有很强的传染性，病毒也出现在病人血液中，因而污染的血液或者血液成分，经口或者注射方式也可造成感染。

(2) 乙型肝炎病毒的污染来源和路径

① 母子垂直传染

40%～50%的带毒者经过此种路径感染。a.胎儿时期，病毒可经过胎盘、脐带进入新生儿体内。b.生产前后，胎儿经由伤口或者吸入含有病毒的血液、阴道分泌物、水而染毒。

② 水平传播

a.性行为，皮肤黏膜伤口，接触患者含有病毒的血液、体液、精液等。

b.输血传染。

c.医疗器械消毒不完全的传染：注射器、针、牙科用具、针灸针、手术用具等。

d.文身、修面、穿耳孔、共用牙刷、刮胡刀。

e.昆虫，比如蚊虫叮咬。

f.其他未知路径。

乙肝病毒一般认为其传染源主要是乙型肝炎患者和乙型肝炎健康携带者。传播方式主要是血液传播，比如母子垂直传播、性行为、输血以及医疗器械、蚊虫叮咬，由食品污染经口传播未得到证实。由于病人唾液中有相当一部分能检测到乙肝表面抗原 HbsAg，提示有完整的病毒颗粒存在。因此推论唾液、体液或者其他分泌液也可能传播乙肝病毒。

③ 感染后果以及演变见图 7-4。

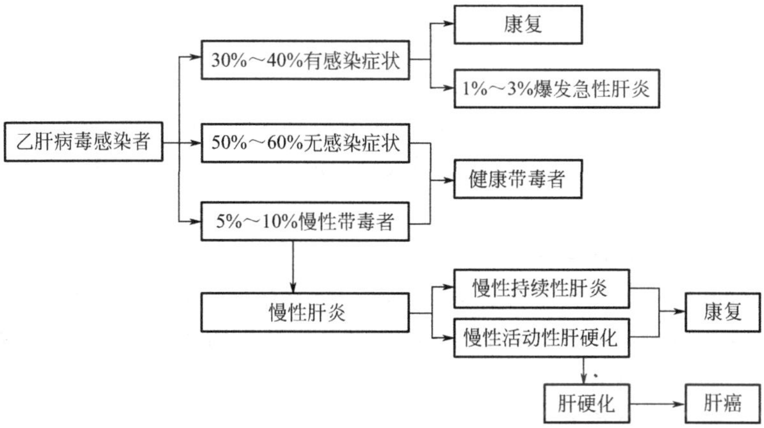

图 7-4 乙型肝炎感染后果以及演变

7.3.4.2 疯牛病病原对食品的污染

疯牛病最早于 1985 年在英国发生并且流行，通过出口被该病原感染的牛肉或者牛骨粉而波及其他国家。1989 年起，每月发生约 900 例，1995 年 2 月已经累计发生 143109 件确认病例。二十几年后的今天，疯牛病蔓延至法国、西班牙、爱尔兰、瑞士、丹麦、荷兰、奥地利、比利时、意大利、卢森堡等国家，造成巨大的经济损失。一般认为，反刍动物源性饲料是疯牛病传播的基本要素。之所以叫疯牛病，是因为患病牛的运动神经系统受损，行为像疯了一般，故名疯牛病。克-雅氏病是人类患此病的名称，1957 年在大洋洲巴布亚新几内亚的一个原始部落里发现。疯牛病称作“牛海绵状脑病”是从解剖角度命名的，病死牛解剖其大脑，其脑髓（灰质）实质部分似海绵状空洞化而得名。羊痒病是 1954 年在冰岛首次发现，绵羊和山羊患此病。

现在科学家普遍认为，疯牛病在动物间传播包括两种传播途径，一是患病母牛通过胎盘传染给犊牛，另一种是食用染病动物肉加工的饲料染病；但也可能存在尚未发现的第三种传染路径。对人传染路径可能是人类食用染病动物的脑、神经组织、内脏器官和肌肉组织等及其制品，另外从理论上来说人类也可能通过母婴胎盘垂直传播此病。

世界卫生组织综合有关研究认为，患病动物各部位的相对危险性如下：a. 强传染性：脑、脊髓、脑脊髓、眼球；b. 低传染性：小肠、背神经节、骨髓、肺、肝、肾、脾、胎盘、淋巴结；c. 无传染性：肌肉、乳汁、血液、胰脏、胸腺、心脏、脂肪。

7.3.4.3 禽流感病毒对食品的污染

禽流感病毒为单股负链 RNA 病毒，根据其核糖核蛋白抗原可以分为三个不同的抗原型，即 A、B、C 三型。其中 B、C 两型仅对人致病，A 型对人、猪、马、禽类均有致病性。禽流感是 A 型禽流感病毒引起的一种从呼吸系统严重到全身败血症等症状的传染病。根据病毒所具有的 15 种血凝素（H_1～H_{15}）和 9 种神经氨酸酶（N_1～N_9）进行亚型分类，高致病性禽流感特指 A 型流感病毒的强致病株感染，禽流感死亡率很高，目前分离到的 A 型禽流感病毒的强病毒都是 H_5 或者 N_7 亚型。禽流感病毒的最大特点就是抗原变异性，其中 A 型抗原变异性最强。

（1）污染来源和传播路径

家禽及其尸体是该病毒的主要传染源。病毒存在于病禽的所有组织、体液、分泌物和排泄物中，常通过消化道、呼吸道、皮肤损伤和眼结膜传染，吸血昆虫也可传播，病鸡的肌肉、鸡蛋也可能带毒。

（2）污染食品的危害

禽流感流行期间，各种禽类均容易被感染。染毒后，在禽类肌肉、内脏、蛋中可检出大量的禽流感病毒。人可因为食用这些食品而感染禽流感，带来多种危害。

患者潜伏期一般为 3～5d，多表现出感冒症状，体温升高，疲倦，消化功能降低，眼睑肿胀，眼结膜发炎，呼吸不畅，呼吸道分泌物增加，肺出血性水肿。

该病毒可通过血液进入全身组织器官，严重者可引起内脏出血、坏死，造成机体功能降低。容易进一步被细菌侵袭，形成继发混合感染，有导致死亡的危险。

H_5N_1 病毒可以向人传播，因此对人类也有危险，人类感染禽流感病毒的路径主要是传播感染，目前尚未发现在人与人之间传播。

从生物学角度来说，有三个原因阻止了禽流感病毒对人的侵袭。首先，人的呼吸道上皮细胞不含禽流感病毒的特异性受体，即禽流感病毒不容易被人体细胞识别和结合；其次，禽流感病毒不具有在人群中流行的流感病毒所必须具有的基因片段；最后，禽流感病毒在人体内复制比较困难。不过，尽管没有足够的证据表明禽流感病毒会引起人类流感爆发，但从进化角度来说，人类流感与原先在动物中传播的流感病毒有关。很可能是历史上人类在驯养动物的过程中，由于人畜接触频繁，猪流感和禽流感的某些毒株发生变异，获得了对人的致病性以及在人群中传播的能力，成为人类流感病毒。对个人而言，应该注意身体健康，保持良好的免疫力；食用禽类制品之前要高温充分烹煮，以杀灭病毒；皮肤破损要特别注意保洁。

7.3.4.4 口蹄疫病毒对食品的污染

口蹄疫病毒属于单链 RNA 病毒，具有多型性和易变性。血清型分型目前确认的有 7 个型，每一型分为若干亚型，已经发现的亚型至少有 65 个。口蹄疫病毒对外界的抵抗力很强，自然条件下，存在于组织和污染的饲料、饲草、皮毛以及土壤的口蹄疫病毒可以存活数周至数月，此病毒对高温、酸和碱比较敏感，阳光直射 60min 或者煮沸 3min 即可杀死。

(1) 污染来源和传播路径

患病或者带毒的牛、羊、猪等偶蹄动物是口蹄疫病毒的主要传播源。发病初期的病畜是最危险的传播源，症状出现的头几天排毒量最大，毒力最强，传染性最大。病牛舌面水疱皮排毒量最大，每 100g 水疱皮中含毒量可达 10^{11} 个病毒颗粒。破溃的水疱、唾液、粪便、乳汁、尿液、精液和呼出的气体将大量的病毒排向外界，可污染食品和水源。另外，处于潜伏期和痊愈后的带毒动物均可向外排毒，也是病毒的主要传染源。

(2) 污染食品的危害

口蹄疫是一种急性发热性高度接触性的传染病。该病毒引发的传染病可人畜共患。主要侵害偶蹄类动物，当人接触了染毒的动物或者食用了被口蹄疫病毒污染的食品后，可感染该病毒而发病。该病毒致病性强，1g 新鲜的病牛舌头皮捣成糊状，进行 10^{-8}～10^{-7} 稀释后，取 1mL 涂于健康牛舌仍能使健康牛发生口蹄疫。食品和水源被该病毒污染后，可对人体构成很大威胁，尤其是当某地区口蹄疫发生流行时，食用易感动物的肉和乳是极其不安全的。

人感染口蹄疫病毒后，潜伏期一般为 2～8d，常突然发病，表现出发热、头痛、呕吐等症状。2～3d 后口腔内有干燥和燃烧感，唇、舌、齿龈以及咽部出现水泡。另外，手指间、脚趾间、鼻翼和面部皮肤会出现水泡。水泡破裂可排出含有大量病毒的水泡液，而后结痂，逐渐愈合。有的形成溃疡，一般愈合快，不留疤痕。有的患者咽喉痛，吞咽困难，脉搏迟缓，低血压。患者可并发细菌性感染，比如肠胃炎、神经炎、心肌炎、以及皮肤、肺部感染，也可因继发性心肌炎而死亡。

7.3.4.5 诺瓦克病毒对食品的污染

诺瓦克病毒最早于 1972 年在美国俄亥俄州诺瓦克市一家学校的食物中毒事件中被分离出来而命名。病毒大小为 28～38nm，二十面体立体堆成，单股线状 DNA。对外界因素具有较强抵抗力，能够耐受较高温度和脂溶剂的处理，而不丧失其感染性，诺瓦克病毒可在冷藏食品中存活很长时间。对酸敏感，在 pH 3～5 的环境中可将其灭活。

诺瓦克病毒主要感染大龄儿童和成人。污染的水源和食品是该病毒的来源之一。病毒潜伏期为 2～38h。主要引起人的急性肠炎，但恢复较快。2003 年韩国首尔市 13 所学校的 1000 多名学生出现了腹泻、呕吐等中毒症状，罪魁祸首就是诺瓦克病毒。2006 年日本全国大范围出现了诺瓦克病毒感染事件。2007 年 1 月 15 日，新华社称中国出现诺瓦克病毒感染者。同年为日本、欧洲各国此病例飙升年。2010年12月15日，广东省卫生厅发布11月全省突发公共卫生事件，广州从化发生了一起水污染引起的诺瓦克病毒感染事件，发病429人，无死亡病例。2013年3月广州大学城暴发大规模诺瓦克病毒感染事件，600多人出现腹泻，经过市疾控中心确认的有200多例。

诺瓦克病毒感染主要涉及的食品为贝壳类等水生动物、凉拌菜、莴苣和水果等。诺瓦克病毒的控制措施与甲型肝炎基本相同。

7.4 真菌污染

自然界中的真菌分布十分广泛，有些真菌被广泛应用于食品工业以及化工工业，大部分真菌是由于其产生的外源性毒素（比如黄曲霉毒素）或者本身含有的内源性毒素（比如毒蘑菇含有的毒素）而对人体产生危害，成为食品安全的严重隐患。

习惯上真菌毒素一般分为霉菌毒素和蘑菇毒素。霉菌是指菌丝体比较发达而又没有较大子实体的那一部分真菌的俗称。凡在基质上长成绒毛状、棉絮状或者蜘蛛网状菌丝体的真菌称为霉菌，霉菌毒素是由霉菌产生的二次代谢产物。蘑菇是属于担子菌亚门的真菌，部分蘑菇可产生毒素。霉菌、酵母菌、蘑菇不是分类学名称，而是形态群的俗称，它们分属于真菌的各门，比如霉菌分属于壶菌门、接合菌门、子囊菌门中。

霉菌毒素含量以及霉菌数可以作为判定食品被霉菌污染的程度，霉菌毒素常以μg/kg表示，霉菌数常以cfu/g表示。粮食在收割前后、储藏、运输过程中，从外界污染一些霉菌，比如曲霉、链孢霉、青霉、毛霉和木霉等。曲霉和青霉在储藏粮食中最易检出，表明粮食处于污染的初期。毛霉、根霉、木霉往往在粮食霉变后才能检出来。霉菌毒素污染并不只是存在于发展中国家，在欧美等发达国家也存在着严重的霉菌毒素污染。由于温湿度的原因，在热带、亚热带的一些发展中国家这一问题更为严重。

中国人饮食以谷物为主，使得霉菌污染的危害极为突出。比如20世纪70年代中国对食用油食品霉菌毒素的普查发现，北纬31°以南地区采集的玉米、花生、花生油样品的阳性检出率为22.9%～68.1%。霉菌的寄生和霉菌毒素的产生，严重影响农作物的产量，降低农产品和饲料的品质，造成巨大的经济损失。据估计，全世界每年因为霉菌污染造成的农产品和工业原料损失高达数百亿美元。中国谷物霉变主要发生在长江以南地区，每年粮食减产3%～7%。除了粮食、饲料外，在油料作物种子、水果、干果、蔬菜、调味品、烟草、乳制品、鱼虾、肉类、发酵产品中均发现了不同程度的霉菌毒素污染。

7.4.1　霉菌毒素产生的特点

① 霉菌毒素在空气相对湿度80%以下较难产生，在80%～50%之间随着相对湿度下降而急速下降，50%以下，绝难产生。

② 霉菌毒素的产生因食品而异，由于霉菌容易在含蛋白质较少的花生和谷类食品中生长繁殖，所以霉菌毒素在碳水化合物性食品中产生较多。

③ 谷物类食品在含水量10%以下时不容易产生毒素，在25%以上极其容易发生霉变且产生毒素。

④ pH在4～11范围内随着数值的减小霉菌产毒量增加，在pH=4附近最容易产生。

⑤ 破损的农作物、种子或者食品较容易产生。

⑥ 霉菌毒素的产生有交叉情况，即一种霉菌能产生多种毒素，一种毒素可以由多种霉菌产生。

7.4.2　主要的产毒霉菌

能产生毒素的霉菌只是霉菌中的一小部分，在产毒霉菌中也只有一部分菌株能产毒，同类的霉菌菌株的产毒能力也有可变性和差异性。已知的产毒霉菌主要有以下几种：

① 曲霉菌属：黄曲霉、赭曲霉、杂色曲霉、烟曲霉、构巢曲霉和寄生曲霉等。

② 青霉属：岛青霉、橘黄青霉、绿青霉、红色青霉、扩展青霉、圆弧青霉和纯绿青霉等。

③ 镰刀菌属：禾谷镰刀菌、尖孢镰刀菌、雪腐镰刀菌、串珠镰刀菌、拟枝镰刀菌、木贼镰刀菌和茄病镰刀菌等。

④ 其他霉菌：麦角菌属、鹅膏菌属和马鞍菌属等。

7.5　寄生虫对食品的污染

7.5.1　常见的食源性寄生虫

当前我国常见的食源性寄生虫主要有五类，分别是：植物源性寄生虫、淡水甲壳动物源性寄生虫、鱼源性寄生虫、肉源性寄生虫、螺源性寄生虫等。

7.5.1.1　植物源性寄生虫

植物源性寄生虫包括布氏姜片虫、肝片形吸虫等，其中以姜片虫最为常见。感染姜片虫后，轻者无明显症状，重者会出现消化不良、腹痛、腹泻，其结果是患者营养较差，出现消瘦、贫血等症，多数人还伴有精神萎靡、倦怠无力等症状。儿童患者有时可致发育障碍和智力减退。

7.5.1.2 淡水甲壳动物源性寄生虫

淡水甲壳动物源性寄生虫主要是指并殖吸虫，包括卫氏并殖吸虫、斯氏狸殖吸虫。由于这些寄生虫主要寄生于人或动物的肺部，因此又称肺吸虫。卫氏并殖吸虫病的主要症状为咳嗽咯血、胸痛，颇似肺结核病；若虫体侵入脑部，还会出现头痛、癫痫和视力减退等症；若侵入皮肤，可见皮下有包块。

7.5.1.3 鱼源性寄生虫

包括华支睾吸虫、棘颚口线虫、异型吸虫、棘口吸虫、肾膨结线虫、阔节裂头绦虫等；其中以华支睾吸虫最为常见。华支睾吸虫病的病原体是华支睾吸虫，其寄生部位为肝胆管，所以俗称肝吸虫。肝吸虫病病人主要是肝受损，可出现如疲劳乏力、消化不良、食欲减退、腹痛腹泻等胃肠道不适症状。如果虫体拥塞在胆管中，也可并发胆道感染及胆结石，严重感染者在晚期可出现肝硬化和腹水，甚至死亡。儿童患者可致发育不良。

7.5.1.4 肉源性寄生虫

常见的有旋毛虫、猪带绦虫、牛带绦虫、弓形虫、裂头蚴等，感染后的临床症状不尽相同。

(1) 旋毛虫

主要发生于猪、狗和许多野生动物身上。人吃了带有旋毛虫囊包的肉，幼虫便在小肠内钻入肠壁下发育为成虫，雌虫在此产生幼虫，幼虫随血液循环到全身肌肉内再形成囊包。人患旋毛虫病后，在初期感觉有头痛、发烧、怕冷、恶心、呕吐、腹痛、厌食。中期持续发高烧，但头脑清醒，四肢和面部浮肿，皮肤发亮发红，全身肌肉疼痒。轻者可逐渐恢复，但消瘦、精神不振。浮肿消失后，全身皮肤一层层脱落。病情严重者可因广泛的心肌炎导致心力衰竭、毒血症及呼吸道并发症而死亡。

(2) 猪带绦虫、牛带绦虫

囊虫病在猪、牛、羊身上都常发生，其中猪囊虫和牛囊虫都是人绦虫的幼虫，对人危害较大。人吃了带有活的囊虫的猪肉便会在人的肠道内成长为有钩绦虫或无钩绦虫。患绦虫病的人时常感觉有腹痛，消瘦无力，贪吃懒动，严重的会失去劳动能力。人不但能得绦虫病，更危险的是可自体感染得囊虫病。人吃了绦虫的卵，到小肠内可孵化成六钩蚴，然后钻进肠壁的血管和淋巴管，又随血液循环侵入到人的周身肌肉和皮下，甚至到眼睛或脑发育成囊虫。患囊虫病的人肌肉痛痒，四肢无力，皮下长起一个个小豆大的囊包，有的眼睛失明，有的经常抽风，严重的也会引起死亡。

(3) 弓形虫

弓形虫主要寄生于各种细胞内或游离于腹腔液中。此病主要经消化道感染，成人感染弓形虫大多不表现出症状，有些表现为体温升高、厌食、腹泻。反复感染会出现呼吸困难以及神经症状。该虫可严重损害胎儿，所以如果准妈妈在怀孕期间受感染，对宝宝的影响将会非常严重。母体早孕期间感染，可引起流产、早产、死胎或畸形；母体妊娠中、晚期感染，婴儿出生后可有眼、脑、肝脏的病变和畸形。

(4) 肝片吸虫

人感染肝片吸虫或大片吸虫可引起急性或慢性肝炎和胆管炎。该病主要侵害肝脏，在临床上常呈现消瘦、贫血等营养不良症状。

(5) 住肉孢子虫

住肉孢子虫是一种细胞内寄生虫，人感染后以横纹肌或心肌形成米氏囊为特征。人患住肉孢子虫病后，如果是少量寄生，一般不表现临床症状，但当大量虫体寄生时，可发生全身淋巴结肿大、下痢、腹泻等，重者可发生截瘫。

7.5.1.5 螺源寄生虫

较为常见的是广州管圆线虫。广州管圆线虫是鼠类的肺线虫，又名嗜酸粒细胞增多性脑膜炎，是由于鼠类的心、肺部寄生的线虫，即广州管圆线虫幼虫（或成虫）寄生在人的中枢神经系统所致。可发生嗜酸性粒细胞增多性脑膜炎或脑膜脑炎。该寄生虫的中间宿主之一是福寿螺。人感染后可能引起脑膜脑炎以及头痛发热、颈部僵硬、面部神经瘫痪等症状，严重者可致痴呆，甚至死亡。

7.5.2 食品中寄生虫的污染途径

我国农副产品生产源头存在严重的不安全因素。农产品生产多以农户个体作业为主，造成食物中的寄生虫主要是在饲养、生产过程中被污染。野生动植物或散养动物由于在整个生长过程中不断接触、食用可能被寄生虫污染的水、食物或带虫同类，感染寄生虫的概率很大。在众多的野味中，人们吃蛇吃得最多，即使动物园中的蛇，患病率也很高，癌症、肝炎等几乎什么病都有，寄生虫更多。蛇的食物不同，体内的寄生虫也不一样，以兔子和老鼠为食的蛇寄生虫最多。福寿螺等水生生物生长的水体如果被带虫粪便污染，即可感染寄生虫。如广东、广西、辽宁三地淡水鱼感染华支睾吸虫率高达59.66%，关东的绞鱼、鳝鱼、鲤鱼的肝吸虫囊蚴检出率分别高达50%、40%、20%。圈养的动物由于没有及时预防或食用不清洁的食物也会感染寄生虫。

7.5.3 人感染寄生虫的途径

人体被寄生虫感染主要是由于某些不良的习俗或饮食习惯所致。不少地区都有生吃菱角、溪蟹或鱼虾的习惯，认为生食可“壮筋骨”“清凉败火”“营养不被破坏”，其他一些不当的烹饪方法因不能全部杀死食物中的寄生虫也可引起感染，如腌、醉、焯制溪蟹和螺虾等。此外，寄生虫污染炊具、手或饮生水也可造成感染。抚摸玩耍宠物猫、狗或食入未经彻底洗净的生鲜果蔬等均可造成感染。

7.5.4 食源性寄生虫病的预防

7.5.4.1 政府管理

"民以食为天，食以安为先"，食品安全关系到广大人民群众的身体健康和生命安全，关系到经济健康发展和稳定，关系到政府和国家的形象。国家对食品工业的发展和食品安全一方面进行政策引导，另一方面加强全面的监督管理，从法律法规、政策上保证食品安全。2017 年，习总书记提出把增加绿色优质农产品供给摆在突出位置，认真落实"四个最严"的要求，从生产、监管两端发力，扎实推进质量兴农，切实保障人民群众"舌尖上的安全"。

7.5.4.2 从源头上防止食品污染

提倡"无公害食品""绿色食品""有机食品"。大力完善农业技术推广机构，指导农业生产者科学种植、科学养殖，规范生产管理，规范生产防疫措施。推广工厂化的食品加工，及时将污染食品销毁。通过优化产品结构，鼓励名优产品生产，扶持规模化集约化的食品企业集团，大力提高食品工业水平。建立统一规范的农产品质量安全标准体系，从生产源头保证食品安全。

7.5.4.3 普及食品安全知识，改变不良卫生习惯

作为食用农产品消费者，人们应养成良好的饮食卫生习惯：不食用野生动物；避免进食生鲜的或未经彻底煮熟煮透的家畜、家禽、鱼、虾、蟹、螺等动物肉、奶、蛋类；不喝生水，不吃生的蔬菜和不洁的瓜果；不用盛过生鲜品的器皿盛放其他直接入口食品；加工过生鲜品的刀具及砧板必须清洗消毒后方可再使用；不用生鲜品喂饲猫、犬；避免与宠物猫、狗的亲密接触。保证食品安全，从我们自身做起。

参考文献

[1] 章育正. 微生物与寄生虫学 [M]. 上海：上海科学技术出版社，2002：171-194.

[2] 马飞，刘沈齐. 几种常见猪肉病毒病、寄生虫病的特点和预防 [J]. 肉类工业，2006，2：39-40.

[3] 李惠明. 生吃鱼虾当心感染肝吸虫 [J]. 老年人，2005，7：53.

[4] 刘凤珠，张世涛. 食品中寄生虫污染及预防 [J]. 食品工程，2007，1 (3)：3-4，10.

[5] 封会茹，董晓根，余红. 直接入口食品中变形杆菌污染状况调查 [J]. 现代预防医学，2010，37 (7)：1250-1252，1256.

[6] 牛卫东. 一起由奇异变形杆菌引起的食物中毒调查 [J]. 中国卫生检验杂志，2007，17 (9)：1701-1702.

[7] 王勇，张辉，宋宏彬，等. 一起由奇异变形杆菌引起的食物中毒调查 [J]. 中华流行病学杂志，2007，28 (1)：91.

[8] 戴建华，乔昕，袁宝君，等. 江苏省 2001—2005 年食源性致病菌监测分析 [J]. 江苏预防医学，2006，17 (3)：50-52.

[9] 谢茂慧，马戈，杨晓敏，等.湖北省食源性致病菌污染状况调查分析［J].公共卫生与预防医学，2006，17（2）：31-33.

[10] 王茂起，冉陆，王竹天，等.2001年中国食源性致病菌及其耐药性主动检测研究［J].卫生研究，2004，33（1）：49-54.

[11] 陈倩，骆海朋，赵春玲，等.北京市食品中五种食源性致病菌污染状况调查研究［J].中国卫生检验杂志，2003：13（5）：570-571.

[12] 严纪文，朱海明，王海燕，等.2000—2005年广东省食品中食源性致病菌的监测与分析［J].中国食品卫生杂志，2006，18（2）：528-531.

Chapter 08

第8章 水产品中的生物毒素污染

近年来，随着工农业的发展和环境的变化，排入水体的各种污染物不断增加，从而加速了生活饮用水及淡水湖泊富营养化的进程，使得浮游藻类大量繁殖且浮游藻类能产生大量的毒素，加重水体污染。藻类是一群具有色素、营自氧生活、生长于淡水和咸水水体中的一类低等生物，其种类繁多，且大多能产生毒素，其中蓝绿藻是淡水藻类中毒性最强、污染范围最广、最具有代表性的一类，其产生的毒素有四十多种。生活在海底部的贝类如海洋扇贝就可能以含毒素或释放毒素的藻类为食物，进而在滤食性的软体贝壳类动物的组织内蓄积毒素，当人食用这些被污染的鱼类或贝类后就可能引发中毒。因此我们必须要重视水产品中的藻类毒素污染问题。下面将详细介绍水产品中的藻类毒素。

8.1 西加鱼毒

西加毒素（ciguatoxin，CTX）的名字来源于西加鱼类，是20世纪60年代由夏威夷大学教授Scgeuer首次从毒鱼中发现的。西加毒素又名雪卡毒素，它是由一种海洋微生物产生的毒素，黏附着海藻或死去的珊瑚表面，能抵受高温。毒素沿着食物链向上传：小鱼吃下带有毒素的海藻；小鱼被大鱼捕食；大鱼最后被人类捕食。雪卡毒素对鱼类本身并不致病，但可使进食这种鱼类的人中毒。该毒素曾从400多种鱼中分离得到过，但其真正来源是由一种叫双鞭藻岗比毒甲藻（*Gambierdiscus toxicus*）产生的。是一种脂溶性高醚类物质，毒性非常强，比河鲀毒素强100倍。目前已发现3类CTX，即太平洋CTX、加勒比海CTX和印度CTX。CTX是电压依赖性Na^+通道的新型激动剂，与钠通道受体靶部位Ⅵ结合，能增加可兴奋细胞膜对Na^+的通透性，产生强去极化，致使神经肌肉兴奋性传导发生改变，从而引起一系列药理学和毒理学作用。

西加毒素属于神经毒素，不易被胃酸破坏，主要存在于鱼的头、内脏、生殖器官中，尤以内脏中含量为高。由于西加毒素属于获得性毒素，并非鱼类与生俱来的，因此鱼体内含有西加毒素毫无规律性，同一海域同一种属的鱼在某个时期有毒，另一时期可能无毒；同一种鱼因栖息环境不同而可能有些有毒，有些无毒；有些鱼种可能鱼小时无毒，而鱼大后有毒。正是由于鱼体含毒没有明显规律可循，因此容易造成人类食用后中毒。人食用含西加毒素的毒鱼后会出现温度感觉逆转、腹泻、呕吐、关节痛、疲倦等中毒症状。尤其是对温度感觉发生逆转，当摸热的东西时会感觉凉，将手放入水中时会有触电或摸干冰样的感觉。中毒严重者会发生休克、痉挛、肌肉麻痹，恢复需数月时间。全世界每年此类中毒者达数万人。大多数中西加毒素的人均会自行康复，只有少数最严重的病例，毒素份量过量才可能致命。

由于西加毒素对鱼本身不会引起病症，目前又缺乏快捷而可靠的监测方法，所以，目前人们无法从鱼的外形、肉质和气味等方面来辨别哪条鱼含有西加毒素。况且这种毒素不能通过加热、冷藏及晒干等办法清除，也没有特效西加毒素解毒药，所以，人们食用海鱼时，必须注意以下事项：

① 尽量选择较小的珊瑚鱼。因为珊瑚鱼的西加毒素只有在慢慢聚集到一定程度之后，才会使食用者中毒。体积超大的珊瑚鱼，体内可能积聚的西加毒素含量就超高。因此，最好选择体重不超过 1kg 的珊瑚鱼。

有关专家认为，近海养殖和深海养殖的名贵鱼类，都是在网箱中生长的，除非海域受到赤潮或其他污染，否则一般不会存在西加毒素。

② 不要进食珊瑚鱼的头、肝、生殖部位、肠及卵等含毒素较多的部位。

③ 减少食用珊瑚鱼的频率。

④ 避免同时饮酒、吃花生或豆类食物，以免中毒加剧。

8.2 麻痹性贝类毒素

麻痹性贝类毒素（paralytic shellfish poison，PSP）中毒已经作为重要的公共卫生问题得到了全世界的关注。人类通常摄入因食用滤食浮游生物（含有毒微藻类）后产生 PSP 的贝类水产品（如蚌类，牡蛎和蛤等）而引起麻痹性贝类中毒，中毒症状以神经系统症状为主，严重时甚至可引起死亡。

8.2.1 背景

在所有贝类产品食物中毒事件中，麻痹性贝类中毒被公认为是对健康危害最严重的之一。资料报道 1972～1982 年日本中毒患者达 1192 人；1981 年西班牙有 5000 人中毒；1983 年菲律宾 300 人中毒，并有 21 人死亡；截至目前，全球沿海地区都有麻痹性贝类中毒致死事件的报道。

PSP 是一类神经肌肉麻痹剂，对人体的作用机理主要是阻断细胞钠离子通道，造成神经系统传输障碍而产生麻痹作用。贝类摄入此毒素对本身无害，因毒素在贝类体内呈结合状态。当人食入后，毒素会迅速释放并呈现毒性作用，潜伏期仅数分钟或数小时，症状包括四肢肌肉麻痹、头痛恶心、流涎发烧、皮疹等，严重的会导致呼吸停止。

PSP毒性强，其毒性是眼镜蛇毒性的80倍，其毒力与神经毒气沙林相同，在国际条约中已被列为化学武器。目前还没有针对麻痹性贝类中毒的特效解毒剂，因此人类摄入超过一定限量的PSP时，其病死率达100%。

8.2.2 PSP的主要来源

人类因食用蛤和贻贝所引起的中毒，在国内外历史文献中早已有所记载，但其确切发病原因一直不为人们所知，直到1927年美国加州大学的研究员观察到一种特殊的双鞭甲藻在贻贝壳上开花，很多人在食用了这种贻贝后就发生麻痹甚至死亡。因此研究人员推测这种双鞭甲藻是有毒的，并且发现在双鞭甲藻中提取出的酸性水，其与有毒贻贝都能够导致小鼠以同一种方式死亡。当研究人员把无毒贻贝放在含有双鞭甲藻培养基的广口瓶中时，贻贝迅速变为有毒，并通过其他一些研究从而最后确定了双鞭甲藻与有毒贻贝的关系。1966年，美国科学家Schantz最先提出了证据证明贻贝和白塔蛤中石房蛤毒素与亲代麻痹性贝类毒素分子的同一性。

海洋微藻类是用显微镜可观察到的单细胞生物，在海洋食物链中处于最底层。在有利的环境条件下，一些藻类能够迅速地增殖产生密集的细胞浓度，即水华。通过对2000种现存种类的双鞭甲藻的评估，只有30种会产生PSP。当有毒微藻类产生水华时即为“有害海藻”（HAB）。大量的水华会使水产生微黄色或微红色的变色，因此被称为赤潮。

PSP的来源并不限于游动的海藻形式，海藻经常以胞囊的形式存在于海底沉积物的上层。生活在海底部的贝类如海洋扇贝就可能以深海底的孢子为食物，它们的毒性有可能比游动的孢子还强。早期的PSP研究曾推测深海底的孢子群在特定时期发芽是HAB的季节性的原因，但是只在20世纪70年代末，休眠中的孢子最终确认为有毒双鞭甲藻。

PSP主要来源包括三种形态学上截然不同的海产双鞭甲藻。虽然双鞭甲藻是PSP的直接来源是无疑的，但它们可能不是海洋环境中PSP的唯一或最终的来源。有越来越多的证据证明PSP是由微生物引起的毒素，并且细菌藻在HAB生态学中有相互作用。Sila（1962）认为双鞭甲藻中的石房蛤毒素由内共生的细菌产生；1996年，Kodama从双鞭甲藻中分离出产生PSP的细菌。另外，已经分离出的海洋细菌包括弧菌属（*Vibrio*）、对极鞭毛属（*Aletomonas*）、毗邻单胞菌属（*Plesiomonas*）和假单胞菌属（*Pseudomonsa*）几种，它们能产生PSP。1996年，Galacher概括证明细菌产生毒素阻碍钠离子通道，并且还发现在双鞭甲藻培养基中离析出能产生PSP的细菌。然而，细菌和双鞭甲藻与PSP产生的准确关系仍在讨论中。

麻痹性贝类中毒通常是由于食用含有 PSP 的双壳贝类水产品引起的，这些贝类通过滤食摄入大量浮游生物中的有毒双鞭甲藻。贻贝类、牡蛎、扇贝类、海扇类等几种双壳软体动物与 PSP 有关。尽管双壳贝软体动物是最重要的 PSP 携带者，但是可食用的食肉类和以腐肉为食的腹足纲动物，甲壳类及鱼都可能成为携带者。

食肉类：1998 年，Chen 和 Chou 在含有毒双鞭甲藻 *A. minutum* 的培养基中饲养滤食紫贻贝，在几天后紫贻贝变得有毒而且用来喂养食肉的腹足动物——象牙贝（这个贝在中国台湾是非常受欢迎的）。经检测在象贝类的内脏中发现了膝钩藻毒素 *A. minutum* CTX1-4，但象牙贝中的 CTX1 有显著退化，CTX2 和 CTX4 有所增加。双鞭甲藻中的 PSP 通过滤食活动转移到紫贻贝体内，然后通过双壳贝传播到食肉象牙贝内。

鱼及其他类：1998 年，Amott 在维多利亚、澳大利亚海岸的石龙虾内脏及鲍鱼体内检出，提出龙虾及鲍鱼可能通过食物链摄取毒素。赤潮期，鱼类可能暴露于溶有 PSP 的水中，或直接通过食用含有 PSP 的有毒双鞭甲藻、食草浮游动物、食肉贝类或小鱼而带毒。在印尼，曾发生由于食用鲱鱼引起麻痹性贝类中毒事件，但未鉴定出双鞭甲藻，这些鱼也没有以双鞭甲藻为食，而是以浮游动物为食，因此浮游动物有可能将来源于双鞭甲藻的毒素转移到鱼类中。

8.2.3 PSP 的理化性质和分类

PSP 是一种极易溶于水的白色吸水固体，部分溶于甲醇和酒精，不溶于大多数非极性溶剂如乙醛、石油醚。它是一种生物碱，容易从酸性溶液中萃取。在紫外线范围内不被吸收，pK_a 值在 8.2～11.5 间，旋光度大概是+130。

PSP 的基本结构是有两个胍盐基的四水化嘌呤。目前发现的大约 20 种化合物属于 STX 一族。两个亲代化合物是 STX，*N*-羟基衍生出 neoSTX。大多数衍生物是这两个分子特定位置硫酸盐化的结果。

世界各国对 PSP 分类虽各不相同，但目前已分离出 20 多种毒素，依基因的相似性可将这些毒素分为 4 类：①氨基甲酸酯类毒素（carbamate toxins），包括石房蛤毒素（STX）、新石房蛤毒素（neoSTX）、膝沟藻毒素 1-4（CTX1-4）；②*N*-磺酰氨甲酰基类毒素（*N*-sulfocarbamoyl toxins），包括 CTX5（B1）、CTX6（B2）、C1-4；③脱氨甲酰基类毒素（decarbamoyl toxins），包括 dcSTX、dcneoSTX、dcCTX1-4；④*N*-羟基类毒素（*N*-hydroxycarbamoyl toxins），包括 hySTX 和 hyneoSTX；其中氨基甲酸酯类毒素中的 STX、neoSTX、CTX1-4 最常见，其中 STX 的占 PSP 的 85%以上，人类目前研究 STX 也最为广泛，一般研究 PSP 主要以 STX 为主要研究对象。

PSP 通常分为氨基甲酰或氨基甲酸盐毒素（STX、neoSTX、CTX1-4），以

及它们的 *N*-磺酰氨甲酰基类毒素衍生物（CTX5、CTX6、C1-4）和脱氨甲酰基类毒素。STX 的两个胍基每个带有一个正电荷。STX 和 neoSTX 具有近似相同的电荷和毒性。R2/R3（CTX1-4）的 11-硫酸氢盐基和每个 R4（B1、B2、C1-4）的 21-磺基能还原一个单位的净电荷。净电荷对层析法和 PSP 的毒物学都有重要的影响。

PSP 的稳定性如下：STX＞neoSTX＞CTX2，3＞CTX1-4。稳定性的差异和互变现象的存在引起毒素分析的差异。neoSTX 多样性的减小导致了 STX 的形成，有证据表明生物体系有类似的转换发生。

8.3 腹泻性贝类毒素

腹泻性贝类毒素（diarrhetic shellfish poisons，DSP）是海洋中藻类或微生物产生的一类脂溶性次生代谢产物。被贝类滤食后性质非常稳定，一般的烹调加热不能使其破坏，人类误食会产生以腹泻为主要特征的中毒效应，目前尚无特效解毒剂，一般会采取对症处理。现就 DSP 化学结构、来源、毒性、检测方法、国内外管理控制措施控制等方面进行综述。

8.3.1 化学结构

DSP 是从各种贝类和甲藻中分离出来的一类脂溶性物质，其化学结构是聚醚或大环内酯化合物。根据这些成分的碳骨架结构可以将它们分成三组：

（1）酸性成分

软海绵酸及其天然衍生物——鳍藻毒素。

（2）中性成分

聚醚内酯——蛤毒素。

（3）其他成分

IC 酸盐化合物即扇贝毒素及其衍生物——扇贝毒素。

另外 1995 年在爱尔兰 Killary 的贝类中又分离到一种新的毒素，这种毒素导致人类不明原因的中毒症状，当时暂命名为 Killary 毒素，后来重命名为 Azaspiracid。目前，研究人员利用现代化学分离和分析技术从受有毒赤潮生物污染的贝类体内和有毒赤潮生物细胞中已分离出 23 种 DSP 成分，确定了其中 21 种成分的化学结构。

8.3.2 来源

DSP 是由甲藻产生的，属于鳍藻属和原甲藻属。能够产生 DSP 毒素的甲藻主要有鳍藻属（*Dinophysis*），如倒卵形鳍藻、渐尖鳍藻（*D. acuminata*）、尖头鳍藻（*D. acuta*）、具尾鳍藻（*D. caudata*）、*D. norvegica*、*D. mitra*、

D. rotundata、*D. tripos*、*D. hastata* 和 *D. sacculus* 等；另外还有底栖甲藻利玛原甲藻、*P. concavum*、*P. redfieldi* 也产生 DSP 毒素。中国沿海可产生 DSP 的有毒藻主要为具尾鳍藻（*Dinophysis caudata*）、渐尖鳍藻（*D. acuminata*）、三角鳍藻（*D. tripos*）、倒卵形鳍藻（*D. fortii*）、帽状鳍藻（*D. mitra*）、波罗的海原甲藻（*Prorocentrum balticum*）、墨西哥原甲藻（*P. mexicanum*）、利玛原甲藻（*P. lima*）和微型原甲藻（*P. minimum*）等。

8.3.3 毒性

DSP 的毒性机制主要在于其活性成分 OA 能够抑制细胞质中磷酸酶的活性，导致蛋白质过磷酸化，从而对生物的多种生理功能造成影响。

8.3.3.1 对小鼠的毒性

DSP 主要引起小鼠腹泻，并对其肝脏、心肌具有毒性作用，还具有肿瘤促进作用。DSP 的毒性研究通常是将污染的贝类提取液注射到小鼠的腹腔，来观察其病理效应，如表 8-1。

在对小鼠皮肤的两个阶段的实验发现 OA 和 DTXⅠ均是肿瘤促进剂。OA 和 DTXⅠ通过抑制蛋白磷酸酶 PP1 和蛋白磷酸酶 PP2A 的活性，导致磷酸化蛋白的积聚，从而降低了 PP1 和 PP2A 对正常细胞所具有的抑癌作用。Sheu 等已证明 OA 及 PTX2 可诱导小鼠皮肤的鸟氨酸脱羧酶（ODC）和大鼠胃腺的 ODC，加速癌变发生（腺状增生和腺癌）。

表 8-1 小鼠腹腔注射 DSP 后的最小致死剂量

毒素	最小致死剂量/[g/(kg·bw)]	病理效应
okadaic acid(OA)	200	腹泻
dinophysistoxin-1(DTXⅠ)	160	腹泻
dinophysistoxin-3(1)(TX3)	500	肝毒性
pectenotoxin-1(PTX1)	250	肝毒性
pectenotoxin-2(PTX2)	230	肝毒性
pectenotoxin-3(PTX3)	350	肝毒性
pectenotoxin-4(PTX4)	770	肝毒性
pectenotoxin-6(PTX6)	500	心肌毒性
yessotoxin(YTX)	100	肝毒性
45-OH yessotoxin(OH-YTX)	100	肝毒性

PTXⅠ可引起小鼠肝脏充血和肝表面粗糙不平，小鼠经腹腔注射 1000mg/(kg·bw) 的 PTXⅠ后 30～60min，在其肝小叶的门静脉周围区域可见广泛的空泡形成。经腹腔注射 500mg/(kg·bw)或 700mg/(kg·bw)后 2h，可观察到一部分肝细胞的微绒毛变平，胞浆膜突入细胞质中，30min

内，空泡变大，且大多数细胞器受压变小，24h内几乎所有肝细胞充满空泡和颗粒，继而坏死。

小鼠腹腔注射0.75mg/(kg·bw)YTX和1.0mg/(kg·bw)YTX时，光学显微镜显示心肌细胞间质轻度水肿，腹腔注射1.0mg/(kg·bw) YTX时，超显微镜显示心肌细胞肿胀，导致细胞QS的脱离，靠近毛细血管的心肌细胞肿胀的更明显。雄性小鼠腹腔注射去硫酸盐的YTX 300mg/(kg·bw) 48h后，在心肌细胞内可见微小脂肪滴沉积门。

8.3.3.2 对人类的毒性

OA、DTXⅠ和DTXⅢ主要作用于人体的酶系统，对细胞蛋白磷脂酶有强烈的抑制作用，可以使人肠道发炎引起腹泻。DSP在贝类肝胰腺中超过2mg OA/g或超过1.8mg DTXⅠ/g会造成人体不适感。其主要症状是恶心、呕吐、腹痛、腹泻等胃肠道刺激症状，特点是潜伏期短，进食后0.5～4h即可发病，几乎不发热，不需特殊治疗，3～4d后即可痊愈。其症状的轻重与摄入毒素量的多少成正比。

DSP中毒发生是由上述三组成分（以OA为主）共同引起的。1996年在爱尔兰一次DSP中毒事件中发现DTXⅡ易引起腹泻。1997年11月在澳大利亚发生的DSP中毒事件中发现PTX-2seco酸导致呕吐、腹泻等胃肠道症状，2001年Burgess等报道在上述事件中，有56人出现中毒症状，约食用了500g含300μg PIX-2SA/kg的贻贝。2001年挪威发生的一次DSP中毒事件中，70人食用了蓝胎贝，其中54%的人出现了典型的DSP中毒症状，并在剩余的贻贝中发现了55～56μg OAeq/100g肉体。Yasumoto等报道DTXⅠ对人类的最小中毒剂量为32μg。Fernandez和Cembella报道1MU大约相当于3.2μgDTXⅠ和4μg OA，这意味着DTXⅠ和OA对人类的最小中毒剂量分别为38.4μg和48μg。2001年日本流行病学数据显示，12MU足以导致人类中毒。关于DSP其他两组化学成分nXo和YrXs对人体的毒性研究还不够深入，仅证实了nKs有较轻的腹泻作用；YTXs不会引起人类腹泻，但研究人员对Yrx5和YIX，在污染的贝类中含量多少时能引起人类中毒还不能确定。DSP是否成为威胁人类健康的肿瘤促成剂还有待于进一步的研究和探讨。

8.4 神经性贝类毒素

8.4.1 毒素的发现和来源

1844年，在佛罗里达西部沿海曾发生过大规模的与赤潮密切相关的季节性鱼类死亡事件。1971年夏秋季节，佛罗里达中西部沿岸水域发生短裸甲赤潮，导致萨拉索萨塔沿岸大约155km^{2}暗礁区的生物几乎全部灭绝，在水深13～

30m，离岸 13～51km 的暗礁区，鱼类、海鸡冠、石珊瑚、软体动物、甲壳动物、多毛类环节动物、被囊动物、海绵动物、棘皮动物及底栖藻类大量死亡。1974 年 9 月，从巴拿马城到彭萨科拉一带发生短裸甲藻赤潮，沿岸布满了中毒死亡的鱼类。

短裸甲藻在细胞裂解、死亡时会释放出一组效力较大的神经毒素，大多为短裸甲藻毒素。高浓度的短裸甲藻毒素很容易造成鱼类的大批死亡，相反牡蛎、蛤类和贻贝则对毒素不敏感，外表上它们完全呈现健康状态。然而当该贝类在短裸甲藻赤潮水域生活了一段时间后，便会在体内富集短裸甲藻毒素。人类一旦食用了这些染毒贝类便会引起以麻痹为主要特征的食物中毒，或在赤潮区吸入含有有毒藻类的气雾，也会引起气喘、咳嗽、呼吸困难等中毒症状，故称其为神经性贝类毒素。赤潮消失后，毒素会慢慢地从贝类体内净化出去。

8.4.2　毒素的结构和理化性质

1981 年 Lin 等报道从短裸甲藻中分离得到脂溶性的短裸甲藻毒素，有闪光分析法又将该毒素分为 BTX-A、BTX-B 和 BTX-C 三种，并确定了主要毒素 BTX-B 的结构式。目前从短裸甲藻细胞提取液中分离出 13 种 NSP 毒素成分，其中 11 种成分的化学结构已确定，按各成分的碳骨架结构划分为 3 种类型：①由 11 个稠合醚环组成的梯形结构，包括短裸甲藻毒素-2、短裸甲藻毒素-3、短裸甲藻毒素-5、短裸甲藻毒素-6、短裸甲藻毒素-8、短裸甲藻毒素-9（简写为 PbTx-2、PbTx-3、PbTx-5、PbTx-6、PbTx-8、PbTx-9）；②10 个稠合醚环组成，包括短裸甲藻毒素-1、短裸甲藻毒素-7、短裸甲藻毒素-10（简写为 PbTx-1、PbTx-7、PbTx-10）；③其他成分，包括 GB-4 和 PB-1。NSP 均不含氮，具有高度脂溶性。

BTX-A 的分子式为 $C_{49}H_{70}O_{13}$，分子量为 866，为棱形晶体，熔点 197℃，在神经性贝类毒素的各毒素成分中毒性最大；BTX-B 的分子式为 $C_{50}H_{70}O_{14}$，分子量为 894，为淡黄色耐热固体，熔点 295℃，溶于甲醇、乙醇、丙酮、乙醚、氯化碳、苯、二硫化碳和 1% NaOH 水溶液，难溶于中性和酸性水溶液，在 208nm 处有一弱的紫外线吸收最大值；BTX-C 的性质与 BTX-B 相似。PbTx-6 的甲醇溶液蒸发后形成细小的晶体，熔点 295～297℃；GB-4 为含磷化合物，熔点为 82℃，在氯仿溶液中加入苯再结晶，形成无色针状晶体，在 280nm 处有一最大吸收峰。

1995 年，在新西兰的绿壳贻贝中又分离出一种新的短裸甲藻毒素——短裸甲藻毒素 B_3（BTX-B_3），其结构和生物活性与 BTX-B 极为相似，具有同源的可能性，对有关特性正在做进一步的研究。1999 年 Morohashi 报道了 BTX-B_4，2004 年 Ishida 报道了 BTX-B_5 对小鼠的急性毒性。BTX-B_3、BTX-B_4 和 BTX-B_5 均是BTX-B型的代谢产物，具有BTX毒素骨架结构。因此消费者食用受污染的贝类和鱼类导致的中毒主要是由BTX毒素的代谢产物引起的，而非BTX毒素直接作用的结果。

8.4.3 中毒

8.4.3.1 临床表现

当人食用受短裸甲藻污染的贝类30min到3h后便会引发NSP中毒现象。中毒症状主要表现为胃肠和神经紊乱，如：腹痛、恶心、呕吐、腹泻，伴有口部周围区域的麻木，并逐渐延伸到咽、躯干和四肢；此外还有眩晕、肌肉骨骼疼痛乏力（软弱无力）、头痛、打寒战、忽冷忽热等症状。一旦NSP中毒严重，便会引发瞳孔扩张、心搏徐缓、呼吸急促和四肢或身体抽搐（这种症状很少发生）。NSP中毒症状持续时间相当短，依食用贝类的数量及其毒性有所差异，一般从10min到近20h，最长为3～4d。

此外，在短裸甲藻赤潮期间，一些人在海滨行走时会发生呼吸失调、黏液膜和皮肤炎症。其原因在于短裸甲藻外壳易破裂，释放出胞内毒素从而进入水中。风浪造成的气雾使毒素在空气中短距离的飘散。因而，在风浪较大区域，则存在着在空气中传播毒素的问题。

8.4.3.2 临床诊断

NSP中毒是相对比较稳定的疾病，其症状与麻痹性贝类毒素（PSP）中毒症状较为相似，但不应混淆。PSP的神经中毒效应强而且进展迅速，如果病人不被放在呼吸器中则可能会因呼吸麻痹而导致死亡，NSP中毒目前尚没有引起死亡事件的报道。

NSP中毒症状还与具毒似翼藻产生的鱼肉毒（CFP）中毒的一些症状极为相似，但没有其剧烈。在具毒似翼藻引发赤潮期间，该藻被植物食性鱼类吃掉，后者又被肉食性鱼类吃掉，这样鱼肉毒素便通过食物链传到各种巨大的热带珊瑚礁鱼类，如：红笛鲷、梭子鱼、石斑鱼。如果人食用了那些富集了大量鱼肉毒素的鱼类后，便会中毒，此即为鱼肉毒中毒。NSP中毒主要是与食用双壳贝类密切相关，而鱼肉毒中毒则与食用鱼类有关。因此，饮食史足以鉴别诊断上述两种毒素的中毒。

对NSP中毒进行定性诊断很困难，目前还没有专门的诊断技术，只能依据相关症状进行临床估计。

8.4.3.3 中毒机理

NSP的药理研究显示，短裸甲藻毒素在相当负的膜电位时可选择性地开放钠通道，并且抑制钠离子使之失活而使细胞膜去极性化，其结合部位不同于河鲀毒素和海葵毒素。

NSP通过两种途经引起对人的危害。一种是通过食用受短裸甲藻污染的贝类引起人的神经性中毒和消化道症状；另一种是由于吸入或接触了含有短裸甲藻细胞或其代谢物的海洋气溶胶颗粒所引发的呼吸道中毒和皮肤炎症。

8.4.3.4 急救和防治措施

NSP是一种相对无严重后果的贝毒类型，目前还没有特异性的有效抗毒素药物。治疗多采用对症疗法，洗胃、人工呼吸可能起到缓解症状的作用。一般情况下，该病可自行康复。在伴随辅助治疗后，中毒病症可在24h内消除。许多鱼类对NSP敏感，导致鱼鳃麻痹而使鱼"溺死"。但NSP并不在鱼、虾或蟹中富集，当这些海产品活着时食用安全，病弱的或死亡的则不宜食用。

佛罗里达海洋监控部门在对海洋实施监测中发现，当有毒甲藻细胞数量超过5000个/L时，应封闭该区；当降至5000个/L后两周，采用小鼠生物检测法对贝类进行监测；当贝类中NSP水平降至20MU/100g时，可重新开放该区。由此可见，通过对短裸甲藻细胞数量的监测，可及时有效地预防NSP中毒事件的发生。目前，对新鲜的、冷冻的或罐装制品牡蛎、蛤类和贻贝的NSP最大允许限量为0.8μg/g（即：20MU/100g）。

8.5 记忆丧失性贝类毒素

8.5.1 软骨藻酸理化特性

软骨藻酸（domoic acid，DA）是一种天然神经性氨基酸，可从污染贝类中分离、提取获得软骨藻酸。为兴奋性脯氨酸衍生物和神经毒素，是浮游植物代谢的产物，可以在被藻类污染的海洋食物特别是贝类中检测到，其结构与红藻氨酸和谷氨酸相似，是红藻氨酸受体的兴奋剂。主要由某些拟菱形藻属和菱形藻属的海洋硅藻产生，人们食用毒化的贝类，可引起记忆丧失、眩晕、昏迷甚至死亡等症状，根据这种毒素的中毒特征，被命名为记忆丧失性贝毒（amnesic shellfish poisoning，ASP）。

软骨藻酸的纯品为白色固体粉末，熔点为223～224℃，溶于水（8mg/mL），微溶于甲醇（0.6mg/L），在紫外光谱区最大吸收波长为242nm，在体积比为1∶9的乙腈/水的溶液中和－12℃黑暗条件下，可一年左右保持稳定。软骨藻酸是浮游植物代谢的产物，是一种兴奋性的脯氨酸衍生物和神经毒素，在中枢神经系统（CNS）中是神经递质，在一定程度上类似于结构相关的化合物红藻氨酸，但作为神经兴奋物质其效力比红藻氨酸高2～3倍，比谷氨酸强烈100多倍。此外，近年来从某些藻类中相继分离出软骨藻酸的同族化合物异软骨藻酸A、B、C、D、E和F以及降软骨藻酸，这些在结构上虽类似，但毒力都比软骨藻酸弱。

8.5.2 毒素的发现和来源

1958年，Takemoto和Diago首次从鹿儿岛县当地的树枝软骨藻（*Chondria armatadomoi*）和栅关软骨藻（*Chondria baileyana*）的红藻中分离出，并以此命名。Impellizzeria等于1975年从地中海的一种红藻*Alsidium Corallium*中也鉴别出软骨藻酸成分。从20世纪80年代末至今，海洋硅藻中的拟菱形藻属的尖刺拟菱形藻多列变种（*Pseudo-nitxschia Pungens. f. multiseries*）、伪优美拟菱形藻（*P. pseudodelica-tissima*）、澳洲拟菱形藻（*P. sustralis*）、成列拟菱形藻（*P. seriata*）和菱形藻属的*Nitzschia actydrophila*以及人工培养条件下的双眉藻属的咖啡形双眉藻（*Amphora coffaeiformis*）相继被发现在一定环境条件下会产生软骨藻酸，特别是拟菱形藻属和菱形藻属的海洋硅藻大量繁殖形成赤潮后，在初始阶段产生了软骨藻酸。

1987年加拿大爱德华王子岛东海岸发生因食用紫贻贝而造成的中毒死亡事件，造成100多人中毒，3人死亡。中毒者主要表现为腹痛、腹泻、呕吐，并伴有严重的头痛、记忆丧失、意识混乱、昏迷等症状。其中12人病愈后记忆丧失长达18个月之久。后经加拿大国立大西洋研究中心的专家们鉴定，发现中毒物质为由多列拟菱形藻（*Pseudo-nitzschia multiseries*）产生的软骨藻酸（domoic acid)。此后，在加拿大、美国海岸拟菱形藻产生软骨藻酸而引起的危害事件不断被报道。

1989年在加拿大东部的Fundy海岸，从贻贝中也检测出了由伪优美拟菱形藻产生的DA。1991～1994年，太平洋海岸连续爆发由澳洲拟菱形藻形成的赤潮，由此造成鱼贝类被DA严重污染。1991年，美国的太平洋海岸爆发了有毒拟菱形藻赤潮，加利福尼亚的蒙特利湾有100多只褐色鹈鹕和鸬鹚吃了富集有DA的凤尾鱼而死亡，产毒藻为澳洲拟菱形藻。同年10～11月份，从华盛顿州及俄勒冈州产的竹蛏、加州产的壳菜及蟹类中也检出高浓度的DA。1992年12月，日本从美国进口的蟹（*Cancer magister*）内脏DA阳性。1996年，墨西哥Baja地区，成百上千只海鸟因食用体内富集高浓度DA的螃蟹、凤尾鱼、沙丁鱼中毒死亡。1998年美国加利福尼亚州中部沿海发生400多头海狮中毒死亡事件，存活的海狮中有神经功能失调症状，从海狮的体液中检测出了高浓度DA。

由硅藻门（Baciilariophyta)、羽纹硅藻纲（Pennatae)、管壳缝目（Aulonoraphidinals)、菱形藻科（Nitzschiaceae）中的拟菱形藻属（*Pseudo-nitzschia*）和菱形藻属（*Nitzschia*）中硅藻的某些种产生。水中的蛤蜊、蚌类及鱼均可富集水中藻类产生的软骨藻酸，并对软骨藻酸有较强的耐受力，软骨藻酸经食物链富集后，将对所在地区的生态环境造成影响，并引起动物发病和死亡。Walz 等检测了水中 *Pseudo-nitzschia australis* 藻含量及软骨藻酸的浓度，当该藻类在水中的含量仅为 4000 个/L 时，即可检出软骨藻酸。因此应在赤潮和水华发生的前后，加强藻类及软骨藻酸污染的检测，并开展软骨藻酸对中枢神经系统损害机理的研究，对预防和治疗软骨藻酸中毒是十分必要的。

8.5.3 软骨藻酸累积及其毒理机制

由于双壳类的摄食过程，是通过不断过滤水流进行的，这样在它们的内脏组织，尤其在消化腺中浓缩蓄积着软骨藻酸毒素，并在组织间相互迁移，结果一方面对双壳类自身造成危害；另一方面在人们误食受污染毒化的双壳类而发生中毒现象，间接地影响着人类的健康。

当人摄入受 DA 污染的双壳类时，软骨藻酸是通过胃肠黏膜吸收的，但吸收率很低。纯品 DA 则可通过呼吸道、角膜和皮肤直接进入体内而产生危害。在人体血液中 DA 以带电亲水分子形式存在，可分布于血管周围组织中，在正常情况下，DA 不能进入中枢神经系统（CNS）。一旦由于某疾病发作而产生血-脑屏障崩解时可促使 DA 进入脑中，对大脑皮层神经细胞软骨藻酸 c-fos 产生强烈诱导反应，在脑中 c-fos 的诱导反应主要集中于脑干和边缘系统两个区域，这些部位对 DA 的敏感剂量可小至 0.25mg/kg，结果产生呕吐和记忆力丧失等胃肠及神经障碍。Sutherland 等（1990）为软骨藻酸的毒性效应主要在于对海马结构及其他边缘系统构成了损害从而导致了顺行性遗忘症（anterograde memory deficit），此症发作时间可长达 5 年。

Steward 等于（1990）和 Hampson 等（1992）的研究表明，DA 作为谷氨酸受体的激活剂，对受体具有很强的亲和力，当 DA 和突触后膜受体发生特异结合后，后膜上的 Na^+ 通道开放，接着膜对 Ca^{2+} 的通透性增加并促使 Ca^{2+} 内流，最终导致细胞溶解；同时还认为，DA 的毒效反应终止于线粒体水平上，这是由于线粒体的氧化磷酸化的去耦合降低了引起细胞胀大并最终胞溶的膜的通透性，从而减小并阻止胞溶现象进一步发生。

8.5.4 软骨藻酸中毒症状和代谢

当人摄入受 DA 污染的海产品后，在 24h 内出现恶心呕吐、头痛、腹泻或胸腹部痉挛等胃肠道症状。在 48h 内，至少会出现一种或多种神经性障碍如神志不清、方位不辨、记忆力丧失或心脏病发作，昏迷甚至死亡的严重症状。在小鼠生物实验中还观察到小鼠后腿抓挠背部紧接全身抽搐的异常综合征。猴子生物实验中，经口喂 DA 剂量 20～79μg/3.4～5.1kg 的贻贝内脏，在 0.25～6h 内出现诸如畏缩、寒颤、方位不辨以及呆滞，最后躺倒震颤等神经性症状；在 2.75～6h 内出现呕吐、厌食、腹泻等胃肠道疾病。

分析人或鼠尿液中的DA成分，基本保持不变，这表明其分解代谢极微弱。DA经鼠口服后几乎仍随排泄物排出，可见肾对排除体内的DA毒性作用是相当重要的。

8.6 河鲀毒素

河鲀毒素（tetrodotoxin，TTX）由于历史原因经常错写为河豚毒素，是从河豚鱼中分离出来的一种电压敏感的Na^+通道外口的特异性阻滞剂，对神经、肌肉、浦金野氏纤维等兴奋细胞膜的Na^+通道均具有高度专一性，TTX最初用于治疗麻风患者的神经痛，是一种较强的镇痛剂，作用较缓且持久，曾代替吗啡、杜冷丁等治疗神经痛，且无成瘾性，它比常用麻醉药强万倍以上。河鲀毒素是一类高价值的生物活性物质，高纯度的河鲀毒素，国际市场的价格为每克几十万美元。作为“分子探针”，TTX因其高选择性和高亲和性地阻断神经兴奋膜上Na^+通道而成为鉴定、分离和研究Na^+通道的重要工具药。已发现的河鲀毒素有七种天然衍生化物，它们因其致死率、对细胞过敏膜钠通道特殊阻断功能而成为最重要的海洋毒素之一。河鲀毒素的分子结构见图8-1。

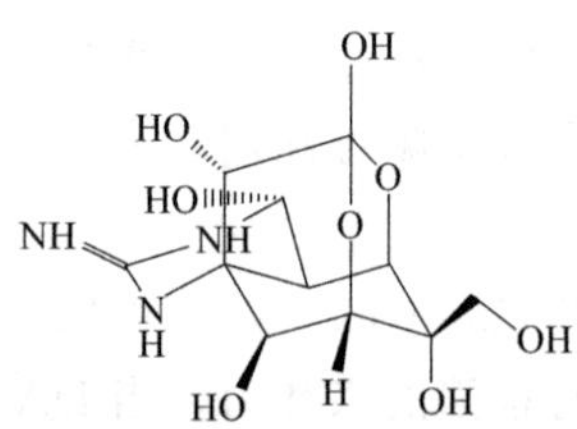

图8-1 河鲀毒素分子结构

8.6.1 河鲀毒素结构、生物特性和毒性

TTX是迄今为止在自然界中发现的最为奇特的小分子天然产物之一，不仅结构新颖而且性质独特，在有机溶剂和水中都不溶解，仅溶于醋酸等酸性溶剂，并且在碱性和强酸性溶剂中不稳定；在溶液中以两种平衡体的形式存在等。TTX毒性极大，其LD_{50}为8.7μg/kg，是氰化物的1000倍；局部麻醉作用是普鲁卡因（procaine）的4000倍，可用作某些癌症后期的缓解药。然而更有意义的是TTX的作用机制与陆地发现的毒素不同，其在极低的浓度就能选择性地抑制Na^+通过神经细胞膜，但却允许K^+通过，是神经生物学和药理学研究极为有用的工具药。

然而自然界的生物是具有两面性的，河鲀毒素是神经生物学和药理学的工具药，同时也是自然界中所发现的毒性最大的神经毒素之一，可高选择性和高亲和性地阻断神经兴奋膜上钠离子通道。河鲀毒素是小分子量、非蛋白质的神经性毒素，其毒性比剧毒的氰化钠还要高 1250 多倍，0.5mg 即可将人置于死地。河鲀毒素对肠道有局部刺激作用，吸收后迅速作用于神经末梢和神经中枢，阻碍神经传导，从而引起神经麻痹而致死亡。其具体作用机制是通过与钠离子通道受体结合，阻断电压依赖性钠通道，从而阻滞动作电位，导致与之相关的生理活动的阻碍，主要是神经肌肉的麻痹，河鲀毒素对呼吸和心血管的抑制是对中枢和外周神经共同作用的结果。

河鲀毒素对热稳定，盐腌或日晒均不能使其破坏，只有在高温加热 30min 以上或在碱性条件下才能被分解。220℃加热 20～60min 可使毒素全部破坏。TTX 中毒潜伏期很短，短至 10～30min，长至 3～6h 发病，发病急，如果抢救不及时，中毒后最快的 10min 内死亡，最迟 4～6h 死亡。

8.6.2 河鲀毒素来源与分布

河鲀毒素广泛存在于河鲀等多种海洋脊椎动物、无脊椎动物及海底沉积物中。人们通常所指的河鲀（河豚）（puffer fish），为鲀科鱼类。中国的鲀科鱼类共有 54 种，其中东方鲀属 22 种。根据伍汉霖等调查，中国共有 35 种河鲀具有不同程度的河鲀毒性，其中，在中国南海分布的有 24 种，在中国东海包括台湾省沿海分布的有 31 种，在中国黄海分布的有 14 种，在中国渤海分布的有 10 种。少数种类能洄游进入江河，如晕环东方鲀（*Takifugu coronoidus*）、暗纹东方鲀（*Takifugu fasciatus*）、弓斑东方鲀（*Takifugu ocellatus*）等。在河鲀体内发现含河鲀毒素的器官或组织有肝脏、卵巢、皮肤、肠、肌肉、精巢、血液、胆囊和肾等，其中肝脏含河鲀毒素的河鲀有 34 种，卵巢含河鲀毒素的有 32 种，皮肤含河鲀毒素的有 21 种，肠含河鲀毒素的有 21 种，肌肉含河鲀毒素的有 13 种，精巢含河鲀毒素的有 8 种，血液含河鲀毒素的有 4 种，胆囊含河鲀毒素的有 4 种，肾含河鲀毒素的有 1 种。有些种类的河鲀，地理分布不同，其体内毒素分布的部位也会有所不同，如台湾海域的纹腹叉鼻鲀（*Arothron hispidus*），其肌肉就有毒性了，而在南海海域，肌肉中则没有河鲀毒素分布；又如东海南部的横纹东方鲀（*Takifugu oblongus*），仅卵巢、肝脏和肠中含河鲀毒素，而在台湾省沿海的横纹东方鲀，体内河鲀毒素分布较为广泛，在卵巢、肝脏、肠、胆囊、精巢、肌肉和皮肤中均有分布，不同河鲀的河鲀毒素分布器官或组织中的河鲀毒素量也不同。

人们一直认为河鲀毒素（TTX）为河鱼所独有，直到 1964 年在 *Taricha torosa* 中发现了 TTX，才改变了这一看法。之后，又相继从蟹等生物中检测出了 TTX。

8.6.3 毒素作用机制

TTX是典型的钠离子通道阻断剂，它能选择性与肌肉、神经细胞的细胞膜表面的钠离子通道受体结合，阻断电压依赖性钠离子通道，从而阻滞动物电位，抑制神经肌肉间兴奋的传导，导致与之相关的生理机能的障碍，主要造成肌肉和神经的麻痹。构效关系表明，TTX的活性基团是1、2、3位的胍氨基和附近的C-4、C-9、C-10位的羟基，胍基在生理pH值下发生质子化，形成正电活性区域与钠离子通道受体蛋白的负电性羰基相互作用，从而阻碍离子进入通道。钠离子受体至少有6个特异性靶分子结合位点，TTX是与钠通道受体部位Ⅰ结合。TTX受体位于可兴奋细胞膜外侧、钠通道外口附近，TTX与受体部位结合，阻碍钠离子接近通道外口。研究表明，TTX特异性作用于钠通道，对钾、钙通道和神经肌肉的突触及胆碱无直接影响。此外，毒素能通过血脑屏障进入中枢，对中枢产生明显的抑制作用。总的来说，TTX对呼吸和心血管的抑制是对中枢和外周的共同作用结果。

河鲀毒素毒理作用的主要表征是阻遏神经和肌肉的传导。除直接作用于胃肠道引起局部刺激症状外，河鲀毒素被机体吸收进入血液后，能迅速使神经末梢和神经中枢发生麻痹，继而使得各随意肌的运动神经麻痹；毒量增大时会毒及迷走神经，影响呼吸，造成脉搏迟缓；严重时体温和血压下降，最后导致血管运动神经和呼吸神经中枢麻痹而迅速死亡。TTX可选择性地抑制可兴奋膜的电压，阻碍Na^+通道的开放，从而阻止神经冲动的发生和传导，使神经肌肉丧失兴奋性。

8.7 淡水藻类毒素

随着工农业的发展和环境的变化，排入水体的各种污染物不断增加，从而加速了生活饮用水及淡水湖泊富营养化的进程，使得浮游藻类大量繁殖且浮游藻类能产生大量的毒素，加重水体污染。现对藻类毒素的研究概况加以综述。

藻类是一群具有色素、营自氧生活、生长于淡水和咸水水体中的一类低等生物。其种类繁多，且大多能产生毒素，目前，已发现的藻类中约80%以上均能产生毒素。其中蓝绿藻是淡水藻类中毒性最强、污染范围最广、最具有代表性的一类，其产生的毒素有四十多种。

8.7.1 主要的藻类毒素

8.7.1.1 多肽肝毒素

多肽肝毒素为铜绿微囊藻、水华鱼腥藻、泡沫节球藻等藻类所产生。因其化学结构不同又分为微囊藻肝毒素（microcystin，MCYST）、节球囊毒素。其中微囊藻肝毒素分布最广，也最具有代表性。它是由 Bishopsh 于 1959 年首先发现，1988 年 Rinehart 确定其分子结构。现已知其有几十种异构体，此类毒素水溶性强且能耐高温。能够作用于肝细胞表面的特异性受体，大剂量作用将直接导致肝损伤，小剂量的慢性刺激将诱发肝癌，并且和其他一些肝肿瘤促进剂有协同作用。

8.7.1.2 生物碱类神经毒素

此类毒素多为水华鱼腥藻（NRC-44-1）、水华囊丝藻所产生。水华鱼腥藻毒素 *a* 是由 Devlin 于 1977 年首先从水华鱼腥藻中分离出的，并证明它是一种神经毒碱。是一种强烈的神经肌肉兴奋阻断剂，中毒动物因呼吸肌瘫痪而死亡。这类毒素的致死作用很快，常使饮用含毒素的牲畜死在水边。另有水华束丝藻所产生的石房蛤毒素及新石房蛤毒素能阻滞细胞膜上的钠通道，从而导致动物死亡。

8.7.1.3 细胞毒素

藻类次级代谢物中已发现多种细胞素，具有很强的杀细胞或抗生作用，有的还能促进癌变作用。能产生这类毒素的藻类种属范围很广，其毒性作用及机理尚待进一步研究。

8.7.2 藻毒素主要的健康危害

藻毒素产生的肝毒素可使人和动物中毒。动物实验研究发现，腹腔注射 MCYST 可使大鼠和小鼠在 3h 内死亡，死前出现苍白和虚脱现象并伴抽搐。尸体解剖发现肝肿大，肝小叶中心性坏死，肝脏内有大量的红细胞，而其他部位呈缺血状态。国外动物试验资料显示，微囊藻毒素不仅破坏肝细胞的结构，同时在胃肠内也可测出毒素的存在。流行病学调查显示饮水中的微囊藻毒素与肝癌的发病率高度相关。目前，藻类毒素的危害及其作用机理还有许多为我们所不清楚的，有待于进一步研究。

8.8 其他海洋毒素

8.8.1 多肽类毒素-芋螺毒素

芋螺毒素（conotoxin，CTX）是一类由 10～30 余个氨基酸残基组成的小肽，含两对或三对二硫键，是迄今发现的最小核酸编码的动物神经肽毒素（图 8-2）。按其作用部位分为 α、ω、μ、δ 等亚型，每种亚型仍可细分。α-CTX 作用于神经突触后乙酰胆碱受体（AchR），起阻断作用；ω-CTX 专一阻断神经末梢突触前电压敏感型 Ca^{2+} 通道；μ-CTX 在活化相起作用，专一抑制电压敏感

型 Na^+通道，δ-CTX 专一作用于电压敏感型 Na^+通道，在非活化相起作用，延长动作电位持续时间。芋螺毒素结合在神经和肌肉的受体上，具有"高亲和力、高度专一"特点，是神经科学十分有效的探针。临床上用作特异诊断试剂，作为镇痛药，具有疗效确切、不成瘾特点。

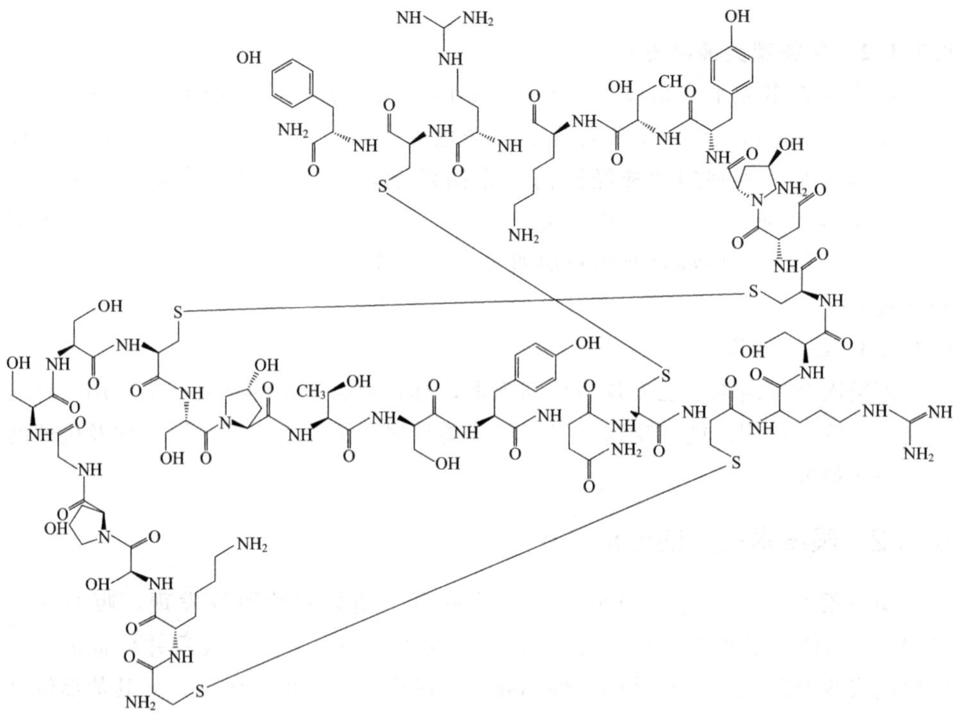

图 8-2 芋螺毒素分子结构式

8.8.2 聚醚类毒素

日本学者目前在此领域的研究居领先地位，该类化合物的结构特点：具有很高的杂原子对碳原子的比例；结构特殊、新颖，分子量大；活性强、剧毒；广谱药效、作用机制独特，多数对神经系统或心血管系统具有高特异性作用等。常见的有聚醚梯、线性聚醚、大环内酯聚醚和聚醚三萜等，其中以聚醚梯和线性聚醚因结构巨大、毒性强而著名。聚醚梯类毒素目前已发现有 100 余种。线性聚醚以岩沙海葵毒素（palytoxin）和西加毒素为代表，它们的毒性机制和陆地上的毒素不同。对这类物质的研究为化学、生命科学提供了一些从陆源天然产物中难以得到的信息。聚醚类毒素有望在研制新型心血管药和抗肿瘤药中发挥重要作用。

岩沙海葵毒素是从岸沙海葵 *Palvthora toxicus* 以及 *P. vestitus*、*P. mamillosa* 和 *P. caribaeorum* 中分离得到的毒性成分，是另一类型的复杂长链聚醚类化合物，分子中同样含有高度氧化的碳链，但多数羟基呈游离状态，仅部分羟基形成醚环，属于水溶性聚醚。PTX 的毒性极为强烈，LD_{50} 为 0.15μg/kg。例如从海葵提取的海葵毒素 ATX-2，是一种有 47 个氨基酸的多肽，分子量为 4770。它能选择性地作用于细胞膜的“钠通道”，能增加心肌收缩的力量，延长电冲动在肌肉中传递的时间。它还是一种研究心肌和神经膜兴奋现象的有效工具。海葵毒素主要有 AP-A 和 AP-B 两种，AP-A 特异结合在心脏 Na^+ 通道上，AP-B 与心脏和骨骼肌的 Na^+ 通道均能紧密结合，它们都有显著的强心作用。

8.8.3 生物碱类毒素

生物碱是一类含氮的有机化合物，海洋生物碱类毒素主要来源于天然海洋生物次级代谢成分，是一类含有胺型氮功能基和复杂的碳骨架环系结构的具有重要生物活性的碱性有机物。其结构新颖独特，生物活性广泛，如抗肿瘤、抗菌、抗病毒、抗心脑血管疾病、抗老年性痴呆和抗骨质疏松症等，因此，它们很有可能成为抗肿瘤、抗病毒和抗菌药物的先导化合物，有良好的药用前景。

8.8.3.1 石房蛤毒素

此类化合物是由石房蛤 *Saxidomus giganteus*、滤食甲藻 *Alexandrium sp.* 和蓝藻 *Gymnodinium sp.* 在体内蓄积的毒素，因中毒后会产生麻痹性中毒反应，又称麻痹性贝毒（paralytic shellfish poisons）。目前该类化合物约有 28 个，主要分为石房蛤毒素（saxitoxin，STX）和新石房蛤毒素（neo-saxitoxin、neo-STX）两大类型。STX 的 LD_{50} 为 10μg/kg，是海洋生物中毒性最强烈的麻痹性毒素之一。图 8-3 所示为石房蛤毒素分子结构式。

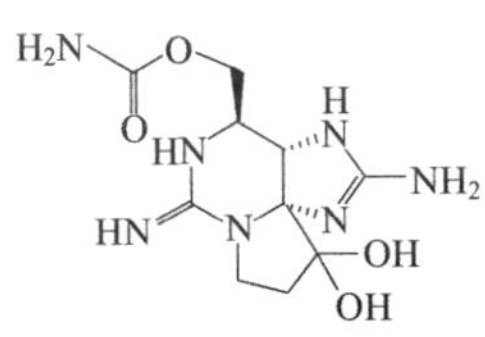

图 8-3　石房蛤毒素分子结构式

8.8.3.2 刺尾鱼毒素

引人注目的另一个海洋毒素是刺尾鱼毒素（maitotoxin，MTX），其分子式为 $C_{164}H_{256}S_2Na_2$，结构式如图 8-4 所示，分子量高达 3422，极为强烈

(LD_{50}=0.05μg/kg)，是非蛋白毒素中毒性最强的物质，其毒性比河鲀毒素强近 200 倍，为岩沙海葵毒素（palytoxin）9 倍，1mg MTX 可以致 100 万只小鼠于死地。

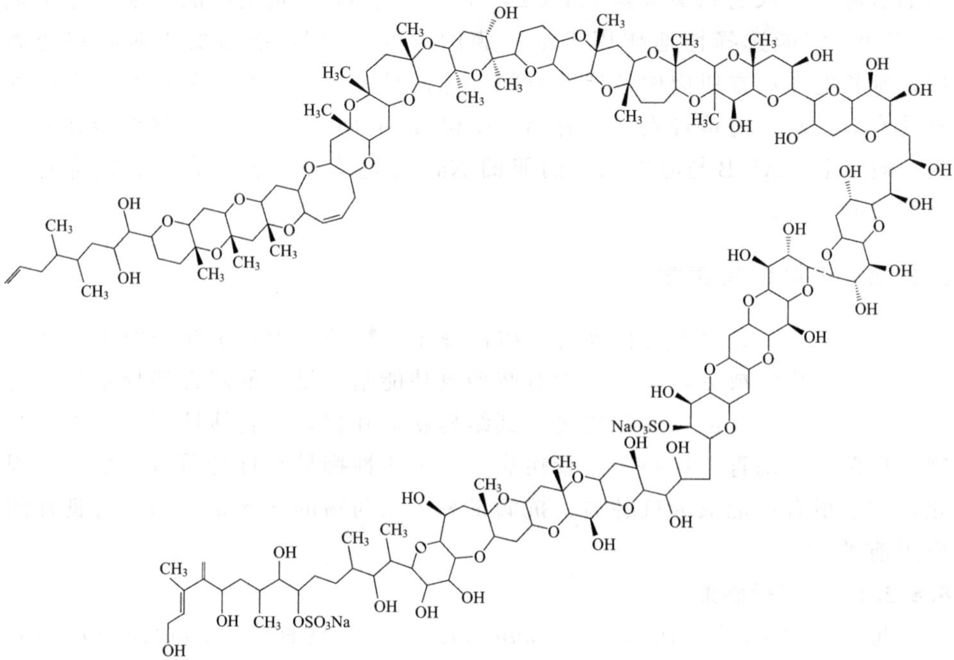

图 8-4 刺尾鱼毒素分子结构式

参考文献

[1] 马敬军，曾名勇，周德庆. 贝类毒素检验及排除方法的研究进展 [J]. 中国海洋药物，2003，22 (6)：41-45.

[2] 张一兵，李敏，刘宁，等. 记忆丧失性贝毒素-软骨藻酸的 HPLC 方法检测 [J]. 中国公共卫生，2000，16 (4)：323-324.

[3] Zhou M，Li J，Luckas B，et al. A recent shellfish toxin investigation in China [J]. Mar Pollut Bull，1999，39：331-334.

[4] 江天久，尹伊伟，骆育敏，等. 大亚湾麻痹性贝类毒素 HPLC 分析 [J]. 海洋环境科学，2000，19 (3)：16-19.

[5] 陈迪，方晓明，樊祥，等. 过氧化氢柱前荧光衍生化液相色谱法测定麻痹性贝毒的研究 [J]. 分析化学研究报告，2006，34 (7)：933-936.

[6] Lawrence J F，Niedzwiadek B，Menard C. Quantitative determination of paralytic shellfish poisoning toxins in shellfish using prechromatographic oxidation and liquid chromatography with fluorescence detection：collaborative study [J]. J AOAC Int，2005，88：1714-1732.

[7] 卫锋，王竹天. 毛细管电泳法分析贝类食品中的软骨藻酸 [J]. 中国食品卫生杂志，2003，15 (2)：107-109.

[8] 曹际娟，卫锋，马惠蕊，等. 贝类毒素检测技术及研究进展 [J]. 检验检疫科学，2004，14 (1)：53-56.

[9] Christian B，Luckas B. Determination of marine biotoxins relevant for regulations：from the mouse bioassay to coupled LC MS methods [J]. Anal Bioanal Chem，2008，391：117-134.

[10] 吴海燕，郭萌萌，谭志军，等. 短裸甲藻毒素 (Brevetoxin，BTX) 研究进展 [J]. 中国渔业质量与标准，2011，1 (1)：31-39.

Chapter 09

第9章 真菌毒素

9.1 概述

真菌是微生物中的高等生物，是一类有细胞壁、不含叶绿素、无根叶茎、以腐生或寄生方式生存、能进行有性或无性繁殖的微生物。自然界中的真菌分布十分广泛，种类繁多，数量庞大，与人类关系十分密切。有些霉菌可作为食品中正常菌相的一部分用来加工食品，但在特定情况下又可造成食品发霉变质或使农作物发生病害，有些真菌本身不仅作为病原体引发人类疾病，其代谢产物真菌毒素（mycotoxins）也会对人及动物造成危害。真菌毒素是农产品的主要污染物之一，人畜进食被其污染的粮油食品可导致急、慢性真菌毒素中毒症（mycotoxicoses）。我国是一个农业大国，小麦、玉米、大米及花生等是居民的主要食品原料，每年因霉变而导致大量粮食不能食用。出口粮食由于真菌毒素超过了输入国限量标准而遭警告或降低等级的现象时有发生。

9.1.1 真菌毒素的种类

霉菌是一种真菌多细胞微生物，近几年霉菌的污染在我国越来越严重。霉菌毒素是一个复杂的概念，它包括许许多多的霉菌所产生的一种或多种（一种霉菌也可产生多种毒素）毒素的通称，在临床上由一种霉菌或一种毒素所造成的危害比较少见。霉菌可通过种子或孢子两种形式繁衍后代，在条件较好的情况下主要以孢子形式，条件不适宜时主要以种子形式繁衍。孢子广泛存在于谷物饲料、土壤和一些腐烂植物中，经由空气、水及昆虫传播到植物上，一旦孢子接触到破裂的种子，迅速发生霉变现象。当这些谷物在收获、采购、运输、储存或饲料生产、运输、储存过程中遇到高温高湿等，极易引发霉菌毒素中毒。

目前为止，全世界已经发现了300多种结构不同的真菌毒素，其中已经被分离鉴定的有20多种。危害比较严重的霉菌毒素主要是由2种霉菌属所产生：曲霉菌属，包括黄曲霉、杂色曲霉、赭曲霉等，镰刀菌属、包括单端孢镰刀菌、串珠镰刀菌等。Hesseltine 就真菌毒素对农业及人类健康的危害程度和对社会经济发展影响的重要性，对世界上 30 多个国家和地区进行了调查。结果表明：排在第一位的是黄曲霉毒素，其次为赭曲霉毒素 A（ochratoxin A，OTA）、单端孢霉烯族化合物、玉米赤霉烯酮（zearalenone，ZEN）、橘青霉素（citrinin）、杂色曲霉素（sterigmatocystins，ST）、展青霉素（patulin，Pat）、圆弧偶氮酸（cycloplazonlc acid，CPA）、伏马菌素（fumonisins，FMs）等。调查还发现，被真菌毒素污染最严重的农产品是玉米、花生和小麦。因此，真菌及其毒素与人类健康的关系已引起全世界的广泛关注。

9.1.2 真菌毒素生长环境及其食物中毒特点

真菌毒素的形成与真菌生长繁殖的环境条件密切相关，大部分真菌在 20～28℃都能生长，在 30～100℃真菌生长显著减弱，在 0℃几乎不能生长。在北方往往多发于 7～9 月份，由于秋收季节多雨造成霉菌大量繁衍，产生大量毒素，使当前霉菌毒素中毒非常普遍。一般控制温度可以减少真菌毒素的产生。温度 25～33℃、相对湿度 85%～95%的环境最适合真菌的生长和繁殖，也最容易形成真菌毒素。真菌食物中毒是指产毒霉菌寄生在粮油食品或饲料上，在适宜条件下产生有毒代谢物，人畜摄食后导致的中毒。真菌毒素病的特点：无传染性；抗生素治疗无效；暴发常由某种食物引起；常有季节性；检查可疑食物可发现真菌毒素。此外，根据真菌毒素作用的靶器官或真菌毒素引起的病理现象，可将真菌毒素分为肝脏毒、肾脏毒、神经毒、震颤毒等。霉菌素产生的临床中毒症状会因在饲料中的毒素种类、剂量、饲喂时间、毒素间的相互影响以及动物本身的品种、年龄及健康状况的不同而有所不同。

9.1.3 防止真菌毒素污染的措施

真菌毒素对人和动物都有极大危害，但在自然界中要完全避免真菌毒素对食物的污染是很不容易的。目前仍没有十分可靠的方法可以完全去除农产品中的真菌毒素。因此，要预防和控制真菌毒素的污染，需要采取积极主动的预防措施。

真菌为好氧微生物，在厌氧条件下几乎不能生长，只有在一定的温度和湿度条件下才能产生毒素。谷物储存使用的抽真空或充氮气等方法都是有效的措施，但由于这些方法昂贵，并不适合农民使用。不过谷物储存时及时通风也能防止霉菌的生长和产毒。因为通风可以带走谷物中的水分并降低温度。干燥、低温、厌氧是防止霉变的主要措施，其中以保持干燥最为重要。

粮食、饲料在收获时未被充分干燥或储运过程中温度或湿度过高，就会使带染在粮食、饲料上的真菌迅速生长。几乎所有在粮食仓库中生长的真菌（仓储真菌）都能侵染种胚造成谷物萌发率下降，同时产生毒素。谷物的含水量是真菌生长和产毒的重要因素。一般把粮食储存在相对湿度低于70%的条件下，谷物的含水量在15%以下就可控制霉菌的生长。

大部分真菌在20～28℃都能生长，在10℃以下或30℃以上，真菌生长显著减弱，在0℃几乎不能生长。一般控制温度可以减少真菌毒素的产生。但是有些镰刀菌能在7℃时在过冬的谷物上产毒。黄曲霉最低生长温度为6～8℃，最高生长温度达44～46℃，在32℃时黄曲霉毒素B_1的产量最高。有趣的是微生物学家已经找到一种能产生黄曲霉毒素抑制剂的微生物，该抑制剂的应用大大减少了黄曲霉毒素的污染。

尽量减少产毒真菌及其毒素污染无毒食品，造成二次污染。要防止粮食、油料等原料不被真菌污染，把好粮食、油料的入库质量关。如，入库粮食不仅要做水分、杂质、带虫量以及一些品质指标的检测，而且还应做粮油的带菌量、菌相及真菌毒素含量的检测。黄曲霉素味苦，食用花生、核桃等食物时如果感觉很苦，马上吐出来，并漱口。

9.2 真菌毒素对人类和动物健康的影响

根据作用的靶组织分类，真菌毒素可分为肝脏毒、肾脏毒、心脏毒、造血器官毒等。人或动物摄入被真菌毒素污染的农、畜产品，或通过吸入及皮肤接触真菌毒素可引发多种中毒症状。如致幻、催吐、出血症、皮炎、中枢神经受损，甚至死亡。动物试验和流行病学的调查结果还证实，许多真菌毒素还可在体内积累后产生致癌、致畸、致突变、类激素中毒、白细胞缺乏症等，对机体造成永久性损害。某些癌症以及克山病等都与真菌毒素中毒有关。具体表现如下：

9.2.1 引发疾病

可导致急性或慢性中毒，主要造成肝脏、肾脏的损害以及肠道出血、腹水、消化机能障碍、神经症状和皮肤病变，但在临床上除非大量毒素的急性中毒引起死亡外，还表现在繁殖障碍、流产等。因此许多症状一般不具有指征性和特异性，很难确认是由于霉菌毒素中毒所致，同时轻微或少量的临床表现，在霉菌毒素中毒后很容易被忽略。

9.2.2 破坏免疫系统

霉菌毒素对动物机体免疫系统破坏造成的免疫抑制是其最为重要和最为本质的危害，许多霉菌毒素可直接破坏或降低免疫系统中的结构和功能，这在动物试验和生产中已得到充分证实。如某些霉菌毒素可使胸腺萎缩，抑制或降低淋巴细胞和巨噬细胞的活性，抑制抗体和细胞质产物以及巨噬细胞和中性粒细胞反应器的功能，致使体液免疫和细胞免疫障碍等，它们都可严重降低免疫应答功能。近几年来，许多畜禽广泛存在疾病频发与难以防治，或大量使用疫苗免疫后抗体仍达不到应有浓度甚至免疫失败的现象，都与霉菌毒素的中毒有密切关系。2006年夏季许多地方严重发生“无名高热症”，据调查报道，饲料霉菌毒素是促使发病的元凶之一。

9.2.3 降低饲料品质

直接造成动物食欲下降。可造成饲料单项物质损失 14%～20%，最高可达 31.5%，同时干扰营养物质的吸收，以致消化酶的活性，因而降低饲料转化率，致使饲料消耗增加，生产性能下降。

9.3 黄曲霉毒素

黄曲霉毒素（aflatoxin）主要是黄曲霉和寄生曲霉等菌种产生的次生代谢产物，是毒性和致癌性最强的天然污染物。黄曲霉毒素污染的发生和程度随地理和季节因素以及作物生长、收获、储存的条件不同而异，粮油作物在收获后、储藏期以及加工后都能受到产毒菌株污染，有时早在作物收获前就已受到了产毒菌株的污染。1960 年在英格兰南部和东部地区，十几万只火鸡因食用发霉的花生粉而中毒死亡。剖检中毒死鸡，发现肝脏出血、坏死、肾肿大，病理检查发现肝实质细胞退行性病变及胆管上皮细胞增生。研究发现火鸡饲料中的花生粉含有一种荧光物质，是导致火鸡死亡的病因，并证实了该物质是黄曲霉的代谢产物，故命名为黄曲霉毒素。

1993 年黄曲霉毒素被世界卫生组织（WHO）的癌症研究机构划定为Ⅰ类致癌物，是一种毒性极强的剧毒物质。黄曲霉毒素的危害性在于对人及动物肝脏组织有破坏作用，严重时可导致肝癌甚至死亡。在天然污染的食品中以黄曲霉毒素 B_1 最为多见，其毒性和致癌性也最强。

9.3.1 结构与性质

目前已分离的黄曲霉毒素有 20 多种，纯净的黄曲霉毒素为无色晶体，它们在紫外线照射下能产生荧光，根据荧光颜色不同，将其分为 B 族和 G 族两大类及其衍生物。它们是化学结构类似的一组化合物，均为二呋喃香豆素的衍生物（图 9-1）。在紫外线下黄曲霉毒素 B_1、B_2 发蓝紫色荧光，黄曲霉毒素 G_1、G_2 发黄绿色荧光。耐高温，100℃、20h 也不能将其全部破坏，紫外线对低浓度黄曲霉毒素有一定的破坏性。可溶于多种有机溶剂如氯仿、甲醇、乙醇等，不溶于水、己烷、乙醇和石油醚。人及动物摄入黄曲霉毒素 B_1 和 B_2 后，在乳汁和尿中可检测出其代谢产物黄曲霉毒素 M_1 和 M_2。

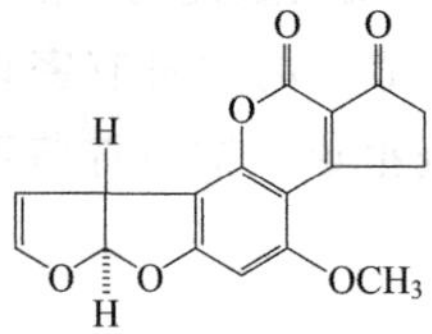

(a) 黄曲霉毒素B_1结构图

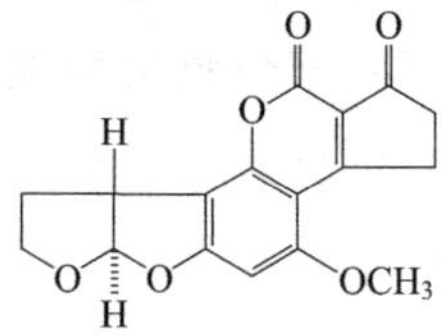

(b) 黄曲霉毒素B_2结构图

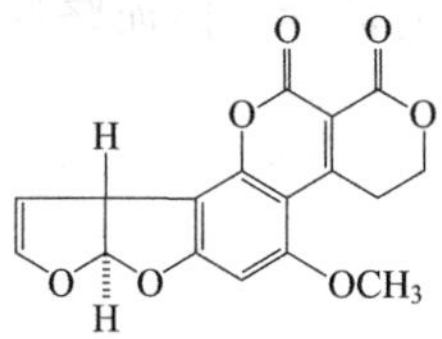

(c) 黄曲霉毒素G_1结构图

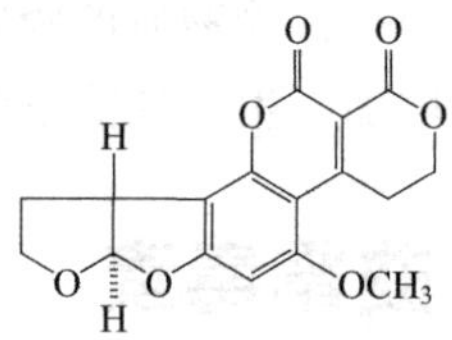

(d) 黄曲霉毒素G_2结构图

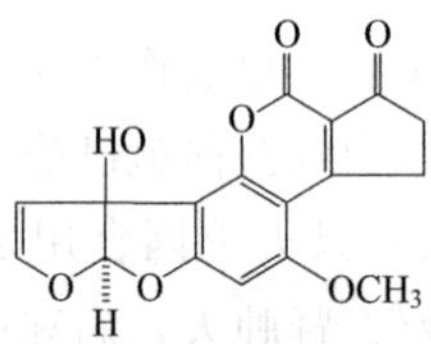

(e) 黄曲霉毒素M_1结构图

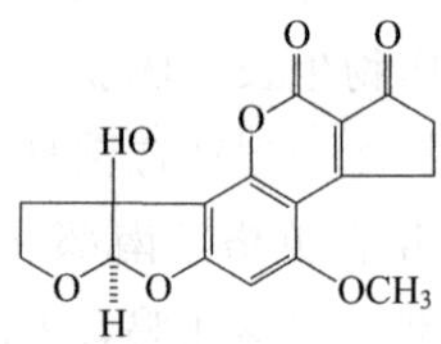

(f) 黄曲霉毒素M_2结构图

图 9-1　黄曲霉毒素 B_1、B_2、G_1、G_2、M_1、M_2 的结构图

9.3.2　食品中黄曲霉毒素的来源与分布

能产生黄曲霉毒素的菌种有黄曲霉和寄生曲霉，温特曲霉也能产生黄曲霉毒素，但产量较少。曲霉在 12～42℃范围内均可产生黄曲霉毒素，最适温度为 25～32℃。在我国产生黄曲霉毒素的产毒菌种主要为黄曲霉，分布情况是：华中、华南、华北产毒菌株多，产毒量也高；东北、西北地区较少。产毒量最高的是从广西玉米中分离到的一株菌，在大米培养基上产生黄曲霉素的量高达 2.00mg/kg。影响黄曲霉毒素产生的重要条件是食品基质的成分和水分、环境温度及相对湿度。黄曲霉是分布最广的霉菌之一，在全世界几乎无处不在。关于黄曲霉毒素在食品中的污染，联合国粮农组织、世界卫生组织、联合国环境规划署于 1977 年召开了第一次有关霉菌毒素会议，指出黄曲霉毒素在食品中的污染大大地超过其他几种霉菌毒素的总和。世界各国的农产品普遍遭受过黄曲霉毒素的污染，主要污染的品种是粮油食品、动植物食品等；如花生、花生油、玉米、大米、小麦、豆类、坚果类、肉类、乳及乳制品、水产品等均有黄曲霉毒素污染。其中以花生和核桃污染最严重，家庭自制发酵食

品也能检出黄曲霉毒素。一般在热带和亚热带地区，食品中黄曲霉毒素的检出率比较高。

9.3.3 毒性与危害

黄曲霉毒素被世界卫生组织划定为一类致癌物。黄曲霉毒素有较多的种类，主要有 B_1、B_2、G_1、G_2、M_1 和 M_2。它们的结构式不同，其毒性及危害也有很大差异。黄曲霉毒素的衍生物中以黄曲霉毒素 B_1 的毒性及致癌性最强，在食品中的污染最广泛，对食品的安全性影响最大。因此，在食品卫生监测中，主要以黄曲霉毒素 B_1 为污染指标。黄曲霉毒素的毒性极强，但其毒性随着毒素的剂量、接触时间长短和动物种类、营养状态及饲料不同而异，幼年动物比同种老年动物更为敏感，不同种动物的敏感性也有差异，雏鸭最敏感。在动物试验中，大剂量摄入这些毒素会发生急性中毒，它是一种剧毒物质，毒性比 KCN 大 10 倍，比砒霜大 68 倍，仅次于肉毒霉素，是目前已知霉菌中毒性最强的。它对任何动物都有毒害作用，主要变化是肝脏，呈急性肝炎、出血性坏死、肝细胞脂肪变性和胆管增生，脾脏和胰脏也有轻度的病变，最后造成死亡；当微量持续摄入会产生慢性中毒，其主要变化特征为肝脏出现慢性损伤，如肝实质细胞变性、肝硬化等，出现动物生长发育迟缓、体重减轻、母畜不孕或产仔少等系列症状；长期接受低剂量则导致癌症，主要是肝癌。AFT 的致癌力也居首位，是目前已知最强致癌物之一。黄曲霉毒素进入机体后经细胞色素 P450 催化生成相应的活性衍生物而表现出毒性。一部分被酶降解解毒，一部分与细胞蛋白质、类脂结合引起细胞死亡，表现为急性中毒，若与核酸（DNA）结合会导致突变、致癌。

9.3.4 在农产品中的污染与限量要求

2011 年 12 月 24 日，国家质量监督检验检疫总局公布了当时对全国液体乳产品进行抽检结果的公告，蒙牛乳业（眉山）有限公司生产的一批次产品被检出黄曲霉毒素 M_1 超标 140%。蒙牛副总裁解释称，“黄曲霉素是因为眉山地处四川，多阴雨天气，个别供方对饲料管理不当，霉变导致牛奶产生黄曲霉素”。2011 年 12 月 27 日在植物油产品中，广东省有 3 个产品的部分批次抽检不及格，原因均为黄曲霉毒素 B_1 指标不合格。欧盟食品和饲料类快速预警系统（RASFF）发布了 2016 年第 49 周通报。通报中有一批带壳花生因黄曲霉毒素超标被克罗地亚退市。同样，日本在 12 月份也通报了我国两批落花生因黄曲霉毒素超标被禁止入境。随着国外发达国家对花生等产品的安全质量要求日趋严格，我国出口花生黄曲霉毒素超标被通报数量有所增加。

由于黄曲霉毒素的毒性和致癌性，世界各国都非常重视对食品中该毒素的监测。具体的限量标准见表 9-1。

表 9-1 农产品中真菌毒素的限量标准

序号	卫生指标项目	产品名称	限量/(μg/kg)
1	黄曲霉毒素 B_1	玉米、玉米面(渣、片)及玉米制品	20
		稻谷、糙米、大米	10
		小麦、大麦、其他谷物及其制品	5.0
		豆类及其制品	5.0
		花生及其制品、花生油、玉米油	20
		其他熟制坚果及籽类	5.0
		以粮食为主要原料的调味品	5.0
		植物油脂(花生油、玉米油除外)	10
		婴幼儿谷类辅助食品	0.5
		玉米加工产品、花生饼(粕)	50
		其他植物性饲料原料	30
		仔猪、雏禽配合饲料及浓缩饲料	10
		肉用仔鸭后期、生长鸭、产蛋鸭配合饲料及浓缩饲料	15
		犊牛、羔羊精料补充料	20
		泌乳期精料补充料	10
		其他浓缩饲料及配合饲料	20
		其他精料补充料	30
2	黄曲霉毒素 M_1	乳及乳制品(按生乳折算)	0.5
		以乳类为主要原料的婴幼儿配方食品	0.5
3	赭曲霉毒素 A	谷物及其制品、豆类及其制品	5.0
		葡萄酒	2.0
		烘焙咖啡豆、研磨咖啡	5.0
		速溶咖啡	10.0
		配合饲料、谷物及加工产品	100
4	脱氧雪腐镰刀菌烯醇	谷物及其制品	1000
		植物性饲料原料	5000
		犊牛、羔羊、泌乳期精料补充料	1000
		其他精料补充料	3000
		猪配合饲料	1000
		其他配合饲料	3000
5	玉米赤霉烯酮	谷物及其制品(食品)	60
		玉米及其加工产品(玉米皮、喷浆玉米皮、玉米干浆干粉除外)	500
		玉米皮、喷浆玉米皮、玉米干浆干粉、玉米酒精类产品	1500
		其他植物性饲料原料	1000
		犊牛、羔羊、泌乳期精料补充料	500

续表

序号	卫生指标项目	产品名称	限量/(μg/kg)
5	玉米赤霉烯酮	仔猪配合饲料	150
		青年母猪配合饲料	100
		其他猪配合饲料	250
		其他配合饲料	500
6	展青霉素	苹果、山楂及其制品	50
7	T-2毒素	猪、禽配合饲料、植物性饲料原料	500
8	伏马毒素	犊牛、羔羊精料补充料	20000
		马、兔精料补充料	5000
		其他反刍动物精料补充料	50000
		猪浓缩饲料	5000
		家禽浓缩饲料	20000
		猪、兔、马配合饲料	5000
		家禽配合饲料	20000
		鱼配合饲料	10000

9.3.5 黄曲霉毒素的检测方法

薄膜层析法和液相色谱法是目前国内绝大多数检测机构都在使用的方法。由于其检测周期长、程序复杂、所需试剂繁多等缺点，已远远不能满足现代检测要求。随着现代科学技术的不断发展，特别是免疫学、生物化学、分子生物学的不断发展，人们已创建了不少快速、简便特异、敏感低耗且适用的黄曲霉毒素检测方法，而且以金标试纸为代表的这些方法已经被先进国家所广泛使用，引进和消化这些先进的方法是我国检测领域的当务之急。

9.3.5.1 薄层色谱法

薄层色谱（TLC）是在黄曲霉毒素研究方面应用最广的分离技术。自1990年它被列为AOAC标准方法，该方法同时具有定性和定量分析黄曲霉毒素的功能。试样中黄曲霉毒素经提取、浓缩、薄层分离后，在波长365nm紫外线下黄曲霉毒素B_1、B_2产生蓝紫色荧光，黄曲霉毒素G_1、G_2产生黄绿色荧光，根据其在薄层板上显示荧光的最低检出量来测定含量，检出限B_1、G_1为5μg/kg，B_2、G_2为2.5μg/kg。具体方法见《GB 5009.22—2016 食品安全国家标准 食品中黄曲霉毒素B族和G族的测定》。

9.3.5.2 液相色谱法

液相色谱（LC）与薄层色谱在许多方面具有相似性，二者互相补充。通常用TLC进行前期的条件设定，选择适宜的分离条件后再用LC进行黄曲霉毒素的定量测定。

9.3.5.3 免疫化学分析方法

利用具有高度专一性的单克隆抗体或多克隆抗体设计的黄曲霉毒素的免疫分析方法，也是最常用的黄曲霉毒素检测方法。这类方法通常包括放射免疫分析方法（RIA）、酶联免疫法（ELISA）和免疫层析法（ICA）。它们均可以对黄曲霉毒素进行定量测定。

（1）免疫亲和柱-荧光分光光度法和免疫亲和柱-高效液相色谱法

免疫亲和柱的使用可以避免传统薄层色谱法（TLC）和高效液相色谱法（HPLC）的缺点，同时免疫亲和柱与TLC和HPLC法结合可以大大提高工作效率，提高灵敏度和准确度。它克服了TLC和HPLC法在操作过程中使用剧毒的真菌毒素作为标定标准物和在样品预处理过程中使用多种有毒、有异味的有机溶剂毒害操作人员和污染环境的缺点。

黄曲霉毒素免疫亲和柱-荧光光度计法是以单克隆免疫亲和柱为分离手段，用荧光计紫外灯作为检测工具的快速分析方法，检出底限为2μg/kg。免疫亲和柱-HPLC法是用带荧光检测器的高效液相色谱仪分析的方法，检出低限为1μg/kg，但该方法在现行使用的标准中被删除。试样经过甲醇水提取，提取液经过滤、稀释后，滤液经过含有黄曲霉毒素特异抗体的免疫亲和色谱净化，此抗体对黄曲霉毒素B_1、B_2、G_1、G_2具有专一性，黄曲霉毒素交联在色谱介质中的抗体上。用水或吐温-20/PBS将免疫亲和柱上杂质除去，以甲醇通过免疫亲和色谱柱洗脱，洗脱液通过不同的检测器进行测定。具体方法见《食品安全国家标准　食品中黄曲霉毒素B族和G族的测定》（GB 5009.22—2016）、《食品安全国家标准　食品中黄曲霉毒素M族的测定》（GB 5009.24—2016）。

2011年国内91家实验室参加花生油中黄曲霉毒素B_1的能力验证的数据标明，各实验室只要严格按照标准中要求的步骤进行实验，并有良好的质量控制手段，所得到的测试结果基本没有显著性差异。在黄曲霉毒素检测中，液相色谱法应用最为广泛，根据反馈的原始数据可看出，使用光化学或柱后化学衍生比使用柱前化学衍生效果更佳。43家实验室使用GB/T 18979—2003柱后碘溶液衍生或光化学衍生测定满意率为93%，9家实验室使用GB/T 5009.23—2006柱前三氟乙酸衍生测定满意率只有33%。在使用后者时要求检测人员应对标准方法中每一步骤充分理解，分析影响检测结果的关键点，并在检测过程中注意控制关键点。在条件许可的情况下，建议使用免疫亲和色谱净化，洗脱液通过光化学柱衍生装置后，通过液相色谱仪测定黄曲霉毒素B_1的含量。

免疫亲和柱-LC-MS法是通过免疫亲和柱净化和富集，净化液浓缩、定容和过滤后经液相色谱分离，串联质谱检测，同位素内标法定量。定量限为0.1μg/kg，具体方法见《食品安全国家标准　食品中黄曲霉毒素B族和G族的测定》（GB 5009.22—2016）。

(2) 酶联免疫吸附法

由于酶联免疫吸附法简便敏感，特异可作为多种抗原或抗体的测定，20世纪70年代后期该方法引入真菌毒素的检测中。试样中黄曲霉毒素 B_1、酶标黄曲霉毒素 B_1 抗原与包被于微量反应板中的黄曲霉毒素 B_1 特异性抗体进行免疫竞争性反应，加入酶底物后显色，试样中黄曲霉毒素 B_1 的含量与颜色成反比。用目测法或仪器法，通过与黄曲霉毒素 B_1 标准溶液比较，判断或计算试样中黄曲霉毒素 B_1 的含量。注意不同测试盒制造商间的产品组成和操作会有细微的差别，应严格按说明书要求规范操作。最低检出限为0.1μg/kg。具体方法见《食品安全国家标准　食品中黄曲霉毒素B族和G族的测定》(GB 5009.22—2016)、《食品安全国家标准　食品中黄曲霉毒素M族的测定》(GB 5009.24—2016)。

(3) 微柱筛选法

微柱筛选法可以用来半定量测定各种食品中黄曲霉毒素 B_1、B_2、G_1、G_2 的总量，适用于大米、玉米、花生、杏仁、核桃、松子等食品。试样提取液通过由氧化铝与硅镁吸附剂组成的微柱层析管，杂质被氧化铝吸附，黄曲霉毒素被硅镁吸附剂吸附，在365nm紫外线下呈蓝紫色荧光，其荧光强度在一定的光密度范围内与黄曲霉毒素的含量成正比，若硅镁型吸附剂层未出现蓝紫色荧光则样品为阴性（方法灵敏度为5～10μg/kg）。由于微柱不能分离 B_1、B_2、G_1、G_2，故结果为黄曲霉毒素的总量。

(4) 一步式黄曲霉毒素检测金标试纸法

一步式黄曲霉毒素检测金标试纸法是利用单克隆抗体而设计的固相免疫分析法。由此产生的一步式黄曲霉毒素快速检测试纸可在5～10min完成对样品中黄曲霉毒素的定性测定。借助黄曲霉毒素标准样品这种方法能估算黄曲霉毒素的含量，非常适用于现场测试和进行大量样品的初选。

9.4 赭曲霉毒素

赭曲霉毒素（ochmtoxins）是异香豆素联结L-苯丙氨酸在分子结构上类似的一组真菌毒素，有A、B、C、D四种化合物，主要危及人和动物肾脏，其中毒性最大、与人类健康关系最密切、产毒量最高、对农作物的污染最重、分布最广的是赭曲霉毒素A（ochmtoxins A，OTA）。赭曲霉毒素A是一种肾脏毒素，被国际癌症研究机构（IARC）确定为ⅡB类致癌物的一种真菌毒素，它能致癌、致畸、破坏免疫系统，对肝、肾脏造成损害，还可导致神经中毒。OTA首先在玉米中发现，以后又相继从谷物和大豆中检出。粮谷类、水果、葡萄酒、啤酒、咖啡、可可、巧克力、中草药、调味料等多种植物产品和食品均可被OTA污染。动物饲料中OTA的污染也非常严重，动物进食被OTA污染的饲料后导致体内 OTA 的蓄积，而且不易被代谢降解，因此动物性食品尤其是猪的肾脏、肝脏、肌肉、血液以及乳和乳制品中常有赭曲霉毒素 A 检出。在已发现的真菌毒素家族中根据其重要性及危害性排序，OTA 被认为是仅次于黄曲霉毒素而列第二位。迄今为止，巴西、德国、罗马尼亚、匈牙利及捷克等国家已指定了食品、饲料及猪肾脏中 OTA 的限量标准。随着人们对食品健康和安全的高度重视，对真菌毒素的研究越来越显得重要和迫切。

9.4.1 结构与性质

赭曲霉毒素的基本化学结构是由异香豆素连接到 β-苯基丙氨酸上的衍生物，有 A、B、C、D 四种化合物，其中赭曲霉毒素 A 是主要的污染物。赭曲霉毒素是一种无色结晶化合物，溶于极性有机溶剂和稀的碳酸氢钠水溶液中，微溶于水，结构式如图 9-2 所示。OTB 是 OTA 的脱氯衍生物，OTC 是 OTA 的乙基酯，OTD 为 4-羟基 OTA。在紫外线照射下 OTA 和 OTB 分别呈绿色和蓝色荧光，最大吸收峰分别为 333nm 和 318nm。该化合物相当稳定，乙醇溶液置冰箱避光保存一年以上而不被破坏，但应避光保存，如接触紫外线，几天就会分解。有很高的化学稳定性和热稳定性。赭曲霉毒素的毒性强弱顺序是：OTA＞OTC＞OTB。这在很大程度上取决于分子中第八位羟基的电离常数大小。OTB 和 OTC 在被污染饲料中的含量一般较低，对大多数动物的毒性较 OTA 小。因此，饲料检测时可以不予考虑，主要分析 OTA 含量。

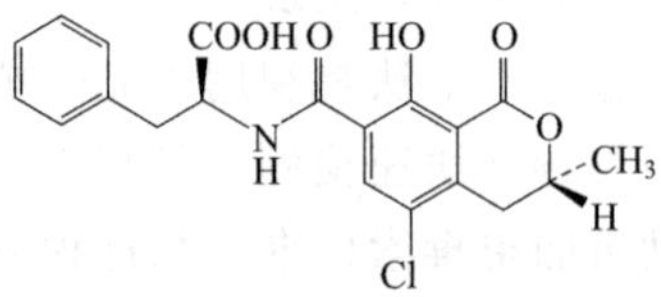

图 9-2 赭曲霉毒素的结构图

9.4.2 食品中赭曲霉毒素的来源与分布

赭曲霉毒素是曲霉属和青霉属的某些菌种产生的二次代谢产物。赭曲霉毒素的分布范围较广，作为一种天然污染物几乎可在所有谷物中分离到。国内外均有分布，普遍存在于热带和气候温和的地区，是谷物、大豆、咖啡豆和可可豆的常见污染物。OTA 的产生菌在湿热的南方一般以赭曲霉菌为主，侵害水分大于 16%的粮食和饲料；而寒冷干燥的北方以青霉菌为主，有些青霉菌在 0℃左右仍能生长，给饲料储藏带来极大困难。此外，不同菌株的适宜产毒底物也有差别，Madhyastha 等报道，赭曲霉在花生饼和大豆饼中的产毒量，显著高于在小麦和玉米中的产毒量，而疣孢青霉则相反。正常条件下，小麦和玉米受 OTA 污染的概率较小，大麦和燕麦被污染的概率较高。

OTA 在食品中的污染率在一些国家为 2%～30%。该化合物与家畜肾病相关的病例在许多国家均有报道。巴尔干半岛一些国家食物中含有的 OTA 可能与这些国家的某些地区人类肾病有关。在巴尔干地方性肾病流行区，6%～18%人群的血液中能检出 OTA。在巴尔干半岛以外的一些地区的人群血液中也检出了 OTA。调查表明，泌尿系统肿瘤高发病率与巴尔干地方性肾病明显相关。动物摄入了霉变的饲料后，这种毒素也可能出现在猪和母鸡等的肉中。因此 OTA 在食品用和饲料用的谷物、猪组织及猪血中的残留水平对健康的影响受到普遍的关注。

9.4.3 毒性与危害

国际癌症研究机构（IARC）认为赭曲霉毒素 A 是一种与人类健康密切相关的霉菌毒素，是人类可能的致癌剂。除了潜在的遗传毒性和致癌性外，赭曲霉毒素 A 也是一种具有免疫抑制、神经毒性以及致畸性的物质。OTA 主要毒害动物的肾脏和肝脏，肾脏是第一靶器官，只有剂量很大时才出现肝脏病变，其中猪和禽类的敏感性最强。主要表现为皮质内肾曲管萎缩、肾间质纤维化及肾小球透明样变等。赭曲霉毒素 A 还可导致肾脏癌变。

动物摄入 1mg/kg 体重剂量的赭曲霉毒素 A 可在 5～6 天致死。常见的病变是肾小管上皮损伤和肠道淋巴腺体坏死。饲喂含 1mg/kg 浓度赭曲霉毒素的日粮 3 个月可引起动物烦渴、尿频、生长迟缓和饲料利用率降低；饲喂含量低至 200μg/kg 的日粮数周可检测到肾损伤。其他的临床症状还有腹泻、厌食和脱水，妊娠母畜子宫黏膜出血，往往发生流产。有时临床症状不明显，而在赭曲霉毒素中毒呈地方流行病的地区，动物在屠宰时唯一可观察到的病变是肾苍白、坚硬。

9.4.4 农产品中赭曲霉毒素的限量标准

联合国粮农组织和世界卫生组织食品添加剂与污染物联合专家委员会（JECFA）在第 37 次会议上，根据 OTA 引起猪肾脏损害观察到的最低有害作用剂量（LOEL），暂定 OTA 的每周允许摄入量（PTWI）为 112ng/kg 体重，相当于每日 16ng/kg 体重。1995 年 JECFA 在第 44 次会议上，重新确定了 OTA 的 PTWI 为 100ng/kg 体重，相当于每日 14ng/kg 体重。JECFA 第 56 次会议上再次评价了 OTA，委员会根据新提出的资料认为，OTA 引起肾脏毒性以及肾癌的机制还未解决，因此委员会保留 PTWI 为 100ng/kg 体重。

残留在动物产品中的赭曲霉毒素可通过食品链传递给消费者，一些国家的政府已采取强硬的监管措施，以消除消费者对猪肉产品安全性的担忧。例如，欧洲于 1997 年设立了所有食品中赭曲霉毒素的最高允许含量为 5μg/kg。德国将这一标准更严格地定为 3μg/kg。在丹麦，如果猪血液中赭曲霉毒素的水平达到 25μg/mL，则认定为猪的整个胴体被污染，猪肉不得食用。2017 年 9 月 17 日正式实施的《食品安全国家标准 食品中真菌毒素限量》（GB 2761—2017）中主要新增了葡萄酒和咖啡中赫曲霉毒素 A 的限量。具体的限量标准见表 9-1。

9.4.5 赭曲霉毒素 A 的分析方法

OTA 为有机酸，可溶于碳酸氢钠和多种有机溶剂中，这是建立检测 OTA 方法的基础。目前报道用于检测 OTA 的方法有以下几种。

9.4.5.1 薄层色谱法

赭曲霉毒素 A 的薄层色谱法是最经典的筛选定性方法，因其对仪器设备无要求而易普及，被广泛采用，随着薄层色谱扫描仪的应用，薄层色谱法适用于定性、定量检测。试样中的 OA 经提取、液-液分配萃取、浓缩，根据其在 365nm 紫外灯下产生黄绿色荧光进行薄层分离，限量定量，或用薄层扫描仪测定荧光斑点的荧光强度，外标法定量。此方法为配合饲料、饲用谷物原料中 OTA 测定的仲裁法，检出低限为 5μg/kg。具体方法见《饲料中赭曲霉毒素 A 的测定》（GB/T 19539—2004）。

9.4.5.2 高效液相色谱法

HPLC 法具有更高的灵敏度，可精确地对样品中的赭曲霉毒素 A 进行定性、定量分析，但仪器价格昂贵，对样品的前处理要求高，要求柱净化、不能污染色谱柱。试样中的赭曲霉毒素 A 用乙腈加水提取后，利用抗体与其相应抗原之间的专一性免疫亲和反应，以含有赭曲霉毒素 A 特异性抗体的免疫亲和层析柱净化提取液，用配有荧光检测器的高效液相色谱仪测定，外标法定量，此法为仲裁法；用荧光光度计进行测定为快速法。检测低限均为 1μg/kg。试样中的赭曲霉毒素 A 用碱性甲醇加水提取，提取液经离子交换固相萃取柱净化、洗脱后，用配有荧光检测器的液相色谱仪进行测定，标准曲线法定量。检测低限为 0.8μg/kg。具体方法见《食品安全国家标准 食品中赭曲霉毒素 A 的测定》（GB 5009.96—2016）。

9.4.5.3 免疫检测技术

免疫检测技术发展很快，如酶联免疫分析法、放射免疫分析法等均已应用于赭曲霉毒素 A 的快速筛选分析，并有商业化的试剂盒，检测快速、灵敏、准确，操作简便，无需贵重仪器设备，特别适用于大批量样品的筛选检测。由于高专一性对提取净化的方法无特殊要求，因此我国饲料中赭曲霉毒素 A 的检测也采用了 ELISA 作为快速筛选法。考虑到有的基层单位没有薄层扫描仪或者酶标测定仪，标准中还设立了限量法便于初筛时应用。检出限为 2μg/kg。具体方法见《饲料中赭曲霉毒素 A 的测定》（GB/T 19539—2004）、《食品安全国家标准 食品中赭曲霉毒素 A 的测定》（GB 5009.96—2016），目前有专门测定 OTA 的酶联免疫检测试剂盒的商品。在分析时适当参考操作说明书。

9.5 单端孢霉烯族化合物

单端孢霉烯族化合物是一组由镰刀菌的某些菌种产生的生物活性和化学结构相似的有毒代谢产物，均具有四环倍半萜烯结构。到目前为止，从真菌培养物及植物中已分离出化学结构基本相同的单端孢霉烯族化合物 148 种。根据相似的官能团可将其分为 A、B、C 和 D 四个型。A 型的特点是在 C_8 上有一个与酮不同的官能团，这一型包括 T-2 毒素和二醋酸藨草镰刀菌烯醇（diacetoxyscirpenol，DAS）；B 型在 C_8 上有一羰基官能团，以脱氧雪腐镰刀菌烯醇（deoxynivalenol，DON）和雪霉腐镰刀菌烯醇（nivalenol，NIV）为代表；C 型的特点是在 C_7—C_8 或 C_9—C_{10} 上有一个次级环氧基团。D 型在 C_7 和 C_8 之间有两个酯相连。天然污染谷物和饲料的单端孢霉烯族化合物有 A 型中的 T-2 毒素、二醋酸藨草镰刀菌烯醇和 B 型的 DON、雪霉腐镰刀菌烯醇。单端孢霉烯族化合物为无色结晶，该化合物非常稳定，难溶于水，溶于极性溶剂，在烹调等加热过程中不会被破坏，在紫外线下不显荧光。

9.5.1 T-2 毒素

T-2 毒素（T-2）是由多种镰刀菌产生的一种霉菌毒素。主要污染小麦、大麦、玉米等粮食作物及其制品，对人类健康及畜牧业构成了较大危害。T-2 毒素主要影响血液、肝脏、肾脏、胰腺、肌肉及淋巴细胞的功能。T-2 毒素中毒后的一般临床症状为厌食、呕吐、腹泻、生长停滞、繁殖和神经机能障碍等。

9.5.1.1 结构与性质

T-2 毒素的结构式如图 9-3 所示，分子量为 466.51，该毒素的化学名称为 4,15-二乙酰氧基-8-(异戊酰氧基)-12,13-环氧单端孢霉-9-烯-3-醇，其中的氧环和双键是其活性部位，氧环打开或双键还原均可使其毒性下降。T-2 毒素为白色针状结晶，在室温条件下相当稳定，放置 6～7 年或加热至 100～120℃ 1h 毒性不减。T-2 毒素带有酯基，用碱处理后水解成相应的醇。要使双键还原可用接触氢化。四氢钾铝或氢硼化钠可使环氧基还原成醇。

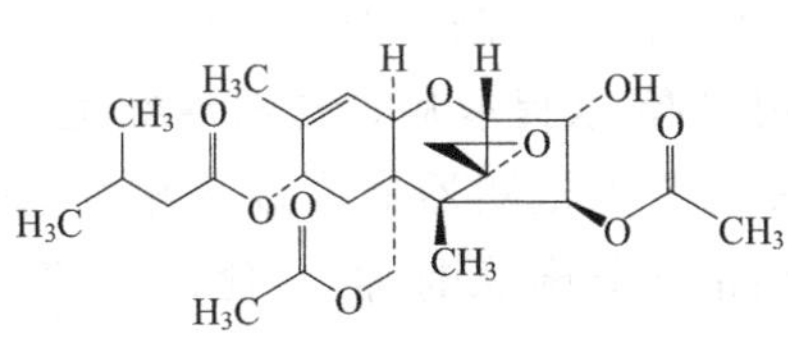

图 9-3 T-2 毒素结构图

9.5.1.2 食品中 T-2 毒素的来源与分布

T-2 毒素是由多种真菌，主要是三线镰刀菌产生的单端孢霉烯族化合物

(trichothecenes，TS)之一。镰刀菌属的菌种广泛分布于自然界，从土壤中可分离到50多种镰刀菌，世界各地均有污染。这些真菌及其毒素主要侵害玉米、小麦、水稻、燕麦、大麦等谷物。在我国，禾谷镰刀菌引起的赤霉病毒流行颇广，由此引起的人畜中毒事件屡有发生。1994年，调查174份小麦，有101份样品检出T-2毒素，含量范围为1.1～100μg/kg。1991年，中国南方发生的水灾使小麦受T-2毒素严重污染，被检的48份样品中有47份（占97.9%）检出T-2毒素，含量为84.5～1064μg/kg，平均含量为671.6μg/kg。目前已报道单端孢霉烯族化合物引起人类中毒的国家仅有中国和印度。

9.5.1.3 毒性与危害

T-2毒素经呼吸道吸入中毒报道很少，主要是经口中毒。该毒素是体外及体内很强的蛋白质合成抑制剂，经黏膜的吸收率较高，并可直接破坏黏膜的毛细血管，使其通透性增加。T-2毒素对不同动物的毒性有一定种属差异，新生或未成年动物比成年动物对毒素更敏感。

T-2毒素主要作用于细胞分裂旺盛的组织器官，如胸腺、骨髓、肝、脾、淋巴结、生殖腺及胃肠黏膜等，抑制这些器官细胞蛋白质和DNA合成。此外，还发现该毒素可引起淋巴细胞中DNA单链的断裂。T-2毒素还可作用于氧化磷酸化的多个部位而引起线粒体呼吸抑制。可影响动物的免疫系统而改变其免疫应答，导致迟发型变态反应以及抗感染能力降低。

9.5.1.4 农产品中T-2毒素的限量标准

JECFA第56次会议上，根据T-2毒素在数种动物种属短期喂养试验显示，免疫毒性和血液毒性是T-2毒素的主要毒性作用，得出T-2毒素的每日暂定最大允许摄入量（PMTDI）为60ng/kg（以体重计）。具体的限量标准见表9-1。

9.5.1.5 T-2毒素的分析方法

我国在粮食、饲料、食品等方面的T-2毒素检测都有详尽的方法。可分为以下几种：

(1) 液相色谱法

高效液相色谱法适用于粮食和粮食制品、酒类、酱油、醋、酱及酱制品、谷物及其制品中T-2毒素的测定。粮食和粮食制品、谷物及其制品的检出限为10μg/kg，酒类、酱油、醋、酱及酱制品的检出限为5μg/kg。

试样中的T-2毒素用甲醇-水提取后，提取液经免疫亲和柱净化、浓缩、1-蒽腈衍生、定容后，用配有荧光检测器的高效液相色谱仪进行测定，外标法定量。具体操作详见《食品安全国家标准　食品中T-2毒素的测定》(GB/T 5009.118—2016)。

液相色谱-串联质谱适用于单一饲料、配合饲料、浓缩饲料、添加剂预混合饲料中T-2毒素的测定，检出限为1.0μg/kg。试样中的T-2毒素经乙腈溶液提取，正己烷脱脂及霉菌毒素多功能净化柱净化后，氮气吹干，甲酸乙腈溶液溶解，液相色谱-串联质谱法测定。采用色谱保留时间和质谱碎片及其离子丰度比定性，外标法定量。具体操作详见《饲料中黄曲霉毒素、玉米赤霉烯酮和T-2毒素的测定 液相色谱-串联质谱法》(NY/T 2071—2011)。

(2) 酶联免疫法

酶联免疫法是基于竞争性酶联免疫反应，可分为直接法和间接法两种。适用于谷物及其制品中T-2毒素的测定，检出限为1μg/kg。具体操作详见《食品安全国家标准 食品中T-2毒素的测定》(GB 5009.118—2016)。具体操作详见《饲料中T-2毒素的测定 酶联免疫吸附法》(SN/T 5026—2017)。

① 间接法：将已知抗原吸附在固相载体表面，洗除未吸附抗原，加入一定量抗体与待测试样（含有抗原）提取液的混合液，温育后，在固相载体表面形成抗原-抗体复合物。洗除多余抗体成分，然后加入酶标记的抗球蛋白的第二抗体结合物，与吸附在固体表面的抗原-抗体复合物相结合，再加入酶的底物。在酶的催化作用下，底物发生降解反应，产生有色产物，通过酶标检测仪测定吸光度，测出酶底物的降解量，从而推知被测试样中的抗原量。

② 直接法：将已知抗原吸附在固相载体表面，洗除未吸附的抗原，加入一定量的酶标记抗体与试样（含有抗原）提取液的混合液，温育后，在固相载体表面形成抗原-抗体-酶复合物。洗除多余部分，加入酶的底物。在酶的催化作用下，底物发生降解反应，产生有色物质，通过酶标检测仪测定吸光度，测出酶底物的降解量，从而推知被测试样中的抗原量。

(3) 薄层色谱法

薄层色谱方法适用于配合饲料中T-2毒素的测定，检出限为1mg/kg。配合饲料中的T-2毒素经提取、净化、浓缩和硅胶G薄层板展开后，用20%硫酸乙醇喷布，加热薄层板，使T-2毒素在365nm紫外灯下显蓝色荧光，根据其在薄层板上显示荧光的最低检出量来测定含量。具体操作详见《配合饲料中T-2毒素的测定 薄层色谱法》(GB/T 8381.4—2005)。

9.5.2 呕吐毒素

呕吐毒素又称脱氧雪腐镰刀菌烯醇（DON），由于它可以引起猪的呕吐，故又名呕吐毒素（vomitoxin，VT），对人体有一定危害作用。1998年，在国际癌症研究机构公布的评价报告中，呕吐毒素被列为Ⅲ类致癌物。该毒素最早于1970年在日本香川县的一次赤霉病大麦中毒的病毒中发现，是食品中常见的真菌毒素，在自然界中广泛存在。

9.5.2.1 结构与性质

DON化学结构为3α,7α,15-三羟基-12,13-环氧单端孢霉-9-烯-8-酮，属于B型TCH，结构式如图9-4所示。DON分子式为$C_{15}H_{20}O_6$，分子量为296.32。DON纯品为白色针状结晶，熔点为151～153℃（醋酸乙基石油）。不饱和酮基的存在使得其在短波紫外下有吸收峰，但与许多其他物质在此处的紫外吸收峰相重叠，属非特征性的。紫外辐射下不显荧光。DON 易溶于极性的溶剂如水、甲醇、乙醇、乙腈、丙酮和乙酸乙酯，不溶于正己烷、丁醇、石油醚。DON 耐热、耐压，在弱酸中不分解。DON 在甲醇中不稳定，22 天后被转化为其他产物。DON 的耐藏力也很强，病麦经四年的储藏，其中的 DON 仍能保留其原有的毒性。

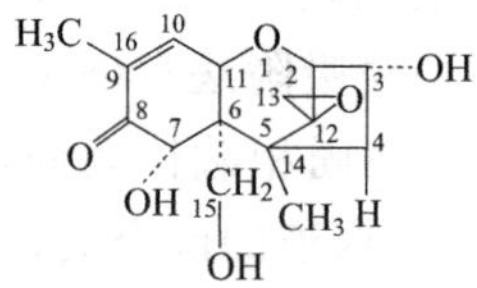

图 9-4 呕吐毒素结构图

呕吐毒素可能对免疫系统有影响，既是一种免疫抑制剂，又是一种免疫促进剂，其作用与剂量有关。DON 属于小分子半抗原，有免疫反应性，无免疫原性，只有将其与大分子载体蛋白偶联，才能作为免疫原，这种人为制备的小分子半抗原与蛋白质的偶联物称为人工抗原。可用的载体蛋白有牛血清白蛋白（BSA）、兔血清白蛋白（RSA）、牛甲状腺球蛋白（BTG）以及鸡卵清白蛋白（OVA）等，其中以 BSA、OVA 最为常用。

9.5.2.2 食品中呕吐毒素的来源与分布

DON 的污染广泛存在于全球各国，中国、日本、美国、俄罗斯、南非等均有发现。DON 主要污染小麦、大麦、燕麦、玉米等谷类作物，也污染粮食制品，如面包、饼干、麦制点心等。另外，在动物的奶、蛋中均发现有 DON 残留。DON 对于粮谷类的污染状况与产毒菌株、温度、湿度、通风、日照等因素有关。小麦赤霉病主要分布在潮湿的温带地区，中国大部分地区又恰恰处于这一地带，这是中国 DON 污染较严重的原因之一，在多雨年份 DON 的污染状况则更为严重，赤霉病麦中毒也是中国最主要的真菌性食物中毒之一，这也越来越引起了人们的重视。

呕吐毒素对中国谷物类原料的污染相当普遍，其次是油籽类原料。从内蒙古、宁夏、黑龙江、辽宁、湖南、湖北、河北、广东等省市采集 31 份玉米、21 份全价饲料、27 份植物蛋白饲料。被检的样本中呕吐毒素检出率达 90%以上。华北地区的部分玉米呕吐毒素的污染较重一些，而东北玉米相对较轻一些。就年份而言，与收获时的降雨量有关。如 2003 年，华北部分地区，由于下雨太多，造成部分玉米呕吐毒素污染严重，少数玉米用于生产饲料，严重影响饲料的适口性，导致饲料退货。而 2004 年因收获时天气较好，呕吐毒素没有达到危害的程度。2005 年的新玉米，部分玉米又有不同程度的超标。

9.5.2.3 毒性与危害

由于呕吐毒素具有很高的细胞毒素及免疫抑制性质，对人和动物均有很强的毒性，特别是对免疫功能具有明显的影响，能引起人和动物呕吐、腹泻、皮肤刺激、拒食、神经紊乱、流产、死胎以及食物中毒性白细胞缺乏症等。猪是对呕吐毒素最敏感的动物，断奶仔猪尤其敏感，家禽次之，反刍动物由于瘤胃微生物的作用，耐受力最强。呕吐毒素主要在胃肠道吸收，经血液循环进入肝脏代谢后经肾脏随尿液排出，造成各器官的广泛损伤。呕吐毒素在人体中的半衰期为2～4h，代谢迅速，8h后就检测不到呕吐毒素和它的代谢物。由于中国传统饮食习惯中粮谷比例大大高于西方，使得呕吐毒素的危害更为突出。

9.5.2.4 农产品中呕吐毒素的限量标准

根据小鼠2年喂养试验显示，DON不存在致癌性的危险，确定DON的无作用剂量为100μg/kg（以体重计），以100的安全系数，提出DON的PMTDI为1μg/kg（以体重计），并得出结论——摄入该水平的DON不会影响免疫系统、生长或繁殖。DON可导致人类急性中毒，美国食品及药物管理局（FDA）规定食物中呕吐毒素的安全标准是1000μg/kg，呕吐毒素的含量超过1000μg/kg就会对人及一些动物健康产生损害。具体的限量标准见表9-1。

9.5.2.5 呕吐毒素的分析方法

呕吐毒素的检测方法有薄层色谱法（TLC）、高效液相色谱法（HPLC）、柱净化法结合电子捕获检测器的气相色谱法（GC/ECD）、高效液相色谱-串联质谱法（HPLC-MS/MS）、放射性免疫测定法（RIA）、酶联免疫（ELISA）检测方法等。在中国，魏润蕴等提出了采用甲醇-水提取，以XAD-4柱净化，双向展开的薄层色谱检测方法及气相色谱法；郭玉凤等提出了使用PIB-CI（氯化聚异丁烯）衍生化的液相色谱检测方法；杨传和等提出了酶联免疫吸附的测定方法；张鹏等提出了采用免疫亲和柱（IAC）或多功能净化柱（MFC）净化结合高效液相色谱法。

(1) 薄层色谱法

薄层色谱法（TLC）适用于饲料、谷物（小麦、玉米、大麦等）及其制品（蛋糕、饼干、面包等）中呕吐毒素的测定。试样经提取、净化、浓缩和硅胶G薄层展开后，加热薄层板，由于在制备薄层板时加入了三氯化铝，使DON在波长365nrn紫外灯下显蓝色荧光，根据其在薄层板上显示荧光来测定含量，其检出限为0.3mg/kg。具体方法见《食品安全国家标准　食品中脱氧雪腐镰刀菌烯醇及其乙酰化衍生物的测定》(GB 5009.111—2016)。

(2) 高效液相色谱法

DON经HPLC分离后可用荧光检测器（FLD）、紫外检测器（UV）、二极管阵列检测仪（DAD）检测。实验证明，DAD比FLD的效果好：不需衍生；DAD最低检出限比FLD要低；DAD检测比FLD响应强。2001年Mateo使用DAD的最低检出限可达5μg/kg，而FLD的最低检出限为25μg/kg。谷物中

DON 的 HPLC-UV 的最低检出限可达 100～1600μg/kg；HPLC-MS 可达 1240μg/kg；HPLC-FLD 可达 20μg/kg。运用气相色谱检测 DON 需要通过 DON 上的三个羟基使之衍生成为七氟丁酰（heptafluorobutyryl，HFB）、三氟乙酰（trifluoroacetyl，TFA）或三甲基硅烷（trimethylsilyl，TMS）化衍生物。

《食品安全国家标准　食品中脱氧雪腐镰刀菌烯醇及其乙酰化衍生物的测定》（GB 5009.111—2016）规定了食品中 DON 含量的免疫亲和层析净化，用高效液相色谱紫外检测器测定，外标法定量的方法，粮食和粮食制品的检出限为 0.1mg/kg，酒类的检出限为 0.05mg/kg，酱油、醋、酱及酱制品的检出限为 0.1mg/kg。

（3）酶联免疫吸附测定法

《食品安全国家标准　食品中脱氧雪腐镰刀菌烯醇及其乙酰化衍生物的测定》（BG 5009.111—2016）适用于谷物及其制品中 DON 的测定。试样中的 DON 经水提取、均质、涡旋、离心（或过滤）等前处理获取上清液。被酶标记的脱氧雪腐镰刀菌烯醇酶连耦合物，与试样上清液或标准品中的 DON 竞争性结合微孔中预包被的特异性抗体。在洗涤后加入相应显色剂显色，经无机酸终止反应，于 450nm 或 630nm 波长下检测。当称取谷物及其制品样品 5g 时，方法检出限为 200μg/kg，定量限为 250μg/kg。

9.6 玉米赤霉烯酮

玉米赤霉烯酮（ZEA）又名 F-2 毒素，是由镰刀菌属的菌种产生的代谢产物。最早是由染有赤霉病的玉米中分离得到的，是由禾谷镰孢（*Fusarium graminearum*）、黄色镰孢（*Fusarium culuorum*）、木贼镰孢（*Fusarium eqlliseli*）、半裸镰孢（*Fusarium semi tectum*）、茄病镰孢（*Fusarium solani*）等菌种产生的。许多国家曾报道，猪和牛等家畜摄食被玉米赤霉烯酮污染的谷物或饲料后，可引起动物雌性激素中毒症。该毒素是非固醇类、具有雌性激素性质的真菌毒素，因此还具有对植物生长的调控作用和可提高玉米幼苗的抗旱和抗寒能力的作用。

9.6.1 结构与性质

玉米赤霉烯酮是一种酚的二羟基苯酸的内酯结构，分子式为 $C_{18}H_{22}O_{50}$，在碱性环境的条件下可以将酯键打开，当碱的浓度下降时可将键恢复。是一种白色结晶化合物，分子量为 318。不溶于水、二硫化碳和四氯化碳，微溶于石油醚（30～60℃），溶于碱性溶液、苯、二氯甲烷、醋酸乙酯、乙腈和乙醇等。在波长 360nm 的紫外线下玉米赤霉烯酮可发出蓝绿色荧光，在 260nm 紫外线下绿色荧光更强。玉米赤霉烯酮的耐热性较强，110℃下处理 1h 才能被完全破坏。

9.6.2 食品中玉米赤霉烯酮的来源与分布

玉米赤霉烯酮广泛分布于世界各国的土壤、空气和污染的谷物中。玉米赤霉烯酮主要污染玉米，也可污染大麦、小麦、水稻、谷子、燕麦等粮食作物，在面粉、麦芽、啤酒以及大豆及其制品中也可检出。世界各国供人类食用的谷物及动物饲料普遍受到ZEA的污染，有的国家（如波兰、前南斯拉夫、美国、西班牙、南非）的玉米严重受ZEA污染，含量高达10～350mg/kg，与世界一些国家比较，中国小麦中ZEA的污染水平相对轻得多。

9.6.3 毒性与危害

玉米赤霉烯酮对动物急性毒性作用很小，该化合物在膳食中的浓度低时，具有生理活性而不呈现毒性作用。ZEA具有雌激素样作用，作用的靶器官主要是雌性动物的生殖系统，母猪特别是小母猪对该毒素特别敏感。ZEA可引起青春期前的小母猪的乳房、子宫和阴道肿大以及卵巢萎缩，严重情况下导致阴道和直肠脱垂。人和妊娠期的动物食用含玉米赤霉烯酮的食物可引起阴道和乳腺肿胀、流产、畸胎和死胎。食用含赤霉病麦面制作的食品也可引起中枢神经系统的中毒症状，如恶心、发冷、头痛、精神抑郁、共济失调等。玉米赤霉烯酮引起猪的雌性激素过多在澳大利亚、加拿大、丹麦、英国、美国、法国、德国、日本等许多国家均有报道。

在急性中毒的条件下，对神经系统、心脏、肾脏、肝和肺都会有一定的毒害作用。主要的机理是它会造成神经系统的亢奋，在脏器当中造成很多出血点，使动物突然死亡。主要的原因还是由于雌激素水平过高而造成的。玉米赤霉烯酮不但可以由霉菌产生，而且在许多高等植物体内也存在，并且是作为植物体内的一种激素来调控植物的生长。但ZEA在体内有一定的残留和蓄积，一般毒素代谢出体外的时间为半年之久，造成的损失大、时间长。如果人食用了这种品质的畜产品，会导致人发生一些疾病。因此，建议在动物日粮中不添加玉米赤霉烯酮及其衍生物，而改用其他的方法来促进动物生长。

9.6.4 农产品中玉米赤霉烯酮的限量标准

JECFA第53次会议首次评价了ZEA。对玉米赤霉烯酮的最高允许量各国都有相关标准，例如澳大利亚规定谷物中F-2的含量不能超过50ng/g；意大利规定在谷物和谷类产品当中F-2的含量不能超过100ng/g；而在法国，植物油和谷类当中F-2的含量必须低于200ng/g。我国制定的限量卫生标准见表9-1。

9.6.5 玉米赤霉烯酮的分析方法

目前，一般都采取高效液相色谱的方法进行测定。测定的方法较为复杂，对仪器的要求也很高，但结果很准确。还有的是从分子生物学的角度进行分析，测定的范围在5～100μg/mL。

9.6.5.1 液相色谱法

试样中的玉米赤霉烯酮用乙腈-水提取后，提取液经免疫亲和柱净化、浓缩后，用配有荧光检测器的高效液相色谱仪进行测定，外标法定量。方法适用于进出口粮谷、大豆、油菜籽和食用植物油中玉米赤霉烯酮的检验，检出限为5～50μg/kg之间。具体方法见《食品安全国家标准 食品中玉米赤霉烯酮的测定》(GB 5009.209—2016)。

液相色谱-串联质谱法适用于单一饲料、配合饲料、浓缩饲料、添加剂预混合饲料中玉米赤霉烯酮含量的测定，检出限为5.0μg/kg。试样中的玉米赤霉烯酮经乙腈溶液提取，正己烷脱脂及霉菌毒素多功能净化柱净化后，氮气吹干，甲酸乙腈溶液溶解，液相色谱-串联质谱法测定。采用色谱保留时间和质谱碎片及其离子丰度比定性，外标法定量。具体方法见《食品安全国家标准 食品中玉米赤霉烯酮的测定》(GB 5009.209—2016)。

9.6.5.2 薄层色谱法

薄层色谱法是配合饲料和饲用谷物原料中玉米赤霉烯酮检测的仲裁法。试样中ZEN用三氯甲烷提取，提取液经液-液萃取、浓缩，然后进行薄层色谱分离，限量定量，或用薄层扫描仪测定荧光斑点的吸收值，外标法定量。检测低限为20ng。方法见《饲料中玉米赤霉烯酮的测定》(GB/T 19540—2004)。

9.6.5.3 酶联免疫吸附测定法

薄层色谱法是配合饲料和饲用谷物原料中玉米赤霉烯酮检测的快速筛选法，检测低限为0.25ng。方法见《饲料中玉米赤霉烯酮的测定》(GB/T 19540—2004)。

方法的检测依据是抗原-抗体反应。将ZEN抗体的羊抗体吸附在固相载体表面，加入ZEN抗体、酶标ZEN结合物、ZEN标准或试样液，在ZEN抗体与固相载体表面羊抗体结合的同时，游离的ZEN、酶标ZEN结合物与结合在固体表面的ZEN抗体竞争，未结合的酶标ZEN结合物洗涤除去。加入酶底物，在结合酶的催化作用下，无色底物降解产生蓝色物质。加入终止剂后颜色转变为黄色。通过酶标检测仪，在450nm波长处测吸收值。吸光强度与试样中ZEN的浓度成反比。

酶联免疫吸附测定法具有操作简单、快速灵敏、结果可靠的特点。目前有专门测定ZEN的酶联免疫检测试剂盒的商品。在分析时适当参考操作说明书。

9.6.5.4 免疫亲和柱色谱净化荧光光度法

免疫亲和柱色谱净化荧光光度法测定大豆、油菜籽和食用植物油的低限均为10μg/kg。试样经过乙腈水提取。提取液经过滤、稀释后，滤液经过含有玉米赤霉烯酮特异抗体的免疫亲和柱色谱净化，以甲醇通过免疫亲和柱洗脱，加入氯化铝溶液衍生，洗脱液通过荧光光度计测定。具体方法见《食品安全国家标准　食品中玉米赤霉烯酮的测定》（GB 5009.209—2016）。

9.7 伏马菌素

伏马菌素（fumonisin，FB）是一种霉菌毒素，是由串珠镰刀菌（*Fusarium moniliforme Sheld*）产生的水溶性代谢产物，是一类由不同的多氢醇和丙三羧酸组成的结构类似的双酯化合物。1988 年，Gelderblon 等首次从串珠镰刀菌培养液中分离出伏马菌素。到目前为止，发现的伏马菌素有 FA_1、FA_2、FB_2、FB_2、FB_3、FB_4、FC_1、FC_2、FC_3、FC_4 和 FP_1 共 11 种，其中 FB_1 毒性最强。FB_1 对食品污染的情况在世界范围内普遍存在，主要污染玉米及玉米制品。FB_1 为水溶性霉菌毒素，对热稳定，不易被蒸煮破坏，所以同 AFT（黄曲霉毒素）一样，控制农作物在生长、收获和储存过程中的霉菌污染仍然是至关重要的。

9.7.1 结构与性质

伏马菌素是一组结构相关的双酯类化合物，由丙烷基-1,2,3-三羧酸和 2-氨基-12,16-二甲基多烃二十烷构成，其 C_{14} 和 C_{15} 的羟基被三羧化。纯品为白色针状结晶，易溶于水、甲醇及乙腈-水中，对热很稳定，不易被蒸煮破坏，在多数粮食加工处理过程均比较稳定。伏马菌素在乙腈-水(1＋1)中稳定，25℃可保存 6 个月；在甲醇中不稳定，25℃下 3～6 周可降解，并产生单甲酯或双甲酯，－18℃稳定，可保存 6 周；在 pH＝3.5 和 pH＝9 的缓冲溶液中，78℃可保存 16 周。

9.7.2 食品中伏马菌素的来源与分布

伏马菌素是由串珠镰刀菌产生的。串珠镰孢是玉米的一种致病菌，是全世界在玉米中分布最广泛的一类真菌。伏马菌素污染的主要是玉米及其制品，此外还有一些如大米、高粱、小米、牛奶、啤酒等。伏马毒素尤其是 FB_1 对饲料污染的情况在世界范围内普遍存在，且对粮食作物的污染情况较严重，其污染的饲料主要为以玉米为原料的饲料。南非、意大利、西班牙、波兰、法国、美国及亚洲地区的韩国均报道从玉米或玉米制品、高粱、小麦和大麦中分离出了 FB_1。

玉米中伏马毒素含量受许多环境因素的影响，如收获前和收获期间的温度、湿度、干旱情况和玉米中高水平的伏马毒素与前期干热后期一段高湿天气有关。玉米中伏马毒素含量也受储存条件的影响，如收获的玉米在储存期间水分在 18%～23%时，最适宜产伏马毒素的串珠镰刀菌的生产和繁殖，导致玉米中伏马毒素含量的增加。在世界比较温暖的地区通常可以发现玉米中较高水平的伏马菌素，天然污染的玉米中 FB_1/FB_2 的比值大约为 3∶1。

9.7.3 毒性与危害

动物试验表明，伏马菌素主要损害肝肾功能，FB_1 可引起马脑部重度水肿，延髓髓质有早发的、两侧对称的斑点样坏死，脑白质软化样改变，称为马脑白质软化症（ELEM）。给马静脉注射 FB_1 后，可出现明显的神经中毒症状，表现为精神紧张、淡漠、偏向一侧的蹒跚、震颤、共济失调、行动迟缓、下嘴唇和舌轻度瘫痪、不能进食等，继而出现强直性痉挛。FB_1 还可引起猪肺水肿症候群（PPE），羊的肝病样改变和肾病，大鼠的肝坏死、心室内形成血栓等。伏马菌素对人、畜不仅是一种促癌物，而且完全是一种致癌物。我国食道癌高发区林县的玉米伏马菌素污染率为 48%。因此，人们怀疑该地区食道癌高发与食用污染此毒素玉米相关。现已引起世界范围的广泛注意，该毒素已被世界卫生组织列为近年来首先进行研究的几种霉菌毒素之一。

9.7.4 农产品中伏马菌素的限量标准

IARC 于 1993 年评价了伏马菌素的毒性，并将该毒素归类为可能的人类致癌物（BⅡ类）。JECFA 第 56 次会议首次评估伏马菌素，将 FB_1、FB_2 和 FB_3，不论单一的或混合的，其每日最大耐受摄入量（PMTDI）均为 2μg/kg 体重。

具体限量卫生标准见表 9-1。

9.7.5 伏马毒素的分析方法

我国在粮食、饲料、食品等方面的伏马毒素检测都有详尽的方法。可分为以下几种：

9.7.5.1 液相色谱法

液相色谱串联质谱法是伏马毒素检测的仲裁法。方法适用于植物源性饲料原料、精料补充料、配合饲料和浓缩饲料中伏马毒素 B_1 和伏马毒素总含量的测定。试样用甲醇溶液提取，提取液经强阴离子固相萃取小柱净化后，用液相色谱串联质谱仪测定，采用色谱保留时间和质谱碎片离子丰度比定性，基质校准外标法定量，检出限可达到 0.01mg/kg。方法见《饲料中伏马毒素的测定》（NY/T 1970—2010）。

高效液相色谱法适用于植物源性饲料原料、精料补充料、配合饲料和浓缩饲料、进出口粮谷、玉米及其制品中伏马毒素 B_1 和 B_2 含量的测定，检出限为 0.1mg/ kg。试样中伏马毒素 B_1 和伏马毒素 B_2 用甲醇-水溶液提取，提取液经免疫亲和柱或强阴离子固相萃取小柱净化后，以邻苯二甲醛柱前衍生伏马毒素为荧光化合物，用反相高效液相色谱柱进行分离、荧光检测器检测、外标法定量测定伏马毒素 B_1 和 B_2 的含量。具体操作详见《饲料中伏马毒素的测定》（NY/T 1970—2010）、《食品安全国家标准　食品中伏马霉素的测定》（GB 5009.240—

2016)。FB_1、FB_2、FB_3 定量限为 50μg/kg、25μg/kg、25μg/kg。

9.7.5.2 荧光光度法

免疫亲和柱净化荧光光度法适用于玉米和玉米制品中伏马毒素总量的测定。利用免疫亲和反应净化样品，样品净化后经邻苯二甲醛衍生化，用荧光光度计测定伏马毒素总量，检测限为 0.5mg/kg。方法见《食品安全国家标准 食品中伏马毒素的测定》(GB 5009.240—2016)。

9.7.5.3 酶联免疫吸附法

酶联免疫吸附法适用于玉米、大米、黄米、燕麦、大麦及花生中伏马毒素 B_1 残留量的筛选检测。样品用甲醇-水提取，利用竞争性酶联免疫法进行检测。方法见《食品安全国家标准 食品中伏马毒素的测定》(GB 5009.240—2016)。

9.8 展青霉素

展青霉素 (pat)，又称展青霉毒素、棒曲霉毒素和珊瑚青霉毒素，主要是由棒曲霉 (*Aspergillus clavatus*)、扩展青霉 (*Pencillium expansum*)、展青霉 (*Pencillium patulium*)、曲青霉 (*Pencillium aspergillus*) 等代谢产生的一种免疫抑制剂。

9.8.1 结构与性质

展青霉素是一种由多种真菌产生的有毒代谢产物。其分子量为 154，分子式 $C_8H_8O_3$，结构式如图 9-5 所示。在酸性环境中展青霉素非常稳定，加工过程不被破坏，可在许多水果、谷物和其他食物中存在，但其主要存在于霉烂苹果和苹果汁中。研究发现，pat 具有两方面的作用：一方面它是一种广谱抗生素，可抑制多种革兰阳性细菌及大肠杆菌、痢疾杆菌、伤寒、副伤寒杆菌等革兰阴性细菌，对某些典型真菌、原生生物和各种细胞培养物的生长有抑制作用；另一方面又对小鼠、大鼠、猫、兔子等实验动物有较强的毒性，其污染食品和饲料后产生的毒性作用远大于其药用价值。

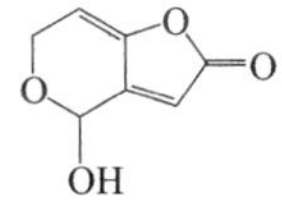

图 9-5 展青霉素结构

9.8.2 食品中展青霉素的来源与分布

自然界有十几种真菌可产生展青霉素，污染食品和饲料的真菌主要有荨麻青霉、扩展青霉、棒曲霉、巨大曲霉及雪白丝衣霉等。许多青霉能产生展青霉素，它们主要生长在水果上。扩展青霉和展青霉的生长和产毒素的温度范围同样很宽，为 0～40℃，最佳温度为 20～25℃，最适产毒的 pH 范围是 3～6.5。

9.8.3 毒性与危害

展青霉素是一种神经毒素，对人体的危害很大，其能诱发实验动物肿瘤，并对消化系统和皮肤组织具有损害作用。这种毒素会引起动物的胃肠道功能紊乱和各种器官的水肿和出血。导致神经、呼吸和泌尿等系统的损害，使人神经麻痹、肺水肿、肾功能衰竭，并有致癌作用。展青霉素遗传毒性较低。

9.8.4 农产品中展青霉素的限量标准

鉴于展青霉素的毒性及其污染情况，JECFA 第 4 次会议再次评价了展青霉素，提出展青霉素的 PMTDI 为 0.4μg/kg 体重。目前，制定展青霉素标准的国家在不断增加，世界上已有十几个国家制定了水果及其制品中展青霉素的最高限量标准，限量水平基本上集中在 50μg/kg。少数国家的少数项目有特别规定。我国 2005 年制定的限量卫生标准见表 9-1。

9.8.5 展青霉素的分析方法

展青霉素的检测主要适用于苹果、山楂及其制品、番茄酱等样品。

苹果清汁用乙腈稀释后直接固相萃取净化；苹果浊汁、番茄酱、山楂片样品先用果胶酶水解，再以乙酸乙酯提取试样中展青霉素，吹干浓缩后固相萃取净化，液相色谱-质谱/质谱或配有紫外或二极管阵列检测器的高效液相色谱仪测定，外标法定量。方法定量限可达 5μg/kg。方法见《食品安全国家标准　食品中展青霉素的测定》(GB 5009.185—2016)。

试样中展青霉素经提取、净化、浓缩、薄层展开后，利用薄层扫描仪进行紫外反射光扫描定量，测定低限可达 3μg/L。方法见《食品安全国家标准　食品中展青霉素的测定》(GB 5009.185—2016)。

9.9 桔青霉素

桔青霉素（citrinin，CIT）是青霉属（*Penicillium*）、曲霉属（*Aspergillus*）和红曲霉属（*Monascus*）中的丝状零菌代谢产生的一种真菌毒素。1991 年，在法国里昂召开的真菌毒素和地方肾病与泌尿道肿瘤研讨会上，讨论了桔青霉素在 Balcan 地方肾病发生中的作用，引起了国际癌症研究会的高度重视。

9.9.1 结构与性质

桔青霉素的分子式为 $C_{13}H_{14}O_5$，分子量为 250，化学名称为 (3R,4S)-4,6-二氢-8-羟基-3,4,5-三甲基-6-氧-3H-2-苯吡-7-羧酸。其纯品呈柠檬黄色针状棱形结晶，熔点为 178～179℃，酸性，对荧光敏感，在甲醇溶液中的紫外最大吸收波长为 250nm 和 333nm。桔青霉素极难溶于水，但其钠盐易溶于水，可溶于氯仿、丙酮和乙酸乙酯等大部分极性有机溶剂，桔青霉素可形成螯合物，在酸性及碱性溶液中皆可热解。

9.9.2 食品中桔青霉素的来源与分布

最初于 1931 年从青霉属中的桔青霉中分离得到，其他已知的能产生桔青霉素的菌种有变灰青霉、扩展青霉、闪白曲霉、黄柄曲霉、紫红曲霉和红曲霉等。桔青霉素主要污染谷物、食品及饲料，对人和动物都有较大的肾毒性作用，受到了各国学者的广泛关注。目前，许多农产品、食品中都检测到了桔青霉素，这给消费者的食品安全带来了潜在的危害。自从 1995 年 Blanc 证实了红曲霉菌能产生桔青霉素以来，国内红曲产品的安全性受到了极大挑战。

9.9.3 毒性与危害

桔青霉素是一种真菌毒素，肾脏是该物质作用的靶器官。毒性比较明显，可引起实验动物的肾脏肿大、尿量增多、肾小管扩张和上皮细胞变性坏死等症状。桔青霉素同时具有致畸性。尽管桔青霉素的毒性较弱，但是在 140℃水溶液中加热会形成毒性相当或更毒的物质，而且在 100℃下加热 30 分钟也会形成毒性物质——桔青霉素 H_1，它对细胞的毒性是桔青霉素的 10 倍。桔青霉素与日本黄变米中毒有关，桔青霉污染大米后形成桔青霉黄变米，米粒呈黄绿色，精白米易污染桔青霉形成该种黄变米。

9.9.4 农产品中桔青霉素的限量标准

目前，德国及欧盟各国正拟制订红曲及其相关产品的标准，其中将严格控制红曲类产品中桔青霉素的含量，欧盟的参考标准是桔青霉素限量指标定为 100μg/kg，日本厚生省在 1999 年颁布、2003 年修订的《日本食品添加剂标准》中对红曲色素的桔青霉素含量作了限定，限量值标定为 200μg/kg。为保证农产品的安全，我国需尽快建立相关检测方法，制订其合理的限量标准，完善农产品安全控制标准体系，以提高我国在农产品安全国际标准制定中的地位。

9.9.5 桔青霉素的分析方法

试样经过提取，用免疫亲和柱或C18固相萃取小柱净化，用配荧光检测器的液相色谱仪测定，外标法定量。大米、玉米、辣椒粉的检出限为8μg/kg，红曲及其制品的检出限为25μg/kg。方法见《食品安全国家标准　食品中桔青霉素的测定》（GB 5009.222—2016）。

9.10 杂色曲霉素

杂色曲霉素（sterigmatocystin，ST）主要是杂色曲霉（*Aspergillus versicolor*）和构巢曲霉（*A. nidulans*）的最终代谢产物，同时又是黄曲霉（*A. flavus*）和寄生曲霉（*A. parasiticus*）合成黄曲霉毒素过程后期的中间产物，可以导致动物的肝癌、肾癌、皮肤癌和肺癌，其致癌性仅次于黄曲霉毒素。

9.10.1 结构与性质

杂色曲霉素是1954年从杂色曲霉的培养物中分离出来，是一组化学结构相似的化合物，目前已知有十多种衍生物。在化学结构上，杂色曲霉素与黄曲霉毒素 B_1 相似，均具有二呋喃杂氧蒽酮，用 ^{14}C 标记研究证实，杂色曲霉素能转变成黄曲霉毒素 B_1。杂色曲霉素为淡黄色结晶，分子式 $C_{18}H_{12}O_6$，分子量338，熔点246℃。在紫外线下具有暗砖红色荧光。易溶于氯仿、乙腈、苯等有机溶剂中，不溶于水、氢氧化钠及碳酸钠水溶液。

9.10.2 食品中杂色曲霉素的来源与分布

杂色曲霉素主要由杂色曲霉群和构巢曲霉群的某些菌种产生。主要产毒真菌有：杂色曲霉、构巢曲霉、皱褶曲霉、黄褐曲霉、四脊曲霉、两端离蠕孢霉等。此外，还有人报道毛壳属的某些种类也能产生杂色曲霉素。杂色曲霉在自然界分布很广，主要污染小麦、玉米、水稻、花生、大豆等粮食作物、食品和饲料，其污染范围和程度不如黄曲霉毒素。糙米中易污染杂色曲霉毒素，糙米经加工成标二米后，毒素含量可以减少90%。

杂色曲霉素在农作物中的污染状况世界各国都进行了调查研究，综合数据得出：在同一地区，原粮中杂色曲霉素的污染水平远高于成品粮，不同粮食品种之间杂色曲霉素的水平由高至低的顺序为：杂粮、饲料、小麦、稻谷、玉米、面粉、大米。就单一品种而言，肝癌高发区居民所食用的食物中，杂色曲霉素污染较为严重；在食管癌的高发地区居民喜食的霉变食品中也较为普遍。中国谷物中杂色曲霉素的自然污染总的趋势是小麦污染最重，玉米次之，大米较轻。

9.10.3 毒性与危害

虽然杂色曲霉素的急性毒性较黄曲霉毒素弱得多（杂色曲霉素的致癌能力约为黄曲霉毒素的1%～3%），但作为一种有强致癌作用的真菌也自然备受人们的关注。杂色曲霉素是一种毒性很强的肝及肾脏毒素，可引起动物肝和肾的坏死。人畜进食被杂色曲霉素污染的谷物可引起食欲减退、拒食、进行性消瘦、精神抑郁、虚弱、死亡等中毒症状，并有致畸、致突变和致癌作用。在肝癌病发区居民所食用的食物中，杂色曲霉素污染较为严重，提示该地区肝癌的发生可能与杂色曲霉素对食品的污染有某种关系。杂色曲霉素能造成大鼠和猴子类似黄曲霉毒素 B_1 的损伤，包括胆管增生、核多型性变、肾和肝的出血坏死。杂色曲霉素可导致大鼠的肝瘤和皮肤扁平细胞癌，诱发猴的肝肿瘤，反复多次静脉注射杂色曲霉素可引起大鼠的肉瘤。

杂色曲霉素与人类健康的关系，尤其是与某些慢性病和癌症的关系越来越受到国内外学者的重视。研究小组用含10mg/L、20mg/L和100mg/L杂色曲霉素的饲料喂大鼠1年，结果实验终结时，90%～100%的大鼠出现肝细胞癌。国内学者孙鹤龄等所做的流行病学调查结果表明，中国胃癌高发区粮食中真菌污染严重。高发区慢性胃病患者空腹胃液中真菌检出率明显高于低发区，且杂色曲霉是所检真菌中的优势菌，徐光伟对胃癌高发区福建莆田县慢性胃炎患者空腹胃液检测中发现，25%的患者胃液中可检出杂色曲霉素，而低发区贵阳花溪区胃炎患者空腹胃液中未检出。而胃癌病因综合考虑发现，胃液pH值大于3时适于杂色曲霉的生长繁殖，且慢性萎缩性胃炎癌变的危险是正常人的20倍，再加上杂色曲霉素是直接致癌物，所以推测杂色曲霉产生的杂色曲霉素可能是慢性萎缩性胃炎癌变的诱发因素之一。

9.10.4 杂色曲霉素的分析方法

大米、玉米、小麦、黄豆及花生中的杂色曲霉素乙腈-水溶液提取，经涡旋、超声、离心，取上清液经稀释，通过固相萃取柱或免疫亲和柱净化、浓缩、甲醇-水溶液定容、微孔滤膜过滤，液相色谱分离，电喷雾离子源离子化，多反应离子监测检测，同位素内标法定量或紫外检测器检测，外标法定量。方法见《食品安全国家标准　食品中杂色曲霉素的测定》（GB 5009.25—2016）。用酶联免疫吸附法测定饲料中杂色曲霉素方法见《饲料中杂色曲霉毒素（ST）的测定　酶联免疫吸附法》（DB32/T 986—2006）。

9.11 3-硝基丙酸

霉变甘蔗一般外观光泽异常，质地软；尖端切开后剖面成浅黄色、棕褐色或灰黑色，结构疏松，气味具有明显的酸霉味或酒糟味，有的略带微辣味。霉变甘蔗中毒是指食用了保存不当而霉变的甘蔗引起的急性食物中毒。3-硝基丙酸(3-nitropropionic acid，3-NPA）是曲霉属和青霉属的少数菌种产生的有毒代谢产物，在某些高等植物中也有3-硝基丙酸存在。我国从变质甘蔗中分离到的甘蔗节菱孢、蔗生节菱孢霉菌等菌种具有产生3-硝基丙酸的能力。

9.11.1 结构与性质

3-硝基丙酸为白色针状结晶化合物，分子量119，熔点66.7～67.5℃，溶于水、乙醇、乙酸乙酯、丙酮、乙醚和热的三氯甲烷，不溶于石油醚和苯。

9.11.2 食品中3-硝基丙酸的来源与分布

自然条件下，3-硝基丙酸是由甘蔗节菱孢、蔗生节菱孢、米曲霉等真菌产生的一种毒素，某些高等植物也能合成3-NPA。3-硝基丙酸流行于我国河北、河南、山东、山西、新疆、青海、宁夏、辽宁等13个省，导致中毒的原因主要是食用了因储存不当而霉变的甘蔗引起，如甘蔗发红，切开断面上有红色丝状物，那就是霉变的一种表现，而霉变的甘蔗会产生一种叫'节菱孢菌'的霉菌，这种菌会分泌3-硝基丙酸，这是种有毒物质。中毒多发生于我国北方各省的每年冬春季节（2～4月份）。

9.11.3 毒性与危害

3-硝基丙酸是变质甘蔗中毒的病因，该中毒症的主要表现为恶心、呕吐、腹痛、腹泻等胃肠道以及昏迷、抽搐、脑局灶性损伤等中枢神经系统障碍。轻症患者愈后较好。急性期的症状有呕吐、眩晕、阵发性抽搐、眼球偏侧凝视、昏迷，甚至死亡，后遗症主要为全身痉挛性瘫痪、去大脑皮质综合征、迟发性锥体外系神经的损害，主要症状有屈曲、扭转、痉挛、肢体强直、静止时张力减低等，昏迷持续时间越长，后遗症越明显。

3-硝基丙酸可以抑制氧化磷酸化过程，损害细胞的能量代谢从而引起细胞的损伤。但是小剂量的3-硝基丙酸却可以通过轻度抑制细胞的氧化磷酸化过程，激发细胞内源性保护因子保护神经元，增加神经元对缺血缺氧的耐受性，但它对多巴胺神经元是否也有类似的作用尚不十分清楚。

9.11.4 3-硝基丙酸的分析方法

目前国内外测定3-硝基丙酸的方法有薄层色谱法、高效液相色谱法、气相色谱法等，但我国还没针对3-硝基丙酸检测的国家标准。样品中的3-硝基丙酸经提取，净化及浓缩，点样液于硅胶薄层板上，展开后喷以3-甲基-2-苯并噻唑啉酮水合盐酸盐（MBTH）显色剂，在长波紫外灯下显示黄色荧光点，利用目视定量或薄层扫描仪测定其含量。或提取液经净化后经 C_{18} 液相色谱柱分离，二极管阵列检测器检测，外标法定量。

9.12 其他毒素

9.12.1 青霉酸

青霉酸（penicillic acid，PA）是圆弧青霉菌有毒代谢产物的主要成分，是无色结晶化合物，主要污染玉米、干豆等，在果汁、大米、烟草、香肠、奶酪中也能检出。自 1931 年由 Alsbrg 和 Black 首次从侵染软毛青霉的玉米中分离出后，到现在查明有曲霉属、青霉属和瓶梗青霉属共 28 种真菌能产生青霉酸，是饲料中含量较高的真菌毒素之一。现已证明，青霉酸对各种动物具有毒性，对枯草杆菌重组试验呈阳性反应，主要引起心脏、肝脏和肾脏等器官的损伤，在大鼠皮肤上连续涂抹 1mg 青霉酸，可引起肿瘤，有潜在致癌性。青霉酸在饲料中的含量很高，而且污染极其广泛，青霉酸属于内酯类毒素。

9.12.2 烟曲霉震颤素

烟曲霉震颤素 B（FTB）是一种毒性较强的震颤性真菌毒素，最常见的烟曲霉毒素是烟曲霉毒素 B，而常见的烟曲霉毒素 B 有三种，分别是 FTB_1、FTB_2、FTB_3。FTB 是一种重要的致病菌，也是引起食品腐败的一种真菌。烟曲霉在我国分布广泛，粮食及饲料中污染严重，常出现于玉米产区。过高的烟曲霉毒素水平导致过多的体液涌入肺组织，导致肺水肿。同时也危害肝脏组织，导致黄疸及其他组织出现黄色病变，被认为与串珠菌症、燕麦草蹒跚症、伐木工人病、农民肺等人畜疾病有关。检测方法有薄层色谱法、高效液相色谱等。

9.12.3 交链孢霉毒素

交链孢霉毒素是由交链孢霉等霉菌产生的一类有毒代谢产物的总称，约有 70 多种毒素和衍生物。依据分子结构的不同主要分为三类：①二苯吡喃酮类化合物，主要有交链孢酚（AOH）、交链孢酚单甲醚（AME）、交链孢烯（ALT）等，其中 AOH、AME 产量最多、分布最广；②四价酸类化合物，主要有细交链孢菌酮酸（TA），是交链孢毒素中最重要、毒性最强的一种，可致动物急性中毒死亡，是唯一被美国国家职业安全与卫生研究所列入有毒化学物质登记册中的交链孢霉毒素；③五醌类化合物，主要有交链孢毒素Ⅰ（ATX-Ⅰ）、交链孢毒素Ⅱ（ATX-Ⅱ），这类毒素毒性较小。此外，还有环状肽、蒽醌等。目前，对 AOH、AME 的检测方法有：TLC、GC、GC-MS、LC、LC-MS、免疫学法等，但 LC-MS 或 LC/MS-MS 法的灵敏度比 LC-UV 法更高。

9.12.4 二乙酸镳草镰刀菌烯醇

二乙酸镳草镰刀菌烯醇（4,15-diacetoxyscirpenol，DAS）与 T-2、HT-2 毒素属于单端孢多霉烯毒素，主要由雪腐镰刀菌、镳草镰刀菌和木贼镰刀菌产生，表球镰刀菌和玉米赤霉也能产生。易溶于水、甲醇、氯仿和二氯甲烷。不溶于正己烷或正戊烷。其甲醇溶液的紫外最大吸收波长为 220nm。主要污染谷物和饲料，但检出率较低，在饲料中检出率没有呕吐毒素高，但它对动物的毒性要高于呕吐毒素。它的毒性与 T-2 毒素有相似之处，损害动物骨髓等造血器官，白细胞持续减少，心肌病变出血。此外，它还可使脑与中枢神经细胞变性，淋巴结、睾丸与胸腺受损害，发生胃肠炎，眼和体腔水肿以及动物抗体减少等。

参考文献

[1] International Agency for Research on Cancer（IARC）. Heterocyclic aromatic amines//WHO. IARC Monographs on the evaluation of carcinogenic risks to humans [M]. Lyon，France：IARC，1993：165-242.

[2] Van EGMOND H P. World-wide regulations for mycotoxins [M]. Rome，Italy：FAO，2003.

[3] 苏福荣，王松雪. 国内外粮食中真菌毒素限量标准制定的现状与分析 [J]. 粮油食品科技，2007，15（6）：57-59.

[4] 张艺兵，鲍蕾，褚庆华. 农产品中真菌毒素的监测分析 [M]. 北京：化学工业出版社，2006：63.

[5] 金征宇. 食品安全导论 [M]. 北京：化学工业出版社，2005.

[6] 房祥军，邹晓庭. 饲料霉菌毒素污染的危害及其防治 [J]. 中国饲料，2006（11）：34-37.

[7] 孙安权，Karo Mikaelian，Phillips T D. 霉菌毒素研究新进展 [J]. 养殖与饲料，2006（10）：40-45.

[8] 疏秀林，施庆珊，欧阳友生. 赭曲霉毒素的产生及鉴别 [J]. 中国卫生检验杂志，2008，18（10）：2183-2185.

[9] 何成华，曹冬梅. 玉米赤霉烯酮及呕吐毒素的危害有多大 [J]. 中国畜牧杂志，2006（18）：27-29.

[10] M LI'gia Martins，H Marina Martins. Influence of water activity，temperatre and incubation time on the simultaneous production of deoxynivalenol and zearalenone in corn（Zea mays）by Fusarium graminearum [J]. Food Chemistry，2002，(79)：315-318.

[11] C. Brera，M. Miraglia，M. Colatosti. Evaluation of the impact mycotoxins on human health of source of error [J]. Miccrochemical Journal，1998，(59)：45-49.

[12] 李燕萍，许杨，徐尔尼. 红曲霉的抑菌活性物质与桔青霉素 [J]. 卫生研究，1998，27（增刊）：75-78.

[13] 刘江，俞世荣，王玉华. 烟曲霉震颤素 B 的高效液相色谱检测方法的建立 [J]. 卫生研究，1996，25（6）：368-370.

Chapter 10

第10章 毒蕈毒素

10.1 概述

蕈类是大型、高等的真菌，子实体通常肉眼可见。菌丝具横隔壁，将菌丝分隔成多细胞。通称菇、菇类。蕈类是一类被广泛应用的重要的营养物质，除了它们的可食性之外，蕈类长期被认为具有药用功能。由于其独特的成分，它们是治疗多种疾病的民间药物的重要组成部分。

蕈类作为食品的一部分，对于糖尿病、肥胖症、胃酸过多症、过度紧张、动脉硬化症、高血压、贫血和便秘患者具有极好的作用。一些蕈类可被当作食品，如香菇、洋菇、金针菇、松茸、松露和木耳等；一些蕈类具有药用价值，如灵芝、云芝、桑黄、茯苓及冬虫夏草等。药用真菌如灵芝、樟芝等多富含多糖体及三萜类化合物；传统医学认为其有解毒、活血、增强免疫力、消炎、抗癌、延年益寿等功效，许多蕈类中能有效抵抗真菌、细菌和病毒的生物活性物质已经得到确认。但是实际的功效仍需进一步的研究。

人们对于从自然生态系统中获取新产品有相当大的兴趣。在真菌研究中，除了酶的生物技术实用工具和其他产品，包括生物防治剂、代谢产物的医药效用，在抵制常见病上引起了人们的极大兴趣。除了抗生素，许多被称为宿主防御增效剂（HDPs）、蛋白束多聚糖或多糖蛋白复合物（PSPCs）的物质已经从蕈类中分离出来。这种具有生物活性的蕈类代谢产物被认为是能够帮助我们的免疫系统新生，抵抗大量致病性的和非致病性的疾病。它们被认为是生物反应的调节者，具有激活巨噬细胞和T细胞的能力，并产生细胞因子、白细胞介素和肿瘤坏死因子。一些被报道具有这种作用的蕈类生物活性物质是灰侧耳菌素、重菇醇、三萜烯、灵芝醇、腺苷等等。

但也有不少的毒蕈如白毒伞、毒鹅膏等含有剧毒，我国部分地区居民有进食野蘑菇的习惯，每年均有毒蕈中毒致死的病例。聋蕈是一种对人和动物有毒的、不能直接食用的大型真菌，俗称毒蘑菇、毒菌、毒苷等；它不是生物分类中的一个自然类群，而是对人类有毒蘑菇的总称；绝大部分属于担子菌，少数属于子囊菌。全世界的毒蕈数量估计达 1000 种以上，我国 500 余种，大多数属担子菌纲伞菌目，少数属子囊菌纲。仅从食用的角度而言，毒蕈对人类是有毒的，大多数毒蕈能够引起人们食后中毒致死，有少数有轻微的毒性，在一定的条件下尚可食用，但误食毒蕈中毒的事件还是时有发生。

10.2 蘑菇毒素类型

毒蕈分布广泛，生长环境多样。毒蕈毒素比较复杂，目前国内外报道的毒性较强的毒素主要包括以下几种：

10.2.1 鹅膏肽类毒素

鹅膏菌属（*Amanita*）的不少种是著名毒蕈。据统计，误食野生蕈菌的中毒事件中，95%以上都是由鹅膏菌所致。鹅膏菌产生的毒素大多属于环型多肽类毒素，统称鹅膏肽类毒素。鹅膏肽类毒素依据氨基酸的组成和结构分为鹅膏毒肽（amatoxins）、鬼笔毒肽（phauotoxins）和毒伞素（virotoxins）3 类。鹅膏毒肽又称毒伞肽，基本结构为双环八肽（缩八氨酸）碳架。目前已经纯化鉴定出天然的鹅膏毒肽 9 种，即 α-毒伞肽、β-毒伞肽、γ-毒伞肽、ε-毒伞肽、三羟毒伞肽、一羟毒伞肽酰胺等，其中 α-毒伞肽和 β-毒伞肽是主要的致死毒素，化学结构中 S═O 的有无和环肽结构及其整个空间结构的变化均影响其毒性。鬼笔毒肽又称毒肽，目前已经分离鉴定了 7 种天然的鬼笔毒肽，即一羟毒肽、二羟毒肽、三羟毒肽、羧基毒肽、苄基毒肽等，其共同的化学结构是环状七肽（缩七氨酸）碳架。其中二羟毒肽和羧基毒肽是主要的毒素，熔点为 280～282℃。毒伞素是一类单环七肽，最初是从鳞柄白毒鹅膏（amanita virosa）中分离获得，目前已分离鉴定出 6 种天然的毒伞素。

上述 3 类毒素所引起的中毒性质和机理是不一样的。鹅膏毒肽属慢性毒素，毒力较强，直接作用肝脏细胞核，使细胞迅速坏死，这是中毒后导致人死亡的重要因素之一。实验动物口服 2～8d 后致死，LD_{50} 为 0.4～0.8mg/kg，作用机制是抑制真核生物的 RNA 聚合酶（尤其是 RNA 聚合酶Ⅱ）的活性。鬼笔毒肽和毒伞素是快作用毒素，毒力较弱，口服均不引起中毒，静脉或腹腔注射实验动物 2～5h 致死，LD_{50} 分别为 2～3mg/kg 和 2.5mg/kg。鬼笔毒肽的作用机制是能专一性地与丝状肌动蛋白 F-actin 结合，打破丝状肌动蛋白 F-actin 与球状肌动蛋白 C-actin 之间的平衡，形成大量 F-actin 毒肽复合体。3 类毒素化学性质均比较稳定，耐高温、耐干燥和酸碱，一般的烹调加工不破坏其毒性，易溶于甲醇、乙醇、液态氨、吡啶和水。

10.2.2 色胺类毒素

这类毒素包括蟾蜍素（hufotenine）、光盖伞素（又名裸头草碱）、光盖伞辛（又名裸头伞辛）、4-羟基色胺、甲基裸盖伞素（baeocystin）及其脱甲基类似物（norbaeocystin）。它们都是吲哚类似物、胺类物质，是一类具有神经致幻作用的神经毒素。存在于橙黄鹅膏、褐云斑鹅膏菌、毒蝇伞和豹斑毒伞中的蟾蜍素，是5-羟基-*N*-二甲基色胺的吲哚衍生物（对颜色幻觉）。在墨西哥裸盖伞、古巴裸盖伞、日本裸盖伞、网纹斑褶菇、钟形斑褶菇、糙环球盖菇等毒菌中的裸头草碱及裸头草辛，是4-羟色胺的衍生物。光盖伞素含磷，学名为4-磷酸-*N*,*N*-二甲基色胺，光盖伞辛的学名为4-羟基-*N*,*N*-二甲基色胺。另外，在紧缩斑褶菇中还发现了5-羟色胺及5-羟色氨酸。纯化的光盖伞素、光盖伞辛均无色，呈晶体状，能溶解于甲醇、稀硫酸、碳酸氢钠，对温度敏感。目前，一般认为神经致幻型毒蕈的毒性物质作用于中枢神经至脊髓，导致交感神经和生理机能的变化。

含有神经致幻型毒素的毒蕈属于世界性分布，主要分布在裸盖伞属（*Psilocybe*）、斑褶伞属（*PanaeoLus*）、锥盖伞属（*Conocybe*）和裸伞属（*Gymnopilus*）中，其中主要是裸盖伞属和斑褶伞属的一些种类。

10.2.3 鹅膏毒蝇碱

鹅膏毒蝇碱是一种无色无味的生物碱，学名氧代杂环季盐，熔点为180～181℃。有4种异构体，即L（+）-毒蝇碱、EPi毒蝇碱、Epi-ALLO毒蝇碱、ALLO毒蝇碱，其中以L（+）-毒蝇碱活性最大，对于小白鼠，ID_{50}为0.23mg/kg。鹅膏毒蝇碱易溶于水和乙醇，毒性极强，与胆碱相似。鹅膏毒蝇碱主要作用于副交感神经，引起心跳减慢、减弱，血压降低，平滑肌痉挛，瞳孔缩小，对中枢神经也有异常兴奋作用，因此食后常表现为兴奋、产生幻觉、流汗、流涎、流泪，肺部水肿而呼吸困难，昏迷甚至死亡。

鹅膏毒蝇碱主要存在于毒蝇鹅膏中。毒蝇鹅膏，又名毒蝇伞、捕蝇菌、蛤蟆菌，产生毒蝇碱的毒菌有毒蝇伞、豹斑毒伞、松果伞、毒红菇、红网牛肝菌、白霜杯伞、毒杯伞、环带杯伞、帕都拉丝盖伞等，主要分布于我国黑龙江、吉林、辽宁和四川等省。

10.2.4 鹿花菌素

鹿花菌素的水解产物甲基联胺化合物为主要的毒性物质，熔点5℃，对黏膜的刺激性大，也能通过皮肤吸收。鹿花菌素具有极强的溶血作用，对小白鼠的肝、胃、肠、膀胱有损害作用，ID_{50}为1.24mg/kg。一般6～12h后发病，发病后有恶心、呕吐、头痛、疲倦、痉挛等表征，在1～2d内很快出现溶血性中毒症状，引起贫血、黄疸、血红蛋白尿，肝、脾肿大，心、肾受累，重者死亡。

10.2.5 异噁唑衍生物

异噁唑衍生物存在于毒蝇伞、毒蝇口蘑、松果伞、毒伞等毒菇中，已知有4种作用于中枢神经系统的异噁唑衍生物，即口蘑氨酸、鹅膏氨酸、异鹅膏氨酸及其脱羧衍生物异鹅膏胺（毒蝇母）。其中鹅膏氨酸和毒蝇母可使神经错乱，异鹅膏氨酸作用类似于毒蝇母，白蘑氨酸无毒且具有明显的鲜味，是谷氨酸钠（味精）的20倍。

10.2.6 鬼伞素

鬼伞素有一个特殊的情况，即单独食用并不引起中毒，在食用时或在食用后的2～3d之内饮酒即可引起脸部红肿、心率上升、头晕、恶心、呕吐，并出现呼吸困难等现象。中毒机理为：鬼伞素（1-羟基环丙基-L-谷氨酰胺）及其代谢产物（cyclopropanone hydrate）均能抑制肝脏中乙醛脱氢酶活性，影响酒精的代谢，造成乙醛在体内积累，造成危害。鬼伞素的水解产物1-aminocyclopropanal是主要毒性物质，对雄性动物的生殖细胞有影响，可减少精原细胞和精巢的重量。

10.2.7 奥来毒素

奥来毒素（orellanine）结构式为3,3′,4,4′-四羟基-2,2′-联吡啶-N,N-二氧化物，含有一个联吡啶结构。纯的奥来毒素无色，呈晶体状，在蕈菌体内非常稳定，遇光或紫外线会分解成其他化合物，难溶于有机溶剂和水。奥来毒素作用的靶器官是肾，潜伏期为1.5～17d，对肾损伤的机制还没有完全研究清楚，目前有多种假说。人的致死量估计是100～200g鲜蘑菇；对于小鼠或大鼠和猫，口喂的ID_{50}为5～90mg/kg，腹腔或皮下注射小鼠的ID_{50}为8.3～20mg/kg。含奥来毒素的毒草主要是丝膜菌属的一些种类。

10.3 中毒类型

毒菌中毒类型决定于毒菌种类的毒素化学性质与含量。毒蕈的种类较多，且一种毒蕈中可能含有多种毒素，同一种毒素又可存在于多种毒蕈中。几种毒素在同一毒蕈中时，这几种毒素有的可以互相拮抗，有的又可以互相增强其毒性，或几种毒素交替发生毒害作用。而且一种毒菌的毒性也往往受到生长季节、发育阶段、分布地区及环境条件的影响，人与人之间体质存在差异，烹调方法、饮食习惯的不同，因而吃毒蕈后毒发症状非常复杂，中毒症状会出现多种多样。因此对于毒菌中毒分型不大一致是很自然的。

以前国内一般将毒菌及其中毒症状划分为四类（中国科学院微生物研究所真

菌组，1975）。经过多年来调查研究发现，有些毒菌中毒与四种类型的划分不同，根据有关医学专家观点，增加呼吸循环衰竭型和光过敏性皮炎型，共计六种中毒类型。这种划分方法比较符合实际，对于了解毒菌毒性、及时防治毒菌中毒，特别是对极毒种引起的中毒的抢救治疗非常重要。以下分胃肠类型、神经精神型、溶血型、肝脏损害型、呼吸循环衰竭型和光过敏性皮炎型作进一步分析。

10.3.1 胃肠炎型

我国已知有160种毒菌的中毒症状属此型，由误食毒红菇、红网牛肝菌及墨汁鬼伞等毒蕈所引起。含有胃肠毒素的毒蘑菇很多，广泛分布于各个不同的属中，其毒性成分可能是类树脂物质，酚类、甲酚类化合物，蘑菇酸，胍啶。主要蕈种有毒粉褶菌、毒红菇、虎斑菇、红网牛肝菌、墨汁鬼伞、毒光盖伞等，典型代表为摩根小伞。这些毒菌含胃肠道刺激物，一般认为，毒性作用可能与从摩根小伞中分离出的热不稳定蛋白有关。加热不能完全将其中的热不稳定蛋白灭活。此类以胃肠道症状为主，轻者可有剧烈的恶心、呕吐、腹痛、腹泻，上述症状持续时间较短，并可逐渐好转。较重者常因剧烈的呕吐和腹泻引起严重脱水及电解质紊乱，致使血容量不足、血压下降，甚至休克。此型中毒潜伏期短，食后10min至6h内发病。但经过适当的对症处理中毒者即可迅速康复，死亡率甚低。在毒菌中毒案例中，该类型占绝大多数，是极普遍的中毒类型。

10.3.2 神经精神型

属于该中毒类型的毒菌约110种，由误食毒蝇伞、豹斑毒伞等毒蕈所引起。其毒素为类似乙酸胆碱的毒蕈碱（muscarine）。潜伏期约1～6h。发病时临床表现除肠胃炎的症状外，尚有副交感神经兴奋症状，如多汗、流涎、流泪、脉搏缓慢、瞳孔缩小等；少数病情严重者可有谵妄、幻觉、呼吸抑制等表现；个别病例可因此而死亡。用阿托品类药物治疗效果甚佳。由误食角鳞次伞菌及臭黄菇等引起者除肠胃炎症状外，可有头晕、精神错乱、昏睡等症状，即使不治疗，1～2d亦可康复，死亡率甚低。由误食牛肝蕈引起者，除肠胃炎等症状外，多有幻觉（矮小幻视）、谵妄等症状；部分病例有迫害妄想等类似精神分裂症的表现，经过适当治疗也可康复，死亡率亦低。

光盖伞素、光盖伞辛等为致幻剂。含光盖伞素和光盖伞辛的毒菌可引起交感神经兴奋症状，出现高血压、心跳加快、血压升高、瞳孔散大，最特殊的是出现幻视、幻听及味觉改变与发声异常。大花褶伞等中毒还会丧失时间和距离的概念或出现色彩幻视，或狂歌乱舞、喜怒无常、哭笑皆非或痴呆似醉及似梦非梦的感觉。在褐云斑鹅膏菌、毒蝇鹅膏菌及豹斑毒鹅膏菌中发现了蟾蜍素，导致明显的色彩幻视以及呼吸衰竭、心血管反应，但对中枢神经无毒害作用。

橘黄裸伞和绿褐裸伞引起中毒，其潜伏期短，食后15min便可出现头昏眼花、视力不清、看到房屋等物东倒西歪，或如醉者行动不便、或手舞足蹈、大笑吵闹等，数小时后恢复正常。另外发现红菇属、球盖菇属和牛肝菌属的某些种也会引起幻觉反应。

10.3.3 溶血型

这类毒蕈多为鹿花菌、赭鹿花菌、褐鹿花菌等，它是一种甲苯联氮化合物，可水解成甲基肼，结构和异烟肼很像，在体内可以和维生素 B_6 起反应生成腙，后者可导致谷氨酸脱羧酶降低活性，减少 1-氨基丁酸的形成。它不仅是血液毒素，还有原浆毒素作用。菌体中含有的马鞍素除了作用于肝肾外，还可作用于造血系统，潜伏期长，约 6h 或更长。由于红血球被迅速破坏，引起急性溶血型贫血。大量溶血可于短时间内出现黄疸、血红蛋白尿、尿闭、尿毒症及肝脏、肾脏肿大等，严重者有昏迷或抽风，甚至死于衰竭、休克或引起肾脏损害、继发性尿毒症而死亡。此型中毒对中枢神经系统亦常有影响，可有头痛等症状。

10.3.4 肝脏损害型

误食毒伞、白毒鹅膏菌、鳞柄毒伞等所引起，中毒潜伏期很长，一般达 6h 以上，最长可达一、两天甚至更长，临床经过可分为六期：潜伏期、胃肠炎期、假愈期、内脏损害期、精神症状期、恢复期。此类型中毒的毒菌有 35 种。从鹅膏菌类中分析出鹅膏多肽毒素包括鹅膏毒肽和鬼笔毒肽两大类毒素。这两类毒素化学性质稳定，耐高温、耐干燥，易溶于甲醇、液体氨及水，因此往往喝汤者中毒严重。鹅膏毒肽和鬼笔毒肽均属极毒（剧毒），鬼笔毒肽作用速度快，而鹅膏毒肽作用速度慢，就毒力而言鹅膏毒肽比鬼笔毒肽强，如 α-毒伞肽的毒力是鬼笔毒肽的 10～20 倍，致死量小于 0.1mg/kg 体重，鬼笔毒肽为 2mg/kg 体重。所以一个约 50g 重的毒鹅膏菌或白毒鹅膏菌所含毒素足以毒死一个成年人。此型中毒病情凶险，对肾脏、血管内皮细胞、中枢神经系统及其他内脏组织均造成损害，导致肝肿大、黄疸、出血、肝功能衰竭、血清转氨酶活力增高、血糖明显降低、肝脏充血、坏死，肾脏也出现水肿，脂肪变性、萎缩，中毒者最终因体内各功能衰竭导致死亡，病死率高达 90%～100%。

10.3.5 呼吸循环衰竭型

此种类型的毒菌中毒事例并不少见，但目前有关毒菌了解尚少。亚稀褶黑菇在日本和我国福建报道中毒较多，它含有一类新的极毒毒素 russuphelins。小白鼠试验同样极毒。其症状主要为中毒性心肌炎、急性肾功能衰竭和呼吸麻痹。无昏迷和副交感神经兴奋样症状，也无黄疸、肝大症状，其肝功能正常可与前面各类型相区别。潜伏期 20min 至 1h，或长达 24h，甚至 10 余天，目前毒素不明。此类型和肝脏损害型都有长的潜伏期和很高的致死率，同样是毒菌研究及中毒防治的重点。

10.3.6 光过敏性皮炎型

在我国吉林、河北、陕西、湖南、广西、河南等地区都曾发生过。毒菌主要是胶陀螺（bulgaria inquinans）。另一种初步确定为暗皮菌属（*Mollisia*）的毒菌。这两种子囊菌分布较广，因木生而又近似木耳，故常误食中毒。毒素类似光过敏性物质卟啉（porphyrins），潜伏期24～48h。当毒素经过消化系统吸收后，机体细胞对日光敏感性增高，特别是太阳照射的部位出现皮炎。如面部和手臂红肿，嘴唇肿胀而翻起，同时出现火烧般及针刺样疼痛，病程达数天之久。一般随着毒性的消失或服用抗过敏药物亦可痊愈。

10.4 中毒控制

10.4.1 诊断要点

夏秋季节有误食毒蕈时，且同食者均发病，病情的严重程度与进食毒蕈量呈正相关。首先应判断是否为毒蕈中毒，是哪种毒蕈所致，保留样品供专业人员救治参考。毒蕈中毒的临床表现虽各不相同，但起病时多有吐泻症状，如不注意询问食蕈史常易被误诊为肠胃炎、菌痢或一般性食物中毒等。故当遇到此类症状之病人时，尤在夏秋季节呈一户或数户同时发病时，应考虑到毒蕈中毒的可能性。首发征象大多为消化道刺激症状，其后出现一定类型的临床表现，但各型之间可以相互重叠。对食余的毒蕈、呕吐物、血、尿、便毒检可诊断。鉴别毒蕈是否有毒，经验极为重要，但现今唯一可靠的毒蕈鉴别方法是根据毒蕈的形态学特征进行的分类鉴定。

10.4.2 急救措施

如发现毒蕈中毒立即叫救护车赶往现场，急救时最重要的是让中毒者大量饮用温开水或稀盐水，然后把手指伸进咽部催吐，以减少毒素的吸收。在等待救护车期间，为防止反复呕吐发生的脱水，最好让患者饮用加入少量食盐和食用糖的“糖盐水”，补充体液的丢失，防止休克的发生。在对已发生昏迷的患者不要强行向其口内灌水，防止窒息。为患者加盖毛毯保温。

10.4.3 治疗措施

毒蕈中毒目前尚无特效药物，临床救治还以洗胃、催吐、导泻、对症支持疗法为主，血液净化及解毒拮抗剂的应用，取得了一定的成效，但仍需进一步研究，具体治疗如下：

10.4.3.1 一般治疗

早期催吐（意识清醒者）及洗胃可减少毒物吸收，为防止肝肠循环的毒物重吸收，洗胃时间（<6h）可延长。吐泻剧烈者可不必洗胃，建议应用大量活性炭（1～2g/kg）吸附毒素，大剂量的活性炭有助于打破肠肝循环。对中毒时间已超过8h者，可予以口服硫酸镁导泻、温肥皂水高位灌肠及持续十二指肠引流以排除肠内毒素。

10.4.3.2 对症及支持治疗

支持治疗是毒蕈中毒治疗的主要内容。昏迷患者应注意保持气道通畅，必要时建立人工气道，加强护理以防感染。维持患者生命体征平稳是进一步治疗的前提。治疗各型毒蕈中毒的胃肠炎期应积极输液，纠正脱水、酸中毒及电解质紊乱，积极施以保护脏器功能。有精神症状或惊厥者予镇静或抗惊厥治疗，并可试用脱水剂。出血严重者及时输新鲜血。

10.4.3.3 特殊药物治疗

（1）阿托品

主要适用于含毒蕈碱的毒蕈中毒，可解除副交感神经过度兴奋症状，对中毒性心肌炎所致的房室传导阻滞亦有作用、中毒性脑炎所致的呼吸中枢衰竭均具有治疗作用。阿托品尚可用于缓解腹痛、吐泻等胃肠道症状。对牛肝蕈中毒等表现为类阿托品作用的，则不宜用阿托品。

（2）巯基类解毒药

毒伞、白毒伞等毒蕈中毒用阿托品治疗常无效。用含巯基的解毒药治疗此类毒草中毒，有一定的效果。应早期应用，其作用机制可能是此类药物与某些毒素如毒伞肽等相结合，打断毒素分子中的巯醚键，使其毒力减弱，从而保护了含巯基酶的活性，甚至恢复部分已与毒素结合的酶活力。肝损害型毒蕈中毒，尚可用细胞色素C（用前须先做皮试），它可降低毒素与蛋白质结合，加速毒素的清除。

（3）大剂量益肝灵

静脉注射可能保护肝脏。肝功能衰竭的治疗主要应用保肝药物，输注新鲜冰冻血浆等，最终的治疗为肝移植。

（4）肾上腺皮质激素

主要用于溶血型毒蕈中毒及其他重症中毒病例，特别是有中毒性心肌炎、中毒性脑炎、严重的肝损害及有出血倾向的病例皆可应用肾上腺皮质激素。宜早期、短程、大剂量使用。有溶血表现者除给肾上腺皮质激素外，还应碱化尿液，注意保护肾脏功能，必要时血液透析治疗。

（5）对症治疗

对各型中毒的肠胃炎期，应积极输液，纠正脱水、酸中毒及电解质紊乱。对有肝损害者应给予保肝支持治疗。对有精神症状或有惊厥者应予镇静或抗惊厥治疗。并可试用脱水剂。

10.4.3.4 血液净化

如有肝肾功能损害的，应早期应用血液透析和血液灌流来消除毒物，毒素是一种大分子的物质，易与蛋白质结合，可被树脂或活性炭血液灌流所吸附，同时血液灌流可清除炎性因子及部分肝脏酶类阻断炎性反应。此外，急性肾衰时产生的大分子毒素也被血液灌流所清除。血液灌流是早期治疗毒蕈中毒的有效手段。血液透析对清除毒素、排毒无效，但对急性肾衰竭所致的小分子物质可快速、有效的弥散清除，可纠正水、电解质、酸碱失衡；血液灌流吸附毒物，特别对与蛋白结合、大分子、脂溶性物质，经过吸附作用被清除，但灌流器容易出现饱和现象，小分子物质不易被清除，水、电解质、酸碱失衡难以纠正。血液透析与血液灌流联合应用，充分发挥各自的优点、克服自身的缺点，用血液灌流把分子量大、与蛋白质结合能力强的毒素吸附出来，血液灌流同时加血液透析可把机体代谢产物透出，维持水、电解质和酸碱平衡，以降低病死率。但有部分患者可发展至尿毒症，最终需要肾移植治疗。

10.4.3.5 血浆置换

主要机理是采用手工或血细胞分离机，去除患者体内有毒的代谢产物或致病的免疫复合物，同时输入新鲜冰冻血浆或其他代用品，以达到治疗目的。毒蕈中毒引起的中毒性肝炎，病死率达 50%～90%。血浆置换（PE）能够快速有效地清除血液中的毒物，最大限度地减轻毒物对器官和组织的损害，保护器官和组织的功能，提高抢救的可靠性和成功率。

10.4.4 预防措施

切勿采摘自己不认识的蘑菇食用；毫无识别毒蕈经验者，千万不要自采蘑菇；预防措施：加强宣传、避免误食；医师应加强对毒蕈中毒的认识，避免误诊误治；毒蕈中毒应及时就诊，采取综合治疗。有毒野生菇（菌）类常具备以下特征：色泽鲜艳度高，伞形等菇（菌）表面呈鱼鳞状，菇柄上有环状突起物，菇柄底部有不规则突起物，野生菇（菌）采下或受损，其受损部流出乳汁。

10.5 蘑菇毒素的检测

蘑菇毒素——毒蝇碱检测方法有：结晶析出鉴别法、纸层析法。

10.5.1 结晶析出鉴别法

10.5.1.1 试剂

稀 HCl、无水乙醇、乙酸银乙醇液、H_2S、$KHgI_2$（HgI 饱和）、$Ba(OH)_2$、稀 H_2SO_4、$AgNO_3$、$PtCl_2 \cdot HCl$ 液。

10.5.1.2 检测步骤

取50g样品于烧杯中，加稀HCl 50mL，煮沸，不断添加少量稀HCl致pH值为2，趁热过滤，滤液于烧杯中，水浴上浓缩呈浆液状，加10mL无水乙醇，溶解，过滤，加10mL乙酸银乙醇液，混匀，过滤，滤液置于烧杯中，水浴上浓缩呈浆液状，加无水乙醇10mL溶解，水浴上挥发乙醇，加水10mL溶解，水溶液转于锥形瓶中，通入H_2S，过滤，滤液于水浴上蒸发除H_2S，加10mL $KHgI_2$（HgI饱和）液，过滤，沉淀转于研钵中，加$Ba(OH)_2$和水适量，研磨，通H_2S，过滤，滤液于锥形瓶中，加10mL稀H_2SO_4，过滤，加热除H_2S，加$AgNO_3$适量除碘，过滤，滤液蒸发，加少许PtCl·HCl液，生成八角体及针状的氯化铂毒蝇碱结晶为检测阳性。

10.5.2 纸色谱法

10.5.2.1 试剂

（1）稀HNO_3液（1+19）、乙醇、四硫氰基二氨铬酸铵液、丙酮、Ag_2SO_4液、$BaCl_2$液。

（2）展开剂：正丁醇+甲醇+水（10+3+20）。

（3）显色剂：碱式$BiCO_3$、KI、冰醋酸混合液。

10.5.2.2 检测步骤

（1）试样前处理：取50g样品于锥形瓶中，加50mL稀HNO_3液、乙醇50mL，振荡30min，减压浓缩至近干，加10mL四硫氰基二氨铬酸铵液，振摇，分出沉淀，将沉淀转入锥形瓶中，加丙酮10mL溶解，加Ag_2SO_4与$BaCl_2$液各10mL，混匀，减压浓缩至lmL，浓缩液待检。

（2）点样：在滤纸（10cm×5cm）一边点待检液10～50mL。

（3）展开：滤纸放于展开室中，加入展开剂，展开2h，取出滤纸晾干，喷显色剂于滤纸上。

（4）显色：滤纸出现暗橙色斑点，则为毒蝇碱检出，其R值为0.28左右。

10.5.2.3 说明

（1）用氨水提取是使毒蝇碱的氯化物转化成毒蝇碱的氢氧化物。

（2）最后待检液的pH以4.5为宜。做空白试验。

参考文献

[1] 杜秀菊，杜秀云. 毒蕈毒素及其应用［J］. 安徽农业科学，2010，38（13）：7172-7174.

[2] 张富丽，宁红，张敏. 毒蕈的毒素及毒蕈的开发利用［J］. 云南农业大学学报，2004，19（3）：283-286.

[3] 夏永庆，余成敏. 毒蕈中毒的研究现状［J］. 中国基层医药，2011，18（22）：3140-3141.

[4] 卯晓岚. 中国毒菌物种多样性及其毒素［J］. 菌物学报，2006，25（3）：345-363.

［5］ 宋昆，肖桂林. 鹅膏毒蕈的毒素分类和中毒机制概况［J］. 湖南中医药导报，2004，10（8）：52-54.

［6］ 董国日，张志光，陈作红. 鹅膏菌毒素及其毒理研究进展［J］. 生物学杂志，2000，17（3）：1-3.

［7］ 卯晓岚. 中国鹅膏菌科毒菌及毒素［J］. 微生物学通报，1991，18（3）：160-165.

［8］ 陈作红，张志光. 蘑菇毒素及其中毒治疗（Ⅰ）—鹅膏肽类毒素［J］. 实用预防医学，2003，10（2）：260-262.

［9］ 龚庆芳，陈作红. 蘑菇毒素及其中毒治疗（Ⅱ）—奥莱毒素［J］. 实用预防医学，2003，10（3）：432-434.

［10］ 李毅，于学忠. 毒蕈中毒的早期识别与治疗［J］. 中国实用内科杂志，2007，27（15）：1172-1173.

［11］ 陈作红，胡劲松，张志光. 我国28种鹅膏菌主要肽类毒素的检测分析［J］. 菌物系统，2003，22（4）：565-573.

Chapter 11

第11章 工业与环境污染物引起的食品安全问题

伴随着工业化和城市化进程的加快，有毒有害物质的污染种类和数量都在不断增加。当各种污染物进入大气、水体、土壤，其数量浓度和持续时间都超过了环境的自净能力，以至于破坏生态平衡，影响人体健康，造成环境污染。环境污染可以使环境中的物质组成发生变化，而且环境污染可通过大气、水体、土壤和食物链等多种途径对人体产生影响，从而造成人体对生存环境的不适应，甚至产生由环境污染而引起的食品安全问题。目前，环境污染和食品安全问题已成为当今世界性的问题。

11.1 二噁英及类似物

二噁英（dioxin）是环境持久性有机污染物。二噁英之所以引起关注是因其具有非常大的潜在毒性。实验证明它们可以损害多种器官和系统。二噁英一旦进入人体，就会长久驻留，因为其本身具有化学稳定性并易于被脂肪组织吸收，并从此长期积蓄在体内。它们在体内的半衰期估计为7～11年。在环境中，二噁英容易聚积在食物链中。食物链中依赖动物食品的程度越高，二噁英聚积的程度就越高。

11.1.1 二噁英及其类似物的种类

二噁英的化学名为：2,3,7,8-四氯二苯并对二噁英（TCDD）。其名称“二噁英”通常用来指结构和化学性质相关的多氯二苯二噁英（PCDDs）和多氯二苯并呋喃（PCDFs）。某些类二噁英多氯联苯（PCBs）具有相似毒性，归在“二噁英”名下。大约有419种类似二噁英的化合物被确定，但其中只有近30种被认为具有相当的毒性，以 TCDDs 的毒性最大。具有代表性的 PCDDs/PCDFs 的名称、缩写、分子式及理化特性见表 11-1。

表 11-1 代表性 PCDDs/PCDFs 的名称、缩写、分子式及理化特性

缩写	名称	分子式	熔点/℃	蒸汽压/Pa	$\lg K_{ow}$	I-TEF	WHO-TEF
DD	二苯并[1,4]二噁英	$C_{10}H_8O_2$	122	5.5×10^{-2}	4.30	0	0
2,7-DCDD	2,7-二氯二苯并[1,4]二噁英	$C_{12}H_6Cl_2O_2$	209	1.2×10^{-4}	5.75	0	0
2,3,7,8-TCDD	2,3,7,8-四氯二苯[1,4]二噁英	$C_{12}H_4Cl_4O_2$	305	2.0×10^{-7}	6.80	1.0	1.0
1,2,3,7,8-PeCDD	1,2,3,7,8-五氯二苯并[1,4]二噁英	$C_{12}H_3Cl_5O_2$	240	5.8×10^{-8}	6.64	0.5	1.0
1,2,3,4,7,8-HxCDD	1,2,3,4,7,8-六氯二苯并[1,4]二噁英	$C_{12}H_2Cl_4O_2$	273	5.1×10^{-9}	7.80	0.1	0.1
1,2,3,6,7,8-HxCDD	1,2,3,6,7,8-六氯二苯并[1,4]二噁英	$C_{12}H_2Cl_4O_2$	285	4.8×10^{-9}		0.1	0.1
1,2,3,7,8,9-HxCDD	1,2,3,7,8,9-六氯二苯并[1,4]二噁英	$C_{12}H_2Cl_4O_2$	243	6.5×10^{-9}		0.1	0.1
1,2,3,4,6,7,8-HpCDD	1,2,3,4,6,7,8-七氯二苯并[1,4]二噁英	$C_{12}HCl_7O_2$	264	7.5×10^{-10}	8.00	1×10^{-2}	1×10^{-2}
1,2,3,4,6,7,8,9-OCDD	1,2,3,4,6,7,8,9-八氯二苯并[1,4]二噁英	$C_{12}Cl_8O_2$	325	1.1×10^{-10}	8.20	1×10^{-3}	1×10^{-4}
2,3,7,8-TCDF	2,3,7,8-四氯二苯并[1,4]呋喃	$C_{12}H_4Cl_4O$	227	2.0×10^{-6}	6.53	0.1	0.1

续表

缩写	名称	分子式	熔点/℃	蒸汽压/Pa	$\lg K_{ow}$	I-TEF	WHO-TEF
1,2,3,7,8-PeCDF	1,2,3,7,8-五氯二苯并[1,4]呋喃	$C_{12}H_3Cl_5O$	225	2.3×10^{-7}	6.79	5×10^{-2}	5×10^{-2}
2,3,4,7,8-PeCDF	2,3,4,7,8-五氯二苯并[1,4]呋喃	$C_{12}H_3Cl_5O$	196	3.5×10^{-7}	6.92	0.5	0.5
1,2,3,4,7,8-HxCDF	1,2,3,4,7,8-六氯二苯并[1,4]呋喃	$C_{12}H_2Cl_4O_2$	256	3.2×10^{-8}		0.1	0.1
1,2,3,6,7,8-HxCDF	1,2,3,6,7,8-六氯二苯并[1,4]呋喃	$C_{12}H_2Cl_4O_2$	232	2.9×10^{-8}		0.1	0.1
1,2,3,7,8,9-HxCDF	1,2,3,7,8,9-六氯二苯并[1,4]呋喃	$C_{12}H_2Cl_4O_2$	246	2.4×10^{-8}		0.1	0.1
2,3,4,6,7,8-HxCDF	2,3,4,6,7,8-六氯二苯并[1,4]呋喃	$C_{12}H_2Cl_4O_2$	239	2.6×10^{-8}		0.1	0.1
1,2,3,4,6,7,8-HpCDF	1,2,3,4,6,7,8-七氯二苯并[1,4]呋喃	$C_{12}HCl_7O$	236	4.7×10^{-9}	7.92	1×10^{-2}	1×10^{-2}
1,2,3,4,7,8,9-HpCDF	1,2,3,4,7,8,9-七氯二苯并[1,4]呋喃	$C_{12}HCl_7O$	221	6.2×10^{-9}		1×10^{-2}	1×10^{-2}
1,2,3,4,6,7,8,9-OCDF	1,2,3,4,6,7,8,9-八氯二苯并[1,4]呋喃	$C_{12}Cl_8O$	258	5.0×10^{-10}	8.78	1×10^{-3}	1×10^{-4}

11.1.2 二噁英污染源

二噁英主要是工业过程的副产品，但也可能来自于自然过程，如火山爆发和森林火灾。二噁英是冶炼、纸浆氯漂白和一些除草剂和杀虫剂制造等各种生产过程的有害副产品。垃圾（固体废物和医院废物等）的焚烧，也是二噁英污染物的来源之一，主要是由于燃烧不充分所致。在环境中，卤代芳烃衍生物可以与酚的金属盐通过消除反应去除卤盐形成相应的二芳烃醚，称为 Ullmann 反应。这一反应十分普遍，可在高温下于水或极性介质中发生，并由金属（如铜）催化。形成的氯代醚类中间体为二噁英前体，在 PCDDs/PCDFs 的形成中起重要作用。因为 O,O-取代二苯醚的简单环化不能形成二噁英，2,5-二氯酚缩合形成 PCDDs/PCDFs 的过程可能是通过 Smiles 重排，即分子内亲核取代使芳烃中的杂原子发生转移形成。前体物如 2,4,5-三氯酚（TCP）和 PCBs 等出现在燃烧过程中，或伴随 Ullmann 反应条件（碱性环境），就可以形成 PCDDs/PCDFs。PCDDs/PCDFs 可以直接从五氯酚（PCP）及其钠盐（PCP-Na）中形成，或通过醚桥键的水解从 2,4,5-三氯酚氧乙酸（2,4,5-T）中形成。在工业化国家，PCDDs/PCDFs 主要来自城市固体垃圾焚烧、含氯化学品的杂质、纸浆漂白和汽车尾气的排放。PCB 工业废油的大量储存，其中许多含有高浓度的 PCDFs，这种现象遍及全球。长期储存以及不当处置这种材料可能导致二噁英泄漏到环境中，导致人类和动物食物污染。PCB 废物很难做到在不污染环境和人类的情况下处理掉。这种材料需要被视为危险废物并且最好通过高温焚烧处理。一般人群对二噁英的接触具有不同的途径，包括直接通过吸入空气与摄入空气中的颗粒、污染的土壤及皮肤的吸收接触、食物消化等。人体接触的二噁英 90%以上是通过膳食接触的，而动物性食品是其主要来源。PCDDs/PCDFs 对食物的污染主要是由农田里各种沉积物所引起的，废弃的溢出物、淤泥的不恰当使用，随意放牧，奶牛、鸡和鱼食用污染饲料，食品加工，以及氯漂白包装材料的迁移。

食品中二噁英主要来源于食物链的生物富集。由于 PCDDs/PCDFs 的脂溶性及其在环境中的稳定性极高，由含氯化学品生产与使用、固体垃圾的焚烧、造纸时的漂白过程等造成的环境污染，大多在水体中通过水生植物、浮游动植物、食草鱼、食鱼鱼类及鹅、鸭等家禽这一食物链过程，在鱼体和家禽及其蛋中富集。同时，由于环境大气的流动，在飘尘中的 PCDDs/PCDFs 沉降至地面植物上，污染蔬菜、粮食与饲料。动物食用污染的饲料也造成 PCDDs/PCDFs 的蓄积，Furst 提示空气→草料→母牛途径较土壤→草料→母牛途径更加重要。不同 PCDDs/PCDFs 在草料与牛奶中转移因子差别较大，以 2,3,7,8-TCDD/TCDF 为高，这与其在体内存储与排除有关。因此，鱼、家禽及其蛋类、肉类等成为主要污染的食品。纸包装材料的迁移伴随着工业化进程，食品包装材料发生改变。许多软饮料及奶制品采用纸包装。由于纸张在氯漂白过程中产生 PCDDs/PCDFs，作为包装材料可以发生迁移造成食品污染。如相继发生在日本和我国台湾地区的米糠油事件就是 PCBs 及其杂质 PCDDs/PCDFs 的污染造成的食物中毒。

11.1.3 二噁英污染事件

许多国家对其食品供应中的二噁英进行监控。这样能够早期发现污染并防止事态的扩大。其中一个例子是，2004 年发现荷兰牛奶中二噁英含量的增加，追踪到了动物饲料生产中所使用的一种黏土存在问题。在另一起事件中，2006 年荷兰动物饲料中被发现二噁英含量增加，后来确认源头是生产饲料过程使用了被污染的脂肪。

有些二噁英污染事件就重大得多，给许多国家带来了深远影响。2007 年 7 月，作为肉类、奶制品、甜点或熟食制品中增稠剂的一种食品添加剂瓜尔胶（guar gum）中被发现含有高剂量的二噁英，其后欧盟委员会给成员国发布了卫生警报。其源头追踪到印度的瓜尔胶，其中含有五氯苯酚（PCP），这是一种已经摒弃的杀虫剂。五氯苯酚中所含的二噁英正是污染物。

1999 年，比利时的家禽和蛋类中发现了高含量的二噁英。接着，遭二噁英污染的动物类食品（家禽、蛋、猪肉）相继在其他国家发现。其祸根是遭受非法处置的 PCB 工业废油污染的动物饲料。

1998 年 3 月，德国销售的牛奶中出现高浓度二噁英，追踪其来源，是巴西出口的动物饲料含有柑橘果泥球所致。此项调查导致了欧盟禁止所有巴西柑橘果泥球的进口。

另外一桩二噁英食品污染案于 1997 年发生在美国。鸡肉、蛋类和鲶鱼被发现遭受二噁英污染，其原因是动物饲料制造过程中使用了一种被污染成分（膨润土，又叫“球黏土”）。受污染黏土的行踪一直查到了一个膨润土矿。由于没有证据表明该矿埋有危险废物，调查者认为该例二噁英的来源可能是一个自然过程，也许归因于史前森林大火。

1976 年，意大利萨浮索的一座化工厂发生严重事故，大量二噁英泄漏。一个充满有毒化学物质的气团，其中包括 2,3,7,8-四氯二苯并对二噁英或 TCDD，进入了空气中，致使方圆 $15km^2$ 的范围遭受了污染，这个区域内生活着 37000 人。对受害人群的广泛研究仍在继续，以确定这次事故对人体健康的长期影响。但是，这些调查因缺乏适当的接触评估而受到一些影响。已经发现并正在进一步调查的情况有某些癌症有小幅增加以及生育受到影响等。目前正在就这次事故可能对接触人群子女带来何种影响进行研究。

有关 TCDD 作为某些橙剂（一种在越战中使用的落叶剂）中的有毒物质对健康的影响引起了广泛的研究。其与某些类型的癌症及糖尿病的联系也正在研究中。

在世界其他地区有过更早的食品污染事件报道。尽管所有国家都可能发生，但大多数此类报道都发生在工业化国家，这是因为这些国家都有较健全的食品污染监测、较强的危险品意识和较完善的管理控制，用来发现二噁英问题。

11.1.4 二噁英对人体健康的影响

人类短期接触高剂量的二噁英，可能导致皮肤损害，如氯痤疮和皮肤色斑，还可能改变肝脏功能。长期接触则会牵涉到免疫系统、发育中的神经系统、内分泌系统以及生殖功能的损害。动物慢性接触二噁英已导致几种类型的癌症。世卫组织国际癌症研究所（IARC）于1997年对TCDD进行了评价。根据动物数据和人类流行病学数据，IARC将TCDD分类为“已知人类致癌物”。不过，TCDD并不影响遗传物质，并且低于一定剂量的接触，致癌风险可以忽略不计。

由于二噁英普遍存在，因而所有人都从接触的环境中或多或少吸收一定程度的二噁英，也就产生了所谓的机体负担。目前，正常环境的接触总体上不会影响人类健康。然而，由于这类化合物具有很高的潜在毒性，需要采取一定措施来减少与有害环境的接触。易感小群体发育中的胎儿对二噁英最为敏感。新生儿的器官系统迅速发育，也可能更易受到一定影响。一些个人或群体可能因为饮食（如大量食用某些受污染地区的鱼类）或职业（如造纸业、焚化厂及危害废物处理场工作人员）而大量接触二噁英。曾经报道的还有几起人为投毒事件。尤其引人注目的是2004年，乌克兰总统维克托·尤先科，他的面部因患氯痤疮而损毁。

11.1.5　预防和控制对二噁英的接触

适当焚烧污染物是目前预防和控制对二噁英的接触最为有效的方法。这种方法还可以消灭含有PCB的废油。焚烧需要850℃以上的高温。为了消除大量有毒物质，甚至需要1000℃或更高的温度。预防或减少人类接触二噁英，最好的措施就是瞄准源头，也就是说，严格控制工业过程，以尽可能减少二噁英的形成。这是各国政府的责任，不过，由于认识到这种方式的重要性，国际食品法典委员会于2001年通过了《瞄准源头降低食品中化学品污染的措施的操作规程》（CAC/RCP 49—2001），并在2006年通过了《预防和降低食品和饲料中二噁英和类二噁英PCB污染的操作规程》（CAC/RCP 62—2006）。

人类接触二噁英，90%以上是通过食品，其中主要是肉制品和乳制品、鱼类和贝类。因此，保护食品供应是关键。如上所述，其中一种方法就是瞄准源头措施，以降低二噁英的排放。需要避免在食品链中对食品形成二次污染。初级生产、加工、分发和销售中良好的控制与操作，对安全食品的生产来说都必不可少。必须建立食品污染监测体系来确保不超过允许含量水平。各国政府有责任监督食品供应的安全，并采取措施保障公众健康。各国应制订在怀疑发生污染时确定、阻止、处理被污染饲料和食品的应急计划。应检查接触人员的暴露情况（如检测血液或母乳中的污染物含量）及影响（如通过临床观察了解症状）。消费者可采取哪些措施来降低接触风险呢？剔除肉食中的脂肪和食用低脂乳制品，可以降低对二噁英化合物的接触。此外，平衡的膳食（包括适量的水果、蔬菜和谷物）将有助于避免从单一来源过量摄入。这是一种减轻机体负担的长期策略，可能对女孩和年轻女性来说最为重要，这可以在以后的生活中降低正在发育的胎儿及以后哺乳婴儿的接触。不过，让消费者减少自身接触的可能性在某种程度上受到制约。

11.2 多氯联苯化合物

多氯联苯（polychlorinated biphenyls，PCBs）是联苯在不同程度上由氯原子取代后生成的有机化合物的总称，共有 209 种同系物，结构式见图 11-1。PCBs 最早于 1881 年由德国人合成，1929 年在美国首先开始工业生产。由于具有化学稳定性、低挥发性、高绝缘性及不可燃等特性。PCBs 曾被广泛应用于阻燃剂、增稠剂、润滑剂以及电容器和变压器中的热交换剂和绝缘油。

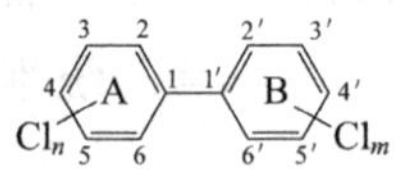

图 11-1　多氯联苯的结构式

11.2.1 PCBs 的性质

多氯联苯的几种性质：①环境持久性。PCBs 属于难降解有机物，对自然条件下的生物代谢、光降解、化学分解等具有很强的抵抗能力，一旦排放到环境中就很难被分解，因此可以在水体、土壤、底泥等介质中存放数年甚至数十年或更长时间。P. Manirakiza 等测定鱼脂肪中的 PCBs 的含量，并把所得结果与先前的研究作比较，发现这些物质仍然存在，其含量并没有明显减少。②生物蓄积性。PCBs 具有低水溶性、高脂溶性的特点，因而容易在脂肪组织中发生生物蓄积，从而使 PCBs 从周围媒介物质中富集到生物体内，并沿着食物链浓缩放大，以致在食物链末端营养级体内浓缩至很高的浓度。即使在大气、水体、土壤里的浓度非常低，甚至不能被监测到，但它也可以通过大气、水体、土壤等进入植物或低等生物体内，然后沿食物链逐级放大，最后对人类造成危害。K. A. Kidd 等测定食物中的有机污染物，研究表明亲脂性的 PCBs 通过食物在人体内的蓄积程度很大。③半挥发性。PCBs 能够从水体或土壤中挥发进入大气环境或通过大气颗粒物的吸附作用，在大气环境中可以远距离迁移，还可以重新沉降到地面上，多次反复，造成全球范围内污染。正是由于 PCBs 的半挥发和高持久性，使得其足迹几乎遍布世界各个角落。在全球范围内，包括大陆、沙漠、海洋和南北极地区都可检测出 PCBs 的存在。④高毒性。PCBs 可以引起急性或慢性中毒，对人类和动物的生殖、遗传、免疫、神经、内分泌等系统等具有强烈的危害作用，并对人类有潜在的致癌作用。

11.2.2 PCBs对环境和食品的污染

目前世界上大约有120万吨PCBs，其中65%存在于电器系统、垃圾场或存储在陆地上，31%流失到环境中，其余的被降解和焚烧。PCBs对环境的污染可通过城市污水、电器泄漏、生产和运输泄漏、含有PCBs制剂的蒸发和滤出，也可因操作或处理不当泄漏、焚烧时从烟囱排出、农村和城市地表水污染以及电厂污水直接排放到水体中引起，一旦进入环境，PCBs首先污染大气并主要靠大气运动而扩散，导致世界范围的污染。多氯联苯化合物难溶于水，易溶于有机溶剂，且具有环境持久性、生物蓄积性、半挥发性和高毒性等性质，因此对环境、生物和人类有很大危害。与PCBs相关联的环境问题是由一系列因素引发的：PCBs的敞露使用（有机稀释剂）使其直接进入环境；PCBs的某些随意处置过程使其排入海水生态系统中；另外，PCBs通过传递过程遍及全球生态系统，并且在食物链中优先被高度富集，进而通过食物进入人体、危害人体健康。

11.2.3 PCBs对健康危害

PCBs对人体健康有很大的危害。1968年发生在日本的米糠油事件就是由于生产过程中不慎将PCBs混入米糠油中而导致食物中毒，中毒患者超过1000人，16人死亡，实际受害者约15000人。1978年，类似的中毒事件又在我国台湾上演，约2000人食用了受PCBs污染的米糠油，数万人受害，病症为氯痤疮、眼皮肿、指甲发黑、身上出现黑色皮疹等。此外，多氯联苯还具有致癌作用。1987年，国际癌症研究机构将PCBs列为“人类可能的致癌物质”和“动物已知的致癌物质”。1992年Falck等对63名白种女性乳腺癌患者进行了乳房组织切片检查，结果表明，组织中的PCBs平均浓度比正常人高50%～60%。在意大利的一家使用含42%和54%的氯的多氯联苯生产电容器的工人中，癌症的发生率高于期望值，其中以淋巴组织和消化道的癌症最常见。

11.2.4 PCBs的消除处理技术

我国沈阳环境科学研究所自1992～1996年研制了一套焚烧PCBs中试生产装置，该装置由多氯联苯浸渍电容器前处理装置，固、液及固、液混烧一段炉，二段净化炉，高温尾气骤冷装置，废水处理装置组成。每小时处理多氯联苯浸渍电容器60kg，或每小时处理多氯联苯液体10～15kg。多氯联苯破坏去除率达99.99%。国际上有很多种PCBs的消除处理技术，主要方法有等离子、超临界水氧化、碱金属还原、熔融盐氧化、碱金属聚乙烯乙二醇法、催化加氢还原法等等。

11.3 多环芳香烃化合物

多环芳香烃化合物（polycyclic aromatic hydrocarbons，PAHs）是指带有两个或两个以上苯环的化合物，这些苯环以不同方式并合成多个多环芳香烃异构体或衍生物。

11.3.1 PAHs的结构

PAHs的部分结构见图11-2。目前多环芳香烃化合物超过一百个，部分是天然化合物，其余是经合成而来的。纯多环芳香烃：一般是亲脂性白色或浅黄色的固体，它们在水的溶解度会随着分子量增大而降低。带两个至四个苯环的多环芳香烃归类为低分子多环芳香烃；具五个或以上苯环称为高分子多环芳香烃。多环芳香烃能以蒸气或固体形式存在，呈蒸气的多环芳香烃多数只带两个或三个苯环；带五个以上苯环的多环芳香烃呈微粒状，体积小于2.5μm；含四个苯环的多环芳香烃视其所处的环境，可以是蒸气或固体。苯环数目越多，水溶性越低，性质越稳定。并有高熔点、高沸点、低蒸汽压和高生物富集作用。

苊(acenaphthene)

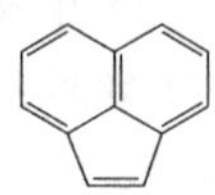
苊烯萘(acenaphthylene)

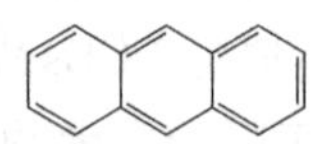
蒽(anthracene)

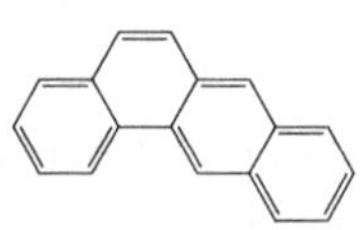
苯并[a]蒽
(benzo[a]anthracene)

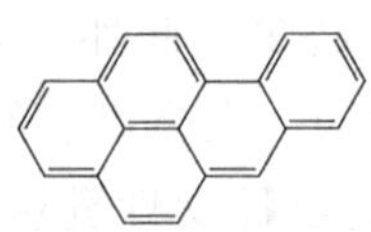
苯并[a]芘
(benzo[a]pyrene)

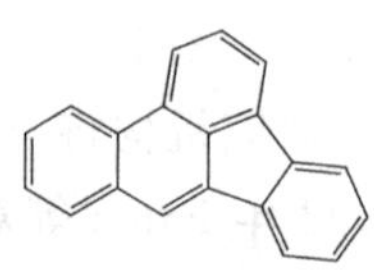
苯并[b]荧蒽
(benzo[b]fluoranthene)

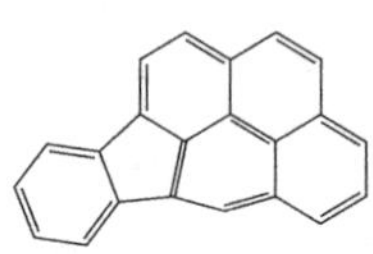
茚并[1, 2, 3-cd]芘
(indeno[1, 2, 3-cd]pyrene)

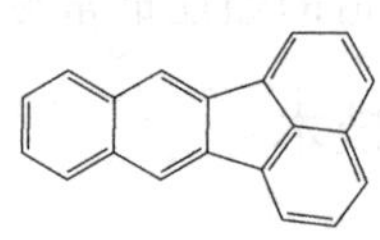
苯并[k]荧蒽
(benzo[k]fluoranthene)

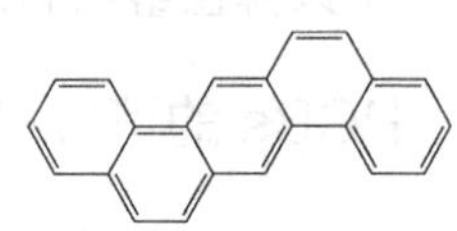
二苯并[a, h]蒽
(dibenzo[a, h]anthracene)

图11-2 部分多环芳香烃的结构

11.3.2 环境和食品中PAHs污染的来源

一般而言，多环芳香烃是由简单的芳香化合物如苯及萘等，经脱氢乙炔加成机理（HACA）而形成，按着反应进行的温度，生成具有同苯环的多环芳香烃。

当反应在较低温度进行时，多会生成低分子多环芳香烃；当反应在较高温度进行时，则容易形成高分子多环芳香烃。简单的芳香化合物经典型的HACA反应机理，把苯环缩合或是进行乙炔加成而生成对应的多环芳香烃。多环芳香烃经芳族亲电取代反应、氧化反应或还原反应后，得到大而类别相同的衍生物。如多环芳香烃与大气中的O_3、SO_2、NO_2、HNO_3和N_2O_5等空气污染物起光化学反应后，生成硝基-多环芳香烃、羟基-多环芳香烃及氧化-多环芳香烃等衍生物，它们的毒性高于原来的有机反应物。

煤炭、石油等燃料不完全燃烧的废气及化工生产的“三废”物质对环境的污染，通过空气飘尘降落、接触等方式造成污染；鱼、肉及其制品在烘烤、煎炸、烟熏等加工过程中形成较多的污染，明火烧烤多于间接方式，含脂肪多的鱼肉制品形成更多。蔬菜、水果和粮谷类植物性食品中多环芳香烃则与环境污染（空气、水）程度有关，城市郊区高于农村，柏油马路晾晒也是重要污染原因之一。食品加工过程中，如烘烤、烧烤高温煎炸时，发生裂解与热聚反应以及加工机械管道使用的润滑油造成食品中多环芳香烃的污染。植物性食品从土壤、水中吸收PAHs。土壤中的PAHs可保持十年以上，蓄积现象严重。水产品可通过生物富集作用及食物链的生物放大作用获得较高的PAHs含量。

11.3.3 PAHs对健康的危害

多环芳香烃可经由饮水、食物或所接触过的泥土等进入人体，而最普遍的接触途径是吸入掺杂多环芳香烃的空气。一旦多环芳香烃进入人体后，便迅速溶于肾脏、肝脏、脾脏、肾上腺及卵巢等的脂肪组织。虽然大部分的多环芳香烃最终经大、小便排出，但部分残留在我们体内的多环芳香烃，会逐渐累积起来，引起疾病。其危害性主要表现在：①致癌性。不少多环芳香烃已被界定为致癌物。临床实验报告指出：若长期接触高浓度多环芳香烃的混合物，会引起皮肤癌、肺癌、胃癌及肝癌等疾病。科学家们确信多环芳香烃可破坏体内的遗传物质，引发癌细胞增长，增加癌症的发病率。首先，我们体内的某些酵素，例如：细胞色素P450会把吸进体内的多环芳香烃经过多阶段代谢作用转化，变成亲电反应的衍生物，如环氧化二醇、奎宁、共轭的羟烷基衍生物等。有些衍生物，例如环氧化物可迅速发生重排反应变为酚，或经水解变为二氢化二醇。这些多环芳香烃具立体选择性，代谢后生成不同的异构体，而且倾向生成立体最稳定的异构体，具有最高的诱发突变性和激发肿瘤生长的活性。这些致癌的最稳定异构体与体内的DNA分子容易形成共价键，结果在体内的细胞和器官生成多环芳香烃-DNA加成物。在众多的多环芳香烃衍生物中，环氧化多环芳香烃二醇对核酸分子起最高代谢作用。位于鸟嘌呤和腺嘌呤的核外氨基最易受到环氧化多环芳香烃二醇攻击，生成多环芳香烃-DNA加成物。在长期吸烟者体内的乳房动脉内皮层中可找到多环芳香烃-DNA加成物。②诱发突变性（或基因毒性）。多环芳香烃具有诱发 DNA 和活细胞突变的潜势。由于多环芳香烃-DNA 加成物的生成、诱发突变和癌肿的形成互相关联，可见多环芳香烃的诱发突变性确与其致癌性有关。多环芳香烃与其他化学品，例如空气中的二氧化氮、臭氧、硝酸和二氧化硫等发起光化反应，生成更多能诱发突变的硝基-多环芳香烃和羟基-多环芳香烃，这些反应需时数天或数周。在众多多环芳香烃中某些硝基-多环芳香烃具有高度的诱发突变性，不必经代谢作用，已具生物活性，称为原诱变剂。典型原诱变剂的例子，有苯并［a］芘和多个硝基芘的衍生物。苯并［a］芘诱发突变的能力很高，能诱发原核细胞和真核细胞发生基因突变，使哺乳动物细胞进行非预期的 DNA 合成。现已证实高浓度的苯并［a］芘是若干类型恶性肿瘤的主要成因。与具原诱变性的硝基-多环芳香烃不同处，是其他硝基-多环芳香烃和羟基-多环芳香烃必先进行反应而变得具有生物活性，方能在人体内诱发突变。

11.3.4 PAHs 的污染控制

控制环境（空气、水）污染，并采取有效的降低或消除多环芳香烃的措施，如用活性炭物理吸附、紫外线照射分解等，防止或尽量减少食品受到 PAHs 的污染，其他的污染控制方式还有：①改进食品烟熏、烘烤等加工工艺；②避免采用高温煎炸方式，油温控制在 200℃以下；③食品加工机械尽量采用食用油作为润滑油；④避免在柏油马路上晾晒粮食等等。

11.4 邻苯二甲酸酯类化合物

邻苯二甲酸酯（phthalates），又称酞酸酯，缩写 PAE，统称邻苯二甲基酯类，主要做为增塑剂使用。在日常及工业上被广泛添加于高分子塑胶产品的生产，如聚氯乙烯（PVC）、聚丙烯（PP）、泡棉，亦可添加于胶合剂、涂料、油墨中。此外应用于玩具、食品包装、地毯衬垫、驱虫剂、头发喷雾剂、指甲油与火箭燃料等。邻苯二甲酸酯类是使用最广泛、品种最多、产量最大的增塑剂。当被用作塑料增塑剂时，一般指的是邻苯二甲酸与 1～15 个碳的醇形成的酯。

11.4.1 PAEs 的结构

邻苯二甲酸酯类化合物一般为挥发性很低、稳定性高且无色，具有芳香气味或无气味的黏稠油状液体。在水中溶解度很小，容易溶于多数非极性有机溶剂中，易溶于甲醇、乙醇、乙醚等有机溶剂。

在工业品的加工制造中最常添加的邻苯二甲酸酯类有下列六种：邻苯二甲酸二异壬酯（diisononyl phthalate，DINP）、邻苯二甲酸二辛酯（dinoctyl phthalate，DNOP）、邻苯二甲酸二异癸酯（diisodecyl phthalate，DIDP）、邻苯二甲酸二（2-乙基己基）酯［di-(2-ethylhexyl) phthalate，DEHP］、邻苯二甲酸二丁酯（dibutyl phthalate，DBP）、邻苯二甲酸苯基丁酯（benzylbutyl phthalate，BBP），其中邻苯二甲酸二辛酯（DEHP）是最重要的品种。表 11-2 列出了常见的邻苯二甲酸酯类型。

表 11-2　常见的邻苯二甲酸酯类型

名称	缩写	结构式	分子量	CAS 编号
邻苯二甲酸二甲酯 (dimethyl phthalate)	DMP	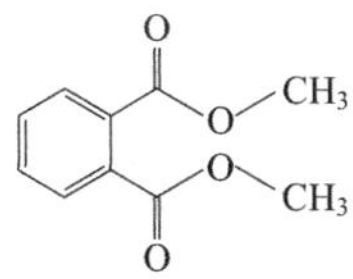	194.18	131-11-3
邻苯二甲酸二乙酯 (diethyl phthalate)	DEP	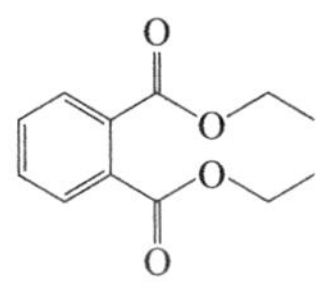	222.24	84-66-2
邻苯二甲酸二丙酯 (dinpropyl phthalate)	DPP	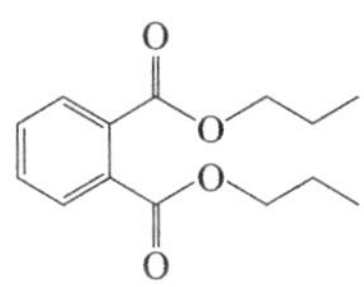	250.29	131-16-8
邻苯二甲酸二丁酯 (dibutyl phtalate)	DBP	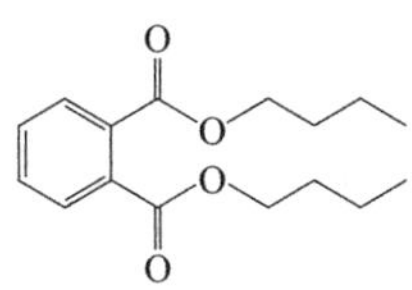	278.34	84-74-2
邻苯二甲酸二异丁酯 (diisobutyl phthalate)	DIBP	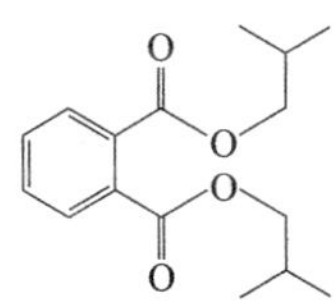	278.34	84-69-5
邻苯二甲酸二戊酯 (dinpentyl phthalate)	DNPP	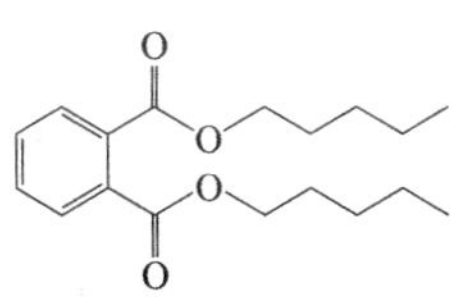	306.40	131-18-0
邻苯二甲酸二己酯 (dinhexyl phthalate)	DNHP	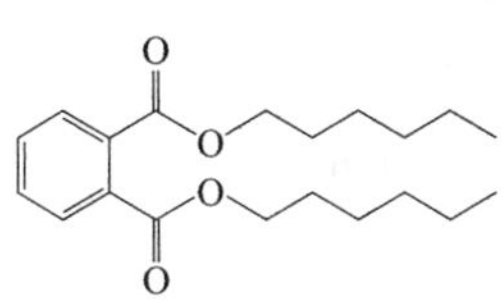	334.45	84-75-3

续表

名称	缩写	结构式	分子量	CAS 编号
邻苯二甲酸二环己酯 (dicyclohexyl phthalate)	DCHP	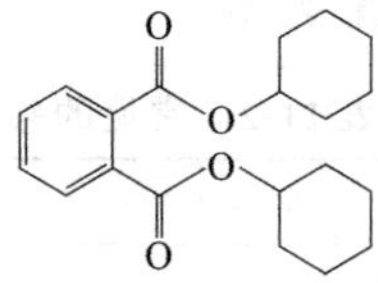	330.42	84-61-7
邻苯二甲酸二正辛酯 (dinoctyl phthalate)	DNOP, DOP	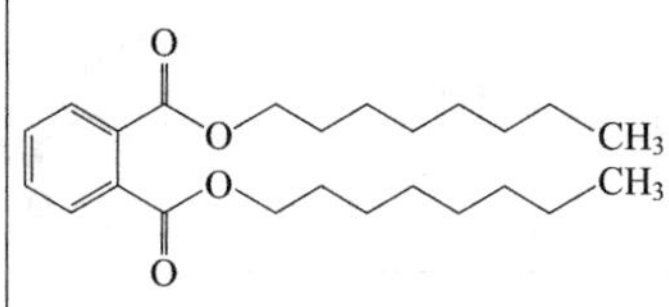	390.56	117-84-0
邻苯二甲酸二(2-乙基己)酯 [di(2-ethylhexyl)phthalate] 邻苯二甲酸二辛酯 (dioctyl phthalate)	DEHP, DOP	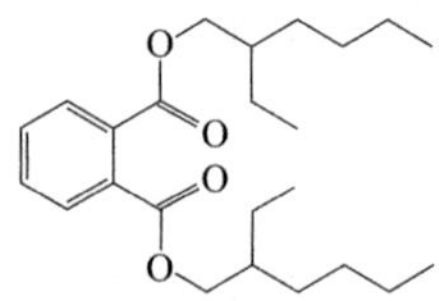	390.56	117-81-7
邻苯二甲酸二异辛酯 (diisooctyl phthalate)	DIOP	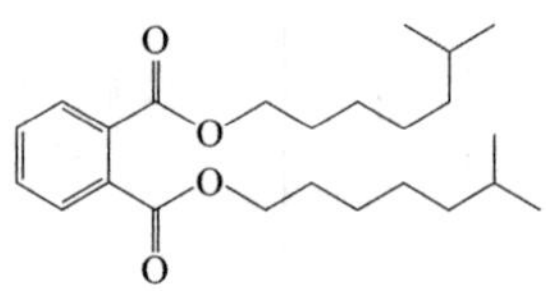	390.56	27554-26-3
邻苯二甲酸二正壬酯 (di-*n*-nonyl phthalate)	DNP	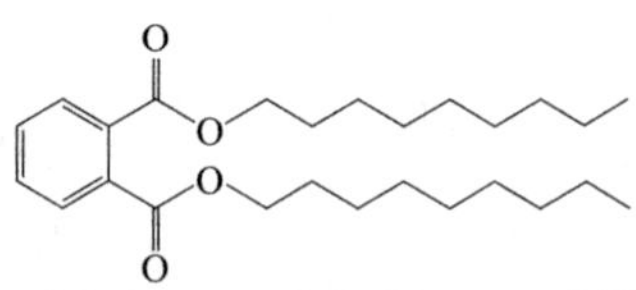	418	84-76-4
邻苯二甲酸二异壬酯 (diisononyl phthalate)	DINP	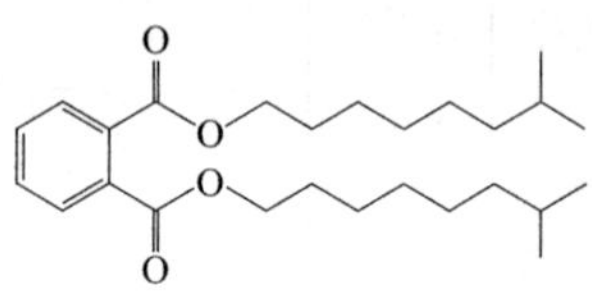	418.61	28553-12-0
邻苯二甲酸二异癸酯 (diisodecyl phthalate)	DIDP	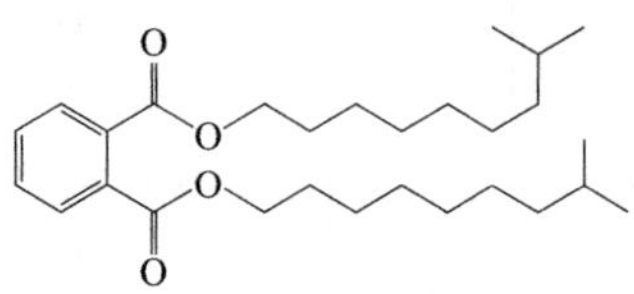		26761-40-0
邻苯二甲酸甲苯基丁酯 (benzyl butyl phthalate)	BBP	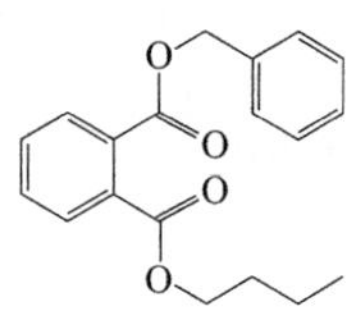	312.36	85-68-7

11.4.2 PAEs导致的环境与食品污染

由于邻苯二甲基酯类增塑剂的广泛应用或滥用，其在空气、水体、土壤等环境中的污染已普遍存在，人们经常身处富含邻苯二甲酸酯的环境中。邻苯二甲酸酯与塑料混合时未形成共价键，因此它极易释放到环境中且随着塑料的老化和分解，其释放速度加快。环境中邻苯二甲酸酯受到生物降解、光降解和厌氧降解，因此通常不会存在于户外环境中，且城市和郊区的室外空气浓度比乡村和偏远地区高。通常由于来源的性质，室内空气浓度比室外浓度高；而由于挥发性不同，空气中DEP和DMP的浓度比DEHP更高；且空气温度越高使得其中邻苯二甲酸酯的浓度越高。聚氯乙烯地板释放出更高浓度的BBP和DEHP，且它们更普遍地存在于灰尘中。一项2012年关于瑞典儿童的研究发现，聚氯乙烯地板释放的邻苯二甲酸酯被摄入到他们体内，他们不仅会从食物而且也可以通过呼吸和皮肤摄入邻苯二甲酸酯。

美国疾病控制与预防中心对许多美国人进行检查，发现他们的尿液中有多种邻苯二甲酸酯的代谢物。最近人类生物监测资料显示，儿童的可耐受摄入量超出了可观程度，在某些情况下甚至高达20倍。邻苯二甲酸酯类塑化剂并非通过化学键与聚氯乙烯结合，因此它们很容易浸出和挥发到食物或大气中。直接使用或者身处污染的环境中都会接触到邻苯二甲酸酯，其中饮食是邻苯二甲酸二辛酯（DEHP）和其他邻苯二甲酸酯的主要来源，而牛奶、黄油和肉类这些高脂食物则是重要来源。DEP、DBP、BBzP这类低分子量的邻苯二甲酸酯可能会被皮肤吸收；而易挥发的邻苯二甲酸酯也主要是被吸入。

一般人会容易在塑料制品包装中接触到邻苯二甲酸酯类，在生活中有很多食物在加工、加热、包装、盛装的过程中可能会造成邻苯二甲酸二辛酯（DEHP）的溶出且渗入食物中。塑料玩具、覆盖食物微波加热的保鲜膜、盛装食物的塑料容器、室内装潢或家庭产品亦多数属于塑料材质、吃手扒鸡的塑料手套、医疗用的塑料手套或输血袋等，都可见邻苯二甲酸酯类的踪影。

11.4.3 PAEs的危害性

2000年以来，科学家怀疑被广泛用于产品增塑剂的邻苯二甲酸酯会干扰人类内分泌特别是生殖功能，过去几十年男性精子数量的减少可能与摄入这类人工合成化学品有关。德国最新研究表明，很多化妆品、玩具、食品包装中都存在一种危害健康的化学品。研究表明，邻苯二甲酸酯在人体和动物体内发挥着类似雌性激素的作用，可干扰内分泌，使男子精液量和精子数量减少，精子运动能力低下，精子形态异常，严重的会导致睾丸癌，是造成男子生殖问题的“罪魁祸首”。研究表明，过去几十年全球男性精子数量的减少可能与轻工业中广泛用作软化剂的化学品邻苯二甲酸酯有关。这种物质广泛存在于化妆品、儿童玩具、食品包装中，如果其含量超标，会对人体健康产生很大危害。像邻苯二甲酸二乙酯这类邻苯二甲酸酯作为增塑剂（软化剂）目前被广泛应用，全世界邻苯二甲酸二乙酯的年产量达 200 万吨，其中 90%被用于 PVC 增塑剂。另外，许多化妆品和纺织品的生产也离不开邻苯二甲酸酯。专家认为，环境中残留、积累的邻苯二甲酸酯可以说普遍存在，人体主要通过食品和空气两个途径吸收它。

2008 年，国家标准 GB 9685—2008《食品容器、包装材料用添加剂使用卫生标准》（本标准于 2017 年 10 月 19 日被 GB 9685—2016《食品安全国家标准 食品接触材料及制品用添加剂使用》代替）中限制 DEHP、DINP、DBP 等 10 种邻苯二甲酸酯的使用，规定仅用于接触非脂肪性食品的材料，不得用于接触婴幼儿食品用的材料。2011 年，国家食品药品监督管理总局签发了国食药监保化〔2011〕337 号文《关于含邻苯二甲酸酯类保健食品有关辅料替代事宜的通知》。同年，卫生部签发《卫生部办公厅关于通报食品用香精香料适用邻苯二甲酸酯类物质最大残留物有关问题的函》（卫办监督函〔2011〕773 号）。2015 年，国家食品药品监督管理总局发布《化妆品安全技术规范（2015 年版）》的公告（2015 年第 268 号），将 PAHs 列为化妆品中的禁用组分。

我国虽然对食品中对邻苯二甲酸酯的含量有规定和要求，也有相应的国家标准测定方法，但由于该物质在日用品、消费品、工业品中的广泛应用，普通消费者很难从商品标注上看到该物质的含量，有关部门应该加强这方面的规范管理。为了减少邻苯二甲酸酯对人体的危害，平时要注意最好不要用泡沫塑料容器泡方便面。不要用聚氯乙烯（含有邻苯二甲酸酯成分）塑料容器在微波炉中加热食品，正确的做法是把食品移到耐热玻璃器皿或陶瓷器皿中进行加热。

参考文献

[1] 陈庆锋，付英. 环境污染与健康 [M]. 北京：化学工业出版社，2015.

[2] 郑玉峰. 固体废物焚烧二噁英的生成机制及其控制技术 [J]. 环境保护科学，2008，46 (3)：16-18.

[3] 刘晓文. 日本二噁英类污染防治 [J]. 环境研究与监测，2006，(2)：14-16.

[4] 徐旭. 垃圾焚烧飞灰中二噁英紫外光解的研究 [J]. 中国计量学院学报，2006，(3)：220-223.

[5] 张益. 生活垃圾焚烧厂中二噁英的产生和控制 [J]. 环境保护，2000，(1)：14-15.

[6] 奚红霞. 环境剧毒物二噁英的成因、危害及治理技术 [J]. 化学工程，2002，(6)：44-49.

[7] 王雄清，林英，弓加文，等. 多氯联苯对环境的污染和对动物及人体的危害 [J]. 乐山师范学院学报，2002，17 (4)：51-55.

[8] 孟庆昱，毕新慧，储少岗，等. 污染区大气中多氯联苯的表征与分布研究初探 [J]. 环境化学，2000，19 (6)：501-506.

[9] 李春雷，麦碧娴，郝永梅，等. 深圳市空气中多氯联苯污染的初步研究 [J]. 环境科学研究，2004，17 (5)：6-9.

[10] 王连生. 有机污染物化学 [M]. 北京：科学出版社，1990.

[11] 何耀武，区自清，孙铁珩. 多环芳烃类化合物在土壤上的吸附 [J]. 应用生态学报，1995，6 (4)：423-427.

[12] 魏俊飞，吴家强，焦文娟.多环芳烃的毒性及其治理技术研究［J］.污染防治技术，2008，21（3）：65-69.

[13] 岳敏，谷学新，邹洪，等.多环芳烃的危害与防治［J］.首都师范大学学报（自然科学版），2003，24（3）：31-44.

[14] 孙萍，高永超，张强，等.多环芳烃污染土壤微生物修复技术［J］.安徽农业科学，2014，42（19）：6220-6223.

[15] 王小逸，林兴桃，客慧明，等.邻苯二甲酸酯类环境污染物健康危害研究新进展［J］.环境与健康杂志，2007，24（9）：736-738.

[16] 刘册家，向兰，杨美华.我国环境中邻苯二甲酸酯类分布状况研究进展［J］.中国现代中药，2008，10（3）：37-40.

[17] 吴平谷，韩关根，王惠华，赵莹.饮用水中邻苯二甲酸酯类的调查［J］.环境与健康杂志，1999，16（6）：338-339.

[18] 朱慧，李言郡，赵志红，等.邻苯二甲酸酯危害和检测方法的研究进展［J］.粮食与食品工业，2013，20（6）：56-60.

[19] 陈荣圻.高度关注物质及其毒性，用途与影响（一）［J］.上海染料，2010，38（5）：17-22.

[20] 王民生.邻苯二甲酸酯（塑化剂）的毒性及对人体健康的危害［J］.江苏预防医学，2011，22（4）：68-70.

Chapter 12

第12章 转基因食品与食品安全

12.1 概况

转基因食品（genetically modified foods，GMF）系指利用基因工程技术改变基因组构成的动物、植物和微生物生产的食品和食品添加剂，包括：①转基因动植物、微生物产品；②转基因动植物、微生物直接加工品；③以转基因动植物、微生物或者其直接加工品为原料生产的食品和食品添加剂。转基因食品通常来源于经过基因技术改造的动植物等农产品，生物技术首先将特定基因从源生物中分离出来，以突变、植入异源基因或改变基因表现等方式植入目标生物体内，然后进行遗传因子修饰使动植物或微生物具备或增强预期特性，使其在性状和品质等方面满足人们的特定要求。

转基因技术的飞速发展和经济效益使转基因作物种植面积大幅增长，由于世界范围内对转基因食品的安全性在现阶段尚存争论，因此，国际上对转基因食品并没有形成统一认识。世界卫生组织（WHO）将食品安全定义为：食品安全是指对食品按其原定用途进行制作和食用时不会使消费者健康受到损害的一种担保。随着转基因番茄、转基因玉米等系列转基因产品商业化的出现，在1990年第一届联合国粮食与农业组织（FAO）/世界卫生组织的会议上，专家就提出传统的食品安全性检测毒理学方法不适用转基因食品；1993年经济发展与合作组织（OECD）在《现代转基因食品安全性检测：概念与原则》中，首次提出了“实质等同性原则”（substantial equivalence）。全球支持转基因技术发展的观点和原则使转基因作物种植面积的快速增加，转基因食品研发日益高涨。但在学术界也出现了不同的声音，英国A. Pusztai博士1998年指出，利用转雪花莲凝集素（GNA）基因的马铃薯饲喂大鼠后导致大鼠出现器官生长异常和体内免疫系统损伤。这一试验结果引起世界范围内对转基因食品安全性的质疑，被称为“普斯陶伊（Pusztai）事件”。美国J. E. Losey等报道，用拌有转Bt基因抗虫玉米花粉的马利筋草喂养大斑蝶幼虫 4 天后幼虫死亡率达 44%，引发了转基因植物对生态环境是否安全的争议。虽然事后英国皇家学会和美国环境保护局经过细致而认真的调查在报告中明确否定了以上的实验结论，但由此使世界各国科研学者和大众对转基因食品安全性的关注和重视与日俱增。

世界各国在现阶段对转基因食品安全性的认识不尽相同，对转基因食品的管理态度和模式也存在着显著差别。可以明确的是，世界各国对于转基因食品在安全管理方面的目的都相同——保证安全性，其管理模式归纳起来主要有三种类型：宽松管理、严格管理和介于两者之间的模式。①宽松管理模式。这种管理模式以美国为代表，其基本出发点认为转基因和非转基因没有本质区别，监管的对象应该是产品而不是技术本身。在标识方面，政府采取自愿标识的政策，由商家标识并解释说明转基因食品与相应的传统产品相比对消费者具有同等的安全性。②严格管理模式。这种管理模式以欧洲为代表，是基于以技术为基础的管理模式。这种管理模式秉承预防原则，认为重组 DNA 技术具有潜在风险，不论何种生物，只要通过重组 DNA 技术获得的生物均需要接受严格的评价和监控，与传统食品必须区别对待。因此，对转基因食品管理采取强制政策，规定凡含有转基因成分超过 0.9%（适用于每个单独成分）的食品必须进行标识。③中间模式。阿根廷、巴西、印度、南非、中国等大多数发展中国家都属于这种模式，政策较为折中。以我国为例，对转基因生物的管理主要是依据 2001 年 5 月施行的《农业转基因生物安全管理条例》，其目的是为了加强农业转基因生物安全管理，保障人体健康和动植物、微生物安全，保护生态环境，促进农业转基因生物技术研究。在 2002 年 3 月由农业部颁布《农业转基因生物标识管理办法》施行后，通过对标识管理规范农业转基因生物的销售行为，引导农业转基因生物的生产和消费，保护消费者的知情权。2011 年发布的《食品安全国家标准预包装食品标签通则》（GB7718—2011）中要求，转基因食品的标示应符合相关法律、法规的规定。2015 年新修订的《中华人民共和国食品安全法》进一步加强了关于转基因食品管理的规定。

转基因食品与人类健康息息相关，面对转基因食品安全性存在的各种争议，我们既要看到转基因食品带来的巨大优势，同时也要通过加强研究和管理来预防可能存在的安全风险。由于转基因食品对人和环境的影响具有不确定性，目前的科学水平还不能确切地回答它对人类健康和环境生态将会产生怎样的不良影响。可以肯定的是，转基因食品对人类存在安全隐患，并且出现风险的概率极低，至少目前尚未出现转基因食品损害人体健康的直接案例。

因此，为了确保转基因食品安全性，需要认真做好转基因食品的安全性评价和风险性评估。在评价过程中，既不能以个别不利的研究结果来否定全部转基因食品，也不能对转基因食品存在的安全隐患视而不见。目前，虽然国际上对转基因食品安全性的意见还不一致，但随着科技的发展和技术的进步，相信转基因食品的安全性在不同国家会找到一个平衡。出于对食品安全的考虑，我国政府对转基因食品的态度十分慎重。为了加强对转基因食品的监督管理，保障消费者的健康权和知情同意权，2002 年实施了由卫生部颁布的《转基因食品卫生管理办法》。2007 年 12 月 1 日，卫生部颁布《新资源食品管理办法》，并从当日起开始施行，该办法将替代《转基因食品卫生管理办法》，把转基因食品归类为新资源食品进行管理。在进一步的研究和管理过程中，我国应加大对转基因食品的研究，特别是转基因食品的检测技术和风险评估，客观、公正地评价转基因食品的安全性，以便让转基因食品在安全、有序和规范的轨道上健康发展。

12.2 转基因食品的产生、分类与功能

12.2.1 转基因食品的产生

自第一例转基因番茄商业化种植开始，转基因作物种植始终保持两位数的增长，随之转基因食品也开始进入迅猛发展时期。1983 年在美国首例转基因植物——抗除草剂转基因烟草培育研究成功，标志着人类转基因技术改良作物的开始；1986 年转基因作物获得美国政府批准进入田间试验；1994 年美国 Calgene 公司培育的延熟保鲜转基因番茄（商品名 FLAVR SAVR）被批准商业化生产销售；1994 年转基因作物开始小规模种植，大规模种植记录开始于 1996 年。从 1996 年至 2016 年，共计 40 个国家/地区的监管机构批准转基因作物用作粮食和/或饲料以及释放到环境中，涉及 26 个转基因作物（不包括康乃馨、玫瑰和矮牵牛）和 392 个转基因转化体的 3768 项监管审批，其中 1777 项涉及粮食用途（直接或加工用途），1238 项涉及饲料用途（直接或加工用途），753 项涉及环境释放或培育，以上作物当中涉及转基因表达的性状包括：抗病虫，抗细菌、真菌，抗除草剂，抗逆境，品质改良，对生长发育的调控以提高增产潜力等。

12.2.2 转基因食品的分类

转基因食品按其来源通常分为转基因植物食品（如转基因的玉米、大豆等）、动物食品（如转基因的鱼、肉类等）和微生物食品（如转基因微生物发酵而制得的葡萄酒、啤酒、酱油等），其中发展最快的是转基因植物食品。转基因植物食品来源于转基因作物，由于转基因作物具有抗虫、抗病、增加某种特定蛋白或者增加产量的各种优势，导致其种植面积近年大幅增长。

12.2.2.1 转基因植物食品

目前研究最多和商业化最广的转基因食品就是转基因植物食品。由于转基因植物食品来源于转基因植物，所以又可以根据转基因植物的类型对转基因植物食品进行再分类，即为抗除草剂转基因食品、抗虫转基因食品、抗病毒转基因食

品、抗菌转基因食品和抗环境胁迫的转基因食品等。

(1) 抗除草剂转基因食品

美国 Monsanto 公司［孟山都公司，2016 年并入德国 Bayer（拜耳）公司］是生产农达（通用名：草甘膦）除草剂的全球跨国公司，为了提高农业生产效率和推广销售农达除草剂，该公司开发了一系列抗农达除草剂转基因植物种子产品。转基因种子市场上，孟山都公司垄断了大豆、玉米、棉花等多种重要作物的 70%～100%转基因种子市场，全世界超过 90%的转基因种子都使用它的专利。

(2) 抗虫转基因食品

目前获准生产和食用的抗虫转基因食品均是转 Bt 基因食品，革兰氏阳性菌苏云金芽胞杆菌（*Bacillus thuringiensis*，Bt）广泛存在于土壤、尘埃、水域、沙漠、植物和昆虫尸体中。经证实，Bt 菌的杀虫活性机理是 δ-内毒素（δ-endotoxins）或杀虫晶体蛋白（insecticidal crystal protein，ICP）组成的伴胞晶体，由于 δ-内毒素对人类、害虫天敌和环境具有很好的相容性，因此得到转基因生物技术的广泛应用。目前，转 Bt 基因的抗虫玉米、马铃薯、油菜等已投入大规模的商业化生产和食用，并取得了较好的经济效益。

(3) 抗病毒转基因食品

自 1985 年 Sanford 和 Johnston 提出病原衍生抗性原理后，世界各国从毒原病毒开发出许多抗病毒基因和抗病毒转基因植物。病毒的衣壳蛋白（CP）基因是植物抗病毒基因工程研究的重点。1995 年美国农业部批准第一个转衣壳蛋白基因南瓜品种“Freedom Ⅱ”投入商业应用，该品种对西葫芦黄花叶病毒（ZYMV）和西瓜叶病毒Ⅱ（WMVⅡ）都具有抗性，可有效避免虫媒昆虫携带病毒对南瓜的侵害。1998 年，在美国夏威夷商业化种植了首批抗木瓜环斑病毒转基因木瓜，随后逐渐在世界各地进行种植。目前，我国除农业部唯一允许的广东省外，多地已发现种植有转基因木瓜，值得进一步关注和警惕。

12.2.2.2　转基因动物食品

1980 年，美国耶鲁大学 Gordon 成功完成转基因小鼠的研究工作，随后转基因动物研究得到迅速发展。目前，生长速度快、抗病力强、肉质好的转基因兔、猪、鸡、鱼均已问世。美国食品和药物管理局 2015 年 11 月 19 日批准了全球第一种获准上市供人类食用的转基因动物，即在大西洋三文鱼的受精卵中植入太平洋奇努克三文鱼生长激素基因及大洋鳕鱼抗冻蛋白基因培育的转基因三文鱼用于人类消费，并不需强制标识，该三文鱼的上市对转基因动物食品的消费和推广具有里程碑意义。近十年来已经有几十种不同的蛋白质在泌乳或产卵家畜中得到表达，目前在生物医药领域已经成功商业化上市的产品有三种：2009 年批准上市采用转基因山羊生产用于治疗抗凝血酶缺乏症的 ATryn；2014 年采用转基因兔生产用于治疗遗传性血管性水肿患者急性发作的 Ruconest；2015 年采用转基因鸡生产用于治疗溶酶体酸性脂肪酶缺乏症的 Kanuma。

12.2.2.3 转基因微生物食品

面包酵母是第一个采用基因工程改造的食品微生物，将具有优良特性的酶基因转移至该菌中，使其含有的麦芽糖透性酶及麦芽糖酶含量增高，由此面包加工过程中产生的二氧化碳量较多，进而使面包制品具有膨发性能良好、松软可口的特点。在啤酒发酵工业上转基因技术取得了成功的应用，如采用基因工程技术将大麦中α-淀粉酶基因转入啤酒酵母中并实现高效表达，由此酵母便可以不需要淀粉酶液化而直接利用淀粉发酵，进而缩短生产流程，简化工序。此外，啤酒生产过程中，啤酒酵母会产生α-乙酰乳酸，经进一步反应后生成带有馊酸味的双乙酰，严重破坏了啤酒风味和品质，而利用转基因技术将外源α-乙酰乳酸脱羧酶基因导入啤酒酵母中，使其表达便可除去双乙酰。20世纪80年代中期，猪、牛等胰岛素、干扰素、生长素基因克隆入微生物，开创了微生物生产高等动物基因产物的新途径。现在基因工程已能将许多酶、蛋白质和香精以及其他多种物质的基因克隆入合适的微生物宿主细胞中，用细菌的快速繁殖来大量生产表达产物，这使得人们对于自然界“微量”产品的依赖性有所下降。例如牛胃蛋白酶的基因克隆入微生物体内，解决了奶酪工业受制于牛胃蛋白酶来源不足的问题。

12.2.3 转基因食品的功能

目前，市场上的转基因食品基本上是转基因植物食品，主要有以下五方面功能：①增加产量。通过转移或修饰相关基因，使作物和微生物等达到增产、抗逆、抗虫、抗病和抗除草剂的效果，实现产量大幅增加的目的，如种植的转基因大豆、玉米和木瓜。②控制成熟期。通过转移或修饰与控制成熟期有关的基因使目标生物成熟期提前或延迟，以适应市场需求，如转基因番茄。③提高营养。在表达特定营养蛋白或油脂的基因上入手，通过改造和修饰基因使表达的蛋白或油脂增加或改变，以提高营养含量，这是今后重点发展的方向之一。④保健功能。将人体病原体抗体基因通过基因技术转入粮食作物或水果中，在补充营养的同时服用增强免疫力的疫苗，起到预防疾病的作用，此应用正处于研究阶段。⑤增加品种。将不同种类或品种间基因重组形成新品种，获得在色香味、口感和品质与众不同的特点，有待进一步研究应用。

12.3 转基因食品的安全性及评价

人们发展转基因技术的初衷是希望通过该技术得到具有抗病、抗虫、抗逆、抗除草剂、品质改良、发育调控以及药物生产等性状的转基因表达作物，但随着转基因技术的日益增强及转基因产品的多样化，人们发现转基因产品同样会给人类健康和生态环境带来潜在风险。1992年，联合国环境与发展大会上，由各国政府首脑共同签署的《生物多样性公约》中明确要求每一个缔约国要管理或控制由生物技术改变的活生物体在使用和释放时可能对环境和人体健康产生的不利影响，并要求缔约国防止引进、控制或消除那些威胁生态系统、环境或物种的外来物种。显而易见，随着转基因食品的研究开发和商品化应用的步伐逐步加快，转基因食品以其特有的优势如成本低、性能优、利用率高而受到广泛重视，以不可阻挡之势走进了每一个人的生活。自从转基因作物大规模种植以来，有关转基因食品的争论一直不断。转基因食品是否会对人类健康产生影响是全世界都极其关注和重视的焦点之一，因此，相关研究或结论往往会产生较大影响。英国 Rowett 研究所 A. Pusztai 博士 1998 年秋天通过电视媒体指出：利用转雪花莲凝集素（GNA）基因的马铃薯来饲喂大鼠，结果表明大鼠出现器官生长异常、体重减轻等异常症状，其体内免疫系统也遭到破坏，对于人类而言，类似结果会导致癌症发病率和死亡率大幅上升。这一实验结果引起世界范围对转基因食品安全性的质疑，被称为“普斯陶伊（Pusztai）事件”。事后英国皇家学会组织专家学者对该实验结果进行了论证，指出了 6 点实验中的不足，否定了其所得出的实验结论。1999 年，美国康乃尔大学 J. E. Losey 等报道，用拌有转 Bt 基因抗虫玉米花粉的马利筋草喂养大斑蝶幼虫，以喂正常花粉或不加花粉的作为对照组，4 天后喂 Bt 花粉的幼虫死亡率达 44%，引发了转基因植物对生态环境是否安全的争议。美国环境保护局经过细致而认真的调查，在报告中明确否定了以上的实验结论。“普斯陶伊（Pusztai）事件”和“斑蝶事件”被认为是使转基因食品安全性走向台前引发大讨论的导火索，进而使世界各国科研学者和普通人士对转基因食品安全性的关注和重视与日俱增。

由于转基因技术出现的时间不长，其应用的安全性有待历史来检验。在转基因食品的研究和应用深入发展的同时，有关转基因食品有无毒性、过敏性及抗生素抗性等安全性问题自然而然会成为人们的关注焦点。需要引起重要关注的是，仅有少数利用转基因食品研究针对弱势群体（如老人、幼儿及胚胎）的影响，今后需要加强此方面的研究以防范可能存在的不可预期的影响，尤其是转基因食品被不同年龄、健康状况、生活方式的人群食用后产生的影响。此外，许多食品比如花生中的花生凝集素、鸡蛋中的卵清白蛋白等都可能引起部分人过敏，虽然原有食品不存在过敏成分，当食品中被转入某基因后是否可能产生致敏性，此类问题值得我们不断深入研究。

12.3.1　转基因食品的安全性评价

转基因食品不同于食品添加剂、农药残留、兽药残留或化学污染物等外来化合物，故传统的食品安全评价标准和方法不适合于评价转基因食品。转基因植物或源于它的食品可能发生了非预期效应，这些效应有可能是对人体健康不利的、有益的或既无益也无害的，在进行安全性评价时需要具体分析。转基因食品的安全性评价主要有以下几方面。

(1) 外源基因的直接毒性

根据生物技术常识可知，任何 DNA 都由 4 种碱基组合而成，目前所用的标记基因在 DNA 组成上并无异常。此外，转基因植物食品中外源基因的含量很少，通过食用转基因食品而摄入体内的外源基因数量与人体内消化道中持续存在的来源于传统食品中的 DNA 数量相比微不足道，FAO/WHO(1991) 及 FDA(1994) 均认为转基因外源 DNA 对人体不产生直接毒害作用。

(2) 外源基因水平转移

转基因食品中的外源基因被摄入人体是否会存在安全性问题，目前的结论是这种可能性很小。其原因主要为：①DNA 从植物细胞中释放出来后很快被降解成小片段，甚至核苷酸，因此，植物 DNA 在进入有肠道微生物存在的小肠下段、盲肠和结肠前已被降解。②在人体内消化系统即使有完整的 DNA 存在，DNA 转移整合进受体细胞并进行表达也是一个非常复杂的过程。目前尚未发现消化系统中有植物 DNA 转移至肠道微生物的现象。同时，上皮细胞又因其半衰期很短而不断被取代，不可能被保存下来。由以上可以明确，被摄入人体内的转基因植物食品中的标记基因水平转移并表达的可能性极小。

(3) 外源基因编码蛋白的直接毒性

判断外源基因编码蛋白的直接毒性可以根据外源基因编码蛋白的化学组成来分析，还可以采用动物试验或模拟试验的方法评判外源基因编码蛋白的毒性。目前，通过严格审查后被批准的外源基因编码蛋白对人类均无直接毒性。

(4) 外源基因编码蛋白的过敏性

食品过敏反应是指食品中含有某些能引起人体产生不适反应的抗原分子，这些抗原分子主要为蛋白质，具有对人体 T-细胞和 B-细胞的识别区，可以诱导人免疫系统产生免疫球蛋白 E 抗体 (IgE)，并刺激肥大细胞释放出含有组胺和其他化学物质的颗粒，从而引发常见的过敏反应——皮疹、发烧、鼻炎、鼻窦炎、哮喘、湿疹以及其他一些严重反应。世界上由 IgE 介导引起过敏反应最常见的食物是花生、大豆、小麦和贝类等。如果目的基因的产物是潜在的过敏原，则该转基因食品就有可能引起人体的过敏反应。因此，在对转基因食品进行安全性评价时，过敏诱发性是个相当重要的因素。在已被批准商业化生产的转基因植物食品中，外源基因编码蛋白的过敏性均已经过相关审查。1994 年 1 月，美国先锋 (Pioneer) 种子公司的科研人员将巴西坚果中编码蛋白质 2S albumin 的基因转入大豆中，当意识到对巴西坚果有过敏反应的敏感人群可能对大豆产生过敏反应，随即对转入编码蛋白质 2S albumin 的基因的大豆进行过敏测试，发现对巴西坚果过敏的人同样会对转基因大豆过敏，2S albumin 蛋白质可能正是巴西坚果中的主要过敏原。随后先锋种子公司取消了这项研究计划，被称为“巴西坚果事件”，这也是迄今所发现的唯一因过敏而未被商业化的转基因食品案例。可以肯定，转基因食品中若含有一种新的外源蛋白质，无疑对某些敏感人群存在一定的致敏风险。因此，即使转基因食品通过了安全性评价，对某些高敏感人群也可能存在一定的致敏性。此外，由于转基因食品中插入新的外源性基因可能激活或抑制宿主基因，使其特定蛋白质过度或过低表达。如果宿主作物含有已知致敏蛋白质，使存在致敏原水平升高的可能性增加，加重已存在的过敏反应程度。因此，必须对转基因食品加强过敏反应的安全性评价，对可能存在的潜在过敏原进行检测，旨在降低转基因食品致敏的风险。

（5）抗生素抗性标记基因编码蛋白的抗药性

在转基因食品制造过程中，抗生素抗性基因是目前转基因植物食品中常用的标记基因，与插入的目的基因一起转入目标作物中，用于帮助植物遗传转化筛选及鉴定转化的细胞、组织和再生植株。抗生素抗性基因随着食物进入人体内的肠道微生物中，通过转化可能诱导耐药菌株的产生。很多研究结果指出标记基因水平转移给人体内肠道微生物并表达的可能性极小，但是到目前为止，还没有充分的证据说明抗生素抗性基因完全不可能转移到肠道微生物体内。虽然目前人们倾向于认为这种可能性比较小，但在评估转基因食品是否存在潜在健康问题时，人体抗生素的使用以及肠道微生物对抗生素的抗性是不得不考虑的重要因素。实际上，标记基因本身并无安全性问题，有争议的是会有基因水平转移的可能性，如果基因水平转移到人体内肠道微生物或上皮细胞并对抗生素产生抗性，必然会降低病患临床治疗中抗生素的有效性。近年的研究结果表明，采取其他形式的标记基因如甘露糖作为选择剂取得了突破性进展，说明如果不使用抗生素抗性基因作为标记基因，转基因食品带来的抗生素抗性风险问题就不存在了。

（6）外源基因多效性

由于目前转基因技术的手段有限，无法准确控制外源基因在宿主染色体中的插入位点，有可能使外源基因的插入对宿主体内某些基因的表达产生影响，产生转基因的多效性。最常见有两种情况：①外源基因的插入引起宿主体内某一基因失活。②外源基因的插入使原来沉默的基因激活。这应该是目前转基因植物尚需进行安全性研讨的主要根源之一，有必要具体对待某个特定基因和目标生物具体分析其产生的多效性。

12.3.2　转基因食品的安全性评价基本原则

虽然对转基因植物的安全性评价存在着许多不确定因素，但是世界各国一直长期致力于在现有转基因生物技术水平基础上尽可能地保证转基因食品的安全。在促进转基因食品稳定发展和进步的同时，安全评价原则通过不断完善和成熟来保障人类的身体健康和正常繁衍，使转基因食品发挥最大的经济与社会效益，更好地为人类服务。对转基因食品的食用安全性评价已经制定出一套较为完整的评价体系，其主要的评价依据是科学原则、实质等同性原则、预先防范原则、个案评价原则、逐步评估原则、熟悉性原则等。

(1) 科学原则

科学原则是首先要遵循的原则，是指在对转基因生物进行生物安全评价的过程中应该以科学的态度，采用科学的方法，利用科学实验获得的数据和实验结果来对转基因生物的安全性进行科学和客观的评价。转基因生物的商品化应用是否会带来不可预测的食品安全问题和风险，需要靠相关的科学数据来对转基因生物的安全性客观地做出判断和评价。

(2) 实质等同性原则

实质等同性原则是指转基因食品及食品成分是否与传统食品具有实质等同性。实质等同性分析是对转基因食品与传统食品相对的安全性进行比较，是一种动态过程。目前实质等同分为三种情况：①传统食品及食品成分具有实质等同性；②除了插入的性状外，该产品与传统食品及食品成分具有实质等同性，安全性的分析应集中在这些特定的差异上；③与传统食品及食品成分无实质等同性。若某一转基因食品和传统食品不具有实质等同性，则需要从营养性和安全性等各方面进行更全面的评价和分析。

(3) 个案原则

个案分析原则即个案评价原则，是指由于对不同的转基因生物（材料）应进行逐个评估的一种原则。根据食品安全的要求，转基因食品的安全性评价必须遵守个案分析的原则。由于转基因食品的研发是通过不同的技术路线、选择不同的供体、受体和转入不同的目的基因，在相同的供体和受体中也会采用不同来源的目的基因，因此，用个案原则分析和评价食品安全性可以最大限度地发现安全隐患，保障食品安全。

(4) 逐步原则

在转基因食品的安全评价过程中，逐步评价原则要求对其依次在不同时间阶段和毒性、致敏性和标记基因的毒性等方面进行风险评价，并以每一步实验累积的相关数据和结果作为是否进入下一步安全评价的基准。根据逐步评价的原则，每一步的生物安全评价均可能有三种结果：①转基因食品可以进入下一阶段的评价；②转基因食品暂不能进入下一阶段的评价，需要进一步在本阶段补充必要数据和信息；③转基因食品由于食品安全性问题不能继续进行评价。

12.4 国内外转基因食品的研究发展概况

转基因食品发展以转基因植物作为开端，也以转基因植物发展速度最快、深度最大和范围最广而取得突破性研究进展。转基因植物自 1996 年商业化种植以来，在短短 20 多年间得到了飞跃式的发展。2016 年，全球转基因作物种植面积达到 1.851 亿公顷，比 2015 年的 1.797 亿公顷增长了 3%。作为转基因作物商业化的第 21 年，在 19 年（1996～2016 年）的增长后（除 2015 年外），2016 年，转基因作物种植面积持续增加。从转基因作物的品种来看，大豆、玉米、棉花和油菜是种植面积最大的四种作物，其他包括已经上市的甜菜、木瓜、茄子和马铃薯，以及 2017 年上市的苹果。2016 年，26 个种植转基因作物的国家中，19 个为发展中国家，7 个为发达国家，发展中国家的种植面积占全球转基因作物种植面积的 54%，而发达国家的种植面积占 46%（表 12-1）。种植面积占到 91%以上的五大转基因作物种植国家中，3 个为发展中国家（巴西、阿根廷和印度），两个为发达国家（美国和加拿大）。排名前十一位的国家转基因作物种植面积均超过 100 万公顷，前九位均超过 200 万公顷，种植面积的逐渐扩大为将来转基因作物的多样化发展打下了广泛的基础。

12.4.1　国际上食用转基因植物的研究与发展

国际上至今已批准的可商品化种植的转基因植物主要有大豆、玉米、油菜、棉花、番茄、马铃薯、甜椒、西葫芦、木瓜、甜菜、香石竹、矮牵牛、亚麻、烟草、西瓜等，由它们生产加工的产品已近万种。转入的基因主要用于改变作物的单种性状，包括耐除草剂基因、抗虫基因、抗真菌病害基因、抗细菌病害基因、抗干旱基因、抗盐碱基因、品质改良基因、控制雄性不育基因等类型。其中，耐除草剂性状一直是转基因作物研发时重点考虑的性状，即耐除草剂转基因作物占比为 47%，其次为复合性状转基因作物，占比 41%。

表 12-1　2016 年转基因种植作物主要种植国和种植种类

国家	种植面积/百万公顷	种类
美国	72.9	玉米、大豆、棉花、油菜、甜菜、苜蓿、木瓜、南瓜、马铃薯
巴西	49.1	大豆、玉米、棉花
阿根廷	23.8	大豆、玉米、棉花
加拿大	11.6	油菜、玉米、大豆、甜菜、苜蓿
印度	10.8	棉花
巴拉圭	3.6	大豆、玉米、棉花
巴基斯坦	2.9	棉花
中国	2.8	棉花、木瓜、白杨
南非	2.7	玉米、大豆、棉花
乌拉圭	1.3	大豆、玉米
玻利维亚	1.2	大豆
澳大利亚	0.9	棉花、油菜
菲律宾	0.8	玉米
缅甸	0.3	棉花
西班牙	0.1	玉米
苏丹	0.1	棉花
墨西哥	0.1	棉花、大豆
哥伦比亚	0.1	棉花、玉米
越南	<0.1	玉米

注：源自国际农业生物技术应用服务组织。

12.4.2 我国食用转基因植物的研究与发展

我国目前已批准商品化种植的转基因作物有棉花、番茄、辣椒、番木瓜、矮牵牛，用于食品的有番茄、辣椒和番木瓜。目前，主要用于加工番茄酱的转基因番茄种植面积已达几万亩，辣椒尚未大面积种植，番木瓜允许在广东省限制种植。2009 年农业部批准发放了转基因抗虫水稻“华恢 1 号”、杂交种“Bt 汕优 63”和转植酸酶基因玉米 BVLA430101 的生产应用安全证书，这是我国首度为转基因粮食作物颁发的安全证书。

12.4.3 转基因动物食品的研究与发展

自 1982 年将大鼠生长激素基因导入小鼠受精卵中获得转基因“超级鼠”以来，转基因动物已成为生命科学中发展最快、最热门的领域之一。转基因技术在牛、羊、猪、兔、鱼等动物中开展应用研究，主要目的在于：①通过转入生长发育调控基因，提高家畜生长发育潜力；②通过转基因提高家畜抗病力和环境适应性；③通过转基因为家畜引入新的代谢途径，提高或改善家畜利用物质或营养成分的能力；④通过转基因改善畜产品品质，增加营养组分。1985 年我国首次获得转基因鱼，1990 年研制出转基因猪，1991 年又获得快速生长的转基因羊，至今大部分转基因家畜均已研制成功。与转基因植物在食品领域的高速发展相比，转基因动物食品的商业化发展比较缓慢。大多数转基因动物的应用主要集中在医药领域和科学研究领域。

12.4.4 转基因微生物食品的研究与发展

从食品工业角度来看，目前市场上没有直接作为食品食用转基因微生物存在，而主要是利用基因工程技术进行的微生物菌种改造，生产食品酶制剂和添加剂广泛用于食品工业如酒类、酱油、食醋、发酵乳制品等。利用基因工程技术改良菌种而生产的第一种食品酶制剂是凝乳酶，凝乳酶是干酪生产中使乳液凝固并对干酪的质构及特有风味的形成有重要作用的关键性酶。1989 年，瑞士政府第一个批准了转牛凝乳酶的转基因微生物商业化生产，已有 17 个国家使用转基因微生物的凝乳酶生产干酪，其中占美国市场 70%、英国市场 90%的干酪都是由转基因微生物凝乳酶生产的。

目前社会上对转基因问题争论比较多。从人类科技进步史的角度来看，这是正常现象，因为转基因作为一项重要的生物新技术，诞生的时间还不长，社会对这项技术的认识还有一个不断深化的过程。尽管转基因食品的安全性至今尚无定论，但它在增加食物产量、改善食物品质、改善食品加工和储藏特性等方面所起的重要作用不可否定。习近平总书记在 2016 年中央一号文件上明确指出：“转基因是一项新技术，也是一个新产业，具有广阔发展前景。在研究上要大胆，在推广上要慎重。我们只有抱着这种态度去探索、去研究，才能使转基因技术更好地为人类服务。”对于我国来说，由于人口众多、农业发展不平衡等原因，推广转基因技术必须更加慎重，尽可能周全地进行各个方面的风险监测，特别是对于食用农作物要慎之又慎。因此，对待转基因食品要切实强化风险管理，对于转基因人类食用农作物的大面积种植，要尽可能先采取封闭种植，循序渐进。

12.5 应用与前景

12.5.1 转基因食品的意义

尽管转基因食品仍存在很多争议，但在新世纪的食品发展过程中转基因食品的优点显而易见，它在人们日常生活中对于解决粮食短缺、降低粮食生产成本和改善生活品质等方面具有突出而重要的意义。

12.5.1.1 解决粮食短缺问题

全球生态环境的恶化导致各种自然灾害发生的频率显著增加，对粮食生产也造成了恶劣影响，例如 2011 年的泰国水灾导致泰国大米减产 20%～25%。此外，全球耕地面积的不断减少与退化、粮食种植成本的增加以及粮食生产者积极性的影响等因素，都造成了世界粮食总产量增长速度降低，进而使世界的粮食产量受到了严重影响。占世界人口大多数的亚、非、拉发展中国家粮食匮乏，大量人口处于饥饿、半饥饿状态，为解决粮食短缺的困境，利用转基因技术使作物或其他生物品种的性状得到改良，例如使转基因作物具备抗病虫害、抗盐碱、抗旱、抗细菌真菌、抗除草剂及品质改良等特点。根据对作物生长发育的调控，使转基因作物更容易适应环境和更有效抵抗病虫害和自然灾害，从而使作物得到增产，很大程度上解决了世界范围内的粮食不足问题。我国有 13 亿 9000 万人口，能耕种的耕地仅占世界耕地面积 7%，由于城市化进程的扩大，使耕地面积不断减少，不久的将来，我国人民的温饱问题将非常严峻。因此，农业转基因技术作为保障农业可持续发展的途径之一，也是解决世界温饱问题的手段之一。

12.5.1.2 降低生产成本，促进环境保护

在作物种植过程中为了有效抗虫、抗病，不可避免地使用大量化学农药，然而农药实际利用率较低，使残留在空气、水体和土壤中的大多数农药造成严重的环境污染，并使人体健康受到间接伤害。目前，化学农药已经对人类和其他生物造成了极其严重的影响和危害，对生物多样性也构成了巨大威胁。转基因作物具有相应的抗病、抗杂草或抗虫害能力，因此种植转基因作物也就减少了农药的使用量，降低了种植成本，同时对保护环境也有积极作用。

12.5.1.3 增加食物营养，提高附加价值

转基因技术可以通过提高传统食品中某一有益成分的含量，改善有益的营养

成分或降低不良成分的含量来改善食品的营养品质。脂肪酸根据饱和程度分为饱和脂肪酸和不饱和脂肪酸，不饱和脂肪酸又分为单不饱和脂肪酸和多不饱和脂肪酸，脂肪酸的平衡摄入对维持人体健康具有十分重要的关系。饱和脂肪酸被认为是膳食中使血液胆固醇含量升高的主要脂肪酸。C18 饱和脂肪酸几乎不升高血液胆固醇，而棕榈酸（C16）、月桂酸（C14）、豆蔻酸（C12）有升高血胆固醇的作用，并抑制对人体有害的低密度脂蛋白受体的活性，提高血液低密度脂蛋白含量。油酸是单不饱和脂肪酸，具有降低人体血液中有害的低密度脂蛋白的作用，而对有益的高密度脂蛋白没有影响，同时油酸比多不饱和脂肪酸对防止动脉硬化更为有效。高油酸油是指油酸含量接近 90%的油，对健康非常有益。利用转基因技术研制转入不同基因的转基因大豆，可用于提高大豆油酸、多不饱和脂肪酸含量和大豆油脂总含量，对增加食物营养、提高食用油品质和出油率具有显著的社会效益和经济效益。

12.5.2 转基因食品的应用与前景

转基因食品以转基因作物作为源头，以转基因微生物为拓展，以转基因动物为探索，在农业、食品、医药等多个重点领域取得了优异的成绩和成果。

转基因作物作为转基因食品发展的源头，其在农业和食品行业的应用范围和价值前所未有，前景广阔。从 1996 年至 2016 年，来自全世界 26 个国家的数百万农民种植了转基因作物，这是对生物技术作物益处最有力的证明。2016 年联合国粮食与农业组织、国际食物与政策研究所、20 国集团以及可持续农业 2030 议程指导下的其他类似机构均致力于在 15 年或者更短的时间内解决饥饿和营养问题。美国国家科学、工程和医学院发表了一份针对 1996 年以来有关转基因作物的 900 项研究综述，发现转基因作物和传统作物在对人类健康和环境带来的风险方面没有区别。1996～2015 年转基因作物使全球粮食产量增加 5.74 亿吨，产值增加 1678 亿美元，节约土地 1.74 亿公顷，节约使用 6.2 亿公斤农药活性成分，帮助超过 1800 万小型农户及其家庭缓解了贫困。目前，世界各地政府对转基因作物的前景持谨慎乐观态度，预计每年转基因作物种植面积都将微幅上涨。

除了转基因作物迅猛发展之外，转基因动物的发展也很快。自从 1995 年开始体细胞克隆技术和研发干细胞克隆后，旨在实现遗传改良的动物转基因技术正在日益发展。转生长素基因的鱼和猪提高了产出率并降低了养殖成本。美国食品和药物管理局 2015 年 11 月 19 日批准了全球第一种获准上市供人类食用的转基因动物转基因三文鱼用于人类消费，并不需强制标识。

在生物医药领域通过对实验动物的研究证明转基因动植物重组药物对某些特定疾病具有显著治疗作用，正随着研究深入而作为新型医疗手段之一逐渐体现出与众不同的优势与效果。转基因动植物生产的新药至今上市四种，这四种药物具有以下三种共同特点：①都是蛋白质；②适应症都是罕见病（都获得 FDA 孤儿药资格)；③都是采用酶替代疗法（ERT）（尽管 Ruconest 不是酶，但其替代机理是类似的）。简单地说，这些适应症都是由于缺乏某个单一基因表达的蛋白（酶），而这些蛋白药就是要持续补充这些人体必需的蛋白，所以患者需要终身用药，而通过采用基因疗法来治疗适应症提供了一次终生无忧的治疗方案。这四种药物分别列于表 12-2 中。

表 12-2 美国 FDA 批准上市的转基因动植物生产的新药

新药名	活性成分	转基因动植物	用途/适应症	公司	FDA 批准年份
ATryn	重组人抗凝血酶Ⅲ	转基因山羊	预防和控制遗传性抗凝血酶缺乏症患者在手术中或分娩时可能出现的凝血状况	rEVO Biologics	2009
Ruconest	重组 C1 酯酶抑制剂	转基因兔	成人及青少年遗传性血管性水肿（HAE）患者急性发作	Pharming Group NV	2014
Kanuma	重组溶酶体酸性脂肪酶	转基因鸡	溶酶体酸性脂肪酶缺乏症（LAL-D）	亚力兄/Alexion	2015
Elelyso	葡糖脑苷脂酶	转基因胡萝卜细胞	Ⅰ型戈谢病	Protalix/辉瑞	2012

FDA 批准的第一种转基因动物生产的新药是 ATryn，其活性成分为重组人抗凝血酶Ⅲ，用于预防和控制遗传性抗凝血酶缺乏症患者在手术中或分娩时可能出现的凝血状况，生产商是籍籍无名的位于美国波士顿地区（Framingham）的 rEVO Biologics。这家公司后期发展缓慢，自从 2009 年 FDA 批准其唯一的上述类型上市产品 ATryn 后（该药 2006 年在欧盟获批上市），迄今再没有任何新产品上市，连该公司想扩大的 ATryn 的新适应症也一直没有获批。2014 年，第二种转基因动物生产的新药 Ruconest 得以获批。2015 年批准的 Kanuma，则是由转基因鸡的鸡蛋生产的。需要强调的是：上述 3 种转基因动物与 FDA 在 2015 年批准的转基因食用三文鱼不同。这些转基因动物（包括乳汁和鸡蛋）只能用来生产上述蛋白药品，都不允许食用，并且为了尽量降低生态风险，这些动物都在严格监管的相对封闭条件下饲养。而 2012 年批准的 Elelyso 是在美国上市的第一个也是迄今唯一一个基于植物细胞表达系统（胡萝卜细胞）生产的药物，主要成分是葡糖脑苷脂酶，用于治疗Ⅰ型戈谢病。

12.6 主要转基因食品简介

转基因食品主要包括转基因植物食品中的转基因大豆、转基因玉米、转基因油菜、转基因甜菜、转基因马铃薯、转基因水稻、转基因小麦、转基因番茄和转基因番木瓜等，以上转基因食品均已在世界不同国家或地区获准进行商业化种植和进入销售市场用于食用。

12.6.1 转基因大豆

转基因大豆是目前种植面积最大的转基因作物，从 1994 年 5 月孟山都公司培育的抗草甘膦转基因大豆首次获得在美国商业化种植许可开始，拉开了转基因大豆种植的序幕。1996 年转基因大豆开始规模化商业化种植，种植面积只有 50 万公顷，种植国家为阿根廷和美国，2016 年全世界种植转基因大豆面积为 9140 万公顷。目前，我国批准进口的转基因大豆品种 13 种，是世界最大的大豆进口国，占全球总进口量的六成以上，巴西、美国分别为最大的两个大豆出口国，分别占总出口量比重的四成左右。截至 2017 年，全球共有 36 个大豆转化事件获得批准商业化种植，包括抗虫、高油、耐除草剂、抗虫耐除草剂、耐除草剂高油转基因大豆等，部分见表 12-3。

表 12-3 商业化种植转基因大豆的研发情况（部分）

转化事件	研发单位	目的基因	性状	首次批准种植时间
GTS40-3-2(40-3-2)	孟山都	cp4-epsps	耐除草剂	1993
W98	拜耳	bar	耐除草剂	1996
A2704-12	拜耳	Pat	耐除草剂	1996
A2704-21	拜耳	Pat	耐除草剂	1996
A5547-35	拜耳	Pat	耐除草剂	1996
W62	拜耳	bar	耐除草剂	1996
W98	拜耳	bar	耐除草剂	1996
260-05(G94-1,G94-19,G168)	杜邦	fad2	品质改善	1997
GU262	拜耳	pat,bla	耐除草剂	1998
DP356043	拜耳	gm-hra,gat4601	耐除草剂	2007
MON89788	孟山都	cp4-epsps	耐除草剂	2007
DP-305423	杜邦	gm-hra,gm-fad2-1(partial sequence)	品质改善	2009
DP305423×GTS40-30-2	先锋	gm-hra,gm-fad2-1(partial sequence),cp4-epsps	品质改善+耐除草剂	2009
MON87701	孟山都	cy1Ac	抗虫	2010
MON 87701×MON 89788	孟山都	cp4-epsps,cry1Ac	耐除草剂+抗虫	2010
MON 87705	孟山都	fatbB,fad2,cp4-epsps	高油+耐除草剂	2011
CV 127	巴斯夫	csr1-2	耐除草剂	2012
SYHTØH2	拜耳,先正达	pat,avhppd-03	耐除草剂	2014

续表

转化事件	研发单位	目的基因	性状	首次批准种植时间
MON87769×MON89788	孟山都	Pj. D6D, Nc. Fad3, cp4 epsps	耐除草剂＋品质改善	2015
MON87705×MON87708×MON89788	孟山都	fad2-1A, fatb1-A, cp4 epsps, demo	耐除草剂＋品质改善	2015
MON87751×MON87701×MON87708×MON89788	孟山都	cry1A. 105, cry2Ab2, cry1Ac, cp4 epsps	耐除草剂＋抗虫	2017

转基因大豆按转基因的目的分为四类：耐除草剂转基因大豆、抗虫转基因大豆、品质改善转基因大豆和复合性状转基因大豆。①耐除草剂转基因大豆。目前，耐除草剂转基因大豆包括抗草甘膦转基因大豆、抗草铵磷转基因大豆、抗咪唑啉酮类除草剂的转基因大豆，分别被孟山都公司、安万特作物科学公司（AgrEvo 公司）和巴斯夫公司及巴西农业研究院研究应用并进行大规模商业化种植。②抗虫转基因大豆。目前唯一一个批准商业化种植的抗虫转基因大豆是转 Bt（苏云金芽孢杆菌）大豆，CryIAc 是一种来自于苏云金芽孢杆菌的杀虫晶体蛋白，能保护植物避免遭到鳞翅目昆虫的破坏。孟山都公司将 CryIAc 基因通过农杆菌介导法导入大豆中，获得了抗虫转基因大豆 Mon87701，并于 2010 年批准进入商业化种植。③品质改善转基因大豆。油酸是脂肪酸合成的一个重要代谢分支点，调配着种子中不同脂肪酸的组成和比例。高油转基因大豆中油酸的含量可高达 80%，而传统大豆中油酸含量只有 24%左右。④复合性状转基因大豆。目前，转基因大豆的研究热点是复合性状转基因大豆，复合性状转基因作物的研发是目前转基因植物研究的方向。复合性状转基因作物可以通过杂交、共转化和再转化等方法获得，目前复合性状转基因大豆已进行广泛的商业化种植。

12.6.2　转基因玉米

1996 年 30 万公顷转基因抗虫玉米只在美国开始大规模商业化种植，截至 2016 年全世界转基因玉米种植面积为 6060 万公顷，截至 2017 年，全球共有 231 个转基因玉米的转化事件获准商业化生产，包括耐除草剂、抗虫基因、复合形状、高氨基酸含量等。在所有已商业化种植的转基因作物中，种植转基因玉米的国家数量最多，按照种植面积的次序依次为美国、巴西、加拿大、阿根廷、南非、乌拉圭等。目前，我国批准了 16 种转基因玉米进口用作原料加工，2009 年批准了转植酸酶玉米的安全证书，但未进入商业化种植。

转基因玉米按转基因的目的分为六类：耐除草剂、抗虫、高赖氨酸、雄性不育性状、转植酸酶基因和复合性状的转基因玉米。①耐除草剂转基因玉米。批准商业化种植的单性状耐除草剂转基因玉米转化事件包括：孟山都公司的耐草甘膦转基因玉米GA21、NK603和拜耳公司培育的耐草铵膦转基因玉米T14、T25。②抗虫转基因玉米。单性状抗虫转基因玉米转化事件包括：先正达公司抗线虫和鳞翅目害虫的MIR604和MIR162，以及孟山都公司抗线虫和鳞翅目害虫的Mon863和Mon810。③高赖氨酸转基因玉米。高赖氨酸转基因玉米LY038 2005年首次在美国批准食用和饲用，目前已在澳大利亚、加拿大、日本、菲律宾、墨西哥、中国台湾批准食用、饲用和田间释放。④雄性不育性状转基因玉米。用于食用和饲用的雄性不育性状转基因玉米MS3和MS6，是拜耳作物科学公司1996年选育的兼有对草胺磷抗性和雄性不育性状的转基因玉米品种。⑤转植酸酶基因玉米。中国农业科学院生物技术研究所的研究者将黑曲霉来源的phyA2基因通过基因枪法转化至玉米，转基因植株植酸酶表达量是野生型菌株的30倍，并能分泌到玉米植株根组织周围，高效利用植酸磷。2009年中国批准了转基因植酸酶玉米的安全证书。⑥复合性状转基因玉米。大部分抗虫耐除草剂转基因玉米是通过抗虫转基因玉米与耐除草剂转基因玉米有性杂交获得的。同时含有两个抗虫基因的转化事件中，含有3个抗虫基因的有6个转化事件，含有4个抗虫基因的有1个转化事件。含有5个抗虫基因的有2个转化事件，分别是：孟山都公司2008年选育的耐除草剂抗虫性复合性状的MON89034×TC1507×59122，含有5个抗虫基因cry1A.105、cry2Ab2、cry1Fa2、cry34Ab1、cry35Ab1和1个除草剂抗性基因pat；另一个是先正达公司2011年选育的抗虫耐除草剂复合性状的Bt11×DAS 59122-7×MIR604×TC1507×GA21，含有5个抗虫基因cry1Ab、cry34Ab1、cry35Ab1、cry3Aa2、cry1F和2个除草剂抗性基因pat、mepsps。表12-4列出了部分商业化种植转基因玉米的研发情况。

表12-4　商业化种植转基因玉米的研发情况（部分）

转化事件	研发单位	目的基因	性状	首次批准种植时间
59122×NK603	杜邦	cp4 epsps,cry34Ab1,cry35Ab1,pat	耐除草剂+抗虫	2005
98140	杜邦	zm-hra,gat4621	耐除草剂	2009
59122×MON88017	孟山都，陶氏益农	cry34Ab1, cry35Ab1, cry3Bb1, pat,cp4 epsps	耐除草剂+抗虫	2008
MON89034×TC1507×59122	孟山都，陶氏益农	cry1A.105, cry2Ab2, cry1Fa2, pat,cry34Ab1,cry35Ab1	耐除草剂+抗虫	2008
3272 × BT11 × MIR604×GA21	先正达	cry1Ab, pat, mcry3A, pmi, mepsps,amy797E	耐除草剂+抗虫+品质改善	2010
32138	杜邦	ms45,zm-aa1,dsRed2	授粉控制	2011
TC1507×MON810	陶氏益农，杜邦	cry1Fa2,cry1Ab,pat	耐除草剂+抗虫	2011
5307	先正达	pmi,ecry3.1Ab	抗虫	2012
5307×MIR604×Bt11×TC1507×GA21	先正达	ecry3.1Ab, cry3A, cry1Ab, pat, cry1Fa2,mepsps,pmi	耐除草剂+抗虫	2013

续表

转化事件	研发单位	目的基因	性状	首次批准种植时间
MON89034×TC1507×NK603×DAS40278	陶氏益农	cry1Fa2, cp4 epsps, pat, cry2Ab2, cry1A. 105, aad-1	耐除草剂+抗虫	2013
TC1507×MON810×MIR162×NK603	杜邦	cry1Fa2, cry1Ab, pat, vip3Aa20, pmi, cp4 epsps	耐除草剂+抗虫	2015
3272×Bt11×MIR604×TC1507×5307×GA21	先正达	amy797E, pmi, ery3. 1Ab, mcry3A, cry1Fa2, cry1Ab, pat, mepsps	耐除草剂+抗虫+品质改善	2016
MON89034×TC1507×NK603×MIR162×DAS40278	陶氏益农	cry1Fa2, cp4 epsps, pat, cry2Ab2, aad-1, vip3Aa20, pmi	耐除草剂+抗虫	2016

12. 6. 3 转基因油菜

油菜是重要的油料作物，1996 年，2 万公顷转基因油菜开始在加拿大进行商业化种植。截至 2017 年，全世界共种植 860 万公顷转基因油菜，主要种植国家有 6 个，以加拿大种植面积最大。转基因油菜共有 44 个转化事件获得批准商业化种植，涉及性状包括：耐草甘膦、耐草铵膦、耐咪唑啉酮类除草剂、耐 oxynil 除草剂、高月桂酸（laurate）及高豆蔻酸（myristate）、高油酸（oleic acid）及低亚麻酸（linolenic acid）。①耐草甘膦转基因油菜。已商业化种植的耐草甘膦转基因油菜有 RT73（GT73）和 GT200（RT200），1994 年 GT73 首先在加拿大被批准用于食品和饲料，1995 年批准种植之后又相继在包括美国、墨西哥、日本等在内的 9 个国家批准种植、食用、饲用或进口。②耐草铵磷转基因油菜。已商业化种植的耐草铵膦转基因油菜有：MS8×RF3、MS8、PGS1（MS1×RF1）等，其中 MS8×RF3 也是最早批准商业化种植的转基因油菜。1994 年拜耳公司研发的转基因油菜在美国被批准种植用于食用和饲用，这是第一例商业化应用的耐草铵膦油菜。③耐咪唑啉酮类除草剂转基因油菜。已商业化种植的有 NS738、NS1471 和 NS1473，1995 年被加拿大批准种植、用于食品和饲料。④耐苯腈类除草剂转基因油菜。已商业化种植的有 OXY-235（ACS-BNØ11-5），商品名为 Navigator^{TM} Canola，1997 年加拿大批准用于食品和饲料种植，之后相继在日本、美国、澳大利亚、新西兰和中国被批准用于食品、饲料、进口或种植。⑤高油酸、低亚麻酸转基因油菜。采用转基因技术培育的具有高油酸、低亚麻酸性状生物材料 45A37 和 46A40，利用 45A37 和 46A40 加工的菜籽油称为 P6 油菜籽油，其油酸含量与花生油和橄榄油相近。1996 年加拿大批准 45A37、46A40 用于食品。⑥高月桂酸和高豆蔻酸转基因油菜。已商业化种植的有高油酸和高豆蔻酸转基因油菜 23-18-17 和 23-198，1994 年、1996 年美国和加拿大分别批准种植，并批准其作为食品和饲料。表 12-5 列出了部分商业化种植转基因油菜的研发情况。

表 12-5 商业化种植转基因油菜的研发情况（部分）

转化事件	研发单位	目的基因	性状	首次批准种植时间/年
GT73(RT73)	孟山都	cp4 epsps,goxv247	耐除草剂	1995
MS1×RF1(PGS1)	拜耳	bar,barnase,barstar,nptⅡ	耐除草剂	1995
23-18-17(Event 18)	孟山都	te,nptⅡ	品质改善	1994
HCN92(Topas 19/2)	拜耳	bar,nptⅡ	耐除草剂	1995
HCN10(Topas 19/2)	拜耳	bar,nptⅡ	耐除草剂	1995
PGS2(MS1×RF2)	拜耳	bar,barnase,barstar,nptⅡ	耐除草剂+授粉控制	1995
MS8	拜耳	bar,barnase	耐除草剂+授粉控制	1996
MS8×RF3	拜耳	bar,barnase,barstar	耐除草剂+授粉控制	1996
HCN28(T45)	拜耳	pat(syn)	耐除草剂	1996
RF3	拜耳	bar,barstar	耐除草剂	1996
GT200(RT200)	孟山都	cp4 epsps,gox	耐除草剂	1997
OXY-235	拜耳	bxn	耐除草剂	1997
ZSR500	佛罗里达大学	cp4 epsps,goxv247	耐除草剂	1997
HCR-1	拜耳	pat	耐除草剂	1998
MS8×RF3×GT73(RT73)	拜耳	bar, barnase, barstar, cp4 epsps,goxv247	耐除草剂+授粉控制	2012
MS8×MON88302	拜耳	cp4 epsps,bar,barnase	耐除草剂+授粉控制	2016
RF2×MON88302	拜耳	cp4 epsps,bar,barstar,npt	耐除草剂+授粉控制	2016

12.6.4 转基因甜菜

2008 年转基因甜菜大规模商业化种植时，美国作为主要种植国家种植面积达 25.8 万公顷，2009 年美国种植面积迅速扩大至 46 万公顷。2009 年转基因甜菜种植国家包括美国、加拿大和日本，批准其用于食品的包括美国、加拿大、日本、澳大利亚、菲律宾等。截至 2017 年共有 3 个转基因油菜获得批准商业化种植，包括转基因抗草甘膦甜菜 GTSB77、转基因抗草甘膦甜菜 H7-1，转基因抗草铵膦甜菜 T120-7。①抗草甘膦甜菜。已商业化种植的有 GTSB77 和 H7-1，1998 年 GTSB77 在美国批准种植，用于食品和饲料。2005 年 H7-1 在美国和加拿大批准种植，2003 年日本批准食用，2004 年美国批准食用和饲用。②抗草铵膦转基因甜菜。1998 年 T120-7 在美国批准种植、食用和饲用，1999 年日本批准食用和饲用，2000 年加拿大批准用于食品，2001 年批准种植和用于饲料。表 12-6 列出了商业化种植转基因甜菜的研发情况。

表 12-6　商业化种植转基因甜菜的研发情况

转化事件	研发单位	目的基因	性状	首次批准种植时间/年
GTSB77	诺华,孟山都	cp4 epsps,goxv247,uidA	抗草甘膦	1998
T120-7	拜耳	pat,nptⅡ	抗草铵膦	1998
H7-1	孟山都	cp4 epsps	抗草甘膦	2005

12.6.5　转基因马铃薯

1994 年美国孟山都公司培育的抗马铃薯甲虫转基因马铃薯 New Leaf^{TM} 首先被允许用作饲料或食品，1995 年获准在美国商业化种植。目前，批准转基因马铃薯种植或作为食用的国家主要包括美国、加拿大、澳大利亚、日本和韩国等，共有 47 个转基因马铃薯转化事件获得批准商业化种植，主要包括抗甲虫、抗病毒和提高品质等性状。①抗虫转基因马铃薯（New Leaf^{TM}）。抗甲虫（CPB，*Leptinotarsa decemlineata* Say）转基因马铃薯 Russet Burbank 品系（New Leaf^{TM}）携带来自 *Bacillus thuringiensis*（Bt）的编码 Cry3A 杀虫晶体蛋白基因。②抗病毒转基因马铃薯。利用基因工程手段，将植物病毒外壳蛋白基因序列导入马铃薯基因组，从而介导病原物衍生抗性，使转外壳蛋白基因马铃薯表现对该病毒转染及病症的抗性，目前用于商业化种植的转基因马铃薯主要是抗马铃薯卷叶病毒和马铃薯 Y 病毒。③提高品质转基因马铃薯（Amflora）。是巴斯夫公司利用反义 RNA 敲除直链淀粉关键合成酶-颗粒结合型淀粉合成酶（granule-bound starch synthase，GBSS）开发出 Amflora 马铃薯，旨在降低直链淀粉的含量使淀粉全部为支链淀粉，目前欧盟已经批准将该作物用于工业淀粉生产。该转基因马铃薯的推广可减少对资源、能源的需求，降低生产成本，为农民和加工企业提高附加值。④复合性状转基因马铃薯。具有复合性状 New Leaf^{TM} Plus 和 New Leaf^{TM} Y 转基因马铃薯品种于 1998 年在美国得到批准种植，这两个转基因马铃薯品种除具备抗甲虫性状外，还分别兼抗马铃薯卷叶病毒和马铃薯 Y 病毒性状。表 12-7 列出了部分商业化种植转基因马铃薯的研发情况。

表 12-7　商业化种植转基因马铃薯的研发情况（部分）

转化事件	研发单位	目的基因	性状	首次批准种植时间/年
BT06	孟山都	nptⅡ,cry3A	抗虫	1994
BT16	孟山都	nptⅡ,cry3A	抗虫	1994
BT23	孟山都	nptⅡ,cry3A	抗虫	1994

续表

转化事件	研发单位	目的基因	性状	首次批准种植时间/年
ATBT04-6	孟山都	nptⅡ,cry3A	抗虫	1995
ATBT04-27	孟山都	nptⅡ,cry3A	抗虫	1995
ATBT04-30	孟山都	nptⅡ,cry3A	抗虫	1995
SEMT15-02	孟山都	cry3A,nptⅡ,aad,pvy cp	抗虫、抗病毒	1997
SEMT15-15	孟山都	cry3A,nptⅡ,aad,pvy cp	抗虫、抗病毒	1997
RBMT15-101	孟山都	cry3A,nptⅡ,aad,pvy cp	抗虫、抗病毒	1997
RBMT22-82	孟山都	cry3A,cp4 epsps,plrv orf1,plrv orf2	抗虫、抗病毒	1999
EH92-527-1	巴斯夫	gbss,nptⅡ	品质(降低直链淀粉含量)	2010
X17	辛普劳	asn1,ppo5,Rpi-vnt1	抗病毒+品质改善	2016
Y9	辛普劳	asn1,ppo5,Rpi-vnt1	抗病毒+品质改善	2016

12.6.6 转基因水稻

从 1993 年起在美洲、欧洲、亚洲和澳洲的许多国家陆续开始了转基因水稻的田间试验。目前，已有 7 个转基因水稻品种获得了不同的批准许可，涉及种植、食用、饲用、进口和加工等方面（表 12-8）。①抗除草剂转基因水稻。LLRICE06 和 LLRICE62 是由美国安万特作物科学公司研发的转基因水稻品系，是通过基因重组技术表达 bar 基因实现耐受草铵膦的转基因水稻。对 LLRICE06 和 LLRICE62 转基因水稻品系非靶标生物影响试验结果表明，尚未发现对田间益虫、鸟类和其他经常出没田间的其他物种有显著影响，且这些物种的群体水平也没有显著变化。大量研究表明，这些转基因水稻品系对有益于作物或农田的生物体没有显著的负面影响，也不会导致物种灭绝。由于 LLRICE06 和 LLRICE62 品系不具有新的表型使其能够超越现有水稻种植的种植范围，因此种植 LLRICE06 和 LLRICE62 品系水稻和种植非转基因水稻栽培体系对环境影响具有等同性。②抗虫转基因水稻。已研发成功并获得批准的转基因抗虫水稻均含有 Bt 外源基因。2005 年，伊朗农业生物技术研究所利用基因枪法研发出条纹螟虫抗性的转基因水稻（Tarom molaii+cry1ab）获得了在本国种植、食用和饲用的批准，该水稻品系含有人工合成的 cry1Ab 外源基因。2009 年，由中国华中农业大学利用农杆菌介导法研发对鳞翅目害虫有抗性的转基因水稻（cry1Ac Event）获得了在我国种植、食用和饲用的安全证书。③抗花粉过敏转基因水稻。2007 年，日本国家农业科学研究所利用农杆菌介导法研发的抗花粉过敏转基因水稻（7Crp# 10 和 7Crp# 242-95-7）在本国获得种植批准，含有该基因的水稻品系能引起抗原反应，有助于降低花粉过敏反应。④金稻（golden rice）。金稻由瑞士联邦理工学院植物科学研究所的 I. Potrykus 教授和德国弗莱堡大学的 P. Beyer 于 1992 年共同启动，由于改良了整个生物合成途径，故金稻 2000 年正式对外公布时被认为是生物技术领域取得的显著突破，历经八年的研制，2000 年美国《科学》(Science) 杂志上首次刊载了其技术细节。金稻是利用遗传工程方法研发出能合成 β-胡萝卜素（维生素 A 前体）的栽培稻品种，该品种在维生素 A 摄入量不足的地区具有重要种植意义，其目的是为了满足部分以水稻为主食的人群对维生素 A 的摄入量，以避免他们由于维生素 A 缺乏而导致的各种疾病，作为功能性主要食品市场潜力巨大。2005 年新品种金稻 2（Golden Rice 2）研发成功，其产生的 β-胡萝卜素是金稻的 23 倍。2017 年，澳大利亚和新西兰食品标准局（Food Standards Australia New Zealand，FSANZ）发布消息称，转基因"黄金大米"（Golden Rice，GR2E 大米）已经通过了安全评估。国际水稻研究所预计，第一个转基因黄金大米性状的高产品种将于 2020 年前能大规模商业化种植。

表 12-8　商业化种植转基因水稻的研发情况

转基因事件	研发单位	目的基因	性状	首次批准种植时间/年
LLRICE06	拜耳	bar	抗除草剂	1999
LLRICE62	拜耳	bar	抗除草剂	1999
LLRICE601	拜耳	bar	抗除草剂	2006
7Crp# 10	日本农业生物科学研究所	7crp, aph4(hpt)	品质改善	2007
GM Shanyou 63	华中农业大学	cry1Ab, cry1Ac	抗虫	2009
Huahui-1/TT51-1	华中农业大学	cry1Ab, cry1Ac	抗虫	2009
Tarom molaii+cry1Ab	伊朗农业生物技术研究所	aph4(hpt), cry1Ab(truncated)	抗虫	2004

12.6.7　转基因小麦

1992 年 V. Vasil 等利用基因枪获得了世界首例耐除草剂转基因小麦，目前已经建立了多种小麦转基因方法，包括基因枪、农杆菌、花粉管通道、超声波、离子束注入、激光微束穿刺法等。孟山都公司利用农杆菌介导法将 CP4 EPSPS 编码序列导入到春小麦品种 Bobwhite 中获得了耐除草剂转基因小麦 MON 718000。2004 年，MON 71800 经美国食品和药物管理局批准可以用于食品和饲料，同年哥伦比亚也批准了 MON 71800 作为食物和/或饲料用，但至今还没有获得美国农业部和美国环境保护署的田间种植许可。

12.6.8　转基因番茄

转基因番茄的研发主要涉及延熟保鲜、抗虫、抗病毒，其中大部分集中在延熟保鲜方面。1992 年美国农业部和食品与药物管理局批准了 Calgene 公司研发的转基因耐储藏番茄 FLAVR SAVR 环境释放，并于 1994 年发放了食品安全证书，允许用作食品及饲料，这也是全世界被批准上市的第一例转基因作物。目前，转基因番茄已有 11 个转基因番茄事件获得安全证书，包括美国、中国、墨西哥、日本、加拿大等 6 个国家批准了转基因番茄的种植和/或食用/饲用。①转基因耐储藏番茄。继 1992 年首例转基因耐储藏番茄 FLAVR SAVR 被批准商业化生产后，随后美国先后有 1345-4（美国 DNA 植物技术公司，1994），8388（孟山都，1994），B、Da、F（美国捷利康公司，1994），351N（美国 Agritope Inc.，1996）6 例转基因延熟保鲜番茄通过了环境安全和食品安全评价。我国华中农业大学在 1990 年开始转基因耐储藏番茄的研发，在 1996 年获农业部农业生物基因工程安全委员会批准，成为我国首个批准的可商品化生产的农业生物基因工程产品。利用该转基因株系选育的耐储藏杂种一代番茄于 1998 年通过了湖北省农作物品种审定委员会审定，定名为华番 1 号，商品名为百日鲜，成为我国首个农作物基因工程品种，目前在我国商品化种植。②转基因抗虫番茄。孟山都公司研发转基因抗虫番茄 5345 用于防治鳞翅目害虫（如棉铃虫、棉红铃虫和烟青虫），并于 1998 年在美国获得了环境安全与食品安全证书。③转基因抗病毒番茄。北京大学通过农杆菌介导法导入黄瓜花叶病毒（cucumber mosaic virus，CMV）外壳蛋白（coat protein，CP）基因，培育而成抗 CMV 转基因番茄 PK-TM8805R。1998 年 PK-TM8805R 获批在福建厦门进行商品化种植，有效期为 1999 年至 2004 年。表 12-9 列出了商业化种植转基因番茄的研发情况。

表 12-9　商业化种植转基因番茄的研发情况

转基因事件	研发单位	目的基因	性状	首次批准种植时间/年
FLAVR SAVR™	孟山都	pg,nptⅡ	品质改善	1992
8338	孟山都	accd,nptⅡ	品质改善	1995
1345-4	美国 DNA 植物技术公司	acc(truncated),nptⅡ	品质改善	1995
B	美国捷利康公司	pg,nptⅡ	品质改善	1995
Da	美国捷利康公司	pg,nptⅡ	品质改善	1995
F(1401F,h38F,11013F,7913F)	美国捷利康公司	pg,nptⅡ	品质改善	1995
35-1-N	美国 Agritope Inc.	sam-k,nptⅡ	品质改善	1996
Huafan No 1	华中农业大学	anti-efe	品质改善	1997
5345	孟山都	cry1Ac,nptⅡ	抗虫	1998
Da Dong No 9	中科院微生物所	—	品质改善	1999
PK-TM8805R (8805R)	北京大学	cmv cp	抗病	1999

12.6.9　转基因番木瓜

康奈尔大学的研究人员于 1996 年研发成功首例抗番木瓜环斑病毒的转基因番木瓜，2006 年华南农业大学的研究人员研发出抗番木瓜环斑病毒（PRSV）的转基因番木瓜株系 Huanong No. 1，2008 年美国佛罗里达州立大学的研究人员分离到夏威夷的番木瓜环斑病毒 HA5-1 后，通过转基因技术获得了转基因番木瓜株系 UFL-X17CP-6(X17-2)，这种转基因番木瓜对夏威夷地区的番木瓜环斑病毒具有高抗性，但对其他地区的番木瓜环斑病毒可能不具有抗性。目前，只有美国和中国批准种植转基因番木瓜，日本和加拿大批准了转基因番木瓜的进口和食用，具体的批准情况如表 12-10。

表 12-10　商业化种植转基因番木瓜的研发情况

转基因事件	研发单位	目的基因	性状	首次批准种植时间/年
55-1	康奈尔大学和夏威夷大学	prsv cp,ntpⅡ,uidA	抗病	1996
63-1	康奈尔大学和夏威夷大学	prsv cp,ntpⅡ,uidA	抗病	1996
Huanong No. 1	华南农业大学	prsv rep	抗病	2006
X17-2	佛罗里达大学	prsv cp,ntpⅡ	抗病	2009

12.7　各国对转基因食品的立法与监管

转基因食品在全球的迅速推广以及其市场销售额的逐年增加，对于其是否给人类健康和环境带来危害，存在诸多不确定性因素，在涉及标识、消费选择等监管方面，不同文化背景的国家对转基因食品的管理采取了截然不同的态度。

12.7.1　美国

美国是世界上最大的转基因作物生产国和出口国，也是最早进行转基因生物安全研究并立法的国家。美国对转基因食品的立法分三个层次，一是由国会通过并经总统签署的法律；二是依照法律由管理部门起草并获批准的条例；三是管理部门对条例实施的解释和说明。美国有三家管理机构监控运用生物技术的植物产品：分别是美国农业部（USDA）、环境保护局（EPA）、食品与药品管理局(FDA)。1987 年美国农业部根据《植物保护法案》制定实施《作为植物有害生物或有理由认为植物有害生物的转基因生物和产品的引入》，内容涵盖转基因生物的范围、许可程序、记录保存制度和低水平无意混杂政策。美国环保局按照农药的方式评价转基因生物是否具有不合理的风险，基于微生物农药管理模式建立了转基因生物管理制度，其大部分法规同时适用于微生物农药和转基因生物农药。美国食品药品局依照《联邦食品、药品和化妆品法案》保障转基因生物的食品和饲料安全。食品药品局主要评价外源非杀虫蛋白质和转基因植物的食用安全，包括新表达外源非杀虫蛋白质的早期咨询和转基因植物上市前的咨询。1992 年，美国食品药品局公布了转基因植物作为食物的政策，规定转基因植物新品种及其产品，不需由美国食品安全局作市场前评价，除非它引起新的安全问题。

2008 年 9 月，美国食品药品局发布了关于转基因动物管理的草案，要求生产食用转基因动物时要出示食用安全证明。

美国 1999 年提出以下三种情况需要加贴特殊标识：①如果转基因食品含有的物质明显区别于同类的传统食品，则此转基因食品需要贴上真实的、信息充分的标签；②如果转基因食品中使用了牛奶、鸡蛋、小麦、鱼类等食物中提炼的蛋白质就应加贴标签以提醒消费者，除非证明不存在过敏物质；③如果转基因食品中含有可导致消费者严重过敏的物质，并且加贴标签也无法保护消费者健康，那么该食品禁止上市销售。对于美国转基因食品的标识管理模式分为两个阶段，2016 年 8 月以前主要采用以产品为基础的自愿标识管理模式，规定只要是通过审核后的转基因食品就可以作为传统食品，不需要特别标识。假如转基因食品的成分、营养价值和致敏性方面与同类传统食品存在较大差异时，就必须加贴转基因食品标签。在 2016 年 7 月 29 日时任美国总统奥巴马签署了《国家生物工程食品披露标准》（S. 764）法案，使其正式成为法律。这标志着美国转基因食品标签制度发生了重大改变：由自愿标签制度转变为强制标签制度。该法案一方面明确要求披露转基因食品信息，保障了消费者的知情权；另一方面，该标准又以产品为导向、且允许使用包括通过智能手机扫描二维码在内的多种形式披露转基因信息，便于食品生产者履行义务。同时还需注意的是：此标准明确规定转基因食品强制标签立法的理论基础是保护消费者知情权，而不是转基因食品的安全问题。

总体来说，美国对转基因食品技术持支持态度，认为转基因食品和传统食品没有本质的区别，政府监督管理的对象应该是转基因食品，而不是转基因食品生产技术本身。

12. 7. 2 欧盟

与其他国家相比，欧盟对转基因的立法最为严格。欧盟将预防原则、可追踪性和透明度作为重建欧洲食品安全制度的三大基本原则。在预防原则理念之下，欧盟对于转基因食品的监管也趋于严格。欧盟在 1990 年通过《关于封闭使用基因修饰微生物的 219/90/EC 指令》和《关于向环境有意释放基因饰变生物的 220/90/EC 指令》，这是世界上第一个有关管理基因工程实验和转基因生物的区域性专门立法。欧盟于 2000 年 1 月 10 日发布了《外源性污染物标识条例》，规定因技术原因不可避免地存在豆类和玉米转基因成分的含量阈值为 1%，当转基因材料总量超过 1%的这种食品成分时，必须加以标签进行标识，欧盟 1%的标准位居世界之首。2001 年，欧洲议会与欧盟委员会通过了转基因生物向环境有意释放的 2001/18/EC 指令，废止了 90/220/EEC 指令。2003 年，欧盟通过了针对转基因食品和饲料的 1829/2003/EC 条例及规范转基因生物和转基因产品的标签、可追踪性要求的 1830/2003/EC 条例。由此，欧盟转基因法规的主体框架由

2001/18/EC、1829/2003/EC 和 1830/2003/EC 构成，欧盟转基因产品的立法重点可归结为“转基因生物向环境的有意释放”和“转基因食品”两个方面，立法以审批程序、标签和可追踪性为中心。欧盟的强制标识制度，规定所有转基因产品都必须清楚地标明“本产品为转基因产品”。所有转基因食品（包括转基因物质含量超过 0.9%的动物饲料、植物油、种子和副产品等），都要有转基因成分标识表或清楚地标明含转基因成分，以提醒消费者此产品为转基因产品。对转基因食品从生产到出售全过程进行跟踪管理，加强了转基因食品在各个环节中的可追溯性。上述条例规定了对转基因食品的可追溯性要求以及对这类产品的强制标识管理，一经实施就对国际转基因食品的贸易产生巨大影响。

12.7.3　中国

我国对转基因食品的安全性问题没有制订专门的法律规范，因此，对转基因食品安全性的研究只能从我国对农业转基因生物安全或农业生物基因工程安全的有关规定入手。我国现行的转基因生物安全管理法规体系主要由国务院颁布的行政法规及国家科委、农业部颁布的部门规章组成。1996 年 7 月 10 日农业部颁布了《农业生物基因工程安全管理实施办法》，该办法对不同的遗传工程及其产品的安全性评价都作了明确的说明，还专门成立了农业转基因工程安全管理办公室，对实验室、中间试验、环境释放、商品化生产这四个阶段进行审批，这部相对比较完整的法规可操作性较强，使得我国农业生物基因工程管理逐步走上规范化轨道。2001 年 5 月 23 日国务院颁布实施了《农业转基因生物安全管理条例》，加强了转基因生物的安全管理，对保障人体健康、动植物及微生物安全、保护生态环境和促进农业转基因生物技术研究有很好的指导意义，是我国转基因安全管理的核心法规。2002 年 1 月 5 日，农业部又颁布了三个管理办法，分别是《农业转基因生物标识管理办法》《农业转基因生物进口安全管理办法》和《农业转基因生物安全评价管理办法》。《农业转基因生物进口安全管理办法》规定对于进口农业转基因生物按照研发、生产以及加工原料的三种用途实行管理。《农业转基因生物标识管理办法》规定不得销售或进口未标识和不按规定标识的农业转基因生物，应当标明产品中含有转基因成分的主要原料名称，有特殊销售范围要求的，还应当明确标注并在指定范围内销售。《农业转基因生物安全评价管理办法》规定对转基因作物实行安全评价审批制度，评价农业转基因生物是否对生物及环境构成危险或者存在潜在风险。随后，国家又颁布了《农业转基因生物安全评价管理程序》《农业转基因生物进口安全管理程序》和《农业转基因生物标识审查认可程序》三个文件。

2002 年 7 月，卫生部颁布了《转基因食品卫生管理条例》，对转基因食品和以转基因产物为原料的食品标识问题进行了规定。2007 年 12 月 1 日，卫生部颁布《新资源食品管理办法》，并从当日起开始施行，该办法将替代《转基因食品卫生管理办法》，把转基因食品归类为新资源食品进行管理。2009 年 2 月 28 日，第十一届全国人民代表大会常务委员会第七次会议通过的《中华人民共和国食品安全法》，对食品安全的风险检测与评估、许可、记录、标签以及跟踪、召回制度和法律责任等都作了详细规定，为我国转基因食品安全的监管和保障提供法律依据。2011 年发布的《食品安全国家标准预包装食品标签通则》（GB7718—2011）中要求，转基因食品的标识应符合相关法律、法规的规定。2015 年新修订的《中华人民共和国食品安全法》加强了关于转基因食品管理的规定，一是明确生产经营转基因食品应当按照规定显著标识；二是明确由食药部门对生产经营转基因食品未按规定进行标识的处罚；三是明确转基因食品安全管理的法律适用。因此，从法律制度层面看，我国转基因食品安全监管具有法律依据。

我国转基因管理机构由科技部、环保总局、农业部、卫生部和国家出入境检验检疫局组成，分工协作，各司其职。科技部负责全面主管基因工程安全工作；环保总局负责生物环境安全工作；农业部主管全国转基因作物及其产品的中间试验、环境释放和商品化生产的安全性评价等工作；卫生部负责对新资源食品进行检测、批准工作；国家出入境检疫局负责对进口商品和加工商品的检验和标识监督工作。在我国，凡在境内从事的农业转基因生物的研究、试验、生产、进口活动，必须按规定进行安全评价。安全评价按照植物、动物、微生物 3 个类别，根据危险性从低到高的 4 个安全等级，按实验研究、中间试验、环境释放、生产性试验和申请安全证书 5 个不同的阶段进行报告或审批。其中，在进入试验研究和中间试验阶段前，需要向农业转基因生物安全管理办公室提交报告；在进入环境释放和生产性试验环节之前，需要向农业转基因生物安全管理办公室提出申请，获得批准后方可开展；生产性试验结束后拟申请安全证书的，需要向农业转基因生物安全管理办公室提出申请，经安全评价合格并由农业部批准后，便颁发农业转基因生物安全证书。对于转基因食品，需要进行食用安全性评价，主要由卫生部负责。生产者或者进口者需要向卫生部提交申请及有关材料，待卫生部审查批准后方可进行生产或者进口。也就是说，中国转基因食品安全是在部际联席会议的指导下，由农业部、卫生部和国家质检总局分工负责、共同实施的。其中，农业部负责转基因生物的研发、生产、加工以及流通环节的安全管理，卫生部负责由转基因生物加工成的转基因食品进入消费市场环节的安全管理，国家质检总局负责转基因生物和食品的进出口检验检疫工作。由此可以看出，我国对于转基因食品的管理机构是立体而全面的，对转基因食品的管理是谨慎而负责的，通过进一步完善我国转基因食品安全立法，加强相关法律保障制度来健全我国转基因食品监管体系，严格保障消费者权益和有效促进社会的和谐发展。

12.7.4 其他国家

日本的转基因食品安全管理机构主要由文部科学省、通产省、农林水产省和厚生劳动省 4 个部门组成，分别审批转基因生物技术研发工作、应用、重组生物向环境中释放情况及转基因食品安全问题，制定相关法律法规，首先开发者进行评价，然后由政府组织专家再进行审查是否安全。1979 年 8 月 27 日，日本政府颁布了《重组 DNA 生物实验指南》，已经对转基因这一领域进行深入研究。2000 年 5 月厚生省发布修订的食品卫生法规定，从 2001 年 4 月 1 日起禁止进口、销售未进行安全性审查的转基因食品或以其为原料生产加工的食品，并于同年 3 月 27 日发布了《转基因食品检验法》，将转基因产品的检测方法标准化。2001 年 4 月 1 日，日本农林水产省正式颁布实施《转基因食品标识法》，明确要求对已经通过安全性认证的大豆、玉米等 5 种转基因农产品包括以这些农产品为主要原料加工的食品进行标识。

韩国食品与药品管理局（KFDA）从 1999 年 8 月起开始实施《转基因食品安全评价办法》，从 2001 年 3 月 1 日起开始实施《转基因农产品标识办法》，规定如果产品的转基因成分含量超过 3%则必须进行标识，在食品包装上加贴“转基因食品”或“含转基因食品”的标识。韩国食品和药品安全部（MFDS）经过多次征求意见后，自 2017 年 2 月 4 日起根据《转基因食品标识标准》韩国执行新的转基因食品标记规定。以往韩国只要求主要原材料（产品中重量顺序为前 5 位）为转基因产品时要求进行 GMO 标记，但新制度与重量顺序无关，即含转基因 DNA 或转基因蛋白的所有食品都要求进行 GMO 标记。此外，新制度还允许进行非转基因标记，最大限度使用非转基因大豆、玉米、油菜、棉花、甜菜、苜蓿的食品中允许进行非转基因标识，但不认可故意混入所标识的数值。标记方式有“非转基因食品”“不含转基因食品”“Non-GMO”“GMO-free”等 4 种，但大米、香蕉等未获得转基因食品认可的不得进行非转基因标记或类似非转基因标记。

在加拿大转基因食品（GM 或 GE foods）统属于生物技术，GM 食品指的是使用基因改造（genetic modification）技术生产的食品，GE 食品是指使用基因工程（genetic engineering）技术生产的食品，两者均属于新资源食品类别（novel foods）。加拿大没有针对转基因生物安全专门立法，因此对转基因生物安全管理在现有法律制度中分散存在。与转基因相关的法律有：《食品药品法》（Food and Drugs Act）、《害虫防治产品法》（Pest Control Products Act）、《肥料法》（Fertilizer Act）、《种子法》（Seeds Act）、《饲料法》（Feeds Act）、《动物健康法》（Healthanimal Act）、《加拿大环境保护法》（Canadian Environmental Protection Act，1999）等。主要规章有《食品药品规章》（Food and Drugs Regulations）、《害虫防治产品规章》（Pest Control Products Regulations）、《肥料规章》（Fertilizer Regulations）、《种子规章》（Seeds Regulations）、《饲料规章》（Feeds Regulations）、《动物健康规章》（Health Animal Regulations）等。加拿大卫生部依据《食品药品法》和《食品药品规章》负责新资源食品安全监督管理，对转基因食品的管理主要体现在两个方面，即全面的上市前安全评估制度和食品标签制度。《食品药品规章》28 节 B 部分规定：生产商或进口商要在加拿大市场销售转基因食品前，必须向加拿大卫生部提出上市前安全性评估申请，并提供安全性评估所需数据和资料。作为转基因作物种植和出口大国，加拿大政府对转基因食品持支持态度，包括对待新资源食品的审批问题采取世界经济合作与发展组织提出的“实质等同”审批原则：如果一种新的食品或者食物成分与现有的食品或者食物成分实质等同，那么就可以认为两者的安全性是一样的。因此，加拿大对转基因食品安全管理以产品本身为基础，而不涉及产品生产过程。当某一转基因食品通过安全性评估上市销售后，便被视作普通食品，按相关食品安全的法律和规章进行管理，而对转基因食品的种植不作继续监管。加拿大对新资源食品的标签没有做强行规定，采取自愿性标识，仅当新资源食品有可能影响健康和安全如过敏及造成毒性、成分及营养改变时才实行强制性标签标记，标签内容包括食品发生的营养或成分改变、食品中含有的过敏性物质等。

12.7.5 世界贸易组织（WTO）

世界贸易组织（WTO）有三个协议对转基因食品进行相关管理。《技术性贸易壁垒协议》（TBT 协议）规范各成员实施技术性贸易法规与措施的行为，指导成员制定、采用和实施合理的技术性贸易措施，鼓励采用国际标准和合格评定程序，保证包括包装、标记和标签在内的各项技术法规、标准是否符合技术法规和标准的评定程序，不会对国际贸易造成不必要的障碍，减少和消除贸易中的技术性贸易壁垒，维护国家基本安全，保护人类、动植物生命或健康，保护环境，保证出口产品质量，防止欺诈行为等。《实施卫生与动植物检疫措施协议》（SPS 协议）表明了为了人类和动植物的健康安全，实施动植物检疫制度，强调将动植物检疫对国际贸易部的不利影响降到最低程度，不构成对国际贸易的变相限制，并且把关贸总协定中的等同原则、透明度等用到 SPS 协议中，为了能够更好地解决国际检疫的矛盾问题，SPS 协议还提出了国际标准化、科学管理的要求。《与贸易有关的知识产权协议》（TRIPS 协议）的宗旨是期望减少国际贸易中的扭曲和障碍，促进对知识产权充分、有效的保护，同时保证知识产权的执法措施与程序不至于变成合法的障碍。

为了防范转基因食品对生物安全的影响，特别是解决转基因食品的越境转移问题，在联合国环境规划署的组织下，1996～1999 年 9 月先后召开六次生物安全特设工作组会议和一次生物多样性公约缔约国大会特别会议。经过多次谈判，终于在 2000 年 1 月 24～28 日通过了《卡塔赫纳生物安全议定书》（BSP）最终文本。《卡塔赫纳生物安全议定书》是《生物多样性公约》的子文件之一，也属于多边环境协议（MEAS）。《卡塔赫纳生物安全议定书》是根据《关于环境与发展的里约宣言》原则所确立的预先防范办法，旨在确保安全转移、处理和使用可能产生不利影响的转基因生物活体时采取必要的保护措施。可以明确的是：《生物多样性公约》和《卡塔赫纳生物安全议定书》对转基因食品的国际贸易和投资产生了重要影响，《卡塔赫纳生物安全议定书》使得转基因食品的国际贸易进口程序变得更加严格和烦琐，审批的时间（270 天）也相对更长，赋予进口缔约国为保护生物安全更多的权利。此外，实行转基因食品加贴标签制度会增加进口国公众对转基因食品的心理恐惧，从而导致某些转基因食品国际贸易量的下降甚至退出国际市场。

12.8 转基因食品贸易

在转基因食品国际贸易中，转基因大豆、转基因玉米和转基因油菜等转基因作物是主要的贸易对象，转基因作物主要种植国如美国、阿根廷、巴西和加拿大成为世界转基因农产品出口大国，而转基因农产品的主要进口国家和地区集中在亚洲和欧洲。从全世界转基因作物种植面积和经济收益来看，发展中国家和发达国家的统计结果大致相当，甚至于前者要超过后者。2012 年，发展中国家转基因作物的种植面积（占全球的 52%）超过了发达国家的转基因作物种植面积（占全球的 48%），2012 年发展中国家转基因作物种植面积增长了 11%（或 870 万公顷），而发达国家仅增长 3%（160 万公顷）。1996～2011 年间，转基因作物为发展中国家带来的经济收益累计为 490 亿美元，为发达国家带来的累计经济效益为 486 亿美元。2011 年，转基因作物带来的经济效益共计 197 亿美元，其中为发展中国家所带来的经济效益为 101 亿美元。

美国是研发和使用转基因技术最多的国家，同时也是最大的转基因食品生产国，大约有 20 多种作物在美国准许种植，2016 年转基因作物种植面积达到 7290 万公顷。我国是最早商业化种植转基因作物的国家，我国批准商业化的转基因作物有 19 种，其中作为食品加工原料的有 12 种，种植面积世界排名第八。我国目前直接食用的转基因农产品是木瓜，产量最大的是转基因大豆油，每年消费的大豆油中有 80%由转基因大豆生产，其转基因大豆主要来源于美国、巴西和阿根廷等。据统计，2009 年我国进口的转基因大豆为 4255 万吨，2010 年 5480 万吨，2011 年 5183 万吨，2012 年 5838 万吨，2013 年 6340 万吨，2014 年 7140 万吨，2015 年 8174 万吨，2016 年 8391 万吨。显而易见，我国已成为转基因食品的主要进口国与生产国，我国进口转基因食品的贸易额逐年上升，已成为转基因农产品大国，田间试验和商品化生产面积仅次于美国、加拿大、阿根廷，居世界第四位。随着转基因作物种植国家数量的不断增加以及各转基因作物在同类作物中比例的扩大，必将导致未来国际贸易中转基因食品的逐渐增加。

转基因食品对于人类生长环境和人类的健康都存在太多不确定性，随着转基因食品的日益发展，人们越来越关注这一问题。近年来，美国、加拿大和欧盟以及欧盟内部爆发了多起转基因食品贸易纠纷和贸易争端。1998 年 10 月欧盟立法机构要求：欧盟委员会在重新审查欧盟的规章、制度和政策前暂停批准转基因作物市场化的申请。2003 年 5 月 13 日，美国根据 WTO 协议相关条款，将其与欧盟之间长达数年的转基因产品贸易争端提交给 WTO 争端解决机构。2004 年美国对欧盟提出的关于进口转基因玉米诉讼案胜诉，欧盟被迫解除禁令批准转基因玉米上市。根据 2010 年 11 月 30 日中央媒体经济新闻报道，11 月 29 日深圳出入境检验检疫局从美国进口 5.4 万吨的转基因玉米中检出我国未批准转基因玉米 MON89034，并进行退货处理。进口方中粮集团也证实，该船玉米确为中粮执行国营进口配额中的一船，相关损失将由供货商承担。由于贸易争端的不断产生以及世界上对转基因产品的抵制，对转基因出口国产生了严重影响。以美国为例，1998 年美国向欧洲出口玉米 200 万吨，1999 年锐减到 13.7 万吨，损失高达 600 多万美元。

对于种种出现的转基因食品贸易纠纷和贸易争端是由于不同国家和地区对转基因食品安全性的认知不同而产生的，尤其欧盟国家认为，应该允许进口国家在即便没有确切证据证明转基因食品会带来危险之前，也可以单方面取消进口，即采取预防性防范措施。而美国和加拿大认为，欧盟的这种防范性措施存在着伤害其利益的可能性很大，所以极力反对欧盟，美国提出必须把转基因食品贸易的争议放到新一轮世贸谈判中去解决。转基因工程技术及其食用产品在迅猛发展的同时，其在生产、包装、运输、储存、使用、处理等过程中也有可能对生物多样性、生态环境和人类健康构成潜在的风险和威胁，因此围绕着转基因食品安全性问题，引发的国际贸易争端将可能愈演愈烈。

参考文献

[1] 郭桂环，纪金言. 美国转基因食品强制标签立法及对我国的启示 [J]. 食品科学，2017，5：1-6.

[2] 郭铮蕾，汪万春，饶红等. 欧盟转基因生物安全管理制度分析 [J]. 食品安全质量检测学报，2016，6 (11)：4277-4284.

[3] 国际农业生物技术应用服务组织. 2016 年全球生物技术/转基因作物商业化发展态势 [J]. 中国生物工程杂志，2017，37 (4)：1-8.

[4] 胡品洁，杨昌举. 转基因食品政策差异的影响因素分析 [J]. 南方经济，2002，(2)：45-49.

[5] 贾旭东. 转基因食品致敏性评价 [J]. 毒理学杂志，2005，19 (2)：159-162.

[6] 马述忠. 欧盟对转基因产品的管理措施 [J]. 世界农业，2004，11：45-47.

[7] 孟雨. 转基因食品引发的国际贸易法律问题及对策 [J]. 华中农业大学学报：社会科学版，2011，(1)：19-24.

[8] 农业部农业转基因生物安全管理办公室，中国农业科学院生物技术研究所，中国农业生物技术学会. 转基因 30 年实践 [M]. 北京：中国农业科学出版社，2012.

[9] 宋锡祥. 欧盟转基因食品立法规制及其对我国的借鉴意义 [J]. 上海大学学报，2008，1：91-98.

[10] 王志刚，彭纯玉. 中国转基因作物的发展现状与展望 [J]. 农业经济展望，2010，(11)：51-55.

[11] 卫生部. 转基因食品卫生管理办法 [S]. 2002.

[12]　吴振，顾宪红. 国内外转基因食品安全管理法律法规概览 [J]. 四川畜牧兽医，2011，4：25-27.

[13]　吴振. 顾宪红. 转基因食品及食用安全性评价 [J]. 家畜生态学报，2011，(2)：1-4.

[14]　徐蕾蕊，魏海燕，汪万春等. 加拿大转基因食品监管体系简介 [J]. 食品安全质量检测学报，2015，6 (11)：4285-4288.

[15]　许文涛，贺晓云，黄昆仑等. 转基因植物的食品安全性问题及评价策略 [J]. 生命科学，2011，23 (2)：179-185.

[16]　张广建，闫少华. 我国食品安全监管问题研究——以转基因食品的监管为视角 [J]. 法制与社会，2010，(9)：176-177.

[17]　张学文. 转基因食品——现状、前景及安全性 [J]. 食品与发酵工业，2003，29 (9)：82-86.

[18]　周曙东，崔齐峰. 我国转基因农产品管理中存在的问题及其对策建议 [J]. 中国科技论坛，2006，1：60-63.

[19]　朱晓勤. 转基因食品强制标识制度在世贸组织框架内的法律分析 [J]. 世界贸易问题，2006，(3)：124-125.

[20]　Ewen S W B，Pusztai A. Effect of diets containing genetically modified potatoes expressing Galanthus nivalis lectin on rat small intestine [J]. The Lancet，1999，354：1353-1354.

[21]　James C. 2012 年全球生物技术/转基因作物商业化发展态势 [J]. 中国生物工程杂志，2013，33 (2)：1-8.

[22]　Losey J E，Rayor L S，Carter M E. Transgenic pollen harms monarch larvae [J]. Nature，1999，(399)：214.

[23]　Nordlee J A，Taylor S L，Townsend J A，et al. Identification of a brazil-nut allergen in transgenic soybeans [J]. The new englandd journal of medicine，1996，334 (11)：688-692.

[24]　WHO. Strategies for assessing the safety of foods produced by biotechnology [S]. Report of joint FAO/WHO consultation，1991.

Chapter 13

第13章 农药残留检测技术

13.1 常用的农药残留分析样品前处理技术

现代农药残留分析主要包括两方面的工作：样品前处理和残留检测技术。随着色谱、质谱技术的发展与普及应用，仪器检测条件已经有了很大改善。现在我国很多科研院所和检测机构已经引进气质联用、液质联用等先进仪器，仪器设备水平和发达国家相比差异不大，但在样品的提取、净化等前处理上存在一定差距。样品前处理是指样品的制备和对样品中待测组分进行提取、净化、富集的过程。它是残留分析过程中的核心部分，是衡量检测方法先进性和实用性的重要指标。样品前处理的目的是消除基质干扰，保护仪器，提高方法的准确度、精密度、选择性和灵敏度。有研究指出：检测分析的误差近50%来源于样品的准备和处理，而真正来源于分析的还不到30%，而且大部分样品前处理所占用的工作量超过整个分析的70%。因此，在现有的仪器水平上提高前处理技术水平才是提高检测水平的关键。

13.1.1 常用的农药残留分析样品前处理技术

(1) 提取方法

① 浸渍、漂洗法　用提取液漂洗样品，或将样品浸渍在提取液中。

② 消化法　加热使加入消化剂的样品消化，再用溶剂将待测农药提取出。

③ 振荡法　把提取剂加入盛有样品的容器中，振荡数小时。

④ 匀浆法　将样品放在匀浆杯中，加入提取剂，快速匀浆几分钟。

⑤ 索氏提取法　将样品放在索氏提取器套管中，圆底烧瓶中加入提取剂，加热连续提取数小时。

⑥ 超声波提取法　经粉碎或匀浆捣碎的样品加入提取剂，在超声波仪中提取一定时间。

从样品中提取农药的效果，很大程度上取决于农药的极性和样品基质的类型。因此，常用作提取剂的有机溶剂有乙腈、丙酮、乙酸乙酯等。乙腈提取法可用于大多数农药的提取，提取液通过添加氯化钠，使乙腈和水分离，AOAC（国际官方分析家协会）早期的方法及美国加州食品和农业部方法多采用乙腈作溶剂。丙酮作为一种提取溶剂，具有毒性低、易于纯化、挥发性好及价格低廉等优点，并且既能萃取极性物质又能萃取非极性物质，许多国家农药残留标准方法均采用丙酮作为主要溶剂，美国食品药品管理局也将丙酮萃取法写入 1987 年的农药分析手册。丙酮提取液用氯化钠或硫酸钠饱和后，分配至二氯甲烷、乙烷或石油醚中，从而可得到对不同化合物有利的分配特性和有机相的快速分离。乙酸乙酯极性相对丙酮、乙腈要弱，因此其对弱极性农药的提取回收率一般较好，并且其共提物尤其是色素要显著少于丙酮，从而减少了净化时的压力，在荷兰的研究方法中，乙酸乙酯作为主要的提取溶剂。

（2）净化方法

① 磺化法　样品提取液中的脂肪、蜡质等干扰物质与浓硫酸发生磺化反应，从而使农药与杂质分离的净化方法。

② 冷冻法　用低温处理样品提取液，待脂肪、蜡质、蛋白质等杂质析出后，在低温条件下过滤掉杂质。

③ 凝结沉淀法　在净化液中加入凝结剂，使溶液中的脂肪、蜡质、蛋白质等杂质沉淀析出，再经离心，达到净化目的。

④ 液-液分配法　利用待测农药与干扰杂质在两种互不相溶的溶剂中（通常采用极性溶剂和非极性溶剂配成溶剂对）溶解度的差异而达到分离目的的净化方法。

⑤ 吸附柱层析法　利用各组分在吸附剂上吸附、解吸附能力的差异而达到分离净化的目的。常用的吸附剂有硅酸镁、硅胶、活性炭、硅藻土、三氧化二铝等。

⑥ 离子交换法　利用离子交换剂上的可交换离子与周围介质中被分离的各种离子间的亲和力不同，经过交换平衡达到分离目的的一种柱色谱法。

⑦ 薄层层析法　采用硅胶、氧化铝等吸附剂铺成薄层，利用吸附剂表面对不同组分吸附能力的差别达到分离的方法。

（3）浓缩方法

① 自然挥发法　将待浓缩的溶液置于室温下，使溶剂自然挥发。

② 吹气法　用干燥空气或氮气吹溶液液面，并水浴加热使溶剂挥发的浓缩方法。

③ K・D 浓缩器浓缩法　采用 K・D 浓缩装置进行减压蒸馏浓缩的方法。

④ 真空旋转蒸发法　在减压、加温、旋转条件下蒸馏浓缩的方法。

13.1.2 农药残留分析样品前处理新技术

我国农药残留分析中普遍应用的前处理提取技术还是索氏抽提、振荡提取、变速捣碎法提取和超声波法提取等传统方法，存在需要样品量大、萃取时间长、有机溶剂消耗量大等问题。近几十年来出现了固相萃取技术（SPE）、超临界流体萃取（SFE）、加速溶剂萃取（ASE）、凝胶渗透色谱法（GPC）、基质固相分散（MSPD）等先进前处理技术。

（1）固相萃取技术

固相萃取技术（solid phase extraction，SPE）是20世纪70年代发展起来的一种样品前处理技术，也是目前最常用的一种前处理技术。它主要基于液-固色谱理论，其原理是利用固体吸附剂将液体样品中的目标化合物吸附，与样品的基体和干扰化合物分离，然后再利用洗脱液洗脱，也可选择吸附干扰杂质，让被测物流出，从而达到分离和富集分析物的目的。SPE作为目前最常用的样品前处理技术，具有操作简单、溶剂消耗少、省时、省力和适用范围广等优点。但仍然存在一些不足：一是在处理复杂样品时可能会引起回收率的显著降低；二是吸附剂的选择性有时不够强，对提取液净化不完全。目前，基于固相萃取技术，又出现了一些新的技术和产品，主要包括固相微萃取（SPME）技术和分子印记固相萃取（MI-SPE）技术。

（2）超临界流体萃取

超临界流体萃取（supercritical fluid extraction，SFE）是近年来迅速发展起来的一种新型物质分离、精制技术，是当前发展最快的分析技术之一，国内外很多实验室已经把它用来作为液体和固体样品的前处理技术（U. K. Shahamat，1995；P. G. Jessop，1995）。其优点是基本上避免了使用有机溶剂，简单快速，能选择性地萃取待测组分并将干扰成分减少到最小程度。M. L. Hopper等已成功利用超临界萃取分析大豆油、脂肪性样品中的农药残留。

（3）加速溶剂萃取

加速溶剂萃取（accelerated solventextraction，ASE）是1995年Richter等提出的一种全新的萃取方法，ASE的基本原理是利用升高温度和压力，增加物质溶解度和溶质扩散效率提高萃取的效率。具有有机溶剂用量少、萃取快速、样品回收率高等突出优点，被美国环保局（EPA）推荐为标准方法（EPA3545）。目前在食品分析中被用来检测食品中的有毒有害物质含量、农药残留和确定食品中脂肪含量等，为食品分析提供了高速、简单和节省材料的前处理方法。

（4）凝胶渗透色谱法

凝胶渗透色谱法（gel permeation chromatography，GPC）是根据溶质（被分离物质）分子量的不同，通过具有分子筛性质的固定相（凝胶），使物质达到分离目的。该方法具有净化效果好、适用的样品范围广、回收率高、分析结果的重现性好等优点。GPC 作为一种快速的净化技术，被应用于农药残留分析中脂类提取物与农药的分离，是目前高脂肪含量样品农药残留分析净化中先进的有效手段，但该方法有机溶剂使用量大，环境污染性强，仪器设备昂贵，操作时间长。

（5）基质固相分散

基质固相分散（matrix solid phase dispersion，MSPD）是 1989 年 Barker 等在固相萃取的基础上提出的一种新的样品前处理方法。其基本操作步骤是在玻璃或玛瑙研钵中将样品直接与固相萃取填料混合在一起研磨，使样品与填料均匀分散、键合，形成一个独特的色谱固定相，装柱、洗脱，洗脱液浓缩以后可以直接进行色谱分析。基质固相分散将提取、过滤、净化等过程一步完成，避免了样品均质、离心、转溶等步骤带来的损失，提高了方法的准确度和精密度。但 MSPD 方法也有一些缺陷，主要包括：手工研磨混合样品和吸附剂、人工填柱，自动化程度不高，容易引起由操作带来的误差。为了减少工作量，取样量少，样品中痕量的组分分析难以达到检测灵敏度的要求，而且难以应用到黏性小的液态样品。

（6）微波辅助萃取法

微波辅助萃取法（MAE）是利用微波能来提高萃取效率的一种新技术。微波是指波长在 1mm～1m 之间，频率在 300～300000MHz 之间的电磁波，介于红外线与无线电波之间。不同物质的介电常数、比热容、形态以及含水量不同，其吸收微波能的程度不同，由此产生的热能及传递给周围环境的热能也不同，在微波场中，吸收微波能力的差异使得基体物质的某些区域或萃取体系中的某些组分被选择性加热，从而使被萃取的物质从基体或体系中分离进入到介电常数较小、微波吸收能力较差的萃取剂中。MAE 基本不受目标物质极性大小的影响，具有选择性好、应用范围广、萃取效率高、节省时间、污染少、回收率高、设备简单等特点。由于非极性溶剂介电常数小，对微波透明或部分透明，无法进行萃取分离，因此在微波萃取时，要求溶剂必须具有一定的极性，对待测组分有较强的溶解能力，对后续测定的干扰较少。此外还应考虑溶剂的沸点因素。常用的萃取剂有：甲醇、乙醇、丙酮、乙酸、甲苯、二氯乙烷、乙腈等有机溶剂。用苯、正己烷等非极性溶剂萃取时，必须加入一定比例的极性有机溶剂。另外，萃取时还要考虑萃取时间、微波的辐照功率、萃取温度、溶剂 pH 值、介质物料中的水分等因素。

（7）固相微萃取

固相微萃取（SPME）是在固相萃取基础上发展起来的萃取分离技术，其原理是利用待测物在涂层和样品之间平衡分配，使待测组分扩散吸附到石英纤维表面的固定相涂层，待吸附平衡后，再与气相色谱（GC）或高效液相色谱（HPLC）联用以分离和测定待测组分。SPME 与 GC 联用适用于分析挥发性有机物，通过热解吸，使待测组分与萃取纤维分离。而对难挥发的有机物可利用

SPME与HPLC联用技术，通过溶剂的解析作用达到分离效果。萃取样品时，可直接将石英纤维插在样品中或将石英纤维放置在样品顶空中。提高萃取效率的方法可以通过改变纤维表面固定液的种类、厚度，调节溶液的离子强度、pH值及衍生化反应来实现。SPME具有灵敏度高、无溶剂、样品用量少而且简便快速等优点。

一般来说，不同种类的待分析物，要用不同类型的吸附质涂层进行萃取，其选择的基本原则是“相似相容原理”。目前最常用的涂层是聚二甲基硅氧烷（PDMS）和聚丙烯酸酯（PA）2种。1994年SPME技术PDMS萃取头首次应用在有机磷农药的分析中，此后SPME技术在农残分析中应用日益增多。目前可供SPME使用的固定相涂层种类不多，限制了其应用，主要集中在水环境样品，也有涉及土壤、生物及食品等基质，农药主要集中于有机氯、有机磷和三嗪类。

（8）免疫亲和色谱技术

免疫亲和色谱技术（IAC）原理是一种利用抗原抗体特异性可逆结合特性的SPE技术，根据抗原抗体的特异性亲和作用，从复杂的待测样品中捕获目标化合物。其原理是将抗体与惰性微珠（珠状琼脂糖、键合相硅胶）偶联制成固定相，然后装柱，将含抗原的溶液过免疫亲和柱，抗原与固定了的抗体结合，而非目标化合物则沿柱流下，最后用洗脱缓冲液洗脱抗原，从而得到纯化的抗原。溴化氰活化的琼脂糖是最经典的亲和柱的柱材。IAC技术具有显著优点：对待测物高效、提高样品纯化率、高灵敏度、高选择性保留能力，特别适用复杂样品极稀组分的净化与富集。IAC理论基础早在20世纪60年代已建立，1987年Van de Water等首次应用IAC技术净化了猪肉中的氯霉素，之后于1989年又在此技术基础上测定了蛋、牛奶中的氯霉素。现在已成为医药、兽药、食品检测中应用的一种重要前处理方法。现在市场已有克仑特罗、黄曲霉毒素等多种免疫亲和柱出售，使用效果非常好。

传统的液-液萃取法和索氏提取法等样品前处理方法虽然提取时间长、消耗大量溶剂、提取效率低、方法烦琐，但由于投入成本低，仍在广泛应用。目前已广泛应用的固相微萃取在样品前处理中所占地位越来越重要；固相微萃取、基质固相分散萃取、凝胶渗透色谱、微波辅助萃取也已得到一定程度的应用；加速溶剂萃取、超临界流体萃取、分子印记合成受体、免疫亲和色谱技术的研究和应用正在成为农残分析的热点。各种处理方法在使用范围上互为补充，丰富和拓展了样品前处理方法。总之，现代样品前处理正向快速、简单、减少环境污染、微型化及自动化方向发展。

13.2 农药残留分析常用的检测技术

自20世纪中期以来，各种新农药相继被合成和发现，应用于农业生产的农药越来越多。传统的农药残留分析方法大多用于检测某一类农药的单一成分，面对日益复杂的农产品，已不能满足其农残检测要求。多农药残留分析方法（multi-residue analysis method）分为两类：一类是选择性多残留分析（selective multi-residue analysis method），用于分析同一类农药中的不同成分；另一类是多类多残留分析（multi-class，multi-residue analysis method），用于分析不同种类农药中的不同成分。色谱技术因其高分离效能，是多农药残留分析的主要方法；色谱-质谱联用技术因其能同时定性和定量分析及质谱检测器的通用性，而广泛应用于不同种类、不同成分的多农药残留检测；光谱技术具有分析快速简单的特点，近年来也被用于多农药残留检测；在色谱-光谱联用仪器出现后，研究者开始尝试用色谱-光谱联用技术检测多农药残留。

13.2.1　色谱法

色谱检测方法所得到的数据精确性和准确性较高，而样品前处理较烦琐。目前正在向省时、省力、廉价、环境友好、微型化及自动化方向发展。

13.2.1.1　薄层色谱法

薄层色谱法（TLC）是以固体吸附剂（如硅胶、氧化铝等）为担体，有机溶剂为流动相的分配型层析分离分析方法，不需要特殊设备和试剂，方法简单、快速、直观、灵活，但灵敏度不高。开始主要用于单个农药的分析，二维薄层色谱的出现才使其在多农药残留检测中得到应用，可提高多组分物质的分离效果。近年来，薄层色谱法与酶抑制法被结合应用于有机磷农药和氨基甲酸酯农药的检测，方法灵敏度高，能检测出显色法无法或不易检出的某些农药。

13.2.1.2　气相色谱法

气相色谱法（GC）是一种传统的多农药残留分析方法，通过配置不同的高性能检测器，能使大部分能气化的农药达到很高的灵敏度。配置 FPD 或 NPD 检测器，可用于有机磷农药的扫描检测；配置 ECD 检测器，可用于有机氯、拟除虫菊酯农药的扫描检测；一些不分解的氨基甲酸酯类农药可用 FTD 或 NPD 检测器检测。

大体积进样技术（LVI）使气相色谱在多农药残留检测中的应用更加广泛。LVI 的工作原理是进样器的起始温度为样品中溶剂的沸点，大体积样品进样后溶剂气化，载气将溶剂吹扫出分流排空阀，然后升温气化溶质，增大进样口压力，使溶质组分进入色谱柱进行分析，这样可将大量溶剂在进入色谱柱之前排出系统，特别适合溶剂沸点低而检测物质沸点高的体系测定。毛细管气相色谱的进样体积一般为 1～2μL，采用 LVI 技术进样体积最多可达 1000μL，浓缩富集后，检测器的灵敏度可提高数十倍。LVI 技术要求分析物从溶剂中无损失分离，所以选择的溶剂沸点应低于大部分需分析的化合物，即溶剂与分析物的沸点相差越大越好。

大口径毛细管石英柱自1983年美国惠普公司首先提出代替填充柱以来，其研究与应用在国内外进展很快。这种液膜厚、内径粗的毛细管柱既有填充柱的容量，又不会因担体（载体）而引起吸附或催化活化等现象，适用于药物及农药等极性化合物的分析，在有机磷农药残留检测中的应用尤为广泛。沸点太高或热稳定性差的农药不适于用气相色谱法分析，而早期的小分子量农药一般毒性都较大，残留时间长。现在不少国家都以法规形式制定了减少50%化学农药用量的目标，与此同时，生物农药发展迅速，应用范围越来越广泛，这些大分子量的农药一般都不能用气相色谱法分析。

13.2.1.3 高效液相色谱法

高效液相色谱法（HPLC）发展于20世纪70年代，适用于高沸点、热稳定性差、分子量大的农药分析，如部分有机磷农药和绝大部分氨基甲酸酯类农药。2002年，N. Rosales Conrado等用毛细管高效液相色谱法分析了土壤中多种除草剂残留，应用毛细管提高了检测灵敏度，减少了有机溶剂用量，并可通过调节柱箱温度来改善分离状况。

除质谱检测器外，与高效液相色谱联用的主要有紫外和荧光检测器，只能检测对紫外有吸收及本身或衍生后能发射荧光的农药。因此，在今后的多农药残留检测中，液相色谱-质谱联用技术将占据重要地位，高毒小分子化学农药的退出和生物农药的兴起将使其应用更加广泛。

13.2.1.4 超临界流体色谱法

农药残留分析工作者在分析时都希望尽量减少有毒和价格昂贵的有机溶剂的用量，以及寻找能用于多种基质中多农药残留的检测方法。超临界流体色谱法（SFC）正好满足其要求。CO_2是常用的超临界流体，当在CO_2中加入少量甲醇或乙酸乙酯调节萃取溶剂的极性后，对绝大多数农药都能达到很好的萃取效率，且萃取液基质影响小，萃取过程不会引起农药的热分解。

超临界流体色谱可与各种气相、液相色谱检测器匹配，还可与红外、质谱联用。它能通过调节压力、温度、流动相等来达到最佳色谱条件，是气相色谱和液相色谱优点的综合体，但尚未广泛用于多农药残留检测。

13.2.2 光谱法

与色谱法相比，光谱技术在农药残留检测中尚有很大的应用潜力。在国外，光谱技术在农药生产企业特别是在线质量监测中的应用比较广泛，主要是因其具有快速、简便，可直接测量固体、液体及气体样品的特点。目前用于农药残留检测的光谱技术主要有傅立叶转换红外光谱法及拉曼光谱法、荧光光谱法和紫外分光光度法。

13.2.2.1 红外光谱法

光谱技术对样品前处理要求低，对环境污染小，分析速度快。日本Ishizawa

小组报道的 ATR-FTIR 技术直接测定蔬菜叶面上残留的百菌清等杀菌剂的结果，使光谱技术在农药残留检测中的应用引起了广泛关注。李文秀等研究了用中红外衰减全反射光谱直接测定蔬菜中的高残留农药敌百虫和敌敌畏，结果表明在中红外波段，蔬菜叶的色素几乎没有吸收，不影响农药残留组分的测定，为实现蔬菜的农药残留直接快速检测提出了一种可行的方法。ATR-FTIR 法也被用于检测蔬菜叶面残留的氯氰菊酯，徐琳等对比了常见红外吸收光谱法与 ATR 法的检出限，前者为 0.015mg/kg，后者为 0.01mg/kg，且样品不需预处理，方法快速简便。

13.2.2.2 荧光光谱法

荧光强度与被测物质的吸光能力及荧光效率有关。农药在紫外线照射下能发射出荧光，荧光谱只有一个峰带，并且不同荧光物质由于分子结构和能量分布的差异各自显现出不同的荧光光谱。因此，可用荧光强度表征其浓度，用荧光光谱差异鉴别其种类。王玉田等利用三维荧光技术，对西维因、灭多威、苯菌灵等 3 种常用氨基甲酸酯类农药的荧光特性进行了研究，证明了三维荧光光谱法检测农药残留的可行性，并用自制的仪器测定了西维因和克百威两种农药。荧光光谱法的灵敏度高，但其在实际样品检测中的应用还有待于进一步研究，如样品基质对检测的影响等。

13.2.2.3 紫外光谱法

紫外光谱法也可用于农药残留检测。嵇正平等建立了光度法快速测定土壤中呋喃丹的方法，利用呋喃丹在碱性条件下发生水解生成酚类物质，再用 4-氨基安替比林萃取光度法测定，方法线性良好，回收率为 97%～102%。

13.2.3 质谱法

1906 年，J. J. Thomson 发明了质谱。到 20 世纪 20 年代质谱才逐渐被化学家以一种分析手段采用。40 年代时，质谱广泛应用于有机化合物的结构鉴定，直到 80 年代，有机质谱分析技术得到了飞速的发展，相继发明了快原子轰击 (fast atom bombardment，FAB)、电喷雾电离（electrospray ionization，ESI）和基质辅助激光解吸电离（matrix assisted laser desorption ionization，MALDI）等软电离技术，能用于分析高极性、难挥发和热不稳定样品，使质谱的应用扩大到生物大分子的领域。

质谱检测器与传统检测器相比，在定性和定量方面都有很大的优点，并且可以得到被测物的分子结构信息，而其他检测器只能通过流出物的保留时间来定性，对多残留分析来说既浪费时间又有一定的难度，因此采用质谱（MSD）检测器对被测物进行确证。

质谱仪包括进样系统、离子源、质量分析器、离子检测器、控制电脑及数据分子系统组成。离子源和质量分析器是质谱仪的核心，其他部分一般是根据离子源和分析器相应地来配备。离子源多种多样：电子轰击源（electron bombardment，EB）、化学电离源（chemical ionization，CI）、真空火花源（spark source，SS）、激光表面解析源（laser desorpfion，LD）、场解析（field ionization，FI）、快原子轰击源（fast atom bombardment，FAB）、电喷雾电离（electrospray ionization，ESI）、基质辅助激光解吸电离（matrix assisted laser desorption ionization，MALDI）等。分析器类型，分为五大类：磁质谱、四极杆质谱（quadrupole）、飞行时间质谱（time of flight，TOF）、傅立叶变换离子回旋共振质谱（fourier tansform-ion cyclotron resonance，FT-ICR）以及离子阱质谱（ion trap，IT）。不同离子源和分析器进行组合，构成了质谱的家族。

20 世纪 80 年代中期出现的两种新的电离技术：电喷雾电离（electrospray ionization，ESI）和基质辅助激光解吸电离（matrix assisted laser desorption ionization，MALDI），这两种技术具有高灵敏和高质量检测范围，能在飞摩（10^{-15}）乃至阿摩（10^{-18}）水平检测分子量高达几十万的生物大分子。目前，这两种技术广泛用于生物学、生物医学、生物化学等科学领域的研究。

13.2.3.1　电喷雾离子化质谱技术

电喷雾离子化技术（ESI）的工作原理：利用位于一根毛细管和质谱进口间的电势差生成离子，在电场的作用下产生一喷雾形式存在的带电液滴。在迎面吹来的热气流的作用下，液滴表面溶剂蒸发，液滴变小，液滴的电荷密度骤增。当静电排斥力等于液滴的表面张力时，液滴便发生崩解，形成更小的液滴。如此形成的小液滴以类似的方式继续崩解，于是，液滴中的溶剂迅速蒸干，产生多电荷正离子，在质谱仪内被分析记录。电喷雾电离的特征之一是可生成高度带电的离子而不发生破裂，这样可将质荷比降低到各种不同类型的质量分析仪都能检测到的程度。电喷雾通常应用于 FT-MS。Little 等利用 FT-MS 对一个 50 链寡聚糖核苷酸得到了优于 10μg/g 的质量测定准确度；对一个 100 链寡聚核苷酸，质量准确度优于 30μg/g。测定的寡聚物的分子量可用于顺序确证，也可与气相裂解结合来进行序列测定。R. Chen 等用 FT-ICR-MS 来捕获和检测质量超过 10^8D 的单个 DNA 离子。

ESI 的优点是：解决了极性大、热不稳定的蛋白质与多肽分子的离子化和大分子量、一级结构和共价修饰位点的测定问题，并可用于研究 DNA 与药物、金属离子、蛋白质和抗原与抗体的相互作用。但是样品中的盐类对样品结果影响很大，而且单个分子带电荷不同可形成多种离子分子峰（重叠峰），所以对混合物的图谱解析比较困难。

13.2.3.2　基质辅助激光解吸电离技术

基质辅助激光解吸电离技术（MALDI）是用小分子有机物作为基质，样品与基质的分子数比例为 1∶(100～50000)，均匀混合后，在空气中自然干燥后送入离子源内。混合物在真空下受激光辐照，基质吸收激光能量，并转变为基质的电子激发能，瞬间使基质由固态转变为气态，形成基质离子。而中性样品与基质离子、质子及金属阳离子之间的碰撞过程中，发生了样品的离子化，从而产生质子化分子、阳离子化分子或多电荷离子或多聚体离子。

常用的是基质辅助激光解吸离子-飞行时间质谱（MALDI-TOF MS）。目前还有更新的串联飞行时间质谱技术（MALDI-TOF/TOF MS）。Crimmins 等用 MALDI-TOF MS 分析通过二硫键键合的异二肽，得到了二肽及每个单体肽组分的质量。结论是 MALDI-TOF MS 中的碎裂过程与氨基酸胱氨酸水溶液的光引发均裂有相似之处。因此，可作为一种指认蛋白中二硫键的简便方法。此方法还适用于对单核细胞进行直接的化学分析。Holland 等用 MALDI-TOF MS 通过与已有的参照谱图比较或与已知细菌的培养液进行共同分析而对整个细菌进行鉴定。MALDI 的特点是准分子离子峰很强，几乎无碎片离子，因此可直接分析蛋白质酶解后产生的多肽混合物。另一个特点是对样品中杂质的耐受量较大，当用液体色谱分离蛋白质时，往往把盐留在样品中，若这些盐的量在基质的 5% 以下，可不影响蛋白质离子的发射，因而往往可省去脱盐的步骤，大大缩短分析时间。

13.2.4 联用技术

13.2.4.1 色谱-质谱联用技术

色谱法（chromatography）是一种分离分析技术。它利用物质在两相中分配系数或吸附技术的微小差异，当两相作相对移动时，被测物质在两相之间进行反复多次分配或吸附，以达到有效分离、分析的目的。但这些具有高效分离能力的技术，在对分离后各组分的定性鉴定方面显得无能为力。在农药残留检测过程中，本底干扰不容忽视，特别是在残留浓度很低的情况下，仅依靠保留时间定性很困难，必须有质谱数据即化合物结构信息，才能准确判断。欧盟和美国要求农残的确认必须有质谱数据。

而 MS 技术，对化合物分析有独到的鉴定能力，但对样品的纯度要求较高。色谱-质谱联用技术既发挥了色谱的高分离能力，又发挥了质谱的高鉴别能力，在多农药残留检测中的应用越来越广泛。因此，分离型技术与鉴定型技术的联用，一次性完成混合体系的分离、鉴定乃至定量分析势在必行。

（1）气相色谱-质谱联用技术

气相色谱-质谱联用技术（GC-MS）的发展历经半个多世纪，是发展成熟且应用广泛的分离分析技术。20 世纪 80 年代，毛细管气相色谱的广泛使用、真空泵性能的提高及大抽速涡轮分子泵的出现，保证了质谱仪所需要的真空；低流失交链键合色谱柱的发展降低了质谱的背景干扰；大抽速涡轮分子泵及差动抽气方式使允许进入质谱仪的载气流量提高到 15mL/min；LVI 技术和宽口径毛细管柱在气质联用仪上的应用使仪器灵敏度和使用范围都得到改善。目前低分辨色谱-

质谱联用仪器主要是四极杆质谱和离子阱质谱，高分辨仪器主要是飞行时间质谱和扇形场质谱，串联式质谱仪器主要是三重四极质谱。

GC-MS技术具有对样品中不同种类的上百种农药残留同时快速扫描、定性、定量的优势，在农残检测中尤其重要。用于多农药残留分析的多为单四极杆质谱，串联质谱也有应用。近年来，美国有报道探讨了果蔬中多农药残留的GC-MS分析法，通过不断改进样品前处理方法，使其在多农药残留检测中的应用越来越成熟。随着我国对食品安全的重视，GC-MS在农药残留检测中的应用也得到了迅速发展。

(2) 液相色谱-质谱联用技术（LC-MS）

LC-MS的关键技术是高压液相操作的液相与高真空工作的质谱的匹配，即接口技术，目前主要有电喷雾离子化（ESI）和大气压化学离子化（APCI）技术。在多农药残留分析中，LC-MS技术使用最多的是四极杆质量分析器。在分析生物大分子时，一些高分辨率质谱和串联质谱被采用，如三重串联四极质谱仪、四极离子阱质谱仪、飞行时间质谱仪，以及四极质谱仪与飞行时间质谱仪串联的质谱仪。质谱检测器在使用全扫描（full scan）时，对很低浓度的样品要求预富集，选择离子监测（SIM）可以使灵敏度大幅度提高，但降低被测物的定性信息，串联质谱的出现在不降低定性信息的前提下使得选择性和灵敏度都有很大的提高。

LC-MS技术将应用范围极广的液相色谱分离方法与灵敏、专属、能提供分子量和结构信息的质谱法相结合，已成为农药残留分析实验室的必备检测手段。早期氨基甲酸酯类农药一般柱后衍生后以荧光检测器检测，但化合物难以确证，LC-MS技术使问题得以解决。由于质谱仪的通用性，LC-MS在多种类多成分的多农药残留检测中的应用越来越广泛，如新鲜水果、蔬菜中多农药残留的检测和环境样品中多农药残留的分析。

13.2.4.2 色谱-光谱联用技术

原子发射检测器能检测出从气相色谱流出的任何化合物，特别是杂原子，如N、P、S、Cl、Br、F等元素，它们都是农药组分中的主要元素。因此，气相色谱-原子发射光谱联用技术（GC-AES）被成功应用于食品、水、土壤等样品中多农药残留的检测。制约GC-AES在农药残留检测中应用的一个主要因素是，与其他选择性检测器如NPD、ECD等相比，其灵敏度相对较低。随着原子发射光谱检测仪灵敏度的提高，GC-AES在多农药残留检测中的应用将更加广泛。

由于化合物的红外谱图与质谱图一样，可以建立标准谱库对未知化合物确证，1970年起，气相色谱-红外光谱联用技术在复杂环境样品检测中的应用引起了人们的关注。GC-IR-MS商品化仪器的面世，使得在同一仪器上同时得到样品的光谱和质谱信息成为可能。1996年，Kevin等用MDGC-IR-MS测定了水、土壤中有机污染物的残留，检测出土壤提取液中含有42种农药及其他有机污染物，其中包括甲拌磷、DDD 异构体和 DDT 的两个代谢产物。试验以 HP 的一个约含 5100 张标准红外谱图的谱库和两个各含 41000 张和 71000 张标准质谱图的谱库确证各个组分，结果表明各组分都能得到满意的分离和确证。随着分析仪器硬件和软件的发展，MDGC-IR-MS 将能更快地提供更多、更准确的信息，其应用领域也将越来越广泛。

13.2.4.3　多维气相色谱技术

多农药残留分析一般都是基质比较复杂的食品或环境样品中低浓度组分的检测，GC-MS 法在提取离子模式下能很好地排除基底干扰，但当样品中农药组分增多，且农药组分结构非常相近时，各农药组分的特征离子无法选出，即使有特征离子，但有限的特征离子的丰度及质量数可能并不适于定性定量分析。在一维气相色谱中，为了降低基底对待测组分的干扰，对样品前处理要求严格，而全二维气相色谱则能有效地解决此问题。

二维气相色谱是由 Liu 和 Phillips 在 1991 年最先使用的，它是由两根不同性能的色谱柱通过一个调制装置串联，第一根柱子的流出物聚焦后再进入第二根色谱柱，使用计算机程序得到一张二维气相色谱图。由于其突出的分离性能而受到广泛关注，它与质谱的联用技术更大地开阔了二维气相色谱的应用前景。在对农药残留的痕量分析时使用二维气相色谱飞行时间质谱（GC×GC-TOF-MS）方法，标准曲线的线性、峰面积的再现性及在二维色谱上的保留时间都取得很好的结果，并用于婴儿食品中的农药残留检测，其检出限可达 0.01mg/kg。

目前多维气相色谱技术在多农药残留检测中还未得到广泛的应用，但随着各国对农药残留限量要求的提高，其强大的分离效能及准确的确证功能将会得到体现。

13.2.5　毛细管电泳

毛细管电泳（CE）成为农药残留分析的实用性分析技术主要优点是设备简单、分析速度快、经济、溶剂用量少。CE 所需样品量极少，一般只需几纳克，灵敏度主要通过更灵敏的检测器或样品预浓缩技术来解决。CE 与 MS 联用技术解决灵敏度问题，也使前处理省去浓缩过程，使分析速度大为提高。

13.2.6　生物监测技术

生物监测技术常用方法为生物传感器（biosensor）和免疫分析（IA）技术，这两种技术多用于分析氨基甲酸酯类农药，其优点主要是选择专一性和分析成本低。正是由于选择专一性，使得一次只能分析一种农药，这就与现代农药的多残留分析有所背离，而且被测农药的种类也受到限制，但对于那些特定检测的农药其灵敏度还是相当高的。

13.3 有机氯农药残留及其检测技术

13.3.1 有机氯农药

有机氯农药是一类应用最早的高效、广谱杀虫剂，主要品种有 DDT 和六六六。有机氯农药作为一类重要的持久性有机污染物所造成的污染和危害已引起普遍关注。《关于持久性有机污染物的斯德哥尔摩公约》中首批列入受控名单的 12 种持久性有机污染物中，有 9 种是有机氯农药。它们的使用不仅会对动物的生命健康构成威胁，而且还会富集于植物体内，或者直接污染生态环境。尽管 20 世纪 80 年代已停止使用，但由于有机氯农药化学性质稳定，残留时间长，半衰期长，不断地迁移和循环，因此环境与食物中仍能检出有机氯农药的残留。

13.3.2 食品中有机氯农药的残留

① 通过大气漂移污染环境和食品，波及全球每个角落。

② 通过食物链传递时能发生富集作用，如鱼贝类 2000～3000 倍，食鱼鸟 10 万倍。

③ 农作物对土壤中的有机氯有富集作用，残留量大小顺序为：植物油＞粮食＞蔬菜＞水果。

④ 主要蓄集于动物脂肪，动物性食品残留量大于植物性食品，猪肉高于牛肉、羊肉、淡水鱼。

13.3.3 有机氯农药对人体的危害

① DDT 有较强的蓄积性，能损伤肝、肾和神经系统，引起肝脏肿大，贫血，白细胞增多，而且对免疫系统、生殖系统和内分泌系统也有显著影响。动物试验表明，也有较强的致癌性。

② 六六六的蓄积量与男性肝癌、肺癌、肠癌以及女性直肠癌的发病率有关。

13.3.4 有机氯农药检测方法简介

有机氯农药残留一般采用气相色谱-电子捕获检测法（GC-ECD）测定。ECD 为高灵敏度检测器，对电负性物质均有响应，检测时易产生干扰，因此测定时样品需进行净化处理。食品中农药残留检测常用的提取方法包括索氏提取法、振荡提取法和超声波提取法。索氏提取法为经典提取方法，提取效果好，适用于谷物及其制品、脱水蔬菜、茶叶、烟草等样品，常用于难提取样品中残留农药的提取，但提取时间长，每个样品需要 6～8h，常用此法作为其他提取方法的对照方法。目前 SN 0145—1992 和 SN 0140—1992 中规定脱水蔬菜和出口粮谷中六六六、DDT 残留检测的前处理方法均为索氏提取法。超声波提取法被广泛认为是一种有效的提取方法，超声波搅拌使固-液更密切接触，加速了分析物的溶解和扩散，提高了提取效率。振荡提取法也是常用的提取方法，GB/T 5009.19—2008 和 GB/T 5009.146—2008 规定植物性食品中有机氯农药残留检测采用振荡提取法。对于蔬菜样品多采用弗罗里硅土填料、C18 和活性炭等固相萃取柱（SPE）净化。茶叶中有机氯农药残留通过正己烷-丙酮（体积比 2∶1）溶液提取，浓缩后过弗罗里硅土柱净化，采用正己烷-乙酸乙酯（体积比 9∶1）溶液淋洗，淋洗液吹氮至干后以正己烷定容供 GC 测定。

13.3.5　部分现行有机氯农药检测标准

表 13-1 列出了部分现行有机氯农药检测标准。

表 13-1　现行有机氯农药检测标准（部分）

序号	标准编号	标准名称
1	GB 23200.40—2016	食品安全国家标准 可乐饮料中有机磷、有机氯农药残留量的测定气相色谱法
2	GB 23200.86—2016	食品安全国家标准 乳及乳制品中多种有机氯农药残留量的测定气相色谱-质谱/质谱法
3	GB 23200.88—2016	食品安全国家标准 水产品中多种有机氯农药残留量的检测方法
4	GB/T 2795—2008	冻兔肉中有机氯及拟除虫菊酯类农药残留的测定方法 气相色谱/质谱法
5	GB/T 5009.146—2008	植物性食品中有机氯和拟除虫菊酯类农药多种残留量的测定
6	GB/T 5009.162—2008	动物性食品中有机氯农药和拟除虫菊酯农药多组分残留量的测定
7	GB/T 5009.19—2008	食品中有机氯农药多组分残留量的测定
8	NY/T 761—2008	蔬菜和水果中有机磷、有机氯、拟除虫菊酯和氨基甲酸酯类农药多残留的测定
9	SN 0497—1995	出口茶叶中多种有机氯农药残留量检验方法
10	SN/T 4527—2016	出口中药材中多种有机氯、拟除虫菊酯类农药残留量的测定

13.4　有机磷农药残留及其检测技术

13.4.1　有机磷农药

有机磷农药（OPs）是含有 C—P 键或 C—O—P、C—S—P、C—N—P 键的有机化合物。目前，正式商品有几十种，如敌敌畏、敌百虫、马拉硫磷等。大部分 OPs 不溶于水，而溶于有机溶剂，在中性和酸性条件下稳定，不易水解，在碱性条件下易水解而失效。OPs 的毒性主要是抑制生物体内的胆碱酯酶（Ch-E）的酶活性，导致乙酰胆碱（Ach）这种传导介质代谢紊乱，产生迟发性神经毒性，引起运动失调、昏迷、呼吸中枢麻痹、瘫痪甚至死亡。作为典型的酶毒剂，OPs 可以通过消化道摄入，也可以通过皮肤、黏膜、呼吸道吸收而引发中毒。

有机磷农药具有高活性、在环境中低残留等特点，仍在世界范围内广泛应用，有着极为重要的地位。我国是有机磷农药生产和使用大国，据不完全统计，在农药中有机磷农药大约占 70%，剧毒、高毒的有机磷杀虫剂约占其中七成。但是，某些有机磷农药属于高毒农药，对哺乳动物急性中毒较强，常因使用、保管、运输等不慎污染食品，造成人畜急性中毒。故食品中特别是果蔬等有机磷农药残留的测定是一重要检测项目。

13.4.2 有机磷农药的检测方法

根据 OPs 的化学特性和毒理学性质，检测 OPs 的分析方法有三大类，即波谱法、色谱法和酶抑制法。

13.4.2.1 波谱法

该方法是根据 OPs 中某些官能团或水解、还原产物与特殊的显色剂在一定的条件下，发生氧化、磺酸化、酯化、络合等化学反应，产生特定波长的颜色反应来进行定性或定量（限量）测定。检限在 μg 级水平。

但是微量化学试验法主要用于商品农药的鉴别试验，灵敏度不高，试验干扰因素多，含不同基团的 OPs 的反应也不一样，易出现假阴性。为提高灵敏度，用分光光度计等来测定 OPs 的方法（即波谱法）逐渐代替了微量化学试验。AOAC 规定了用红外光谱法检测敌敌畏、保棉磷、甲拌磷，用分光光度法检测马拉硫磷、对硫磷等。

但波谱法一次只能测定一种或相同基团的一类 OPs，且灵敏度不高，一般只能作为鉴别方法粗选，对含有各种不同 OPs 残留的样品，呈阳性的样品还需用其他检测方法来进行确证试验。

13.4.2.2 色谱法

（1）薄层色谱法

TLC 法是一种较成熟的、应用也较广的微量快速检测方法，先用适宜的溶剂提取 OPs，经纯化浓缩后，在薄层硅胶板上分离展开，显色后与标准 OPs 比较 R_f 值进行定性测定，用薄层扫描仪进行定量测定，检出限达 0.1～0.01μg。由于样品中农药残留成分复杂，OPs 含量较低，为此，国内外针对该方法的不同实验步骤，如提取方法、纯化、浓缩方法、薄层板的吸附剂种类、展开剂的配制、展开方式（如单向和双向展开）以及显色方法都作了深入的研究和改进。

（2）气相色谱法

随着现代仪器分析方法的发展，气相色谱法已成为目前典型的、应用最广的仪器分析方法之一。AOAC 对大部分 OPs，如乙拌磷、丰索磷、马拉硫磷、对硫磷，在 20 世纪 80 年代就建立了气相色谱检测方法。我国现行食品理化检验标准方法中也普遍采用了气相色谱检测 OPs。该方法是利用经提取、纯化、浓缩后的 OPs 注入气相色谱柱，程序升温气化后，不同的 OPs 在固定相中分离，经不同的检测器检测扫描绘出气相色谱图，通过保留时间来定性，通过峰或峰面积与标准曲线对照来定量。一次可同时测定多个组分，简便、快捷、灵敏度高、准确性好。

（3）高效液相色谱法

HPLC 法是在液相柱层析的基础上，引入气相色谱理论并加以改进而发展起来的色谱分析方法。与 GC 相比，主要优势在于针对气相色谱不能测定的如沸点太高不能气化以及对热不稳定，易裂解变质的 OPs。AOAC 中有近半数的 OPs 都建立了 HPLC 法。我国现行标准方法中也有采用液相色谱法来测定有机磷农药的相关标准。

13.4.2.3　酶抑制法

酶抑制法（EIM）是利用 OPs 的毒理特性建立的一种快速检测方法。由于 OPs 能抑制乙酰胆碱酯酶（Ach-E）的活性，使该酶分解乙酰胆碱（Ach）的速度减慢或停止，再利用一些特定的颜色反应来反映被抑制程度，从而达到检测 OPs 的目的。

酶抑制法最大的优点是操作简便、速度快、不需昂贵的仪器，特别适合现场检测以及大批样品的筛选检测，易于推广普及。但是灵敏度比仪器法要差一些，重复性、回收率还有待提高。

13.4.3　部分现行有机磷农药检测标准

表 13-2 列出部分现行有机磷农药的检测标准。

表 13-2　现行有机磷农药检测标准（部分）

序号	标准编号	标准名称
1	GB/T 5009.20—2003	食品中有机磷农药残留量的测定
2	GB/T 5009.145—2003	植物性食品中有机磷和氨基甲酸酯类农药多种残留的测定
3	GB/T 5009.161—2003	动物性食品中有机磷农药多组分残留量的测定
4	GB/T 5009.199—2003	蔬菜中有机磷和氨基甲酸酯类农药残留量快速检测
5	GB/T 5009.207—2008	糙米中 50 种有机磷农药残留量的测定
6	GB/T 14553—2003	粮食、水果和蔬菜中有机磷农药测定的气相色谱法

续表

序号	标准编号	标准名称
7	GB/T 18412.3—2006	纺织品 农药残留量的测定 第3部分:有机磷农药
8	GB/T 18625—2002	茶中有机磷及氨基甲酸酯农药残留量的简易检验方法 酶抑制法
9	GB/T 18626—2002	肉中有机磷及氨基甲酸酯农药残留量的简易检验方法 酶抑制法
10	GB/T 18630—2002	蔬菜中有机磷及氨基甲酸酯农药残留量的简易检验方法 酶抑制法
11	GB/T 18969—2003	饲料中有机磷农药残留量的测定 气相色谱法
12	GB 23200.40—2016	食品安全国家标准 可乐饮料中有机磷、有机氯农药残留量的测定 气相色谱法
13	GB 23200.91—2016	食品安全国家标准 动物源性食品中9种有机磷农药残留量的测定 气相色谱法
14	GB 23200.93—2016	食品安全国家标准 食品中有机磷农药残留量的测定气相色谱-质谱法
15	GB 23200.97—2016	食品安全国家标准 蜂蜜中5种有机磷农药残留量的测定 气相色谱法
16	GB 23200.98—2016	食品安全国家标准 蜂王浆中11种有机磷农药残留量的测定 气相色谱法
17	NY/T 448—2001	蔬菜上有机磷和氨基甲酸酯类农药残毒快速检测方法
18	NY/T 761—2008	蔬菜和水果中有机磷、有机氯、拟除虫菊酯和氨基甲酸酯类农药多残留的测定
19	SN/T 0148—2011	进出口水果蔬菜中有机磷农药残留量检测方法 气相色谱和气相色谱-质谱法
20	SN/T 1739—2006	进出口粮谷和油籽中多种有机磷农药残留量的检测方法 气相色谱串联质谱法
21	SN/T 1950—2007	进出口茶叶中多种有机磷农药残留量的检测方法 气相色谱法

13.5 菊酯类和氨基甲酸酯类农药残留及其检测技术

13.5.1 拟除虫菊酯类农药

拟除虫菊酯是一类能防治多种害虫的广谱杀虫剂，其杀虫毒力比老一代杀虫剂如有机氯、有机磷、氨基甲酸酯类提高10～100倍。拟除虫菊酯对昆虫具有强烈的触杀作用，有些品种兼具胃毒或熏蒸作用，但都没有内吸作用。其作用机理是扰乱昆虫神经的正常生理，使之由兴奋、痉挛到麻痹而死亡。拟除虫菊酯因用量小、使用浓度低，故对人畜较安全，对环境的污染很小。其缺点主要是对鱼毒性高，对某些益虫也有伤害，长期重复使用也会导致害虫产生抗药性。

常用的拟除虫菊酯类农药包含醚菊酯、苄氯菊酯、溴氰菊酯、氯氰菊酯、高效氯氰菊酯、顺式氯氰菊酯、杀灭菊酯、氰戊菊酯、戊酸氰醚酯、氟氰菊酯、氟菊酯、氟戊酸氰酯、百树菊酯、氟氯氰菊酯、戊菊酯、甲氰菊酯、氯氟氰菊酯、呋喃菊酯、苄呋菊酯、右旋丙烯菊。

13.5.2 菊酯类农药检测方法简介

分析拟除虫菊酯农药残留量的方法主要是气相色谱-电子捕获检测法(GC/ECD 法)、高效液相色谱法（HPLC）和气相色谱-质谱-选择离子检测法(GC-MS-SIM 法)。GC/ECD 法灵敏度较高，但干扰严重。因此，对样品前处理尤其净化过程要求很高；HPLC 法灵敏度低，难以满足发达国家对农药残留限量的要求；而 GC-MS-SIM 法既能准确定量，又能通过保留时间和特征离子碎片及其丰度比可靠定性，该方法又分为 GC-MS-EI-SIM 法和 GC-MS-NCI-SIM 法。

13.5.3 部分现行菊酯类农药检测标准

表 13-3 列出了部分现行菊酯类农药的检测标准。

表 13-3 现行菊酯类农药检测标准（部分）

序号	标准编号	标准名称
1	GB 23200.100—2016	食品安全国家标准 蜂王浆中多种菊酯类农药残留量的测定 气相色谱法
2	GB 23200.85—2016	食品安全国家标准 乳及乳制品中多种拟除虫菊酯农药残留量的测定 气相色谱-质谱法
3	GB 23200.95—2016	食品安全国家标准 蜂产品中氟胺氰菊酯残留量的检测方法
4	GB 29705—2013	食品安全国家标准 水产品中氯氰菊酯、氰戊菊酯、溴氰菊酯多残留的测定气相色谱法
5	GB/T 2795—2008	冻兔肉中有机氯及拟除虫菊酯类农药残留的测定方法 气相色谱-质谱法
6	GB/T 5009.106—2003	植物性食品中二氯苯醚菊酯残留量的测定
7	GB/T 5009.110—2003	植物性食品中氯氰菊酯、氰戊菊酯和溴氰菊酯残留量的测定
8	GB/T 5009.146—2008	植物性食品中有机氯和拟除虫菊酯类农药多种残留量的测定
9	GB/T 5009.162—2008	动物性食品中有机氯农药和拟除虫菊酯农药多组分残留量的测定

续表

序号	标准编号	标准名称
10	NY/T 1603—2008	蔬菜中溴氰菊酯残留量的测定 气相色谱法
11	NY/T 761—2008	蔬菜和水果中有机磷、有机氯、拟除虫菊酯和氨基甲酸酯类农药多残留的测定
12	SN/T 0603—2013	出口植物源食品中四溴菊酯残留量检验方法 液相色谱-质谱/质谱法
13	SN/T 1969—2011	进出口食品中联苯菊酯残留量的检测方法 气相色谱-质谱法
14	SN/T 2151—2016	进出口食品中生物苄呋菊酯、氟丙菊酯、联苯菊酯等 28 种农药残留量的检测方法 气相色谱-质谱法(附英文版)
15	SN/T 2320—2013	进出口食品中百菌清、苯氟磺胺、甲抑菌灵、克菌灵、灭菌丹、敌菌丹和四溴菊酯残留量的检测方法 气相色谱-质谱法(附英文版)
16	SN/T 4527—2016	出口中药材中多种有机氯、拟除虫菊酯类农药残留量的测定
17	SN/T 4813—2017	进出口食用动物拟除虫菊酯类残留量测定方法 气相色谱-质谱/质谱法
18	农业部 781 号公告-7—2006	蜂蜜中氟氯苯氰菊酯残留量的测定 气相色谱法

13.5.4 氨基甲酸酯类农药

氨基甲酸酯类（carbamates）农药用作农药的杀虫剂、除草剂、杀菌剂等。这类杀虫剂分为五大类：①萘基氨基甲酸酯类，如西维因；②苯基氨基甲酸酯类，如叶蝉散；③氨基甲酸肟酯类，如涕灭威；④杂环甲基氨基甲酸酯类，如呋喃丹；⑤杂环二甲基氨基甲酸酯类，如异索威。除少数品种如呋喃丹等毒性较高外，大多数属中、低毒性。氨基甲酸酯农药是目前我国使用量较大的杀虫剂之一，主要应用于粮食、蔬菜和水果上。

13.5.5 氨基甲酸酯类农药检测方法简介

目前我国应用于果蔬上氨基甲酸酯农药残留检测的方法分为生物法和化学法两大类。生物法包括酶联免疫法和快速酶法，其方法简单快速、易操作，但检测的果蔬和农药品种有限。化学法多采用传统的液-液萃取和柱色谱净化前处理技术，用气相色谱（GC）或高效液相色谱法（HPLC）测定。由于氨基甲酸酯农药一般缺乏热稳定性，在进行 GC 测定时会造成分解，同时也缺乏灵敏度高的选择性检测器，因此，除对化合物直接测定外，较多的方法是先将农药衍生为适于电子捕获检测器检测的衍生物，再进行定量测定；高效液相色谱法常用的检测器是紫外检测器，但灵敏度不高；荧光检测器因具有高灵敏度已被用于氨基甲酸酯残留农药的检测。色谱法具有极强的分离能力，但仅以保留时间定性，因此它对未知化合物的定性能力不佳，需要另外的方法来确证。GC-MS 法是近年来发展起来的大型仪器，其不仅具有气相色谱法的高分离效能，还具有质谱对于化合物结构的准确鉴定特点，可同时达到定性定量的检测目的。而在分析对热不稳定、分子量较大、难以用气相色谱分析的化合物时，LC-MS 检测则应用较为成功，具有检测灵敏度高、选择性好、定性定量同时进行、结果可靠等优点，是一种高效率、高可靠性的分析技术。

13.5.6 部分现行氨基甲酸酯类农药检测标准

表 13-4 列出了部分现行氨基甲酸酯类农药检测标准。

表 13-4 现行氨基甲酸酯类农药检测标准（部分）

序号	标准编号	标准名称
1	GB 23200.5—2016	食品安全国家标准 除草剂残留量检测方法 第 5 部分：液相色谱-质谱/质谱法测定 食品中硫代氨基甲酸酯类除草剂残留量
2	GB 23200.90—2016	食品安全国家标准 乳及乳制品中多种氨基甲酸酯类农药残留量的测定 液相色谱-质谱法
3	GB 23200.99—2016	食品安全国家标准 蜂王浆中多种氨基甲酸酯类农药残留量的测定 液相色谱-质谱/质谱法
4	GB/T 18625—2002	茶中有机磷及氨基甲酸酯农药残留量的简易检验方法 酶抑制法
5	GB/T 18626—2002	肉中有机磷及氨基甲酸酯农药残留量的简易检验方法 酶抑制法
6	GB/T 18630—2002	蔬菜中有机磷及氨基甲酸酯农药残留量的简易检验方法 酶抑制法
7	GB/T 19373—2003	饲料中氨基甲酸酯类农药残留量测定 气相色谱法
8	GB/T 5009.104—2003	植物性食品中氨基甲酸酯类农药残留量的测定
9	GB/T 5009.145—2003	植物性食品中有机磷和氨基甲酸酯类农药多种残留的测定
10	GB/T 5009.163—2003	动物性食品中氨基甲酸酯类农药多组分残留高效液相色谱测定
11	GB/T 5009.199—2003	蔬菜中有机磷和氨基甲酸酯类农药残留量快速检测
12	NY/T 1679—2009	植物性食品中氨基甲酸酯类农药残留的测定 液相色谱-串联质谱法
13	NY/T 448—2001	蔬菜上有机磷和氨基甲酸酯类农药残毒快速检测方法
14	SN 0139—1992	出口粮谷中二硫代氨基甲酸酯残留量检验方法
15	SN 0157—1992	出口水果中二硫代氨基甲酸酯残留量检验方法
16	SN/T 0134—2014	进出口食品中杀线威等 12 种氨基甲酸酯类农药残留量的检测方法 液相色谱-质谱/质谱法(附英文版)

续表

序号	标准编号	标准名称
17	SN/T 0711—2015	进出口茶叶中二硫代氨基甲酸酯(盐)类农药残留量的检测方法 液相色谱-质谱/质谱法(附英文版)
18	SN/T 1541—2009	出口茶叶中二硫代氨基甲酸酯总残留量检验方法
19	SN/T 2085—2012	进出口粮谷中多种氨基甲酸酯类农药残留量检测方法 液相色谱串联质谱法(附英文版)
20	SN/T 2560—2014	进出口食品中氨基甲酸酯类农药残留量的测定 液相色谱-质谱/质谱法(附英文版)
21	SN/T 4653—2016	出口中药材中氨基甲酸酯类农药残留量的检测方法 液相色谱-质谱/质谱法
22	SN/T 4675.18—2016	出口葡萄酒中二硫代氨基甲酸酯残留量的测定 顶空气相色谱法

13.6 其他农药残留检测技术

浊点萃取技术（CPE）是近年来出现的一种新兴的液-液萃取技术，它不使用挥发性有机溶剂，从而不会对环境造成影响。它是以中性表面活性剂胶束水溶液的溶解性和浊点现象为基础，改变实验参数引发达到将疏水性物质与亲水性物质分离的目的。目前该法已成功地应用于金属螯合物、生物大分子的分离与纯化及环境样品的前处理中。A. Santalad 等采用浊点萃取技术和反相高效色谱技术检测了水果中的氨基甲酸酯类农药残留，6 种氨基甲酸酯在 27min 内被成功地分离开来，测得 6 种氨基甲酸酯类农药平均回收率为 80%～107%，RSD＜3%，检出限为 0.1～1.0mg/kg。相比较传统方法而言，此方法简便、灵敏度高、消耗溶剂很少，被认为是一种潜在有力的样品前处理技术。

13.7 农药残留量检测技术展望

13.7.1 多农药残留检测技术

随着新型农药的不断出现，需要检测的农药种类越来越多。1991 年欧盟允许使用的农药约 834 种，目前批准使用的约 340 种，并且已对 133 种农药设定了 17000 个限量。目前日本的注册农药约 350 种，已有 229 种被列入法规，在今后几年还会陆续加入 200 多种农药，需要检测的样品品种也不断增加。虽然一些高残留、高毒性的农药被禁止在作物上使用，但在实际农业生产中可能会有滥用的现象，所以这些被禁用农药也须纳入多残留检测方法之内。以上种种都要求农药残留检测方法必须适用于大多数种类样品，方法所包含的农药数量应尽量多，要求仪器工作站能快速处理大量数据。因此，多农药残留检测在今后的农药残留检测中将占据主导地位。

13.7.2　快速检测技术

采用现场快速初筛检测和实验室验证性检测相结合，对结果阳性的样品用准确、可靠的色谱法进行验证，可大大减少分析工作量，提高分析效率，有利于加强农药残留监控的力度。但各类快速检测方法在应用过程中仍存在不少问题：如酶抑制法容易出现假阳性、假阴性，植物内含物对酶反应干扰严重，不同批次酶的质量、反应温度、处理时间等对检测结果影响较大，导致检测的专一性、可比性等下降；酶联免疫法在分析过程中出现交叉反应，导致检测的可靠性和灵敏度降低，方法难以标准化；活性生物测定法不能分辨农药残留的种类；生物传感测定存在选择性不高等问题。针对这些现象，快速检测技术还应向着稳定性好、灵敏度高的方向发展。

13.7.3　在线检测技术

在农药残留检测中，烦琐冗长的样品前处理过程，一直困扰着检测工作的进展。样品前处理产生误差的概率最高，欲获得一个快速、准确、规范的分析方法，必须省去转移、浓缩等容易造成损失的中间步骤。各种在线联用技术可避免样品转移的损失，减少各种人为的偶然误差，将是农药残留分析方法研究的重点。现已有公司研发出包括用于样品处理和用于在线分离色谱的自动化装置。如 SPE-HPLC、HPLC-GC、SPME-GC 联用的完全自动化的在线系统。但目前研发的在线检测系统只有成功的个例，在许多技术上还存在有待突破的地方。

13.7.4　提高测定复杂样品的能力

随着使用农药的转型，高毒小分子化学农药的退出和生物农药的兴起将使其应用更加广泛，今后分析重点将转向与生物组织成分很难区分的生物大分子农药，生物农药的检测将提上日程。农药分析样品污染源的未知性，注定了检测应朝多元化的方向发展，对检测工作者不断提出新的挑战。如核磁共振（NMR）是最强有力的测定未知化合物结构的方法之一。HPLC-NMR-MS 可以进行复杂混合物的分离和检测，分辨率很高，并且可以测定未知物的完全结构。目前已有 HPLC-NMR 联机技术的报道，但在农药残留方面的应用尚不多见，HPLC-NMR 和 HPLC-NMR-MS 等系统化处理复杂样品的测定技术仍是今后农药检测的趋势。

13.7.5 非目标化合物的检测技术

农药的品种繁多，使用者在农产品生产过程中的用药情况复杂，监管体系的不够完善等因素，都使检测技术处于一种被动的地位。对于有明确目标物的检测技术在不断发展的同时，越来越多的分析工作者将工作重点投向非目标物的检测技术开发，致力于主动发现、及早预警和风险监控的检测模式。

参考文献

[1] 袁宁，余彬彬，张茂升，等. 微波辅助萃取-固相微萃取-气相色谱法同时测定茶叶中的有机氯和拟除虫菊酯农药残留 [J]. 色谱，2006，24（6）：636-640.

[2] 刘敏，端裕树，宋苑苑，等. 分散固相萃取-液相色谱-质谱检测蔬菜水果中氨基甲酸酯和有机磷农药 [J]. 分析化学研究报告，2006，（7）：941-945.

[3] 康庆贺，吴岩，高凯扬，等. 固相萃取-在线凝胶渗透色谱-气相色谱/质谱法测定松子仁中的 28 种有机氯农药和拟除虫菊酯农药 [J]. 色谱，2009，27（2）：181-185.

[4] 刘咏梅，王志华，储晓刚. 凝胶渗透色谱净化-气相色谱分离同时测定糙米中 50 种有机磷农药残留 [J]. 分析化学研究简报，2005，（6）：808-810.

[5] 张静，寇登民. 农药残留的现代仪器分析方法 [J]. 现代仪器，2005，（1）：8-10.

[6] 谭道朝，蒋延福. 农药残留分析样品前处理技术发展概述 [J]. 广西植保，2007，20（2）：16-20.

[7] 杨蔓君. 农药残留分析中的提取新技术 [J]. 农药科学与管理，2000，21（1）：13-15.

[8] 吴丽华，李建科. 气相色谱法在农药残留分析中的应用 [J]. 粮油食品科技，2006，14（4）：57-58.

[9] 仲维科，郝戬，樊耀波，等. 食品农药残留分析进展 [J]. 分析化学评述与进展，2000，28（7）：904-910.

[10] 张帆，李忠海，王利兵，等. 食品中氨基甲酸酯类农药残留的检测方法研究进展 [J]. 中国食品与营养，2010，（2）：64-67.

[11] 陈树兵，单正军，胡秋辉. 食品中农药残留检测的样品前处理技术 [J]. 食品科学，2004，25（12）：152-155.

[12] 蔡建荣，张东升，赵晓联. 食品中有机磷农药残留的集中检测方法比较 [J]. 中国卫生检验杂志，2002，12（6）：750-752.

[13] 宋茹，纪淑娟. 蔬菜水果中有机磷农药残留测定现状及展望 [J]. 农药，2002，41（10）：10-12.

[14] 纪淑娟，赵丽丽，冯辉. 蔬菜有机磷农药残留快速检测方法的评价 [J]. 中国蔬菜，2001，（2）：6-8.

[15] 纽伟民，赵晓联，赵春城，等. 有机磷农药检测方法综述 [J]. 江苏食品与发酵，2001，（1）：28.

Chapter 14

第14章 兽药残留及其检测技术

兽药残留（veterinary drug residue）是指动物产品的任何可食部分所含兽药的母体化合物及其代谢物，以及与兽药有关的杂质。近年来，食品中的兽药残留在国内外已成为一个影响广泛和颇具争议的问题，与公众的健康息息相关，也直接关系到产业界的经济利益，还经常成为国际贸易中的非关税性贸易壁垒。食品中的兽药残留主要来源于食品动物养殖过程中的治疗用药以及非治疗目的的促生长和预防用药，集约化和规模化养殖业的发展提高了非治疗目的兽药的使用比例。非法使用禁用药物，不遵守休药期规定也是普遍存在的现象。长期食用兽药残留超标的食品后，当体内蓄积的药物浓度达到一定量时会对人体产生多种急慢性中毒。兽药残留除了直接危害人体健康外，还具有其他毒性作用，如引起微生物耐药性和生态毒性等一系列危害。

14.1 样品前处理技术

兽药残留的特点是样品中残留物水平很低，而且样品基质复杂、干扰物质多，因此不易进行残留物的分离、纯化。由于生物样品十分复杂，含有成千上万种化合物，如蛋白质、脂肪、糖类、核酸、氨基酸、维生素、激素、无机盐、水分等。这些物质的分子结构、分子大小和理化性质各异，许多化合物的性质目前尚不明确，其中任何一种物质的含量可能是药物残留组分的数百倍至数万倍以上，严重干扰着药物的检测。因此，样品处理的过程复杂性，在兽药残留分析中怎么强调都不过分。样品前处理技术是兽药残留分析中的关键环节，直接影响检测的效率和准确度，近年来的发展方向主要是前处理设备的自动化和商品化。

兽药残留的样品前处理过程主要包括提取和净化两个步骤，传统的组织匀浆法、振荡法、索氏提取法或液-液萃取法是提取过程中常用的方法，净化技术近年来发展很快，以简便高效、高选择性、样品用量少、溶剂消耗少、自动化程度高、适合多残留分析为发展方向，主要有固相萃取、固相微萃取、基质分散固相萃取、超临界流体萃取和 QuEChERS 等。

14.1.1 固相萃取

固相萃取（solid phase extraction，SPE）是一种利用固体吸附剂吸附液体样品中的目标化合物，使其与样品中的基质和干扰物分离，然后再用洗脱液洗脱，从而达到分离和富集目标化合物的目的的技术。

SPE 技术可以对复杂样品中微量或者痕量目标化合物进行分离、纯化和浓缩，是目前兽药残留分析样品前处理中的主要技术。现在几乎所有的液相色谱填料都有相应的商品化 SPE 出售，包括各种正相、反相和离子交换柱，并且出现了自动化固相萃取装置。SPE 技术具有回收率高、选择性高、重现性好和使用有机溶剂量少等特点，广泛用于各种样品的分离和纯化，几乎所有的兽药残留项目都有相应的文献或各类标准方法采用 SPE 技术。

近年来固相萃取设备集成化和与分析仪器的联用成为一个新的发展方向，例如自动化凝胶色谱与固相萃取联用仪，全自动凝胶色谱净化浓缩联用仪，SPE 通过柱切换装置与 HPLC 进行连接可实现在线 SPE 净化，在线 GPC 气质联用仪。这些设备和装置大大提高自动化程度，可进行大批量样品的测定。

14.1.2 固相微萃取

固相微萃取（solid-phase microextraction，SPME）属于非溶剂型选择性萃取法，主要用于有机化合物的分析。根据有机物与溶剂之间“相似相溶”的原则，用涂渍在石英玻璃纤维上的固定相作为吸附介质，对目标化合物进行萃取和浓缩，可在气相色谱仪进样口直接热解吸，或用高效液相色谱和毛细管电泳的流动相冲洗到液相色谱柱中，用色谱进行分析。

SPME 除了具有 SPE 的所有优点外，还排除了 SPE 需要使用柱填充物和使用有机溶剂进行洗脱的缺点，它集萃取、富集和解析于一体。按萃取技术不同，可分为纤维针式固相微萃取和管内固相微萃取。纤维针式固相微萃取可用于气体、液体和固体中的挥发性、半挥发性、难挥发性物质的萃取富集，并与气相和液相色谱等分析技术实现了联用。管内固相微萃取是后来出现形式，与前者相比，它具有更大的萃取表面积和更薄的固定相膜，脱附比较容易，是一种有发展前景的 SPME 萃取形式。后来有人在 SPME 技术基础上提出了聚合物整体柱微萃取技术（polymer monolitu microextraction，PMME），它采用管内聚合了整体材料的毛细管作为萃取介质，可以与 HPLC 在线联用。PMME 无需复杂的仪器装置，降低了分析成本。SPME 的使用关键是萃取材料的选择，目前萃取材料种类较少，今后有必要开发出更多涂层材料，有利于更多种类的药物的萃取。

14.1.3　基质分散固相萃取

基质固相分散技术（matrix solid-phase dispersion，MSPD）由 Barker 等在 1989 年首次提出，并将其应用于哺乳动物组织中目标化合物的萃取。其原理是将由涂渍有 C18 等多种聚合物的担体固相萃取材料与样品一起研磨，得到半干状态的混合物并将其作为填料装柱，然后采用类似 SPE 的方法，用不同的溶剂淋洗柱子，将各种待测物洗脱下来。与 SPE 比较，其优点在于浓缩了传统样品前处理过程中的样品均匀化、组织细胞裂解、提取和净化等过程，从而避免了匀浆、沉淀和浓缩等造成的样品损失。MSPD 现已被用于许多种兽药残留分析，是一种简单高效实际的提取净化方法，提高了分析速度、减少了试剂用量、适于自动化分析。

14.1.4　超临界流体萃取

超临界流体萃取（supercritical fluid extraction，SFE）是以超临界状态下的流体为萃取溶剂，利用该状态下的流体所具有的高渗透能力和高溶解能力分离混合物的过程。最常用的超临界流体是 CO_2，可用于萃取非极性和中等极性的物质，如加入适量极性调节剂还可萃取极性物质。除了 CO_2 作为超临界流体外，现在也对其他气体进行了研究，如 N_2O、C_2H_6、C_3H_8、NH_3、CHF_3 等。SFE 可以对目标物质进行连续萃取，萃取效率高，并且可以通过调节温度、压力和添加适当极性调节剂选择萃取某种目标物质。SFE 具有选择性好、前处理简单、分离时间短、几乎不消耗有机试剂等优点。此外，SFE 还可以与 HPLC、GC 和超临界流体色谱仪联用。

14.1.5　QuEChERS 法

QuEChERS 法（quick、easy、cheap、effective、rugged、safe）是近年来国际上发展起来的一种用于农产品向量有机污染物检测的快速样品前处理技术，由美国农业部 Anastassiades 教授等于 2003 年开发的。原理与高效液相色谱（HPLC）和固相萃取（SPE）相似，都是利用吸附剂填料与基质中的杂质相互作用，吸附杂质从而达到除杂净化的目的。现已常用于兽药残留样品前处理，特别是多类兽残的同时检测和兽药筛查，如同时测定鱼肉中 30 种激素类及氯霉素类药物残留、同时检测动物组织中抗球虫药和磺胺类药物残留、快速筛查牛奶中的兽药残留。但由于该方法选择性不强，处理后的样液相对还是有比较多的杂质，对于电喷雾质谱来说，基质效应影响会比较大，所以更要加强仪器的日常保养和维护。

另外，还有一些其他技术也被应用于样品的净化处理，如膜技术，超滤、微渗析等方法。自动序列渗析、痕量富集系统（ASTED）是将膜技术与 SPE 相结合的类似 GC 的吹扫-捕集装置的 HPLC 在线微渗析与富集系统。近年也发展出一些具有特异选择性的净化方法，如免疫亲和色谱技术、分子印迹技术等。

14.2 氯霉素兽药残留及其检测技术

14.2.1 概述

氯霉素是由委内瑞拉链丝菌产生的抗生素。属抑菌性广谱抗生素，曾广泛用于治疗各种敏感菌感染，后因对造血系统有严重不良反应，故对其临床应用现已做出严格控制。可用于有特效作用的伤寒、副伤寒和立克次体病等及敏感菌所致的严重感染。氯霉素在脑脊液中浓度较高，也常用于治疗其他药物疗效较差的脑膜炎患者。

氯霉素为白色针状或微带黄绿色的针状、长片状结晶或结晶性粉末；味苦。在甲醇、乙醇、丙酮、乙酸乙酯中易溶。在干燥时稳定，在弱酸性和中性溶液中较安定，煮沸也不见分解，遇碱类易失效。其合成品具有左旋光性，也称左霉素。化学结构式见图 14-1。

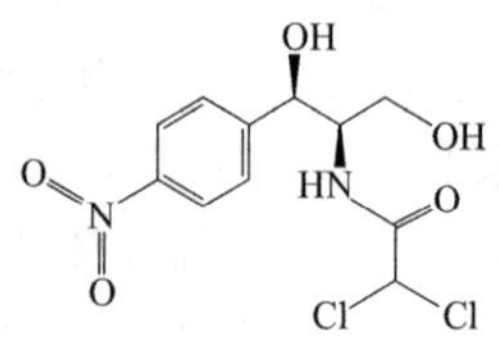

图 14-1　氯霉素化学结构式

经临床研究表明，氯霉素对人体有严重的毒副作用，它在人体和动物机体中蓄积的时间较长，低浓度的药物残留还会诱发对致病菌的耐药性等，对人类健康构成潜在的危害。欧盟、美国等已将氯霉素列为法定禁用兽药，并确定了最低检出限：欧盟为 0.1μg/kg，美国为 0.3μg/kg。我国农业部发布的《食品动物禁用兽药及其化合物清单》（第 193 号公告）也将氯霉素列为禁用药。

14.2.2 样品前处理

14.2.2.1 提取方法

氯霉素的残留分析采用的提取溶剂一般为乙酸乙酯、乙腈、甲醇和丙酮等有机试剂，提取方法为振荡或超声提取。有学者用黄尾鱼研究了这些溶剂对动物组织样品中氯霉素提取效率的影响，分别采用乙酸乙酯、甲醇、乙腈提取试样中的氯霉素，结果表明乙酸乙酯的提取效率最高，最适合作为氯霉素的提取溶剂；而有实验表明乙腈适用于牛奶及奶制品的提取；Pfenning 等则发现，对于虾等水产品采用碱化的乙酸乙酯提取可得到更高的回收率。考虑到在动物的肝、肾等组织样和蛋、奶及蜂蜜中，氯霉素不仅以原形而且以葡萄苷酸代谢产物形式存在，人们常常采用 β-葡萄糖醛酸苷酶将其水解后与原形药物一同测定。而由于在动物的肌肉和水产品中未发现氯霉素代谢产物，可直接提取测定。

14.2.2.2　净化方法

由于动物源性食品中存在大量的脂类物质，一般需要先用液-液分配的方法去除脂肪。常采用的方法是用有机试剂提取氯霉素后，将试剂减压浓缩至干，再用 3%～10%的氯化钠溶液溶解，加入正己烷振摇，静置分层后去除正己烷层。去除脂类物质后，再采用固相萃取的方式净化。采用的固相萃取小柱有 C18 柱、氧化铝柱、氟罗里硅土柱（sep-pak Florisil 柱）、硅藻柱和 HLB 小柱等，以 C18 柱最为常用。为了追求高的灵敏度和低的检出限，有报道采用两根以上的固相萃取柱连续净化。值得一提的是，由于不同样品基质的差异，针对不同的样品往往需要采用不同的净化方式以除去不同性质的干扰物质，例如对于蜂胶产品这类复杂基质，有文献报道其提取和净化的方法均非常规，采用了强酸强碱等较为特殊的试剂。

从化学结构上看，氯霉素含有羟基和酰胺基，有很强的极性，很难挥发，因而在采用气相色谱（GC）或气-质联用（GC-MS）方法时，须对它们的极性官能团衍生化，使其生成热稳定、易挥发的衍生物后再进行测定。常用的衍生化试剂有三甲基氯硅烷（TMCS）、六甲基二硅烷和三甲基氯硅烷（3+1）、*N*，*O*-二[三甲基硅]三氟乙酸胺（BSTFA)和三甲基氯硅烷（TMCS）（99+1）等。

14.2.3　检测方法

氯霉素残留的测定方法可分为快速筛选法和仪器分析法。其中快速筛选法分为微生物法和免疫分析法。微生物抑制法简便、费用低、不需要复杂的样品前处理，曾普遍用于基础实验室，但由于该法易受样品基质和其他抗生素的干扰，灵敏度和专一性均较低，容易漏检，也会出现假阳性，显然难以适应目前这种对氯霉素检出限不断降低的要求，因而逐渐被淘汰，本章不再赘述。免疫分析法又分为放射免疫分析法和酶联免疫测定法，其中又以酶联免疫测定法应用最为广泛。但是由于该法存在一定的假阳性，因而需要结合仪器分析法进行确证。仪器分析法又分为气相色谱法、液相色谱法、气相色谱-质谱联用法（GC-MS)、液相色谱-质谱联用法（LC-MS/MS）和免疫荧光-毛细管电泳测定法等，气相色谱-质谱联用和液相色谱-质谱联用是目前国际上通用的确证方法。

（1）酶联免疫吸附法

酶联免疫吸附法（ELSIA）是利用抗体与抗原间免疫化学反应，通过待检样品显色反应及测定吸光值实现样品中残留检测的方法。目前商品化的氯霉素检测试剂盒有很多，不管是进口的还是国产的，对于未经加工处理的动物源食品中氯霉素的检测下限均可达 0.1μg/kg，满足限量要求，且重复性好，回收率高。可以说氯霉素试剂盒是应用最广、最成功的商品化试剂盒之一。该方法已大量应用于初筛检测，但其缺点在于影响因素较多，易出现假阳性结果，抗体批次不同测定结果也会出现差异，阳性结果有待进一步确证。

(2) CHARM Ⅱ法

CHARM Ⅱ检测氯霉素残留试剂盒为美国FDA推荐使用的试剂盒，是由美国CHARM Science公司研制生产的第二代产品。此法的基本原理是：将免疫抗体溶于水后，加入含氯霉素的样品中，在一定的孵育温度下，样品中的氯霉素与受体位点结合，再加入［^{3}H］标记的氯霉素抗原与多余的受体位点结合，然后采用闪烁仪分别测定结合的和未结合的示踪剂形成两种不同的检测途径。前者取样量20g方法的检出限为5μg/kg；后者则为0.15μg/kg。CHARM Ⅱ的灵敏度高，没有假阴性，但是存在一定的假阳性。该方法不如ELSIA检测试剂盒应用广泛。

(3) 气相色谱法

氯霉素残留量的气相色谱分析法的研究始于20世纪70年代。1974年10月Jacabson等在AOAC年会上提出该法。该方法一般需要衍生化，早年的检测限较高，目前检出限一般在0.1μg/kg左右，也有报道采用该方法，其检出限可高达0.02μg/kg。虽然气相色谱法具有分离效能高、选择性强、灵敏度高、检出限低等优点，但是由于受到氯霉素挥发性和热稳定性的限制，样品前处理过程复杂、分析速度慢、仪器化程度高且价格昂贵，使得该方法适用性较差，应用不广。

(4) 液相色谱法

氯霉素有很强的紫外吸收，因此可直接用HPLC-U′VD测定。此法重复性好、假阳性少，可以进行定量分析，但检出限较高，一般为5～10μg/kg，达不到要求的最低检出限，且样品前处理过程复杂、耗时长、成本高、分析速度慢、回收率偏低，因此不适合大规模的样品检测，目前已很少用于氯霉素残留检测。

(5) 色谱-质谱联用技术

气相色谱-质谱联用法作为一种公认的确证技术已广泛应用于食品中农药/兽药残留分析。对于氯霉素也可称为是一种较成熟的确证方法，但是由于这类药物的难挥发性，必须先通过衍生改变其化学特性、降低沸点，才能进行测定。前处理过程较复杂，背景干扰大，灵敏度难以提高，使该方法的应用受到了限制。而液相色谱-质谱联用法，不需要衍生，尤其是液相色谱和串联质谱的联用技术，选择两对以上特征离子进行检测，有效地去除了基质的干扰，提高了灵敏度，LC-MS/MS法目前也是美国FDA推荐使用的氯霉素确证方法。国内有文献报道LC-MS/MS同时测定虾中的氯霉素、甲砜霉素和氟甲砜霉素，均质后的虾样品，采用碱化乙酸乙酯提取，浓缩提取物经液-液分配去除脂肪，C18固相萃取柱净化后，采用LC-MS/MS电喷雾电离（ESI），负离子模式，多反应监测（MRM）模式检测，氯霉素和氟甲砜霉素的检出限为0.01μg/kg，甲砜霉素的检出限为0.05μg/kg。随着LC-MS/MS仪器的普及，有取代GC-MS成为主要氯霉素残留分析方法的趋势。LC-MS/MS法的高灵敏度、高选择性有着其他方法无可比拟的优越性，目前已有多个采用该方法检测氯霉素残留的行业标准和国家标准，这些标准也得到了很好的推广和普及。图 14-2 是 LC-MS/MS 电喷雾电离，MRM 模式检测鸡肉中添加氯霉素 0.1μg/kg 的多反应监测（MRM）色谱图，采用的色谱柱为 Cloversil ODS-SP，2.0mm×100mm，内径 3μm，以甲醇-水（40+60）为流动相。

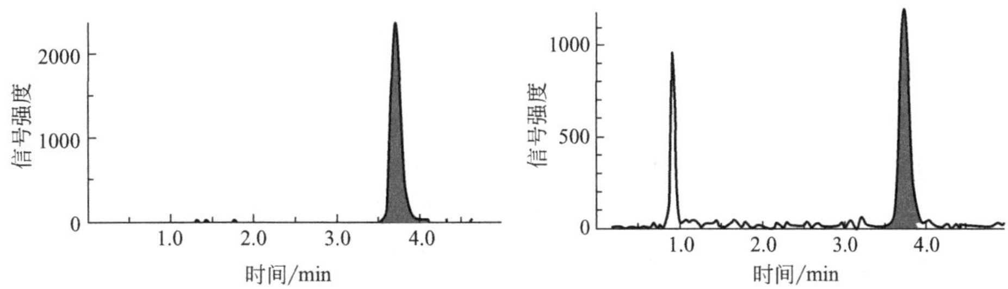

(a) 氯霉素(320.9/152)　　(b) 氯霉素(320.9/257)

图 14-2　鸡肉中添加氯霉素 0.1μg/kg 的多反应监测（MRM）色谱图

14.3 β-兴奋剂类兽药残留及其检测技术

14.3.1 概述

β-兴奋剂是一组选择性肾上腺素受体激动剂，因能与动物机体内绝大多数组织细胞膜上的 β-受体结合而得名，在化学上属于苯乙醇胺类物质。具有调节交感神经系统兴奋、松弛气管平滑肌及促使体内营养素重新分配的功能。可促进动物生长，使体内的脂肪分解代谢增加，蛋白质合成增加，能显著提高瘦肉率。

该类化合物具有结构相同的母核，见图 14-3，根据 R_1～R_6 取代基的不同，可分为苯胺型和苯酚型，苯胺型的如克伦特罗、西马特罗等，苯酚型的如莱克多巴胺、妥布特罗和沙丁胺醇等。

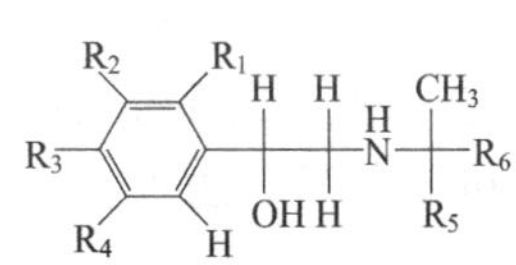

图 14-3　β-兴奋剂母核结构式

β-兴奋剂在畜牧业常用作生长促进剂，由于剂量大，使用周期长，在牲畜体内（尤其是内脏）产生药物残留，当人体累积摄入量超过一定值，就会出现中毒症状，主要表现为呼吸加剧、头痛、心悸、浑身抽搐，对于高血压、心脏病患者危害更大，甚至危及生命。其中以克伦特罗（俗称“瘦肉精”）影响最为深刻，近年来国内外发生了多起中毒事件。欧盟 1996 年禁止在畜牧业生产中使用该类药物（96/22/EC 指令），我国农业部也禁止在饲料和动物饮用水中使用克伦特罗、沙丁胺醇、西马特罗、莱克多巴胺、多巴胺和特布他林等药物。

14.3.2 样品前处理

（1）提取方法

β-兴奋剂，尤其是苯酚型药物如莱克多巴胺、沙丁胺醇，在组织和排泄物中主要以葡萄糖醛酸轭合物形式存在，因此，样品在提取前需水解使其游离出来。酸水解法中采用的多为稀盐酸、稀磷酸或高氯酸溶液，在水解结合络合作用的同时，还有去除蛋白的作用。而碱水解则一般在高温水浴下进行，用于去除蛋白质间二硫键。最常用的是酶水解，主要有葡萄糖醛苷酸酶和芳基硫酸酯酶。有文献报道对猪尿莱克多巴胺阳性样品进行三种不同水解处理，三种方法差异明显，β-葡萄糖醛苷酶/芳基硫酸酯酶在37℃酶解16h效果最好，0.1%高氯酸酸解提取效果最差。但是对于苯胺型药物如克伦特罗没有数据证明是以结合的形式存在，有无酶水解对结果无影响。由于酶在pH为5.2时活性最高，因此测定方法多采用在pH为5.2乙酸铵缓冲溶液中进行。对于以游离态存在的药物，可以直接采用缓冲液和有机溶剂进行提取。

（2）净化方法

β-兴奋剂的样品净化方法较常见的是：固相萃取法（SPE）、液-液萃取法、基体固相分散萃取法（MSPD）、超临界萃取法（SFE）、两相渗析法等。SPE常选用C18和阴离子交换柱，将液体样品中β-兴奋剂吸附，与样品中的基体和干扰化合物分离，然后洗脱，达到分离和富集的目的。具有简单、快捷、回收率高、能自动化操作等优点，目前应用较多。其次文献报道较多的，在有关的行业标准和国家标准中都使用液-液萃取法，该法利用样品中不同组分在两种不混溶的溶剂中溶解度或分配比的不同来达到对β-兴奋剂成分提取、纯化的目的。如提取尿中克伦特罗等β-兴奋剂时，将pH调到10以上再采用乙酸乙酯进行提取。对于沙丁胺醇等极性较高的药物时，需要在提取溶剂中加入相应的极性组分如异丙醇等来提高效率。SFE是用CO_2等超临界流体作为萃取剂，将样品中的β-兴奋剂成分提取出来。两相渗析法是分子量相对较低的克伦特罗可从高浓度相透过半渗透膜渗入低浓度相。随着β-兴奋剂的样品制备方法不断改进、创新，新涌现出来的方法有：分子印迹聚合法（MIP）、免疫亲合色谱法和综合萃取法等。

14.3.3 检测方法

近年来，β-兴奋剂的检测技术发展很快，国内外相关的文献报道很多，为了适应国际上越来越苛刻的检测低限，我国也出现了一系列相应的行业标准和国家标准。目前应用于检测动物源食品中β-兴奋剂的技术有生物传感器技术、毛细管电泳法（CE）、免疫分析法、高效液相色谱法（HPLC）、气相色谱法（GC）、气相色谱-质谱联用法（GC-MS）和液相色谱-质谱联用（LC-MS/MS）法等。下面主要介绍常用的几种检测方法。

（1）酶联免疫吸附法

酶联免疫吸附法（ELISA）的工作原理为竞争性抗原抗体结合反应。在检测样品克伦特罗残留情况的反应系统中，被检样品中的克伦特罗与酶标记的克伦特罗共同竞争酶标板上的克伦特罗抗体位点，反应达到平衡时洗去未结合的克伦特罗和酶标记克伦特罗，结合在酶标板上的克伦特罗当遇到相应的底物时，可以催化底物发生颜色反应产生有色物质。颜色反应的深浅与相应的抗原或抗体量成正比，可定量抗体与抗原的含量。检测莱克多巴胺、沙丁胺醇也有商品化的试剂盒。虽然该方法具有成本低、速度快、灵敏度高等优点，但容易出现假阳性。有报道称，通过 ELISA 检测克伦特罗为阳性的动物组织样品，再通过 GC-MS 确证都为阴性，但该方法具有一定的实用价值，是样品安全筛查重要的手段。

（2）放射免疫分析法

放射免疫分析法（RIA）检测克伦特罗是用氚标记抗原来测定抗体的。由于克伦特罗分子量不大，不能成为抗原，先把它与其他载体结合成半抗原。这种方法具有特异性强、操作简单、易标准化等优点，同时也有所用仪器价格较昂贵及放射性废物不易处理的缺点。国外已生产出来运用 RIA 测定克伦特罗的试剂盒，还建立了放射受体分析法。

（3）气相色谱和气相色谱-质谱法

气相色谱对 β-兴奋剂具有很强的分离能力，能分离其同位素、同分异构体、对映体等。GC-MS^n 是最广泛应用于 β-兴奋剂检测的方法，具有很高的特异性，能在多种残留物同时存在的情况下对某种特定的残留物进行定性、定量分析。用 GC-MS 测定 β-兴奋剂通常采用衍生化技术以提高检测灵敏度。最常用的衍生化技术是三甲基硅烷化（TMS）。尽管有用环状二甲基硅烷吗啉（DMS）、甲基硼酸（MBA）等的报道，但使用有一定的限制，如对特布他林就无法生成衍生物，有人专门对用不同的衍生试剂的情况进行研究，得出用 TMS 较好，而反应条件在 60℃时加温 20min 即可。有人采用 GC-MS/MS/MS 分析尿样中克伦特罗的残留情况。在 MS^n 中，通过三级质谱得到了充分的结构信息，但在四级质谱中没有发现进一步确证的结构信息并且没有提高信噪比。因此在 GC-MS^n 系统中，GC-MS/MS/MS 在 β-兴奋剂残留量检测方面最能发挥优势。这是 β-兴奋剂检测非常有效、灵敏、准确的手段，两种电离方式 EI（电子轰击）、CI（化学离子化）都有被采用。

（4）高效液相色谱法和液相色谱-质谱法

HPLC 是 β-兴奋剂最常用的检测方法之一。伴随 HPLC 和高灵敏度检测器联用技术的发展，一定程度上提高了 HPLC 的检测灵敏度。紫外（UV）、荧光（FL）、电化学、二极管阵列（PAD）四种检测器均有用于检测 β-兴奋剂。但是不管是由于国际贸易壁垒还是对食品安全的重视，国际上对 β-兴奋剂的检测低限要求越来越高，日本对克伦特罗的最低检出限甚至达到了 0.05μg/kg，显然 HPLC 法已无法满足要求。近年来 LC-MS/MS 法已成为检测 β-兴奋剂最重要的方法，我国已颁布了多个相应的行业标准和国家标准。有文献报道，使用 LC-MS/MS 检测肉产品中的克伦特罗，采用同位素内标法定量，样品经过 C18 和阴离子交换树脂两次净化，ESI-MS/MS 扫描，样品检出限达到了 15ng/kg。随着串联质谱技术的发展，仪器公司推出了功能更加强大的质谱仪，在要求测定低限的水平，亦可采用增强二级碎片全扫描、三级质谱定量等方式，大大加强了对 β-兴奋剂检测的定性和定量能力。图 14-4 是 LC-MS/MS 电喷雾电离（ESI^+），MRM 模式检测猪肉中添加 5 种 β-兴奋剂 0.5μg/kg 的多反应监测（MRM）色谱图，采用的色谱柱为 Atlantis-T34.6mm×100mm，内径 3μm，以乙腈＋5mmol/L 甲酸（梯度洗脱）为流动相。

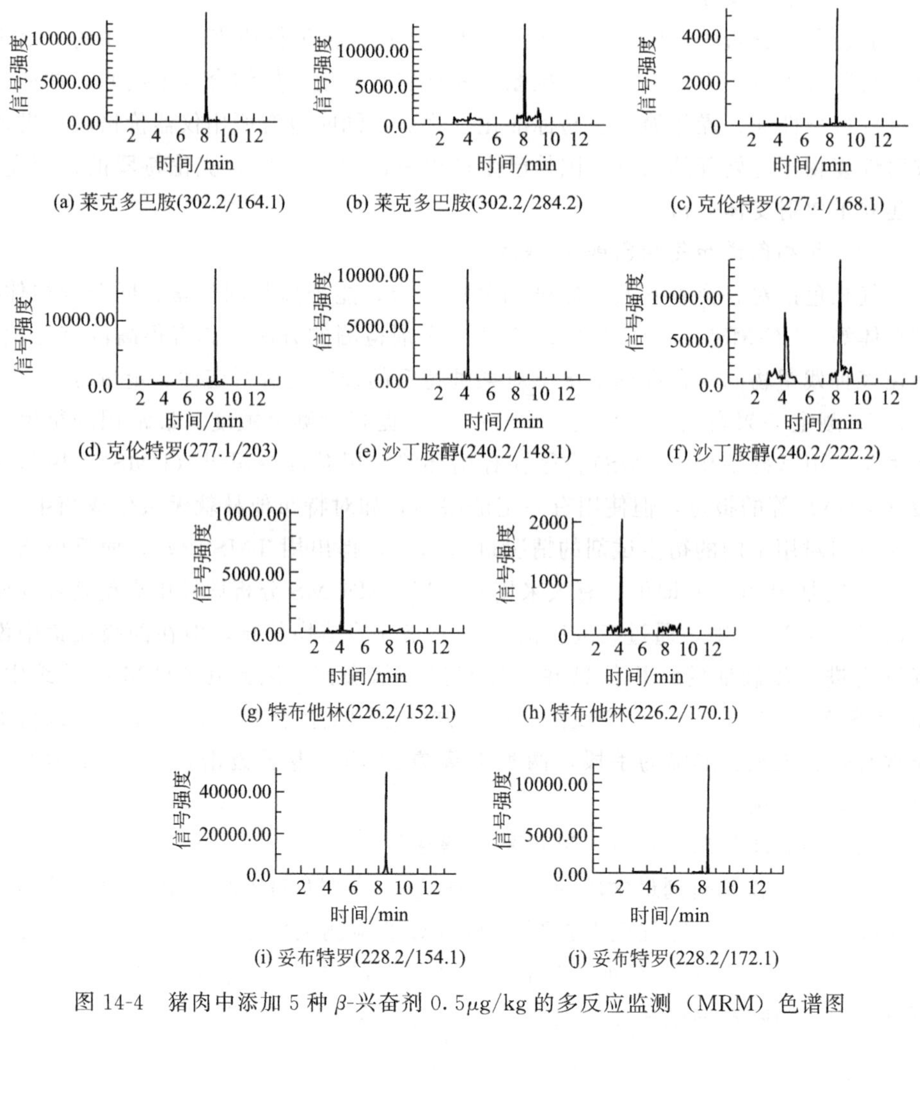

图 14-4　猪肉中添加 5 种 β-兴奋剂 0.5μg/kg 的多反应监测（MRM）色谱图

14.4 喹诺酮类兽药残留及其检测技术

14.4.1 概述

喹诺酮类（quinolones，QNs）抗菌药物亦称为吡酮酸或吡啶酮酸类抗菌药，能与细菌 DNA 复制所必需的 DNA-gyrase 的亚基 A（subunit A）结合而抑制 DNA 合成的复制化，加上对细菌细胞具较强的穿透力，故具有强大的杀菌作用。在临床上使用后发现细菌对该类药物能很快产生耐药性，故 QNs 更新换代的速度在加快。从第一代的 QNs 发展到第五代，抗菌谱逐渐变广，药物的抗菌作用逐渐增强，从而广泛应用于家禽类和鱼类等动物的细菌感染治疗，成为兽医和水产养殖中重要的抗感染药物之一。氟喹诺酮（fluoroquinolones，FQs）类药物是近 10 年来迅速发展起来的一类十分重要的广谱抗生素，是第三代喹诺酮抗菌药物，主要品种有：环丙沙星（ciprofloxacin，CIP）、恩诺沙星（enrofloxacin，ENR）、沙拉沙星（sarafloxacin，SAR）、单诺沙星（danoxacin，DAN）和达氟沙星（difloxacin，DIF）等。

氟喹诺酮（FQs）在化学结构上属吡酮酸衍生物，其共同特点是喹啉环的 C6 位上有氟原子，C7 位上连接哌嗪基或吡咯基（图 14-5）。FQs 类化合物多数熔点在 200℃以上，大多数 FQs 难溶于水、乙醇，易溶于冰醋酸、稀酸和稀碱溶液，pH 为 6～8 时，在水中的溶解度最小，在甲醇、氯仿、乙醚等多数溶剂中难溶或不溶。由于 FQs 结构中含有苯并杂环或并杂环骨架和羰基、羧基等生色或助色团组成的共轭体系，在紫外线区具有特征性吸收，含两个吸收峰：240～300nm，330～350nm。FQs 还具有荧光性质，激发波长在 280～330nm，发射波长在 410～430nm。大部分 FQs 对光照、温度和酸碱环境具有很好的稳定性，但个别 FQs 在溶液中对光不稳定。

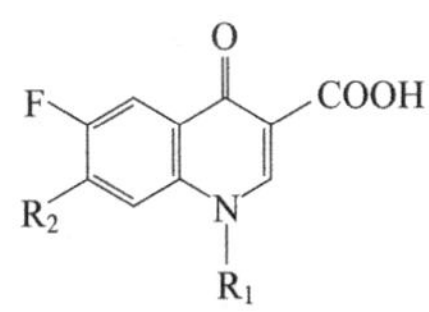

图 14-5 氟喹诺酮类母核的化学结构

喹诺酮药物在动物源性食品中的残留可通过食物链进入人体，容易诱导致病菌产生耐药性，使得喹诺酮类新药开发的周期缩短，不利于该类药物对人类疾病的治疗。并且，当喹诺酮类药物积累到一定浓度，可能产生一定的毒副作用，如经直接毒性反应引起人体消化系统、神经系统和心血管系统的不良反应；光敏反应导致皮肤损伤，产生过敏症状；FQs 还可以跟其他药物相互作用，引起神经系统中毒等。因此，我国及世界卫生组织、欧盟、日本等国家和组织都将喹诺酮类药物列入限制使用的兽药名单中，并制订出相应的最高残留限量：根据不同动物品种、组织和药物种类，最高残留限量在 10～500μg/kg 之间。日本 2006 年 5

月 29 日开始实施“肯定列表制度”后，对喹诺酮类药物残留的检测要求进一步提高，美国将喹诺酮类药物列为禁用药物，在澳大利亚和新西兰也属不得检出药物。

14.4.2 样品前处理方法

（1）提取方法

哌嗪喹诺酮既有羧基又有哌嗪环，因此在水溶液中具有酸性和碱性两种性质，酸性喹诺酮在水溶液中具有酸性，因此喹诺酮类药物可采用多种溶剂提取：酸性有机提取液、碱性有机提取液、水不溶性有机溶剂、水溶性有机溶剂和缓冲溶液，其中乙酸乙酯、丙酮和酸化甲醇主要用于提取酸性喹诺酮，而乙腈、酸化乙腈适合提取哌嗪喹诺酮类药物。

（2）净化方法

喹诺酮类药物最常用的净化方法是液-液萃取和固相萃取，也有使用分步液-液萃取、液-液萃取-固相萃取联合、透析和超滤等净化方法的报道。

液-液萃取是最为基本的净化方法，但由于存在着操作费时（特别在多次萃取中）、需要消耗大量的高纯溶剂以及样品容易发生乳化等弊端，FQs 药物分析时已不常使用，而主要应用在纯有机溶剂提取 FQs 以后的操作。现在 FQs 前处理方法（包括液-液萃取）已经很少通过调节 pH 值把分析物从一个相转入另一个相，而是在一个稳定的 pH 下根据共萃取物溶解性的差异来净化样液，为提高 FQs 进入有机相的效率而加入 NaCl，通过盐析来降低萃取乳化达到促进有机溶剂萃取和有机相与水相分层。

固相萃取（SPE）是 FQs 多残留分析中最常用的净化方法，几乎占到了 FQs 分析方法的 70%。根据 FQs 药物的化学性质，常用的 SPE 柱是硅胶键合 C18 或 C8 聚合物的反相 SPE 柱以及硅胶键合苯磺酸基或丙酸基等基团的阳离子交换 SPE 柱，阴离子交换 SPE 柱以及分子印迹聚合物填料的柱也有较少应用。

14.4.3 检测方法

喹诺酮类药物残留检测方法有很多，包括微生物检测法、免疫检测法、高效毛细管电泳法、高效液相色谱法、气质联用及液质联用技术。由于喹诺酮类药物是极性化合物，熔点高，用气相色谱检测前必须进行衍生化，步骤烦琐，灵敏度低，因此较少应用在喹诺酮药物的残留分析上。而微生物检测法系利用抗生素在琼脂培养基的扩散作用，比较标准品与供试品对接种的细菌产生抑制圈的大小，以测定供试品效价的一种方法，该方法操作烦琐，费时费力，难以进行批量检测，故不常用于喹诺酮药物的含量测定。

（1）免疫检测法

由于喹诺酮类药物结构中含有羧基，因此多采用喹诺酮类药物的羧基与载体蛋白质游离氨基的缩合反应，将喹诺酮类药物与载体连接合成人工抗原，免疫动物产生特异性抗体。喹诺酮类药物的免疫分析主要包括酶联免疫法和免疫亲和色谱法。酶联免疫法适合大量样品的初步快速筛选，对于单独检测部分喹诺酮有高度的特异性，但由于喹诺酮类药物之间易存在交叉反应，因此常将 ELISA 法作为筛选法，高效液相色谱-质谱法作为确证方法配套使用。刘欢欢等人以氟喹诺酮类药物多残留试剂盒为基础，建立了鸡蛋中喹诺酮类药物残留的检测方法，结果显示，在 5～50μg/kg 浓度范围内的平均添加回收率在 70%以上，批内变异系数在 10%以内，批间变异系数在 15%以内，检出限为 5μg/kg。免疫亲和色谱法是一种将免疫技术和色谱技术相结合的分析方法，它的原理是将特异性的抗体与惰性基质偶联，制备成免疫吸附剂后装柱，对待测样品进行净化后，再进行色谱分析。

（2）高效毛细管电泳法

Hanwen Sun 等用毛细管电泳方法检测原料乳中的 FQs。样品用 Mcllvaine 缓冲液提取，经固相萃取净化后收集目标化合物。该法采用二极管阵列检测器和 60.9cm×50μm 无涂层熔融石英毛细管。由于喹诺酮类药物具有相似的物理化学性质，采用高效毛细管电泳法难以同时测定多种 FQs，并且进样量少也不利于灵敏度的提高，所以该法一般作为液相色谱相互补充的一种分离方法。

（3）液相色谱法和液相色谱-质谱联用技术

喹诺酮类药物具有紫外吸收和荧光特性，采用 HPLC 进行检测可选用紫外和荧光检测器，而荧光比紫外检测的灵敏度更高，现有的文献报道中，大约 60%以上的 FQs 药物的残留分析方法是采用荧光检测器。张国文等采用高效液相色谱荧光检测法测定鳗鱼中 4 种氟喹诺酮类（乳酸左氧氟沙星、诺氟沙星、乳酸环丙沙星和恩诺沙星）药物残留量，检出限分别为 0.011μg/mL、0.023μg/mL、0.01μg/mL 和 0.031μg/mL。

由于喹诺酮类药物种类繁多，有些喹诺酮类药物对紫外检测器的灵敏度不高，或者荧光特性不强，限制了 FQs 更多组分的检测。而质谱检测器由于具有高灵敏度和选择性，定性、定量准确，适合对 FQs 进行多组分的快速检测，也多用于 FQs 药物的确证。林峰等应用 LC-MS/MS 技术，建立了快速检测烤鳗中 4 种常见的氟喹诺酮药物（CIP、NOR、OFL、ENR）残留量的方法，样品经过酸化乙腈提取，正己烷脱脂后测定，得到的检出限为 10μg/kg。

采用 LC-MS/MS 可同时测定水产中的 16 种喹诺酮类药物，样品经酸乙腈提取，吹氮浓缩再经液-液分配去除脂肪，采用 Waters Atlantis-T3（100mm×4.6mm，3μm）色谱柱分离，LC-MS/MS 电喷雾电离（ESI），正离子模式，多反应监测（MRM）模式检测，典型色谱见图 14-6。

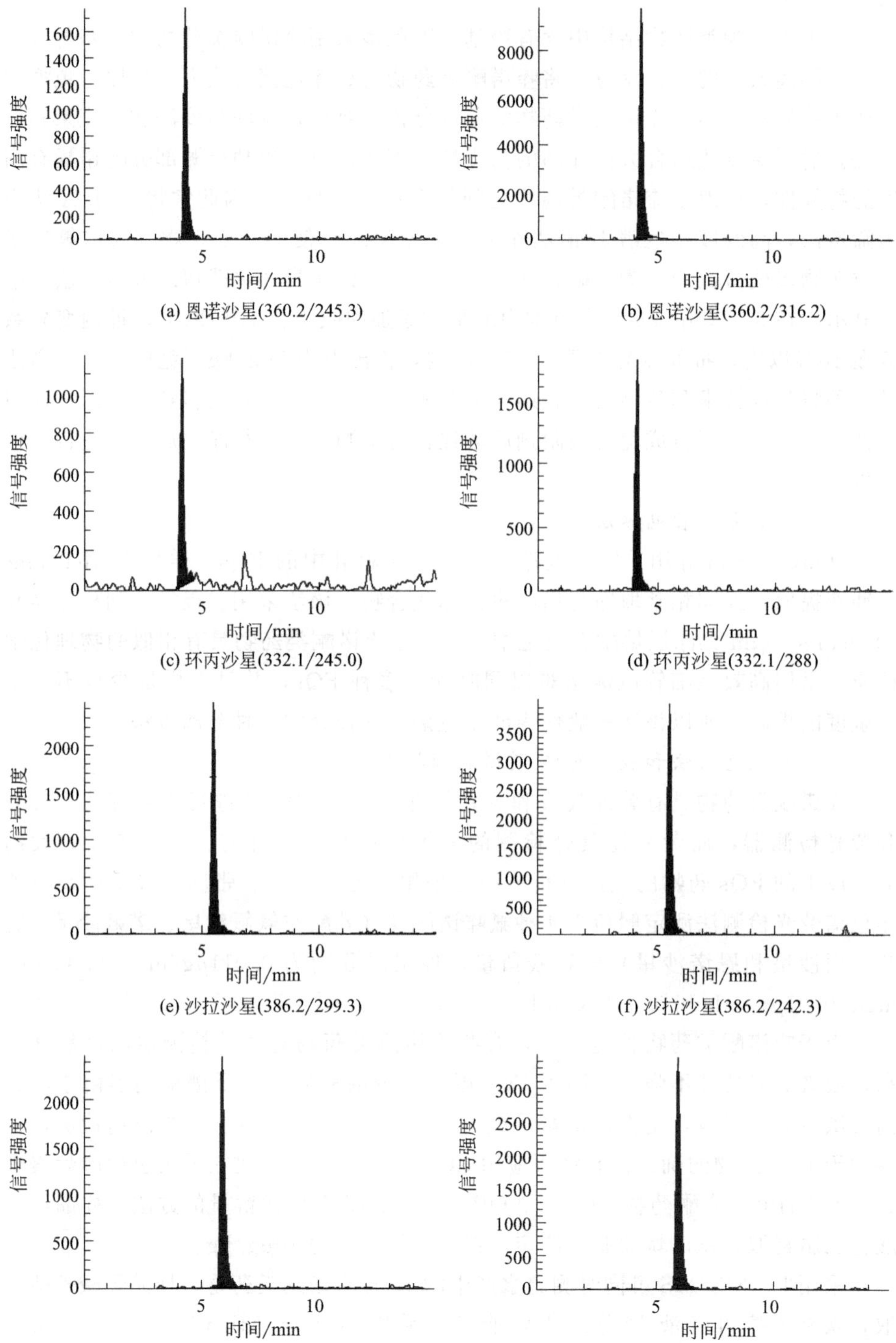

(a) 恩诺沙星(360.2/245.3)　(b) 恩诺沙星(360.2/316.2)

(c) 环丙沙星(332.1/245.0)　(d) 环丙沙星(332.1/288)

(e) 沙拉沙星(386.2/299.3)　(f) 沙拉沙星(386.2/242.3)

(g) 双氟沙星(400.3/299.2)　(h) 双氟沙星(400.3/356.2)

图 14-6　喹诺酮类药物添加回收水平 5μg/L 质谱图

14.5 四环素类兽药残留及其检测技术

14.5.1 概述

四环素类抗生素是由链霉菌产生的一类广谱抗生素，主要有四环素（TC）、金霉素（CTC）、土霉素（OTC）、强力霉素（DTC）等。四环素类抗生素均为黄色结晶粉末，易溶于水和极性的有机溶剂。药物的化学结构中均具有菲烷的基本骨架，为酸碱两性物质，在酸性溶液中较稳定，在碱性溶液中易破坏，临床一般用其盐酸盐，具有很好的稳定性。

四环素类抗生素是速效抑菌剂，其作用机制主要为抑制细菌肽链的增长和蛋白质的合成，并能引起细菌细胞膜通透性改变，从而抑制 DNA 复制。四环素类抗生素的抗菌谱很广，除对金黄色葡萄球菌、链球菌、肺炎球菌等革兰氏阳性菌及肠球菌、淋球菌等革兰氏阴性菌敏感外，对立克次体、支原体、衣原体属等非典型致病菌也有较好的抑菌作用。图 14-7 为四环素类抗生素的化学结构式。

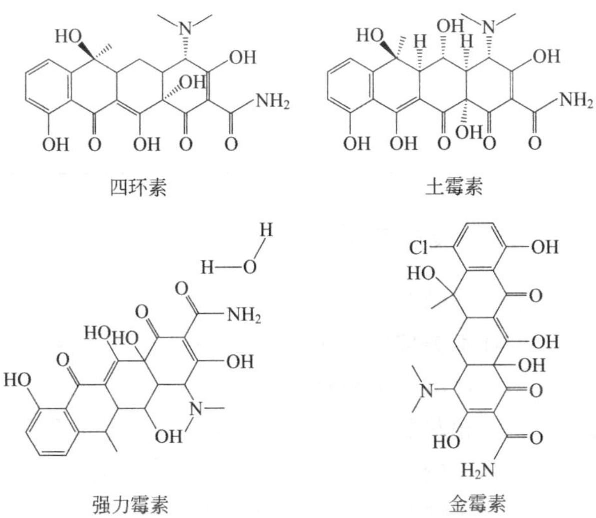

图 14-7　四环素类抗生素的化学结构式

14.5.2 四环素类药物的毒副作用和残留限量

四环素类药物有良好的杀菌抑菌作用，可对革兰氏阳性、革兰氏阴性和支原体，甚至对立克次体和衣原体之类的微生物都有活性。近年来，为有效预防和治疗畜禽、鱼类的疾病，该类药物被广泛地应用做饲料添加剂，以促进其生长速度，控制其生殖周期和繁育能力。土霉素、金霉素和四环素是我国应用最广、应用时间最长的抗生素。

四环素类抗生素，因其价格便宜、抗菌谱广、抗菌力强、除被作为饲料添加剂以维持畜禽的健康并加速其生长外，还被广泛应用于动物各种传染性疾病的预防和治疗。滥用药的情况时有发生，药物残留问题也引起了人们的关注。长期食用含有抗生素的食品将对人们的健康造成极大危害，引起骨骼畸形，生长抑制，干扰人体的正常生理机能，降低人体对致病菌的抵抗能力，并可造成肝肾损害，引起过敏反应和耐药性等。

美国 FDA 规定四环素在猪肉中的残留量应<80μg/kg；国际卫生组织和欧盟规定四环素在猪肉中的最大残留量应≤100μg/kg；我国在无公害畜禽肉安全要求中规定的最高限量为 100μg/kg。畜产品的四环素类抗生素残留，已经对人类健康构成潜在危害。许多国家都对四环素类药物残留规定了最大残留限量。表 14-1 为我国四环素类药物的最大残留限量规定。

表 14-1　我国四环素类药物的限量标准　　单位：μg/kg

产品种类	四环素	土霉素	金霉素
所有食用动物肌肉	100	100	100
所有食用动物肝脏	300	300	300
所有食用动物肾脏	600	600	600
奶	100	100	100
禽蛋	200	200	200
鱼肉	100	100	100

14.5.3　四环素类兽药残留样品前处理

四环素类抗生素属于酸碱两性物质，易与蛋白质强烈结合，提取时需要用酸性物质将蛋白脱除。四环素类抗生素在酸性（pH<2.0）或碱性（pH>7）的条件下易发生降解，在弱酸性溶液中相对稳定。

样品前处理方法有固相萃取、凝胶渗透色谱净化、基体分散固相萃取。农以宁等用比表面积较大、具有较强吸附能力的多壁碳纳米管的固相萃取-高效液相色谱（SPE-HPLC）方法同时测定了猪肉中四环素族，采用 Oasis HLB 固相萃取柱净化萃取。多壁碳纳米管在固相萃取领域会有很好的发展前景。凝胶渗透色谱（GPC）方法是一种主要基于分子大小的原理进行分离样品的净化技术，其具有重现性好、回收率高、适用于多残留分析等特点。谢维平等利用凝胶渗透色谱净化-高效液相色谱法同时测定了动物源性食品中四环素、土霉素、金霉素药物的残留。

14.5.4　四环素类抗生素的检测方法

动物性食品中土霉素、金霉素、四环素的检测方法主要有高效液相色谱法、液相色谱-质谱联用法、免疫学方法、毛细管电泳法和微生物学方法，其中高效液相色谱法应用最广。

（1）高效液相色谱法

四环素类药物易与无机离子结合，通常在流动相中加入酸（如草酸、磷酸等）与无机离子螯合从而释放出四环素类药物，有利于改善峰形，而且酸性比三氟乙酸弱，对分离柱损害小。当采用浓度为 0.01mol/L 草酸水溶液-乙腈梯度洗脱后，结果金霉素和强力霉素峰形变窄，大大提高了金霉素和强力霉素的检测灵敏度。

智若岚等建立了测定猪肉组织中土霉素及金霉素残留量高效液相色谱法，土霉素、金霉素标准品分别在 0.1～1.0μg/mL、0.2～2.0μg/mL 范围内线性关系良好；土霉素在 3 个不同浓度添加水平的回收率为 78.06%～87.21%，变异系数为 3.02%～7.72%；金霉素的回收率为 76.45%～85.62%，变异系数为 3.46%～6.32%。土霉素及金霉素的最低检出限分别为 20μg/kg 和 10μg/kg。

（2）高效液相色谱-质谱联用法

杨红梅等利用高效液相色谱-质谱联用法测定乳制品中 6 种四环素类抗生素的残留，采用多反应监测正离子模式，可同时对 6 种四环素类抗生素进行定性和定量分析，该方法的检出限为 0.5～4.0μg/kg，测定低限牛奶为 0.6～4.5μg/kg，乳粉为 6.0～45.0μg/kg，线性范围 4.0～100.0μg/kg，加标回收率 56.1%～104.9%，相对标准偏差为 2.5%～15.0%。典型谱图见图 14-8。

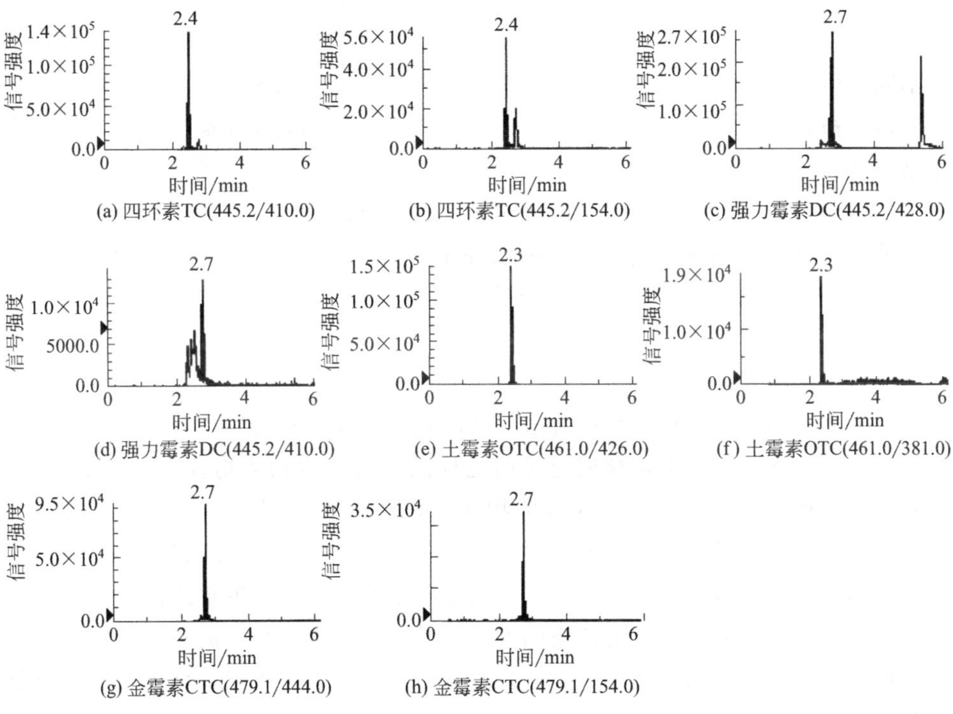

(a) 四环素TC(445.2/410.0)　(b) 四环素TC(445.2/154.0)　(c) 强力霉素DC(445.2/428.0)

(d) 强力霉素DC(445.2/410.0)　(e) 土霉素OTC(461.0/426.0)　(f) 土霉素OTC(461.0/381.0)

(g) 金霉素CTC(479.1/444.0)　(h) 金霉素CTC(479.1/154.0)

图 14-8　四环素类标准溶液 10μg/L 质谱图

(3) 免疫学方法

免疫学方法用于金霉素、土霉素和四环素检测，灵敏、简便、快速、特异性强、对样品中净化纯度要求不高，能同时对多个样品进行定性或定量检测，适于兽药残留的批量检测，但检测结果的重现性差、酶稳定性差、试剂寿命短，而且由于存在交叉反应而易造成假阳性，使复杂样品受干扰，因此需要用其他的方法来验证，适用于样品的定性筛选检测。常用于土霉素、金霉素和四环素检测的免疫学方法主要有酶联免疫法（ELISA）和胶体金免疫层析技术。

邢淑婕等采用间接竞争 ELISA 分析了自制抗土霉素抗体的灵敏度与特异性，结果表明，所得抗体的灵敏度和特异性都较好，与其他结构相似或相近物质的交叉反应率较低；同时对蜂蜜中土霉素的提取方法进行了研究，得出了最佳提取方法和条件；检测范围为 5～200ng/mL，相关系数 r 为 0.995，在此范围内对人工污染样品的平均回收率为 97.5%～107.0%。付云洁等研究了食品中金霉素残留的胶体金免疫层析法的快速检测方法，试纸条法的金霉素检出限为 0.7μg/mL，检测时间仅需 5min。檀尊社等建立用于快速检测水产品样品中四环素类药物残留含量的胶体金免疫层析检测试剂，试剂灵敏度最低值可达 100ng/mL，仅需 5～10min，与金霉素、土霉素、强力霉素等四环素族抗生素有很强的交叉反应。

(4) 毛细管电泳法

毛细管电泳法原理是在毛细管柱中充入缓冲溶液，插入处于同一水平的两个缓冲液槽中，样品从毛细管的一端导入，当毛细管的两端加上一定的电压时，带电溶质便朝与其电荷极性相反的电极方向移动。由于组分间的浓度不同，迁移速度不同，所以经过一定时间后，各组分分别按其速度或浓度大小排序，依次到达检测器而被检出，得到按时间分布的电流谱图。此法具有操作简单、色谱柱不受样品污染、分析速度快、分离效率高、样品用量少、运行成本低等优点。固相萃取-高效毛细管电泳技术可以检测牛奶中四环素类抗生素。梁佳等采用固相萃取-高效毛细管电泳法同时检测了牛奶中四环素、氯霉素、土霉素和金霉素的含量，在 15min 内完全分离 4 种抗生素，检出限分别为 0.5μg/kg、1.5μg/kg、1.0μg/kg、0.5μg/kg。

(5) 微生物方法

微生物检测法是应用最早的方法，其测定原理是根据抗生素对微生物的生理机能、代谢的抑制作用来定性或定量确定样品中抗微生物药物残留，如纸片法、抑制法。纸片法是当样品中存在抑菌物质时，在纸片周围形成一个清晰的抑菌圈，在检测过程中培养基内加入溴甲酚紫指示剂，则形成浅蓝色的抑菌圈。TTC（2,3,5-三苯基氯化四氮唑）法是较早用于液体乳中抗生素残留定性检测的方法，也是我国实验室里普遍使用的方法。其成本低廉、操作简单，但由于需要增菌步骤，需要长时间才能完成检测。对于四环素族的抗生素，该方法的检出限为 100μg/kg。

黄晓蓉等介绍了一种同时使用藤黄微球菌、枯草芽孢杆菌、蜡样芽孢杆菌蕈状变种为敏感菌，一次操作可同时检测在肉类、水产品及蛋中的 4 大类抗生素残留的微生物抑制方法，该方法四环素类的测定低限为 0.1mg/kg。

14.6 链霉素兽药残留及其检测技术

14.6.1 概述

链霉素（streptomycin）是在 1944 年从灰色链丝菌中提取出来的抗生素，分子式为 $C_{21}H_{39}N_5O_{12}$，分子量为 581，为白色或类白色结晶性粉末，易溶于水，不溶于乙醇、氯仿。链霉素具有 3 个碱性中心，对酸、碱、热等条件都相对稳定，其常见的形式有硫酸链霉素和盐酸链霉素。图 14-9 为链霉素化学结构。

链霉素是氨基糖苷类抗生素的一种，链霉素主要作用于细胞的核糖体，通过抑制细菌蛋白质的生物合成而呈现杀菌作用，兽医临床上主要对革兰氏阴性杆菌，如大肠杆菌、肺炎杆菌、痢疾杆菌、变形杆菌、布鲁氏菌、鼠疫杆菌等有抗菌作用。

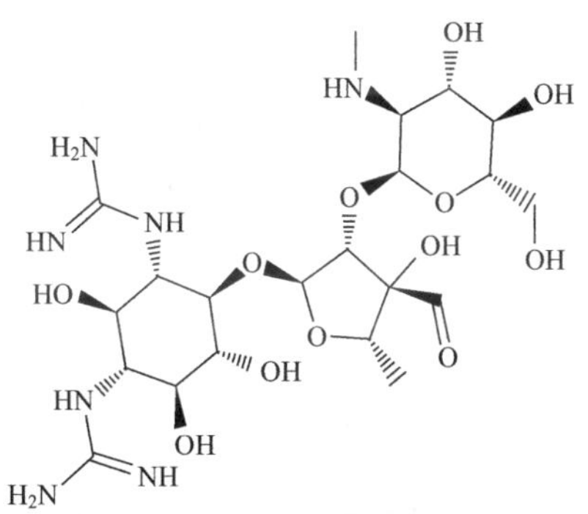

图 14-9　链霉素化学结构

链霉素是目前我国畜牧业和水产业中的常用药物之一，被广泛应用于多种疾病的治疗和动物饲料添加剂，对人、畜传染病的防治方面发挥了巨大作用，但食品中如果残留有过量的链霉素，对人有一定的毒副作用，会造成严重危害，导致眩晕和听力减退，链霉素还具有潜在的致畸作用，世界各国对农畜产品中链霉素的残留限量都有明确的规定。

14.6.2 链霉素的毒副作用和残留限量

链霉素主要是通过干扰氨酰基-tRNA 与细菌核糖体 30S 亚基靶蛋白结合，抑制肽链的延长进而阻碍细菌蛋白质的合成，达到抑菌效果。细菌与链霉素接触后极易产生耐药性，链霉素和其他抗菌药物或抗结核药物联合应用可减少或延缓耐药性的产生。

链霉素在肠胃中不吸收或不易吸收，一般采用肌肉注射，链霉素毒性主要表现为耳毒性和肾毒性。其能选择性地损害第 8 对脑神经，导致前庭功能损害和耳蜗神经损害，严重时可造成永久性的耳聋。由于链霉素还能透过胎盘损害胎儿听觉，所以婴儿对链霉素尤其敏感。肾毒性症状主要表现为蛋白尿、血尿、排尿次数减少或尿量减少、肾功能减退等。此外链霉素会产生过敏性反应，对链霉素过敏的机体，即使摄取了含极少量的链霉素的食物，都会导致过敏反应的发生，发生过敏的机体会出现肌肉震颤、站立不稳、心跳加速、呼吸减弱等症状，可以用盐酸肾上腺素或地塞米松磷酸钠等抢救。

欧盟 2377/90/EEC（703/2007 修订）规定动物性食品肌肉、脂肪、肝脏中链霉素最大残留限量（MRLs）为 500μg/kg，肾脏中为 1000μg/kg，奶中为 200μg/kg。我国农业部第 235 号文件《动物性食品中兽药最高残留限量》中规定链霉素在牛奶中残留限量为 200μg/kg，在肌肉、脂肪、肝中为 600μg/kg，在肾中为 1000μg/kg。

14.6.3 链霉素的前处理及净化

链霉素为难挥发、热稳定和高极性的化合物，在体内与蛋白质结合率低，只有 10%左右，在体内不代谢，通常以原药的形式存在。在水溶液的溶解度很大，大多数采用高氯酸和三氯乙酸提取动物组织中的链霉素。在食品分析中由于复杂的食品基质，需要采用合适的提取液进行提取，一般可以用磷酸盐缓冲液（PBS）提取，但需要的时间比较长，或者用酸性溶液提取，需要的时间较短。但是由于提取的成分非常复杂，一般采用三氯乙酸、高氯酸、偏磷酸等沉淀蛋白，正己烷去除脂类等。

样品的净化链霉素具有多氨基的特点，多采用离子交换的固相萃取柱，药物经离子交换后保留在固相萃取柱上，用酸性或碱性有机溶剂洗脱。

14.6.4 链霉素的检测方法

目前链霉素残留的检测方法主要包括微生物法、免疫学法、液相色谱法、液相色谱-质谱法等。

（1）微生物学检测方法

微生物学检测法的测定原理基于抗生素对微生物的生理机能、代谢的抑制作用，是应用较广泛的方法，操作相对简便，不需要复杂的样品前处理过程和精美的仪器，适合于大量样品的筛选。如杯碟法、纸片法、琼脂扩散法、TTC 法等。

（2）免疫检测方法

免疫检测是以抗原与抗体的特异性、可逆性结合反应为基础的检测技术。Schnappinger 等利用 NH_2-O-CH_2-COOH 与链霉素反应制备免疫半抗原后，再与 BSA 在 EDC 的作用下连接，制备出结合抗原，建立了牛奶中链霉素和双氢链霉素的直接竞争 ELISA。由于免疫半抗原的抗原决定簇结构与双氢链霉素很接近，所以制备的抗体对链霉素和双氢链霉素都有很好的选择性。样品经过离心脱脂和 PBS 稀释后直接测定，检出限可达到 0.6ng/mL 和 0.4ng/mL。

(3) 高效液相色谱法

氨基糖苷类抗生素没有特征的紫外线和可见光吸收，一般采用柱前或者柱后衍生，荧光分析。衍生试剂主要有邻苯二甲醛（OPA）、丹磺酰氯（dansyl chloride）、荧光胺（fluorescamine）等。Pyunetal 研究了猪肉中链霉素和双氢链霉素固相萃取荧光免疫、柱后衍生 HPLC 确证方法，他们将牛奶中抗生素的检测方法应用于猪肉中抗生素的检测，获得猪肉中链霉素和双氢链霉素的检出限分别为 350μg/kg 和 500μg/kg。

(4) 液相色谱-质谱法

刘晓茂、赵淑军等采用苯磺酸固相萃取柱和 C18 固相萃取柱串联净化，液相色谱串联质谱同时测定链霉素和双氢链霉素，链霉素的检出限为 0.002mg/kg，方法回收率为 78%～95%。Rodrigo H. M. M. Granja 等用液相质谱联用检测蜂蜜中的链霉素，回收率在 100%，检出限为 3mg/kg。图 14-10 为链霉素标准质谱图。

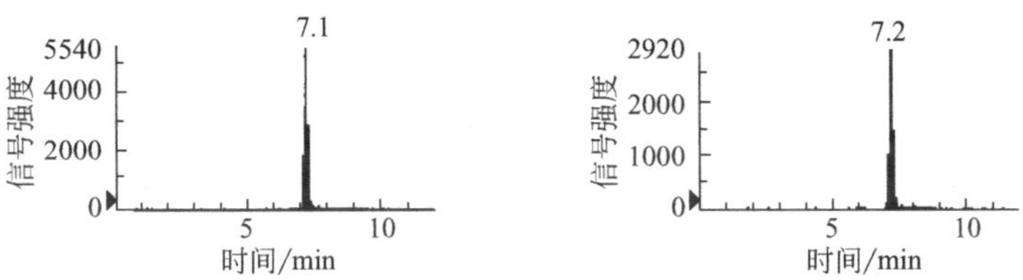

(a) 链霉素STR(582.2/263.3)　(b) 链霉素STR(582.2/246.2)

图 14-10　链霉素标准质谱图

氨基糖苷类化合物具有高极性和难挥发性，用气相色谱法检测需要进行柱前衍生化，以提高其挥发性。由于过程烦琐，在仪器分析中经常不会采用该法。以液相色谱为代表的色谱技术已被证明为最有效的确证性检测食品中农兽药残留的手段之一。但由于仪器较昂贵、费用高，不适合进行大规模现场检测，而免疫学方法具有灵敏度高、成本低、可大规模检测等优点，应用胶体金免疫层析技术研制出链霉素残留快速检测试纸，检出限为 8μg/L。采用 ELISA 法检测牛奶中链霉素残留量检出限可达 20μg/L 或以下，符合快速筛选方法的要求。免疫测定方法的建立是未来抗生素残留检测的主要研究方向，而多方面技术的结合与应用将是主要的研究手段。

14.7 磺胺类兽药残留及其检测技术

14.7.1 概述

磺胺类药物（sulfonamides，SAs）是指具有对氨基苯磺酰胺结构的一类药物的总称，是一类用于预防和治疗细菌感染性疾病的化学治疗药物。自从 1932

年发现第一种磺胺类药物——“百浪多息”（prontosil）以来，已有80多年的历史，先后合成的此类药物约有千种，其中疗效好、毒性和副作用小的SAs就有几十种，临床上常用的有20余种。

磺胺类药物分子结构如图14-11所示，一般为白色或微黄色结晶性粉末，无臭，基本无味，遇强光颜色逐渐变深，易变质，除磺胺醋酰外多数难溶于水，较易溶于稀碱，但形成钠盐后则易溶于水，其水溶液呈强碱性。磺胺类属于广谱抗菌药，其药理作用是干扰细菌酶系统对对氨基苯甲酸（PABA）的利用，影响细胞核蛋白质的合成，抑制细菌的繁殖。由于疗效较为显著，磺胺类药物在当代畜牧生产中得到了广泛应用。通常将其用于家禽以预防球虫病、霍乱和感染性鼻炎；在水产品养殖过程中用于控制疔疮和肠败血症等。另外SAs常配合抗菌增效剂作为饲料添加剂预防疾病的发生和促进动物生长，其常用品种就有十几种。

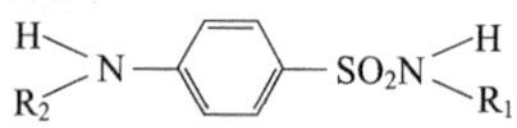

图14-11　磺胺类药物分子结构

磺胺类药物经各种给药途径进入动物体内后，可转移到肉、蛋和乳等动物性食品中，如果使用不合理很容易在动物组织中造成磺胺类药物残留。由于此类药物在体内的作用时间和代谢时间较长，通过食用动物组织而摄入的磺胺有可能在人体中蓄积，蓄积的浓度超过一定值的药物对人体机能是有害的。因此，国际食品法典委员会（CAC）、欧盟及欧美一些国家明确规定食品中磺胺类药物总含量不得超过0.1mg/kg。不同国家规定的磺胺类药物残留检测的种类和限量不同，许多国家对部分磺胺类药物规定了更低限量，如日本“肯定列表制度”规定无“最大残留限量标准”的部分磺胺药物应遵从0.01mg/kg“一律标准”。

14.7.2 样品前处理方法

样品前处理是指样品的提取和净化，即除去待测样品中的脂肪、色素等杂质的过程。磺胺类兽药残留的样品前处理方法主要有液-液萃取法、基质固相分散法、固相萃取法、免疫亲和柱层析净化法等。

14.7.2.1 提取方法

提取样品中磺胺类药物的方法主要可分为四大类：单一溶剂提取，混合溶剂提取，酸、碱、缓冲溶液提取，酸或缓冲溶液加溶剂提取。多残留方法一般采用有机溶剂进行提取。当采用微生物分析方法、分子生物学分析方法或光谱分析方法时，采用含水的提取液可以减少样品转移的次数。用毛细管电泳进行分析时，一般也采用缓冲溶液进行提取。只有进行气相色谱或液相色谱检测时，才采用有机溶剂进行提取。

14.7.2.2 净化方法

（1）*液-液萃取法*

由于SAs具有酸碱两性，可通过调节样品的pH值来改变磺胺在水相和有机相中的分配系数，来实现对磺胺药物残留样品的纯化。磺胺一般要从有机相提取进入强酸或碱溶液，为了更好地净化，调节水相使 pH 值在 5.1～5.6 之间，使分析物被反提溶于有机相中。用乙腈做提取液可提高回收率，减少乳化，这可能因为水溶性的乙腈具有强的沉淀蛋白质的能力和更高的溶解性，能有效地将与组织非共价结合的 SAs 解离和提取。正已烷洗涤的目的是减少样品中的脂溶性杂质及其对高效液相色谱分析柱的污染。提取时加入适量无水硫酸钠有利于降低乳化和提高振荡提取的效率。

(2) 固相萃取技术

与液-液萃取相比，固相萃取不需要大量互不相溶的溶剂，处理过程中不会产生乳化现象，提高了萃取率。SPE 采用高效、高选择性的吸附剂，可以净化很小体积的样品，能显著减少溶剂用量，既可以用于复杂样品中微量或痕量目标化合物的提取，又可以净化、浓缩、富集。近年来固相萃取常与 HPLC、GC-MS、HPLC-MS 等技术联用，实现了在线操作，自动化程度大大提高，可以进行大批量的物质测定。

(3) 基质固相分散法

基质固相分散浓缩了传统样品前处理中匀浆、组织细胞裂解、提取、净化等多个过程，避免了待测物在这些过程中的损失。磺胺类药物的 MSPD 前处理方法目前有少量报道，主要使用 C18 作为基质分散剂。这些方法的回收率有时出现偏低和不稳定现象，且需要使用正己烷、乙腈等溶剂来淋洗，耗费了溶剂并增加了前处理时间。如何提高回收率、减少溶剂消耗、缩短处理时间是需要解决的一个问题。因此磺胺类药物残留的 MSPD 方法有进一步提高完善的需要。

(4) 碳纳米管萃取法

采用吸附性能好且价格低廉的碳纳米管做为吸附剂的固相萃取柱可与高效液相色谱分析技术联用检测食品中磺胺兽药的残留，方法简单、灵敏、消耗少，在兽药分析领域具有潜在的应用价值。

14.7.3　检测方法

磺胺药物残留的分析检测方法有多种，气相色谱、液相色谱、液相色谱-质谱、微生物学检测法及免疫分析法（如 ELISA 法）等，每种方法均有其优势及缺陷。采用气相色谱法通常需要用重氮甲烷对磺胺类甲基化，一方面其衍生物比率易发生变化，另一方面其操作较为复杂，近年来已基本不再使用此法，因此，在此就不做赘述了；生物方法多用于定性筛查，不适于定量分析；理化分析方法中，最常用的是液相色谱法，且液相色谱-质谱法则是残留监控常用的确证方法。

(1) 微生物学检测法

微生物法的主要原理是根据磺胺药可对特定微生物的生理机能和代谢的抑制

作用，来确定受检样品中的磺胺类药物种类和含量，主要采用 Charm 检测法。Barham（2001）等建立了动物组织中磺胺类药物的微生物检测法，检出限可接近 MRL。微生物法检测费用低、不需要特殊昂贵仪器，但操作费时且专一性和精确度都较差，易受到其他抗生素的干扰，在定性或定量分析上都存在困难，不能满足现代残留检测的需要，甚至有些检测结果还达不到最高残留限量的要求。故需要借助免疫法和理化法等进行确定。

（2）免疫分析法

酶联免疫吸附法（ELSIA）是一种免疫分析法，具有高灵敏度、特异性强、操作简便快速等特点，可用于大批量样品检测的特点，已经成为磺胺类药物残留大批量样品定性或定量分析的方法。有国外研究学者利用 ELISA 法，同时测定磺胺噻唑等六种磺胺类药物，检出限达 1.5～4.5ng/mL。但是由于酶联免疫法影响因素多，可能出现假阳性的结果，因此多用于初筛，若出现阳性样品则需要用色谱方法或色谱-质谱连用方法进行确证。

（3）液相色谱法

磺胺类结构中带氨基，有弱碱性，其中性分子和离子形式在有机相与水相中的分配性质不同，有机溶剂和 pH 对磺胺的保留有着重要影响，因此在键合相反相液相色谱的情况下，以含水相为流动相时，调节含水相的 pH 值，即用酸性流动相来抑制弱碱的离解将导致保留行为的改变，达到组分分离的目的，测定磺胺类药物残留中常用的流动相为甲醇、乙腈、水、磷酸盐缓冲溶液的多溶剂体系，对于多组分残留分析大多采用流动相梯度洗脱，常用的检测器为紫外检测器（UV）。国内学者张萍采用 SPE-HPLC 法同时测定鸡蛋粉中 12 种磺胺类药物残留，方法采用 Inertsil ODS-3（250mm×4.6mm，5μm）柱分离，以乙腈-水-冰醋酸（23∶77∶0.5）为流动相进行等度洗脱，265nm 波长检测，外标法定量测定磺胺类药物，实验中 12 种磺胺药物的最小检出限在 2～45μg/kg。

（4）液相色谱-质谱联用技术

液相色谱-串联质谱法（HPLC-MS/MS）是一种集高效分离和多组分定性、定量于一体的方法，对高沸点、不挥发和热不稳定化合物的分离和鉴定具有独特优势，成为近年来药物残留分析中一种重要的检测技术。与气相色谱-质谱法（GC-MS）相比，高效液相色谱-串联质谱法可用于强极性、难挥发、热不稳定性的化合物；与高效液相色谱法、气相色谱法相比，高效液相色谱-串联质谱法前处理方法相对简单，基质干扰小，方法灵敏度高，且兼分离、定量和定性（分子结构信息）于一体，因而特别适用于药残的定量和确证分析，其灵敏度最低可达 ng/kg 级。

采用 LC-MS/MS 可同时测定水产品中的 21 种磺胺，样品经二氯甲烷提取，无水硫酸钠脱水，吹氮浓缩再经液-液分配去除脂肪，固相萃取柱净化；采用 Cloversil-ODS（100mm×2mm，3μm）色谱柱分离，LC-MS/MS 电喷雾电离

（ESI），正离子模式，多反应监测（MRM）模式检测，典型色谱见图 14-12。

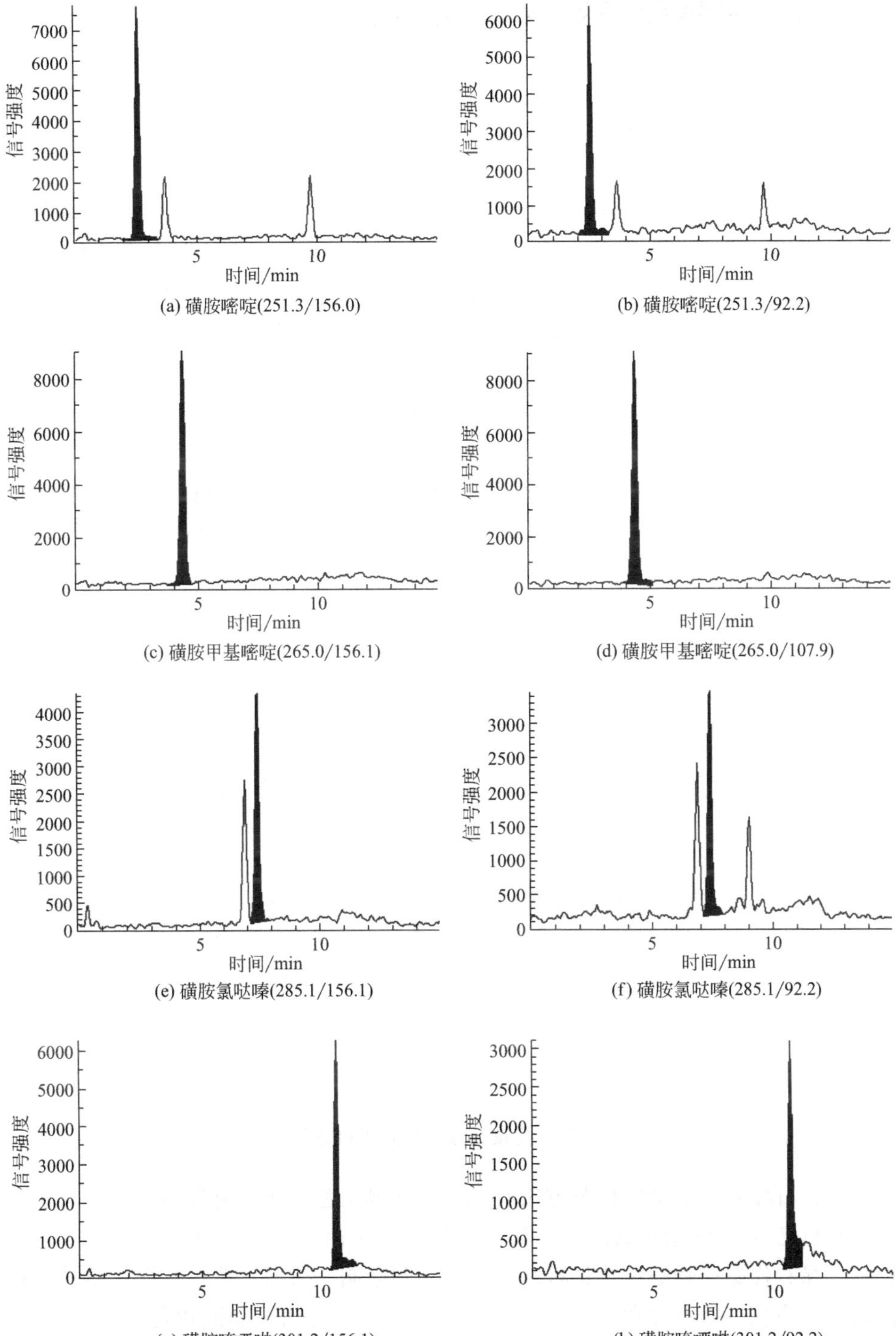

图 14-12　磺胺类标准添加样品的多反应监测 MRM 色谱图（添加水平 10μg/L）

14.8 染料类兽药残留及其检测技术

孔雀石绿（malachite green，MG）又名碱性绿，为金属光泽的结晶体，易溶于水、乙醇和甲醇，水溶液为蓝绿色，其分子式为 $C_{23}H_{25}ClN_2$。结晶紫（crystal violet，CV），分子式为 $C_{25}H_{30}N_3Cl$，能溶于水（溶解度 9%）和酒精（溶解度 8.75%），其水溶液通常称为紫药水，为消毒防腐药。孔雀石绿和结晶紫同属碱性三苯甲烷类染料，具有类似的结构（见图 14-13），在水产养殖业中，常作为消毒杀菌剂和抗寄生虫药，用于防治水霉病、烂鳃病、烂鳍病、寄生虫病等。该类物质在鱼体内主要代谢为隐色孔雀石绿（LMG）和隐色结晶紫（LCV）（见图 14-13）。由于母体化合物和代谢物均具有潜在高毒性、高残留和致癌、致畸和致突变等副作用，并能在鱼体内长时间残留，已被欧盟、美国食品和药品管理局（FDA）等明令禁止用于水产养殖。根据欧盟法案 2002/675/EC 规定，动物源性食品中孔雀石绿和隐色孔雀石绿残留总量限制为 2μg/kg；日本的肯定列表也明确规定在进口水产品中不得检出孔雀石绿残留；我国在农业行业标准《NY5071—2002 无公害食品鱼药使用准则》中也将孔雀石绿列为禁用药物。

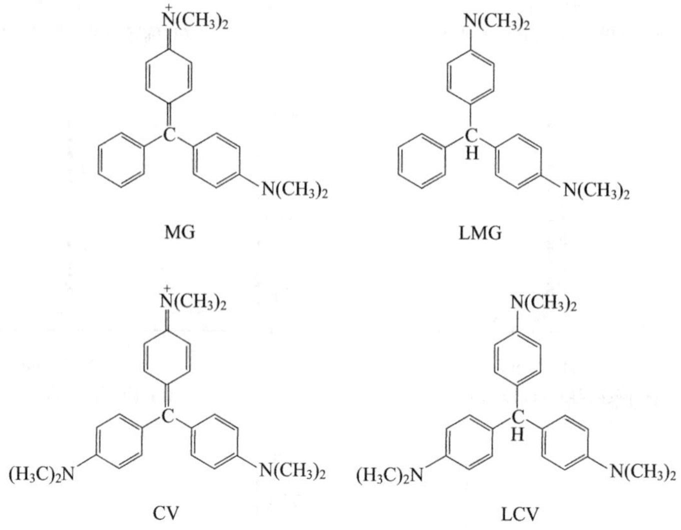

图 14-13 孔雀石绿、隐色孔雀石绿、结晶紫和隐色结晶紫的化学结构

孔雀石绿和结晶紫的检测方法有很多，如薄层色谱法、免疫测定法、液相色谱法和色谱-质谱联用检测法等，其中薄层色谱法简单快速，但是不能同时检测孔雀石绿和代谢产物隐色孔雀石绿，应用受到限制。目前，孔雀石绿、结晶紫和代谢产物隐色孔雀石绿和隐色结晶紫主要利用液相色谱法和液相色谱-质谱联用的方法来进行检测，也有使用免疫分析法进行检测的相关报道。

14.8.1　免疫测定法

国外已有高灵敏、商品化的孔雀石绿 ELISA 检测试剂盒出售，如美国 Bio Scientific 公司和 Beacon 公司产品，其检测下限达到 0.5ng/mL，回收率 80%～95%，样本提取只需 2h，但总体价格昂贵，导致单次检测成本居高不下。国内学者李晓丽等通过合成羧基化孔雀石绿，采用活泼酯法制备孔雀石绿免疫抗原 CMG-BSA、检测抗原 CMG-OVA。采用 CMG-BSA 免疫 BALB/c 小鼠，经融合、筛选和克隆化获得了一株稳定的抗孔雀石绿单克隆抗体，并建立了检测孔雀石绿的直接竞争 ELISA 方法，实验的最佳操作参数为孔雀石绿抗体稀释倍数 1∶16000（1mg/mL），酶标抗原（CMG-HRP）使用浓度 0.2μg/mL。该方法具有良好的灵敏度和特异性，IC_{50} 值 0.3ng/mL，最低检测灵敏度也可达到 0.05ng/mL。

14.8.2　液相色谱法

孔雀石绿的沸点高，不易挥发，其色谱分析法多采用液相色谱法（HPLC）。据报道，采用正相 CN 柱或反相 C8、C18 柱都可以实现分离，但反相柱的柱效和分离度较好，目前，大多采用 C18 反相柱分离。

孔雀石绿最大吸收波长在 628nm，结晶紫的最大吸收波长在 588nm，同时检测孔雀石绿和结晶紫及其代谢产物，可采用 588nm，但是由于背景干扰严重，代谢产物不宜采用该波长，所以在采用紫外检测器时，需将隐色代谢产物氧化为有色化合物。可将代谢产物先通过衍生柱（填充二氧化铅）再经过色谱柱或在提取过程加入适量 2,3-二氯-5,6-二氰基苯醌进行氧化来进行检测。也可根据四种物质的保留时间不同，在色谱柱后连接衍生柱，将隐色代谢产物氧化为孔雀石绿和结晶紫，进行检测。但是由于使用了二氧化铅柱，使得该方法检测灵敏度降低，检测结果不稳定。

荧光检测器可对隐色孔雀石绿和隐色结晶紫直接进行检测，激发波长为 265nm，发射波长为 360nm，但荧光检测器不能检测孔雀石绿和结晶紫。因此可采用紫外检测器串联荧光检测器直接对 4 种化合物进行检测。该方法可以克服单用紫外检测器的缺点，提高灵敏度。

14.8.3　液相色谱-质谱联用技术

液相色谱法有其缺陷性，主要表现为方法的检出限高达不到欧盟规定的要求，且无法很好地定性确证。而液相色谱-串联质谱检测方法比液相色谱方法更为灵敏、准确，已逐步成为一些发达国家常规的药残分析监测手段，成为定性及定量分析最得力的工具。欧盟目前认为对检出的阳性结果必须再用液相色谱-串联质谱法（HPLC-MS/MS 法）进行确证。孔雀石绿、结晶紫及其代谢产物的残留分析多采用乙腈和乙腈-乙酸铵混合溶液，采用中性氧化铝柱和阳离子交换柱进行净化。采用液相色谱-质谱（LC-MS/MS）测定水产中的孔雀石绿及其代谢产物，均质后的水产品样品用乙腈提取，过中性氧化铝柱净化后，采用电喷雾离子源，在正离子、多反应监测方式模式下进行定性，以内标法进行定量，典型色谱见图 14-14。

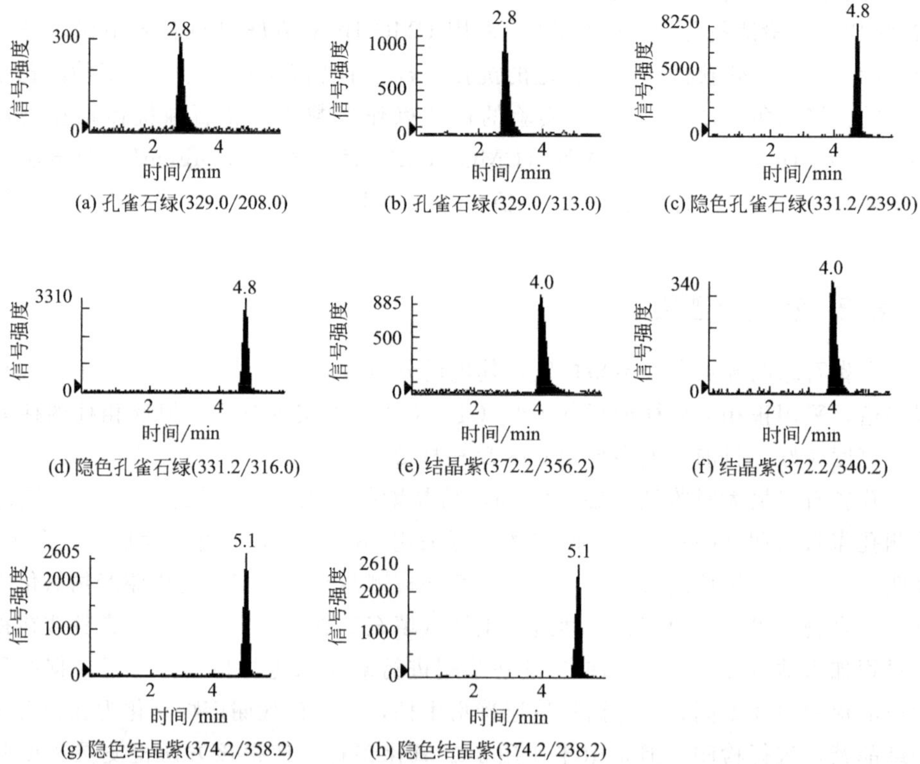

图 14-14　染料类标准溶液的多反应监测 MRM 色谱图

14.9 抗球虫药残留及其检测技术

14.9.1 概述

球虫病是由寄生于宿主肠道或胆管上皮细胞内的艾美尔科原虫引起的一种寄生虫病，多在高密度舍饲的动物中流行，家禽和家兔最易感染球虫病。球虫对雏鸡、幼兔的危害最为严重，可引起营养不良、贫血、血痢、消瘦，甚至可造成大批死亡。由于对球虫病的诊断较困难，往往在做出临床诊断之前已经造成严重的经济损失。常见的抗球虫药物包括盐霉素、甲基盐霉素、莫能菌素、拉沙里菌素、马杜拉霉素、氯羟吡啶、氨丙啉、乙氧酰胺苯甲酯、尼卡巴嗪（残留标示物为 4,4-二硝基均二苯脲）、常山酮、克拉珠利、甲苄喹啉、癸氧喹酯、二硝托胺、地克珠利、硝米特、甲苯三嗪酮（残留标示物为甲苯三嗪酮、甲苯三嗪酮砜和甲苯三嗪酮亚砜之和）及阿克洛胺等。

多数抗球虫药物具有较强的细胞毒性，而且抗球虫药物的使用易导致抗药性。畜牧生产中有加大抗球虫药物使用剂量的倾向。为保障动物源食品的食用安全，国内外对多数抗球虫药物制定了残留限量，并对动物性食品中抗球虫药物残留加强监控。

莫能菌素是本类药物中第 1 个被分离出来作为抗球虫药物，对鸡柔嫩、毒害、堆型等 6 种常见球虫均有杀灭作用，作用峰期为感染后的第 2 天。除了杀球虫作用外，还对动物体内的产气荚膜芽孢梭菌有抑制作用，可作预防坏死性肠炎药物。该药对牛有促生长作用。

盐霉素可抗球虫、促生长，应用同莫能菌素，对无性生殖的裂殖体有较强的抑制作用，与抗球虫药增效剂乙氧酰胺苯甲酯合用，治疗球虫效果较好，但毒性比后者强。该药安全范围较窄，毒性稍强。若浓度过大或使用时间过长，会出现食量下降、体重减轻、共济失调和腿无力等副作用。

地克珠利又名氯嗪苯乙腈，抗球虫效果优于作用于第 1 代裂殖体的聚醚类药物和其他抗球虫药物。具备高效、低毒特点，为典型的理想抗寄生虫药物，本药缺点是半衰期短，需要连续用药，但又易产生耐药性。

妥曲珠利又名甲苯三嗪酮，抗球虫谱较广，可作用于球虫发育的各个阶段，对耐其他球虫药的球虫也有较好的作用，且毒性较低，用 10 倍剂量时用药动物仍无危险，不影响球虫产生免疫力。在鸡可食性组织中残留时间很长，连续用药易产生耐药性。

尼卡巴嗪作用于球虫第二代裂殖体，不影响宿主产生免疫力，适用于蛋鸡和肉用种鸡，产蛋期禁用。球虫对本类药物产生耐药性速度较慢。本类药物不宜用糖类作辅料，易使糖类变色。产蛋期禁用，高温季节慎用。

磺胺喹噁啉属抗球虫专用磺胺药，机理主要是干扰叶酸代谢从而抑制其生长繁殖，不宜长期使用，尤其不适用于肾脏有疾病的畜禽，与氨丙啉配合使用，扩大抗虫谱。

磺胺氯吡嗪属抗球虫专用磺胺药，配合维生素 K_3 对症治疗药，治疗畜禽球虫暴发。本药还有较强的抗菌作用，可用于治疗禽霍乱和鸡伤寒。磺胺二甲嘧啶可用于球虫感染也可用于细菌感染，适合治疗球虫和细菌混合感染性疾病的治疗，如大肠杆菌和球虫混合感染的治疗等。

14.9.2　抗球虫药的毒副作用和残留限量

欧盟法规 610/2012 修正更新了食物中的拉沙里菌素、马杜霉素、地克珠利和尼卡巴嗪的最高限量。抗球虫药属于饲料添加剂，并被广泛用于防治由艾美球虫属和等孢子球虫属中几种原生动物引起的球虫病。球虫病的病征包括腹泻、发烧、食欲不振、体重减轻、消瘦，有时会导致牛、绵羊、山羊、猪、家禽及兔子的死亡。抗球虫药中的活性物质被分为两组：①聚醚离子载体（拉沙里菌素、马杜霉素、莫能菌素、那拉霉素、盐霉素及塞杜霉素）；②化学抗球虫药（癸氧喹酯、地克珠利、常山酮、尼卡巴嗪及氯苯胍）。在非目标饲料中，不可避免地含有抗球虫药饲料添加剂的残留物，会导致在动物制品中，如猪肉和鸡蛋中出现这些残留物，从而威胁到人类健康。

国际食品法典委员会规定了禽类食品相关的最大残留限量，肌肉是500μg/kg、皮和脂肪是1000μg/kg、肾脏是2000μg/kg、肝脏是3000μg/kg。

14.9.3 样品的前处理

地克珠利在多数有机溶剂中的溶解度很低，如乙腈、甲醇和乙酸乙酯等，但在多数文献中均报道使用乙腈作为萃取溶剂，获得了很好的回收率。M. Kanda等使用乙腈作为萃取溶剂，从鸡肝脏、肾脏和肌肉中提取地克珠利和尼卡巴嗪，经两次正己烷脱脂后用高效液相色谱方法检测，地克珠利在最高残留量水平的添加回收率达到了92.0%～95.6%。S. Croubels等采用了乙腈作为萃取溶剂从动物血浆中提取地克珠利，其平均回收率也达到90%以上。有专家认为，提取溶剂的选择应主要依据样品基质的性质，即提取溶剂应首先满足要求。样品中残留组分的绝对量极小，提取溶剂对待测组分溶解度能力并不关键，溶剂能够与样品基质充分混合和渗透样品是提取的前提。特别对于饲料和添加剂中的地克珠利，一般均采用酸化甲醇作为萃取溶剂。

14.9.4 抗球虫药残留的分析方法

目前检测单一抗球虫药物的方法主要有薄层法、免疫分析法、液相色谱法、气相色谱法、液相色谱-质谱法和气相色谱-质谱法，但总体检测效率低下，缺乏多残留检测方法，而且采用的方法多为液相色谱法。

由于一些抗球虫药物，如聚醚类离子载体抗生素类抗球虫药物缺乏紫外、荧光特性，需要进行柱前衍生或柱后衍生才能进行检测，操作烦琐，同时缺乏高灵敏度的确证方法。由于LC-MS/MS技术具有灵敏度高、选择性强的优点，可进行确证分析，适用于复杂基质中多种抗球虫药物的分析。岳振峰等采用乙腈进行提取，乙腈饱和正己烷脱脂，提取液经硅胶柱净化，利用LC-MS/MS的选择性和抗干扰能力较强的特点，对不同类型的抗球虫药物进行分析研究，建立了鸡肉中20种抗球虫药物多残留液质联用检测方法，测定低限为5～50μg/kg。

14.10 激素类兽药残留及其检测技术

14.10.1 激素的概述

激素是由内分泌腺（如脑垂体、甲状腺、甲状旁腺、胰岛和性腺等）以及具有内分泌机能的一些组织（如十二指肠黏膜和丘脑下部某些神经细胞）所组成的一种量微而生理效应很强的有机化合物，它们由内分泌腺体进入血液转运至其所作用的部位，发挥其生理生化作用，并有协调抗体内各部分间相互关系的作用。

激素按其化学结构可分为两大类。一类是含氮物质，如蛋白质、多肽、氨基酸衍生物、胺类；另一类是类固醇激素。蛋白质类激素（如胰岛素）易被胃肠道的水解酶所分解，不宜口服，而某些类固醇激素制剂则可以口服。部分糖皮质激素的化学结构如图 14-15 所示。

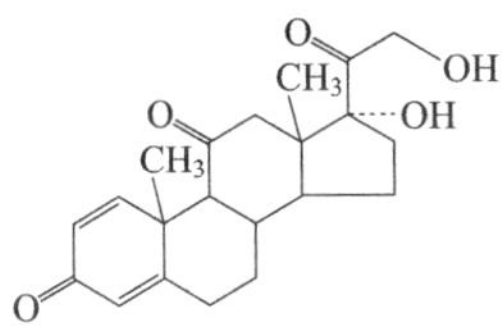

泼尼松

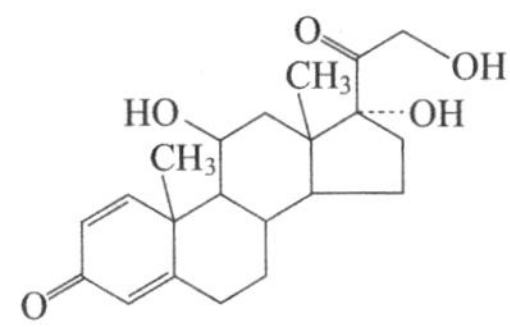

泼尼松龙

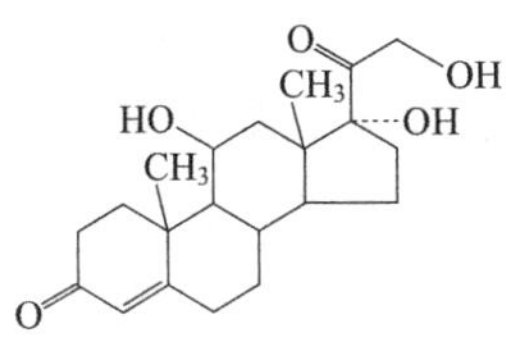

氢化可的松

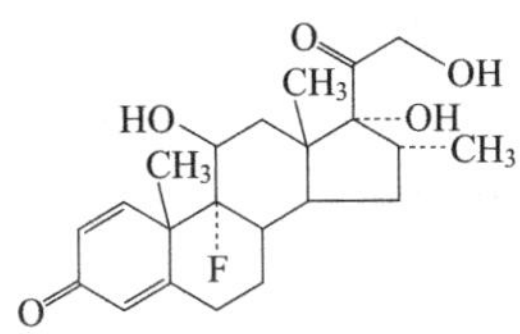

地塞米松

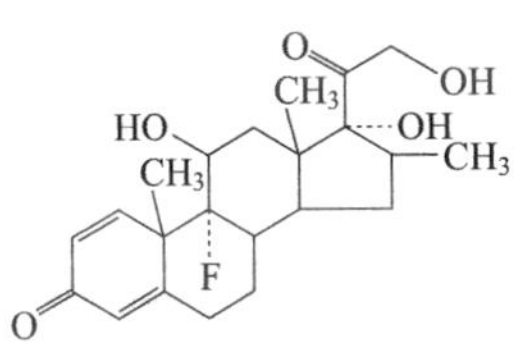

倍他米松

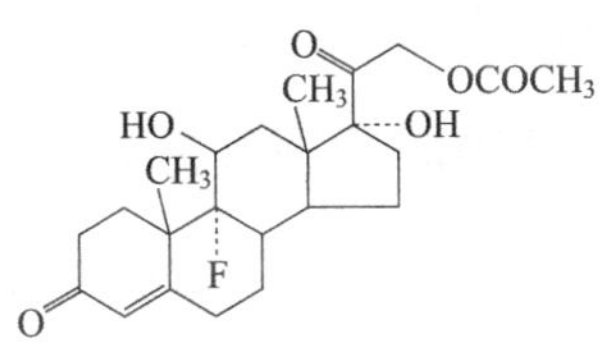

醋酸氟氢可的松

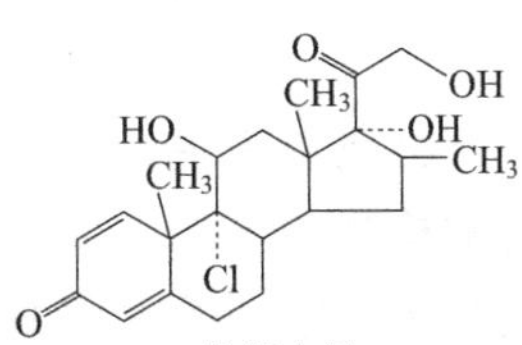

倍氯米松

图 14-15 糖皮质激素的化学结构

14.10.2 激素的毒副作用和残留限量

激素类药物（包括性激素、生长激素、甲状腺素、β-兴奋剂）作为畜禽水产品养殖中的生长促进剂能加快动物的增重速度，提高饲料的转化利用率，改进瘦肉与脂肪的比例，显著提升养殖业的经济效益。但激素类药物残留严重威胁着人们的健康，再加上近几年来以克仑特罗为代表的β-受体激动剂动物性食品中毒事件的频频发生，禁止和控制激素类药物在养殖业中的使用已日益引起各方面的关注。

糖皮质激素常用于治疗家畜的炎症反应、免疫性疾病等，并且能提高饲料的转化率，促进畜禽的生长，因而广泛用于畜牧业中。然而动物生长过程中过量使用糖皮质激素会导致其在动物源性食品中残留，给人体健康带来极大的危害。世界各国都十分重视动物性食品中糖皮质激素残留的监测，并规定了最大残留量。我国规定牛、猪、马的肌肉、肝脏和肾脏中的地塞米松最大残留限量（MRL）为0.75μg/kg，牛奶中氢化可的松的最大残留限量为10μg/kg。欧盟规定地塞米松与倍他米松在牛、猪的肌肉、肾脏中的最大残留限量为0.75μg/kg，在肝脏中的最大残留限量为2.0g/kg，在牛奶中的最大残留限量为0.3μg/kg。甲基氢化泼尼松在牛的肌肉、肝脏和肾脏中的最大残留限量均为10μg/kg，氢化泼尼松在牛的肌肉、脂肪中的最大残留限量为4μg/kg，肝脏、肾脏和牛奶中的最大残留限量分别为10μg/kg、10μg/kg和6μg/kg。日本规定牛肉中雌三醇、孕酮的MRL为10μg/kg，美国规定牛肉、羊肉中孕酮MRL为3μg/kg，韩国规定牛肉中孕酮的MRL也为3μg/kg，我国规定禁止性激素类如甲基睾丸酮、丙酸睾酮、苯丙酸诺龙、苯甲酸雌二醇及其盐、酯及制剂作为动物生长促进素使用，欧盟性激素类兽药规定：雌酮、雌二醇（17β-estradiol）及雌三醇（estriol）MRLs≤1.0μg/kg，炔雌醇（17α-ethynylestradiol）MRLs≤0.7μg/kg，己烷雌酚、己烯雌酚及其盐、酯及制剂在所有动物组织中不得检出。

14.10.3 激素的前处理及净化

大多数激素类化合物属于弱极性或中等极性，易溶于乙酸乙酯、丙酮、甲醇、乙腈等，激素类药物的水溶性小，常用具有一定极性的有机溶剂提取，甲醇和乙腈为应用广泛的溶剂，其优点是溶解作用强，提取的同时兼有脱蛋白和脱脂的作用。

激素在动物体内通常以原型药物残留为主，动物组织中的激素类药物残留都以游离或轭合两种形式存在，通常检测需要加入蛋白酶将轭合物水解释放出待测激素。其中以葡糖醛酸酶、硫酸酯酶或它们的混合酶是最常用的水解酶。对于动物源性食品样品基质复杂，含有大量的蛋白质和脂肪的干扰杂质，虽然在前处理过程中有机溶剂如甲醇、乙腈等去除了部分蛋白质，用正己烷进行液-液萃取也去除了部分脂肪，但净化效果并不理想，还需要通过固相萃取柱进行净化，如使用反相固相萃取柱 HLB、C18、C8 等进行样品净化，再利用正相固相萃取柱如氨基、硅胶、氧化铝等固相萃取柱联合使用进行净化。样品前处理是兽药残留组分检测的关键，对于类固醇激素的检测，一般要经过水解、提取、净化、浓缩几个步骤。

14.10.4　激素的检测方法

目前对激素类药物残留常用的检测方法主要有酶联免疫法、液相色谱法、气相色谱-质谱联用法、液相色谱-质谱联用法等。

(1) 酶联免疫法

酶联免疫分析在动物激素类药物残留分析中有广泛的应用前景，已经渗透到激素类药物残留分析的各个环节。虽然免疫分析方法特异性强、灵敏度高、操作简单易行，但抗体缺乏高灵敏试剂所具有的分析信号反差，其假阳性很高。

酶联免疫快速检测技术，建立了对动物源性食品中二苯乙烯类激素残留量酶联免疫定量检测方法：己烷雌酚回收率 90.1%～94%，己烯雌酚回收率达 80.1%～86.3%；己烷雌酚精密度为 5.4%～8.0%，己烯雌酚精密度为 7.2%～10.6%。可以满足动物源性食品残留监控的要求，也适应国内外对二苯乙烯类激素残留的测定要求。酶联免疫法适用于大量样品的快速测定，由于易出现假阳性结果，并且仅能测定少数几种激素，目前欧盟和美国等国家将酶联免疫法作为筛选法。

(2) 液相色谱法

液相色谱法可分析热稳定性差、沸点高的有机物，具有选择性强、操作相对比较简单等特点。姚笋平等用液相色谱测定动物组织中己烯雌酚，以甲醇提取 Zorbax SB-C18 柱为固定相，甲醇-水（70∶30）为流动相，方法回收率大于 85%，灵敏度为 0.15mg/kg。王炼等采用酶水解，用液相色谱法测定肉类食品中 11 种类固醇激素，碎肉用乙腈超声提取，挥干后加入磷酸二氢钾缓冲液，再加葡萄糖醛酸酐酶，37℃恒温 24h，稀释后过 SPE 小柱，用乙腈洗脱，采用二极管阵列检测器检测，激素的检出限为 9～20μg/kg，平均回收率为 51.0%～107.0%，相对标准偏差为 0.77%～6.42%。罗晓燕等用固相萃取高效液相色谱法同时测定畜禽组织中雌雄性激素残留，固相萃取柱净化，己烯雌酚的检出限为 9.5μg/kg，丙酸睾酮的检出限为 8.4μg/kg，回收率在 92%～98%。液相色谱法的灵敏度较低，选择性和特异性较差，用于动物源性食品中激素残留的检测有很大的局限性。

(3) 气相色谱-质谱联用法

气相色谱-质谱联用法是将气相色谱仪的分离系统与质谱仪的检测系统连接起来，既发挥了色谱法的高分离能力，又发挥了质谱法的高鉴别能力。刘思洁等用气相色谱-质谱联用法测定畜禽肉中及动物内脏中雌二醇、已烯雌酚和睾酮的残留量，检出限可低于 0.1μg/kg；杨英华等用气相色谱-质谱联用法测定出口肉食中的己烯雌酚（DES）和双烯雌酚（DI），检出限均为 0.5ng/kg，方法灵敏度和特异性都较高，可以满足残留分析的要求，但部分激素是高沸点、低挥发性，一般不会采用气相色谱法来直接测定，如合成类固醇激素和糖皮质激素需要先经衍生化再检测，过程烦琐。

（4）液相色谱-质谱联用法

液相色谱-质谱联用法主要应用于分析热稳定性差、分子量大的化合物，其分辨率高、灵敏度高、选择性强，定量定性能同时进行。牛晋阳等用液相色谱-质谱联用法测定猪肉中 10 种类固醇类激素残留，这些激素物质的线性范围均为 0.5～100μg/kg，低、中、高 3 种加标水平的加标回收率为 71%～89%，检出限为 0.2～2μg/kg。高文惠等采用液相色谱-质谱联用技术建立肌肉组织中糖皮质激素残留的检测方法，在 0.5～5μg/kg 浓度范围内，具有良好的线性关系，线性相关系数≥0.963，检出限在 0.5～2.0μg/kg 之间。在空白试样中的添加浓度为 2.0μg/kg 和 5.0μg/kg 时，平均回收率为 82.75%～91.87%，相对标准偏差为 2.15%～4.43%。祝伟霞等建立了液相色谱-串联四极杆质谱同时测定婴幼儿配方奶粉中 17 种糖皮质激素、11 种孕激素、3 种雄性激素和 8 种雌激素残留的快速确证方法，适用于婴幼儿配方奶粉中多种内源性与化学合成类激素残留的快速测定，方法回收率为 59.5%～117.9%，相对标准偏差为 6.4%～16.3%。

综上所述，肉类食品中激素残留污染的检测方法各有特点。一般来说，在各种检测方法中，酶联免疫分析法适用于大量样品的快速测定，由于易出现假阳性结果，并且仅能测定少数几种激素，目前欧盟和美国等国家将酶联免疫法作为筛选法，液相色谱法有较高的准确率，带有半确认性质，而气相色谱-串联质谱法和液相色谱-串联质谱法有足够的灵敏度，一般做最后确认与仲裁，在欧盟重新修订的肉类食品中的类固醇激素检测中，可作为最后的确认方法。典型谱图见图 14-16。

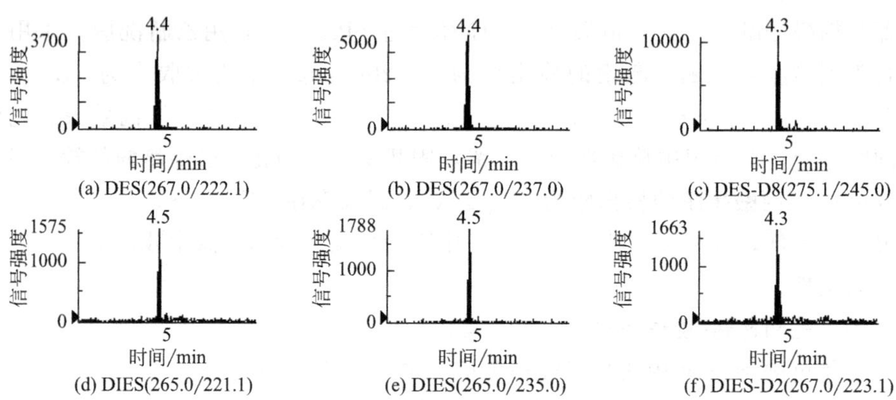

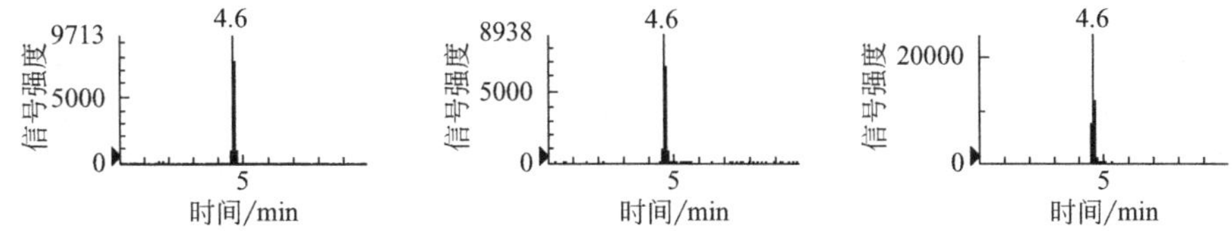

(g) HES(269.1/119.0)　(h) HES(269.1/134.0)　(i) HES-D6(275.1/122.0)

图 14-16　己烯雌酚类质谱图

14.11 兽药残留生物检测技术

随着各国对食品安全的重视，需要进行检测的样品数量和兽药残留种类日益增多，传统的仪器检测法，需要昂贵仪器、专业人员、检测周期长，不能满足社会对检测快速、及时的要求，这就给快速筛选检测技术提供了良好的发展契机，快速检测方法具有省时、省力、省成本、能进行现场检测的优点。生物技术是 21 世纪的主导技术，免疫分析技术、分子印迹技术、酶活性抑制技术、生物传感器、生物芯片技术等现代生物技术将在食品安全快速检测领域得到广泛应用，本节将简单介绍常用的几种技术。

14.11.1 酶联免疫吸附法

酶联免疫吸附法（ELISA）是一种把抗原和抗体的特异性免疫反应和酶的高效催化作用有机结合起来的检测技术。其测定原理是将已知的抗体或抗原结合在某种固相载体上，并保持免疫活性。测定时，将待检标本和酶标抗原或抗体按不同步骤与固相载体表面吸附的抗体或抗原发生反应。然后洗涤分离抗原抗体复合物和游离成分。最后加入酶的作用底物催化显色，利用酶标仪进行定性或定量测定。ELISA 具有成本低、速度快、灵敏度高、仪器设备简单、操作较容易的特点，适合于大量样品的快速筛查，在兽药残留检测领域得到了广泛的应用。

ELISA 是一种具有高灵敏度、特异性和抗干扰强的单一药物残留的高通量检测技术，最典型和成功的例子是氯霉素的 ELISA 快速检测试剂盒。目前市场上还有很多检测兽药的商品化试剂盒，如克仑特罗、莱克多巴胺、恩诺沙星、磺胺二甲嘧啶、四环素、链霉素等，其检出限、回收率、重复性、再现性、特异性等主要技术指标均满足残留快速检测要求。但由于酶联免疫法影响因素多，可能出现假阳性的结果，因此多用于初筛，若出现阳性样品则需要用色谱方法或色谱-质谱联用方法进行确证。

14.11.2 放射受体分析法

放射受体分析法，也就是 CHARM Ⅱ法。美国 CHARM Ⅱ公司生产的抗生素测试仪，是世界上最成功的快速检测系统之一，现被 6 个美国 FDA 实验室、55 个州立实验室和 7 个美军基地作为标准仪器使用；同时美国 AOAC 也采用 CHARM Ⅱ作为标准检测工具。该方法是基于样品中的待测物质与示踪放射标记物在特定受体位点的竞争性反应。受体存在于微生物细胞的表面并被添加进入样品中，与受体结合的放射性标记示踪物的量通过专用的分析器或液体闪烁计数器测定。目前 CHARM Ⅱ试剂盒几乎包括了所有抗生素类，有 β-内酰胺类、四环素类、磺胺类、大环内酯类、链霉素、庆大霉素、新霉素、氯霉素等。该方法能同时测定某一类兽药，灵敏度高、仪器设备简单、操作较容易，适合兽药快速筛查。在国内，CHARM Ⅱ方法已成为行业标准和国家标准检测方法。当然该方法也具有很多局限性，如同一类药物的交叉反应浓度不尽相同，有时为了保证最不灵敏的药物也能达到要求，避免假阴性，只能以提高假阳性率作为代价。

14.11.3 微生物抑制法

微生物抑制法是一种传统的测定抗生素的分析方法，常用的微生物包括枯草芽孢杆菌、蜡状芽孢杆菌、滕黄微球菌和嗜热乳酸链球菌等。相对于其他分析方法，该方法操作简便、价格低廉、不需要精密仪器和复杂的样品前处理过程，适合大量样品的筛选，因而世界范围内仍然在使用微生物抑制法。选择具有高度敏感性和广谱性的菌种是该方法的关键。欧盟官方方法 EUR15127 法采用杯碟法同时对包括青霉素类、四环素类、大环内酯类、氨基糖苷类、磺胺类、喹诺酮类和氯霉素在内的多类兽药残留进行筛选检测。我国也有采用微生物抑制法检测动物源食品中抗生素类药物残留的行业标准。微生物抑制法可同时筛选多类抗生素，这是其优点也是缺点所在，不能区分具体的药物种类，也难以进行定量检测。

14.12 多残留组分检测技术

按被测组分数量分类，兽药残留分析可分为：单组分残留分析法和多组分残留分析法。多组分残留分析法又可分为同类多组分和多类多组分残留分析(multi class residues，MCR)，本节介绍的多残留组分检测技术是指多类多组分残留分析。

由于不同种类兽药性质差别较大，现有的残留分析一般按照化学结构类似的同类药物来开发相应的方法，即同类多组分药物同时进行分析，如分别针对 β-受体激动剂、磺胺类、硝基咪唑类、苯并咪唑类等不同类药物建立的检测方法，而这些分析方法所能同时分析的药物种类较少，不能满足目前兽药残留检测高通量需求。多类多组分残留分析法在提高分析效率和未知样品分析中具有重要价值。近年不同类别的农药多残留同时检测方法应用日趋成熟，但是有关兽药残留多类残留的同时检测的报道较少。

多残留组分分析需要解决两个主要问题，一是样品前处理，需要找到一个能充分照顾到众多目标分析物化学性质的提取净化方法，目前发表的文献相当部分是采用分散固相萃取技术，如采用改良的 QuEChERS 法，但部分动物组织如肝、肾，样品本底非常复杂，需要对样品净化效果进行认真的考察；二是仪器检测，如何实现几十个甚至上百个目标分析物的同时检测，目前较多采用的是液相色谱-串联质谱法，实际操作中需要考虑所用仪器的性能（如扫描频率）是否满足测定要求，必要时可采用时间分段等技术性措施改善质谱检测效果。

郭黎明等采用超高效液相色谱-串联质谱（UPLC-MS/MS）在正离子模式下通过多反应监测（MRM）方式同时测定了鸡肝脏组织中 3 种四环素类药物、10 种磺胺类药物以及 8 种喹诺酮类药物的残留。试样由 McIlva ine 缓冲液-乙腈（体积比为 1∶4）、乙腈提取，合并上清液并用氮气吹干，用 0.05mol/L 磷酸三乙胺缓冲液-乙腈（体积比为 85∶15）溶解残余物，经正己烷脱脂后，采用 UPLC-MS/MS 进行定性、定量分析，该方法对测定的 21 种药物的检出限均为 2μg/kg，定量限均为 5μg/kg。

张毅、岳振峰等应用改良的 QuEChERS 法对样品提取液进行净化，实现了牛奶中 8 类禁用药物的液相色谱-串联质谱（LC-MS/MS）检测，分析物包括 5 种硝基咪唑、7 种 β-受体激动剂、9 种雄性激素、7 种糖皮质激素、3 种雌性激素、2 种镇静剂、1 种氯霉素以及 6 种二羟基苯甲酸内酯等共 40 种禁用药物的残留物。

参考文献

[1] 陈冬梅，陶燕飞，余欢，等. 兽药残留分析中样品前处理技术研究进展 [J]. 化学通报，2009，72 (8)：713-719.

[2] 高馥蝶，赵妍，邵兵，等. 超高效液相色谱-四极杆-飞行时间质谱法快速筛查牛奶中的农药和兽药残留 [J]. 色谱，2012，30 (6)：560-567.

[3] Tomoko Nagaka，Hisao Oka. Detection of residual chloramphenicol flofenicol and thiamphenicol in yellow tail fish muscles by capillary gas chromatography-mass spectrometry [J]. J Agric Food Chem，1996，44 ：1280-1284.

[4] 袁耀辉，李锋，柴春彦，等. 动物性食品中氯霉素残留检测技术进展 [J]. 上海畜牧兽医通讯，2008，6：5-7.

[5] 彭涛，李淑娟，储晓刚，等. 高效液相色谱/串联质谱法同时测定虾中氯霉素、甲砜霉素和氟甲砜霉素残留量 [J]. 分析化学，2005，33 (4)：463-466.

[6] 樊祥，方晓明，陈迪，等. 动物源食品中 β-兴奋剂残留物检测技术的进展评述 [J]. 理化检验（化学分册），2006，42 (5)：407-411.

[7] 吴永宁，邵兵，沈建忠. 兽药残留检测监控技术 [M]. 北京：化学工业出版社，2007：401-402.

[8] 李俊锁，邱月明，王超. 兽药残留分析 [M]. 上海：上海科学技术出版社，2002：260-261.

[9] Hanwen Sun，Wei Zhao，Pan He. Effective separation and simultaneous determination of four fluoro

quinolones in milk by CE with SPE [J]. Chromatographia, 2008, 68: 5-6.

[10] 谢维平，欧阳燕玲，黄盈煜，等. 凝胶渗透色谱净化-高效液相色谱法测定动物源性食品中四环素类药物残留 [J]. 中国卫生检验杂志，2010，20 (3)：481-483.

[11] Turnipseed S B，Long A R. 动物源性食品中药物残留分析方法 [M]. 于竟，王进喜，白宏，等译. 天津：科技翻译出版公司，1991：404.

[12] Nuria Paster N，Ester Gallego I，Angel M，et al. Development of a group-specific immunoassay for sulfonamides application to bee honey anlysis [J]. Talanta，2006，73 (2)：923-933.

[13] 刘海新，张农，钱卓真. 水产品中孔雀石绿检测方法研究进展 [J]. 福建水产，2007，1 (26)：41-45.

[14] 岳振峰，康海宁，陈小霞，等. 液相色谱串联质谱法测定鸡肉中 20 种抗球虫药物多残留 [J]. 分析化学，2012，40 (8)：1262-1266.

[15] 宫小明，孙军，董静，等. 高效液相色谱-串联质谱法测定猪肉中的阿维菌素类、地克珠利、妥曲珠利及其代谢物残留 [J]. 色谱，2011，29 (3)：217-222.

[16] 林维宣、董伟峰、陈溪，等. 气相色谱-质谱同时检测动物组织中多种激素类兽药的残留量 [J]. 色谱，2009，27 (3)：294-298.

[17] 罗晓燕，林玉娜，刘莉治，等. 固相萃取高效液相色谱法同时测定畜禽组织中雌雄性激素的残留 [J]. 中国卫生检验杂志，2005，15 (4)：387-298.

[18] 高文惠，李挥，张敬轩，等. 快速高分离液相色谱-串联质谱法对肌肉组织中糖皮质激素残留的检测 [J]. 食品科学，2010，31 (20)：382-385.

[19] 郑晶，黄晓蓉，李耀平，等. 鳗鱼中恩诺沙星残留量的酶联免疫检测方法 [J]. 食品科学，2004，25 (10)：247-250.

[20] 郭黎明，朱奎，江海洋，等. 超高效液相色谱-串联质谱法同时测定鸡肝中残留的四环素类、磺胺类和喹诺酮类药物 [J]. 色谱，2009，27 (4)：412-416.

[21] 张毅，岳振峰，蓝芳，等. 分散固相萃取净化与液相色谱/串联质谱法测定牛奶中 8 类禁用药物残留 [J]. 分析化学，2012，40 (5)：724-729.

Chapter 15

第 15 章 海洋生物毒素检测

15.1 概述

海洋生物毒素没有颜色也没有气味，人类吃了被海洋生物毒素污染的海鲜会引起食物中毒，鱼类吃了含海洋生物毒素的微藻会引起大量死亡。近年来，有害藻华被发现的频率、强度和地理分布都有所增加，海洋食物链中发现的有毒化合物的数量也在增加，海洋生物毒素越来越引起科学界的重视。海洋毒素不仅影响了人类健康，对于渔业、环境保护和海洋旅游等产业的发展均带来不利的影响。海洋生物毒素现在已经成为影响水产品品质的重要因素，严重威胁水产品的食用安全，制约着当前水产养殖业的可持续健康发展。为保障水产品食用安全，必须加强对海洋生物毒素的检测分析工作。

海洋生物毒素的结构特征、物理性质和作用机理有很大的不同，根据毒性作用机制不同可以分为麻痹性贝类毒素（paralytic shellfish poisoning，PSP）、腹泻性贝类毒素（diarrhetic shellfish poisoning，DSP）、神经性贝类毒素（neurotoxic shellfish poisoning，NSP）和失忆性贝类毒素（amnesic shellfish poisoning，ASP）。然而，有些海洋生物毒素无法根据中毒症状进行分类，仅以最初分离得到的来源进行分类，如河鲀毒素（tetrodotoxin，TTX）、雪卡毒素（ciguatoxin，GTX）等。目前，海洋生物毒素的检测方法主要有生物学检测和化学测试方法。生物学检测又可以分为生物体内测试和生物体外测试两种，其中生物体内测试是将测试样品通过口服或注射途径引入受试生物体内，观察试验生物的中毒症状和死亡时间等，如使用小鼠、家兔、家蝇和蝗虫的生物测试法等；生物体外测试是指使用生物的细胞、体内的酶、免疫抗体和抗原等作为测试的材料，这些测试材料暴露于生物毒素后会发生一些变化，通过观察某些敏感的变化指标来反映生物毒素的毒性大小。化学测试方法是指使用化学的方法，利用生物毒素的理化性质直接测试生物毒素的含量，但不能够直接反映测试毒素的毒性大小。近

20 年来，随着研究人员对海洋生物毒素的认识逐渐深入，人们对于海洋毒素检测技术的研究取得了很大的进步，从化学、生理学、毒理学和分子生物学等角度出发，不断有新的检测方法被开发出来。

15.1.1 常规检测技术

用于海洋生物毒素的常规检测技术是在人们认识毒素的过程中不断发展的，常规的技术主要有生物、物理、化学检测技术。生物检测是最早出现的检测技术，主要是根据毒素对生物的毒性作用机制做的定性检测，经过多年的发展，现在已经成为一种经典的常规检测技术。海洋生物毒素的生物学检测法主要包括小鼠生物法（mouse bioassay，MBA）、细胞检测法和免疫分析法等。生物检测法的优点是简便易行、不需要复杂的设备，并且有历史数据，不足之处是只能进行定性检测，无法确知毒性的具体组成和含量，且所测得的结果和使用生物的品系、状态、质量等有很大关系，不确定因素多，毒性测定结果重复性差。Microtox 技术（MTX）克服了生物检测方法的一些缺点，随着 MTX 的发展，该方法在环境毒性测定中被广泛应用。随着分析化学和工程技术的进步和发展，越来越多精密仪器的出现和广泛应用，使得一些海洋生物毒素物理和化学检测方法得到迅速发展，如高效液相色谱法（HPLC）、薄层色谱法（TLC）、高效液相色谱-荧光检测法（HPLC-FLD）、高效液相色谱串联质谱法（LC-MS/MS）、拉曼光谱法（SERS）、毛细管电泳法（CE）、X 射线结晶分析法（XRD）和核磁共振法（NMR）等，这些方法灵敏度高、检出限低、速度快，可定性和定量检测。

15.1.1.1 生物学检测方法

（1）小鼠生物法

MBA 法是美国分析化学家学会（AOAC）推荐的对海洋赤潮生物毒素检测的方法，这一方法是国际公认的海洋生物毒素检测方法，是海洋生物毒素检测的经典方法，也是我国检测贝类中 DSP、PSP 和 NSP 的国标方法之一。MBA 法的检测原理是将经过提取的海洋生物毒素对特定品系和体重的小鼠进行腹腔注射，观察注射后小鼠是否出现临床症状，如出现小鼠死亡，记录小鼠的死亡时间，通过剂量和死亡时间的关系判定毒性的大小。这一方法非常直观，但容易因为样品中盐度的影响而低估毒素的真实水平，而且实验室质控水平、小鼠品系、性别和体重差异容易影响检测结果。另外还有人探索用猫、蚊子等作为检测生物，国内也有研究人员尝试用泥鳅作为检测对象的生物检测法。

虽然 MBA 法目前被许多国家接受和采用，我国现在也采用这种方法对贝毒进行检测，但该方法存在着很多不足和缺陷：①仅能测定毒性的大小，无法确定毒素的组成和各成分的含量；②所测得的毒性和小鼠品系有关，可比性较差；③测试时间长；④结果的重复性差；⑤需要受过专门训练的操作人员；⑥小鼠维持费用较高；⑦结果易受各种因素影响等。而且 MBA 法是对小鼠进行腹腔注射给样，进入体内的方式与口服不同，公众对其结果的可靠性产生质疑；另外，每年有大量小鼠因为被用来进行贝类毒素的日常检测，已引起有关实验动物伦理学的争论。因此，急需创建一些操作简便、灵敏、准确而可靠的检测手段来取代 MBA 法。现在，已有许多方法被开发出来用于替代 MBA 法。

(2) 细胞毒性检测法

细胞毒性检测法是利用毒素对 Na^+、Ca^{2+} 等离子通道的特异作用所导致的细胞毒性反应而进行的检测，其原理在于：当在细胞培养体系中加入离子通道活化剂以后，离子内流过度，造成细胞肿胀甚至死亡；当在细胞培养体系中存在对离子通道有阻滞作用的毒素时细胞可以存活，这一系列生理生化的变化可以通过显微镜观察到细胞形态变化，且通过直接比色、荧光分析或膜电位染色等方法确定是否存在海洋生物毒素以及毒素的含量。不同毒素的作用机理是不一样的，各类毒素能特异结合的细胞膜上的敏感成分也是不一样的，所以在不同的试验中需要选择不同的受试细胞，比如 DSP 毒素的检测常用肠上皮细胞 Caco-2、人肝癌细胞 HepG 2 等，PSP 和 NSP 毒素常用神经细胞。

(3) 免疫分析方法

免疫分析方法是基于抗原-抗体反应的分析方法，利用同位素、荧光或是酶等标记物对细胞因子、受体和对应可特异性结合的抗体，用定性或定量的方法显示细胞因子、受体水平的方法。免疫分析方法主要有血球凝聚法、放射免疫分析法（RIA）和酶联免疫分析法（ELISA），目前用于检测海洋生物毒素的免疫分析方法主要是 ELISA 方法。ELISA 法利用抗原抗体反应，以微孔板包被，针对各类毒素抗体的特异性捕捉抗体，加入酶标记物，如果待测样品的抗原能够和抗体相结合，酶会催化发光底物并且发生显色反应，根据发光的强度进行定量分析。这一方法可用于检测多种海洋生物毒素，如 DSP、PSP、NSP 和 ASP 等。现已开发出多种市售的海洋生物毒素检测试剂盒。

免疫分析方法的优点是抗原与抗体专一，方法灵敏度高、特异性很强，便于进行标准化。而且有方便快捷的市售试剂盒可以使用，能一次检测大量的样本，试验周期相比小鼠生物法要短，检出限相对比较低，如 DSP 水样检测限为 0.05ng/mL，DSP 贝类样品检测限为 0.1ng/g，PSP 检测限为 0.02ng/g，NSP 检测限为 0.5ng/g。但是，现有商品化的免疫试剂盒只能根据待测毒素结构表位进行测定，并不是针对毒素的结构本身，毒素的类似物对检测存在干扰作用，容易出现假阳性结果或者对毒性估计不准的情况。

15.1.1.2 理化检测方法

21 世纪，随着分析化学和工程技术的进步，应用现代精密仪器分析海洋毒素也得到了迅速发展，如 HPLC、TLC、HPLC-FLD、LC-MS/MS、SERS 等。HPLC-FLD 法的原理是利用合适的溶剂提取样品中的待测物质，去除杂质，通过与衍生化试剂的衍生作用，在一定波长的激发光照射待测化合物使其产生荧光，通过荧光强度计算毒素的含量。该方法几乎能检测所有的贝类毒素，是目前国内外检测 DSP 和 PSP 的常用方法，不过该方法对于结构类似、保留时间基本一致的同系贝类毒素无法进行定性区分，而且衍生化试剂比较昂贵、现使用的荧光化试剂不稳定，需现配现用。LC-MS/MS 现在已经被广泛应用在海洋生物毒素的检测中，而且这一方法检出限低、抗干扰能力强、定性定量的结果准确，所以目前对于贝类毒素的检测方法已经朝 LC-MS/MS 法发展，不过现有标准品的种类有限，方法还存在一定的局限性。

15.1.2 新型检测技术

总的来说，海洋生物毒素检测技术的目标是向着定性、定量和快速、准确、低成本的方向发展。除了上述用于海洋生物毒素检测的常规检测技术，不断有新型的检测技术被开发出来，比如生物传感器方法等。生物传感器方法具有良好的灵敏度和特异性，是一种新兴的用于检测海洋生物毒素的方法，主要原理是将传感器技术应用于反馈生物化学相关参数从而构建海洋生物毒素检测的方法。这一方法有二级识别元件：功能性生物体或生物大分子（例如，酶、抗体、抗原或细胞）作为一级识别元件，当外界存在各种刺激作用时，会发生细胞代谢水平、细胞阻抗和动作电位的变化产生生物分子信号，二级物理化学换能器将这种信号转换为可以测量的电信号或者化学信号，测得毒素对细胞的毒性反应。该方法现在还处于实验室起步阶段，尚不能完全取代其他海洋生物毒素的检测方法，但可以作为海洋生物毒素的初筛和补充方法。

15.2 河鲀毒素检测

河鲀毒素（tetrodotoxin，TTX）俗称河豚毒素，是一种天然的海洋生物神经毒素，分布广泛，毒性极强，在发现之初人们就在不断探索更好的检测方法。河鲀毒素检测常用的方法有生物检测法（MBA 法和离体组织检测法）、免疫学检测法（ELISA）、理化检测法（液相色谱-串联质谱法、液相色谱-荧光检测法、薄层色谱法、紫外分光光度法、气质联用法）等。MBA 法是国际公认并广泛应用的检测方法，具有直观、快速、症状典型易于判断、易于操作、费用低等优点，其检测精度也能满足水产品安全监测要求。理化检测法和免疫学检测法检测精度相比生物检测法精度高，但操作较烦琐，标准品和抗体难获得，多用于科学研究。

15.2.1 小鼠生物法

1941 年斯坦福大学在研究蝾螈毒素时引进了鼠单位（mouse unit，MU）概念，并对 TTX 进行了定量分析研究，根据小鼠死亡时间推断 TTX 的含量，用这个方法测得的毒力用 MU 表示。MBA 法是根据 TTX 易溶于酸性溶液的原理，试样制备后经两次乙酸溶液（0.5%）煮沸提取，20000g 离心收集上清液，将两次上清液合并定容至 25mL，用于小鼠生物试验。根据小鼠注射试样提取液后的死亡时间，查出 MU，并按小鼠体重校正 MU，计算确定 TTX 含量。被注射了 TTX 的小鼠表现出典型的中毒死亡症状：小鼠初期安静，随后出现呼吸困难、急促，腹部收缩加快，反应迟钝，继而出现突然疾走，急跑急跳，四处乱窜，东倒西歪，翻转乱跳等挣扎动作，数十秒后，小鼠后腿剧烈抽搐，2～3 次后爬卧不动，腹部呼吸逐渐微弱减慢，最后死亡，以停止呼吸作为判断死亡的标准。上述症状可将河鲀毒素与其他致死性物质区分开。台湾黄登福教授等采用同样的方法，使用 ICR 品系小鼠建立了测试 TTX 毒素的方法，并给出了 ICR 小鼠鼠单位换算公式：1MU＝0.178μgTTX。

小鼠生物法方法简单，但需要用动物做试验，要考虑不同国家实验动物福利伦理政策；且测定的是总毒素，无法与麻痹性贝类毒素进行区分，重复性也不好，试验需要一定数量的小鼠，最低检测限仅为 0.125μg/g 左右，因此该方法的应用受到一定限制。

15.2.2 酶联免疫吸附检测

酶联免疫吸附法（ELISA）是把抗原 - 抗体的免疫反应与酶的催化反应有机结合而发展起来的一种综合性技术，是 20 世纪 60 年代发展起来的新的免疫检测方法。其检测原理是将受试样品中的河鲀毒素经提取、脱脂后与定量的特异性抗体反应，多余的游离抗体则与酶标板内的包被抗原结合，然后加入酶标二抗与结合到酶标板上的抗体反应，加入底物显色，与标准曲线比较测定河鲀毒素含量。1989 年，Watabe 等建立了利用河鲀酸（TDA）与牛血清白蛋白（BSA）的偶联物作为免疫抗原，采用小剂量长周期的免疫方案制备单克隆抗体。随后，Huou 等、Raybould 等、Kawatsu 等、Matsumura 等及 Zhou 等对河鲀毒素单抗的制备方法做了不断地改进，并逐渐建立起河鲀毒素 ELISA 检测方法，其最低检出限可达 0.05μg/mL。李世平等应用小鼠生物法试验和间接竞争抑制 ELISA 同步检测了 17 份河鲀肝组织和 20 份河鲀肌肉组织中的河鲀毒素含量，并对 2 种方法的检测结果进行比较。结果表明，ELISA 法与小鼠生物试验法测得的结果符合性良好，基本达到灵敏度高、专一性强的要求，特别是当毒素浓度很低或同时存在毒素钝化物或抑制剂时，它的优势尤为明显，是近年来在 TTX 检测方法中发展最快、应用最广的一种方法，不足之处是技术难度略大，偶尔会出现假阳性，检测成本相对偏高。

15.2.3 高效液相色谱法

高效液相色谱是分析、制备领域应用最广泛也最为成熟的技术之一，它具有分离效率高、分辨率好及快速等特点。当前，利用高效液相色谱对河鲀毒素进行检测的方法主要有：液相色谱紫外检测法、柱后衍生液相色谱检测法和液相色谱-质谱联用检测法。液相色谱紫外检测法是国内学者普遍采用的方法，该方法原理是利用紫外检测器在190～230nm的波长区域上对河鲀毒素进行检测。张虹等采用醋酸与TTX结合形成离子对在ODS柱上采用紫外检测器直接测定TTX含量，该方法对样品前处理要求高、处理时间较长、分析过程复杂，最低检测限为50μg。王小逸等利用蒸发光散射检测器进行TTX测定，该法可用于微克水平河鲀毒素含量的测定。刘海新等采用柱后衍生高效液相色谱法检测水产品中的河鲀毒素含量，样品先由0.1%乙酸提取，再经过C_{18}固相萃取柱净化，方法定量限为1μg/g。柱后衍生液相色谱检测法和液相色谱-质谱联用检测法适用范围广，检测精密度、灵敏度、准确性都能符合现行标准对河鲀毒素检测的要求，但对样品的纯度要求较高、分析时间较长、分析过程复杂、专用仪器昂贵，并且检测费用较高。

15.2.4 色谱质谱联用法

GC-MS以分析气体和挥发性有机物为主，TTX本身对热稳定，不易挥发，一般将其碱解生成2-氨基-8-羟基-6-羟甲基-喹唑啉（简称C_9碱）或其衍生物，利用衍生物性质进行检测。吴平谷等用2%乙酸/甲醇提取河鲀毒素，用正己烷脱脂，然后用碱将河鲀毒素水解成C_9碱，水解液经过C_{18}、SLH固相萃取柱净化，BSTFA衍生，全扫描方式测定。Che等建立了用乙酸提取横纹东方鲀、月尾兔头鲀和绿河鲀样品中的TTX，60℃下衍生后分析可知，方法检出限为1.34～1.71μg/g，检测时间8.2min，稳定性好，检测限低，精密度高。GC-MS前处理中溶剂和衍生剂用量较少，可满足TTX常规检测需求。然而，相对于LC-MS，GC-MS法需要衍生，对TTX类似物不具备分辨能力，LC-MS则具有更广的应用范围。Knutsen等用LC-MS/MS法测定了欧洲水域内腹足类和双壳类海洋生物中TTX及其类似物的含量，检出限介于0.1～25μg/kg。Nzoughet等建立的UPLC-MS/MS方法比HPLC-MS分离时间短，分离效率和分辨率更好，检出限为1.46ng/mL，且获得了较好的回收率。

15.2.5 薄层色谱法

TLC法适合较高浓度TTX检测，操作方便，显色较快，分辨力较高。Nagashima等建立了薄层色谱快原子轰击质谱的测定方法，先在LHP-K板上进行TLC，纯化TTX及其衍生物，然后用质谱定量，最低检出限为0.1μg。此法可以区分在TLC法中难以区分的TTX和脱水TTX，还无需TMS硅烷化，甚至当被测物的TLC显色不清时也可以测定。

15.3 麻痹性贝类毒素

麻痹性贝类毒素（PSP）是一类具有神经肌肉麻痹作用的海洋生物毒素，其毒性与 TTX 相当，是眼镜蛇毒性的 80 倍，毒力与神经毒气沙林相同，在国际条约中已被列为化学武器。PSP 是目前危害最大、世界上分布最广、事故发生频率最高的一种海洋生物毒素。全球每年因 PSP 中毒事件约 2000 多起，死亡率达 15%。目前还没有针对 PSP 有效的解毒剂，国际安全限量标准规定贝类组织 PSP 限量为 80μg/100g。PSP 是碱性的水溶性化合物，在碱性环境和空气氧化下不稳定，又由于 PSP 存在大量的变异，因此合成物中 PSP 的分析很复杂，并且随着检出痕量要求的提高，开发便捷有效的检测手段显得非常重要。当前，全球 PSP 的分析方法繁多，按其性质可归结为生物、理化和免疫化学分析法三个方面。

15.3.1 生物测定法

(1) 小鼠生物测定法

该方法是利用 PSP 易溶于酸性溶液，在酸性条件下热稳定的性质。调节 pH 值至 2～4，煮沸 5min 提取 PSP，对小鼠进行腹腔注射，小鼠产生抽搐、惊厥、麻痹等中毒症状并死亡。根据小鼠死亡时间，换算鼠单位，计算 PSP 毒力。MBA 法作为 PSP 的半定性分析方法，操作简便，应用广泛，被 AOAC 推广为 PSP 的标准检测方法。AOAC 定义一个鼠单位（MU 相当于 0.18μg）为给予 20g 小白鼠腹腔注射 1mL 贝类提取物使其在 15min 内致死的最小剂量。其检出限约 160μgSTX/mL 或 40μg STX eq/100g 贝肉。该方法在概括样品毒性方面相当有效，但也存在较多限制，如该方法不能确定样品中毒素结构，毒素分子与受体亲和的错误率高（±20%），在酸性环境中加热有可能导致磺酰氨甲酰基类毒素转变为相应的氨基甲酸酯类毒素，使毒性增大，且方法检测灵敏度低，样品用量较大，重复性差，需要使用实验动物，不适合大规模的现场检测。

(2) 家蝇生物分析方法（house-fly bioassay）

该方法与 MBA 法类似，将一定量的酸性组织 PSP 提取液显微注入麻醉的家蝇体内，约 10min 后家蝇的活动减弱直至死亡。其 PSP 的最低检测水平约为 20μg STX eq/100g。

(3) 蝗虫生物分析法（locusl bioassay，LAB）

近年来，Mcelhincy 等用沙漠蝗虫来检测 PSP 的毒性，结果与 MBA 法及 HPLC 等方法的检测结果基本一致。于蝗虫的第 2 体节和第 3 体节之间，沿着腹部注射 10μg 测试样品液，记录注射后 30min、60min 和 90min 时被麻痹蝗虫的百分数，计算 ED_{50} 值，从而检测出样品毒性。蝗虫生物分析法操作简单、方便、费用低廉，而效果与MBA法相似；家蝇生物分析法虽然比较灵敏，却难以操作，样品液须显微注射。因此，Mcelhincy等建议将LBA法作为一定样品范围的PSP常规检测方法。

(4) 神经细胞生物分析法（neurronal bioassay）

这种方法也称为组织培养分析法，以大鼠小脑神经细胞来检测有毒贝中PSP的一种细胞毒性生物分析新方法。将分离的小脑神经细胞悬浮于一定的培养基中，该细胞一旦在培养基中分化，就能够表达对PSP敏感的电压依赖式钠离子通道。用一定浓度的藜芦定（veratridine）处理，分别往培养基中加入不同浓度的贝类肝胰PSP提取物或不同稀释度的标准毒素，24h后，用二乙酸荧光素（FDA）-溴化乙锭（EB）双染色同步荧光分光光度法测定细胞活性，在荧光灯下，存活的神经细胞呈亮绿色，而死亡细胞的细胞核呈橘红色。根据存活细胞占总细胞的百分率可以计算出提取物中PSP毒素含量，该方法的检测最低限度约为0.4μg STX/100g。

近年来，Tcllent Bioteck Ltd公司设计研制出一种用于PSP检测的神经细胞生物分析装置（MIST^{TM}装置）。其原理是抑制剂与激动剂对神经细胞上钠离子通道的竞争性相互作用，是由神经细胞瘤生物分析法发展而来。MIST装置已成功地用于酸性贝肉样品中PSP总毒性的测定及纯STX、neoSTX、GTX2/3和dcSTX相关毒性的测定。该装置的最低检测限度为2μg STX/100g，灵敏度远高于MBA法；此外，它无需组织培养设备和专门知识。

15.3.2 理化分析法

用于PSP的理化分析法技术具有共同原理，即PSP通过碱性氧化作用将毒性分子氧化成荧光生色基团，再通过荧光或紫外线检测系统进行分析。HPLC法在分析PSP时较为常见。我国国家标准和行业标准《GB/T 23215—2008 贝类中多种麻痹性贝类毒素含量的测定》、《SN/T 1735—2006 进出口贝类产品中麻痹性贝类毒素检验方法》分别采用了HPLC-FID法和HPLC法。陈剑刚等利用HPLC-MS分析的检出限为10～50μg/kg。Carmela等建立的HPLC-MS/MS法最低检出限为0.011μg/L。HPLC-MS/MS的灵敏度是小鼠分析法的百倍以上。

15.3.3 其他方法

(1) 分光光度法

分光光度法最早用于PSP分析，其原理是先将毒素分子吸附到阳离子交换树脂上，通过Jaffe反应将毒素分子中的胍基氧化成有色衍生物，洗脱后用分光光度仪检测。因该技术易被其他含胍基化合物干扰，测得结果往往比实际偏高，其检测范围为1000～1500μg/kg。

（2）电泳技术

在 PSP 家族中，各种毒素分子所带电荷量不同，如 STX、neoSTX、dcSTX 等均带两个正电荷，GTX1-6、dc-GTX1-4、do-$GTX_{2/3}$ 等均带一个正电荷，而 C 都不带正电荷。所带电荷量的差异可用电泳技术初步分离 PSP，在醋酸纤维薄膜上涂氧化剂（如 H_2O_2 等）加热氧化，使毒素分子发生颜色反应，在紫外灯下检测。在多种电泳技术中，最常用的是毛细管电泳，主要用于分离测定 PSP 毒素中的非衍生毒素，如 STX、neoSTX 等。毛细管电泳与质谱技术联用可以检测 PSP 毒素，且串联的质谱分析技术可提供毒素分子的结构信息，以鉴定各异构复合物。

（3）薄层色谱技术

薄层色谱法（TLC）是检测 PSP 的传统方法之一，根据 PSP 组分对同一吸附剂吸附能力的差异，将毒素提取物点样在固定相均匀涂布的薄层上，通过对比样品与参照物的比移值（Rf）获得样品信息。薄层色谱法常与荧光检测器、质谱仪和火焰热离子检测器等联用实现对毒素样品的定性定量分析，具有简便快速、成本低的优势。Indrasenna 等利用薄层色谱-火焰热离子检测器对经 Chromarods-SⅢ硅胶色谱棒分离的 STX 及其衍生物进行分析检测，表明该方法是一种筛选 PSP 的低廉、快速的方法。但是 TLC 法的检出限远低于 HPLC 法和 LC-MS 法等，灵敏度也较低，限制了其应用。

（4）免疫化学法

用于 PSP 检测的免疫分析技术有血球凝聚、放射免疫分析（RIA）和酶联免疫分析（ELISA）等。RIA 法和 ELISA 法的 5TX 检测限度已能达到低于 1μg。其中，直接的竞争性 ELISA 法是最常用的一种，另一种较常用的方法是间接的竞争性 ELISA。用免疫化学方法检测 PSP 在 1989 年以后才见于文献报道。用于检测 PSP 的免疫化学技术主要以单克隆抗体（Monoclonal antibody，mAb）为基础。国外学者对抗 PSP mAb 制备及 PSP 定量测定方法进行了尝试，取得了满意的结果。

PSP 的定量测定方法很多，各有其优缺点，检出限或灵敏度各不相同，可根据实际工作需要选用。我国拥有丰富的贝类资源，目前随着国际贸易增加，要求 PSP 的检出含量也越来越低。国内一些水产企业迫切需要有合适的既与国际标准相符又与我国实际相符的检测方法。因此，建立一种可靠、先进、符合要求的 PSP 检测方法是十分必要的。

15.4 腹泻性贝类毒素

腹泻性贝类毒素（DSP）是由有毒赤潮藻类鳍藻属和原甲藻属的一些种类产生的脂溶性多环醚类生物活性物质。主要分为大田软海绵酸（OA）、鳍藻毒素

(DTX)、蛤毒素(pecteno-toxins)和虾夷扇贝毒素(YTX)。DSP在全球沿岸海域均有分布，可在贝类等滤食性动物体内富集，危害食用者健康，其毒性较大、中毒发作快、无适宜解毒药，给治疗带来很大困难，是世界范围内具有最严重威胁的赤潮藻毒素之一。所以，建立快速、简便、敏感的DSP检测方法显得尤其重要。目前，DSP的检测方法主要有小鼠生物测定法、免疫测定法以及化学分析法等。

15.4.1 小鼠生物测定法

小鼠生物测定法是检测贝类组织中DSP最常用的方法。该方法由日本健康福利部提出，是AOAC推荐的标准方法，应用广泛。该方法操作过程为：用丙酮从贝类组织中提取出毒素，用乙醚萃取，旋转蒸发后的残留物用少量的1%吐温-60生理盐水溶解，制备成DSP-1%吐温-60生理盐水混悬液，将提取液经腹腔注射体重约20g小鼠，24～48h观察小鼠中毒存活情况，计算其毒力。使体重16～20g的小白鼠在24h死亡的毒力为1个鼠单位(MU)。小鼠生物法的优点是检测技术简单、方法易掌握，不需要精密高端的仪器设备，其主要缺点是操作烦琐，测试试样用量较大，有机试剂用量多，DSP毒素鉴别缺乏特异性，动物死亡时间的判断受主观因素、实验人员操作手法等影响。DSP是亲脂性聚醚类化合物，生物基质成分干扰比较大，其他表现出鱼毒性和溶血性的未知毒素种类在生物学检测中也可能引起小鼠的死亡(特别是游离脂肪酸对小鼠毒性影响很大)，造成假阳性。而且整体提取和肝胰腺提取得到的结果不同。因此，小鼠生物法只能作为DSP检测分析常用检测方法，不能成为标准测试方法，需要一种新的测定方法来弥补小鼠测定法的不足。

15.4.2 免疫测定法

适用于DSP毒素检测的免疫学诊断方法，主要有放射免疫(RUA)法和酶联免疫吸附测定(ELISA)法，这些方法均需使用抗腹泻原OA的抗体。OA抗体是由软海绵酸的羧基结合载体牛血清白蛋白的氨基作为免疫抗原而产生的，结构类似的海洋毒素不会抑制OA-KLH与抗体的结合。在OA和DTXl检测中日本东京UBE公司的DSP-Cheek ELISA试剂盒已遍及全球，其检出限为20μg/mL。但实际操作中有关其性能的报道并不一致，当用于检测浮游生物或贝类样品时有多次假阳性反应的报告。然而，如果样品在检测范围之内，而且毒素不以酯的形式存在时，DSP-Check ELISA试剂盒能够定量检出所有只含有OA的样品，OA的单克隆抗体在一定程度上与DTXI存在交叉反应，而不与NKo和YTXs相互作用。RouSiuBio的Tech ELISA试剂盒对OA的灵敏度比DTXI或DTXⅡ高许多，而与DTXⅢ则全无交叉反应，可定量检测蚌类提取物和浮游生物的OA。用LC法与DSP Check R和Rousicr Bio Tech R试剂盒比较，发现这两种 ELISA 试剂盒均能从甲基-OA 提取物中准确定量出 OA，而且比 LC 法更灵敏、特异和快速。然而 DSP Check R 试剂盒对含有这两种类似物的提取物中 OA 的总量测定值偏低。由于 DSP 的毒性与 OA、甲基-OA 或这两种的混合物及其他相关物质都有关系，所以 ELISA 试剂盒可能不能准确估计贝类样品的总毒素。2002 年 Bioserases 开发了一种新的 ELISA 法，该法可以检测出大部分 TTX 类似物。Garthwaite 等提出综合针对 ASP、NSP、PSP 和 DSP 毒素的 ELISA 监测系统，这个系统可以用来检测可疑的贝类样品。

免疫学方法也应用在 DSP 毒素的生物传感器上，Botreand Mazzei 将生物传感器定义为结合了生物活性物质的具有自身协调性的生物分析装置，它连接或整合一种适当的物理 - 化学传感器，可以选择性地检测任一样品的浓度和活性。未来几年用来检测 DSP 复合物毒素的生物传感器预计将得到快速发展。另一种 DSP 分析的抗体依赖方法是在检测之前用免疫亲合柱（IAC）净化贝类提取物，通常使用 LC 法检测。IAC 净化是 IAC/IE/荧光法其中一步，这种检测方法被证实是有效的。Puech 等阐述了 IAC 的进展和特性，因采用了抗 OA 单克隆抗体，使这种方法具有很高的特异性。又因抗体和 DTX1、DTX2 之间存在交叉反应，可在一次分析中进行不同毒素的检测。IAC 在分析方法中作为净化技术具有很大的潜力，但是它的实际应用价值尚需进一步证实。

15.4.3　色谱及质谱联用法

实验室内使用 GC 检测 DSP 的应用并不多，主要采用二乙基醚提取，硅酸、渗透凝胶和反相分散色谱依次纯化样品，三甲基硅烷化后用配有氢火焰离子化检测器进行分析。由于 DSP 具有对热稳定、不易挥发的特点，使得 GC 分析 DSP 无法得到推广使用。

HPLC 法是检测 DSP 重要的方法之一，原理是利用 OA 和 DTX 上的羧基以及和荧光试剂之间的反应标记毒素，以酸化的乙腈水溶液作为流动相，用 C_{18} 反相柱分离，最后用配有荧光检测器的液相色谱检测。陈则玲等在国内最先建立检测软海绵酸（okadaic acid，OA）的高效液相色谱法，得到 OA 的最低浓度是 0.1μg/100g。HPLC 虽然灵敏度高，但由于样品基质存在很大的背景干扰，同时柱衍生试剂价格昂贵，在常温下化学性质不稳定，该法应用受到一定限制。

LC-MS 法是目前在海洋生物毒素分析检测中最有优势的一种分析检测方法。李爱峰建立了检测分析 OA 和 DTX-1 毒素的 HPLC-MS 阴离子和阳离子检测方法，用阴离子检测时 OA 和 DTX-1 检出限分别为 110μg/kg 和 220μg/kg；用阳离子检测时，OA 和 DTX-1 检出限分别为 49.6μg/kg 和 84.6μg/kg。之后国内有很多学者都使用液质联用方法对腹泻性贝类毒素进行检测分析，取得了很好的结果。

15.5 神经性贝类毒素

目前神经性贝类毒素（NSP）检测方法主要有四种：经典的小鼠生物试验法、细胞毒素生物测定法——神经母细胞瘤钠通道增强试验法、ELISA 试验法和微平板受体试验法。现行国标中对于贝类中神经性贝类毒素的检测只规定了小鼠生物试验法。

15.5.1 小鼠生物试验法

小鼠生物试验法是 NSP 的半定性分析方法，是国际通用的方法。该方法也是现行国标中规定的方法，方法原理是用乙醚提取贝类中神经性贝类毒素，提取物经过减压蒸干以后，再用 1%吐温-60 生理盐水为分散介质，制成 NSP-1%吐温-60 生理盐水混悬液，将这一混悬液注射进入小鼠腹腔内，观察小鼠存活的情况，计算 NSP 的毒力。具体测定方法如下：取 100g 样加入 5g 氯化钠和 1mL 浓盐酸，搅拌均匀。边搅拌边加热混合物至沸腾，文火煮 5min，冷却至室温后将混合物转移到 500mL 离心管中，用 50mL 乙醚冲洗烧杯后将冲洗液转入离心管中，向离心管中再加入 100mL 乙醚。离心后倒出上层醚层溶液，用乙醚重复三次抽提离心管中的沉淀，三次抽提共使用 250mL 乙醚，分液处理后将乙醚层转入圆底烧瓶中，减压浓缩去除乙醚。用 1%吐温-60 生理盐水将浓缩物在刻度试管中稀释到 10mL，充分振摇，制成均匀的 NSP-1%吐温-60 生理盐水混悬液。用此混悬液（1mL 液量相当于预先测定的 10g 去壳贝肉的重量）作为试验原液进行动物实验。

小鼠试验：分别取 1mL 混悬液（检测样品组）或者 1%吐温-60 生理盐水（空白对照组）对小鼠进行腹腔注射。记录注射完毕时间，观察小鼠存活情况，如有死亡，记录小鼠停止呼吸时间，连续观察 930min。小鼠的死亡时间要在 2～6h 内。毒素含量根据鼠单位计算方法求知。

15.5.2 神经母细胞瘤钠通道增强试验法

NSP 是高度脂溶性的贝类毒素，主要是短裸甲藻毒素。该方法的原理是：NSP 通过与神经母细胞瘤细胞的一类生物受体即电压敏感的 Na^+ 通道结合来发挥其毒性作用，引起钠通道保持开放状态，引起钠离子内流，造成神经细胞膜去极化。这种与天然受体的高度特异性相互作用构成了神经受体测定的基础。对毒素分子的任何修饰，都会干扰其与受体的结合，从而干扰其检测。所以，方法是基于其功能活性而不是结构成分的识别，而且毒素对其受体的亲和力与其毒性效力成正比。

样品脂质提取物的制备：取 100g 样加入 300mL 丙酮，匀浆 20s 后过滤。残留物再经 200mL 丙酮冲洗过滤，合并丙酮滤液。丙酮滤液经 35℃旋转蒸发，其水相提取物用 100mL 二氯甲烷移入 500mL 分液漏斗中，轻轻摇动，静置分层。取二氯甲烷层，经蒸发干燥后的留存部分即为样品的脂质提取物。

在这个基础上将脂质提取物用甲醇重新悬浮成 1g 样品/mL 浓度的脂质悬浮液。将样品脂质提取物悬浮液（10μL）或 PbTx 标准物加入小鼠成神经细胞瘤细胞系 NB41A3 单细胞的培养物里，再加入适量乌苯苷（ouabain）和藜芦碱（以不加乌苯苷和藜芦酸为对照组），37℃培养 9～25h。然后每孔加入适量 MTT（噻唑蓝）染液，振荡培养 20min 后，酶标仪测定 595nm 下的吸光度值。PbTx 随着培养时间的不同（9～25h）呈现不同的试验活性，对照标准物绘制的标准曲线，即可计算出待测样品中 PbTx 的含量。

15.5.3　ELISA 试验法

ELISA 试验法作为 NSP 的初筛是非常有前景的。目前已研制出可靠的、能准确检测 NSP 的 ELISA 方法。抗短裸甲藻毒素抗体在第一抗体与毒素结合后与兔抗羊 IgG-辣根过氧化物酶或 Strep tavidin-辣根过氧化物酶连接。待测样品经提取后，采用直接竞争 ELISA 方法检测：将 50μL 样品提取物悬浮液或 PbTx 标准物分别同 50μL 短裸甲藻毒素-辣根过氧化物酶结合物（PbTx-3-HRP）溶液（100μg/mL）一起加入 ELISA 板的小孔里面，在 20～25℃温度下培养 3h；然后用 PBST（PBS＋0.05％吐温-20）冲洗 ELISA 板孔 4 次，再用 PBS 冲洗 4 次；冲洗完成后，立即往各小孔中加入增强吸收试剂（ESLST）。然后按 100μL/孔的量把生物素酪胺溶液（biotinyl tyramide）吸入小孔中培养 15min；再按 100μL/孔的量往小孔中加入 Strep-tavidin-辣根过氧化物酶溶液然后培养 30min；吸出后用 PBST 冲洗 4 次，PBS 冲洗 4 次。再加入适量 3,3',5,5'-丁二胺（TMB）底物溶液和柠檬酸钠缓冲液中培养 15min；然后加入 50μL 12mol/L 硫酸溶液终止反应。用酶标仪在 450nm 下测定溶液的吸光度值。

现对于 NSP 的检测，有美国官方认可的 ELISA 方法，方法可用于海水的检测。该方法用化学固定技术在支持膜上把短裸甲藻毒素（PbTx-3）抗原与牛血清白蛋白共轭，牛血清白蛋白上的赖氨酸基团跟固定的膜形成共价的闭合环，PbTx-3 抗体和葡萄糖氧化酶能够形成共轭连接。然后孵育，通过抗原抗体反应，通过 β-D-葡萄糖检测过氧化氢生成的数量。通过信号的强弱检测是否存在游离的 PbTx-3，信号与游离 PbTx-3 的浓度呈反比关系。

15.5.4　微平板受体试验法

许多海洋生物毒素具有相同特征，PSP、ASP、NSP 和 CFP 毒素都可以通过与特定的生物受体连接（ASP 除外，目标受体全为谷氨酸）产生毒性效应，并且这些受体专一地具有特定电位的 Na^{+} 或 Ca^{2+} 通道。基于这种自然产生的受体的高度特异性，使受体连接试验能用于海洋生物毒素的检验。

在微平板的每孔中加入受体及标记了的毒素，两者结合，达到平衡的时间约为 1h，4℃将该微平板用冰缓冲液冲洗 2 遍，使毒素-受体结合复合物转到玻璃纤维滤网中，过滤后，结合了受体的毒素保留在滤网上，而游离的毒素则被洗去。在滤网上加盖一层固体闪烁剂，40℃干燥 15min；接着在热平板上放置 1min 以熔化闪烁剂；然后把饱和了闪烁剂的滤网放入微平板闪烁计数器上以进行闪烁计数。此外，也可以直接使用微量滴定过滤平板进行原位过滤，即直接在滤板上加液体闪烁剂，通过闪烁计数器计数。

微平板受体试验法检测的是总毒性效应，而未对每种类似结构的同类毒素分别检测含量。所有结构相似的同类毒素都被吸附在同种受体上，但亲和力因为各自毒效的差异而有所不同。这一技术的检测极限为皮摩尔（pmol）水平。已证明该技术是一种检测海水、藻类、海产品及人血清中藻类毒素的有效方法，可用于科学研究和海洋监测。

15.6 失忆性贝类毒素

软骨藻酸（domoic acid，DA）是一种天然的非蛋白类神经性氨基酸，能导致短期记忆功能的长久性损伤，属于记忆缺损性贝类毒素（ASP）。目前，对 ASP 的分析方法，主要有两类，一是化学分析方法，最常见的是 HPLC。Lawrence 等早在 1989 年首次采用 HPLC-UV 检测贻贝组织中的 DA。第二类为生物学检测方法。此法是根据 AOAC 所标定的 PSP 的小鼠生物分析法加以变化的，即增加实验小鼠的数量，并延长观察时间。此法已成功应于分析贝类、蟹类内脏和血液中的 DA 含量。现行国家标准中规定了贝类中失忆性贝类毒素的酶联免疫吸附法、高效液相色谱法和液相色谱-串联质谱法。

15.6.1 小鼠生物实验法

最早用于 DA 的检测方法是小鼠生物实验法，这一方法是根据 AOAC 所规定的测试 PSP 的小鼠生物实验法加以改进的，但 ASP 的异常症状与 PSP 中毒和随后死亡的典型症状是有区别的。方法原理是毒素通过酸提取后，提取液对小鼠进行腹腔注射，根据注射后小鼠的存活时间和中毒症状来对毒素的毒性进行评价。1987 年加拿大将这一方法首次应用于贝毒事件中 DA 的测定。结果显示这一方法适用于检测贝类组织中高浓度的 DA（300～1000μg/g），不适用于 DA 含量低于 20μg/g 组织的检测。当贝类组织中 DA 含量超过 40μg/g 时可引起小鼠发生特征性搔抓反应；当其含量超过 100μg/g 时，小鼠发生特征性搔抓反应更加明显。1994 年，van Dolah 等还发展了受体生物分析法（receptor bioassay method），用于贝类、蟹类内脏中 DA 含量的测定，其检测极限为 0.001μg/g 组织。

加拿大制定有关 DA 的贻贝指导值为 20mg DA/g 贻贝组织，这一限值随后被大多数其他设定了 ASP 限值的国家所采用。

15.6.2　酶联免疫吸附法

酶联免疫吸附法测定失忆性贝类毒素，是竞争性酶联免疫反应，酶标板上包被有针对软骨藻酸（DA）抗体的捕捉抗体，通过加入抗软骨藻酸抗体、标准液或样品溶液及软骨藻酸酶标记物，游离的失忆性贝类毒素与软骨藻酸酶标记物竞争软骨藻酸抗体，同时软骨藻酸抗体与捕捉抗体连接。没有结合的酶标记物在洗涤步骤中被除去。将酶基质和显色剂加入微孔中并且孵育。结合的酶标记物将无色的发色剂转化成蓝色的产物。加入反应终止液后使颜色由蓝转变为黄色。在 450nm 波长处测量微孔溶液的吸光度值，由于试样中失忆性贝类毒素的含量与吸光度值成反比，根据绘制的标准曲线可定量计算 DA 的含量。

15.6.3　仪器分析法

近年来，仪器分析法因其灵敏、准确、快速等特点而得到广泛应用。常用的仪器分析法有高效液相色谱法和毛细管电泳法。

（1）高效液相色谱法和液相色谱-串联质谱法

HPLC 法被公认为是检测 DA 的最有效方法。该法已被澳大利亚定为国家标准检测方法。加拿大、西班牙、澳大利亚、丹麦、新西兰和美国等国家也采用 HPLC 检测浮游生物和贝类等代谢或积蓄的 DA，主要有高效液相色谱-紫外检测法（HPLC-UVD）、高效液相色谱-荧光检测法和高效液相色谱-质谱联用法等。

HPLC-UVD 是贝类样品被提取后，经浓缩纯化后进行 HPLC 配紫外检测器分析。由于 DA 在 242nm 的紫外光谱区有最大吸收峰，因此可有效而快速地对样品进行分离和检测，其基本原理是使用酸性流动相以抑制羧基的电离作用，并选用 C_{18} 键合硅胶柱分离 DA 及其衍生物。HPLC-UVD 法特别适用于分析贝类组织内的 DA 含量，其检测限约为 1μg/g，适用于毒素含量超过 20μg/g 的检测。

HPLC-FLD 是对海水和硅藻中 DA 进行的甲氧基芴甲酸（FMOC）衍生化，该法在 DA 分子上引进了荧光基团而使 FLD 检测的灵敏度提高，对海水中 DA 的检测限为 1.5pg/mL，近年来也被用于贝类样品中 DA 的检测。Hummert 等提出了柱切换系统，它能有效降低提取物中的干扰，可直接分析粗提的样品，省去了复杂的样品预处理过程。

HPLC-MS 可以对贝类组织中 DA 进行更灵敏的分析。Pearl Blay 等采用液质联用法对贝类组织中发现的多种生物毒素进行分析，采用亲水作用液相色谱（HILIC）模式，在 4min 内可以完成 DA、蛤蚌毒素、膝沟藻毒素这些亲水性毒素的分离，在负离子模式下质谱对 DA 的检测限在 3.4～14μg/L，而且对所有贝类组织中 DA 的检测分析没任何干扰。

(2) 毛细管电泳/紫外检测法

毛细管电泳法是近几年发展起来的海洋生物毒素分离检测技术之一，基本原理是利用不同核质比的带电粒子在电场中具有不同的迁移速度而得到分离。国内报道用毛细管电泳/紫外检测法定量测定贝类食品中 DA，以水、甲醇溶液作为提取液以避免基质中色氨酸的干扰，缓冲液为 25mmol/L 的硼酸盐溶液，最佳分离电压为 15.0kV。在 0.2～50μg/mL 范围内具有良好的线性关系，检出限为 0.034μg/g，平均回收率为 (96.93±2.56)%。该方法简单、灵敏、高效、成本低，对失忆性贝类毒素的检测和监控具有重要意义。

参考文献

[1] 于兵，曹际娟，尤永莉，等. ELISA 与小白鼠生物法检测贝类中麻痹性贝毒的比较 [J]. 检验检疫科学，2005，15 (1)：32-35.

[2] Campàs M，Prieto-Simón B，Marty J L. Biosensors to detect marine toxins：Assessing seafood safety [J]. Talanta，2007，72：884-895.

[3] 陈西平，王成斌，胡俊明，等. HPLC 方法检测水及水生动物中软骨藻酸. 卫生研究，2001 ，30 (4) ：247-248.

[4] Campàs M，Marty J L. Enzyme sensor for the electrochemical detection of the marine toxin okadaic acid [J]. Anal Chem Acta，2007，605：87-93.

[5] Llamas N M，Stewart L，Fodey T，et al. Development of a novel immunobiosensor method for the rapid detection of okadaic acid contamination in shellfish extracts [J]. Anal Chem Acta，2007，389：581-587.

[6] 卫锋，王竹天. 毛细管电泳法分析贝类食品中的软骨藻酸 [J]. 中国食品卫生杂志，2003 ，15 (2) ：107-109.

[7] Mountfort D O，Kennedy G，Garthwaite I，et al. Evaluation of fluorometric protein phosphatase inhibition assay in the determination of okadaic acid in mussels [J]. Toxicon，1999，37：909-922.

[8] Albano C，Ronzitti G，Rossini A M，et al. The total activity of a mixture of okadaic acid group compounds can be calculated by those of individual analogues in a phosphoprotein phosphatase 2A assay [J]. Toxicon，2009，53：631-637.

[9] 李大志，祝文君，宋文斌，等. 记忆缺失性贝类毒素的主要成分软骨藻酸的毛细管电泳分析 [J]. 色谱，2002 ，(2) ：125-129.

[10] Manger R L，Leja S，Lee S Y，et al. Tetrazolium based cell bioassay for neurotoxins active on voltage sensitive sodium channels：Semiautomated assay for saxitoxins，brevetoxins，and ciguatoxins [J]. Anal Biochem，1993，214：190-194.

[11] 张一兵，李敏，刘宁，等. 记忆丧失性贝毒素-软骨藻酸的 HPLC 方法检测 [J]. 中国公共卫生，2000 ，16 (4) ：323-324.

[12] Volpe G，Cotroneo E，Moscone D，et al. A bienzyme electrochemical probe for flow injection analysis of okadaic acid based on protein phosphatase 2A inhibition：An optimization study [J]. Anal Biochem，2009，385：50-56.

[13] 刘智勇，李燕俊，江涛，等. 麻痹性贝类毒素污染状况及检测方法的比对研究 [J]. 中国热带医学，2020，10 (11)：1426-1429.

[14] 兰文升，张锐，贺秀媛. 等. 麻痹性贝类毒素研究进展 [C]. 2013 中国环境科学学会学术年会论文集，2013：6989-6996.

[15] 李芳，李雪梅，李献刚，等. 贝类毒素检测方法研究概况 [J]. 食品研究与开发，2015，36 (23)：184-186.

[16] 王亚丽，钟琴华，池祯婧. 等. 海洋生物毒素检测技术研究进展 [J]. 化工管理，2018，07：229-230.

[17] 焦坤，孙俊源，胡波，等. 海洋生物毒素检测进展 [J]. 生命的化学，2018，38 (5)：713-716.

[18] 曹际娟，赵昕，郭皓. 神经性贝类毒素 [J]. 检验检疫科学，1999，9 (6)：56-58.

[19] 程树军，焦红，谈伟君. 海洋生物毒素检测的动物实验替代方法及标准化 [J]. 中国食品卫生杂志，2011，23 (4)：373-377.

[20] Knutsen H K，Alexander J，et al. Risks for public health related to the presence of tetrodotoxin (TTX) and TTX analogues in marine bivalves and gastropods [J]. EFSA Panel on Contaminants in the Food Chain (CONTAM)，2017，15 (4)：e04752.

[21] Nzoughet Judith Kouassi，Campbell Katrina，Barnes Paul，et al. Comparison of sample preparation methods，validation of an UPLC-MS/MS procedure for the quantification of tetrodotoxin present in marine gastropods and analysis of pufferfish [J]. Food Chem，2013，136 (3-4)：1584-1589.

Chapter 16

第16章 天然植物毒素的检测

16.1 罂粟壳中毒素的检测

16.1.1 概述

罂粟壳（*Pericarpium Papaveris*），别名米壳、粟壳、罂子粟壳、米囊子壳，为罂粟科、罂粟属、植物罂粟 *Papaver somniferum* L. 的干燥成熟果壳。秋季将已割取浆汁后的成熟果实摘下，破开，除去种子及枝梗，干燥后得到。罂粟壳呈椭圆形或瓶状卵形，多已破碎成片状，直径 1.5～5cm，长 3～7cm。外表面黄白色、浅棕色至淡紫色，平滑，略有光泽，有纵向或横向的割痕。顶端有 6～14 条放射状排列呈圆盘状的残留柱头，基部有短柄。体轻，质脆。内表面淡黄色，微有光泽。有纵向排列的假隔膜，棕黄色，上面密布略突起的棕褐色小点。气微清香，味微苦。

罂粟壳为罂粟科植物罂粟的干燥成熟果壳，含有 20 多种生物碱，其中以吗啡、可待因、那可汀、罂粟碱等为主要成分。图 16-1 所示为罂粟壳中主要的毒素物质。罂粟壳中的生物碱会使人产生嗜睡和性格改变，引起某种程度的惬意和欣快感，可造成注意力、思维和记忆性能的衰退，长期食用会引起精神失常，出现幻觉，严重时甚至会导致呼吸停止。添加了罂粟壳的食物容易使服用者成瘾，长期食用无论从身体上还是精神上都会对其产生严重的依赖性。罂粟壳作为汤料或辅料加入烤肉、火锅等食品中，可以使食物味道鲜美，不法分子会对此加以利用，从而伤害消费者身体健康。

罂粟壳能提味的说法在理论上是讲不通的。大多罂粟壳本身就是没有味道的，有些罂粟壳甚至带有酸涩的苦味，火锅汤底本身对食物的调味作用都非常微小，尤其是清汤汤底，它的主要作用是将菜涮熟，而食物的味道主要来源于麻酱、香油、海鲜等辅助调料。餐饮经营者在火锅中使用罂粟壳，主要目的是让人

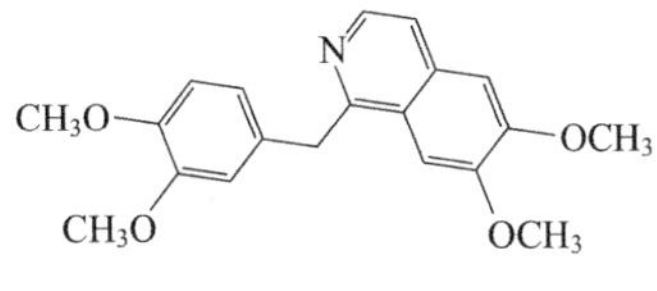

(a) 罂粟碱

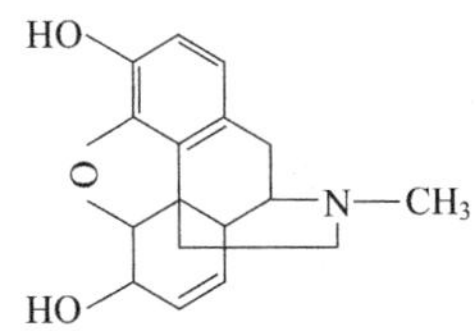

(b) 吗啡

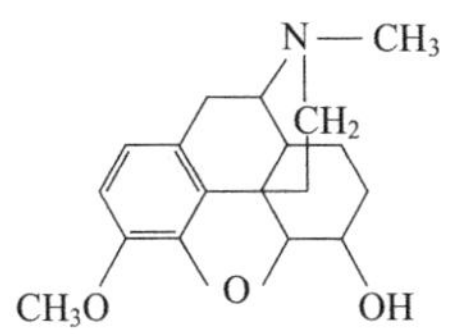

(c) 可待因

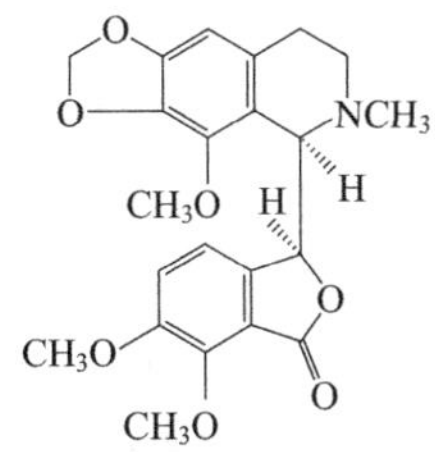

(d) 那可汀

图 16-1　罂粟壳中主要的毒素物质

上瘾。与鸦片、海洛因相比，罂粟壳内的“有毒物质”虽然含量不大、纯度也不高，但其成分同样包含吗啡、可待因、那可汀、罂粟碱等 30 多种生物碱。注射一针或吸食一口海洛因，能使人很快产生兴奋感。与之相比，虽然食用罂粟壳产生的兴奋感没那么明显，但长期食用必将导致慢性中毒，最终上瘾。食用罂粟壳作为调料的食品是否会立刻上瘾，因人而异，因为不同的人对毒品的敏感度不一样，有人天生对依赖性药品具有高度敏感性，会比较容易对这种“慢性毒品”成瘾。

罂粟壳的各种生物碱多数以酯的形式存在，经酸化水解后成为强弱不同的生物碱盐溶于水中，在碱性条件下溶于有机溶剂。对样品加热酸化水解、滤除杂质后，用有机溶剂除去脂溶性物质，碱化后用有机溶剂提取浓缩，用不同方法测定。常用的测定方法有比色法、薄层色谱法、气相色谱法、液相色谱法和示波极谱法。

16.1.2　罂粟壳中毒素的检测

16.1.2.1　分光光度法

罂粟壳样品处理残渣用盐酸溶解，可与碘化铋钾生成橙红色沉淀，与碘化汞钾生成灰白色沉淀。罂粟壳乙醇提取液对波长 238nm 或波长 186～288nm 有最大吸收峰，样品处理后可直接在紫外分光光度计上定性测定。吗啡是罂粟壳的主要成分，利用吗啡酚羟基在酸性水溶液中与亚硝酸钠生成亚硝基吗啡，在氨碱性条件下显黄棕色，与标准系列比较或于波长 420nm 处用分光光度计比色。酚羟基化合物是该方法的主要干扰物，可用丁醇-苯混合液在酸性条件下萃取吗啡，除去干扰，同时除去脂溶性杂质和色素。该法检出限：吗啡 0.1mg/100mL，罂粟壳 1g/100mL。线性范围：吗啡 0.1～10mg/100mL，罂粟壳 1～5g/100mL。该法简单快速，但因吗啡含量受多因素影响，只能定性和半定量测定。

16.1.2.2 薄层色谱法

该法灵敏准确，不需特殊设备，操作简单，是目前研究最活跃、最普遍采用的方法。所用参比物有罂粟壳及其生物碱吗啡、罂粟碱、可待因和那可汀。根据操作过程可大致分为样品提取、点样展开、显色及结果观察三步。样品提取过程大概有加热酸化水解、脱脂和过滤碱化、萃取、脱水挥干、定容等步骤，一般用酒石酸作酸化剂。煮沸或低温回流水解生物碱，水碱化无水脱水，水浴或氮气减压浓缩挥至近干。用酒石酸对样品处理残渣进行纯化处理，使得结果更好。硅胶展开剂常用甲醇、乙醇，可用石油醚除去脂肪和无水预展后再正式展开。结果观察方法有直接在 254nm 或 365nm 紫外灯下观察绿色荧斑，喷洒显色剂改良碘化铋钾，$NaNO_2$ 乙醇液观察橙红色斑，先看荧斑再显色后观察色斑或淬灭点。本法主要适用于火锅汤料、底料及羊肉汤等样品测定。

16.1.2.3 高效液相色谱法

选取可能添加罂粟壳生物碱的食品为测定对象，使用高效液相色谱/紫外检测法，能够准确和灵敏地检测多种罂粟壳生物碱，可作为食品中是否添加罂粟壳的检测依据。

标准品选用盐酸吗啡、磷酸可待因、蒂巴因、盐酸罂粟碱、盐酸那可汀 5 种标准物质 10mg 于容量瓶中，加入甲醇溶解并定容至 10mL，配制成 1.0g/L 的标准储备液，于冰箱中冷藏保存，使用前稀释至合适浓度将样品粉碎，称取 1.0g（或 1.0mL）样品于 50mL 离心管中，加入 10mL 乙醇，超声 30min，用滤纸过滤，定容至 25mL，混匀，过 0.45μm 膜于进样瓶中，待测。

色谱条件：Waters-C18 柱（4.6mm×250mm，0.5m）。柱温：室温。流动相：A 相为甲醇，B 相为 0.01mol/L 磷酸盐溶液。梯度洗脱程序：0～5min，55%～60% A；5～10min，60%～70% A；10～17min，70%～60%A；17～20min，60%～55% A。流速：1.0mL/min。进样体积：10L。紫外检测波长：250nm。

16.1.2.4 液相色谱-串联质谱法

分别称取吗啡、可待因、罂粟碱、那可汀、蒂巴因标准品适量，用含 0.5% 甲酸的甲醇溶液配制成 0.1mg/mL 的标准储备溶液，将标准储备溶液用含 0.5% 甲酸的甲醇溶液稀释成 0.1μg/mL 的标准溶液。分别取 0.1μg/mL 的标准溶液，用空白基质溶液稀释成浓度为 1ng/mL、2ng/mL、5ng/mL、10ng/mL、20ng/mL 的标准系列溶液。

称取 2g 试样（精确至 0.01g），于 50mL 聚四氟乙烯具塞离心管中，加入 5mL 水，混匀，加入 15mL 乙腈振摇提取，再加入 6g 无水硫酸镁、1.5g 无水醋酸钠（即 QuEChERS 提取管中的内容物），用手剧烈震荡 1min（或者用旋涡混合器)，放入离心机中，以 4000r/min 的转速离心 1min。将上清液移入装有 50mg PSA、150mg 无水硫酸镁的聚四氟乙烯具塞离心管中（或用相当的市售商品代替)，以 5000r/min 的转速离心 1min，取上清液即得。或将上清液通过 C18 小柱（3mL)，收集洗脱液，即得。

色谱柱：ACQUITY UPLC BEH HPLC(1.7μm，2.1×100mm)。流动相：以 0.1%甲酸的乙腈为流动相 A 相，以 100mmol/L 甲酸铵水溶液＋乙腈（1＋1）（以甲酸调节 pH 值至 3.0）为流动相 B 相。流速：0.3mL/min。进样量：1μL。

16.1.2.5 气相色谱-串联质谱法

以罂粟壳作为阳性标准样品，采用气质联用仪中离子提取模式，可以快速、灵敏、准确地检测火锅汤底中的罂粟生物碱。

固体汤料，称取约 10g 汤料，加入 500mL 纯水；液体汤体，直接量取 500mL 汤。用盐酸（1＋1）调 pH 1～2，加热，煮沸 30min，放冷后，4000r 离心 5min，取上清液加入 40mL 石油醚抽提，弃去石油醚层后，滴加浓氨水调 pH 8.5～9.5，加 20.00mL 萃取液振摇，静置分层。萃取液过无水硫酸钠脱水后，准确吸取 10.00mL 萃取液于 60℃水浴挥至近干，以萃取液定容到 1mL，以 0.22μm 滤膜过滤后，待测。

GC/MS 条件：进样口 300℃，脉冲不分流，脉冲压力 137.9kPa。程控升温 70℃（保持 1min）30℃/min，260℃（保持 24min)，共 31.33min。离子源 EI(70eV)；离子源温度 230℃；四极杆温度 150℃；进样口温度 300℃；接口温度 300℃；采集方式 SIM；溶剂延迟 9min，进样量 1μL。

16.2 四季豆中皂素检测

16.2.1 概述

四季豆又名菜豆、芸豆或芸扁豆。四季豆中毒，是食物天然毒素中毒中较常见者，一年四季均可发生，以秋季下霜前后较为常见。

四季豆引起中毒可能与品种、产地、季节和烹调方法有关。根据中毒实际调查，烹调不当是引起中毒的主要原因，多数为炒煮不够熟透所致。未煮熟的四季豆中含有皂素，皂素对消化道黏膜有强的刺激性。

摄入未煮熟的四季豆，引起中毒的潜伏期为数十分钟，一般不超过 5h，主要为胃肠炎症状，如恶心、呕吐、腹痛和腹泻。呕吐少则数次，多则可达数十次。另有头晕、头痛、胸闷、出冷汗以及心慌，胃部有烧灼感。大部分病人白细胞增高，体温一般正常，病程一般为数小时或 1～2d。

皂素即皂角苷又称碱皂体、皂素、皂苷、皂角苷或皂草苷，苷类的一种。皂素的分子结构如图 16-2 所示。分子式为 $C_{61}H_{94}O_{27}$，是能形成水溶液或胶体溶液并能形成肥皂状泡沫的植物糖苷统称，主要由皂苷元和糖、糖醛酸或其他有机酸组成的。

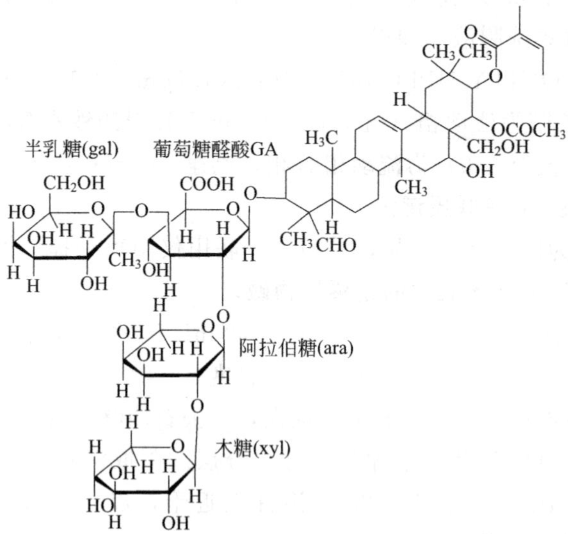

图 16-2 皂素分子结构

根据已知皂苷元的分子结构，可以将皂苷分为两大类，一类为类固醇皂苷，另一类为三萜皂苷。皂苷多为白色或乳白色无定形粉末，少数为晶体，味苦而辛辣，对黏膜有刺激性。皂苷一般可溶于水、甲醇和稀乙醇，易溶于热水、热甲醇及热乙醇，不溶于乙醚、氯仿及苯。皂苷是很强的表面活性剂，即使高度稀释也能形成皂液。皂苷对心脏有刺激作用，又是很强的溶血剂，常存在于毛地黄、绵枣儿和一些豆科作物中。

四季豆中皂素检测方法可用化学反应法、薄层层析法等。

16.2.2 四季豆中皂素的检测

16.2.2.1 化学显色法

(1) 三氯醋酸法

取 50g 样品于蒸馏瓶中，加 50mL 乙醇，加热回流 2h，过滤至锥形瓶中于水浴上挥干，残渣用少量水溶解，移入分液漏斗中，加正丁醇 30mL，振摇，静置分层。水层于锥形瓶中加过量中性醋酸铅液，过滤，滤液加碱性醋酸铅液，过滤，沉淀物一并收集于玻璃柱中，用 10mL 乙醇淋洗，加 5 滴稀 H_2SO_4，蒸干。残渣于锥形瓶中，用 2mL 乙醇溶解，加 5mL 乙醚，过滤，挥去醇醚，残渣加氯仿 1mL 溶解，加三氯醋酸液 lmL，呈红色为阳性，如果在滤纸上反应，于 60℃，类固醇皂苷由红变紫色；于 100℃，三萜皂苷由红变紫色。正丁醇层于锥形瓶中，水浴上挥干，残渣用 10mL 乙醇溶解，加煅烧的

MgO 4g 60℃烘干，移入索氏脂肪抽提器中，加 10mL 乙醇加热回流 2h，过滤至锥形瓶中，水浴上加热挥干，残渣加氯仿 1mL 溶解，加三氯化锑 1mL，在滤纸上反应，于 70℃，2min，在紫外灯下观察，三萜皂苷显蓝色荧光，类固醇皂苷显黄色荧光。

(2) 间苯三酚法（皂苷糖体定量分析法）

该法基于测定水解前后糖含量之差，间接定量皂苷的含量。戊糖与已糖在非含氧酸存在的酸性条件下可转化成糖醛，糖醛进一步可与间苯三酚作用形成有色物质，色泽强度与糖分含量呈一定相关性。样品中除了茶皂素以外，尚有寡糖和多糖存在，选用溶剂法提取茶皂素以排除多糖的干扰，再用碱式醋酸铅除去供试液中的茶皂素，测定出其他糖分的含量与供试液中总糖分测定值之差，即可计算出茶皂素的含量。该法适用于实验室研究和工业分析中茶皂苷含量的测定，操作简便快速，消耗试剂量少，重现性强。此方法不仅能用于茶籽中茶皂素的定量分析，亦适用于已知糖分种类的糖体定量分析。

(3) 苯酚-硫酸法

单糖或低聚糖在浓硫酸作用下迅速脱水生成糠醛衍生物，与苯酚缩合成有色物质，其呈色与浓度呈线性关系，据此测定糖含量，从而间接测定皂苷的含量。采用固相萃取柱的前处理方式，将茶叶浸出液加入到 Sep-Pak C18 固体萃取柱，先用蒸馏水洗去水溶性的单宁，再用浓度 20%的甲醇洗去儿茶素，最后用浓度 80%的甲醇洗提得到含皂苷的甲醇溶液，真空干燥下浓缩得到茶皂素的粗品。

(4) 香草醛-硫酸法

香草醛-硫酸法反应机理可能是皂苷在强氧化性酸作用下脱氢，氧化后再与香草醛加成生成有色物质。该方法具有操作流程短、方法简便可行等优点。以 8%的香草醛-乙醇溶液和 77%硫酸为显色剂，测定波长为 452.5nm，显色反应温度为 60℃、反应时间为 15min 为宜，线性范围为 0～20g/mL。该法与间苯三酚法相比较，反应灵敏，显色相对稳定，反应条件容易控制，但试剂消耗量大，操作流程长，被测样品需要经过初步纯化。间苯三酚法测定结果稍高，可能是由于部分多糖类未被完全除去造成的。香草醛-硫酸显色法是最常用的皂苷定量方法，试验结果表明，它具有反应灵敏、操作相对简单。香草醛-硫酸测糖定量法具有显色相对稳定、反应条件容易控制的优点，但试剂消耗量大，操作流程长，被测样品需经过初步纯化等缺点。

(5) 对二甲氨基苯甲醛法

皂苷与对二甲氨基苯甲醛在浓磷酸的乙醇溶液显棕红色，且在一定浓度范围内符合比尔定律，确定的最佳条件如下：显色剂加量为 1mL 3%对二甲氨基苯甲醛乙醇溶液和 1.5mL 的浓磷酸，显色反应温度 70℃，反应时间 15min，测定波长 525nm。五环三萜的齐墩果烷结构的皂苷类都能与对二甲氨基苯甲醛反应显色，且色泽强度随皂苷浓度增加而增强。利用这一反应，用1%对二甲氨基苯甲醛与茶皂苷浸提液加热显色，用 H_3PO_4 作稳定剂，在525nm进行测定，用茶皂苷对照品作标准曲线，从而求出茶皂苷的含量。该法测量浓度范围为0～100mg/mL。

(6) 三氯化铁-浓硫酸法

茶皂苷与三氯化铁（$FeCl_3$）呈黄绿色的显色反应，因此可用分光光度计测其吸光度，用对照品皂苷的标准工作曲线定量。姜勤等采用该法，用D型大孔树脂除去小分子糖氨基酸、无机盐等水溶性杂质及部分大分子色素等杂质后，用分光光度计测定其吸光度，对茶皂苷进行了定量分析。植物样品中的酚类物质也能与 $FeCl_3$ 发生类似的显色反应，直接用单波长分光光度法测定时干扰严重。为此，其利用茶皂苷与 $FeCl_3$ 反应之间的反应速率不同，进行速差分光光度法（或双波长分光光度法等）测定，结果可以在二者不进行分离的条件下直接测定样品中的茶皂苷含量，测量浓度范围为0～20mg/mL。

16.2.2.2 薄层层析法

样品前处理：同化学显色法。

取5g氧化铝，加15mL水，调匀成糊状，涂布于20cm×20cm玻板上，厚0.3mm，120℃烘2h，冷却，于干燥器中保存。样品的残渣加1mL乙醇溶解，用微量注射器取10～15mL，距离薄层板下边2cm点样，间隔2cm。在展开槽中加入展开剂，将薄层板置槽中展开至10cm，取出，挥干。取显色剂喷湿薄层板，晾干，置烘箱1.0℃烘5min，取出。显色薄层板的斑点呈蓝色、紫色、粉红色、淡棕色，在紫外灯下观察呈不同颜色荧光。显色薄层板显示不同颜色斑点和荧光，均可判断有各种皂苷，为检出阳性。

16.2.2.3 荧光光度法

荧光光度法是基于茶皂苷对铝-8-羟基喹啉的荧光有增敏作用，且在一定浓度范围内荧光相对强度随茶皂苷含量的变化而呈线性变化进行测量。在通常情况下用该方法对茶皂苷进行测定时，无需对样品进行特殊或分离处理便可直接测定。用荧光光度法和速差分光光度法测定茶皂苷的结果与重量法的测定结果十分吻合，而且2种方法都具有相对标准差（RSD）小、重现性好、灵敏度高、测量浓度范围较宽、回收率也好等特点。荧光光度法与速差分光光度法相比较，荧光法的重现性和灵敏度优于速差法，但荧光法的回收率偏低，测量浓度范围稍小，更适合于微量茶皂苷的测定。

16.2.2.4 溴酸钾法

溴对没有空间阻碍的碳-碳双键加成反应很快，故可以作为滴定反应的滴定剂。茶皂苷的五环三萜的糖苷配基上的C19有一具环己烯性质的双键，有些与其成酯的酸间也有个双键，且均不呈空间阻碍，因而可以溴酸钾作为滴定剂，以甲基橙为指示剂，以溶液由橙红色变浅或消失作为滴定终点来测定茶皂苷的含量。由于茶皂苷有些含 1 个双键，有些含 2 个双键，因此茶皂苷与溴加成的比值需要通过对纯品测试结果来确定；另外，由于干扰溴加成反应的影响因素较多，所以宜在测定之前对试样加以预处理，排除干扰物。

16.2.2.5　高效液相色谱法

① 进样条件　色谱柱：Agilent ZORBAX Eclipse XDB-C18（4.6mm×250mm，5m）。流动相：甲醇。流速：1mL/min。检测波长：280nm。柱温：30℃。标样处理：准确称取茶皂素标准品 45.0mg 置于 50mL 容量瓶中，水定容即为茶皂素标准溶液，取 1mL 溶液于样品瓶 1，准确移取 12.5mL 至 25mL 容量瓶中，水定容；取 1mL 溶液于样品瓶 2，按照上述方法制备得样品瓶 3、4、5。取样品瓶中的溶液经 0.45μm 微孔滤膜过滤，用高效液相色谱仪进行分析。因茶皂素是多种皂苷单体的混合物，各单体峰均会在色谱图显示，计算总皂苷质量分数需将各单体的峰面积累加起来，再与对照峰面积比对后得出。

② 样品的测定　样品的前处理有两种方法：①甲醇振荡法，称取烘干至恒重的油茶籽粕粉 1.5～2.5g 于 100mL 具塞三角瓶中，加入甲醇 50mL，在往复式振荡器中提取 24h，提取液过滤，滤渣用 20mL 甲醇洗 2 次，合并提取液于 500mL 容量瓶中，用甲醇定容。②索氏萃取法，取样品 1.5～2.5g，用甲醇提取，提取液冷却后，放入 500mL 容量瓶中，用甲醇定容。各取以上两种定容甲醇溶液 1.0mL 于样品瓶中，经 0.45μm 微孔滤膜过滤，分别用高效液相色谱仪进行分析。

16.3　棉酚检测

16.3.1　概述

棉籽油即是以棉花籽榨的油，分为压榨棉籽油、浸出棉籽油、转基因棉籽油、棉籽原油、成品棉籽油几种。用棉籽榨油时，未经蒸炒加热等脱酚处理的粗制生棉籽油会含有有毒物质，食用过量可引起中毒，长期食用粗制棉籽油可出现皮肤潮红、烧灼难忍、口干、无汗或少汗，并有四肢麻木、心慌无力等症状；棉酚可损伤男性睾丸，多数病人精液中无精子或精子减少；引起女性出现闭经、子宫萎缩症状，导致不育症；此外，还会引起低血钾，出现肢体瘫软。图 16-3 为棉酚的分子结构。

精炼棉籽油一般呈橙黄色或棕色，脂肪酸中含有棕榈酸 21.6%～24.8%，硬脂酸 1.9%～2.4%，花生酸 0～0.1%，油酸 18.0%～30.7%，亚油酸 44.9%～55.0%，精炼后的棉籽油清除了棉酚等有毒物质，可供人食用。精炼棉籽油中含有大量人体

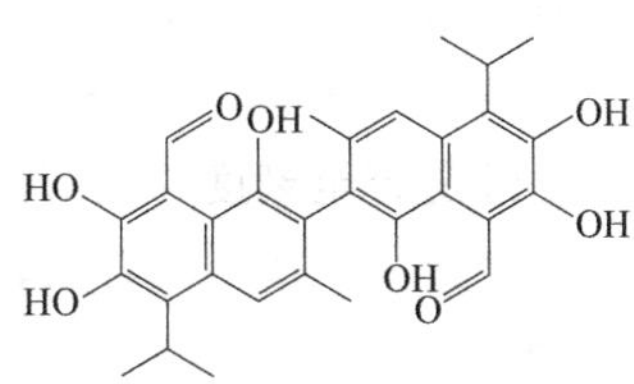

图 16-3　棉酚的分子结构

必需的脂肪酸，最宜与动物脂肪混合食用，因为棉籽油中亚油酸的含量特别多，能有效抑制血液中胆固醇上升，维护人体的健康。

棉酚（gossypol）是一种存在于棉花的棉籽及棉根皮中的多酚类物质，为黄色晶体，有三种晶形。棉酚有毒，难溶于水，极微溶于石油醚，溶于稀碳酸钠溶液、氨水（同时缓慢分解）、甲醇、乙醇、乙醚、氯仿、二甲基甲酰胺。

棉酚具有男用抗生育活性，大量动物试验和上万名受试者的临床观察后证实，棉酚有良好的抗生精功能，但也存在两个主要副作用——低血钾及潜在的不可逆性（绝育）。它抗生精的主要机制是对睾丸生精上皮产生作用，抑制多种脱氢酶的活性，破坏生精上皮，从而导致精子畸形、死亡甚至无精。

棉酚是毒性物质，可造成人体红肿出血、食欲不振、精神失常、体重减轻、影响生育力。食用含棉酚较多的粗制生棉籽油会引起中毒，患者皮肤有剧烈的灼烧感，并伴有头晕、气喘、心慌和无力等症状。因此，未经特殊处理的粗制生棉籽油不可食用。

棉酚的毒性可通过湿热处理法消除。在该过程中，棉酚分子的醛基与蛋白质的氨基缩合生成“结合棉酚”，但蛋白质的营养价值在该过程中亦大大降低。可通过溶剂萃取法除去棉酚来弥补上述不足。

16.3.2 棉酚的检测

16.3.2.1 高效液相色谱法

棉籽油中游离棉酚的检测采用 GB/T 5009.148—2014 中的方法测定。

（1）适用范围及原理

该方法规定用液相色谱法测定植物性食品中游离棉酚的含量，适用于植物油或以棉籽饼为原料的其他食品中游离棉酚的测定。棉籽油中的游离棉酚经无水乙醇提取，经 C18 柱将棉酚与试样中杂质分离，在 235nm 处进行测定。水溶性试样中的棉酚经无水乙醚提取，浓缩至干，再加入乙醇溶解，用 C18 柱将棉酚与杂质分离，在 235nm 处测定，根据色谱峰的保留时间定性，外标法峰高定量。

（2）试剂

磷酸；无水乙醇；无水乙醚；氮气；甲醇。

经 0.5μm 滤膜过滤的棉酚标准储备液：精密称取 0.100g 棉酚标准品，用无水乙醚溶解，定容至 100mL，此溶液相当于每毫升含棉酚 1.0mg。

棉酚标准溶液：取 1mg/mL 的棉酚储备液 5.0mL 于 100mL 容量瓶中，用无水乙醇定容至刻度，此溶液相当于每毫升含棉酚 50μg。

磷酸溶液：取 30mL 水，加棉酚 6.0mL，混匀，经 0.5μm 滤膜过滤。

（3）仪器

液相色谱仪：带紫外检测器；离心机：3000r/min；C18 不锈钢色谱柱。

(4) 分析步骤

① 色谱条件柱温：40℃；流动相：甲醇/磷酸溶液（85＋15）；测定波长：235nm；流速：1mL/min；进样：10μL。

② 试样制备：取棉籽油样 1.000g，加入 5mL 无水乙醇，剧烈摇荡 2min。静置分层，取上清液离心后，上清液即为试样。水溶性试样：吸取试样 10.0mL 于离心管中，加入 100mL 无水乙醚，摇振 2min，静置 5min。取上层乙醚层 5mL，用氮气吹干，用 1.0mL 无水乙醇定容，过滤膜，即为试样。

③ 测定：标准曲线的制备，准确吸取 1.00mL、2.00mL、5.00mL、8.00mL 的 50μg/mL 棉酚标准溶液于 10.0mL 的容量瓶中，用无水乙醇稀释至刻度，此溶液对应于 5μg/mL、10μg/mL、25μg/mL、40μg/mL 的标准序列。进样检测，根据响应值绘制标准曲线，取 10μL 试样溶液注入液相色谱仪，记录色谱法的保留时间和峰高，根据保留时间确定游离棉酚，根据峰高从标准曲线上查出游离棉酚的含量。

④ 结果计算：

$$X=\frac{S\times\rho}{m}$$

式中　X——试样中棉酚的含量，mg/kg；

m——试样的质量，g；

ρ——测定试样中棉酚的含量，μg/mL；

S——折合所用无水乙醇的体积，mL。

⑤ 精密度：在重复性条件下获得的两次独立测定结果的绝对差值不得超过算术平均值的 10%。

16.3.2.2　比色法

(1) 适用范围及原理

饲料中游离棉酚的检测采用 GB/T 13086—2020 中的方法检测。本方法适用于棉籽粉、棉籽饼（粕）和含有这些物质的配合饲料（包括混合饲料）中游离棉酚的测定。在 3-氨基-1-丙醇存在下用异丙醇与正己烷的混合溶剂提取游离棉酚，用苯胺使棉酚转化为苯胺棉酚，在最大吸收波长 440nm 处进行比色测定。

(2) 试剂和溶液

除特殊规定外，本标准所用试剂均为分析纯，水为蒸馏水或相应纯度的水。

①异丙醇；②正己烷；③冰醋酸；④苯胺：如果测定的空白试验吸收值超过 0.022 时，在苯胺中加入锌粉进行蒸馏，弃去开始和最后的 10%蒸馏部分，放入棕色的玻璃瓶内储存在 0～4℃冰箱中，该试剂可稳定 45 天；⑤3-氨基-1-丙醇；⑥异丙醇-正己烷混合溶剂：6∶4（体积比）；⑦溶剂 A：量取约 500mL 异丙醇-正己烷混合溶剂，2mL 3-氨基-1-丙醇，8mL 冰醋酸和 50mL 水于 1000mL 的容量瓶中，再用异丙醇-正己烷混合溶剂定容至刻度。

（3）仪器和设备

① 分光光度计：有 10mm 比色池，可在 440nm 处测量吸光度；

② 振荡器：振荡频率 120～130 次/min；

③ 恒温水浴；

④ 具塞三角烧瓶：100mL、250mL；

⑤ 容量瓶：25mL（棕色）；

⑥ 吸量管：1mL、3mL、10mL；

⑦ 移液管：10mL、50mL；

⑧ 漏斗：直径 50mm；

⑨ 表面玻璃：直径 60mm。

（4）试样制备

采集具有代表性的棉籽饼样品，至少 2kg，四分法缩分至约 250g，磨碎，过 2.8mm 筛，混匀，装入密闭容器，防止试样变质，低温保存备用。

（5）测定步骤

① 称取 1～2g 试样（精确到 0.001g），置于 250mL 具塞三角烧瓶中，加入 20 粒玻璃珠，用移液管准确加入 50mL 溶剂 A，塞紧瓶塞，放入振荡器内振荡 1h（每分钟 120 次左右）。用干燥的定量滤纸过滤，过滤时在漏斗上加盖一层玻璃以减少溶剂挥发，弃去最初几滴滤液，收集滤液于 100mL 具塞三角烧瓶中。

② 用吸量管吸取等量双份滤液 5～10mL（每份约含 50～100μg 的棉酚）分别至两个 25mL 棕色容量瓶 a 和 b 中，如果需要，用溶剂 A 补充至 10mL。

③ 用异丙醇-正己烷混合溶剂稀释瓶 a 至刻度，摇匀，该溶液用作试样测定液的参比溶液。

④ 用移液管吸取 2 份 10mL 的溶剂 A 分别至两个 25mL 棕色容量瓶 a′和 b′中。

⑤ 用异丙醇-正己烷混合溶剂补充瓶 a′至刻度，摇匀，该溶液用作空白测定液的参比溶液。

⑥ 加 2.0mL 苯胺于容量瓶 b 和 b′中，在沸水浴上加热 30min 显色。

⑦ 冷却至室温，用异丙醇-正己烷混合溶剂定容，摇匀并静置 1h。

⑧ 用 10mm 比色池，在波长 440mm 处，用分光光度计以 a′为参比溶液测定空白测定液 b′的吸光度，以 a 为参比溶液测定试样测定液 b 的吸光度，从试样测定液的吸光度值中减去空白测定液的吸光度值，得到校正吸光度 A。

（6）测定结果

① 计算公式

$$X=\frac{A\times 1.25}{amV}\times 10^{6}$$

式中　X——游离棉酚含量，mg/kg；

A——校正吸光度；

m——试样质量，g；

V——测定用滤液的体积，mL；

a——质量吸收系数，游离棉酚为 62.5L/(cm·g)。

② 结果表示　每个试样取 2 个平行样进行测定，以其算术平均值为结果。结果表示到 20mg/kg。

③ 重复性　同一分析者对同一试样同时或快速连续地进行两次测定，所得结果之间的差值：

在游离棉酚含量小于 500mg/kg 时，不得超过平均值的 15%；

在游离棉酚含量大于 500mg/kg 而小于 750mg/kg 时，不得超过 75mg/kg；

在游离棉酚含量超过 750mg/kg 时，不得超过平均值的 10%。

16.4 马铃薯毒素检测

16.4.1 概述

土豆发芽后，芽孔周围就会含有大量的有毒龙葵素，这是一种神经毒素，可抑制呼吸中枢。龙葵碱又名茄碱、龙葵毒素、马铃薯毒素，是由葡萄糖残基和茄啶组成的一种弱碱性糖苷。这种生物碱不是单一成分，主要是以茄啶（solanidine）为糖苷配基构成的茄碱（solanine）和卡茄碱（chaconine）两种共计 6 种不同的糖苷生物碱。马铃薯各部分中龙葵素的含量差别很大，绿叶中含 0.25%，芽内含 0.5%，花内含 0.73%，果实内含 1.0%，成熟的块根内含 0.004%，皮内含 0.01%。完整良好的薯块内只含微量龙葵素，一般不会引起中毒。但当马铃薯发芽后，其幼芽及芽基内部的毒素含量可高达 0.3%～0.5%，比肉质部分高出几十至几百倍，故人食用发芽的马铃薯可能导致中毒。

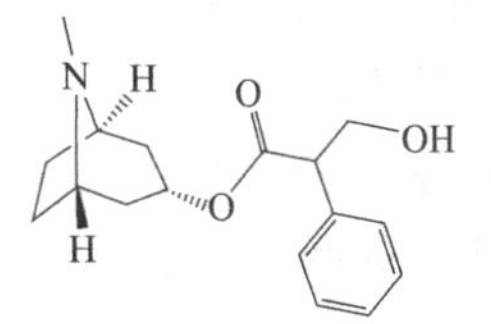

图 16-4　龙葵碱的分子结构

龙葵碱的结构如图 16-4 所示，龙葵碱具有刺激人体黏膜、麻痹神经系统和呼吸系统、溶解红细胞等作用，小鼠腹腔注射半致死量为 2.8mg/kg 体重。食用未成熟的绿色马铃薯，以及因储藏不当，使其发芽部分或部分块茎的皮肉中出现黑绿斑，烹调时又未能除去或破坏毒素，成年人食用 0.2～0.4g 龙葵碱即可引起中毒。食用过量的龙葵碱可在 10min～10h 内出现急性中毒症状。中毒者表现为咽喉部痛痒和烧灼感，胃部灼痛并有恶心、腹泻等肠胃炎症状。严重者有呼吸困难、脱水、发烧、昏迷、瞳孔放大、脉搏细弱、全身抽搐，最终因呼吸中枢麻痹而死亡。

16.4.2 龙葵碱的检测

16.4.2.1 定性试验

（1）试剂

钒酸铵溶液：称取1g钒酸铵，溶于1000mL H_2SO_4（1∶1）中。

硒酸钠溶液：称取0.3g硒酸钠溶于8mL水中，然后加入6mL的浓硫酸，混匀。

（2）方法

取适量样品捣碎后榨汁，放入烧杯中，残渣用水洗涤，将洗液与汁液合并，取上清液用氨水碱化，蒸发至干，残渣用95%热乙醇溶液提取2次，过滤，滤液再用氨水碱化使马铃薯毒素沉淀，过滤得残渣。取少量残渣加入1mL钒酸铵溶液，呈现黄色，之后逐渐转变为橙红、紫、蓝、绿色，最后颜色消失。

取少量残渣加入1mL硒酸钠溶液，80℃水浴保温数分钟，冷却后呈紫红色，后转为橙红、黄橙、黄褐色，最后颜色消失。将马铃薯发芽部位切开，如在出芽部位分别滴加浓硝酸和浓硫酸，显玫瑰红色者则综合鉴定为马铃薯毒素。

16.4.2.2 定量分析

（1）原理

龙葵碱在稀硫酸中与甲醛溶液作用生成呈红色化合物，在一定范围内，颜色的深浅与龙葵碱苷含量成正比。可用分光光度计在波长520nm处测定。

（2）试剂

龙葵碱标准溶液：精确称量0.1000g龙葵碱，以1%稀硫酸溶解，定容至100mL。此溶液每毫升含龙葵碱1mg。

（3）测定

① 样品提取　取捣碎的马铃薯样品20g，置于250mL烧杯中，加入95%乙醇100mL、冰醋酸3mL，混匀。将溶液经滤纸滤入索氏提取瓶中，残渣用20mL乙醇洗涤2次，将洗脱液合并至提取瓶中，再将滤纸放入提取瓶内，连接好索氏提取器的各部分，水浴中加热，控制温度为80～90℃，提取16h以上。将乙醇溶液移入250mL蒸馏瓶中，连接好冷凝装置，在水浴上回收多余的乙醇溶液，蒸馏瓶中溶液剩余10～15mL时，停止蒸馏。将蒸馏瓶中的溶液倒入蒸发皿中，用10～20mL乙醇分多次洗涤蒸馏瓶，将洗涤液合并于蒸发皿中，在水浴上挥发近干，用5%硫酸溶液溶解残渣，过滤，然后用浓氨水调节至中性，再加1～2mL浓氨水，调至pH10～10.4，在80℃水浴加热5min，使完全沉淀，冷却后置冰箱中过夜，离心分离，倾去上清液，以1%氨水洗至无色透明为止，将残渣用1%硫酸溶解并稀释至10mL。

② 标准曲线制作　取每毫升含有100μg的龙葵碱标准溶液0mL、0.1mL、0.2mL、0.3mL、0.4mL、0.5mL（相当于0μg、10μg、20μg、30μg、40μg、

50μg)，分别放入 10mL 的比色管中。加入 1%浓硫酸溶液至 2mL，在冰浴中各滴加浓硫酸至 5mL（滴加速度应慢，时间不少于 3min)，摇匀，静置 1min，然后在冰浴中滴加 1%甲醛溶液 2.5mL，静置 90min 后，在分光光度计上于波长 520nm 处测定吸光度，绘制标准曲线。

③ 样品测定　取样液 2mL 放入 10mL 比色管中，操作与②相同。

④ 计算

$$龙葵碱含量=\frac{\rho\times 100}{m\times\dfrac{V_1}{V}}$$

式中　ρ——龙葵碱的标准溶液浓度，mg/mL；

V_1——测定时取样品提取液的体积，mL；

V——样品提取后的定容体积，mL；

m——样品质量，g。

16.5　芥酸

16.5.1　概述

芥酸是存在于菜籽油中的一种脂肪酸，芥酸又称顺（式)-13-二十二碳烯酸，分子式为 $H_{18}C_{19}=C_{13}H_{24}O_2$，属脂肪酸类化合物，图 16-5 为其分子结构。在油菜籽制得的菜油或芥子油中，以及若干其他十字花科植物的种子中都含有较多芥酸，在菜籽油中含量为 31%～55%。

联合国粮农组织及世界卫生组织已对菜籽油中芥酸含量作出限量规定，即菜籽油中芥酸的含量一律应低于 5%。目前我国低芥酸菜籽油产品芥酸含量≤5%，仍然高于国外菜籽油芥酸含量≤0.1%的水平。

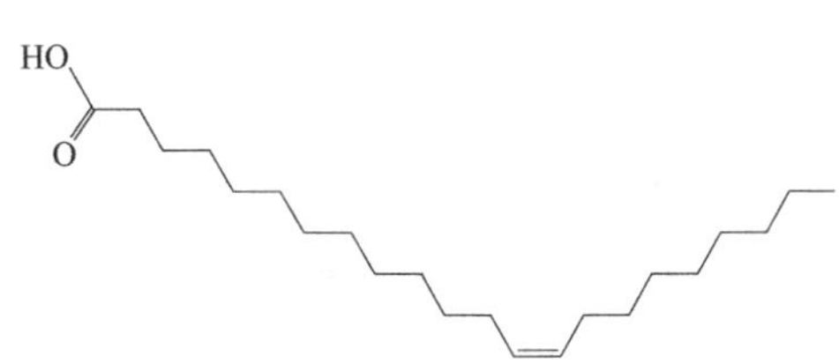

图 16-5　芥酸的分子结构

动物实验证明，大量摄入含芥酸高的菜籽油，可致心肌纤维化引起心肌病变；引起动物增重迟缓，发育不良；生殖力下降；血小板下降。

对于正常的人来说，芥酸并不可怕。因为人体中含有一种分解消化芥酸的酶存在，它能破坏摄取的芥酸，在消化后被人体吸收进入血液。在心血管功能正常的情况下，它不会造成人体中某些器官上（尤其是心血管系统本身）的脂肪淤积，诱发病变。但心脏病患者应当注意。因为心脏病患者的血液中每日接受少量被酶消化的芥酸后，本来不正常的心血管功能就会超负荷，更容易诱发“血管壁增厚”及“心肌脂肪沉积”，直接危害身体健康。

所以除心脏病患者外，正常人摄入适量芥酸是没有问题的，只有营养的平衡摄入才能保障人体的健康成长，长期食用单一的油种对人体健康不利。

16.5.2 芥酸的检测

16.5.2.1 气相色谱法

芥酸是菜籽油中一种二十二碳单不饱和脂肪酸，含20%～50%，对人体有一定毒性。芥酸检测方法有气相色谱法。

(1) 仪器

气相色谱仪（GC）：带氢火焰检测器。

(2) 试剂

① 石油醚。

② 甲醇。

③ 无水 Na_2SO_4。

④ 饱和 NaCl 液。

⑤ 二十三烷酸甲酯（1mg/mL）：石油醚配制。

⑥ 芥酸甲酯（1mg/mL）：石油醚配制。

(3) 仪器工作条件

① 玻璃色谱柱：尺寸为1.85m×2mm，内填10%EGA的Chlomosol-Bw（80～100目）。

② 柱温215℃，进样口温度250℃，检测器温度250℃。

③ 载气：N_2(99.99%)，流速40mL/min。

④ 进样量：2μL。

(4) 检测步骤

取1g样品于磨口锥形瓶中，加二十三烷酸甲酯1mL，石油醚10mL，玻璃珠5粒，接上冷凝装置，在沸水浴中回流30min，回收石油醚，用 N_2 吹干。加5mL石油醚溶解残渣，在沸水浴中回流2min，冷却，加饱和NaCl液至溶剂层上升至瓶颈处，用无水 Na_2SO_4 脱水，待检。取2μL溶液注入GC仪（同时分别取二十三烷酸甲酯标准液及芥酸甲酯标准液各2μL导入GC仪），记录各自峰面积（M_r）。二十三烷酸甲酯内标定量。

16.5.2.2 近红外光谱法

采用多通道PDA型近红外光谱仪可以检测菜籽油中芥酸的含量。快速检测菜籽油中的芥酸含量成为了在菜籽油收购过程中的一种需要。目前检测菜籽油中芥酸的主要方法是气相色谱法，但气相色谱法耗时、耗材、操作过程复杂，只适合于实验室的检测，难以满足生产过程的在线、实时检测。近红外（NIR）分析方法是一种具有无损、快速、准确、简便等特点的新型分析技术。使用带光纤探头的 CCD 型多通道近红外光谱仪，为菜籽油收购、生产等过程快速检测芥酸提供了一种方便、快速、准确的新方法。

(1) 检测仪器及附件

近红外光谱检测采用美国 Control Development 公司生产的 NIR 256L-1.7T1 多通道近红外光谱仪，该仪器的探测器为单级半导体致冷 256 单元铟镓砷 (In、Ga、As) PDA 型阵列探测器，波长准确度优于 0.5nm。在两个探测器单元间采用线性插值法插入 2 个光谱数据点，每个样品的透射光谱共有 777 个光谱数据点。

(2) 物料

菜籽油样本。

(3) 检测方法

光谱采集：采用 NIR 256L-1.7T1 多通道近红外光谱仪扫描样品，为降低随机噪声的影响，扫描 40 次后取平均值，积分时间设为 0.025s，扫描区间 900～1700nm。光纤探头直接插入油样中采集光谱。

16.6 鱼藤酮检测

16.6.1 概述

鱼藤酮主要来源于豆科的鱼藤属、灰毛豆属、合生果属、鸡血藤属、紫槐属、黄檀属和毒鱼豆属等植物，迄今已发现的鱼藤酮类化合物在 74 种以上。其中鱼藤酮 (rotenone) 毒性最强。鱼藤酮是一种抑制神经组织和肌肉组织的选择性植物源杀虫剂，具有广谱杀虫活性、良好的生态效益，并在自然界大量存在，被广泛应用于蔬菜、果树等农作物害虫的防治。图 16-6 为鱼藤酮的分子结构。

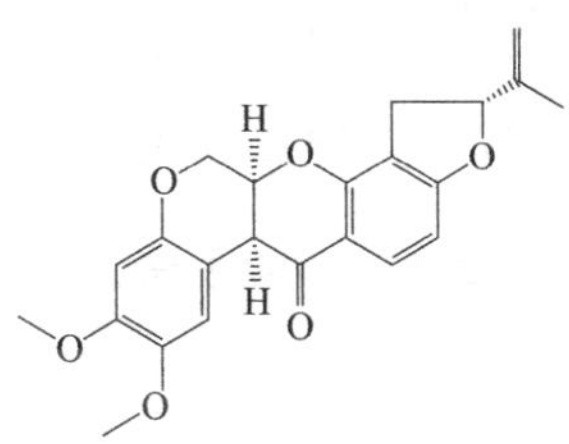

图 16-6　鱼藤酮的分子结构

鱼藤酮的资源丰富，一共有 68 种豆科植物含有鱼藤酮，主要分布在鱼藤属、尖荚豆属和灰叶属植物中。其中毛鱼藤为豆科鱼藤属植物，广泛生长在东南亚各国。毛鱼藤根、茎中鱼藤酮含量高，是目前我国鱼藤酮原料药生产的主要原料。另外，非洲山毛豆作为鱼藤酮的一种新资源，是属于豆科的一种优秀的杀虫植物，对害虫具有多种生物活性，其植株的叶片、豆荚、根茎、种子都含有活性成分。此类鱼藤酮原料作物分布地区广，东南亚、非洲、南美洲都有大量的分布。

鱼藤酮主要用作毒鱼剂和杀虫剂。几千年前南美洲的土著居民就知道把含有鱼藤酮的尖荚豆属植物作为毒鱼剂，用来获取食物。他们将这些植物的茎秆和根碾打出的汁顺着小溪流入池塘中，鱼就会变得麻木而易于捕捉。鱼藤酮对多数鱼类的致死浓度为 0.025mg/L，较低浓度的鱼藤酮可以杀死鱼类和部分水生昆虫，但对虾、浮游生物、致病菌、寄生虫及休眠孢子没有杀灭作用，因此有选择的使用，可以清理鱼塘或其它水产品的养殖塘。鱼藤酮还可以用于捕捉观赏鱼类，许多种鱼在鱼藤酮致死浓度的溶液中会很快浮上水面，此时若及时将它们转移至 5～10mg/L 浓度的亚甲基盐溶液中，这些鱼便会马上恢复活力。19 世纪中叶就有人把鱼藤酮作为杀虫剂使用，至今已有 100 多年的历史，对它的生物活性、作用方式、作用机理、杀虫谱等都研究得比较清楚，并且形成了一套较为完善的理论。鱼藤酮对 15 个目 137 科的 800 多种害虫具有一定的防治效果，对蚜螨类害虫效果尤显突出。

鱼藤酮杀虫效果显著，杀虫谱广，但近年来很多食品安全意识较强的国家开始对鱼藤酮的使用加以控制。鱼藤酮在应用中存在的问题主要表现在两个方面：一是毒性鱼藤酮因其大量使用所造成的环境污染以及对人体的危害，尤其是对人体神经系统的毒性，是目前国内外关注的热点。直接利用自然植物资源生产加工植物杀虫剂，如不合理引导，将会与保护植被、绿化和水土保持等方面产生矛盾。鱼藤酮对鱼的毒性大，施药过程中应尽量避免污染水域。环境数据显示，该物质对水生生物有极高毒性，可能在水生环境中造成长期影响。二是急性毒性鱼藤酮是一种强烈的神经毒剂，中毒后引起呼吸中枢及血管运动中枢的麻痹。鱼藤酮对人的致死量为 3.6～20g 不等。误食大剂量的鱼藤酮将导致严重的抽搐、昏迷、呼吸衰竭及心、肝、肾等多器官衰竭。鱼藤酮虽属中等毒，但不小心很容易引起中毒事件。

16.6.2 鱼藤酮检测

16.6.2.1 醋酸汞法

(1) 试剂

① 活性炭；

② 氯仿；

③ CCl_4；

④ 二氯乙烯；

⑤ 醋酸汞甲醇液：醋酸汞 50g，溶于甲醇 750mL 中，加冰醋酸 0.2mL，混匀；

⑥ 1%酚酞指示剂；

⑦ 3.5%NaCl 液；

⑧ 0.1000mol/L NaOH 标准溶液。

(2) 检测步骤

取 30g 样品于具塞锥形瓶中，加 10g 活性炭，300mL 氯仿，振荡 4h，过滤，将滤液倒入烧杯中，在水浴上蒸干；残渣用 15mL CCl_4 溶解，过滤于烧杯中，再用 CCl_4 重复 1 次，过滤于锥形瓶中，在水浴上蒸干，加 50mL 二氯乙烯溶解，加 50mL 醋酸汞甲醇液，25min 后加 3.5%NaCl 溶液 100mL、1%酚酞指示剂 1mL，用 0.1000mol/L NaOH 标准溶液滴定至刚呈红色，30s 不褪色即为终点。记录消耗 0.1000mol/L NaOH 标准溶液毫升数（同时做空白试验）。

滴定时将锥形瓶振摇，以便从二氯乙烯液层中将醋酸提取出来。

16.6.2.2　高效液相色谱法

（1）仪器

① 高效液相色谱仪；

② 色谱柱为 Lichrospher 100RP-18 反相柱；

③ 保护柱为 Bondapak C18 反相柱；

④ 台式离心机；

⑤ NMR 仪。

（2）试剂

① 鱼藤酮标准品：美国 Sigma 公司（纯度为 95%～98%）；

② 提取用的有机溶剂为分析纯，HPLC 分析用的有机溶剂为色谱纯，水为纯水。

（3）样品制备

精确称取一定量的植物干粉于三角瓶中，加入 10 倍质量的 $CHCl_3$-MeOH（9∶1）溶剂，置于超声波水浴中 2min，然后在黑暗中静置提取 24h，滤出提取液。重复提取一次，合并滤液。将滤液减压浓缩以除去溶剂，获得植物提取物。所得提取物在超声波水浴中溶于 MeOH-H_2O（1∶1）中，置于高速离心机中以 2500r/min 的速率离心 10min，移出上清液。重复操作 3 次，合并上清液。用 C18 反相柱进行净化和分离，用比例为 20∶80 的 MeOH-H_2O 冲洗以有效去除大部分杂质，然后用比例为 85∶15、90∶10、95∶5 的 MeOH-H_2O 和纯 MeOH 洗脱，分段收集各流出组分。

色谱条件：HPLC 分析以 MeOH-H_2O 为流动相，流速 1mL/min，于室温下在 210nm、240nm、290nm 和 310nm 波长处检测，记录各峰保留时间、UV 吸收光谱和 240nm 下检测的色谱图，并计算以鱼藤酮为参比的相对保留值。用常规外标法测定植物中主要鱼藤酮类化合物含量。

16.6.2.3　气质联用法

（1）仪器和试剂

① 仪器：GC/MS 气质联用仪；

② 对照品：鱼藤酮标准品（美国 Sigma 公司，纯度 99%）；

③ 试剂：三氯甲烷、甲醇、去离子水等（均为分析纯）；

④ 色谱条件：

GC条件：HP-5MS(30m×0.25mm×0.25μm)；

柱升温程序：200℃(2min) $\xrightarrow{40℃/min}$ 280℃(16min)；

进样口温度：280℃；

载气：氦气，恒流1.0mL/min，分流比20∶1。

⑤ MS条件：

EI离子源；

电离电压：70eV；

扫描方式：Scan；

质量扫描范围：0～450amu；

离子源温度：220℃；

传输线温度：280℃。

(2) 检测步骤

取毛鱼藤根、茎约2g，沿生长方向切成片状，置于去离子水中超声洗净后晾干，于鼓风干燥箱内在60℃下烘干。将制备好的样品用5mL氯仿溶液浸泡约15min后高速离心，取清液经0.45μm有机滤膜进行过滤，氮气下吹。

16.7 秋水仙碱

16.7.1 概述

黄花菜又被称为金针菜，是人们爱好的菜肴之一，味鲜质嫩，营养丰富，含有丰富的糖、维生素、钙、脂肪、胡萝卜素、氨基酸等人体所必需的营养成分，其所含的胡萝卜素甚至超过西红柿。黄花菜性味甘凉，有止血、消炎、清热、利湿、消食、明目、安神等功效，但是黄花菜有着致命毒素：秋水仙碱。

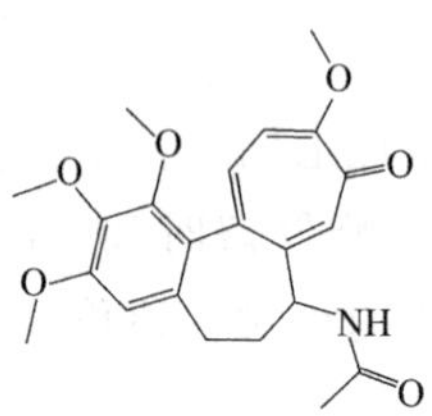

图16-7 秋水仙碱的分子结构

秋水仙碱，又称秋水仙素，是一种不含杂环的生物碱，为黄花菜致毒的主要化学物质，图16-7为秋水仙碱的分子结构。秋水仙碱为黄色针状结晶，熔点157℃。易溶于水、乙醇和氯仿，对热稳定。因最初从百合科植物秋水仙中提取出来，故得名秋水仙碱。纯秋水仙素呈苦味，有毒。秋水仙素能抑制有丝分裂，破坏纺锤体，使染色体停滞在分裂中期。这种由秋水仙素引起的不正常分裂，称为秋水仙素有丝分裂。在这样的有丝分裂中，染色体虽然纵裂，但细胞不分裂，不能形成两个子细胞，因而使染色体加倍。自1937年美国学者布莱克斯利（A. F. Blakeslee）等，用秋水仙素加倍曼陀罗等植物的染色体数获得成功以后，秋水仙素就被广泛应用于细胞学、遗传学的研究和植物育种。

黄花菜中含有秋水仙碱，如果人体摄入秋水仙碱后，会在人体组织内被氧化，生成二秋水仙碱。而二秋水仙碱是一种剧毒物质，可毒害人体胃肠道、泌尿体系，严重威胁健康。一个成年人如果一次食入鲜黄花菜 50～100g 即可引起中毒。

16.7.2　秋水仙碱的检测方法

(1) 仪器与试剂

① 仪器　高效液相色谱仪，包括二元输液泵、自动进样器、切换阀；质谱仪。

② 试剂　甲醇和乙腈为一级色谱纯；三氟乙酸；乙酸乙酯；正己烷；无水碳酸钠；磷酸二氢钠；磷酸；实验用水为重蒸水；秋水仙碱标准品（纯度＞99%）；替加氟标准品。

(2) 溶液配制

① 储备液的配制：精密称取 10mg 秋水仙碱标准品，置 25mL 容量瓶中，加少量水溶解，并稀释至刻度，配制成 400mg/L 的储备液。

② 内标的配制：精密称取 10mg 替加氟标准品，置 25mL 容量瓶中，加甲醇溶解，并以 50%甲醇稀释至刻度，配制成 400mg/L 的储备液，取适量替加氟储备液用 50%甲醇稀释至浓度为 20μg/L。

(3) 检验方法

① 色谱条件

色谱柱：C18（4.6mm×150mm，5μm，Agilent）；

流动相：甲醇-10mmol/L 乙酸铵（60∶40，体积比）；

流速：1.1mL/min（50%分流，体积比）；

柱温：40℃；进样量：20μL。

② 质谱条件

电喷雾离子化源；

喷射电压：4000V；

温度：550℃；

源内气体：气体 1(N_2)，压力 50psi；气体 2(N_2)，压力 30psi；

气帘气体（N_2），压力 15psi；

正离子方式检测：扫描方式为多重反应监测（MRM）；

秋水仙碱的去簇电压（DP 电压）：79V；

碰撞能量（CE 电压）：31eV；

用于定量分析的离子反应分别为 m/z400，m/z358.1（秋水仙碱）和 m/z200.8，m/z130.9（替加氟）。

③ 样品的处理方法

精密取样品100μL置具塞试管中，加入内标溶液50μL，加入3mL乙醚二氯甲烷（3∶2，体积比），涡流混合1min，往复振荡10min，离心5min(3500r/min)，取上层有机相于另一试管中，25℃氮气流下吹干，残留物加入100μL流动相溶解，涡流混合，取20μL进行LC/MS/MS分析。

参考文献

[1] 郑向梅，崔泓. 食品中掺入罂粟壳快速检测方法的研究 [J]. 中国卫生检验杂志，2012，22 (8)：2000-2001.

[2] 汪芳芳. 食品中罂粟壳残留检测的现状现代 [J]. 商贸工业，2009，3：279-280.

[3] 向荣，方热军. 茶籽饼中茶皂素定量检测方法 [J]. 概述湖南饲料，2011，1：43-45.

[4] 吴伟伟，许赣荣. HPLC法测定棉籽饼饲料中的游离棉酚 [J]. 河北农业大学学报，2009，3 (25)：105-108.

[5] 贺秀媛，李玉峰，张君涛. 棉籽饼粕中游离棉酚含量方法的改进 [J]. 畜牧与兽医，2009，41 (3)：51-53.

[6] 张欢，唐辉，等. HPLC测定棉油皂角中棉酚含量 [J]. 中国现代应用药学，2011，28 (2)：162-164.

[7] 贺秀媛，李玉峰，张君涛. 棉籽饼粕中游离棉酚含量方法的改进 [J]. 畜牧与兽医，2009，41 (3)：51-53.

[8] 丁彦怀. 毒蘑菇毒素及其毒性机理 [J]. 微生物学通报，1994，21 (1)：62.

[9] 赵伟全，刘大群，等. 马铃薯疮痂毒素及其致病性研究 [J]. 植物病理学报，2005，35 (4)：317.

[10] 杨方，郑丹萍，等. 液相色谱串联质谱法同时检测水产品中苦参碱和鱼藤酮残留 [J]. 分析化学研究报告，2011，39 (4)：556-559.

[11] 贺启川，蒙大庆，等. 近红外光谱仪检测油菜硫苷、芥酸及油分含量模型的建立 [J]. 激光生物学报，2009，18 (6)：815.

[12] 李颖，王朱莹，等. 鱼藤酮应用与分析的研究进展 [J]. 广西轻工业，2010，11：9.

[13] 潘峰，孙玮，等. 高效液相色谱检测大鼠血浆鱼藤酮的含量 [J]. 解放军预防医学杂志，2008，26 (3)：190.

[14] 韩凤鸣，李晓东，等. 气质联用法检测鱼藤中鱼藤酮 [J]. 刑事技术，2011，3：35.

[15] 曾鑫年，张善学，等. 植物中鱼藤酮类化合物检测方法的改进 [J]. 色谱，2002，20 (2)：144.

[16] 刘伟，沈敏，等. 秋水仙碱在急性中毒豚鼠体液和组织中的检测及分布 [J]. 中国法医学杂志，2010，25 (6)：386.

Chapter 17

第17章 有机污染物的检测技术

有机污染物分析测试技术主要用于有机物组成、结构和含量的分析。有机污染物分析测试技术主要包括样品的采集、保存、前处理、检测等。样品前处理技术主要包括样品提取和净化技术。检测技术主要包括色谱技术、质谱技术、色谱-质谱联用技术以及核磁共振、红外、拉曼等光谱技术。色谱技术主要用于复杂有机物的分离、定性和定量。质谱技术以及红外、拉曼、核磁共振等光谱技术主要用于有机物组成、结构和含量的定性、定量分析。目前有机污染物检测主要包括以固液样品提取、净化为主的前处理技术和以色谱、色谱-质谱联用技术为主的检测技术。随着现代分析仪器及计算机技术的飞速发展，高效液相色谱、气相色谱和质谱技术取得了举世瞩目的进展，各种先进的检测方法也已被有效地应用到有机污染物的分析检测中，其中最具有代表性的是二维色谱的应用，包括二维气相和二维液相，它们与一些高灵敏度的检测器（如 TOF/MS 等）联用，具有高分辨、高选择性、高灵敏度等特点。

17.1 二噁英检测

食品中 PCDDs/PCDFs 分析属超痕量（pg-fg）、多组分（同系物、异构体的分离）和复杂前处理技术，对特异性、选择性和灵敏度的要求极高，成为当今食品和环境分析领域的难点。目前仅在发达国家的少数实验室能够开展。WHO 指出全球仅有约 100 个实验室具备检测能力。①超痕量分析是因二噁英在环境样品中水平极低，WHO 规定的 TDI 为 1～4pg/kg 体重；②相应要求食品中 PCDDs/PCDFs 测定方法的检出限以脂肪计低于 1pg/g（甚至为 fg/g 水平的测定），不到其他污染物含量的 1/1000。所谓多组分是指 PCDDs/PCDFs 中各同系物、异构体的毒性相差很大，其中 17 种 2,3,7,8-取代 PCDDs/PCDFs 具有毒性且危害最大，进行危险性评价时需选择性测定。而 PCDDs/PCDFs 共有 210 个同系物、异构体，加上 209 个 PCBs，共有 419 个二噁英及其类似物。另外，试样在进行仪器分析前要浓缩至1/1000、1/10000，提取液中的PCDDs/PCDFs比其共提取物和基质中同系物及其他氯代化合物等干扰组分低得多，使得这一超痕量分析极为困难。只有良好的净化技术及特异性的分离手段才能满足要求。为保证分析质量，国际组织及有关国家建立了官方分析方法与指南，如国际癌症研究中心（IARC）、欧盟的公共标准局、美国环境保护局（EPA）和美国食品药品管理局（FDA）。

FAO/WHO食品法典委员会正在着手建立食品二噁英限量标准和相应检验方法，起草人认为高分辨气相色谱与高分辨质谱联用技术（HRGC-HRMS）是目前唯一适用的化学方法。而用DNA重组技术建立的生物学方法在二噁英总TEQ水平测定可达到特异性、选择性和灵敏度的要求，且所测结果与HRGC-HRMS方法相当，可作为大量样品筛选手段。二噁英的分析属于多组分、超痕量分析，对样品的采集、定量提取和净化技术要求很高。

目前，环境样品及农产品中二噁英的主要分析方法有化学分析法、免疫学分析法和生物检测法。

17.1.1 化学分析法

二噁英的化学检测方法有很多，被人们普遍认同的是高分辨气相色谱-质谱联用方法，称为二噁英检测的“金标准”。该法的缺点是仪器设备昂贵、操作复杂、昂贵耗时，不能满足大量检测的需要。全面的二维空间GC×GC-μECD技术已经被试验，该方法很可靠，在检测能力、可重复性、再现性和精确度方面，该法和GC-HRMS的结果保持一致。对于我国等发展中国家来说，由于经济实力有限，所以二噁英的检测水平非常落后，由此，出现了新的二噁英的化学检测法。气相色谱-质谱（GC/MS）及气相色谱-串联质谱（GC/MS/MS）法简化了HRGC-HRMS法中的很多步骤，选择性地使用内标物，有一定的发展前景。样品中二噁英的含量很低，在检测过程中实际样品中基质和其他干扰物的浓度大大高于目标化合物，因此样品前处理的结果在很大程度上影响着分析结果的准确性。二噁英的化学检测方法几乎应用了所有样品前处理技术，除传统的索氏提取方法、超声萃取、液-液萃取等技术应用外，微波辅助萃取、加速溶剂萃取（ASE）、二氧化碳超临界萃取法（SFE）和固相萃取等样品提取技术也在二噁英的分析中得到验证和应用。根据样品的类型，选择适当的净化方法，有效地降低共提物中的干扰组分。传统的净化技术包括玻璃柱色谱的洗脱和其他化学方法，耗时长、溶剂用量大，近年来研制的自动化前处理设备如自动凝胶净化装置、全自动样品净化装置等在食品中二噁英的分析已经十分广泛。适合于脂肪含量高的生物样品的半透膜滤过净化技术受到越来越多人的关注，原因是该净化技术经济、高效。亲和色谱和聚酰胺色谱分离方法的净化除杂效果不错，但仍需进一步改善。用二噁英的前体或衍生物替代二噁英的间接检测方法尚处于研究阶段，还没有实际应用。

17.1.2　免疫学和生物学检测法

由于化学分析法分离净化繁杂，对仪器设备及实验人员要求极高，在一般实验室很难开展。随着科技发展，生物法测定二噁英的研究成为热点，一些实验室建立了免疫法和各种生物检测方法（BDMs)。免疫法的原理是二噁英可被受体特异性识别并结合，而生物检测法是二噁英能在体外细胞内培养中转化为特殊生物信号。与化学分析法相比，这两种方法具有快速、简便、灵敏度高、耗时少、费用低，而且操作也比较简单的优点，当然这两种方法也有弊端，如免疫法的缺点是不能检测所有异构体且难找到抗体，生物法的缺点是不能分别检测二噁英的同系物等。生物法主要是用于大量样品的筛选和快速半定量检测。

17.1.2.1　酶免疫分析法

竞争性 EIA 法是特异性的，针对 2,3,7,8-TCDD，根据老鼠或兔子单克隆或多克隆抗体（DD3）与二噁英结合建立竞争抑制酶免疫方法。由于单克隆抗体和多克隆抗体的 EIA 技术选择性和灵敏度都较低，Harrison 等发展了灵敏度较高的微板和试管技术。使用酶竞争配合物（HRP）和二噁英共同竞争有限的 DD3 抗体的特异性结合位点，以一系列不同浓度的 2,3,7,8-TCDD 为标准物，做出 2,3,7,8-TCDD 标样与对应样品的剂量-效应曲线，样品中二噁英毒性强度以计算出的 TCDD 毒性等价浓度间接表示。最终通过测定 DD3 与酶竞争配合物的荧光强度来得到二噁英的 TEQ，HRP 的荧光强度与二噁英的 TEQ 成反比。该法操作简单、快速、准确性高，是饲料中二噁英检测的快速、有效的方法之一。另外，Yudio 等对一种新的酶联免疫吸附技术进行了报道，其选择 TMDD 代替 TCDD，结果较令人满意。

17.1.2.2　时间分辨荧光免疫分析法

时间分辨荧光免疫分析（DEIFIA）法是目前最新的一种免疫学方法。该方法利用生物基因技术选择出合适的抗原键合铕离子，与样品中二噁英竞争单克隆抗体，待免疫反应完全后加入荧光增强液，使铕离子从抗原中解离下来，进入增强液，形成胶束，高效地发出荧光。螯合物用时间分辨荧光法分析，其荧光强度与二噁英的 TEQ 成反比，以此获得待测样本中二噁英的 TEQ 值。该法的灵敏度高，用样量少，检测成本低。

17.1.2.3　化学激活荧光表达法

化学激活荧光表达（CALUX）法是一种新的灵敏度最高的二噁英检测方法，是唯一得到美国环保局（EPA）推荐使用的二噁英分子生物学检测方法，有很高的使用价值和广阔的应用前景。此法是将萤火虫荧光素酶基因作为报告基因结合到控制转录的 DRE 上，制备成质粒载体，并转染 H4ⅡE 大白鼠肝癌细胞系，以此构成 CALUX 系统荧光素酶诱导活性与二噁英的毒性系数相对应。而且该系统合成的荧光素量和荧光强度与加入的二噁英类污染物的物质的量成正比，最终测得二噁英的量。该法与传统的生物学法相比，操作更加简单，分析成本也更低，Murk 已用该法检测水体和血浆中的二噁英，效果良好。

17.1.2.4 化学激活荧光基因表达法

化学激活荧光基因表达（CAFLUX）法是将增强绿色荧光蛋白基因（EGFP）作为报告基因，采用 Hepalclc 7 作为反应细胞株进行检测的生物检测方法。CAFLUX 法可应用于高通量检测，比 CALUX 法更快速、经济、简便，还可以对细胞进行“实时”监测。在饲料和食品二噁英检测中，CAFLUX 法的发展空间很大，技术也较成熟。该方法的缺点是如果增强绿色荧光蛋白过于稳定将影响细胞的背景荧光值，使其值偏大。

17.1.2.5 7-乙氧基异吩噁唑酮-脱乙基酶法

7-乙氧基异吩噁唑酮-脱乙基酶（EROD）法是最早建立的生物检测方法。EROD 法在一定浓度范围内具有线性剂量效应关系，在该线性范围内可准确测定二噁英的量。EROD 法快速、重复性好、细胞株和相关试剂比较易得，不足的是其可靠性和灵敏度没有 CALUX 法高。另外，该法测得的 TEQ 值比化学分析法所得的值要高几倍。迄今为止，报道该法的文献较多，但用 EROD 法测定饲料中二噁英的报道却很少。

17.1.2.6 PCR 技术

二噁英特异地结合芳香烃受体（AhR），然后再与一段特殊 DNA（DRE）结合，除去未结合的二噁英应答元件（DRE），扩增剩下的结合 DRE，最后用实时 PCR 检测，由于该技术要求在饲料中二噁英检测时具有有效灵敏度和可靠性，所以目前还不能普遍应用。

17.1.2.7 蛋白标记分析

蛋白标记的研究是把酶（如过氧化物歧化酶）、应激蛋白（如 Hsp60）、受体或 Cytosketal 蛋白（如肌浆球蛋白）和二噁英类物质建立关系，通过标记蛋白检测二噁英。AhR-DNA 结合的凝胶阻滞电泳生物检测法（GRAB）就是利用凝胶阻滞电泳分离配体-AhR-DNA 复合物，并通过同位素标记的 DNA 来测定复合物的含量。该法操作简单、迅速，但费时、有放射性污染，并且检出限和灵敏度都较低。

二噁英类污染物进入环境和食品后，不容易被分解，长期残留在环境和食品中，并随生物链进入到动物机体，危害动物及人类的健康。因此对二噁英的监测是长期的任务，虽然国内已有少数 HRGC-HRMS 二噁英检测实验室，但其检测能力十分有限，只能检测少数几种二噁英类物质，远远不能满足对二噁英的监测监控需要。建立快速、经济的生物检测法对食品、农产品中二噁英进行定量筛选、常规检测和定性分析有一定的意义。当然由于色谱与质谱联用技术及串联质谱技术的飞速发展，使更高灵敏度、更快速简便的方法（如 GC/MS/MS、UPLC/MS/MS、LC/TOF-MS 等）已成为可能。

17.2 多氯联苯检测

17.2.1 样品提取技术

目前较为常用的快速处理含 PCBs 样品的萃取技术有：索氏提取（SE）、固相萃取（SPE）、固相微萃取（SPME）、超声波萃取（USE）、微波萃取（MAE）、加速溶剂萃取（ASE）和超临界流体萃取（SFE）等。

17.2.1.1 索氏提取

索氏提取是固体样品中微量、痕量有机污染物传统的提取方法，其优点是目标化合物能被充分萃取出来，回收率高；但是耗时太长，自动化程度低，半挥发性待测物质容易流失等。作为经典的提取方法，沿用至今。近年来发展的自动索氏提取，虽然实现了一定程度的自动化，但并不能满足现代分析化学快速、高效、绿色的发展趋势。

17.2.1.2 固相萃取

SPE 与液-液分配萃取（LLE）相比较，其优点是克服了乳化现象，萃取精度高、范围广，分离效果好，操作简单易行，回收率高，节省试剂，对操作人员及环境安全。该方法已在食品、土壤、水、人的血浆等样品处理中得到广泛应用。值得注意的是，SPE 与以下提到的 SPME 是两种不同的技术，SPE 是萃取出所有的目标化合物，而 SPME 是目标化合物在不同介质中进行分配平衡的一种技术，当萃取达到平衡时，根据目标化合物在不同介质中的分配系数，从而得到目标化合物的量。

17.2.1.3 固相微萃取

固相微萃取（SPME）与其他萃取方法相比较，该方法集采样、萃取、预浓缩和将样品单独引进的无干扰过程于一体。SPME 在分析液体样品时是非常有用的，无需有机溶剂，避免多次净化和浓缩过程，减轻了环境污染及分析者健康损害问题。对于固体样品，采用顶空进样-固相微萃取（HS-SPME）或者先从固体样品中获取液体萃取物。SPME 能够用于河流、空气或沉积物等现场抽样，易实现自动化，操作简便、快速、准确，能够降低检测成本，是目前国际上 POPs 预处理技术中比较流行的一种技术。缺点是萃取过程中需要的平衡时间长、回收率不高、重复性差、难以准确定量等。目前，美国 EPA 分析 PCBs 方法中还未将 SPME 列入。搅拌棒吸附萃取（SBSE）是在 SPME 技术的基础上发展起来的，一些文献已有介绍。SBSE 的萃取机理和优点与 SPME 相似，但是富集因子高出

100 倍以上。因此，SBSE 比 SPME 更适合于痕量分析。

17.2.1.4 超声波萃取

超声波萃取（USE）的萃取效率除了与溶剂的极性有关外，还受萃取时间的影响。其优点是可以同时处理大批同类样品或不同类样品，方法简便、快速；不足之处是样品提取结束后仍然需要进一步离心分离有机相，增加了过滤步骤，耗时耗溶剂，因而人为误差大，回收率低，重复性差。

17.2.1.5 微波萃取

微波萃取（MAE）对萃取体系中的不同组分进行选择性加热，具有较好的选择性。另外，由于 MAE 受溶剂亲和力的限制较小，可供选择的溶剂较多。作为一种新型的前处理手段，具有简便快速、使用安全、试剂用量少、制样精度好、回收率高、可同时无间断地处理不同样品等优点。EPA3546 方法中介绍了该技术在萃取环境样品（如土壤和底泥等）中含氯化合物的应用。MAE 近年来应用于分析鲸脂、土壤、底泥、贻贝中的 PCBs 都有报道。

17.2.1.6 加速溶剂萃取

加速溶剂萃取（ASE）是在较高的温度（50～200℃）和压力（6.89～20.68MPa，即 1000～3000psi）下，用溶剂萃取固体或半固体样品的前处理方法。ASE 是近年发展的新技术，已被用于土壤、底泥、大气颗粒物、粉尘、动植物组织等样品中农药的萃取，国内外也有一些用于鱼贝类、肉类中 PCBs 萃取的报道。该技术的突出优点是：有机溶剂用量少，方法快速方便，自动化程度高，萃取效率高等。值得注意的是，ASE 可以通过在萃取池中添加固相吸附剂去除一些脂肪类化合物，分离出目标组分，从而达到萃取和净化一体化。缺点是设备成本比较高。

17.2.1.7 超临界流体萃取

超临界流体萃取（SFE）的主要优点是用较少的溶剂或不用溶剂在短时间内从样品中获得干净的萃取物，从而不需要进一步净化。尽管该技术存在操作问题，如需要优化许多参数（尤其是萃取目标物的参数）、自动化仪器设备昂贵等，但是 SFE 仍然应用于确定脂肪含量和食品中 PCBs 的污染。

17.2.1.8 其他萃取技术

在环境分析和食品分析等方面，传统的样品处理费时费力，而且耗费大量有机溶剂从而产生巨大的浪费，污染环境。此外，索氏提取、液-液分配萃取、超声波萃取等技术在分析样品前常常需要多次净化。为了克服这些缺点，近些年出现了一些样品前处理新技术（包括 ASE、MAE 和 SFE），减少或完全不使用有机溶剂并缩短了萃取时间。随着微波萃取技术的发展，相继出现了微波萃取技术与其他前处理技术联用，如聚焦微波辅助索氏萃取（FMASE）结合微波加热和索氏抽提的特点，免去了过滤和离心等步骤；另外有一些萃取技术在提取 PCBs、有机氯杀虫剂（OCPs）等 POPs 方面得到应用，如基质分散固相萃取

(MSPD)、聚合物膜萃取（PME）等。MSPD 与 SPE、SPME、SBSE 都是以固相吸附剂为基础的萃取方法，该技术在一次分析中同时完成了样品的均匀化、破坏样品细胞、分离和纯化样品等步骤，大大简化了分析过程。理解各种萃取方法的特点，有助于针对不同的基质选择不同的方法。文献显示，分析水样时，常用固相萃取法；处理大批水样时，可以选择圆盘固相萃取；分析土壤或底泥等固体基质时，经常使用的快速萃取方法是加速溶剂萃取或微波萃取。

17.2.2　样品净化方法

当样品基质较为复杂时，其中多种的共萃取物干扰测定，如色素、脂类化合物、硫化物等，需要对提取溶液进行净化处理。通常使用的净化方法主要有皂化、磺化、凝胶渗透色谱（GPC）、固相萃取。皂化和磺化是破坏性地去除脂类化合物的有效方法；但是步骤烦琐，有机溶剂用量大，且遇到基质复杂的样品时回收率较低。SPE 是最常用的净化方法，通过改变柱填料可以达到较好的净化效果。近年来，复合填料的使用越来越广泛，如硅胶、Al_2O_3 和 Florisil 复合层析柱，也有将多个层析柱联合起来使用，如自动样品净化系统（FMS Power Prep）。当分析复杂基体中 PCBs 等有机氯化合物时，仅仅一种净化方法往往难以达到理想效果，组合净化技术是必要的，如 GPC 和 SPE 等净化方法的组合。

17.2.3　多氯联苯分析技术

PCBs 在农产品样品中的浓度很低，一般为 ng/g 或 pg/g 级，这对样品分析提出了很高的要求。国际许多研究机构已建立 PCBs 色谱分析的标准方法，例如美国 EPA1618、加拿大 EPS1/RM/31 等。PCBs 分析分为两类：一类是 PCBs 总量分析，即以一种或几种已知各同系物含量和分布的工业品（Aroclor）为标准，通过样品色谱峰峰形与标准峰峰形拟合，进行总量测定。该方法具有其自身的局限性：不同批次生产的 Aroclor 商业标准混合物中各成分的比例会发生变化而造成计算错误；样品中 PCBs 形式与标准不符合时产生重大偏差。另一类是有代表性的 PCBs 单体分析。随着对 PCBs 研究的日益深化，越来越注重研究 PCBs 单体的分析，特别是毒性较强的共平面结构 PCBs 单体分析，文献已报道了血液和食品中 12 种共平面结构的类二噁英和食物中 7 种指示性 PCBs 的分析方法。李敬光等参考加拿大 EPS1/RM/31 方法，采用同位素稀释法结合气相色谱-质谱（GC-MS）技术建立了鱼肉中 20 种指示性 PCBs 单体的测定方法，其中包括了全球环境监测系统与食品规划部分（GEMS/FOOD）中规定的 7 种指示性单体。PCBs 常用的分析方法包括化学分析与生物分析。化学分析的主要过程是首先实现 PCBs 的分离，然后以特定的化学检测器对 PCBs 进行定性定量测定。常用的化学分析方法有气相色谱法（GC）和 GC/MS 法等。生物分析技术则是利用生物对 PCBs 的某些特征反应以实现对环境中 PCBs 的检测，主要包括生物传感器检测法、表面胞质团共振（SPR）检测、酶联免疫吸附（ELISA）测定等。其中，GC/MS联用技术最常用，但是需要很长时间的前处理过程。生物分析法可以弥补色谱法的缺点，该方法成本低廉，快速简便，但仍处于实验室的研究阶段，用于农产品样品测试则很少见报道。

17.2.3.1 气相色谱法

PCBs的测定常采用高分辨的石英毛细管柱气相色谱-电子捕获检测器（GC/ECD）方法，其优点是灵敏度高，检出限低，易于操作和维护，成本较低，几十年来一直得到广泛的应用。色谱法是依据被测物质的保留时间进行定性分析，不能得到分子结构的信息。当样品基质复杂时，许多组分的保留时间只相差数秒，甚至保留时间相同，以至于这些被测物如PCBs和*p*,*p*-DDE类似的共流出物、PCB77和PCB110难以被准确定性。另外，用ECD检测时，对样品净化要求高，样品中硫化物必须除去，否则会损害ECD检测器。色素类以及脂类化合物都会干扰目标组分的测定。近年来，在一些发展中国家，全二维气相色谱和快速气相色谱法的应用使得GC在PCBs和OCPs分析方面有了进一步的发展。全二维气相色谱将目标物传送到第二根色谱柱上，分离能力倍增，能分析更复杂的化合物。全二维气相色谱分析PCBs时，检出限比一维气相色谱分析结果低3～4倍，而且单邻位取代和非邻位取代多氯联苯等类二噁英多氯联苯（DL-PCBs）与其他成分得到了较好的分离。Covaci等利用快速气相色谱法在内径为0.1mm的色谱柱上快速地分离了PCBs，减小峰宽并缩短了总分析时间。这两种技术与微池电子捕获检测器结合使用，提高了灵敏度和线性响应。

17.2.3.2 气相色谱-质谱法

20世纪80年代，气相色谱-质谱（GC/MS）开始普及。质谱作为气相色谱的检测器，可获得PCBs的特征离子（一般取3个特征离子）及氯原子同位素峰的丰度信息，为PCBs定性分析提供了更可靠的数据。氯原子数不同，相应的质谱图也不一样，根据特征离子的丰度比和质量色谱图的保留时间进行定性分析，根据峰高或峰面积进行定量计算，使PCBs多种同系物的分析成为可能。与GC/ECD法相比，GC/MS法定性更准确，排除干扰能力强，使得定量更精确。随着仪器的发展，根据质谱仪的性能，可将GC/MS分为两类：高分辨气相色谱-低分辨质谱（HRGC/LRMS）和高分辨气相色谱-高分辨质谱（HRGC/HRMS）。低分辨质谱，如四级杆质谱仪或者离子阱质谱仪（IT-MS）等，由于分辨质量数为整数，也易造成假阳性。因此有经验的分析化学家用全扫的色谱图作为辅助手段来解释测定结果。一般来说，GC/LRMS检出限比GC/ECD高。用选择离子监测模式和串联质谱（MS/MS）分析可以适当弥补LRMS灵敏度不足的缺点。Malavia等采用GC-MS/MS法分析了鱼样品中非邻位取代的PCBs组分，通过优化MS/MS仪器条件使其达到最大灵敏度和选择性，其检出限为0.12～0.16pg/g。用负化学电离源-质谱（NCI-MS）也可提高质谱的选择性和灵敏度，尤其是对高氯代的有机氯化合物；但是，与电子轰击源（EI）模式相比，需要引入反应气，线性范围较窄，由于对温度更敏感而难以操作并且需要经常清洗（因为反应气在离子源表面反应）。HRMS 的分辨率可达 10000 以上，如磁式质谱仪、飞行时间质谱仪（TOF-MS）等，可以给出精确质量而计算出化合物的分子式。HRMS 或 MS/MS 与 HRGC 的联用方法是目前最佳的异构体分离和定性手段。Ren 等和 Zhang 等分别用高分辨质谱分析了底泥、土壤等环境样品和牛奶中的二噁英类多氯联苯（DL-PCBs），环境样品中 DL-PCBs 检出限为 0.05～0.6pg/g，回收率 81%～105%，相对标准偏差 1.9%～11%；牛奶中 DL-PCBs 的检出限为 0.04～0.12pg/g，回收率 70%～135%，相对标准偏差＜15%，符合 EPA1668A 方法要求。Verenitch 等用 IT- MS/MS、GC-ECD 和 HRGC-HRMS 对鱼类和贝类中的 39 种 PCBs 进行了分析；Bianco 等用 GC-ECD（双色谱柱）和 GC-HRMS 分析了意大利南部的 3 个地区受 PCBs 污染的土壤样品，从测量 PCBs 总量结果来看，由于 GC-ECD 未能检测出一些同系物而造成误差，而 HRMS 可以得到化合物详细信息。HRMS 定性定量更准确，灵敏度更高，检出限更低，可以达到 pg/g，是非常有用的手段。IT-MS/MS 和 GC-ECD 检出限相当，都比 HRMS 检出限高，所以当测定 DL-PCBs 时，由于其含量非常低，最好选用 HRMS 来分析。缺点是由于高分辨质谱仪器设备比较昂贵，一些发展中国家的常规实验室还未能普遍使用。截至目前，还不能把 209 种 PCBs 单体完全分开，这是一个尚待充实的课题，需要更先进的技术来完成。例如采用色谱柱串联、全二维气相色谱、多维气相色谱（MDGC）和快速气相色谱等。改变色谱柱固定相的特性也可以分离 PCBs 对映异构体，例如手性和非手性固定相的结合。对于 PCBs 分析方法的研究，经历了从过去的 PCBs 总量分析、同系物分析，已发展到近年的 PCBs 单体分析，分析方法不断更新，从 GC/ECD、GC/LRMS 发展到 GC/HRMS，精密度、灵敏度和准确度也在不断地提高。文献显示，HRMS 分析 DL-PCBs 时，经常与同位素稀释法结合应用，使得定量结果更加准确。该方法利用同位素标记的目标物的类似物作为内标（定量内标），在样品开始处理时加入，最大程度地消除了化学处理过程带来的回收率偏差，不会影响最终分析结果，样品上机前再加入同位素内标（回收率内标）。HRMS 是目前复杂基体微量成分测量最准确的定量方法之一，采用同位素稀释技术对样品中各目标化合物含量进行定量，同时采用内标法对同位素内标定量，计算出回收率。该技术由于成本问题和寻找目标物的同位素标记物问题，在一定程度上受到限制。

作为联合国环境保护署致力于消除的十二种持久性有机污染物（POPs）之一，PCBs 成为各国政府及众多科学家关注的课题。与欧洲一些发达国家相比，虽然国内有些实验室在检测 PCBs 方面已达到国际水平，但是我国现有的 PCBs 整体检测体系还较落后，不能完全满足 PCBs 污染控制的需求。一方面，应开发针对样品中痕量 PCBs 的先进采样技术与设备，逐渐建立与国际接轨的样品微量或痕量 PCBs 检测技术，提高我国 PCBs 检测的技术水平，同时开发研究包括生物学和免疫学等快速分析方法在内的新的 PCBs 分析方法，并将其与化学分析方法结合起来，从而开发出更加快速、准确、经济的绿色分析方法。当然由于色谱与质谱联用技术及串联质谱技术的飞速发展，使更高灵敏度、更快速简便的方法（如 GC/MS/MS、UPLC/MS/MS、LC/TOF-MS 等）也已成为可能。

17.3 多环芳香烃检测

17.3.1 样品提取和净化技术

农产品的成分一般包括水、矿质元素、糖、维生素、蛋白质、脂肪类化合物、芳香烃和有机酸等，其中含有的 PAH 物质是非极性物质，可以使用多种有机溶剂如氯仿、石油醚、醇类、丙酮、苯等进行提取。目前提取 PAH 物质的方法主要有固相萃取、超临界流体萃取、超声波提取和索式提取等几种。通过有机溶剂提取到的 PAH 物质中可能还含有一定量的非芳烃杂质，这些杂质可能干扰 PAH 的定量检测。因此，对于提取到的试样，可以根据 PAH 具有的两个特点即脂溶性和芳香性进行浓缩或纯化。新的样品前处理技术如基质混合固相萃取等也在不断发展。

17.3.2 PAH 的检测方法

PAH 的检测方法为高效液相色谱法、气相色谱法、色质联用分析方法、二阶激光质谱法和酶联免疫分析方法等。

17.3.2.1 高效液相色谱法

PAH 的常规检测方法为高效液相色谱法，其分离方法大多为梯度淋洗法。我国的国家标准为甲醇和水的梯度淋洗，而国外的方法为乙腈和水的梯度淋洗。上述两种方法尽管能够实现多环芳烃的分离，但其缺点是分析时间长（我国的国家标准为 60min），并存在基线漂移的问题。

很多研究者在 PAH 的富集方面进行了探索和创新。液-液萃取的方法需要耗费大量的超纯试剂，并且萃取液有时会出现乳化现象，既浪费试剂又容易造成误差。郁建栓采用固相萃取技术对痕量多环芳烃化合物进行富集，采用 90%乙腈作为流动相进行等梯度洗脱，用荧光检测器进行检测，实现了试样中痕量多环芳烃化合物的分离分析，富集和分离效果好，分析时间短，无基线漂移，同时节省了试剂，每个样品的分析时间小于 15min，利用荧光检测技术实现了试样中 7 种多环芳烃的痕量分析。7 种多环芳烃的检出限分别为：荧蒽 1.17ng/L，苯并（a）蒽 0.68ng/L，苯并（b）荧蒽 1.02ng/L，苯并（k）荧蒽 0.26ng/L，苯并（a）芘 0.46ng/L，二苯并（ah）0.70ng/L，苯并（ghi）北 1.29ng/L。试样过柱流速为

2mL/min 时，7 种多环芳烃的吸附回收率分别为：荧蒽 125.5%，苯并（a）蒽 98.5%，苯并（b）荧蒽 95%，苯并（k）荧蒽 73.7%，苯并（a）芘 72.4%，二苯并（ah）78.5%，苯并（ghi）芘 78%。

Liu Yu 等采用多孔层的固相微萃取技术（SPME）对试样中的多环芳烃化合物进行富集，再联合 HPLC 进行测定。多孔覆盖层是通过 5μm 的硅石颗粒连接苯基、C8 及单性和多性的 C18 固相以进行 HPLC 分析。该法也有几个因素影响到 PAH 物质的萃取，如连接相的官能团、链的长短以及相的性质（单性或多性）。

Garica 等考察了采用 SPE（固相萃取）、SPME（固相微萃取）技术联合 HPLC 以及荧光监测器测定饮用水中的 PAH 物质的可行性。研究了纤维性质、萃取化合物的量以及有机溶剂、盐的投加量、取样温度、取样时间对 SPME 萃取效果的影响。对 SPE 技术考察了试样投加乙腈的量、试样存放的条件如温度和时间以及萃取溶剂的类型、体积对萃取效果的影响。试验结果表明，两种萃取技术联合 HPLC 都可以用于饮用水中 PAH 物质的测定。相比之下，SPE 技术比 SPME 技术在回收、准确性以及测定范围上更有优越性。Yang 等采用临界水的萃取方法，并采用 HPLC 技术进行测定 PAH 物质，也具有一定的可行性。

17.3.2.2　气相色谱法

王丹华等采用溶胶凝胶技术，加入自制的新化合物端羟基冠醚，成功地涂制了固相微萃取涂层，用半挥发性的有机污染物多环芳烃评价了涂层的基本性能，并对实际水样中的多环芳烃采用 GC 方法进行了分析。该方法的线性范围在 0.1～10μg/L，检出限在 0.001～0.03μg/L，8 种多环芳烃化合物测定的相对标准偏差在 2.05%～9.80%，回收率在 85%以上。其微萃取涂层是由 4,5-二羟（丙基）甲醚基-苯并 15-冠-5 合成。涂层主要由端羟基硅油、二端羟基冠醚、四乙氧基硅烷、含氢硅油组成，冠醚在涂层中的含量为 9%（质量分数），经三氟乙酸（含 5%水）催化水解，发生缩聚反应形成三维空间网络结构。该方法重现性好，涂层厚度易控制，本实验采用自制 80μm 聚硅氧烷冠醚的萃取头，萃取头长度 1cm。

17.3.2.3　色质联用分析方法

潘海洋等参照美国 EPA525.1 方法，C18-固相萃取膜萃取饮用水中的有机物，利用 GC/MS 法鉴定多环芳烃（PAH），使用 16 种多环芳烃混合标准样绘制标准曲线，以内标法对 PAH 进行定量分析。采用本方法研究某水样中的 7 种多环芳烃的含量，PAH 的平均回收率为 94.0%～97.7%，检出限为 0.001g/L。

Veronica 等研究了固相微萃取技术（SPME）对水中的多环芳烃化合物进行富集并联合 GC-MS 进行测定的情况，考察了 PAH 物质在离子和非离子胶束影响下的分离情况。使用 85μm 聚丙烯酸和 100μm 二甲基硅氧烷聚合物涂层的纤维和阴离子（十二烷基硫酸，SDS）、阳离子（十六烷基三甲基色氨酸，CTAB）、非离子（聚乙氧基-10-月桂醇，POLE）表面活性剂进行了 PAH 物质的萃取，结果表明 SPME 技术是一个可行的处理手段。

Steven 等采用 SPME 萃取和 GC-MS 测定空隙水（pore water，沉淀物中的空隙水）中的 PAH 物质（测定范围在 ng/L 至 mg/L）。这种方法可以达到测定范围的要求，同时要求的水样体积小，可以减少水样的收集、运输以及储存等程序。四种污染程度不同（34 种 PAH 为 50mg/kg 至总 PAH 为 10000mg/kg）的沉积物用 SPME 技术进行预处理，每次用 1.5mL 的空隙水进行分析测定 34 种 PAH。水样通过离心这些沉淀物，并进行絮凝沉淀后获得。定量校准通过向标准水样中和空隙水中加入 15 种 2～6 环的、全氘化的 PAH 进行。SPME 联合 GC-MS 的响应因子可以进行 22 烷基的 PAH 的测定，也可以用来校准 18 组烷基 PAH 物质。

17.3.2.4　二阶激光质谱法

Thomas 等采用二阶激光质谱仪测定 PAH。采用自制的 L2MS 系统进行测定，用多模式的 CO_2 激光仪（Alltec 853 MS，Lübeck，德国，$\lambda=10.6\mu m$，$0.6J/cm^2$，107.5ns）与样品表面形成 45℃的倾角进行消融。采用远端机械控制方式使样品能够进行自动旋转到新的角度以进行激光消融。通过光参振荡器（OPO）（MOPO-730D10，Spectra Physics Lasers Inc.，Mountain View，CA）提供离子化的激光辐射，并通过应用 Nd：YAG 激发的激光调谐技术（GCR-230，Spectra Physics Lasers Inc.）进行三次谐波输出。在波长 225～280nm 范围内进行离子化效率的研究，脉冲幅长为 8ns。对水样进行分析时，激光波长为 250nm。

Emmenegger 等采用二阶激光质谱法进行定量分析水中的痕量 PAH 物质（ng/L）。30mL 水样经过 PVC 膜进行萃取后，直接进行 L2MS 的测定。该方法可以进行 3～6 环的 PAH 物质的定量测定，测定的范围为 2～125ng/L。此方法的萃取效率为 75%～90%。

17.3.2.5　酶联免疫分析方法

免疫分析法是近几年发展起来的，以抗原与抗体的特异性、可逆性结合反应为基础的新型分析技术。免疫反应具有很高的选择性和灵敏性。作为相对独立的检测方法，即基于竞争结合分析原理的免疫测定法，包括酶联免疫吸附测定（ELISA）、放射免疫测定法（RIA）、固相免疫传感器等方法。目前使用最普遍的是酶联免疫法（ELISA），具有操作简便、灵敏度高、样品容量大、仪器化程度和分析成本低的优点，是目前理想的残留筛选性分析方法之一，该方法在美国已经得到了很大程度的应用。Barcelo 等采用 ELISA 的方法测定水中的 PAH，同时将测定结果与 GC-MS 方法进行对比。其采用的预处理程序同 Manuel 等的方法相同，水样放置于经过 Mucasol(Merz+Co) 试剂洗涤和二氯甲烷浸洗的棕色玻璃瓶中。水样经过玻璃纤维过滤，同时加入 80mg/L 的 $Na_2S_2O_3$（通过精加工的饮用水配置）作为脱氯剂。为了进一步抑制生物活性，所有的水样通过加入 6mol/L HCl 调节 pH 值为 2。然后通过 C18 Empore disks 进行萃取，PAH 的回收率为 70%～95%。

Dietmar 等研究了采用 ELISA 方法测定 PAH 的可行性，并与 HPLC 测定的结果进行了对比。采用 HPLC 方法测定的水中主要含有 2 环和 3 环的 PAH 物质（萘、苊、芴、菲、蒽），也包含芘和荧蒽这些化合物。采用 ELISA 方法没有发现假阴性的样品（即测定浓度小于 0.2μg/L），但是存在 18%假阳性样品（即测定浓度大于 0.2μg/L）。

综上所述，尽管目前已发展了多种分离和检测 PAH 物质的方法，HPLC 方法和 GC-MS 方法是具有普遍应用价值的方法。它们的测量精度高，适于标准化，但往往需要进行复杂的样品处理，检测灵敏度也受限于配套的检测器，对设备的要求较高，随着技术的发展可逐渐革新。酶联免疫分析方法也会引起较大的关注，免疫法对样品处理要求低、设备和操作简单，比现行的方法灵敏度更高，特别适合于基层单位进行简单快速的检测使用以及大批量样品的普检初筛，但因其自身的局限性，重现性和准确定量方面不及 HPLC 等方法，在实际工作中可将两者结合，实现从初筛到定量的快速准确检测。当然由于色谱与质谱联用技术及串联质谱技术的飞速发展，使更高灵敏度、更快速简便的方法（如 GC/MS/MS、UPLC/MS/MS、LC/TOF-MS 等）已成为可能。

17.4 邻苯二甲酸酯检测

对增塑剂检测主要集中在两个方面，即样品前处理和检测方法。文献介绍过的样品前处理方法主要有：液-液萃取、柱层析、固相萃取（SPE）、固相微萃取（SPME）、微波溶出法以及超临界流体萃取等。由于具有萃取效率高、消耗溶剂少、省时省力等优点，SPE 和 SPME 是目前最常用的样品处理方法。报道过的测试方法有分光光度法、荧光光度法、气相色谱法（GC）、液相色谱法（HPLC）、气质联用（GC/MS）、液质联用（HPLC/MS）等，由于增塑剂在结构上存在着高度相似性，且通常样品中含量均较低，定性和定量能力均很差的分光光度法基本没有实用价值；荧光光度法虽定量能力较强，但定性能力差，很难分辨出复杂样品中使用了哪一种或几种增塑剂，且抗干扰能力极差，意义不大；GC、HPLC 为目前的主流方法，先分离后检测的色谱技术在定性定量水平上均远高于前述两种方法，基本可以满足常规检测要求。

17.4.1 邻苯二甲酸酯检测标准

我国目前关于食品中的 PAEs 的检测标准有：《食品接触材料 高分子材料 食品模拟物中邻苯二甲酸酯类增塑剂的测定 液相色谱-质谱/质谱法》（SN/T 4606—2016）适用于食品模拟物中邻苯二甲酸酯类增塑剂特定迁移量的测定；

GB/T 21911—2016《食品中邻苯二甲酸酯的测定》，适用于食品中 18 种邻苯二甲酸酯的测定；GB/T 9685—2016《食品容器、包装材料用添加剂使用卫生标准》，对 DBP、DEHP、DINP 等几种增塑剂做了使用范围和特定迁移量（SML）的规定，例如 DEHP 为 1.5mg/kg、DBP 为 0.3mg/kg、DINP 为 9.0mg/kg，并且明确规定仅用于接触非脂肪性食品的材料，不得用于接触婴幼儿食品用的材料。同时，美国环保署、欧盟和中国环境监测总站先后将该化合物列为优先控制的污染物。国际上对塑化剂摄入量及检出限的规定主要包括：世界卫生组织、美国食品与药品监管局和欧盟分别认为，60kg 体重的成人终身每人每天摄入 1.5mg、2.4mg 和 3.0mg 及以下 DEHP 是安全的，DINP 的毒性更低，即使每天摄入 9.0mg 也是安全的。欧洲食品安全机构 EFSA 规定，人体内 DEHP 浓度达到 0.05mg/kg 以上就认为是不安全的。美国环保署（EPA）提出 DBP 经口摄入参考剂量（RfD）为 10μg/(kg 体重・d)，欧盟食品科学委员会（SCF）通过科学评估，对于 DEHP 认为人体每日允许摄入量（ADI）为 50μg/(kg 体重・d)。欧盟发布第 2007/19/EC 号指令对 DBP、BBP、DEHP、DINP、DIDP 在食品中的溶出量做出了规定：与含油食品及婴儿食品接触的塑料包装物禁用这 5 种增塑剂；与非油性食品接触的塑料包装物 5 种增塑剂在食品中的溶出限量分别为 DBP 0.3mg/kg、BBP 30mg/kg、DEHP 1.5mg/kg、DINP 9mg/kg、DIDP 9mg/kg。

17.4.2 样品的前处理

由于农产品的基质相当复杂，含有大量的纤维、脂肪等大分子干扰物，故采用恰当的前处理减少干扰，是分析测试农产品中 PAEs 的关键。样品的前处理一般包括提取、净化和浓缩，经过前处理的样品，可以起到浓缩待测痕量组分和消除基体干扰的作用，从而提高方法的灵敏度，降低最低检出限。在中华人民共和国国家标准 GB/T 21911—2016 中指出：对于不含油脂的样品，固态的一般需要粉碎混匀，超声提取，静置过滤，有机溶剂萃取，微孔滤膜过滤；液态的一般采取固相萃取的方法，氮气吹扫仪吹至近干，有机溶剂定容，混匀，微孔滤膜过滤，也可以参考固体样品进行处理。对于含油脂的样品，需要用石油醚脱脂，还需经凝胶渗透色谱装置净化。现有样品预处理技术主要分为固体提取和液体提取两类。目前对固体样品常用的提取方法有索氏提取、溶剂提取、超声波萃取、微波辅助萃取、超临界流体提取法（SFE）萃取以及加速溶剂萃取，然后再对萃取液采用合适的方法进行富集或净化以适合仪器分析的要求；国内外对液体样品中 PAEs 的前处理一般经过预富集处理，富集和净化的方法主要有液-液萃取（LLE）、固相柱萃取（SPE）、固相微萃取（SPME）、固相膜萃取、棒吸附萃取法（SBSE）。近年来，一些新的提取技术被应用到 PAEs 上，免疫亲和色谱技术（IAC）、凝胶渗透色谱技术（GPC）、生物传感器等克服了索氏提取法时间长、有机溶剂用量大的缺点。其中，LLE、SPE、SPME 和 GPC 是目前常用的样品处理方法。王丽霞等在样品前处理时采用乙醇浸泡，超声波提取，0.5μm 滤膜过滤，GC 分析检测。孙若男采用固相萃取的方法：称取搅碎的蔬菜样品 10g 于 100mL 锥形瓶中，用 15mL 正己烷超声提取两次，合并提取液，氮吹浓缩，用 10mL 正己烷淋洗 Florisil 硅土层析柱，再将浓缩后的提取液转移至层析柱内，用 25mL 乙酸乙酯：正己烷（2：3，体积比）洗脱，收集洗脱液，氮吹浓缩后进行分析。徐向华建立了针对欧盟指令 2007/19/EC 中禁止与食品接触的 6 种邻苯二甲酸酯（BBP、DBP、DEHP、DNOP、DINP 和 DIDP）的测定方法。样品用甲醇、正己烷-甲基叔丁基醚（1：1，体积比）提取，经冷冻去脂、液-液萃取和硅胶固相萃取净化后，用 ODS 柱分离，UV224nm 检测。王连珠采用分散固相萃取的方法：称取经高速均质的样品 2g 至 100mL 具塞三角瓶中，加乙腈 2mL 溶解样品，加入正己烷 10.0mL，超声提取 10min，静置分层。移取上层溶液加入无水 200mg $MgSO_4$、200mg PSA，涡旋混匀、离心，取上层溶液 GC-MS 测定。刘振岭采用聚硅氧烷（OV-1）与富勒烯聚二甲基硅氧烷比值为 4：1（质量比）的混合固定相自制萃取头，利用顶空固相做萃取与气相色谱联用技术分析了水中 5 种邻苯二甲酸二酯。结果表明，该萃取选择性优于商用 PDMS 萃取头，且方法的检出限为 0.331～12.5μg/L。邻苯二甲酸酯类是一种脂溶性物质，样品进行提取是多采取非极性溶剂进行提取，对于含脂肪等杂质较多的食品在进行提取时会有大量的脂类物质被提取出来，从而干扰后续的分析工作，所以对含油脂的样品在仪器检测前必须进行 GPC 净化处理。张会军称取 0.5g 样品，加入 20mL 石油醚，涡旋混合 2min，静置后提取石油醚层，用石油醚反复冲洗残渣 3 次，合并提取液并经 10g 无水硫酸钠过滤，滤液氮吹浓缩至干，用乙酸乙酯-环己烷（1：1，体积比）定容至 10mL，涡旋 2min，用 0.45μm 滤膜过滤，滤液经凝胶净化色谱净化后，收集 7.5～10min 之间流出液，氮气浓缩至干，用 1.0mL 甲醇定容，供 HPLC 分析。由于 PAEs 普遍存在，为了防止被测定的样品受污染造成假阳性的结果，在实验过程中应杜绝使用任何的塑料制品而使用玻璃器皿。所用的玻璃器皿需要首先用清洁剂洗，再用水洗、丙酮洗，然后分别用重蒸的正己烷清洗两次，烘干后保存在干净的铝箔中备用。

17.4.3　邻苯二甲酸酯的检测方法

我国对于 PAEs 的研究已取得了一定的成果，已建立了可靠的分析方法用于大气、土壤、水和植物等实际样品的测定，主要有分光光度法、荧光光度法、气相色谱法（GC）、液相色谱法（HPLC）、气相色谱-质谱法（GC/MS）、液相色谱-质谱联用技术（LC/MS）等。由于增塑剂在结构上存在着高度相似性，且通常样品中含量均较低，定性和定量能力均很差的分光光度法基本没有实用价值；荧光光度法虽定量能力较强，但定性能力差，很难分辨出复杂样品中使用了哪一种或几种增塑剂，且抗干扰能力极差，意义不大。而且这些方法很不适于食品等复杂样品的测定。目前，食品、农产品中 PAEs 的检测方法主要有 GC、GC/MS 和 HPLC，通过先分离后纯化的技术可以基本满足检测要求。LC/MS 是对有机物进行定性定量的高效、简便的方法，近几年得到了快速发展，已被用于测定环境样品和沉积物中的 PAEs，在食品、农产品上的应用还有待研究。此外，也有采用傅立叶变换红外光谱法和薄层色谱法对 PAEs 测定的报道。廖艳等对鱼肉样品加入乙腈高速捣碎制成匀浆，结合固相萃取和浓缩的前处理方法，采用毛细管柱 GC/ECD 检测器分析，鱼肉中 DBP 和 DEHP 分别为 0.951mg/kg 和 0.760mg/kg。GC/MS 法因其结合了定性和定量的双重功能得到了广泛的应用，尤其是采用选择离子方式（SIM）更是提高了灵敏度，降低了检出限。王连珠以正己烷为萃取溶剂，采用乙二胺-*N*-丙基硅烷（PSA）固相材料分散净化技术，以 GC-MS 在选择离子监测模式下测定罐头食品中 PAEs 的含量。该方法在 0.1～5.0μg/mL（DBP、BBP、DEHP、DNOP）、0.5～25.0μg/mL（DINP、DIDP）范围内线性关系良好，相关系数大于 0.995。对 6 种罐头食品进行加标回收实验，在 0.2～2.0mg/kg（DBP、BBP、DEHP、DNOP）、1.0～10.0mg/kg（DINP、DIDP）添加水平下，回收率为 80%～130%，相对标准偏差<10%。方法检出限（当信噪比为 10 时，S/N＝10）：DBP、BBP、DEHP、DNOP 为 0.01mg/kg，DINP、DIDP 为 1.0mg/kg。卢跃鹏建立用 GPC-GC/MS 方法对塑料桶装食用油中四种 PAEs 进行检测，样品用环己烷-乙酸乙酯（体积比为 1∶1）稀释，稀释液经凝胶柱净化，采用 GC-MS 法在 SIM 模式下进行定性定量分析。结果表明，四种增塑剂在 0.1～5mg/L 范围内线性关系良好；在空白油样中添加四种增塑剂（添加水平为 0.5mg/kg、5mg/kg、10mg/kg）混合标准溶液，平均回收率为 85.7%～108.2%，相对标准偏差为 3.8%～9.2%，检出限为 0.1～0.2mg/kg。Feng 等采用顶空固相微萃取结合 GC/MS 测定了牛奶中的 6 种 PAEs，在脂肪含量高达 10.8%情况下，回收率高于 90%，检出限达到 0.31～3.3μg/kg。黄永辉建立了同时测定奶粉中 18 种 PAEs 迁移量的 GC/MS 方法，以 GC/MS 分段 SIM 模式分析。质谱条件为：EI 离子源温度 230℃，能量 70eV；四极杆温度 150℃；传输线温度 280℃；溶剂延迟时间 5.5min。全扫描模式时 m/z 范围为 40～450amu，该方法具有良好线性，相关系数 R 均大于 0.999，检出限在 12.91～709.14μg/kg 之间，平均回收率 69.77%～104.83%，RSD 值 2.49%～9.95%。吕玉银采用 SPME 和 GC/MS 技术对市面上各种饮料样品进行分析，结果所测定七种饮料样品中均检出了 DEP、DBP、DOP 三种物质，但其响应值随饮料品牌的不同而不同。王睿采用 GPC 将桶装食用油中的油脂与目标物质进行分离，并用 HPLC 检测了 3 种 PAEs 的含量，结果表明，在检测油样中 DEP、DBP、DOP 均有一定量的溶出，DBP 的含量明显高于 DEP 和 DOP；且在桶装食用油中的溶出量与储藏时间没有明显的关系。张会军建立了辣椒酱中 14 种邻苯二甲酸酯类环境激素的 HPLC 检测方法。样品通过石油醚超声提取、

GPC 净化、氮吹浓缩后，以乙腈-水为流动相，经液相色谱柱分离，进行 HPLC-DAD 分析。方法线性相关系数 $r>0.998$，检出限为 0.25～2.0mg/kg，在 10mg/kg 添加水平时样品加标回收率为 85.7%～100.8%，RSD 为 0.37%～4.57%。

鉴于 PAEs 是一类环境雌激素，属于持久性有机污染物，研究各种更为有效的检测方法有待进一步进行，但随着研究不断深入，对增塑剂检测水平的要求不断提高，兼具 GC、HPLC 的高分离能力和质谱、串联质谱等的高灵敏度检测能力的仪器联用方法应用也日益广泛。更高灵敏度、更为有效的测定方法，如 GC/MS/MS、UPLC/MS/MS、LC/TOF-MS 等已可行。并且人们在已有技术的基础上，不断地对离子源进行改进、创新、完善，在复杂基体样品的快速质谱分析中取得了重要进展。比如研制出的电喷雾解析电离源（DESI）、电喷雾萃取电离源（EESI）和表面解吸常压化学电离源（SDAPCI）等多种新兴快速型电离技术，它们可以在无需样品预处理的情况下，对各种不同基体中痕量组分实现快速分析，具有灵敏度高、特异性好等特点，广泛地用于固体、粉末、液体、气体等各种样品的直接测定。

参考文献

[1] 刘媛媛. 国内外二噁英检测标准制修订现状与进展 [J]. 环境污染与防治，2014，36 (1)：80-83.

[2] 朱坚，杨振宇. 二噁英及其在食品中残留量的分析 [J]. 检验检疫科学，2000，10 (1)：56-59.

[3] 蔡震霄，黄俊，张清，等. 日本二噁英减排控制的历程、经验与启示 [J]. 环境污染与防治，2006，28 (11)：837-840.

[4] 樊小军，张道方，黄远星. 环境中二噁英类化合物的检测方法分析与研究 [J]. 能源研究与信息，2014，30 (2)：63-67.

[5] 童燕玲，薛健. 二噁英类化合物检测标准及技术研究进展 [J]. 环境科学与技术，2012，35 (11)：114-120.

[6] 王承智，胡筱敏，石荣，等. 二噁英类物质的生物检测方法 [J]. 中国安全科学学报，2006，16 (5)：135-140.

[7] 谢武明，胡勇有，刘焕彬. 城市污水中 PCBs 的分析及其 QA/QC 研究 [J]. 中国环境监测，2005，21 (3)：35-39.

[8] 张景明，胡冠九，周春宏. 多氯联苯的气相色谱/质谱/质谱（GC/MS/MS）法测定 [J]. 中国环境监测，2003，19 (3)：5-8.

[9] 赵高峰，徐盈，惠阳. 杯 [4] 芳烃顶空固相微萃取——气相色谱法快速分析环境样品中的多氯联苯 [J]. 分析科学学报，2004，20 (6)：561-564.

[10] 边归国. 多氯联苯检测技术的新进展 [J]. 中国卫生检验杂志，2007，17 (4)：766-768.

[11] 马英歌. 多环芳烃物理化学性质的确定及其在逸度模型和上海典型环境研究中的应用 [D]. 上海交通大学，2009.

[12] 邓晓燕，张大海，李先国. 气相色谱法测定水体中多环芳烃的前处理方法优化 [J]. 中国油脂，2015，34 (5)：525-528.

[13] 田玉霞，孟橘. 食用油中多环芳烃的研究进展 [J]. 中国油脂，2012，37 (3)：69-73.

[14] 尹佳，余琼卫，赵琴，等. 固相萃取-高效液相色谱联用测定食用油中的 4 种多环芳烃 [J]. 中国油脂，2015，40 (3)：52-56.

[15] 卢春山，李玮，屠海云，等. 气相色谱-质谱联用测定食品中的邻苯二甲酸酯 [J]. 分析测试学报，2010，29 (10)：1036-1040.
[16] 沈昊宇，应丽艳，曹云峰，等. 固相萃取-气相色谱/质谱法同时测定化妆品中的邻苯二甲酸酯和对羟基苯甲酸酯 [J]. 色谱，2007，25 (2)：272-275.
[17] 蔡晶. 塑料食品袋和食品中邻苯二甲酸酯类的分析方法 [D]. 南京：南京农业大学，2007.
[18] 杨润，刘华良. 饮用水中16种邻苯二甲酸酯的气相色谱-质谱测定法 [J]. 环境与健康杂志，2012，29 (9)：825-827.
[19] 李拥军，熊文明，陈坚文，等. 固相萃取/高效液相色谱-串联质谱法测定罗非鱼中9种邻苯二甲酸酯 [J]. 分析测试学报，2012，31 (3)：278-283.

Chapter 18

第18章 微生物检验技术

18.1 微生物检验技术研究进展

食品安全是全球性的问题，三聚氰胺牛奶、孔雀石绿毒鱼等等人为非法添加违规物质的事件让人们视野聚焦在化学农药残留、兽药残留和非法物质添加等问题。殊不知相对化学物质的慢性中毒，微生物的杀伤力来得更凶猛一些。如西班牙的毒黄瓜事件以及德国的毒草莓事件等等，受食源性致病菌污染的农产品能立即致人死亡。据资料统计，全世界每年发生的食源性疾病有数十亿人，每年约有200万儿童死于腹泻，其中66%以上是由细菌性病原菌所致，其中沙门氏菌、大肠杆菌O157、副溶血性弧菌以及单增李斯特氏菌等引起的食源性疾病是食品安全的主要问题。

在我国，传统的生化培养法依旧是微生物检测的金标准，是最终判定结果的方法。但由于传统方法耗时长，对技术人员的经验要求比较高，远不能满足把时间视为金钱的生产厂家的需要。因此，各种快速检测方法得到了长足的发展。

18.1.1 分子生物学技术

18.1.1.1 PCR检测技术

聚合酶连锁反应（polymerase chain reaction，PCR）是20世纪80年代中期发展起来的体外核酸扩增技术，是近十几年应用最广的分子生物学方法，具有特异、灵敏、产率高、快速、简便、重复性好等优点。

类似于DNA的天然复制过程，PCR的特异性依赖于与靶序列两端互补的寡核苷酸引物，由变性→退火→延伸三个基本反应步骤构成。①模板DNA的变性：模板DNA经加热至93℃左右一定时间后，使模板DNA双链或经PCR扩增形成的双链DNA解离，使之成为单链，以便它与引物结合，为下轮反应作准备；②模板DNA与引物的退火（复性）：模板DNA经加热变性成单链后，温度降至55℃左右，引物与模板DNA单链的互补序列配对结合；③引物的延伸：DNA模板-引物结合物在TaqDNA聚合酶的作用下，以dNTP为反应原料，靶序列为模板，按碱基配对与半保留复制原理，合成一条新的与模板DNA链互补的半保留复制链重复循环变性→退火→延伸三过程，就可获得更多的“半保留复制链”，而且这种新链又可成为下次循环的模板。每完成一个循环需2～4min，2～3h就能将待扩增的目的基因扩增放大几百万倍。

在普通PCR检测技术的基础上，为满足市场的不同需要，衍生出更多的检测技术，如多重PCR、实时荧光定量PCR、数字PCR、DNA指纹图谱以及基因芯片技术等等。

(1) 多重PCR

在一次反应体系中加入多对特异性引物，如果存在与各引物对特异性互补的模板即可同时在同一反应管中扩增出1条以上的目的DNA片段，达到一次性检测多种致病菌的目的，如一次实验可完成霍乱弧菌、副溶血性弧菌、创伤弧菌三种弧菌的检测；对于某一种致病菌，如副溶血性弧菌，一次多重PCR实验可同时进行TDH、TRH、TOXR、TLH四种基因的检测，根据结果不仅能判断该菌是否是副溶血性弧菌，还能判断其是否具有致病力。但是由于多种引物会存在相互间干扰造成扩增效率不高，引物设计具有一定的难度，而且普通PCR步骤烦琐、容易发生交叉污染，灵敏度相对荧光PCR低，因此在应用方面有一定局限性。

(2) 实时荧光定量PCR

该技术于1996年由美国Applied Biosystems公司推出，由于该技术不仅实现了PCR从定性到定量的飞跃，而且与常规PCR相比，它具有特异性更强、灵敏度更高、检测时间更短、并有效解决PCR容易污染的问题、自动化程度高等特点，是目前应用最为广泛的定量检测技术，在细菌、病毒、转基因、动物源性成分及医学等方面已得到成熟而广泛的推广。如郑兰兰等建立了猪伪狂犬病毒与猪圆环病毒2型二重SYBR Green Ⅰ的实时荧光PCR检测方法；冯建军等将PMA结合实时荧光PCR进行玉米细菌性枯萎病菌细胞活性检测初步研究；严提珍等应用实时荧光PCR熔解曲线法在β地中海贫血基因诊断和产前诊断中的临床应用评价；郑秋月等应用实时荧光PCR检测食品中丙型副伤寒沙门氏菌和猪霍乱沙门氏菌等等。

由于实时荧光PCR技术存在一个很重要的概念——扩增曲线的循环阈值(Ct)。每个模板的Ct值与该模板的起始拷贝数的对数存在线性关系，起始拷贝数越多，Ct值越小。利用抑制起始拷贝数的标准品可做出标准曲线，因此参考标准品的标准曲线，只要获得未知样品的Ct值，便可计算出该样品的起始拷贝数。闫喜中等建立了实时荧光定量PCR法，检测抗虫棉Bt基因拷贝数；黄朝晖等建立的实时荧光PCR技术定量检测乳腺癌患者血浆循环DNA等等。

(3) 数字 PCR 技术

鉴于实时荧光定量 PCR 检测痕量目标核酸分子的低灵敏度，数字 PCR 是近几年发展迅速的第三代 PCR 技术，它是根据传统 PCR 原理与泊松分布设计的新型 PCR 技术，与传统定量 PCR 技术不同的是，数字 PCR 不依赖于 *Ct* 值进行定量，不受扩增效率的影响，也不必采用看家基因和标准曲线作为定量参照，具有很好的准确度和重现性，可以实现绝对定量分析。数字 PCR 采用与传统实时定量 PCR 相同的引物组、荧光标记物和酶试剂；基于 TaqMan® Assay 和 SYBR® Green 染料的方法均适用于数字 PCR。由于数字 PCR 通过直接计数的方法，可以实现起始 DNA 模板的绝对定量，因此也适用于 *Ct* 值不容易区分的精细定量应用领域。例如，拷贝数变异、突变检测、等位基因不平衡表达和单细胞基因表达检测等。对于这些低浓度样品，检测通量越高，可检测到样品信号的概率越大，灵敏度也就越高。本技术尤其适用于如环境微生物检测、致病微生物检测、病毒载量鉴定、癌症标志物检测、环境样本检测（水、空气样本等）、微粒子检测、转基因组分（GMO）含量检测及其他需要高精度检测的生物学研究应用。现市场主流的数字 PCR 技术，有富鲁达和 ABI 为代表的固相芯片式数字 PCR 和以 BIORAD 及 RAINDANCE 为代表的油包水数字 PCR。数字 PCR 技术的主要特点是绝对定量检测，无需标准品，无需 *Ct* 曲线，可对微小差异基因表达进行鉴定。

斯洛文尼亚科研人员利用微滴 ddPCR（droplet digital PCR，ddPCR）检测转基因玉米 MON810 的外源基因含量，发现这种新型的定量检测方法检测 MON810 样品与传统定量 PCR 的结果接近，从而证明了该方法的准确性。而且，ddPCR 的定性和定量检出限比传统定量 PCR 低，能分别达到 5～6 个拷贝数，其他方面如特异性和重复性较之于传统定量 PCR 也存在极大的优势。鉴于这种微滴反应能极大程度分散反应体系，它可以有效消除抑制因子的作用，保证检测过程中的扩增效率，对检测低含量目标核酸分子的样品有良好的效果。

(4) DNA 指纹图谱技术

通过用限制性内切酶消化和与特异的核心探针杂交取得不同大小的 DNA 片段的多点区带图谱，并经与另一个体的 DNA 图谱比较以评价其相似性的技术。对多点带图谱中个体的特异性进行评价的方法被称为"DNA 指纹图谱分析法"。该法是根据两个无亲缘关系的个体在同一位置上共有相同的区带图谱的概率极低，所以 DNA 指纹图谱被认为对某一个体是独特的，为个体的身份鉴定提供了一个精确的方法，该技术已经在法医学、亲子鉴定以及移民身份确定等方面得到了广泛的应用。

以 DNA 指纹图谱常用的技术为基础的微生物多样性分析方法有变性梯度凝胶电泳（DGGE）和温度梯度凝胶电泳（TGGE）、单链构象多态性（SSCP）、随机引物扩增多态性 DNA 技术（RAPD）、限制性片段长度多态性分析技术

(RFLP）和末端限制性片段长度多态性分析技术（T-RFLP)。在食源性致病菌的检测方面，该方法能有效判断致病菌株间的相似性和亲缘性，及时查明细菌性食物中毒的传染源，从而有效控制疫情的蔓延。刘静宇等应用DIVERSILAB指纹分析图谱对食品中分离的金黄色葡萄球菌进行分型溯源研究，有助于食源性疾病的预防和控制措施的制订。

(5) DNA芯片技术

DNA芯片是将大量寡核苷酸分子固定在固相支持物上组成的微点阵列。其检测致病菌原理为：选择细菌的共有基因作为靶基因，用1对通用引物进行扩增，在利用芯片上的探针检测不同细菌在该共有基因上的独特碱基。最后通过扫描仪定量和分析荧光分布模式区分不同的细菌，此法还可以通过向寡核苷酸探针阵列中添加相应的探针来逐步扩大基因芯片的检测范围。并通过增加和调整探针来逐步提高基因芯片的准确性。在食品卫生质量检验、临床疾病诊断方面微阵列基因芯片的开发具有广阔的应用前景。

18.1.1.2 环介导等温扩增技术

环介导等温扩增技术（loop-mediated isothermal amplification，LAMP）是2000年由日本的荣研株式会的T. Notomi等提出来的一种新的核酸扩增技术。它依赖于4条特异性引物和一种具有链置换活性的DNA聚合酶（*Bst* DNA聚合酶）在等温条件下可高效、快速、特异性地扩增靶序列。LAMP反应灵敏度高、特异性强、耗时短、操作简单、实验结果可用肉眼观察，不需昂贵的设备、成本低，能满足快速检测的需要，特别适合于在一些基层机构推广应用，有着广泛的应用前景。

(1) 工作原理

LAMP反应是根据不同靶序列设计的两对内、外引物，特异性识别靶序列上的六个独立区域，启动循环链置换反应。因而在LAMP反应中，不需要通过热变性将双链DNA变成单链。因为双链DNA在65℃左右处于动态平衡状态，任何一条引物与双链DNA的互补部位进行碱基互补配对延伸的时候，另一条链就会脱落变成单链。LAMP方法正是利用这一特点进行反应的。当目的基因和其他反应试剂在60～65℃之间的一个恒定的温度下孵育，以下的反应步骤就会发生。LAMP反应过程包括哑铃状模板合成阶段、循环扩增阶段、伸长和再循环阶段。

哑铃状模板合成阶段（见图18-1)：由于引物之间退火温度高低不同，在链置换*Bst* DNA聚合酶的作用下，FIP引物F2区段最先与模板DNA互补序列配对，延伸合成互补链。F3引物与F2c前端F3c序列互补，以3′末端为起点，通过链置换型DNA聚合酶的作用，一边置换之前FIP引物合成的DNA链，一边合成自身DNA，如此向前延伸，最终F3引物合成而得的DNA链与模板DNA形成双链。由FIP引物先合成的DNA链被F3引物进行链置换产生一单链，这条单链在 5′末端存在互补的 F1c 和 F1 区段，于是发生自我碱基配对，形成环状结构。同时，BIP 引物同该单链杂交结合，以 BIP 引物的 3′端为起点。合成互补链，在此过程中环状结构被打开。接着，类似于 F3，B3 引物从 BIP 引物外侧插入，进行碱基配对，以 3′端为起点，在聚合酶的作用下，合成新的互补链。通过上述两个过程，形成双链 DNA。而被置换的单链 DNA 两端存在互补序列，自然发生自我碱基配对，形成环状结构，于是整条链呈现哑铃状结构。该结构是 LAMP 法基因扩增循环的起始结构。至此为止的所有过程都是为了形成 LAMP 法基因扩增循环的起点结构。

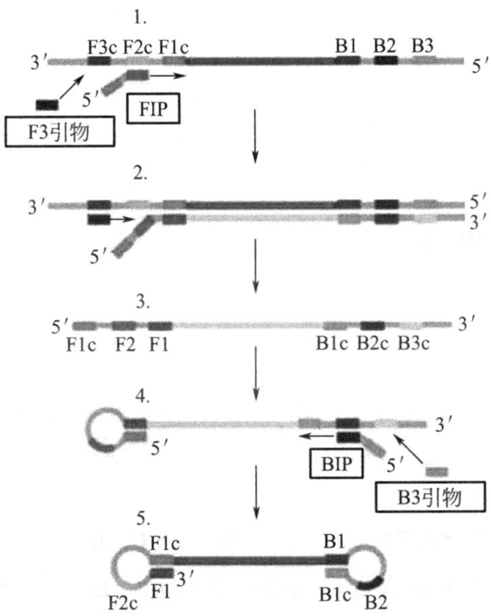

图 18-1　哑铃状模板合成阶段

LAMP 反应扩增循环（图 18-2）：首先在哑铃状结构中，以 3′末端的 F1 区段为起点，以自身为模板，进行 DNA 合成延伸。与此同时，FIP 引物 F2 与环上单链 F2c 杂交，启动新一轮链置换反应，解离由 F1 区段合成的双链核酸。同样，在解离出的单链核酸上也会形成环状结构。在环状结构上存在单链形式 B2c，BIP 引物上的 B2 与其杂交，启动新一轮扩增。通过此过程，结果在同一条链上互补序列周而复始形成大小不一的结构。

（2）技术应用

LAMP 技术发展短短几年已经迅速应用于细菌、真菌、病毒及转基因成分检测等多个领域。

① LAMP 技术用于病毒检测　2008 年，Christophe 等建立了实时 RT-LAMP 法检测里夫特裂谷热病毒。2011 年，N. Mina 等建立了 RT-LAMP 法快速检测 H1N1 禽流感病毒。同年，F. Aiko 等建立了快速检测拉沙病毒的 RT-

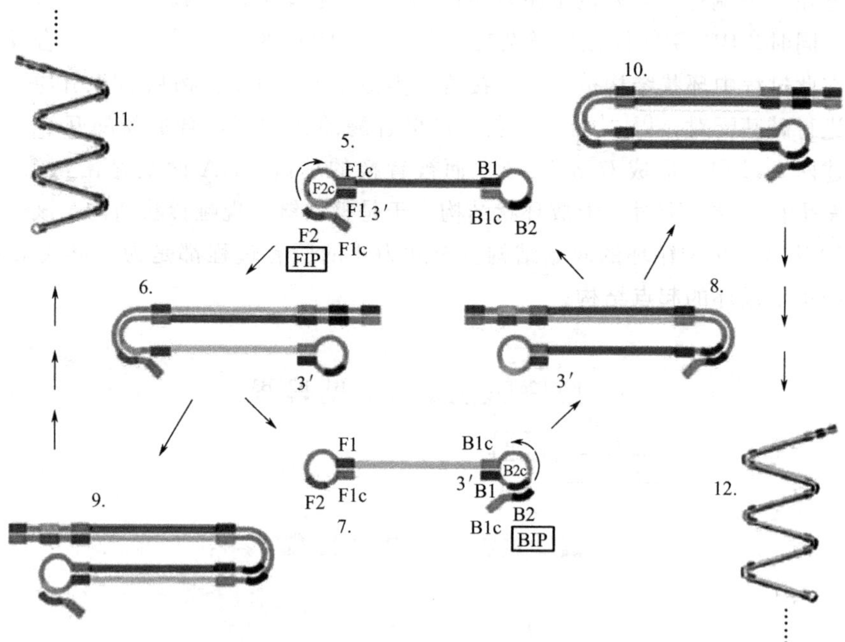

图 18-2 LAMP 反应的扩增循环阶段

LAMP 技术。LAMP 方法还可应用于水痘-带状疱疹病毒（VZV）、细胞巨化病毒（CMV）、西尼罗河病毒、麻疹病毒、呼吸道合胞体病毒、狂犬病毒（CDV）、口蹄疫病毒等许多病毒的检测。

② LAMP 技术用于细菌检测　2007 年，C. Catharina 等在发展中国家，用 LAMP 方法对疑似肺结核病人进行检测，并与培养法进行比较。2009 年，Yiru Zhu 等针对结核分枝杆菌中的 rimM 基因设计特异性引物序列，对结核分枝杆菌进行检测。我国近年来，也有许多将 LAMP 方法用于细菌检测的报道，如沈会平等针对结核分枝杆菌的 IS6110 设计引物，进行 LAMP 扩增；徐芊等针对副溶血性弧菌的不耐热溶血毒素基因（tlh）设计引物进行 LAMP 扩增。LAMP 还可应用于藤黄微球菌、爱德华菌等许多细菌的检测。

③ LAMP 方法用于真菌和寄生虫检测　Karanis 等用 LAMP 方法检测微小隐孢子虫的 60kD 的糖蛋白基因，LAMP 可检测到微小隐孢子虫卵囊的最低数量为 1 条，最低检出限为 400fg/μL，均高于 PCR 的灵敏度。S. Endo 等针对真菌巴西类球孢子菌（PB）的特异基因 Gp43 设计引物，进行 LAMP 反应，可以大大缩短检测真菌的时间。此外，LAMP 方法还可以应用到十二指肠贾第虫、支原体检测、胚胎性别鉴别等方面。

④ LAMP 方法用于转基因成分检测　目前，LAMP 已逐步应用于转基因成分的检测分析。2010 年，Xiaoyan Guan 等用可视 LAMP 直接检测了两个转基因大豆品系 GTS 40-3-2 和 MON89788，实现了对该转基因大豆的特异性检测。

2011 年，Lili Chen 等成功建立了特异性检测 7 种转基因玉米品系的 LAMP 法，用凝胶电泳和添加 SYBR Green Ⅰ两种方法来观察结果，并用建立的方法对实验样品中转基因玉米成分做检测。近年来，我国也有许多将 LAMP 方法用于转基因检测的报道。杜正平建立了 LAMP 法检测转基因大豆和水稻，并与 Q-PCR 对比，进行特异性和灵敏度实验，筛选得到 2 个内源基因、4 个外源基因检测的环介导等温扩增法引物。兰青阔等建立了针对转基因大豆 CP4-EPSPS 基因的 LAMP 检测方法，在 65℃保温 30min，通过荧光显色即可完成对转基因的检测工作。结果显示，该 LAMP 方法能够特异性检测 CP4-EPSPS 基因，其检测灵敏度是常规定性 PCR 方法的 10 倍。

与实时荧光 PCR 技术相比，LAMP 检测技术优势在于：采用两对内、外引物，特异性识别靶序列上的六个独立区域，添加环引物可有效加快反应速度。因此 LAMP 的反应效率更高，耗时更短。但也正由于需要设计两对特异性引物，并非所有对象都适合使用 LAMP 技术进行检测，这也在一定程度上限制了 LAMP 技术的应用。

18.1.1.3 核酸探针技术

核酸探针是将已知核苷酸序列 DNA 片段用同位素或其他方法标记，加入已变性的被检 DNA 中，在一定条件下即可与该样品中有同源序列的 DNA 区段形成杂交双链，从而达到鉴定样品中 DNA 的目的。这种能认识到特异性核苷酸序列有标记的单链 DNA 分子就称为核酸探针或基因探针。根据核酸探针中核苷酸成分的不同，可将其分为 DNA 探针或 RNA 探针，一般选用 DNA 探针；根据选用基因的不同分为两种，一种探针能同微生物中全部 DNA 分子中的一部分发生反应，它对某些菌属、菌种、菌株有特异性；另一种探针只能限制性同微生物中某一基因组 DNA 发生杂交反应，如编码致病性的基因组，它对某种微生物中的一种菌株或仅对微生物中某一菌属有特异性。这类探针检测的基因相当保守，包括大部分 rRNA，因为既可能在一种微生物中出现，又可代表一群微生物。如应用 rRNA 探针检测作为筛选食品污染程度的指示菌 *E. Coli*。选择探针的原则是只能同目标菌发生杂交反应，而不受非目标菌存在的干扰。

核酸探针检测技术的最大特点是特异性和敏感性。特异性，核酸探针检测的是基因本身，不与样品中内源性杂菌和样品自身 DNA 发生非特异性反应。相比其他方法检测的是基因的表达产物，容易受多种因素影响而引起表达产物的变化。而敏感性取决于探针本身和标记系统。32P 标记物通常可检出 10～8mol 特异 DNA 片段，相当于 0.5pg，1000 个碱基对的靶系列，相当于 1000～10000 个细菌。用亲和素标记探针检测 1h 培养物 DNA 含量在 110pg，两者敏感性大致相同，而血清学方法只能达到 1ng 的水平。延长培养时间，增强信号强度能提高探针的敏感性。非放射性物标记探针在高浓度情况下，由于抑制了非特异性吸附，比放射性物标记探针背景干扰小。在探针上加生物素化的核苷酸长尾能使检测敏感性提高 10 倍。细胞中 rRNA 比 rDNA 多，检测 rRNA 比 rDNA 敏感。通过扩增 DNA 含量也能提高检测敏感性。

目前核酸技术在沙门氏菌、大肠杆菌、李斯特氏菌、葡萄球菌等食源性致病菌的检测得到有效的应用。如 Tark 研制出以异硫氰荧光素（FITC）标记探针，再用辣根过氧化物酶标记抗 FITC 抗体，检测杂交复合物、检测大肠杆菌中 16srRNA；Gene-Tark 采用异硫氰酸荧光素（FITC）探针标记物，再用辣根过氧化物酶标记抗 FITC 的抗体结合放大探针，在多聚腺苷酸尾部和多聚胸腺嘧啶浸染棒固相薄膜上杂交，对 239 株沙门氏菌的特异性检出率为 100%，假阳性率为 0.8%（BAM/AOAC 培养法假阳性率为 2.2%）；Sander 等构建了一个能检测产生与志贺氏菌毒素相同毒素的大肠杆菌菌株（SLTEC）的探针。增菌后能检测牛肉和其他食品中是否存在 SLTEC；Gene Tark 采用浸染棒比色法，探针检测的基因序列是 23SrRNA，可有效检测金黄色葡萄球菌，敏感性 100%，假阳性率为 9.3%。

18.1.2 代谢学检测技术

18.1.2.1 电阻抗技术

生物阻抗技术发展至今，理论已经非常完善，相关技术也已比较成熟。生物体组织的电阻抗的工作原理主要取决于组织内体液含量、细胞膜的活性、细胞内外电阻率的分布以及广泛存在的分布电容，造成了电阻抗特性的复杂性，多种因素的共同作用使得生物组织电阻抗整体表现更接近一个复杂的电路网络。在这一复杂的电阻容器件网络中，细胞膜、细胞内液、细胞外液会随着组织的活性发生显著变化，进而影响组织宏观电阻抗谱特性。因此，其频响特性能更好地反映出组织特性。当电流频率小于 50Hz 时，电流主要流过细胞外液，测量的是细胞外液的电阻；但在较高频率下，如 200kHz 以上时，电流可通过细胞膜。由于细胞内组织具有不同的构成特点和组成成分，表现出相应的阻抗特性。当低频电流流过组织时，组织内电流各向异性差异较大，横向肌纤维阻抗约是纵向肌纤维阻抗的 2 倍；高频电流流过组织时，各向异性差异较小，因为电流穿过了细胞膜，此时的阻抗是细胞内外阻抗共同作用的结果。

在对食品中微生物鉴定而言，某些食品中微生物生长时，可将培养基中一些大分子营养物质如蛋白质、糖类等分解转变为更小且更为活跃的分子。当培养基因微生物代谢活动而发生上述化学改变时，细菌产生的离子浓度与培养基初始离子浓度会有所不同，导致阻抗发生变化，利用仪器测定阻抗的微弱变化，可快速监测微生物的存在及进行定量分析。杜寒春等应用电阻抗法检测低酸性罐头食品商业无菌中的大肠杆菌、枯草芽孢杆菌、金黄色葡萄球菌、粪链球菌、生孢梭菌、沙门氏菌、蜡状芽孢杆菌等 7 种主要原因菌，建立一种低酸性罐头食品商业无菌的快速检测方法。结果发现电阻抗法全部检测过程可在 3d 内完成，检测结果快速、灵敏、准确可靠，适用于低酸性罐头食品商业无菌的快速检测。

18.1.2.2　微量热技术

微量热法（包括等温滴定量热和差示扫描量热）是近年来发展起来的一种研究生物热力学与生物动力学的重要结构生物学方法，它通过高灵敏度、高自动化的微量量热仪连续和准确地监测和记录一个变化过程的量热曲线，原位（in situ）、在线（on-line）和无损伤地同时提供热力学和动力学信息。

微量热法具有以下特点：

① 它不干扰蛋白质和核酸的生理功能，具有非特异性的独特优势，即对被研究蛋白质和核酸体系的溶剂性质、光谱性质和电学性质等没有任何限制条件。

② 样品用量小，方法灵敏度高，测量时不需要制成透明清澈的溶液。

③ 微量热实验完毕的样品未遭破坏，还可以进行后续生化分析。

④ 微量热法缺乏特异性。由于蛋白质和核酸本身具有特异性，因此这种非特异性方法有时可以得到用特异方法得不到的结果，有助于发现新现象和新规律。

微量热法在生物大分子研究中的应用主要有：酶促反应，蛋白质去折叠/折叠，抗原-抗体相互作用，分子伴侣-底物相互作用，药物-核酸相互作用。

18.1.2.3　放射测量技术

放射性测量是指放射性同位素发出的射线与物质相互作用，会直接或间接地产生电离和激发等效应，利用这些效应，可以探测放射性的存在、放射性同位素的性质和强度。用来记录各种射线的数目、测量射线强度、分析射线能量的仪器统称为探测器（probe）。

18.1.3　免疫分析检测技术

18.1.3.1　酶联免疫法吸附技术

酶联免疫吸附分析（简称 ELISA）又称酶标法，是将抗原抗体反应的高度特异性和酶的高效催化作用相结合发展建立的一种免疫分析方法。

其基本原理是将受检样品和酶标抗原或抗体按一定程序与结合在固相抗原或抗体起反应形成复合物，固相载体上酶标抗原或抗体被结合量（免疫复合物）即与标本中待检抗体或抗原的量成一定比例，加入酶底物后显色，最后通过定性或定量分析有色产物量确定样品中待测物含量。根据试剂的来源和标本的情况以及检测的条件，ELISA 技术主要有直接法、间接法、双抗体夹心法、直接竞争法、间接竞争法、捕获包被法、ABS-ELISA 法、PCR-ELISA 法、A 蛋白酶联法、斑点免疫吸附法和组织印迹法等几种类型。

在食品农药残留、违法添加的非食用物质的检测，如苏丹红、三聚氰胺，食品中生物毒素的检测都可采用此方法。陈淑华等成功建立 ELISA 方法检测猪 A 群轮状病毒 VP6 的表达及 IgG 抗体。范晴等建立了牛病毒性腹泻病毒非结构蛋白 NS3 的表达及 ELISA 检测方法。吴婷婷等基于单抗的间接竞争 ELISA 方法检测黄连解毒汤中栀子苷在小鼠体内的代谢。王丹等建立了大肠杆菌 O157：H7PCR-ELISA 检测方法。白卫滨等以美国、阿根廷、巴西转基因大豆等为材料，建立了 ELISA 法定量检测抗草甘膦转基因大豆 CP4EP-SPS 蛋白的方法，成功检测出不同转基因大豆中 CP4EP-SPS 蛋白的含量，从而为抗草甘膦转基因大豆中 CP4EPSPS 蛋白的定量检测提供了有效的手段。

ELISA 技术还可应用于测定食品中其他成分，比如食品中重金属的检测、抗生素残留的检测以及食品营养成分的检测等方面。

18.1.3.2 免疫磁珠分离技术

免疫磁珠分离（immunomagnetic beads separation，IMBS）技术是一种利用经过修饰的磁性微球作为载体进行目标物捕获及富集的技术。在微生物检测领域，IMBS 技术采用的主要方案是将针对特定病原微生物的多抗或单抗偶联到磁珠微球体上，将该修饰后的磁珠与待检标本混合后，通过抗原抗体反应，若标本中存在靶物质，即可形成磁珠-目标微生物复合物。在外部磁力作用下，通过该复合物在磁场中的运动，将目标微生物从标本中分离出来。该方法也称为直接法。另一种为间接法，磁珠上包被的是第二抗体。在标本中先加入第一抗体，若存在目标微生物，可先与第一抗体结合，形成目标微生物—第一抗体复合物，再加入免疫磁珠，通过第二抗体与第一抗体的相互作用，从而捕获该复合物，在磁力作用下，达到分离的效果。

该技术的关键点是特异性的免疫磁珠的制备。IMBS 技术能将病原微生物从大量杂质背景中分离出来，提高对目标微生物的检出率，缩短检测时间，显示出独特的优势。由于食品中受污染的菌量比较少，而且受损伤，因此传统方法检出率较低。研究显示，与磁珠相连的目标微生物，如致病菌，其生长不会受到抑制或影响，可继续进行传统的分离培养，可明显提高常规检测方法的灵敏度和检出率。如黄艳梅等集成免疫磁珠富集和免疫层析的黄曲霉毒素 M_1 快速检测法；钟子清用纳米免疫磁珠富集单核增生李斯特菌的研究；对于 *E. coli* O157，赵文彬等的研究显示，利用该方法可将 *E. coli* O157 的检出限由 200CFU/g 提高到 2CFU/g，并缩短检测时间 1d，是该菌病原学分离的推荐方法。对于一些培养条件比较特殊的细菌，如弯曲菌、厌氧菌等，通过 IMBS-PCR 技术，可不经或经短时间的微需氧或厌氧增菌培养后进行快速检测。有研究利用该方案检测肉类中的产毒素型产气荚膜梭菌，灵敏度可达 10CFU/g，检测时间缩短至 10h。

近年来由于该技术被广泛应用于生化产品的分离纯化、细胞的分离提纯及微生物检测领域等，尤其在病原微生物分离检测方面的应用日益广泛，已出现了针对不同病原菌的商品化免疫磁珠检测试剂盒，该技术已逐步应用到相关实验室的日常检测工作中。

18.1.3.3　免疫胶体金技术

免疫胶体金技术（ICG）是以胶体金为标记物，利用特异性抗原抗体反应，在光镜电镜下对抗原或抗体物质进行定位、定性乃至定量研究的标记技术。胶体金是由氯金酸水溶液在还原剂作用下，聚合成特定大小的金颗粒，颗粒之间因静电作用形成一种稳定的胶体状态，也称金溶胶。利用胶体金在碱性环境中带负电荷的性质，与蛋白质分子的正电荷基团藉静电吸引而形成牢固的结合，这种结合对所标记蛋白质的生物活性无明显影响。除蛋白质分子外，胶体金颗粒还可以与其他多种生物大分子物质（如毒素、抗生素、激素、核酸等）结合。

免疫渗滤试验（DIFA）技术是以微孔膜为固相载体，包被已知抗原或抗体，加入待测样本后，经微孔膜的渗滤作用或毛细管虹吸作用使标本中的抗体或抗原与膜上包被的抗原或抗体结合，再通过胶体金标记物（或其他）指示剂的反应形成红色的可见结果。

免疫层析试验技术是出现于 20 世纪 80 年代初期的一种独特的免疫分析方式，将特异的抗体或抗原先固定于硝酸纤维素（NC）膜的某一区带，当该干燥的硝酸纤维素一端浸入样品尿液或血清后，由于毛细作用，样品将沿着该膜向前移动，当移动至固定有抗体或抗原的区域时，样品中相应的抗原或抗体即与该抗体或抗原发生特异性结合，再通过标记技术使该区域显示一定的颜色，从而实现特异性的免疫诊断。它是在免疫渗滤的基础上建立的一种简单快速的免疫学检测技术。

胶体金免疫层析（GICA）就是利用胶体金本身的显色特点结合免疫层析技术诊断特异性的待测物。同样是层析法的金标纸条，根据胶体金标记的东西不同可以分成间接法、竞争法和双抗原夹心法等不同种类。胶体金技术的优缺点明显，由于胶体金颗粒大，渗透能力相对较差；在操作过程中要求清洁程度高并且胶体溶液的稳定性较差，这些问题导致免疫胶体金技术的应用受到一定限制。免疫胶体金技术是基于酶联免疫吸附试验、乳胶凝集试验、单克隆抗体技术、免疫胶体金技术和新材料技术的新型技术，具有便捷、灵敏、安全、低成本等特点，在诊断领域中迅速推广，已日趋成熟。谌志强等建立了大肠埃希氏菌 O157：H7 的胶体金免疫渗滤法检测。检测此菌悬液的结果表明，用此法对该菌悬液的检测下限为 3.1×10^{6}CFU/mL。分别与大肠埃希菌属、金黄色葡萄球菌属、沙门氏菌属、志贺菌属、小肠结肠炎耶尔森菌属、粪链球菌属共 80 株菌株进行胶体金免疫渗滤实验，除肺炎克雷伯氏菌和宋内氏志贺氏菌 51424 出现假阳性外，其他均为阴性。免疫学分析技术在食品领域中的应用范围很广，尤其是在对食品污染物的分析、有害成分检测、对掺假物质的辨伪，以及对食品变应原等过敏反应性物质的免疫学分析方面更有其独特之处。

18.1.4　其他快速检测技术

科技的不断更新，各个学科之间的边界越来越模糊，微生物-化学分析相结合的检测方法取得了一定的地位。如变性高效液相色谱法（DHPLC）、气相色谱-质谱联用（GC-MS）、液相色谱-质谱联用（LC-MS/MS）等等。这些方法不同于依赖微生物生物学特征的检测方法，而是通过分析微生物的化学组成或者PCR产物来区分和鉴定微生物。如DHPLC，通过检测目标菌的PCR扩增产物，与标准菌株的特征峰值比较得出目标菌株是否含有目标基因。又如，食品中抗生素残留，微生物检测法根据抗生素对微生物的生理机能及代谢的抑制作用来定性或定量确定样品中的抗微生物药物残留。微生物法可靠性高、操作简单、费用低，经过若干小时的培养过程方能观察到结果，但是其检测低限满足不了监管部门以及企业的检测要求。最优解决方案为先使用微生物法对抗生素残留种类进行筛查，这类检测方法能有效检出残留的抗生素种类，确定抗生素类别后结合液相分析法进行检测，这样可检测低至几$\mu g/kg$级抗生素残留量。

总体来说，各种快速检测方法都有其优缺点，根据每种方法的特点灵活运用于各种微生物病原菌的检测中可有效提高检出率并达到省时、操作简便、低成本的目的，都是传统检测方法的有益补充。

18.2 样品的采集

微生物检验是食品安全检验的重要组成部分，由于样品受微生物污染程度存在不均匀性，同一批次的样品的微生物检测结果也会有差异。因此为了尽可能准确体现整批样品的微生物检测结果，用于检验的样品数量和状况是决定微生物检验结果准确性的最重要因素。所以，正确采集样品是进行微生物检测的前提条件。即，样品的采集、运送及最后的保存过程中如稍有操作不当，或者采集样品不具备代表性都将使微生物的检验结果毫无意义。

根据《中华人民共和国国家标准的食品微生物学检验总则》，样品的采集大致分为取样、包装密封、样品的标记、运输、接收以及保存几个环节。在整个采集过程中需要注意以下几点问题。

18.2.1 采样前的准备工作

（1）器具的消毒

采集样品，无论是何种状态或者包装的样品，均需要使用无菌的抽样工具及器皿。而器具的消毒，如剪刀、镊子等纯金属器具可采用160℃高温干热灭菌2h或者121℃湿热灭菌30min；带纸外包装的器具（如玻璃瓶、量筒等）只能采用30min 121℃湿热灭菌方式，使用湿热灭菌的器皿必须烘干后才能使用。灭菌后的器具需要标明灭菌日期，一般灭菌后可保质两个月，过期后需要对器具重新灭菌才能使用。

(2) 灭菌手套

可使用大小合适的一次性的无粉医用手套。但并非每次采集样品都需要使用手套，如样品采集是在生产过程中，可让工厂生产线上的工人将样品放进收集容器中，因为生产工人在生产过程中必须接触产品，那么我们不能认为他们对产品有附加的污染。

(3) 无菌棉拭子

一般用于拭取仪器表面或者环境区域采集样品。打开棉拭子的外包装后注意不能污染棉拭子的外端，然后擦拭需要取样的部位，如仪器表面或者管道内壁，取样后小心地将拭子从试管口直接推入底部。

(4) 灭菌包装袋

使用一次性的灭菌袋子，而且袋子在使用前才能撕掉封头，并尽可能大地张开袋口将样品放入，然后将袋口顶部卷起，用线绳扎紧。

(5) 人员的准备工作

采样人员在采集样品前需要换上无菌工作服，戴上无菌帽子、口罩和手套。在无菌环境中抽取样品。

18.2.2　取样

确保采集的样品具有代表性，首先要确定科学的采集方案，然后采用正确的采样技术，随机采集样品，并在样品的保存和运输过程中保持样品的原有状态。

(1) 包装样品

对于具有独立包装的样品，可直接抽取原包装。对于桶装或大容器包装的样品：如液体/粉状样品，可连续或者间歇搅拌，使其尽量达到均质状态后使用无菌器具抽取样品；如固体样品，则从几个不同部位用灭菌工具取样。装入灭菌容器的待检样品量不应超过其容量的 3/4，以便于检验前将样品摇匀。

(2) 生产过程中的取样

划分检验批次，应注意同批产品质量的均一性：如为液体样品，需要在流水作业线上的取样龙头取样时，应先将龙头消毒，弃去消毒后流出的一部分样品，取中间部分流出的样品；如为固体样品，可让生产线上的工人将样品放进收集容器；如为粉状样品，用灭菌的勺子随机抽取样品放进收集容器。总之，需要保证产品的代表性不被人为地破坏。

(3) 表面取样

通过无菌棉拭子等工具将样品表面上的微生物转移到合适的培养基中进行微生物检验。本取样方式的最大优点是检测时不破坏样品，但要使微生物长期保存在载体上，既不死亡又不增殖十分困难，所以应尽早地将微生物转接到适当的培养基中。

(4) 空气样品的采取

空气的取样方法有直接沉降法和过滤法。在检验空气中细菌含量的各种沉降法中，平皿法是最早用的方法之一，也是最常用的方法。过滤法是使定量的空气通过吸收剂，然后将吸收剂培养，计算出菌落数。

18.2.3 包装密封

为保证样品在检测前不受外来污染，采集样品后应立即对收集容器进行封口处理，并于封口处标示采样日期、检验人员和货主的签字，然后盖上专用的印章。

18.2.4 样品的标记

采样人员采样后，应及时对样品的资料进行详细记录，内容包括：采样人、采样地点、时间、样品名称、来源、批号、数量、保存条件等信息。

18.2.5 样品的运输

样品采集后应尽快送往实验室。如不能及时运送，则按照样品的保存条件存放，如：冷冻样品应存放在－18℃以下冷冻保存；冷藏和易腐食品则在0～4℃下冷藏保存；其他食品可放在常温暗处。

微生物检验样品应在取样后6h内送达实验室进行检验。样品的运输过程中必须能够满足样品的保存条件，如冷藏、冷冻等，以保证样品的微生物指标不发生变化。

18.2.6 样品的接收

在接收样品时，实验室应与送样人确认样品与委托单上的内容是否一致。确认内容一般包括：样品名称；检验项目；样品的来源、数量及批次；抽样和接收日期；抽样地点；随货样附带的许可申请单编号；生产国或者生产厂家名称（进口商品）；抽样者的单位、姓名及有无封印；其他搬运、储存、检验时的注意事项。

18.2.7 样品的保存

实验室接到样品后应尽快进行检测，如冷藏保鲜样品则需在24h内检验（贝类样品通常要在6h内检测）；冷冻保藏样品在检验前才解冻，45℃不超过15min或者2～5℃不超18h，而且解冻后的样品必须当天检验，不能反复冻融。对于常温保存样品则用塑料袋或类似的材料密封保存，防止其吸潮或水分散失。

18.3 菌落总数测定

按国家标准方法规定，菌落总数是指对需氧情况下，(36±1)℃培养 48h，能在普通营养琼脂平板上生长的全部菌落进行计数，而厌氧或微需氧菌、有特殊营养要求的以及非嗜中温的细菌因该生长条件不能满足其生理需求，难以繁殖生长。因此菌落总数并不表示样品实际中含有的所有细菌总数，也不能区分其中细菌的种类。因此，菌落总数也被称为需氧菌数。

18.3.1 检测意义

菌落总数是卫生指标，用于判定食品被细菌污染的程度以及卫生质量，反映食品在生产过程中符合卫生要求的程度，以便对被检样品做出适当的卫生学评价。根据细菌在食品中的繁殖动态可预测食品存用的期限长短。在一定程度上，菌落总数的多少标志着食品卫生质量的优劣。

18.3.2 相关检验标准

① GB 4789.2—2016 食品安全国家标准 食品微生物检验 菌落总数测定。

② SN 0168—2015 进出口食品中菌落总数计数方法。

③ SN/T 1607—2017 出口饮料中菌落总数、大肠菌群、粪大肠菌群、大肠杆菌计数方法 疏水栅格滤膜法。

18.3.3 检验技术要点

平板计算菌落总数的经典检测方法在国内外食品微生物领域依然广泛接受并沿用至今，近几年研发的快速测试片方法作为传统培养方法的有益补充。但两种方法各有优缺点，在检测时需要根据待检样品的特性选择合适的检测方法。

传统平板倾注法操作上需要注意以下几点：

① 检样从开始稀释到倾注最后一个平皿所用时间不宜超过 20min；

② 对于样品中可能含有琼脂培养基表面蔓延生长的菌落时，需要在凝固后的琼脂表面覆盖一薄层琼脂培养基（约 4mL），凝固后翻转平板进行培养；

③ 如果样品本身的 pH 较低，需要调节稀释后的溶液 pH 至 6.6～7.2 再进行测定。

快速测试片法对样品种类有所要求，具有以下特性的样品不适合使用测试片法：

① 样品稀释后溶液颜色仍然比较深的样品，如咖啡、绿藻固体饮料等，影响观察结果。

② 含有二氧化碳的样品，如啤酒、汽水等。

③ 对于均质后仍含有较多碎渣的样品，建议使用带滤网的拍打袋，防止压板时样品碎渣容易压破测试片，破坏培养基。

18.4 大肠菌群测定

大肠菌群指一群需氧及兼性厌氧，在37℃能分解乳糖、产酸产气的革兰氏染色阴性无芽孢杆菌。大肠菌群是评价食品卫生质量的重要指标之一，目前已被国内外广泛应用于食品卫生工作中。大肠菌群并非细菌学分类命名，而是卫生细菌领域的用语，它不代表某一个或某一属细菌，而指的是具有某些特性的一组与粪便污染有关的细菌。

18.4.1 生物学特性

① 形态与染色：革兰氏染色阴性，无芽孢杆菌。

② 发酵乳糖产酸产气。

③ 在选择性琼脂平板上的典型菌落形态：

EMB琼脂：呈深紫黑色或中心深紫色，圆形，稍凸起，边缘整齐，表面光滑，常有金属光泽；

麦康凯琼脂：呈桃红色或中心桃红，圆形，扁平，光滑湿润。

④ 一般认为该菌群细菌可包括大肠埃希氏菌、柠檬酸杆菌、产气克雷伯氏菌和阴沟肠杆菌等。

18.4.2 流行病学特性

大肠菌群作为粪便污染指标菌提出来的，主要是以该菌群的检出情况来表示食品中有否粪便污染。大肠菌群数值的高低，表明了粪便污染的程度。因此，检测大肠菌群可判断食品中是否受到粪便污染，有利于控制肠道传染病的发生和流行，也有利于控制食品在生产加工、运输、保存等过程中的卫生状况。

18.4.3 相关检验标准

① GB 4789.3—2016 食品安全国家标准 食品微生物学检验 大肠菌群计数。

② SN/T 0169—2010 进出口食品中大肠菌群、粪大肠菌群和大肠杆菌检测方法（部分有效，其中大肠菌群计数部分被GB 4789.3—2016代替）。

③ SN/T 1607—2017 进出口饮料中菌落总数、大肠菌群、粪大肠菌群、大肠杆菌计数方法 疏水栅格滤膜法。

④ AOAC 1991.14 食品中的大肠菌群和大肠杆菌的检测。

⑤ AOAC 1989.10 乳制品中的细菌和大肠菌群计数。

⑥ AOAC 1986.33 牛奶中细菌和大肠菌群的检测 再水化干膜法。

⑦ AOAC 2000.15 食物中大肠菌群的快速计数 再水化干膜法。

⑧ WS/T 116—1999 食品卫生微生物学检验 大肠菌群 LTSE 快速检验方法。

18.4.4 检验技术要点

目前大肠菌群的检测方法主要分为 MPN 计数法和平板计数法。

(1) 使用 MPN 法进行大肠菌群的检测时，需要注意以下几点：

① 从制备样品匀液至稀释完毕，全过程不得超过 15min。

② 对产酸但不明显产气的发酵管，用手轻打动试管，如有气泡沿管壁上浮，应考虑可能有气体产生，应作进一步试验。

③ 不可用其他胆盐代替指定的胆盐。

(2) 使用平板计数法进行大肠菌群检测时，需要注意以下几点：

① VRBA 平板，以 24h 记录平板上生长的菌落数为准。

② 平板菌落数的选择，同一稀释度平板上生长的典型菌落与可疑菌落要分开记录。

③ 挑选菌落进行证实试验时，在同一稀释度的平板上典型菌落与可疑菌落按比例挑取，一共 10 个菌落进行证实试验。

④ 为防止蔓延菌落出现，倾注平板时需要在琼脂表面覆盖一薄层（约 4mL）的培养基，待培养基凝固后才翻转平板进行培养。

18.5 食品中金黄色葡萄球菌的检验

金黄色葡萄球菌属于葡萄球菌属，是最常见的化脓性球菌之一，有“嗜肉菌”的别称，是革兰氏阳性菌的代表。在一定条件下，金黄色葡萄球菌可致人体局部及全身感染并引起中毒性休克，其肠毒素可致食物中毒。

18.5.1 生物学特性

(1) 形态与染色

革兰氏阳性球菌，无芽孢、鞭毛，大多数无荚膜。直径 0.5～1.5μm，呈单、双、短链或不规则葡萄状排列。

(2) 培养特征

需氧或兼性厌氧，最适生长温度 30～37℃，最适生长 pH＝7.0～7.5。耐盐，可在 10%～15%NaCl 肉汤中生长。

(3) 典型菌落形态

Baird-Parker 琼脂平板：呈灰色到黑色，边缘为淡色，周围为一浑浊带，在其外层有一透明圈；

血琼脂平板：金黄色菌落，圆形、光滑凸起、湿润，周围有明显的透明溶血环，部分菌落也可呈灰白色或柠檬色；

高盐甘露醇平板：呈淡黄色菌落。

（4）生化反应

可分解葡萄糖、麦芽糖、乳糖、蔗糖，产酸不产气。甲基红反应阳性，VP反应弱阳性。许多菌株可分解精氨酸、水解尿素、还原硝酸盐、液化明胶。

（5）毒素情况

① 溶血毒素：外毒素，分 α、β、γ、δ 四种，能损伤血小板，破坏溶酶体，引起肌体局部缺血和坏死。

② 杀白细胞素：可破坏人的白细胞和巨噬细胞。

③ 血浆凝固酶：当金黄色葡萄球菌侵入人体时，该酶使血液或血浆中的纤维蛋白沉积于菌体表面或凝固，阻碍吞噬细胞的吞噬作用。葡萄球菌形成的感染易局部化与此酶有关。

④ 脱氧核糖核酸酶：金黄色葡萄球菌产生的脱氧核糖核酸酶能耐受高温。

⑤ 肠毒素：金黄色葡萄球菌能产生数种引起急性胃肠炎的蛋白质性肠毒素，分为A、B、C、D、E及F五种血清型。肠毒素可耐受100℃煮沸30min而不被破坏。

⑥ 表皮剥脱毒素：引起烫伤样皮肤综合征，又称剥脱样皮炎。

⑦ 毒性休克综合征毒素（Tsst-1）。

（6）抵抗力

金黄色葡萄球菌具有较强的抵抗力，对磺胺类药物敏感性低，但对青霉素、红霉素等高度敏感。

18.5.2 流行病学特点

金黄色葡萄球菌是一种重要的食源性病原菌，是人类化脓感染中最常见的病原菌，可引起局部化脓感染，也可引起肺炎、伪膜性肠炎、心包炎等，甚至败血症、脓毒症等全身感染。金黄色葡萄球菌的致病力强弱主要取决于其产生的毒素和侵袭性酶。其在自然界中广泛存在，空气、水、灰尘及人和动物的排泄物中都可找到金黄色葡萄球菌。因而，食品受其污染的机会很多，据美国疾病预防控制中心报告，由金黄色葡萄球菌引起的食物中毒仅次于大肠埃希氏菌，居第二位。在美国，由金黄色葡萄球菌引起的食物中毒占整个细菌性食物中毒的33%；加拿大则更多，占到45%；我国每年发生的此类中毒事件也非常多。金黄色葡萄球菌的流行病学有季节性，一般春夏季为多发季节。

18.5.3 相关检验标准

① GB 4789.10—2016 食品安全国家标准 食品微生物学检验 金黄色葡萄球菌检验。

② SN/T 2754.1—2011 食品中金黄色葡萄球菌快速检测方法 恒温核酸扩增

(LAMP) 法。

③ SN/T2416—2010 进出口食品中金黄色葡萄球菌肠毒素 A 检测方法 电泳和免疫印迹法。

④ ISO 6888-1：2021 食品和动物饲料微生物学 凝血酶阳性葡萄球菌（金黄色葡萄球菌及其他属种）计数的水平方法 Baird-Parker 琼脂培养基技术。

⑤ ISO 6888-2：2021 食品和动物饲料的微生物学 凝血酶阳性葡萄球菌（金黄色葡萄球菌及其他属种）计数的水平方法 兔血浆纤维蛋白原琼脂培养基技术。

⑥ ISO 6888-3：2003 食品和动物饲料微生物学 凝血酶阳性葡萄球菌（金黄色葡萄球菌及其他属种）计数的水平方法 小数值探测和 MPN 技术。

⑦ AOAC 2003.08 选定乳制品中金黄色葡萄球菌的计数。

⑧ AOAC 2003.11 选定肉、家禽和海产品中金黄色葡萄球菌的计数 3M™ Petrilfilm™ 金黄色葡萄球菌测试片法。

⑨ AOAC 2003.07 选定预加工食品和加工食品中金黄色葡萄球菌的计数 3M™ Petrilfilm™ 金黄色葡萄球菌测试片法。

18.5.4　检验技术要点

金黄色葡萄球菌的致病因子众多，包括溶血素、肠毒素和凝固酶等。该菌的溶血表现以完全透明大溶血圈的 β 溶血为主，也有菌株表现为 α 溶血，还有相当多的菌株不溶血，因此溶血现象并不是判定金黄色葡萄球菌的主要指标。目前，国内外食品中金黄色葡萄球菌主要以凝固酶阳性为判定依据。因此，金黄色葡萄球菌在检测时需注意以下两点：

① 涂片染色：使用培养了 18～24h 的菌落进行革兰氏染色，培养时间过长的菌落染色时会呈现淡红色，容易被误判成革兰氏阴性菌。染色过程中，应控制好酒精的脱色时间，过度脱色会使细胞呈现红色，造成误判。

② 凝固酶实验：待测菌株需要用 18～24h 的新鲜纯培养物，生长不良或培养时间过长的菌株，可能因为凝固酶的活性低而出现阴性结果；接种细菌后，要轻轻转动试管混匀，不能剧烈摇动，置于 36℃培养 6h。在培养的第 1h 开始，每半小时观察结果一次，观察时也是轻轻倾斜试管，不能摇动，避免一些菌株产生大量纤维蛋白酶使早期的凝块溶解而导致阴性结果。进行凝固酶试验，还需要使用金黄色葡萄球菌和表皮葡萄球菌的质控菌株作为阳性对照和阴性对照，以及同时进行试剂的空白对照。

18.6　食品中溶血性链球菌的检验

溶血性链球菌是触酶实验阴性、呈链状排列的革兰氏阳性球菌，是临床上最重要的链球菌，属 A 群 β 溶血的链球菌。

18.6.1 生物学特性

(1) 形态与染色

链球菌呈球形或椭圆形，直径 0.6～1.0μm，革兰氏阳性，无芽孢、鞭毛。该菌呈链状排列，链的长短与细菌的种类及生长环境有关。在液体培养基中易呈长链，固体培养基中常呈短链。由于链球菌能产生脱链酶，所以正常情况下链球菌的链不能无限制的延长。多数菌株在血清肉汤中培养 2～4h 易形成透明质酸的荚膜，继续培养后消失。

(2) 培养特征

需氧或兼性厌氧菌，营养要求较高，普通培养基上生长不良，需补充血清、血液、腹水，大多数菌株需核黄素、维生素 B_6、烟酸等生长因子。最适生长温度为 37℃，在 20～42℃能生长，最适 pH 为 7.4～7.6。

(3) 典型菌落形态

血平板：呈灰白色、半透明、表面光滑、边缘整齐、直径 0.5～0.75mm 的细小圆形突起菌落。不同菌株溶血不一，乙型溶血链球菌周围有 2～4mm 界限分明、无色透明的溶血圈。

(4) 生化反应

分解葡萄糖，产酸不产气，对乳糖、甘露醇、水杨苷、山梨醇、棉籽糖、蕈糖、七叶苷的分解能力因不同菌株而异。一般不分解菊糖，不被胆汁溶解，触酶阴性。

(5) 抗原结构

① 核蛋白抗原或称 P 抗原，无特异性，各种链球菌均相同。

② 多糖抗原或称 C 抗原，系群特异性抗原，是细胞壁的多糖组分，可用稀盐酸等提取。

③ 蛋白质抗原或称表面抗原，具有型特异性，位于 C 抗原外层，其中可分为 M、T、R、S 四种不同性质的抗原成分，与致病性有关的是 M 抗原。

(6) 分类

根据链球菌在血液培养基上生长繁殖后是否溶血及其溶血性质分为三类。

① α-溶血性链球菌：菌落周围有 1～2mm 宽的草绿色溶血环，也称甲型溶血性链球菌，这类链球菌多为条件致病菌。

② β-溶血性链球菌：菌落周围形成一个 2～4mm 宽、界限分明、完全透明的无色溶血环，也称乙型溶血性链球菌，该菌的致病力强，常引起人类和动物的多种疾病。

③ γ-链球菌：不产生溶血素，菌落周围无溶血环，也称为丙型或不溶血性链球菌，该菌无致病性，常存在于乳类和粪便中，偶尔也引起感染。

(7) 毒素情况

① 链球菌溶血素：溶血素有 O 和 S 两种，O 为含有—SH 的蛋白质，具有抗原性，S 为小分子多肽，分子量较小，故无抗原性。

② 致热外毒素：曾称红疹毒素或猩红热毒素，是人类猩红热的主要毒性物质，会引起局部或全身红疹、发热、疼痛、恶心、呕吐、周身不适。

③ 透明质酸酶：又称扩散因子，能分解细胞间质的透明质酸，故能增加细菌的侵袭力，使病菌易在组织中扩散。

④ 链激酶：又称链球菌纤维蛋白溶酶，能使血液中纤维蛋白酶原变成纤维蛋白酶，具有增强细菌在组织中的扩散作用，该酶耐热，100℃、50min 仍可保持活性。

⑤ 链道酶：又称链球菌 DNA 酶，能使脓液稀薄，促进病菌扩散。

⑥ 杀白细胞素：能使白细胞失去动力，变成球形，最后膨胀破裂。

(8) 抵抗力

该菌抵抗力一般不强，60℃、30min 即被杀死，对常用消毒剂敏感，在干燥尘埃中生存数月。乙型链球菌对青霉素、红霉素、氯霉素、四环素、磺胺均敏感。青霉素是链球菌感染的首选药物，很少有耐药性。

18.6.2　流行病学特点

溶血性链球菌在自然界中分布较广，存在于水、空气、尘埃、粪便及健康人和动物的口腔、鼻腔、咽喉中，可通过直接接触、空气飞沫传播或通过皮肤、黏膜伤口感染，被污染的食品如使用患有乳腺炎的奶牛的奶或者畜禽局部化脓时的肉及其制品也会对人类进行感染。上呼吸道感染患者、人畜化脓性感染部位常成为食品污染的污染源。

18.6.3　相关检验标准

① GB/T 4789.11—2014 食品安全国家标准　食品微生物学检验 β 型溶血性链球菌检验。

② SN/T 0477—1995 出口食品中 B 群链球菌检验方法。

③ SN/T 2754.9—2011 食品中溶血性链球菌快速检测方法 恒温核酸扩增 (LAMP) 法。

18.6.4　检验技术要点

目前对溶血性链球菌的检测仍然以传统检测方法为主，通过镜鉴、分离培养、生化反应以及血清学凝集试验进行分离和鉴定。环介导恒温扩增 (LAMP) 检测方法为快速检测的初筛方法。

传统的检验方法通过镜检，对符合形态描述的可疑菌落进行一系列的生化反应以进一步鉴定。

(1) 链激酶试验

致病性溶血性链球菌能产生链激酶（即溶纤维蛋白酶），此酶能激活正常人体血液中血浆蛋白酶原，使成血浆蛋白酶，而后溶解纤维蛋白。

吸取草酸钾血浆 0.2mL（草酸 0.01g，加入 5mL 人血混匀，经离心沉淀，吸取上清液，即为草酸钾血浆），加入 0.8mL 灭菌生理盐水，混匀，再加入 18～24h 链球菌肉汤培养物 0.5mL 及 0.25%氯化钙 0.25mL，振荡摇匀。置于 (36±1)℃水浴中每隔数分钟观察一次，一般约 10min 即可凝固，血浆凝固后，再注意观察及记录溶化的时间。溶化时间愈短，表示该菌产生的链激酶愈多，含量多时，20min 内凝固的血浆即完全溶解。如无变化，应在水浴中持续放置 24h 后再观察，如凝块全部溶解为阳性，24h 后仍不溶解者为阴性。

(2) 杆菌肽敏感试验

挑取乙类溶血性链球菌浓菌液，涂布于血平板（肉浸液琼脂加入 5%脱纤维羊血）上，用灭菌镊子平取每片含有 0.04 单位的杆菌肽纸片，放于上述平板上，于 (36±1)℃培养 18～24h，如有抑菌带出现即为阳性，同时用已知阳性菌株作为对照。

为简化实验步骤，生化反应可以使用商品化的试剂条代替。

18.7 食品中沙门氏菌的检验

沙门氏菌属是一大群寄生于人类和动物肠道内生化反应和抗原构造相似的革兰氏阴性杆菌，统称为沙门氏杆菌。

18.7.1 生物学特性

(1) 形态与染色

大小为 (0.6～1.0)μm×(2～4)μm。除了鸡沙门氏菌等个别沙门氏菌外，都有周身鞭毛；一般无荚膜、无芽孢。

(2) 培养特征

沙门氏菌属是嗜温性细菌，需氧及兼性厌氧菌。最适生长温度为 37℃；最适生长的 pH 为 6.8～7.8，低盐和高水活度条件下生长最佳。生长最低水活度为 0.94，对中等加热敏感。

(3) 典型菌落形态

SS 平板：呈无色、透明、大部分菌落中央呈黑色（产 H_2S）；

HE 平板：呈蓝绿色或蓝色菌落，多数菌落中心黑色或几乎黑色；有些菌株为黄色，中心黑色或几乎全黑色；

XLD 平板：菌落呈粉红色，带或不带黑色中心，有些菌株可呈现大的带光泽的黑色中心，或呈现全部黑色的菌落；有些菌株为黄色菌落，带或不带黑色中心；

BS 平板：菌落为黑色有金属光泽、棕褐色或灰色。菌落周围培养基呈黑色或棕色；有些菌株呈灰绿色的菌落，周围培养基不变；

三糖铁斜面：斜面为红色，底部变黑并产气。

(4) 生化反应

大部分沙门氏菌发酵葡萄糖、麦芽糖、甘露醇和山梨醇；不发酵乳糖、蔗糖和侧金盏花醇；不产吲哚、V-P 反应阴性；不水解尿素和对苯丙氨酸、不脱氨。

伤寒沙门氏菌、鸡伤寒沙门氏菌及一部分鸡白痢沙门氏菌发酵糖不产气，大多数鸡白痢沙门氏菌不发酵麦芽糖；除鸡白痢沙门氏菌、猪伤寒沙门氏菌、甲型副伤寒沙门氏菌、伤寒沙门氏菌和仙台沙门氏菌等外，均能利用枸橼酸盐。除伤寒沙门氏菌不产气外，其他沙门氏菌均产酸产气。

(5) 抗原结构

沙门氏菌属细胞的抗原主要有 O 和 H 两种抗原，少数菌中尚有一种表面抗原，功能上与大肠杆菌的 K 抗原类同。因一般认为它与毒力有关，故称 Vi 抗原。Vi 抗原存在于菌表面，可阻止 O 抗原与其相应抗体的凝集反应。O 抗原存在于菌体表面，为脂多糖，多糖部分决定其特异性；其性质稳定，耐热性强，100℃、2h 不被破坏，而且一个菌体具有一种或多种不同的 O 抗原；H 抗原存在于鞭毛中，不耐热，化学成分蛋白质，其抗原性可以被酒精所破坏。其分为两相，具有第 1 相和第 2 相 H 抗原的细菌称为双相菌，大多数沙门氏菌属于此。仅有一相者称单相菌，如肠炎沙门氏菌。每一组沙门氏杆菌根据 H 抗原不同，可进一步分种或型。极少数无鞭毛菌两相抗原都不具有，称为无相菌，如鸡白痢沙门氏菌。Vi 抗原经过几次传代、60℃热处理或石炭酸处理后容易消失。

(6) 毒素情况

沙门氏菌有较强的内毒素，并有一定的侵袭力。个别菌能产生肠毒素。沙门氏菌不产生外毒素，但菌体裂解时可产生毒性很强的内毒素，此种毒素为致病的主要因素，可引起人体发冷、发热及白细胞减少等病症。

① 侵袭力：沙门氏菌有毒株能侵袭小肠黏膜。菌经一类称为 M（microfold，微皱褶）细胞的特殊上皮细胞进入机体。

② 内毒素：沙门氏菌死亡后释放出的内毒素，可引起宿主体温升高、白细胞数下降，大剂量时导致中毒症状和休克。这些与内毒素的激活补体替代途径产生 C3a、C5a 等，以及诱发免疫细胞分泌 TNT-α、IL-1、IFN-γ 等细胞因子有关。

③ 肠毒素：个别沙门氏菌如鼠伤寒沙门氏菌可产生肠毒素，其性质类似 ETEC 产生的肠毒素。

(7) 抵抗力

沙门氏菌属不耐热菌，55℃、1h 或 60℃、15～30min 即被杀死。沙门氏菌属在外界的生活力较强，在 10～42℃的范围内均能生长，在普通水中虽不易繁殖，但可存活 2～3 周；在粪便中可存活 1～2 个月；在牛乳和肉类食品中，存活数月；在食盐含量为 10%～15%的腌肉中亦可存活 2～3 个月；烹调大块鱼、肉类食品时，如果食品内部达不到沙门氏菌的致死温度，其中的沙门氏菌仍能存活，食用后可导致食物中毒。冷冻对于沙门氏菌无杀灭作用，即使在－25℃低温环境中仍可存活 10 个月左右。

18.7.2 流行病学特性

沙门氏菌属细菌的血清型在 2000 种以上，但对人致病的只是少数，人类沙门氏菌感染有 4 种类型：肠热症、胃肠炎、败血症，还有一类无症状的带菌者。沙门氏菌致病力的强弱与菌型有关，致病力最强是猪霍乱沙门氏菌，其次为鼠伤寒沙门氏菌，鸭沙门氏菌致病力较弱。

沙门氏菌属广泛分布于自然界，在人及动物，如家畜中猪、牛、马、羊、猫、犬，家禽中鸡、鸭、鹅等均有广泛的宿主。沙门氏菌发病时间无明显季节性特点，全年皆可发生，多见于夏、秋两季。由于沙门氏菌属不分解蛋白质，不产生靛基质，污染食物后无感官性状的变化，易被忽视而引起食物中毒。沙门氏菌引起的食物中毒发病率较高，占总食物中毒的 40%～60%，最高可达 90%，而且主要为动物源性食品，特别是禽肉类及其制品，其次为禽肉、蛋类、乳类及其制品。因此，彻底煮熟食品并注意消毒烹煮工具是预防的关键。

18.7.3 相关检验标准

① GB 4789.4—2016 食品安全国家标准 食品微生物学检验 沙门氏菌检验。

② GB 4789.31—2013 食品卫生微生物学检验沙门氏菌、志贺氏菌和致泻性大肠埃希氏菌的肠杆菌科噬菌体检验方法。

③ GB/T 22429—2008 食品中沙门氏菌、肠出血性大肠埃希氏菌 O157 及单核细胞增生李斯特氏菌的快速筛选检验 酶联免疫法。

④ GB/T 17999.8—2008 SPF 鸡 微生物学监测 第 8 部分：SPF 鸡 鸡白痢沙门氏菌试验。

⑤ GB 15193.4—2014 鼠伤寒沙门氏菌 哺乳动物微粒体酶试验。

⑥ SN/T 1059.6—2016 进出口食品中沙门氏菌属检测方法 垂直膜过滤法。

⑦ SN/T 1059.7—2010 进出口食品中沙门氏菌属检测方法 实时荧光 PCR 法。

⑧ SN/T 2415—2010 进出口乳及乳制品中沙门氏菌快速检测方法 实时荧光 PCR 法。

⑨ SN/T 1382—2011 马流产沙门氏菌病凝集试验方法。

⑩ NY/T 550—2002 动物和动物产品沙门氏菌检测方法。

⑪ ISO 6579-1：2017/AMD 1：2020 食品和动物饲料中沙门氏菌检验 第一部分：沙门氏菌检验。

⑫ ISO 6579-2：2012 食品和动物饲料中沙门氏菌检验第二部分：MPN 法计数。

⑬ ISO 6579-3：2014 食品和动物饲料中沙门氏菌检验第三部分：血清分型。

⑭ ISO 6785：2001 乳和乳制品 沙门氏菌属的检验。

18.7.4 检验技术要点

传统检测方法是样品前处理后通过无选择性培养基 BPW（缓冲蛋白胨水）一次增菌和 TTB（四硫酸钠煌绿增菌液）/SC（亚硒酸盐胱氨酸增菌液）二次选择性增菌后，在 BS/HE/XLD/显色培养基等选择性琼脂平板划线分离，挑取可疑菌落进行纯化和生化鉴定。

为提高可疑菌落的检出率，2016 版的国家标准采用了显色培养基进行筛选可疑菌落。显色培养基方法是在普通培养基中添加无色的特异性酶的显色底物，经目标菌的酶解作用释放出显色基团使细菌呈现不同的颜色。显色培养基的高特异性有效降低了柠檬酸杆菌属、变形杆菌属等对沙门氏菌检验的干扰，大大降低了传统检测方法的漏检率。

传统检测方法以生化反应结果为判定标准，检测时需要注意以下几点：

① 同一批次的生化反应试剂条/卡，首次使用时需要同时带上与目标菌同属的标准菌株作阳性对照。

② 目前为止，没有任何一种培养基可以全面地保持所有食品基质或各种沙门氏菌血清型，不同种类的食品选择合适的培养基进行增菌是关键。二次增菌可选择 TTB/SC/RV（rappaport-vassiliadis）增菌液，抑制杂菌生长，使沙门氏菌大量繁殖。所以，较适当的做法就是使用两种培养基平行地进行实验。

③ 血清凝集试验时，O 抗原多价血清凝集时需要同时用生理盐水做对照，防止自凝菌影响结果判断。

④ O 抗原多价血清凝集，但单价血清不凝集时，可使菌株接种在琼脂含量较高（2%～3%）的培养基或者血平板琼脂上培养后再重新试验。

⑤ 对于鞭毛抗原的血清学凝集试验，可将菌株接种到营养肉汤 37℃ 培养 18～24h，然后 4500r/min 离心 5min 后弃去上清液，用余下的浓菌液做鞭毛的血清学凝集试验。如第一相鞭毛凝集试验剧烈，影响了第二相鞭毛的凝集试验，则需要用位相变异方法诱导后再进行试验。

由于传统培养方法的检测周期较长，无法完全满足进出口商品快速通关需求以及企业对产品品质的有效控制，因此目前通常使用快速检测方法（如酶联免疫学/分子生物学）等快速检测方法进行初筛，阳性可疑样品再进行传统培养法进行鉴定，两种方法相结合，互补长短。

18.8 食品中志贺氏菌的检验

志贺氏菌是人类主要肠道病病原菌之一，是一类革兰氏阴性菌杆。该菌属分为4个群：A群为痢疾志贺氏菌，B群为福氏志贺氏菌，C群为鲍氏志贺氏菌，D群为宋内氏志贺氏菌。

18.8.1 生物学特性

（1）形态与染色

志贺氏菌形态与一般肠道杆菌无明显区别，为革兰氏阴性杆菌，长约2～3μm，宽0.5～0.7μm。不形成芽孢，无荚膜，无鞭毛，有菌毛。

（2）培养特征

需氧或兼性厌氧。营养要求不高，能在普通培养基上生长，最适温度为37℃，最适pH为6.4～7.8。

（3）典型菌落形态

MAC琼脂平板：菌落呈无色至浅粉红色，半透明、光滑、湿润、圆形、边缘整齐；

XLD琼脂平板：菌落呈粉红色至无色，半透明、光滑、湿润、圆形，边缘整齐；

SS琼脂平板：因不发酵乳糖而形成无色透明或半透明的较小菌落。

（4）生化反应

分解葡萄糖，产酸不产气。大多不发酵乳糖，仅宋内氏菌迟缓发酵乳糖。靛基质产生不定，甲基红阳性，VP试验阴性，不分解尿素，不产生H_2S。

志贺氏菌属的细菌对甘露醇分解能力不同，可分为分解甘露醇组和不分解甘露醇两组。

（5）抗原结构

志贺氏菌属细菌的抗原结构由菌体抗原（O）及表面抗原（K）组成。主要抗原有三种：

① 型特异性抗原：型多糖抗原为菌体抗原的一种，是光滑型菌株所含有的重要抗原。当菌株变为粗糙型时，此抗原也常随之消失，各菌型所含的型抗原不同，可用于区别菌种的型别。

② 群特异性抗原：为光滑型菌株的次要抗原，也是菌体抗原的一种。特异性较低，常在数种近似的菌内出现。在福氏菌株中，由于所含群抗原不同，可将

某些菌型分为多种亚型，如福氏菌 2 型，根据群抗原不同，可分成 2a、2b 两个亚型。

③ 表面抗原（K 抗原）：在新分离的某些菌株菌体表面含有此种抗原。不耐热，加热 100℃、1h 即被破坏。具有此种抗原的菌株，可阻止菌体抗原与相应免疫血清发生凝集。

（6）分型

按最新国际分类法，将本属细菌分为四个群、39 个血清型（包括亚型）。

A 群：也称志贺氏菌群，有 10 个血清型。不发酵甘露醇，无鸟氨酸脱羧酶，与其他各群细菌无血清学联系。

B 群：也称福氏菌群，已有 13 个血清型（包括亚型和变种）。最近又发现 3 个亚型（1c、4c、5b）。发酵甘露醇，无鸟氨酸脱羧酶。抗原结构较复杂，各型间有交叉凝集。每一福氏菌型具有二种抗原，即型特异性抗原和群抗原，前者只存在于同型菌株中，后者有许多种，存在于福氏各菌型中。例如福氏 1b 型除含有 1 型特异性抗原外，尚含有 4、6 群抗原。

C 群：也称鲍氏菌群，有 15 个血清型，分解甘露醇，无鸟氨酸脱羧酶。各型内无交叉凝集。

D 群：也称宋内氏菌群，仅有一个血清型。分解甘露醇，有鸟氨酸脱羧酶，迟缓发酵乳糖。有Ⅰ、Ⅱ相之分。

（7）毒素情况

志贺氏菌的致病作用，主要是侵袭力、菌体内毒素个别菌株能产生外毒素。

① 侵袭力：目前认为志贺氏菌必须侵入肠壁才能致病。该菌进入大肠后，进入大肠黏膜的上皮细胞并在内繁殖，扩散至邻近细胞及上皮下层。由于毒素的作用，上皮细胞死亡，黏膜下发炎并有毛细吸管血栓形成以至坏死、脱落，形成溃疡。因此，对黏膜组织的侵袭力是决定致病力的主要因素。

② 内毒素：志贺氏菌属中各菌株都有强烈的内毒素，作用于肠壁，使通透性增高，从而促进毒素的吸收。继而作用于中枢神经系统及心血管系统，引起临床上一系列毒血症症状，如发热、神志障碍，甚至中毒性休克。毒素破坏黏膜，形成炎症、溃疡，呈现典型的痢疾脓血便。毒素作用于肠壁植物神经，使肠道功能紊乱，肠蠕动共济失调和痉挛，尤其直肠括约肌最明显，因而发生腹痛、里急后重等症状。

③ 外毒素：志贺氏菌 1 型及部分 2 型菌株能产生强烈的外毒素。为蛋白质，不耐热，75～80℃、1h 即可被破坏。一般认为，具有外毒素的志贺氏菌引起的痢疾比较严重。其作用是使肠黏膜通透性增加，并导致血管内皮细胞损害。外毒素经甲醛或紫外线处理可脱毒成类毒素，能刺激机体产生相应的抗毒素。

（8）抵抗力

志贺氏菌属在外界环境中的生存力，宋内氏最强，福氏菌次之。一般在潮湿土壤中能存活 34 天，37℃水中可存活 20 天，在冰块中可存活 96 天，在粪便内（室温）可存活 11 天。日光直接照射 30min，56～60℃、10min 即被杀死，对高温和化学消毒剂很敏感，1%石炭酸中 15～30min 即被杀死，对氯霉素、磺胺类、链霉素敏感，但易产生耐药性。

（9）变异性

S-R 型变异：菌落可由光滑型变为粗糙型，同时常伴有生化反应、抗原构造和致病性的变异。在机体内，尤其在慢性患者和恢复期患者，志贺氏菌可发生变异而失去原来的生化和抗原特性，成为不典型菌株。但其中部分不典型菌株，可通过 10%胆汁肉汤等复原为典型菌株。

耐药性变异：自从广泛使用抗生素以来，志贺氏菌的耐药菌株不断增加。

18.8.2 流行病学特性

志贺氏菌可引起急性或慢性细菌性痢疾，主要通过消化道途径传播。人和灵长类是志贺氏菌的适宜宿主，身体抵抗力较弱者如幼儿、老人和免疫功能缺陷者更容易受感染。

志贺氏菌在拥挤和不卫生条件下能迅速传播，经常发现于人员大量集中的地方，如餐厅、食堂。因此，从事食品加工行业人员患菌痢或带菌者污染食品，食品接触人员个人卫生差，存放已污染的食品温度不适当等原因是该菌流行的最主要原因。所以，志贺氏菌病常为食物暴发型或经水传播。容易受该菌污染的食品包括色拉、生的蔬菜、奶和奶制品、禽产品、水果、面包制品等。

18.8.3 相关检验标准

① GB 4789.5—2012 食品安全国家标准 食品微生物学检验 志贺氏菌检验。

② GB 4789.31—2013 食品安全国家标准 食品微生物学检验 卫生微生物学检验沙门氏菌、志贺氏菌和致泻性大肠埃希氏菌的肠杆菌科噬菌体诊断检验方法。

③ SN/T 2565—2010 食品中志贺氏菌分群检测 MPCR-DHPLC 法。

④ SN/T 2754.3—2011 食品中志贺氏菌快速检测方法 恒温核酸扩增（LAMP）法。

18.8.4 检验技术要点

根据志贺氏菌的培养特征，GB 4789.5—2012 版本的国家检验标准修改了对该菌的培养条件，在菌株富集培养时采取了（41.5±1.0）℃、16～20h 的厌氧培养条件，减少了杂菌对志贺氏菌的干扰，更好地收集目标菌株，大大提高了检出率。

SN/T 2754.3—2011 环介导恒温扩增（LAMP）检测技术为志贺氏菌的初

筛检验，并不做分群鉴定。针对志贺氏菌的目标基因序列设计引物进行检测，对样品结果为志贺氏菌初筛阳性，需要对样品的增菌液或可疑纯菌落进一步按国标中操作步骤进行确认后报告结果。

SN/T 2565—2010 食品中志贺氏菌分群检测，MPCR-DHPLC 法是根据志贺氏菌属生化反应及抗原组成不同，利用 DHPLC 非变性条件下的 DNA 分离技术，依据 DNA 扩增片段长度的不同实现对食品中志贺氏菌进行快速分群检测。

18.9 食品中单增李斯特菌的检验

李斯特氏菌属包括单核细胞增生李斯特氏菌、格式李斯特氏菌、斯氏李斯特氏菌、威氏李斯特氏菌、伊氏李斯特氏菌、英诺克李斯特氏菌，其中只有单核细胞增生李斯特氏菌对人和动物致病。单核增生李斯特菌（*Listeria monocytogenes*）是一种常见的土壤细菌，在土壤中它是一种腐生菌，以死亡的和正在腐烂的有机体为食物。

18.9.1 生物学特性

（1）形态与染色

该菌为革兰氏阳性短杆菌，大小约为 0.5μm×(1.0～2.0)μm，直或稍弯，两端钝圆，常呈 V 字形排列，偶有球状、双球状，兼性厌氧、无芽孢，一般不形成荚膜，但在营养丰富的环境中可形成荚膜，在陈旧培养中的菌体可呈丝状及革兰氏阴性，该菌有 4 根周毛和 1 根端毛，但周毛易脱落。

（2）培养特征

该菌对营养要求不高，在 20～25℃培养有动力，穿刺培养 5d 可见倒立伞状或月牙状生长，肉汤培养物在显微镜下可见翻跟斗运动。该菌的生长范围为 2～42℃（也有报道在 0℃能缓慢生长），最适培养温度为 35～37℃，在 pH 中性至弱碱性（pH＝9.6）、氧分压略低、二氧化碳张力略高的条件下该菌生长良好，在 pH＝3.8～4.4 能缓慢生长，在 6.5% NaCl 肉汤中生长良好。

（3）典型菌落形态

PALCAM 琼脂：圆形灰绿色菌落，周围有棕黑色水解圈，菌落中心有黑色凹陷。

OXA（牛津琼脂）：灰绿色菌落，外周有一黑色环，菌落中心有凹陷。

血平板：灰白色，刺种血平板培养后可产生窄小的 β-溶血环。

（4）生化反应

触酶阳性，氧化酶阴性，能发酵多种糖类，产酸不产气，如发酵葡萄糖、乳糖、水杨素、麦芽糖、鼠李糖、七叶苷、蔗糖（迟发酵）、山梨醇、海藻糖、果糖，不发酵木糖、甘露醇、肌醇、阿拉伯糖、侧金盏花醇、棉子糖、卫矛醇和纤维二糖，不利用枸橼酸盐，40%胆汁不溶解，吲哚、硫化氢、尿素、明胶液化、硝酸盐还原、赖氨酸、鸟氨酸均阴性，VP、甲基红试验和精氨酸水解阳性。

(5) 血清分型

根据菌体（O）抗原和鞭毛（H）抗原，单增李斯特氏菌常见来源于人的血清型有：1/2b、3b、4b、4d、4e、4ab 和“7”共 7 个血清型。常见来源于食物的血清型有：1/2a、1/2c、3a、3c 共 4 个血清型。常见来源于环境的血清型有：4a、4b 和 4c。其中致病菌株的血清型一般为 1/2b、1/2c、1/2a 和 4b，占全部血清型 98%以上。

(6) 毒素情况

单增李斯特氏菌的抗原结构与毒力无关，它的致病性与毒力机理如下：

① 寄生物介导的细胞内增生，使它附着及进入肠细胞与巨噬细胞；

② 抗活化的巨噬细胞，单增李斯特氏菌有细菌性过氧化物歧化酶，使它能抗活化巨噬细胞内的过氧物（为杀菌的毒性游离基团）分解；

③ 溶血素，即李斯特氏杆菌素 O，可以从培养物上清液中获得，有 α 和 β 两种，为毒力因子。

(7) 抵抗力

该菌对理化因素抵抗力较强，在土壤、粪便、青储饲料和干草内能长期存活，对碱和盐抵抗力强，60～70℃经 5～20min 可杀死，70%酒精 5min、2.5%石炭酸、2.5%氢氧化钠、2.5%福尔马林 20min 可杀死此菌。该菌对青霉素、氨苄青霉素、四环素和磺胺均敏感。

18.9.2 流行病学特性

单增李斯特氏菌广泛存在于自然环境中，肉类、蛋类、禽类、海产品、乳制品、蔬菜等都已被证实是该菌的感染源。单增李斯特氏菌在一般热加工处理中能存活，在食品加工中，中心温度必须达到 70℃持续 2min 以上才能灭活该菌。即使产品经过热加工处理充分灭活了单增李斯特氏菌，也有可能造成产品的二次污染，因此蒸煮后防止二次污染是极为重要的。此外，由于该菌在 4℃下仍然能生长繁殖，食品经过冰箱冷藏后直接食用增加了受感染的机会，因此冷藏后的食品需要加热后再食用。

18.9.3 相关检验标准

① GB 4789.30—2016 食品安全国家标准 食品微生物学检验 单核细胞增生李斯特氏菌检验。

② GB/T 22429—2008 食品中沙门氏菌、肠出血性大肠埃希氏菌 O157 及单

核细胞增生李斯特氏菌的快速筛选检验、酶联免疫法。

③ SN/T 0184.3—2008 进出口食品中单核细胞增生李斯特氏菌检测方法 第 3 部分：免疫磁珠法。

④ SN/T 2552.12—2010 乳及乳制品卫生微生物学检验方法 第 12 部分：单核细胞增生李斯特氏菌检测与计数。

⑤ SN/T 2754.4—2011 食品中单核细胞增生李斯特氏菌快速检测方法 恒温核酸扩增（LAMP）法。

18.9.4 检验技术要点

李斯特氏菌属只有单核细胞增生李斯特氏菌具有致病性，而其他的李斯特氏菌在选择性平板上的典型菌落和单增极其相似。从实验数据可知，很多阳性样品中可同时分离出两种李斯特氏菌，因此采用传统选择性培养基分离培养，随机挑取的可疑菌落进行鉴定很容易造成漏检，只检出其他李斯特氏菌而非单增细胞李斯特氏菌。因此强烈建议选用单核细胞增生李斯特氏菌的显色培养基进行菌落分离来提高检出率。

此外，检验时还需要注意以下两点：

① 溶血试验：β 窄小溶血圈是单增李斯特氏菌区别其它李斯特氏菌的其中一个特征。因此，血平板的质量非常关键。建议使用新鲜的血平板，同时使用前进行技术性验收，使用时还带上阳性和阴性对照。

② 生化鉴定：建议使用梅里埃的 API Listeria 试剂条，该试剂条的第一个测试孔 DIM 测试孔是检测芳基酰胺酶，专门区分单增李斯特氏菌和英诺克李斯特氏菌。而试剂条中的木糖和鼠李糖生化试验是区分斯氏李斯特氏菌与单增李斯特氏菌；磷酸葡萄糖生化试验，则是区分伊氏李斯特氏菌与单增李斯特氏菌。

18.10 食品中出血性大肠杆菌 O157 的检验

肠出血性大肠杆菌（EHEC）是能引起人的出血性腹泻和肠炎的一群大肠埃希氏菌。以 O157：H7 血清型为代表菌株。EHEC O157：H7 属于肠杆菌科埃希氏菌属。

18.10.1 生物学特性

（1）形态与染色

革兰氏染色阴性，无芽孢，有鞭毛，动力试验呈阳性。其鞭毛抗原可丢失，动力试验阴性，即 O157：NM。

(2) 培养特征

EHEC O157：H7 具有较强的耐酸性，pH＝2.5～3.0，37℃可耐受 5h；耐低温，能在冰箱内长期存活；在自然界的水中可存活数周至数月；不耐热，75℃、1min 即被灭活；对氯敏感，被 1mg/L 的余氯浓度杀灭。EHEC 的最适生长温度为 33～42℃，37℃繁殖迅速，44～45℃生长不良，45.5℃停止生长。

(3) 典型菌落形态

山梨醇麦康凯平板：不发酵山梨醇菌落为圆形、光滑、较小的无色菌落；迟缓发酵山梨醇菌落为红色菌落。

(4) 生化反应

EHEC O157：H7 除不发酵或迟缓发酵山梨醇外，其他常见的生化特征与大肠埃希氏菌基本相似。EHEC O157：H7 不能分解 4-甲基伞形酮-β-D-葡萄糖醛酸苷（MUG）产生荧光，即 MUG 阴性。

(5) 血清分型

血清学鉴定包括 O 抗原和 H 抗原的鉴定。前者可使用玻片凝集试验或胶乳凝集试验；后者则应先进行动力试验，动力活泼者再进行玻片和试管凝集试验。

(6) 毒素情况

EHEC O157：H7 可产生大量的 Vero 毒素（VT），也称作类志贺氏毒素（SLT），是主要的致病因子。Vero 毒素按免疫原性等方面的不同可分为 VT1 和 VT2。该毒素有一个 A 亚单位和 5～6 个 B 亚单位组成。B 亚单位与宿主肠壁细胞糖脂受体结合，具有毒素活性的 A 亚单位进入细胞，改变 60s 核糖体的组分，干扰蛋白质的合成。编码 VT 的基因位于噬菌体上，可缺失而不产生 VT。

(7) 抵抗力

具有较强的耐酸性，pH2.5～3.0，37℃可耐受 5h；耐低温，能在冰箱内长期生存；在自然界的水中可存活数周至数月；不耐热，75℃、1min 即被灭活；对氯敏感，可被 1mg/L 的余氯浓度杀灭。

18.10.2 流行病学特性

肠出血性大肠杆菌是强传染性致病菌，一般大肠杆菌需要 100 万个活菌才可引起发病，而 O157 只需要 100～200 个活菌即可引发感染。感染者通常是突然发生剧烈腹痛和水样腹泻，数天后出现出血性腹泻，可发热或不发热。部分患者可发展为 HUS、TTP 等，严重者可导致死亡。农场动物牛、羊、猪、鸡、马、鹿及鸽子、海鸥等均可能为大肠杆菌 O157 的携带者，因此动物源性肉类及其制品、蔬菜、水果等食品都可受该菌污染，而牛肉则是最主要的传播载体。

18.10.3 相关检验标准

① GB 4789.36—2016 食品卫生微生物学检验 大肠埃希氏菌 O157：H7/NM

检验。

② SN/T 0973—2010 进出口肉、肉制品及其他食品中肠出血性大肠杆菌 O157：H7 检测方法。

③ SN/T 1059.5—2006 食品和动物饲料大肠杆菌 O157 的检测方法 免疫磁珠法。

④ SN/T 2754.2—2011 食品中大肠杆菌 O157 快速检测方法 恒温核酸扩增（LAMP）法。

⑤ ISO/TS 13136—2012 食品和动物饲料的微生物学 用于检测食源性致病菌的基于实时聚合酶链式反应的方法 检测产志贺毒素大肠杆菌（STEC）和测定 O157、O111、O26、O103 及 O145 血清组的水平方法。

⑥ BS ENISO 16654—2001 食品和动物饲料的微生物学 大肠杆菌 O157 检测的水平方法。

⑦ AOAC 996.10—2008 特定食品中大肠杆菌 O157：H7 酶联免疫检测法。

⑧ AOAC 2005.04—2011 特定食品中大肠杆菌 O157：H7 实时荧光 PCR 检测法。

⑨ AOAC 2005.05—2008 特定食品中大肠杆菌 O157：H7 志贺毒素基因实时荧光 PCR 检测法。

18.10.4　检验技术要点

传统培养方法检测大肠杆菌 O157：H7，该菌在山梨醇麦康凯琼脂上除了不发酵或迟缓发酵山梨醇，菌落形态与大肠埃希氏菌基本相同，还有其他一些血清型的大肠杆菌和变形杆菌、摩根菌属、爱德华菌属等革兰氏阴性菌也不发酵山梨醇。因此建议分离该菌时，使用选择性平板的同时使用显色培养基，可明显提高该菌的检出率。

大肠杆菌 O157：H7 初步分离后需要进一步进行血清学鉴定。因此血清的效价需要定期用标准菌株验证，否则效价降低或者失效的血清容易出现假阴性结果。此外，还可以使用乳胶凝集试剂。凡与 O157 单克隆抗体凝集达＋＋＋以上，再用 H7 血清凝集。由于宿主感染 EHEC 后一般都会诱发 LPS 抗体，所以血清学检测上都会检测 LPS 抗体。

此外，EHEC 的检测方法还有免疫磁珠法：将目标菌选择性增菌后加入 EHEC O157：H7 抗体包被的磁珠，培养 30min 后沉淀磁珠，从而分离该菌；胶体金免疫层析试纸检测法：用双抗体夹心法检测 O 抗原，该方法灵敏度高、操作简便、特异性强、结果准确、易于判读；酶联免疫法，通过连接在磁珠上的抗体及碱性磷酸酶标记抗体实现待测细菌的双抗体夹心检测。由于该方法高灵敏性和特异性，且与志贺氏菌、沙门氏菌和弯曲菌无交叉反应，现已广泛应用于该菌的检测；分子生物学检测方法，可直接以该菌的毒力基因如志贺样毒素基因

slts、对上皮细胞黏附和抹平力基因 eae、溶血素基因 hly 等为目的基因进行的多重实时荧光 PCR 方法检测方法，在检测 EHEC 的同时分析该菌是否携带毒力基因，对该菌的致病力分析提供了很好的技术支撑。

18.11 食品中霍乱弧菌的检验

霍乱弧菌是人体霍乱病原体，是一种古老且流行广泛的烈性传染病之一，曾在世界上多次引起大流行。该菌分为古典生物型和埃尔托生物型。

18.11.1 生物学特性

(1) 形态与染色

霍乱弧菌菌体大小为 (0.5～0.8)μm×(1.5～3)μm，从病人新分离出的细菌形态典型，呈弧型或逗点状。但经人工培养后，细菌常呈杆状而不易与肠道杆菌区别。革兰染色阴性。特殊结构有菌毛，无芽孢，有些菌株（包括 O139）有荚膜，在菌体一端有一根单鞭毛。若取病人米泔水样粪便或培养物做悬滴观察，细菌运动非常活泼，呈穿梭样或流星状。

(2) 培养特征

兼性厌氧，营养要求不高。生长繁殖的温度范围广（18～37℃），故可在外环境中生存。耐碱不耐酸，在 pH8.8～9.0 的碱性蛋白胨水或碱性琼脂平板上生长良好，可在无盐环境中生长，而其他致病性弧菌则不能。

(3) 典型菌落形态

TCBS 平板：较大的黄色圆形菌落；

庆大霉素平板：灰褐色中心菌落；

血琼脂平板：形成较大菌落，埃尔托生物型可形成 β-溶血。

(4) 生化反应

过氧化氢酶阳性，氧化酶阳性，能发酵很多常见的单糖、双糖和醇糖，如葡萄糖、蔗糖和甘露醇，产酸不产气；不分解阿拉伯胶糖；能还原硝酸盐，吲哚反应阳性。

(5) 血清分型

霍乱弧菌有耐热的 O 抗原和不耐热的 H 抗原。根据 O 抗原不同，现已有 155 个血清群，其中 O1 群、O139 群引起霍乱，其余的血清群分布于地面水中，可引起人类胃肠炎等疾病，但从未引起霍乱的流行。H 抗原无特异性，免疫扩散试验表明所有霍乱弧菌拥有相同的 H 抗原。

O1 群霍乱弧菌根据其菌体抗原由 3 种抗原因子 A、B、C 组成，又可分为 3 个血清型：小川型（ogawa）、稻叶型（inaba）和彦岛型（hikojima）。根据表型差异，O1 群霍乱弧菌的每一个血清型还可分为 2 个生物型，即古典生物型（classical biotype）和埃尔托生物型（El Tor biotype），因在埃及西奈半岛 El Tor 检疫站首次分离出而命名）。古典生物型不溶解羊红细胞，不凝集鸡红细胞，对 50IU 的多黏菌素敏感，可被第Ⅳ群噬菌体裂解，而 El Tor 弧菌则完全相反。

（6）毒素情况

霍乱肠毒素是目前已知的致泻毒素中最为强烈的毒素，肠毒素的典型代表。

（7）抵抗力

埃尔托生物型和其他非 O1 群霍乱弧菌在外环境中的生存力较古典型为强，在河水、井水及海水中可存活 1～3 周，有时还可越冬。本菌不耐酸，在正常胃酸中仅能存活 4min。55℃湿热 15min，100℃煮沸 1～2min，0.5mg/kg 氯 15min 可杀死霍乱弧菌。以 1∶4 比例加漂白粉处理病人排泄物或呕吐物，经 1h 可达到消毒目的。

18.11.2 流行病学特性

霍乱弧菌可引起烈性肠道传染病霍乱，为我国甲类法定传染病。病菌主要是通过污染的水源或食物经口摄入传播，人类是霍乱弧菌的唯一易感者，但较少发生人与人之间的直接传播。在正常胃酸条件下，需要进入大量的细菌（10^8CFU/mL）方能引起感染；当胃酸低时，10^3～10^5 个细菌便可发病。病菌主要黏附于肠黏膜表面并迅速繁殖，繁殖过程中产生肠毒素而致病。

O1 群霍乱弧菌感染可从无症状或轻型腹泻到严重的致死性腹泻，O139 群霍乱弧菌感染比 O1 群严重；古典生物型霍乱弧菌所致疾病较埃尔托生物型严重。病人在吞食细菌后 2～3d 突然出现剧烈腹泻和呕吐，由于大量水分和电解质丧失而导致身体失水，代谢性酸中毒，低碱血症和低容量性休克及心律不齐和肾衰竭，未经及时治疗死亡率可高达 60%，但若及时补充体液及电解质，死亡率可小于 1%。患者病愈后有些会短期带菌，一般不超过 2 周，个别埃尔托型病病愈后可带菌长达数月或数年之久。

18.11.3 相关检验标准

① SN/T 1022—2010 进出口食品中霍乱弧菌检验方法。

② SN/T 2425—2010 进出口食品中霍乱弧菌快速及鉴定检测方法 实时荧光 PCR 方法。

③ SN/T 2562—2010 食品中霍乱弧菌分群检测 MPCR-DHPLC 法。

④ SN/T 2754.11—2011 食品中产霍乱毒素的霍乱弧菌快速检测方法 恒温核酸扩增（LAMP）法。

⑤ ISO/TS21872-1：2007 食品和动物饲料的微生物学 潜在肠道致病性弧菌属检测的水平方法 第 1 部分：肠道致病性副溶血性弧菌、霍乱弧菌和创伤弧菌的检测。

⑥ ISO/TS 21872-2：2020 食品和动物饲料的微生物学 潜在肠道致病性弧菌属检测的水平方法 第 2 部分：用核酸杂交法对海产品中全部和潜在的肠道致病性副溶血性弧菌和霍乱弧菌的计数。

18.11.4 检验技术要点

传统方法检测时，霍乱弧菌为好氧性细菌，通常在碱性蛋白胨水表面生长并形成菌膜，因此在分离菌落时不要混匀增菌液，应直接挑取在肉汤表面生长的菌膜接种于选择性平板上。

快速检测方法，免疫胶体金技术、酶联免疫法等免疫学方法也比较成熟，成功制备霍乱弧菌的单克隆抗体，制备商品化的试剂条准确检测 O1 群与 O139 群霍乱弧菌；与其他食源性致病菌一样，多重荧光实时 PCR 方法可将霍乱弧菌的毒素基因 *ctx*、*tcp* 与其特异性基因如 *hly*、*rbf* 等组合作为目的基因，可克服由于毒力基因特异性不够而造成的假阳性，并且在确认霍乱弧菌的同时分析其是否携带毒力基因，也是对食源性疾病预防的一种有力监控手段。

由于霍乱弧菌为烈性致病菌，其古典生物型和埃尔托生物型均可成为流行株，因此对霍乱弧菌流行株的鉴别最终确认还是依靠噬菌体分型、溶原性、对溶原性噬菌体的敏感性、山梨醇发酵和溶血试验等。因此发现霍乱弧菌 O1 血清群和 O139 血清群的可疑菌株后需转送专业实验室进行生化核实。

参考文献

[1] 吴琳羚，毕亚萍，李丹. 微生物学检测技术在食品抗生素残留检测的研究应用 [J]. 2014，26 (5)：598-599.

[2] 郑兰兰，张君涛，李明凤，等. 猪伪狂犬病毒与猪圆环病毒 2 型二重 SYBR Green Ⅰ实时荧光 PCR 检测方法的建立 [J]. 中国兽医学报，2014，03：366-370，378.

[3] 冯建军，刘杰，王飞，等. PMA 结合实时荧光 PCR 进行玉米细菌性枯萎病菌细胞活性检测初步研究 [J]. 植物检疫，2014，02：27-32.

[4] 闫喜中，张锐，孟志刚，等. 实时荧光定量 PCR 法检测抗虫棉 Bt 基因拷贝数方法的建立 [J]. 安徽农业科学，2008，26：11376-11377.

[5] 陈诺，唐善虎，岑璐伽，等. 多重 PCR 技术在食品微生物检测中的应用进展 [J]. 中国畜牧兽医，2010，10：72-75.

[6] 卢行安，顾其芳，袁宝君，等. AOAC Petrifilm～（TM）菌落总数测试片法与食品中菌落总数测定国标方法的比较研究 [J]. 中国食品学报，2011，(03)：164-167.

[7] 郑海松，李刚，谢科，等. 进出口动物源性食品中志贺氏菌检验方法优化 [J]. 食品工业科技，2012，(06)：108-110，119.

[8] 吴林华，梅玲玲. 单增李斯特氏菌快速鉴定技术的研究 [J]. 东莞理工学院学报，2007，(01)：36-38.

[9] 刁琳琪，王伟，徐建国，等. 胶体金标记免疫层析法检测大肠杆菌 O157 [J]. 疾病监测，2007，(07)：438-440.

[10] 许如苏，林彩华，蔡颖，等. 沙门氏菌和大肠杆菌 O157：H7 双重荧光 PCR 检测方法的研究 [J]. 中国动物检疫，2008，(03)：20-23.
[11] 贺楠，雷质文，梁成珠，等. LAMP 方法检测霍乱弧菌的研究 [J]. 中国热带医学，2009，(01)：23-26.
[12] 徐德顺，沈月华，程平庆. 大肠杆菌 O157：H7 实时荧光 PCR 快速检测方法的建立 [J]. 上海预防医学杂志，2009，(04)：174-177.
[13] 赵波，马宗欣. 食品微生物检验样品的采集和制备 [J]. 肉类工业，2009，(05)：41-46.
[14] 杜洪利，张双双，欧旭，等. 金黄色葡萄球菌检测技术研究进展 [J]. 食品与发酵科技，2009，(05)：12-14.
[15] 徐义刚，李苏龙，李丹丹，等. DNA 环介导恒温扩增技术快速检测霍乱弧菌 [J]. 生物工程学报，2010，(03)：398-403.

附　录

一　中华人民共和国农业部公告第 2625 号《饲料添加剂安全使用规范》

为切实加强饲料添加剂管理，保障饲料和饲料添加剂产品质量安全，促进饲料工业和养殖业持续健康发展，根据《饲料和饲料添加剂管理条例》有关规定，我部对《饲料添加剂安全使用规范》（以下简称《规范》）进行了修订。现将有关事项公告如下。

一、各省、自治区、直辖市人民政府饲料管理部门实施饲料添加剂（混合型饲料添加剂除外）生产许可应遵守本《规范》规定，不得核发含量规格低于本《规范》或者生产工艺与本《规范》不一致的饲料添加剂生产许可证明文件。

二、饲料企业和养殖者使用饲料添加剂产品时，应严格遵守"在配合饲料或全混合日粮中的最高限量"规定，不得超量使用饲料添加剂；在实现满足动物营养需要、改善饲料品质等预期目标的前提下，应采取积极措施减少饲料添加剂的用量。

三、饲料企业和养殖者使用《饲料添加剂品种目录》中铁、铜、锌、锰、碘、钴、硒、铬等微量元素饲料添加剂时，含同种元素的饲料添加剂使用总量应遵守本《规范》中相应元素"在配合饲料或全混合日粮中的最高限量"规定。

四、仔猪（≤25kg）配合饲料中锌元素的最高限量为 110mg/kg，但在仔猪断奶后前两周特定阶段，允许在此基础上使用氧化锌或碱式氯化锌至 1600mg/kg（以锌元素计）。饲料企业生产仔猪断奶后前两周特定阶段配合饲料产品时，如在含锌 110mg/kg 基础上使用氧化锌或碱式氯化锌，应在标签显著位置标明"本品仅限仔猪断奶后前两周使用"，未标明但实际含量超过 110mg/kg 或者已标明但实际含量超过 1600mg/kg 的，按照超量使用饲料添加剂处理。

五、饲料企业和养殖者使用非蛋白氮类饲料添加剂，除应遵守本《规范》对单一品种的最高限量规定外，全混合日粮中所有非蛋白氮总量折算成粗蛋白当量不得超过日粮粗蛋白总量的 30%。

六、如无特殊说明，本《规范》"在配合饲料或全混合日粮中的推荐添加量""在配合饲料或全混合日粮中的最高限量"均以干物质含量 88%为基础计算，最高限量均包含饲料原料本底值。

七、如无特殊说明，添加剂预混合饲料、浓缩饲料、精料补充料产品中的"推荐添加量""最高限量"按其在配合饲料或全混合日粮中的使用比例折算。

八、本公告自 2018 年 7 月 1 日起施行。2009 年 6 月 18 日发布的《饲料添加剂安全使用规范》（农业部公告第 1224 号）同时废止。

特此公告。

农业部

2017 年 12 月 15 日

附件：

饲料添加剂安全使用规范

1. 氨基酸、氨基酸盐及其类似物 Amino acids，their salts and analogues

通用名称	英文名称	化学式或描述	来源	含量规格(%)		适用动物	在配合饲料或全混合日粮中的推荐用量(以氨基酸计,%)	在配合饲料或全混合日粮中的最高限量(以氨基酸计,%)	其他要求
				以氨基酸盐计	以氨基酸计				
L-赖氨酸盐酸盐	L-Lysine monohydrochloride	$NH_2(CH_2)_4CH(NH_2)COOH \cdot HCl$	发酵生产	≥98.5(以干基计)	≥78.8(以干基计)	养殖动物	0～0.5	—	—
L-赖氨酸硫酸盐及其发酵副产物(产自谷氨酸棒杆菌)	L-Lysine sulfate and its by-products from fermentation (Source: Corynebacterium glutamicum)	$[NH_2(CH_2)_4CH(NH_2)COOH]_2 \cdot H_2SO_4$	发酵生产	≥65.0(以干基计)	≥51.0(以干基计)	养殖动物	0～0.5	—	—
DL-蛋氨酸	DL-Methionine	$CH_3S(CH_2)_2CH(NH_2)COOH$	化学制备	—	≥98.5	养殖动物	0～0.2	鸡 0.9	—
L-苏氨酸	L-Threonine	$CH_3CH(OH)CH(NH_2)COOH$	发酵生产	—	≥97.5(以干基计)	养殖动物	畜禽 0～0.3 鱼类 0～0.3 虾类 0～0.8	—	—
L-色氨酸	L-Tryptophan	$(C_8H_5NH)CH_2CH(NH_2)COOH$	发酵生产	—	≥98.0	养殖动物	畜禽 0～0.1 鱼类 0～0.1 虾类 0～0.3	—	—

续表

通用名称	英文名称	化学式或描述	来源	含量规格（%）		适用动物	在配合饲料或全混合日粮中的推荐用量（以氨基酸计，%）	在配合饲料或全混合日粮中的最高限量（以氨基酸计，%）	其他要求
				以氨基酸盐计	以氨基酸计				
蛋氨酸羟基类似物	Methionine hydroxy analogue	$C_5H_{10}O_3S$	化学制备	—	≥88.0（以蛋氨酸羟基类似物计）	猪、鸡、牛和水产养殖动物	猪 0～0.11 鸡 0～0.21 牛 0～0.27 （以蛋氨酸羟基类似物计）	鸡 0.9（单独或同时使用，以蛋氨酸羟基类似物计）	—
蛋氨酸羟基类似物钙盐	Methionine hydroxy analogue calcium	$C_{10}H_{18}O_6S_2Ca$	化学制备	≥95.0（以干基计）	≥84.0（以蛋氨酸羟基类似物计，干基）		同上		
N-羟甲基蛋氨酸钙	*N*-Hydroxymethyl methionine calcium	$(C_6H_{12}NO_3S)_2Ca$	化学制备	≥98.0	≥67.6（以蛋氨酸计）	反刍动物	牛 0～0.14（以蛋氨酸计）	—	—

2. 维生素及类维生素 Vitamins，provitamins，chemically well defined substances having a similar biological effect to vitamins

通用名称	英文名称	化学式或描述	来源	含量规格		适用动物	在配合饲料或全混合日粮中的推荐添加量（以维生素计）	在配合饲料或全混合日粮中的最高限量（以维生素计）	其他要求
				以化合物计	以维生素计				
维生素 A 乙酸酯	Vitamin A acetate	$C_{22}H_{32}O_2$	化学制备	—	粉剂 ≥5.0×10^5IU/g 油剂 ≥2.5×10^6IU/g	养殖动物	猪 1300～4000IU/kg 肉鸡 2700～8000IU/kg 蛋鸡 1500～4000IU/kg	仔猪 16000IU/kg 育肥猪 6500IU/kg 怀孕母猪 12000IU/kg 泌乳母猪 7000IU/kg 犊牛 25000IU/kg 育肥和泌乳牛 10000IU/kg 干奶牛 20000IU/kg	—

续表

通用名称	英文名称	化学式或描述	来源	含量规格		适用动物	在配合饲料或全混合日粮中的推荐添加量（以维生素计）	在配合饲料或全混合日粮中的最高限量（以维生素计）	其他要求
				以化合物计	以维生素计				
维生素A乙酸酯	Vitamin A acetate	$C_{22}H_{32}O_2$	化学制备	—	粉剂 ≥5.0×10^5IU/g 油剂 ≥2.5×10^6IU/g	养殖动物	牛 2000～4000IU/kg 羊 1500～2400IU/kg 鱼类 1000～4000IU/kg	14日龄以前的蛋鸡和肉鸡 20000IU/kg 14日龄以后的蛋鸡和肉鸡 10000IU/kg 28日龄以前的肉用火鸡 20000IU/kg 28日龄以后的火鸡 10000IU/kg （单独或同时使用）	—
维生素A棕榈酸酯	Vitamin A palmitate	$C_{36}H_{60}O_2$	化学制备	—	粉剂 ≥2.5×10^5IU/g 油剂 ≥1.7×10^6IU/g	养殖动物	同上	同上	—
β-胡萝卜素	beta-Carotene	$C_{40}H_{56}$	提取、发酵生产或化学制备	≥96.0%	—	养殖动物	奶牛 5～30mg/kg（以β-胡萝卜素计）	—	—
盐酸硫胺（维生素B1）	Thiamine hydrochloride (Vitamin B1)	$C_{12}H_{17}ClN_4OS\cdot HCl$	化学制备	98.5%～101.0%（以干基计）	87.8%～90.0%（以干基计）	养殖动物	猪 1～5mg/kg 家禽 1～5mg/kg 鱼类 5～20mg/kg	—	—
硝酸硫胺（维生素B1）	Thiamine mononitrate (Vitamin B1)	$C_{12}H_{17}N_5O_4S$	化学制备	98.0%～101.0%（以干基计）	90.1%～92.8%（以干基计）	养殖动物	同上	—	—

续表

通用名称	英文名称	化学式或描述	来源	含量规格		适用动物	在配合饲料或全混合日粮中的推荐添加量（以维生素计）	在配合饲料或全混合日粮中的最高限量（以维生素计）	其他要求
				以化合物计	以维生素计				
核黄素（维生素 B2）	Riboflavin（Vitamin B2）	$C_{17}H_{20}N_4O_6$	化学制备或发酵生产	—	98.0%～102.0% 96.0%～102.0% ≥80.0%（以干基计）	养殖动物	猪 2～8mg/kg 家禽 2～8mg/kg 鱼类 10～25mg/kg	—	—
盐酸吡哆醇（维生素 B6）	Pyridoxine hydrochloride（Vitamin B6）	$C_8H_{11}NO_3 \cdot HCl$	化学制备	98.0%～101.0%（以干基计）	80.7%～83.1%（以干基计）	养殖动物	猪 1～3mg/kg 家禽 3～5mg/kg 鱼类 3～50mg/kg	—	—
氰钴胺（维生素 B12）	Cyanocobalamin（Vitamin B12）	$C_{63}H_{88}CoN_{14}O_{14}P$	发酵生产	—	≥96.0%（以干基计）	养殖动物	猪 5～33μg/kg 家禽 3～12μg/kg 鱼类 10～20μg/kg	—	—
L-抗坏血酸（维生素 C）	L-Ascorbic acid（Vitamin C）	$C_6H_8O_6$	化学制备或发酵生产	—	99.0%～101.0%	养殖动物	猪 150～300mg/kg 家禽 50～200mg/kg 犊牛 125～500mg/kg 罗非鱼、鲫鱼 —鱼苗 300mg/kg —鱼种 200mg/kg 青鱼、虹鳟鱼、蛙类 100～150mg/kg 草鱼、鲤鱼 300～500mg/kg	—	—
L-抗坏血酸钙	Calcium L-ascorbate	$C_{12}H_{14}CaO_{12} \cdot 2H_2O$	化学制备	≥98.0%	≥80.5%		同上	—	—

续表

通用名称	英文名称	化学式或描述	来源	含量规格		适用动物	在配合饲料或全混合日粮中的推荐添加量（以维生素计）	在配合饲料或全混合日粮中的最高限量（以维生素计）	其他要求
				以化合物计	以维生素计				
L-抗坏血酸钠	Sodium L-ascorbate	$C_6H_7NaO_6$	化学制备或发酵生产	≥99.0%（以干基计）	≥88.0%（以干基计）	养殖动物	同上	—	—
L-抗坏血酸-2-磷酸酯	L-Ascorbyl-2-polyphosphate	—	化学制备	—	≥35.0%		同上	—	—
L-抗坏血酸-6-棕榈酸酯	6-Palmityl-L-ascorbic acid	$C_{22}H_{38}O_7$	化学制备	≥95.0%	≥40.3%		同上	—	—
维生素 D2	Vitamin D2	$C_{28}H_{44}O$	化学制备	≥97.0%	≥4.0×10^7IU/g	养殖动物	猪 150～500IU/kg 牛 275～400IU/kg 羊 150～500IU/kg	猪 —仔猪代乳料 10000IU/kg —其他猪 5000IU/kg 家禽 5000IU/kg 牛 —犊牛代乳料 10000IU/kg —其他牛 4000IU/kg 羊、马 4000IU/kg 鱼类 3000IU/kg 其他动物 2000IU/kg	维生素 D2 与维生素 D3 不得同时使用
维生素 D3	Vitamin D3	$C_{27}H_{44}O$	化学制备或提取	—	油剂≥1.0×10^6IU/g 粉剂≥5.0×10^5IU/g	养殖动物	猪 150～500IU/kg 鸡 400～2000IU/kg 鸭 500～800IU/kg 鹅 500～800IU/kg 牛 275～450IU/kg 羊 150～500IU/kg 鱼类 500～2000IU/kg		
25-羟基胆钙化醇（25-羟基维生素 D3）	25-Hydroxy cholecalciferol（25-Hydroxy Vitamin D3）	$C_{27}H_{44}O_2 \cdot H_2O$	化学制备	≥94.0%	—	猪、家禽	猪 3.75～12.5μg/kg 鸡 10～50μg/kg 鸭、鹅 12.5～20μg/kg	猪 50μg/kg 肉鸡、火鸡 100μg/kg 其他家禽 80μg/kg	1. 不得与维生素 D2 同时使用； 2. 可与维生素 D3 同时使用，但两种物质在配合饲料中的总量不得超过：仔猪代乳料 250μg/kg，其他猪 125μg/kg，家禽 125μg/kg；同时使用时，按 40IU VD3＝1μg VD3 的比例换算 VD3 的使用量

续表

通用名称	英文名称	化学式或描述	来源	含量规格		适用动物	在配合饲料或全混合日粮中的推荐添加量（以维生素计）	在配合饲料或全混合日粮中的最高限量（以维生素计）	其他要求
				以化合物计	以维生素计				
天然维生素 E	Natural Vitamin E	从天然食用植物油的副产物中提取的天然生育酚	提取	1. d-α-生育酚：E70 型，总生育酚≥70.0%，其中 d-α-生育酚≥95.0%；E50 型，总生育酚≥50.0%，其中 d-α-生育酚≥95.0% 2. d-α-醋酸生育酚浓缩物：总生育酚≥70.0% 3. d-α-醋酸生育酚：总生育酚 96.0%～102.0% 4. d-α-琥珀酸生育酚：总生育酚 96.0%～102.0%	—	养殖动物	猪 10～100IU/kg 鸡 10～30IU/kg 鸭 20～50IU/kg 鹅 20～50IU/kg 牛 15～60IU/kg 羊 10～40IU/kg 鱼类 30～120IU/kg	—	—

续表

通用名称	英文名称	化学式或描述	来源	含量规格		适用动物	在配合饲料或全混合日粮中的推荐添加量（以维生素计）	在配合饲料或全混合日粮中的最高限量（以维生素计）	其他要求
				以化合物计	以维生素计				
DL-α-生育酚（维生素 E）	DL-α-Tocopherol (Vitamin E)	$C_{29}H_{50}O_2$	化学制备	—	96.0%～102.0%	养殖动物	同上	—	—
DL-α-生育酚乙酸酯（维生素 E）	DL-α-Tocopherol acetate (Vitamin E)	$C_{31}H_{52}O_3$	化学制备	油剂 ≥93.0% 粉剂 ≥50.0%	油剂 ≥930IU/g 粉剂 ≥500IU/g	养殖动物	同上	—	—
亚硫酸氢钠甲萘醌	Menadione sodium bisulfite (MSB)	$C_{11}H_8O_2 \cdot NaHSO_3 \cdot nH_2O$, $n=1 \sim 3$	化学制备	—	≥50.0%（以甲萘醌计）	养殖动物	猪 0.5mg/kg 鸡 0.4～0.6mg/kg 鸭 0.5mg/kg 水产动物 2～16mg/kg （以甲萘醌计）	—	—
二甲基嘧啶醇亚硫酸甲萘醌	Menadione dimethyl pyrimidinol bisulfite (MPB)	$C_{17}H_{18}N_2O_6S$	化学制备	≥96.7%	≥44.0%（以甲萘醌计）	养殖动物	同上	猪 10mg/kg 鸡 5mg/kg （以甲萘醌计）	—
亚硫酸氢烟酰胺甲萘醌	Menadione nicotinamide bisulfite (MNB)	$C_{17}H_{16}N_2O_6S$	化学制备	≥96.0%	≥43.7%（以甲萘醌计）	养殖动物	同上	—	—

续表

通用名称	英文名称	化学式或描述	来源	含量规格		适用动物	在配合饲料或全混合日粮中的推荐添加量（以维生素计）	在配合饲料或全混合日粮中的最高限量（以维生素计）	其他要求
				以化合物计	以维生素计				
烟酸	Nicotinic acid	$C_6H_5NO_2$	化学制备	—	99.0%～100.5%（以干基计）	养殖动物	仔猪 20～40mg/kg 生长肥育猪 20～30mg/kg 蛋雏鸡 30～40mg/kg 育成蛋鸡 10～15mg/kg 产蛋鸡 20～30mg/kg 肉仔鸡 30～40mg/kg 奶牛 50～60mg/kg(精料补充料) 鱼虾类 20～200mg/kg	—	—
烟酰胺	Niacinamide	$C_6H_6N_2O$	化学制备	—	≥99.0%		同上	—	—
D-泛酸钙	D-Calcium pantothenate	$C_{18}H_{32}CaN_2O_{10}$	化学制备	98.0%～101.0%（以干基计）	90.2%～92.9%（以干基计）	养殖动物	仔猪 10～15mg/kg 生长肥育猪 10～15mg/kg 蛋雏鸡 10～15mg/kg 育成蛋鸡 10～15mg/kg 产蛋鸡 20～25mg/kg 肉仔鸡 20～25mg/kg 鱼类 20～50mg/kg	—	—
DL-泛酸钙	DL-Calcium pantothenate	$C_{18}H_{32}CaN_2O_{10}$	化学制备	≥99.0%	≥45.5%	养殖动物	仔猪 20～30mg/kg 生长肥育猪 20～30mg/kg 蛋雏鸡 20～30mg/kg 育成蛋鸡 20～30mg/kg 产蛋鸡 40～50mg/kg 肉仔鸡 40～50mg/kg 鱼类 40～100mg/kg	—	—

续表

通用名称	英文名称	化学式或描述	来源	含量规格		适用动物	在配合饲料或全混合日粮中的推荐添加量（以维生素计）	在配合饲料或全混合日粮中的最高限量（以维生素计）	其他要求
				以化合物计	以维生素计				
叶酸	Folic acid	$C_{19}H_{19}N_7O_6$	化学制备	—	95.0%～102.0%（以干基计）	养殖动物	仔猪 0.6～0.7mg/kg 生长肥育猪 0.3～0.6mg/kg 雏鸡 0.6～0.7mg/kg 育成蛋鸡 0.3～0.6mg/kg 产蛋鸡 0.3～0.6mg/kg 肉仔鸡 0.6～0.7mg/kg 鱼类 1.0～2.0mg/kg	—	—
D-生物素	D-Biotin	$C_{10}H_{16}N_2O_3S$	化学制备	—	≥97.5%	养殖动物	猪 0.2～0.5mg/kg 蛋鸡 0.15～0.25mg/kg 肉鸡 0.2～0.3mg/kg 鱼类 0.05～0.15mg/kg	—	—
氯化胆碱	Choline chloride	$C_5H_{14}NOCl$	化学制备	水剂 ≥70.0%或 ≥75.0% 粉剂植物源性载体或植物源性载体为主的混合载体： ≥50.0%或 ≥60.0%或 ≥70.0% 二氧化硅为载体： ≥50.0% （粉剂以干基计）	水剂 ≥52.0%或 ≥55.0% 粉剂植物源性载体或植物源性载体为主的混合载体： ≥37.0%或 ≥44.0%或 ≥52.0% 二氧化硅为载体： ≥37.0% （粉剂以干基计）	养殖动物	猪 200～1300mg/kg 鸡 450～1500mg/kg 鱼类 400～1200mg/kg	—	用于奶牛时，产品应作保护处理

续表

通用名称	英文名称	化学式或描述	来源	含量规格		适用动物	在配合饲料或全混合日粮中的推荐添加量（以维生素计）	在配合饲料或全混合日粮中的最高限量（以维生素计）	其他要求
				以化合物计	以维生素计				
肌醇	Inositol	$C_6H_{12}O_6$	化学制备	—	≥97.0%（以干基计）	养殖动物	鲤科鱼 250～500mg/kg 鲑鱼、虹鳟 300～400mg/kg 鳗鱼 500mg/kg 虾类 200～300mg/kg	—	—
L-肉碱	L-Carnitine	$C_7H_{15}NO_3$	化学制备或发酵生产	—	97.0%～103.0%（以干基计）	养殖动物	猪 30～50mg/kg (乳猪 300～500mg/kg) 家禽 50～60mg/kg (1周龄内雏鸡 150mg/kg) 鲤鱼 5～10mg/kg 虹鳟 15～120mg/kg 鲑鱼 45～95mg/kg 其他鱼 5～100mg/kg (以 L-肉碱计)	猪 1000mg/kg 家禽 200mg/kg 鱼类 2500mg/kg （单独或同时使用，以 L-肉碱计）	—
L-肉碱盐酸盐	L-Carnitine hydrochloride	$C_7H_{15}NO_3 \cdot HCl$	化学制备或发酵生产	97.0%～103.0%（以干基计）	79.0%～83.8%（以干基计）		同上		
L-肉碱酒石酸盐	L-Carnitine-L-Tartrate	$C_{18}H_{36}N_2O_{12}$	化学制备	—	L-肉碱≥67.2% 酒石酸≥30.8% （以干基计）	宠物	按生产需要适量使用	犬 660mg/kg 成年猫（繁殖期除外）880mg/kg （以 L-肉碱计）	—

注：1. 使用维生素 A 也应遵守维生素 A 乙酸酯和维生素 A 棕榈酸酯的限量要求；

2. 由于测定方法存在精密度和准确度的问题，部分维生素类饲料添加剂的含量规格是范围值，若测量误差为正，则检测值可能超过 100%，故部分维生素类饲料添加剂含量规格出现超过 100%的情况。

3. 矿物元素及其络（螯）合物 Minerals and their complexes (or chelates)

3.1 微量元素 Trace minerals

元素	化合物通用名称	化合物英文名称	化学式或描述	来源	含量规格(%)		适用动物	在配合饲料或全混合日粮中的推荐添加量(以元素计,mg/kg)	在配合饲料或全混合日粮中的最高限量(以元素计,mg/kg)	其他要求
					以化合物计	以元素计				
铁：来自以下化合物	硫酸亚铁	Ferrous sulfate	$FeSO_4 \cdot H_2O$	化学制备	≥91.3	≥30.0	养殖动物	猪 40～100 鸡 35～120 牛 10～50 羊 30～50 鱼类 30～200	仔猪(断奶前) 250mg/头·日 家禽 750 牛 750 羊 500 宠物 1250 其他动物 750 (单独或同时使用)	—
			$FeSO_4 \cdot 7H_2O$		≥98.0	≥19.7				
	富马酸亚铁	Ferrous fumarate	$FeH_2C_4O_4$	化学制备	≥93.0	≥29.3		同上		
	柠檬酸亚铁	Ferrous citrate	$Fe_3(C_6H_5O_7)_2$	化学制备	—	≥16.5		同上		
	乳酸亚铁	Ferrous lactate	$C_6H_{10}FeO_6 \cdot 3H_2O$	化学制备或发酵生产	≥97.0	≥18.9		同上		
铜：来自以下化合物	硫酸铜	Copper sulfate	$CuSO_4 \cdot H_2O$	化学制备	≥98.5	≥35.7	养殖动物	猪 3～6 家禽 0.4～10 牛 10 羊 7～10 鱼类 3～6	仔猪(≤25kg)125 牛： —开始反刍之前的犊牛 15 —其他牛 30 绵羊 15 山羊 35 甲壳类动物 50 其他动物 25 (单独或同时使用)	—
			$CuSO_4 \cdot 5H_2O$		≥98.5	≥25.1				
	碱式氯化铜	Basic copper chloride	$Cu_2(OH)_3Cl$	化学制备	≥98.0	≥58.1		猪 2.6～5 鸡 0.3～8		

续表

元素	化合物通用名称	化合物英文名称	化学式或描述	来源	含量规格(%)		适用动物	在配合饲料或全混合日粮中的推荐添加量(以元素计,mg/kg)	在配合饲料或全混合日粮中的最高限量(以元素计,mg/kg)	其他要求
					以化合物计	以元素计				
锌:来自以下化合物	硫酸锌	Zinc sulfate	$ZnSO_4 \cdot H_2O$	化学制备	≥94.7	≥34.5	养殖动物	猪 40～80 肉鸡 55～120 蛋鸡 40～80 肉鸭 20～60 蛋鸭 30～60 鹅 60 肉牛 30 奶牛 40 鱼类 20～30 虾类 15	猪: —仔猪(≤25kg)110 —母猪 100 —其他猪 80 犊牛代乳料 180 水产动物 150 宠物 200 其他动物 120 (单独或同时使用)	在仔猪断奶后前两周特定阶段,允许在110mg/kg基础上使用氧化锌或碱式氯化锌至1600mg/kg(以配合饲料中Zn元素计)
			$ZnSO_4 \cdot 7H_2O$		≥97.3	≥22.0				
	氧化锌	Zinc oxide	ZnO	化学制备	≥95.0	≥76.3	养殖动物	猪 43～80 肉鸡 80～120 肉牛 30 奶牛 40		
	蛋氨酸锌络(螯)合物	Zinc methionine complex (chelate)	$Zn(C_5H_{10}NO_2S)_2$(摩尔比2:1)	化学制备(蛋氨酸与硫酸锌合成的摩尔比为2:1或1:1的产物)	—	锌≥17.2 蛋氨酸≥78.0 螯合率≥95	养殖动物	猪 42～80 肉鸡 54～120 肉牛 30 奶牛 40		
			$(C_5H_{10}NO_2SZn)HSO_4$(摩尔比1:1)		—	锌≥19.0 蛋氨酸≥42.0 螯合率≥35				

续表

元素	化合物通用名称	化合物英文名称	化学式或描述	来源	含量规格(%)		适用动物	在配合饲料或全混合日粮中的推荐添加量(以元素计,mg/kg)	在配合饲料或全混合日粮中的最高限量(以元素计,mg/kg)	其他要求
					以化合物计	以元素计				
锰:来自以下化合物	硫酸锰	Manganese sulfate	$MnSO_4 \cdot H_2O$	化学制备	≥98.0	≥31.8	养殖动物	猪 2～20 肉鸡 72～110 蛋鸡 40～85 肉鸭 40～90 蛋鸭 47～60 鹅 66 肉牛 20～40 奶牛 12 鱼类 2.4～13	鱼类 100 其他动物 150 (单独或同时使用)	—
	氧化锰	Manganese oxide	MnO	化学制备	≥99.0	≥76.6		猪 2～20 肉鸡 86～132		
	氯化锰	Manganese chloride	$MnCl_2 \cdot 4H_2O$	化学制备	≥98.0	≥27.2		猪 2～20 肉鸡 74～113		
碘:来自以下化合物	碘化钾	Potassium iodide	KI	化学制备	≥98.0 (以干基计)	≥74.9 (以干基计)	养殖动物	猪 0.14 家禽 0.1～1.0 牛 0.25～0.8 羊 0.1～2.0 水产动物 0.6～1.2	蛋鸡 5 奶牛 5 水产动物 20 其他动物 10 (单独或同时使用)	—
	碘酸钾	Potassium iodate	KIO_3	化学制备	≥99.0	≥58.7		同上		
	碘酸钙	Calcium iodate	$Ca(IO_3)_2 \cdot H_2O$	化学制备	≥95.0 [以 $Ca(IO_3)_2$ 计]	≥61.8		同上		

续表

元素	化合物通用名称	化合物英文名称	化学式或描述	来源	含量规格(%)		适用动物	在配合饲料或全混合日粮中的推荐添加量(以元素计,mg/kg)	在配合饲料或全混合日粮中的最高限量(以元素计,mg/kg)	其他要求
					以化合物计	以元素计				
钴:来自以下化合物	硫酸钴	Cobalt sulfate	$CoSO_4$	化学制备	≥98.0	≥37.2	养殖动物	牛、羊 0.1～0.3 鱼类 0～1	2 (单独或同时使用)	—
			$CoSO_4 \cdot H_2O$		≥96.5	≥33.0				
			$CoSO_4 \cdot 7H_2O$		≥97.5	≥20.5				
	氯化钴	Cobalt chloride	$CoCl_2 \cdot H_2O$	化学制备	≥98.0	≥39.1		同上		
			$CoCl_2 \cdot 6H_2O$		≥96.8	≥24.0				
	乙酸钴	Cobalt acetate	$Co(CH_3COO)_2$	化学制备	≥98.0	≥32.6		牛、羊 0.1～0.4 鱼类 0～1.2		
			$Co(CH_3COO)_2 \cdot 4H_2O$		≥98.0	≥23.1				
	碳酸钴	Cobalt carbonate	$CoCO_3$	化学制备	≥98.0	≥48.5	反刍动物	牛、羊 0.1～0.3		

续表

元素	化合物通用名称	化合物英文名称	化学式或描述	来源	含量规格(%)		适用动物	在配合饲料或全混合日粮中的推荐添加量(以元素计,mg/kg)	在配合饲料或全混合日粮中的最高限量(以元素计,mg/kg)	其他要求
					以化合物计	以元素计				
硒:来自以下化合物	亚硒酸钠	Sodium selenite	Na_2SeO_3	化学制备	≥98.0(以干基计)	≥44.7(以干基计)	养殖动物	畜禽 0.1～0.3 鱼类 0.1～0.3	0.5(单独或同时使用)	使用时应先制成预混剂,且标签上应标示最大硒含量
	酵母硒	Selenium yeast complex	酵母在含无机硒的培养基中发酵培养,将无机态硒转化生成有机硒	发酵生产	—	有机形态硒含量≥0.1		同上		产品需标示最大硒含量和有机硒含量,无机硒含量不得超过总硒的2.0%
铬:来自以下化合物	烟酸铬	Chromium nicotinate	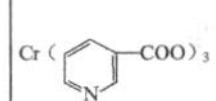	化学制备	≥98.0	≥12.0	猪	0～0.2	0.2(单独或同时使用)	饲料中铬的最高限量是指有机形态铬的添加限量
	吡啶甲酸铬	Chromium tripicolinate	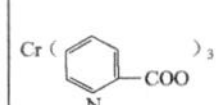	化学制备	≥98.0	12.2～12.4		同上		

3.2 常量元素 Macro minerals

元素	化合物通用名称	化合物英文名称	化学式或描述	来源	含量规格(%)		适用动物	在配合饲料或全混合日粮中的推荐添加量(%)	在配合饲料或全混合日粮中的最高限量(%)	其他要求
					以化合物计	以元素计				
钠:来自以下化合物	氯化钠	Sodium chloride	NaCl	天然盐加工制取	≥91.0	Na≥35.7 Cl≥55.2	养殖动物	猪 0.3～0.8 鸡 0.25～0.4 鸭 0.3～0.6 牛、羊 0.5～1.0 (以 NaCl 计)	猪 1.5 家禽 1.0 牛、羊 2.0 (以 NaCl 计)	—
	硫酸钠	Sodium sulfate	Na_2SO_4	天然盐加工制取或化学制备	≥99.0	Na≥32.0 S≥22.3		猪 0.1～0.3 肉鸡 0.1～0.3 鸭 0.1～0.3 牛、羊 0.1～0.4 (以 Na_2SO_4 计)	0.5 (以 Na_2SO_4 计)	本品有轻度致泻作用,反刍动物应注意维持适当的氮硫比
	磷酸二氢钠	Monosodium phosphate	NaH_2PO_4 $NaH_2PO_4 \cdot H_2O$ $NaH_2PO_4 \cdot 2H_2O$	化学制备	98.0～103.0 (以 NaH_2PO_4 计,干基)	Na≥18.7 P≥25.3 (以 NaH_2PO_4 计,干基)		猪 0～1.0 家禽 0～1.5 牛 0～1.6 淡水鱼 1.0～2.0 (以 NaH_2PO_4 计)	—	在畜禽饲料中较少使用,在鱼类饲料中适量添加还可补充饲料中的磷元素,使用时应考虑磷与钙的适当比例及钠元素的总量
	磷酸氢二钠	Disodium phosphate	Na_2HPO_4 $Na_2HPO_4 \cdot 2H_2O$ $Na_2HPO_4 \cdot 12H_2O$	化学制备	≥98.0 (以 Na_2HPO_4 计,干基)	Na≥31.7 P≥21.3 (以 Na_2HPO_4 计,干基)		猪 0.5～1.0 家禽 0.6～1.5 牛 0.8～1.6 淡水鱼 1.0～2.0 (以 Na_2HPO_4 计)	—	

续表

元素	化合物通用名称	化合物英文名称	化学式或描述	来源	含量规格（%）		适用动物	在配合饲料或全混合日粮中的推荐添加量（%）	在配合饲料或全混合日粮中的最高限量（%）	其他要求
					以化合物计	以元素计				
钙：来自以下化合物	轻质碳酸钙	Calcium carbonate	$CaCO_3$	化学制备	≥98.0（以干基计）	Ca≥39.2（以干基计）	养殖动物	猪 0.4～1.1 肉禽 0.6～1.0 蛋禽 0.8～4.0 牛 0.2～0.8 羊 0.2～0.7 （以 Ca 元素计）	—	摄取过多钙会导致钙磷比例失调并阻碍其他微量元素的吸收
	氯化钙	Calcium chloride	$CaCl_2$	化学制备	≥93.0	Ca≥33.5 Cl≥59.5		同上	—	
			$CaCl_2 \cdot 2H_2O$		99.0～107.0	Ca≥26.9 Cl≥47.8				
	乳酸钙	Calcium lactate	$C_6H_{10}O_6Ca$ $C_6H_{10}O_6Ca \cdot H_2O$ $C_6H_{10}O_6Ca \cdot 3H_2O$ $C_6H_{10}O_6Ca \cdot 5H_2O$	化学制备或发酵生产	≥97.0（以 $C_6H_{10}O_6Ca$ 计，干基）	Ca≥17.7（以 $C_6H_{10}O_6Ca$ 计，干基）		同上	—	

续表

元素	化合物通用名称	化合物英文名称	化学式或描述	来源	含量规格(%) 以化合物计	含量规格(%) 以元素计	适用动物	在配合饲料或全混合日粮中的推荐添加量(%)	在配合饲料或全混合日粮中的最高限量(%)	其他要求
磷：来自以下化合物	磷酸氢钙	Dicalcium phosphate	$CaHPO_4 \cdot 2H_2O$	化学制备	—	总 P≥16.5 Ca≥20.0 总 P≥19.0 Ca≥15.0 总 P≥21.0 Ca≥14.0	养殖动物	猪 0～0.55 肉禽 0～0.45 蛋禽 0～0.4 牛 0～0.38 羊 0～0.38 淡水鱼 0～0.6 (以 P 元素计)	—	水产饲料中使用磷时应注意用量，避免水体污染
	磷酸二氢钙	Monocalcium phosphate	$Ca(H_2PO_4)_2 \cdot H_2O$	化学制备	—	总 P≥22.0 Ca≥13.0		同上	—	
	磷酸三钙	Tricalcium phosphate	$Ca_3(PO_4)_2$	化学制备	—	总 P≥18.0 Ca≥30.0		同上	—	
镁：来自以下化合物	氧化镁	Magnesium oxide	MgO	化学制备	≥96.5	Mg≥57.9	养殖动物	泌乳牛羊 0～0.5 (以 MgO 计)	泌乳牛羊 1.0 (以 MgO 计)	—
	氯化镁	Magnesium chloride	$MgCl_2 \cdot 6H_2O$	化学制备	≥98.0	Mg≥11.6 Cl≥34.3		猪 0～0.04 家禽 0～0.06 牛 0～0.4 羊 0～0.2 淡水鱼 0～0.06 (以 Mg 元素计)	猪 0.3 家禽 0.3 牛 0.5 羊 0.5 (单独或同时使用，以 Mg 元素计)	大剂量使用会导致腹泻，注意镁和钾的比例
	硫酸镁	Magnesium sulfate	$MgSO_4 \cdot H_2O$	化学制备或从苦卤中提取	≥94.0	Mg≥16.5		同上		—
			$MgSO_4 \cdot 7H_2O$		≥99.0	Mg≥9.7				

4. 非蛋白氮 Non-protein nitrogen

通用名称	英文名称	化学式或描述	来源	含量规格(%)		适用动物	在配合饲料或全混合日粮中的推荐添加量(以化合物计,%)	在配合饲料或全混合日粮中的最高限量(以化合物计,%)	其他要求
				以化合物计	以元素计				
尿素	Urea	$CO(NH_2)_2$	化学制备	≥98.6(以干基计)	N≥46.0(以干基计)	反刍动物	肉牛、羊 0～1.0 奶牛 0～0.6	1.0	—
硫酸铵	Ammonium sulfate	$(NH_4)_2SO_4$	化学制备	≥99.0	N≥21.0 S≥24.0	反刍动物	肉牛 0～0.3 奶牛、羊 0～1.2	1.5	—
磷酸二氢铵	Mono ammonium phosphate	$NH_4H_2PO_4$	化学制备	≥96.0	N≥11.6	反刍动物	肉牛、奶牛 0～1.5 羊 0～1.2	2.6	—
磷酸氢二铵	Diammonium phosphate	$(NH_4)_2HPO_4$	化学制备	—	N≥19.0 P:22.3～23.1	反刍动物	肉牛 0～1.5 奶牛、羊 0～1.2	1.5	—
磷酸脲	Urea phosphate	$CO(NH_2)_2H_3PO_4$	化学制备	—	N≥16.5 P≥18.5	反刍动物	肉牛 0～1.4 奶牛 0～1.5 羊 0～1.6	1.8	—
氯化铵	Ammonium chloride	NH_4Cl	化学制备	—	N≥25.6	反刍动物	按生产需要适量使用	1.0	—
碳酸氢铵	Ammonium bicarbonate	NH_4HCO_3	化学制备	≥99.0	N≥17.5	反刍动物	秸秆氨化:0～12.0	—	1. 仅限于反刍动物粗饲料秸秆的氨化处理; 2. 液氨根据粗饲料特性可直接使用,也可配制成氨水使用;

续表

通用名称	英文名称	化学式或描述	来源	含量规格(%)		适用动物	在配合饲料或全混合日粮中的推荐添加量(以化合物计,%)	在配合饲料或全混合日粮中的最高限量(以化合物计,%)	其他要求
				以化合物计	以元素计				
液氨	Liquid ammonia	NH_3	化学制备	≥99.6	—	反刍动物	秸秆氨化:0～3.0	—	3. 氨化秸秆用量在反刍动物日粮中不得超过20%

注：1. 非蛋白氮类产品适用于瘤胃功能发育基本完成的反刍动物，通常牛6月龄以上，羊3月龄以上；
2. 非蛋白氮类产品应混合到日粮中使用，且用量应逐步增加；不宜与生豆饼混合饲喂，饲喂后动物不能立即饮水；
3. 尿素可与谷物或其他碳水化合物在一定温度、压力、湿度条件下制成糊化淀粉尿素使用；
4. 使用非蛋白氮类产品时，日粮应含有较高水平的可消化糖类和较低水平的可溶性氮，并注意日粮中氮与磷、氮与硫的平衡；
5. 全混合日粮中所有非蛋白氮总量折算成粗蛋白当量不得超过日粮粗蛋白总量的30%；
6. 在配合饲料或全混合日粮中的推荐添加量和最高限量以干物质为基础计算。

5. 抗氧化剂 Antioxidants

通用名称	英文名称	化学式或描述	来源	含量规格(%)	适用动物	在配合饲料或全混合日粮中的推荐添加量(以化合物计,mg/kg)	在配合饲料或全混合日粮中的最高限量(以化合物计,mg/kg)	其他要求
乙氧基喹啉	Ethoxyquin	$C_{14}H_{19}NO$	化学制备	≥95.0	养殖动物(犬除外)	按生产需要适量使用	150	1. 同时使用时，在配合饲料或全混合日粮中的总量不得超过150mg/kg； 2. 单独或同时在饲用油脂中使用时，总量不得超过200mg/kg(以油脂中的含量计)
					犬	按生产需要适量使用	100	

续表

通用名称	英文名称	化学式或描述	来源	含量规格（%）	适用动物	在配合饲料或全混合日粮中的推荐添加量（以化合物计，mg/kg）	在配合饲料或全混合日粮中的最高限量（以化合物计，mg/kg）	其他要求
丁基羟基茴香醚	Butylated hydroxyanisole (BHA)	$C_{11}H_{16}O_2$	化学制备	≥98.5	养殖动物	按生产需要适量使用	150	1. 同时使用时，在配合饲料或全混合日粮中的总量不得超过150mg/kg； 2. 单独或同时在饲用油脂中使用时，总量不得超过200mg/kg（以油脂中的含量计）
二丁基羟基甲苯	Butylated hydroxytoluene (BHT)	$C_{15}H_{24}O$	化学制备	≥99.0	养殖动物	按生产需要适量使用	150	
没食子酸丙酯	Propyl gallate	$C_{10}H_{12}O_5$	化学制备	≥98.0	养殖动物	按生产需要适量使用	100	
叔丁基对苯二酚	Tertiary butyl hydroquinone (TBHQ)	$C_{10}H_{14}O_2$	化学制备	≥99.0	养殖动物	按生产需要适量使用	150	
茶多酚	Tea polyphenol	从茶叶（Camellia sinensis L.）中提取的以儿茶素为主要成分的多酚类化合物	提取	茶多酚≥30.0	养殖动物	按生产需要适量使用	—	标签中应同时标示儿茶素类的分析保证值
维生素E（天然维生素E）	Natural Vitamin E	从天然食用植物油的副产物中提取的天然生育酚，包括d-α-生育酚、d-β-生育酚、d-γ-生育酚、d-δ-生育酚等	提取	1. d-α-生育酚：E70型，总生育酚≥70.0，其中d-α-生育酚≥95.0；E50型，总生育酚≥50.0，其中d-α-生育酚≥95.0 2. 混合生育酚浓缩物：总生育酚≥50.0，其中d-β-生育酚、d-γ-生育酚和d-δ-生育酚≥80.0	养殖动物	按生产需要适量使用	—	—

续表

通用名称	英文名称	化学式或描述	来源	含量规格（%）	适用动物	在配合饲料或全混合日粮中的推荐添加量（以化合物计，mg/kg）	在配合饲料或全混合日粮中的最高限量（以化合物计，mg/kg）	其他要求
维生素 E（DL-α-生育酚）	DL-α-Tocopherol	$C_{29}H_{50}O_2$	化学制备	96.0～102.0	养殖动物	按生产需要适量使用	—	—
L-抗坏血酸-6-棕榈酸酯	6-Palmityl-L-ascorbic acid	$C_{22}H_{38}O_7$	化学制备	≥95.0	养殖动物	按生产需要适量使用	—	—
迷迭香提取物	Rosemary extract	以迷迭香（*Rosmarinus officinalis* L.）的茎叶为原料，经溶剂提取或超临界二氧化碳萃取精制而得	提取	脂溶性产品：总抗氧化成分（以鼠尾草酸和鼠尾草酚计）≥10.0 水溶性产品：迷迭香酸≥5.0	宠物	按生产需要适量使用	—	若提取溶剂为正己烷或甲醇时，正己烷残留≤25mg/kg，甲醇残留≤50mg/kg

6. 着色剂 Coloring agents

通用名称	英文名称	化学式或描述	来源	含量规格（%）	适用动物	在配合饲料中的推荐添加量（以化合物计，mg/kg）	在配合饲料中的最高限量（以化合物计，mg/kg）	其他要求
β-胡萝卜素	beta-carotene	$C_{40}H_{56}$	提取、发酵生产或化学制备	≥96.0	家禽	按生产需要适量使用	—	—

续表

通用名称	英文名称	化学式或描述	来源	含量规格（%）	适用动物	在配合饲料中的推荐添加量（以化合物计，mg/kg）	在配合饲料中的最高限量（以化合物计，mg/kg）	其他要求
辣椒红	Paprika red	有效成分为辣椒红素（Capsanthin，$C_{40}H_{56}O_3$）和辣椒玉红素（Capsorubin，$C_{40}H_{56}O_4$）	提取	类胡萝卜素总量≥7.0，其中辣椒红素和辣椒玉红素总量占类胡萝卜素总量≥30	家禽	按生产需要适量使用	80 （以辣椒红素计）	同时使用时，在配合饲料中的总量不得超过80mg/kg
β-阿朴-8′-胡萝卜素醛	beta-apo-8′-carotenal	$C_{30}H_{40}O$	化学制备	≥96	家禽	按生产需要适量使用	80	
β-阿朴-8′-胡萝卜素酸乙酯	beta-apo-8′-carotenoic acid ethyl Ester	$C_{32}H_{44}O_2$	化学制备	≥96	家禽	按生产需要适量使用	80	
β,β-胡萝卜素-4,4-二酮（斑蝥黄）	β,β-carotene-4,4-diketone (Canthaxanthin)	$C_{40}H_{52}O_2$	化学制备	≥96	家禽	按生产需要适量使用	肉禽：25 蛋禽：8	
天然叶黄素（源自万寿菊）	Natural xanthophyll (Marigold extract)	以万寿菊（*Tagetes erecta* L.）中脂溶性提取物为原料经皂化制得，主要着色物质包括叶黄素（lutein）和玉米黄质（zeaxanthin）	提取	叶黄素和玉米黄质总量≥18.0	家禽、水产养殖动物	按生产需要适量使用	80 （以叶黄素和玉米黄质总量计）	

续表

通用名称	英文名称	化学式或描述	来源	含量规格（%）	适用动物	在配合饲料中的推荐添加量（以化合物计，mg/kg）	在配合饲料中的最高限量（以化合物计，mg/kg）	其他要求
虾青素	Astaxanthin	$C_{40}H_{52}O_4$	化学制备	≥96	水产养殖动物、观赏鱼	按生产需要适量使用	鱼（除观赏鱼外）：100 虾、蟹等甲壳类动物：200 （单独或同时使用，以虾青素计）	鱼龄6个月以后使用
红法夫酵母	Xanthophyllomyces dendrorhous (Anamorph Phaffia rhodozyma)	干燥、灭活的红法夫酵母，富含虾青素（$C_{40}H_{52}O_4$）	发酵生产	≥0.4（以虾青素计）				
柠檬黄	Tartrazine	$C_{16}H_9N_4Na_3O_9S_2$	化学制备	≥87.0	宠物	按生产需要适量使用	—	—
日落黄	Sunset yellow	$C_{16}H_{10}N_2Na_2O_7S_2$	化学制备	≥87.0	宠物	按生产需要适量使用	—	—
诱惑红	Allura red	$C_{18}H_{14}N_2Na_2O_8S_2$	化学制备	≥85.0	宠物	按生产需要适量使用	—	—
胭脂红	Ponceau 4R	$C_{20}H_{11}N_2Na_3O_{10}S_3 \cdot 1.5H_2O$	化学制备	≥85.0	宠物	按生产需要适量使用	—	—
靛蓝	Indigotine	$C_{16}H_8N_2Na_2O_8S_2$	化学制备	≥85.0	宠物	按生产需要适量使用	—	—
赤藓红	Erythrosine	$C_{20}H_6I_4Na_2O_5 \cdot H_2O$	化学制备	≥85.0	宠物	按生产需要适量使用	—	—
二氧化钛	Titanium dioxide	TiO_2	化学制备	≥98.5	宠物	按生产需要适量使用	—	—

续表

通用名称	英文名称	化学式或描述	来源	含量规格（%）	适用动物	在配合饲料中的推荐添加量（以化合物计，mg/kg）	在配合饲料中的最高限量（以化合物计，mg/kg）	其他要求
焦糖色（亚硫酸铵法）	Caramel colour classⅣ (ammonia sulphite process)	以蔗糖、淀粉糖浆、木糖母液等为原料，采用亚硫酸铵法制得	化学制备	$E_{1cm}^{0.1\%}$（610nm）0.01～1.00	宠物	按生产需要适量使用	—	—
苋菜红	Amaranth	$C_{20}H_{11}N_2Na_3O_{10}S_3$	化学制备	≥85.0	宠物、观赏鱼	按生产需要适量使用	—	—
亮蓝	Brilliant blue	$C_{37}H_{34}N_2Na_2O_9S_3$	化学制备	≥85.0	宠物、观赏鱼	按生产需要适量使用	—	—

7. 调味和诱食物质（甜味物质）Flavouring and appetising substances (sweetening substances)

通用名称	英文名称	化学式或描述	来源	含量规格（%）	适用动物	在配合饲料或全混合日粮中的推荐添加量（以化合物计，mg/kg）	在配合饲料或全混合日粮中的最高限量（以化合物计，mg/kg）	其他要求
糖精	Saccharin	$C_7H_5NO_3S$	化学制备	≥99.0（以干基计）	猪	按生产需要适量使用	150	同时使用时，在配合饲料中的总量不得超过150mg/kg
糖精钙	Calcium saccharin	$C_{14}H_8CaN_2O_6S_2$	化学制备	≥99.0（以干基计）	猪	按生产需要适量使用	150	
新甲基橙皮苷二氢查耳酮	Neohesperidin dihydrochalcone	$C_{28}H_{36}O_{15}$	化学制备	≥96.0（以干基计）	猪	按生产需要适量使用	35	—

续表

通用名称	英文名称	化学式或描述	来源	含量规格(%)	适用动物	在配合饲料或全混合日粮中的推荐添加量(以化合物计,mg/kg)	在配合饲料或全混合日粮中的最高限量(以化合物计,mg/kg)	其他要求
索马甜	Thaumatin	以非洲竹竽(Thaumatococcus daniellii)成熟果实假种皮为原料,经水提获得,以索马甜蛋白Ⅰ(TⅠ)和索马甜蛋白Ⅱ(TⅡ)为主要成分	提取	≥93.0	养殖动物	0～5	—	—

注:糖精钠($C_7H_4NNaO_3S$)的使用要求与糖精、糖精钙一致,与糖精、糖精钙同时使用时,在配合饲料中的总量不得超过150mg/kg。

8. 黏结剂、抗结块剂、稳定剂和乳化剂 Binders, anticaking, stabilizing and emulsifying agents

通用名称	英文名称	化学式或描述	来源	含量规格(%)	适用动物	在配合饲料或全混合日粮中的推荐添加量(以化合物计,mg/kg)	在配合饲料或全混合日粮中的最高限量(以化合物计,mg/kg)	其他要求
卡拉胶	Carrageenan	以红藻(Rhodophyceae)类植物为原料,经水或碱液提取、加工而成的K(Kappa)、I(Iota)、λ(Lambda)三种基本型号卡拉胶的混合物	化学制备	硫酸酯(以 SO_4 计)15～40 黏度≥0.005Pa·s	宠物	按生产需要适量使用	—	—
决明胶	Cassia gum	以豆科植物决明(Cassia tora或Cassia obtusifolia)种子的胚乳为原料,经萃取加工制得,主要含半乳甘露聚糖,即包含甘露糖线性主链和半乳糖侧链的聚合物,其中甘露糖和半乳糖的比例约为5:1	提取	半乳甘露聚糖≥75	宠物	按生产需要适量使用	17600	仅用于水分含量超过20%的宠物饲料

续表

通用名称	英文名称	化学式或描述	来源	含量规格(%)	适用动物	在配合饲料或全混合日粮中的推荐添加量(以化合物计,mg/kg)	在配合饲料或全混合日粮中的最高限量(以化合物计,mg/kg)	其他要求
刺槐豆胶	Carob bean gum	以刺槐豆种子 Ceratonia siliqua(L.) Taub.(Fam. Leguminosae)的胚乳或胚乳粉为原料经加工制得,主要由半乳甘露聚糖组成,其中甘露糖和半乳糖的比例约为 4∶1	提取	—	宠物	按生产需要适量使用	—	—
果胶	Pectin	以柚子、柠檬、柑橘、苹果等水果的果皮或果渣以及其他适当的可食用的植物为原料,经提取、精制而得	提取	总半乳糖醛酸≥65	宠物	按生产需要适量使用	—	—
微晶纤维素	Microcrystalline cellulose	以纤维植物为原料,与无机酸捣成浆状,制成 α-纤维素,再经处理使纤维素作部分解聚,然后再除去非结晶部分并提纯而得,聚合度通常不超过 400,分子式:$(C_6H_{10}O_5)_n$	化学制备	碳水化合物含量(以纤维素计)≥97.0(以干基计)	宠物	按生产需要适量使用	—	—
辛烯基琥珀酸淀粉钠	Starch sodium octenylsuccinate	以淀粉与辛烯基琥珀酸酐经酯化,同时可能经过酶处理、糊精化、酸处理、漂白处理而制得的蒸煮或预糊化辛烯基琥珀酸淀粉钠	化学制备	辛烯基琥珀酸基团≤3.0,二氧化硫残留量≤50mg/kg(谷物)≤10mg/kg(其他)	养殖动物	按生产需要适量使用	—	—
二氧化硅(沉淀并经干燥的硅酸)	Silicon dioxide (Silicic acid, precipitated and dried)	SiO_2	化学制备	≥96.0(灼烧后)	养殖动物	按生产需要适量使用	20000	—

二 中华人民共和国农业部、卫生部、国家药品监督管理局（农业部公告第176号）《禁止在饲料和动物饮用水中使用的药物品种目录》

为加强饲料、兽药和人用药品管理，防止在饲料生产、经营、使用和动物饮用水中超范围、超剂量使用兽药和饲料添加剂，杜绝滥用违禁药品的行为，根据《饲料和饲料添加剂管理条例》、《兽药管理条例》、《药品管理法》的有关规定，现公布《禁止在饲料和动物饮用水中使用的药物品种目录》，并就有关事项公告如下：

一、凡生产、经营和使用的营养性饲料添加剂和一般饲料添加剂，均应属于《允许使用的饲料添加剂品种目录》（农业部第105号公告）中规定的品种及经审批公布的新饲料添加剂，生产饲料添加剂的企业需办理生产许可证和产品批准文号，新饲料添加剂需办理新饲料添加剂证书，经营企业必须按照《饲料和饲料添加剂管理条例》第十六条、第十七条、第十八条的规定从事经营活动，不得经营和使用未经批准生产的饲料添加剂。

二、凡生产含有药物饲料添加剂的饲料产品，必须严格执行《饲料药物添加剂使用规范》（农业部168号公告，以下简称《规范》）的规定，不得添加《规范》附录二中的饲料药物添加剂。凡生产含有《规范》附录一中的饲料药物添加剂的饲料产品，必须执行《饲料标签》标准的规定。

三、凡在饲养过程中使用药物饲料添加剂，需按照《规范》规定执行，不得超范围、超剂量使用药物饲料添加剂。使用药物饲料添加剂必须遵守休药期、配伍禁忌等有关规定。

四、人用药品的生产、销售必须遵守《药品管理法》及相关法规的规定。未办理兽药、饲料添加剂审批手续的人用药品，不得直接用于饲料生产和饲养过程。

五、生产、销售《禁止在饲料和动物饮用水中使用的药物品种目录》所列品种的医药企业或个人，违反《药品管理法》第四十八条规定，向饲料企业和养殖企业（或个人）销售的，由药品监督管理部门按照《药品管理法》第七十四条的规定给予处罚；生产、销售《禁止在饲料和动物饮用水中使用的药物品种目录》所列品种的兽药企业或个人，向饲料企业销售的，由兽药行政管理部门按照《兽药管理条例》第四十二条的规定给予处罚；违反《饲料和饲料添加剂管理条例》第十七条、第十八条、第十九条规定，生产、经营、使用《禁止在饲料和动物饮用水中使用的药物品种目录》所列品种的饲料和饲料添加剂生产企业或个人，由饲料管理部门按照《饲料和饲料添加剂管理条例》第二十五条、第二十八条、第二十九条的规定给予处罚。其他单位和个人生产、经营、使用《禁止在饲料和动物饮用水中使用的药物品种目录》所列品种，用于饲料生产和饲养过程中的，上述有关部门按照谁发现谁查处的原则，依据各自法律法规予以处罚；构成犯罪的，要移送司法机关，依法追究刑事责任。

六、各级饲料、兽药、食品和药品监督管理部门要密切配合，协同行动，加大对饲料生产、经营、使用和动物饮用水中非法使用违禁药物违法行为的打击力度。要加快制定并完善饲料安全标准及检测方法、动物产品有毒有害物质残留标准及检测方法，为行政执法提供技术依据。

七、各级饲料、兽药和药品监督管理部门要进一步加强新闻宣传和科普教育。要将查处饲料和饲养过程中非法使用违禁药物列为宣传工作重点，充分利用各种新闻媒体宣传饲料、兽药和人用药品的管理法规，追踪大案要案，普及饲料、饲养和安全使用兽药知识，努力提高社会各方面对兽药使用管理重要性的认识，为降低药物残留危害，保证动物性食品安全创造良好的外部环境。

中华人民共和国农业部
中华人民共和国卫生部
国家药品监督管理局
二〇〇二年二月九日

附件：《禁止在饲料和动物饮用水中使用的药物品种目录》

序号	药物名称	备注
	一、肾上腺素受体激动剂	
1	盐酸克仑特罗(Clenbuterol Hydrochloride)	中华人民共和国药典(以下简称药典)2000年二部P605。β2肾上腺素受体激动药
2	沙丁胺醇(Salbutamol)	药典2000年二部P316。β2肾上腺素受体激动药
3	硫酸沙丁胺醇(Salbutamol Sulfate)	药典2000年二部P870。β2肾上腺素受体激动药
4	莱克多巴胺(Ractopamine)	一种β兴奋剂，美国食品和药物管理局(FDA)已批准，中国未批准
5	盐酸多巴胺(Dopamine Hydrochloride)	药典2000年二部P591。多巴胺受体激动药
6	西巴特罗(Cimaterol)	美国氰胺公司开发的产品，一种β兴奋剂，FDA未批准
7	硫酸特布他林(Terbutaline Sulfate)	药典2000年二部P890。β2肾上腺受体激动药
	二、性激素	
8	己烯雌酚(Diethylstibestrol)	药典2000年二部P42。雌激素类药
9	雌二醇(Estradiol)	药典2000年二部P1005。雌激素类药
10	戊酸雌二醇(Estradiol Valcrate)	药典2000年二部P124。雌激素类药
11	苯甲酸雌二醇(Estradiol Benzoate)	药典2000年二部P369。雌激素类药。中华人民共和国兽药典(以下简称兽药典)2000年版一部P109。雌激素类药。用于发情不明显动物的催情及胎衣滞留、死胎的排除
12	氯烯雌醚(Chlorotrianisene)	药典2000年二部P919
13	炔诺醇(Ethinylestradiol)	药典2000年二部P422
14	炔诺醚(Quinestml)	药典2000年二部P424
15	醋酸氯地孕酮(Chlormadinone acetate)	药典2000年二部P1037
16	左炔诺孕酮(Levonorgestrel)	药典2000年二部P107

续表

序号	药物名称	备注
17	炔诺酮(Norethisterone)	药典 2000 年二部 P420
18	绒毛膜促性腺激素(绒促性素)(Chorionic Conadotrophin)	药典 2000 年二部 P534。促性腺激素药。兽药典 2000 年版一部 P146。激素类药。用于性功能障碍、习惯性流产及卵巢囊肿等
19	促卵泡生长激素(尿促性素主要含卵泡刺激 FSHT 和黄体生成素 LH)(Menotropins)	药典 2000 年二部 P321。促性腺激素类药
	三、蛋白同化激素	
20	碘化酪蛋白(Iodinated Casein)	蛋白同化激素类,为甲状腺素的前驱物质,具有类似甲状腺素的生理作用
21	苯丙酸诺龙及苯丙酸诺龙注射液(Nandrolone phenylpro pionate)	药典 2000 年二部 P365
	四、精神药品	
22	(盐酸)氯丙嗪(Chlorpromazine Hydrochloride)	药典 2000 年二部 P676。抗精神病药。兽药典 2000 年版一部 P177。镇静药。用于强化麻醉以及使动物安静等
23	盐酸异丙嗪(Promethazine Hydrochloride)	药典 2000 年二部 P602。抗组胺药。兽药典 2000 年版一部 P164。抗组胺药。用于变态反应性疾病,如荨麻疹、血清病等
24	安定(地西泮)(Diazepam)	药典 2000 年二部 P214。抗焦虑药、抗惊厥药。兽药典 2000 年版一部 P61。镇静药、抗惊厥药
25	苯巴比妥(Phenobarbital)	药典 2000 年二部 P362。镇静催眠药、抗惊厥药。兽药典 2000 年版一部 P103。巴比妥类药。缓解脑炎、破伤风、士的宁中毒所致的惊厥
26	苯巴比妥钠(Phenobarbital Sodium)	兽药典 2000 年版一部 P105。巴比妥类药。缓解脑炎、破伤风、士的宁中毒所致的惊厥
27	巴比妥(Barbital)	兽药典 2000 年版二部 P27。中枢抑制和增强解热镇痛
28	异戊巴比妥(Amobarbital)	药典 2000 年二部 P252。催眠药、抗惊厥药
29	异戊巴比妥钠(Amobarbital Sodium)	兽药典 2000 年版一部 P82。巴比妥类药。用于小动物的镇静、抗惊厥和麻醉
30	利血平(Reserpine)	药典 2000 年二部 P304。抗高血压药
31	艾司唑仑(Estazolam)	
32	甲丙氨酯(Mcprobamate)	
33	咪达唑仑(Midazolam)	
34	硝西泮(Nitrazepam)	
35	奥沙西泮(Oxazcpam)	
36	匹莫林(Pemoline)	
37	三唑仑(Triazolam)	
38	唑吡旦(Zolpidem)	

续表

序号	药物名称	备注
39	其他国家管制的精神药品	
	五、各种抗生素滤渣	
40	抗生素滤渣	该类物质是抗生素类产品生产过程中产生的工业三废，因含有微量抗生素成分，在饲料和饲养过程中使用后对动物有一定的促生长作用。但对养殖业的危害很大，一是容易引起耐药性，二是由于未做安全性试验，存在各种安全隐患

三 中华人民共和国农业部公告 193 号《食品动物禁用的兽药及其它化合物清单》

为保证动物源性食品安全，维护人民身体健康，根据《兽药管理条例》的规定，我部制定了《食品动物禁用的兽药及其它化合物清单》（以下简称《禁用清单》），现公告如下：

一、《禁用清单》序号 1 至 18 所列品种的原料药及其单方、复方制剂产品停止生产，已在兽药国家标准、农业部专业标准及兽药地方标准中收载的品种，废止其质量标准，撤销其产品批准文号；已在我国注册登记的进口兽药，废止其进口兽药质量标准，注销其《进口兽药登记许可证》。

二、截至 2002 年 5 月 15 日，《禁用清单》序号 1 至 18 所列品种的原料药及其单方、复方制剂产品停止经营和使用。

三、《禁用清单》序号 19 至 21 所列品种的原料药及其单方、复方制剂产品不准以抗应激、提高饲料报酬、促进动物生长为目的在食品动物饲养过程中使用。

《食品动物禁用的兽药及其它化合物清单》

序号	兽药及其它化合物名称	禁止用途	禁用动物
1	*β*-兴奋剂类：克仑特罗 Clenbuterol、沙丁胺醇 Salbutamol、西马特罗 Cimaterol 及其盐、酯及制剂	所有用途	所有食品动物
2	性激素类：己烯雌酚 Diethylstilbestrol 及其盐、酯及制剂	所有用途	所有食品动物
3	具有雌激素样作用的物质：玉米赤霉醇 Zeranol、去甲雄三烯醇酮 Trenbolone、醋酸甲孕酮 Mengestrol，Acetate 及制剂	所有用途	所有食品动物
4	氯霉素 Chloramphenicol、及其盐、酯(包括：琥珀氯霉素 Chloramphenicol Succinate)及制剂	所有用途	所有食品动物
5	氨苯砜 Dapsone 及制剂	所有用途	所有食品动物
6	硝基呋喃类：呋喃唑酮 Furazolidone、呋喃它酮 Furaltadone、呋喃苯烯酸钠 Nifurstyrenate sodium 及制剂	所有用途	所有食品动物
7	硝基化合物：硝基酚钠 Sodium nitrophenolate、硝呋烯腙 Nitrovin 及制剂	所有用途	所有食品动物
8	催眠、镇静类：安眠酮 Methaqualone 及制剂	所有用途	所有食品动物

续表

序号	兽药及其它化合物名称	禁止用途	禁用动物
9	林丹(丙体六六六)Lindane	杀虫剂	所有食品动物
10	毒杀芬(氯化烯)Camahechlor	杀虫剂、清塘剂	所有食品动物
11	呋喃丹(克百威)Carbofuran	杀虫剂	所有食品动物
12	杀虫脒(克死螨)Chlordimeform	杀虫剂	所有食品动物
13	双甲脒 Amitraz	杀虫剂	水生食品动物
14	酒石酸锑钾 Antimonypotassiumtartrate	杀虫剂	所有食品动物
15	锥虫胂胺 Tryparsamide	杀虫剂	所有食品动物
16	孔雀石绿 Malachitegreen	抗菌、杀虫剂	所有食品动物
17	五氯酚酸钠 Pentachlorophenolsodium	杀螺剂	所有食品动物
18	各种汞制剂包括:氯化亚汞(甘汞)Calomel,硝酸亚汞 Mercurous nitrate、醋酸汞 Mercurous acetate、吡啶基醋酸汞 Pyridyl mercurous acetate	杀虫剂	所有食品动物
19	性激素类:甲基睾丸酮 Methyltestosterone、丙酸睾酮 Testosterone Propionate、苯丙酸诺龙 Nandrolone Phenylpropionate、苯甲酸雌二醇 Estradiol Benzoate 及其盐、酯及制剂	促生长	所有食品动物
20	催眠、镇静类:氯丙嗪 Chlorpromazine、地西泮(安定)Diazepam 及其盐、酯及制剂	促生长	所有食品动物
21	硝基咪唑类:甲硝唑 Metronidazole、地美硝唑 Dimetronidazole 及其盐、酯及制剂	促生长	所有食品动物

注：食品动物是指各种供人食用或其产品供人食用的动物。

四　中华人民共和国农业部、国家药品监督管理局公告第 227 号《食品动物禁用的兽药及其它化合物清单》

为保证动物性产品质量安全，维护人民身体健康，根据《兽药管理条例》规定，今年 4 月农业部发布了《食品动物禁用的兽药及其它化合物清单》（农业部第 193 号公告，以下简称《禁用清单》），禁止氯霉素等 29 种兽药用于食品动物，限制 8 种兽药作为动物促生长剂使用，并废止了禁用兽药质量标准，注销了禁用兽药产品批准文号，对兽药生产、经营、使用单位的库存禁用兽药一律做销毁处理，从养殖生产用药环节对动物产品质量安全实施监控。

但目前有些地区仍存在违规使用禁用兽药的现象，为杜绝禁用兽药的滥用，维护国家法律尊严，现公告如下：

一、各兽药生产、经营、使用单位不得从任何渠道购进《禁用清单》所列品种的原料药品和各类制剂产品，不得以偿还债务、以货抵款的方式或其它借口从任何途径将禁用兽药及同品种人用药品转移到本单位，凡在检查现场发现禁用兽药或同品种人用药品的，严格按照《兽药管理条例》等有关规定进行查处，性质严重的，吊销其《兽药生产许可证》、《兽药经营许可证》；对性质恶劣、造成严重后果的，要依法追究其刑事责任。

二、各药品生产、经营单位不得将《禁用清单》所列产品的同品种原料药品及其制剂产品销售给兽药生产、经营单位和动物养殖场、兽医医疗机构等兽药使用单位，违者按照《药品管理法》及《药品流通监督管理办法》的规定进行查处。

三、各级兽药行政管理部门和药品监督管理部门要积极配合、齐抓共管，对跨行业、跨区域的重大违规案件和涉案人员要采取联合办案的工作方式，一查到底，严厉处罚；要互通信息，及时协调，不断深化禁用兽药查处工作，使动物性产品质量安全状况得到明显改善。

五　中华人民共和国农业部公告第235号《动物性食品中兽药最高残留限量》

为加强兽药残留监控工作，保证动物性食品卫生安全，根据《兽药管理条例》规定，我部组织修订了《动物性食品中兽药最高残留限量》，现予发布，请各地遵照执行。自发布之日起，原发布的《动物性食品中兽药最高残留限量》（农牧发〔1999〕17号）同时废止。

二〇〇二年十二月二十四日

本公告的附件1（动物性食品允许使用，但不需要制定残留限量的药物）、附件2（已批准的动物性食品中最高残留限量规定）、附件3（允许作治疗用，但不得在动物性食品中检出的药物）自2020年4月1日起被GB 31650—2019《食品安全国家标准 食品中兽药最大残留限量》替代。此处仅列附件4（禁止使用的药物，在动物性食品中不得检出）。

附件4：禁止使用的药物，在动物性食品中不得检出

药物名称	禁用动物种类	靶组织
氯霉素 Chloramphenicol 及其盐、酯 (包括：琥珀氯霉素 Chloramphenico Succinate)	所有食品动物	所有可食组织
克伦特罗 Clenbuterol 及其盐、酯	所有食品动物	所有可食组织
沙丁胺醇 Salbutamol 及其盐、酯	所有食品动物	所有可食组织
西马特罗 Cimaterol 及其盐、酯	所有食品动物	所有可食组织
氨苯砜 Dapsone	所有食品动物	所有可食组织
己烯雌酚 Diethylstilbestrol 及其盐、酯	所有食品动物	所有可食组织
呋喃它酮 Furaltadone	所有食品动物	所有可食组织
呋喃唑酮 Furazolidone	所有食品动物	所有可食组织
林丹 Lindane	所有食品动物	所有可食组织
呋喃苯烯酸钠 Nifurstyrenate sodium	所有食品动物	所有可食组织
安眠酮 Methaqualone	所有食品动物	所有可食组织
洛硝达唑 Ronidazole	所有食品动物	所有可食组织
玉米赤霉醇 Zeranol	所有食品动物	所有可食组织

续表

药物名称	禁用动物种类	靶组织
去甲雄三烯醇酮 Trenbolone	所有食品动物	所有可食组织
醋酸甲孕酮 Mengestrol Acetate	所有食品动物	所有可食组织
硝基酚钠 Sodium nitrophenolate	所有食品动物	所有可食组织
硝呋烯腙 Nitrovin	所有食品动物	所有可食组织
毒杀芬(氯化烯)Camahechlor	所有食品动物	所有可食组织
呋喃丹(克百威)Carbofuran	所有食品动物	所有可食组织
杀虫脒(克死螨)Chlordimeform	所有食品动物	所有可食组织
双甲脒 Amitraz	水生食品动物	所有可食组织
酒石酸锑钾 Antimony potassium tartrate	所有食品动物	所有可食组织
锥虫砷胺 Tryparsamile	所有食品动物	所有可食组织
孔雀石绿 Malachite green	所有食品动物	所有可食组织
五氯酚酸钠 Pentachlorophenol sodium	所有食品动物	所有可食组织
氯化亚汞(甘汞)Calomel	所有食品动物	所有可食组织
硝酸亚汞 Mercurous nitrate	所有食品动物	所有可食组织
醋酸汞 Mercurous acetate	所有食品动物	所有可食组织
吡啶基醋酸汞 Pyridyl mercurous acetate	所有食品动物	所有可食组织
甲基睾丸酮 Methyltestosterone	所有食品动物	所有可食组织
群勃龙 Trenbolone	所有食品动物	所有可食组织

六 中华人民共和国农业部公告第 278 号《兽药国家标准和部分品种的停药期规定》

为加强兽药使用管理，保证动物性产品质量安全，根据《兽药管理条例》规定，我部组织制订了兽药国家标准和专业标准中部分品种的停药期规定（附件 1），并确定了部分不需制订停药期规定的品种（附件 2），现予公告。

本公告自发布之日起执行。以前发布过的与本公告同品种兽药停药期不一致的，以本公告为准。

附件：1. 兽药停药期规定

2. 不需制订停药期的兽药品种

二〇〇三年五月二十三日

附件 1：停药期规定

序号	兽药名称	执行标准	停药期
1	乙酰甲喹片	兽药规范 92 版	牛、猪 35 日

续表

序号	兽药名称	执行标准	停药期
2	二氢吡啶	部颁标准	牛、肉鸡 7 日，弃奶期 7 日
3	二硝托胺预混剂	兽药典 2000 版	鸡 3 日，产蛋期禁用
4	土霉素片	兽药典 2000 版	牛、羊、猪 7 日，禽 5 日，弃蛋期 2 日，弃奶期 3 日
5	土霉素注射液	部颁标准	牛、羊、猪 28 日，弃奶期 7 日
6	马杜霉素预混剂	部颁标准	鸡 5 日，产蛋期禁用
7	双甲脒溶液	兽药典 2000 版	牛、羊 21 日，猪 8 日，弃奶期 48 小时，禁用于产奶羊
8	巴胺磷溶液	部颁标准	羊 14 日
9	水杨酸钠注射液	兽药规范 65 版	牛 0 日，弃奶期 48 小时
10	四环素片	兽药典 1990 版	牛 12 日、猪 10 日、鸡 4 日，产蛋期禁用，产奶期禁用
11	甲砜霉素片	部颁标准	28 日，弃奶期 7 日
12	甲砜霉素散	部颁标准	28 日，弃奶期 7 日，鱼 500 度日
13	甲基前列腺素 F2a 注射液	部颁标准	牛 1 日，猪 1 日，羊 1 日
14	甲硝唑片	兽药典 2000 版	牛 28 日
15	甲磺酸达氟沙星注射液	部颁标准	猪 25 日
16	甲磺酸达氟沙星粉	部颁标准	鸡 5 日，产蛋鸡禁用
17	甲磺酸达氟沙星溶液	部颁标准	鸡 5 日，产蛋鸡禁用
18	甲磺酸培氟沙星可溶性粉	部颁标准	28 日，产蛋鸡禁用
19	甲磺酸培氟沙星注射液	部颁标准	28 日，产蛋鸡禁用
20	甲磺酸培氟沙星颗粒	部颁标准	28 日，产蛋鸡禁用
21	亚硒酸钠维生素 E 注射液	兽药典 2000 版	牛、羊、猪 28 日
22	亚硒酸钠维生素 E 预混剂	兽药典 2000 版	牛、羊、猪 28 日
23	亚硫酸氢钠甲萘醌注射液	兽药典 2000 版	0 日
24	伊维菌素注射液	兽药典 2000 版	牛、羊 35 日，猪 28 日，泌乳期禁用
25	吉他霉素片	兽药典 2000 版	猪、鸡 7 日，产蛋期禁用
26	吉他霉素预混剂	部颁标准	猪、鸡 7 日，产蛋期禁用
27	地西泮注射液	兽药典 2000 版	28 日
28	地克珠利预混剂	部颁标准	鸡 5 日，产蛋期禁用
29	地克珠利溶液	部颁标准	鸡 5 日，产蛋期禁用
30	地美硝唑预混剂	兽药典 2000 版	猪、鸡 28 日，产蛋期禁用
31	地塞米松磷酸钠注射液	兽药典 2000 版	牛、羊、猪 21 日，弃奶期 3 日
32	安乃近片	兽药典 2000 版	牛、羊、猪 28 日，弃奶期 7 日

续表

序号	兽药名称	执行标准	停药期
33	安乃近注射液	兽药典 2000 版	牛、羊、猪 28 日，弃奶期 7 日
34	安钠咖注射液	兽药典 2000 版	牛、羊、猪 28 日，弃奶期 7 日
35	那西肽预混剂	部颁标准	28 日，弃奶期 7 日
36	吡喹酮片	兽药典 2000 版	
37	芬苯哒唑片	兽药典 2000 版	牛、羊 21 日，猪 3 日，弃奶期 7 日
38	芬苯哒唑粉（苯硫苯咪唑粉剂）	兽药典 2000 版	牛、羊 14 日，猪 3 日，弃奶期 5 日
39	苄星邻氯青霉素注射液	部颁标准	牛 28 日，产犊后 4 天禁用，泌乳期禁用
40	阿司匹林片	兽药典 2000 版	0 日
41	阿苯达唑片	兽药典 2000 版	牛 14 日，羊 4 日，猪 7 日，禽 4 日，弃奶期 60 小时
42	莫西林可溶性粉	部颁标准	鸡 7 日，产蛋鸡禁用
43	阿维菌素片	部颁标准	羊 35 日，猪 28 日，泌乳期禁用
44	阿维菌素注射液	部颁标准	羊 35 日，猪 28 日，泌乳期禁用
45	阿维菌素粉	部颁标准	羊 35 日，猪 28 日，泌乳期禁用
46	阿维菌素胶囊	部颁标准	羊 35 日，猪 28 日，泌乳期禁用
47	阿维菌素透皮溶液	部颁标准	牛、猪 42 日，泌乳期禁用
48	乳酸环丙沙星可溶性粉	部颁标准	禽 8 日，产蛋鸡禁用
49	乳酸环丙沙星注射液	部颁标准	牛 14 日，猪 10 日，禽 28 日，弃奶期 84 小时
50	乳酸诺氟沙星可溶性粉	部颁标准	禽 8 日，产蛋鸡禁用
51	注射用三氮脒	兽药典 2000 版	28 日，弃奶期 7 日
52	注射用苄星青霉素（注射用苄星青霉素 G）	兽药规范 1978 版	牛、羊 4 日，猪 5 日，弃奶期 3 日
53	注射用乳糖酸红霉素	兽药典 2000 版	牛 14 日，羊 3 日，猪 7 日，弃奶期 3 日
54	注射用苯巴比妥钠	兽药典 2000 版	28 日，弃奶期 7 日
55	注射用苯唑西林钠	兽药典 2000 版	牛、羊 14 日，猪 5 日，弃奶期 3 日
56	注射用青霉素钠	兽药典 2000 版	0 日，弃奶期 3 日
57	注射用青霉素钾	兽药典 2000 版	0 日，弃奶期 3 日
58	注射用氨苄青霉素钠	兽药典 2000 版	牛 6 日，猪 15 日，弃奶期 48 小时
59	注射用盐酸土霉素	兽药典 2000 版	牛、羊、猪 8 日，弃奶期 48 小时
60	注射用盐酸四环素	兽药典 2000 版	牛、羊、猪 8 日，弃奶期 48 小时
61	注射用酒石酸泰乐菌素	部颁标准	牛 28 日，猪 21 日，弃奶期 96 小时
62	注射用喹嘧胺	兽药典 2000 版	28 日，弃奶期 7 日
63	注射用氯唑西林钠	兽药典 2000 版	牛 10 日，弃奶期 2 日

续表

序号	兽药名称	执行标准	停药期
64	注射用硫酸双氢链霉素	兽药典 1990 版	牛、羊、猪 18 日,弃奶期 72 小时
65	注射用硫酸卡那霉素	兽药典 2000 版	28 日,弃奶期 7 日
66	注射用硫酸链霉素	兽药典 2000 版	牛、羊、猪 18 日,弃奶期 72 小时
67	环丙氨嗪预混剂(1%)	部颁标准	鸡 3 日
68	苯丙酸诺龙注射液	兽药典 2000 版	28 日,弃奶期 7 日
69	苯甲酸雌二醇注射液	兽药典 2000 版	28 日,弃奶期 7 日
70	复方水杨酸钠注射液	兽药规范 1978 版	28 日,弃奶期 7 日
71	复方甲苯咪唑粉	部颁标准	鳗 150 度日
72	复方阿莫西林粉	部颁标准	鸡 7 日,产蛋期禁用
73	复方氨苄西林片	部颁标准	鸡 7 日,产蛋期禁用
74	复方氨苄西林粉	部颁标准	鸡 7 日,产蛋期禁用
75	复方氨基比林注射液	兽药典 2000 版	28 日,弃奶期 7 日
76	复方磺胺对甲氧嘧啶片	兽药典 2000 版	28 日,弃奶期 7 日
77	复方磺胺对甲氧嘧啶钠注射液	兽药典 2000 版	28 日,弃奶期 7 日
78	复方磺胺甲噁唑片	兽药典 2000 版	28 日,弃奶期 7 日
79	复方磺胺氯哒嗪钠粉	部颁标准	猪 4 日,鸡 2 日,产蛋期禁用
80	复方磺胺嘧啶钠注射液	兽药典 2000 版	牛、羊 12 日,猪 20 日,弃奶期 48 小时
81	枸橼酸乙胺嗪片	兽药典 2000 版	28 日,弃奶期 7 日
82	枸橼酸哌嗪片	兽药典 2000 版	牛、羊 28 日,猪 21 日,禽 14 日
83	氟苯尼考注射液	部颁标准	猪 14 日,鸡 28 日,鱼 375 度日
84	氟苯尼考粉	部颁标准	猪 20 日,鸡 5 日,鱼 375 度日
85	氟苯尼考溶液	部颁标准	鸡 5 日,产蛋期禁用
86	氟胺氰菊酯条	部颁标准	流蜜期禁用
87	氢化可的松注射液	兽药典 2000 版	0 日
88	酸东莨菪碱注射液	兽药典 2000 版	28 日,弃奶期 7 日
89	洛克沙胂预混剂	部颁标准	5 日,产蛋期禁用
90	恩诺沙星片	兽药典 2000 版	鸡 8 日,产蛋鸡禁用
91	恩诺沙星可溶性粉	部颁标准	鸡 8 日,产蛋鸡禁用
92	恩诺沙星注射液	兽药典 2000 版	牛、羊 14 日,猪 10 日,兔 14 日
93	诺沙星溶液	兽药典 2000 版	禽 8 日,产蛋鸡禁用
94	氧阿苯达唑片	部颁标准	羊 4 日
95	氧氟沙星片	部颁标准	28 日,产蛋鸡禁用
96	氧氟沙星可溶性粉	部颁标准	28 日,产蛋鸡禁用

续表

序号	兽药名称	执行标准	停药期
97	氧氟沙星注射液	部颁标准	28日,弃奶期7日,产蛋鸡禁用
98	氧氟沙星溶液(碱性)	部颁标准	28日,产蛋鸡禁用
99	氧氟沙星溶液(酸性)	部颁标准	28日,产蛋鸡禁用
100	氨苯胂酸预混剂	部颁标准	5日,产蛋鸡禁用
101	氨茶碱注射液	兽药典2000版	28日,弃奶期7日
102	海南霉素钠预混剂	部颁标准	鸡7日,产蛋期禁用
103	烟酸诺氟沙星可溶性粉	部颁标准	28日,产蛋
104	烟酸诺氟沙星注射液	部颁标准	28日
105	烟酸诺氟沙星溶液	部颁标准	28日,产蛋鸡禁用
106	盐酸二氟沙星片	部颁标准	鸡1日
107	盐酸二氟沙星注射液	部颁标准	猪45日
108	盐酸二氟沙星粉	部颁标准	鸡1日
109	盐酸二氟沙星溶液	部颁标准	鸡1日
110	盐酸大观霉素可溶性粉	兽药典2000版	鸡5日,产蛋期禁用
111	盐酸左旋咪唑	兽药典2000版	牛2日,羊3日,猪3日,禽28日,泌乳期禁用
112	盐酸左旋咪唑注射液	兽药典2000版	牛14日,羊28日,猪28日,泌乳期禁用
113	盐酸多西环素片	兽药典2000版	28日
114	盐酸异丙嗪片	兽药典2000版	28日
115	盐酸异丙嗪注射液	兽药典2000版	28日,弃奶期7日
116	盐酸沙拉沙星可溶性粉	部颁标准	鸡0日,产蛋期禁用
117	盐酸沙拉沙星注射液	部颁标准	猪0日,鸡0日,产蛋期禁用
118	盐酸沙拉沙星溶液	部颁标准	鸡0日,产蛋期
119	盐酸沙拉沙星片	部颁标准	鸡0日,产蛋期禁用
120	盐酸林可霉素片	兽药典2000版	猪6日
121	盐酸林可霉素注射液	兽药典2000版	猪2日
122	盐酸环丙沙星、盐酸小檗碱预混剂	部颁标准	500度日
123	盐酸环丙沙星可溶性粉	部颁标准	28日,产蛋鸡禁用
124	盐酸环丙沙星注射液	部颁标准	28日,产蛋鸡禁用
125	盐酸苯海拉明注射液	兽药典2000版	28日,弃奶期7日
126	盐酸洛美沙星片	部颁标准	28日,弃奶期7日,产蛋鸡禁用
127	盐酸洛美沙星可溶性粉	部颁标准	28日,产蛋鸡禁用
128	盐酸洛美沙星注射液	部颁标准	28日,弃奶期7日

续表

序号	兽药名称	执行标准	停药期
129	盐酸氨丙啉、乙氧酰胺苯甲酯、磺胺喹噁啉预混剂	兽药典2000版	鸡10日，产蛋鸡禁用
130	盐酸氨丙啉、乙氧酰胺苯甲酯预混剂	兽药典2000版	鸡3日，产蛋期禁用
131	盐酸氯丙嗪片	兽药典2000版	28日，弃奶期7日
132	盐酸氯丙嗪注射液	兽药典2000版	28日，弃奶期7日
133	盐酸氯苯胍片	兽药典2000版	鸡5日，兔7日，产蛋期禁用
134	盐酸氯苯胍预混剂	兽药典2000版	鸡5日，兔7日，产蛋期禁用
135	盐酸氯胺酮注射液	兽药典2000版	28日，弃奶期7日
136	盐酸赛拉唑注射液	兽药典2000版	28日，弃奶期7日
137	盐酸赛拉嗪注射液	兽药典2000版	牛、羊14日，鹿15日
138	盐霉素钠预混剂	兽药典2000版	鸡5日，产蛋期禁用
139	诺氟沙星、盐酸小檗碱预混剂	部颁标准	500度日
140	酒石酸吉他霉素可溶性粉	兽药典2000版	鸡7日，产蛋期禁用
141	酒石酸泰乐菌素可溶性粉	兽药典2000版	鸡1日，产蛋期禁用
142	维生素B12注射液	兽药典2000版	0日
143	维生素B1片	兽药典2000版	0日
144	维生素B1注射液	兽药典2000版	0日
145	维生素B2片	兽药典2000版	0日
146	维生素B2注射液	兽药典2000版	0日
147	维生素B6片	兽药典2000版	0日
148	维生素B6注射液	兽药典2000版	0日
149	维生素C片	兽药典2000版	0日
150	维生素C注射液	兽药典2000版	0日
151	维生素C磷酸酯镁、盐酸环丙沙星预混剂	部颁标准	500度日
152	维生素D3注射液	兽药典2000版	28日，弃奶期7日
153	维生素E注射液	兽药典2000版	牛、羊、猪28日
154	维生素K1注射液	兽药典2000版	0日
155	喹乙醇预混剂	兽药典2000版	猪35日，禁用于禽、鱼、35kg以上的猪
156	奥芬达唑片(苯亚砜哒唑)	兽药典2000版	牛、羊、猪7日，产奶期禁用
157	普鲁卡因青霉素注射液	兽药典2000版	牛10日，羊9日，猪7日，弃奶期48小时
158	氯羟吡啶预混剂	兽药典2000版	鸡5日，兔5日，产蛋期禁用

续表

序号	兽药名称	执行标准	停药期
159	氯氰碘柳胺钠注射液	部颁标准	28 日,弃奶期 28 日
160	氯硝柳胺片	兽药典 2000 版	牛、羊 28 日
161	氰戊菊酯溶液	部颁标准	28 日
162	硝氯酚片	兽药典 2000 版	28 日
163	硝碘酚腈注射液(克虫清)	部颁标准	羊 30 日,弃奶期 5 日
164	硫氰酸红霉素可溶性粉	兽药典 2000 版	鸡 3 日,产蛋期禁用
165	硫酸卡那霉素注射液(单硫酸盐)	兽药典 2000 版	28 日
166	硫酸安普霉素可溶性粉	部颁标准	猪 21 日,鸡 7 日,产蛋期禁用
167	硫酸安普霉素预混剂	部颁标准	猪 21 日
168	硫酸庆大-小诺霉素注射液	部颁标准	猪、鸡 40 日
169	硫酸庆大霉素注射液	兽药典 2000 版	猪 40 日
170	硫酸黏菌素可溶性粉	部颁标准	7 日,产蛋期禁用
171	硫酸黏菌素预混剂	部颁标准	7 日,产蛋期禁用
172	硫酸新霉素可溶性粉	兽药典 2000 版	鸡 5 日,火鸡 14 日,产蛋期禁用
173	越霉素 A 预混剂	部颁标准	猪 15 日,鸡 3 日,产蛋期禁用
174	碘硝酚注射液	部颁标准	羊 90 日,弃奶期 90 日
175	碘醚柳胺混悬液	兽药典 2000 版	牛、羊 60 日,泌乳期禁用
176	精制马拉硫磷溶液	部颁标准	28 日
177	精制敌百虫片	兽药规范 1992 版	28 日
178	蝇毒磷溶液	部颁标准	28 日
179	醋酸地塞米松片	兽药典 2000 版	马、牛 0 日
180	醋酸泼尼松片	兽药典 2000 版	0 日
181	醋酸氟孕酮阴道海绵	部颁标准	羊 30 日,泌乳期禁用
182	醋酸氢化可的松注射液	兽药典 2000 版	0 日
183	磺胺二甲嘧啶片	兽药典 2000 版	牛 10 日,猪 15 日,禽 10 日
184	磺胺二甲嘧啶钠注射液	兽药典 2000 版	28 日
185	磺胺对甲氧嘧啶,二甲氧苄氨嘧啶片	兽药规范 1992 版	28 日
186	磺胺对甲氧嘧啶、二甲氧苄氨嘧啶预混剂	兽药典 1990 版	28 日
187	磺胺对甲氧嘧啶片	兽药典 2000 版	28 日
188	磺胺甲噁唑片	兽药典 2000 版	28 日
189	磺胺间甲氧嘧啶片	兽药典 2000 版	28 日

续表

序号	兽药名称	执行标准	停药期
190	磺胺间甲氧嘧啶钠注射液	兽药典 2000 版	28 日
191	磺胺脒片	兽药典 2000 版	28 日
192	磺胺喹噁啉、二甲氧苄氨嘧啶预混剂	兽药典 2000 版	鸡 10 日，产蛋期禁用
193	磺胺喹噁啉钠可溶性粉	兽药典 2000 版	鸡 10 日，产蛋期禁用
194	磺胺氯吡嗪钠可溶性粉	部颁标准	火鸡 4 日、肉鸡 1 日，产蛋期禁用
195	磺胺嘧啶片	兽药典 2000 版	牛 28 日
196	磺胺嘧啶钠注射液	兽药典 2000 版	牛 10 日，羊 18 日，猪 10 日，弃奶期 3 日
197	磺胺噻唑片	兽药典 2000 版	28 日
198	磺胺噻唑钠注射液	兽药典 2000 版	28 日
199	磷酸左旋咪唑片	兽药典 1990 版	牛 2 日，羊 3 日，猪 3 日，禽 28 日，泌乳期禁用
200	磷酸左旋咪唑注射液	兽药典 1990 版	牛 14 日，羊 28 日，猪 28 日，泌乳期禁用
201	磷酸哌嗪片(驱蛔灵片)	兽药典 2000 版	牛、羊 28 日，猪 21 日，禽 14 日
202	磷酸泰乐菌素预混剂	部颁标准	鸡、猪 5 日

附件 2：不需要制订停药期的兽药品种

序号	兽药名称	标准来源
1	乙酰胺注射液	兽药典 2000 版
2	二甲硅油	兽药典 2000 版
3	二巯丙磺钠注射液	兽药典 2000 版
4	三氯异氰脲酸粉	部颁标准
5	大黄碳酸氢钠片	兽药规范 1992 版
6	山梨醇注射液	兽药典 2000 版
7	马来酸麦角新碱注射液	兽药典 2000 版
8	马来酸氯苯那敏片	兽药典 2000 版
9	马来酸氯苯那敏注射液	兽药典 2000 版
10	双氢氯噻嗪片	兽药规范 1978 版
11	月苄三甲氯铵溶液	部颁标准
12	止血敏注射液	兽药规范 1978 版
13	水杨酸软膏	兽药规范 1965 版
14	丙酸睾酮注射液	兽药典 2000 版
15	右旋糖酐铁钴注射液(铁钴针注射液)	兽药规范 1978 版
16	右旋糖酐 40 氯化钠注射液	兽药典 2000 版

续表

序号	兽药名称	标准来源
17	右旋糖酐 40 葡萄糖注射液	兽药典 2000 版
18	右旋糖酐 70 氯化钠注射液	兽药典 2000 版
19	叶酸片	兽药典 2000 版
20	四环素醋酸可的松眼膏	兽药规范 1978 版
21	对乙酰氨基酚片	兽药典 2000 版
22	对乙酰氨基酚注射液	兽药典 2000 版
23	尼可刹米注射液	兽药典 2000 版
24	甘露醇注射液	兽药典 2000 版
25	甲基硫酸新斯的明注射液	兽药规范 1965 版
26	亚硝酸钠注射液	兽药典 2000 版
27	亚硫酸氢钠甲萘醌注射液	兽药典 2000 版
28	安络血注射液	兽药规范 1992 版
29	次硝酸铋(碱式硝酸铋)	兽药典 2000 版
30	次碳酸铋(碱式碳酸铋)	兽药典 2000 版
31	呋塞米片	兽药典 2000 版
32	呋塞米注射液	兽药典 2000 版
33	辛氨乙甘酸溶液	部颁标准
34	乳酸钠注射液	兽药典 2000 版
35	注射用异戊巴比妥钠	兽药典 2000 版
36	注射用血促性素	兽药规范 1992 版
37	注射用抗血促性素血清	部颁标准
38	注射用垂体促黄体素	兽药规范 1978 版
39	注射用促黄体素释放激素 A2	部颁标准
40	注射用促黄体素释放激素 A3	部颁标准
41	注射用绒促性素	兽药典 2000 版
42	注射用硫代硫酸钠	兽药规范 1965 版
43	注射用解磷定	兽药规范 1965 版
44	苯扎溴铵溶液	兽药典 2000 版
45	青蒿琥酯片	部颁标准
46	鱼石脂软膏	兽药规范 1978 版
47	复方氯化钠注射液	兽药典 2000 版
48	复方氯胺酮注射液	部颁标准
49	复方磺胺噻唑软膏	兽药规范 1978 版

续表

序号	兽药名称	标准来源
50	复合维生素 B 注射液	兽药规范 1978 版
51	宫炎清溶液	部颁标准
52	枸橼酸钠注射液	兽药规范 1992 版
53	毒毛花苷 K 注射液	兽药典 2000 版
54	氢氯噻嗪片	兽药典 2000 版
55	洋地黄毒苷注射液	兽药规范 1978 版
56	浓氯化钠注射液	兽药典 2000 版
57	重酒石酸去甲肾上腺素注射液	兽药典 2000 版
58	烟酰胺片	兽药典 2000 版
59	烟酰胺注射液	兽药典 2000 版
60	烟酸片	兽药典 2000 版
61	盐酸大观霉素、盐酸林可霉素可溶性粉	兽药典 2000 版
62	盐酸利多卡因注射液	兽药典 2000 版
63	盐酸肾上腺素注射液	兽药规范 1978 版
64	盐酸甜菜碱预混剂	部颁标准
65	盐酸麻黄碱注射液	兽药规范 1978 版
66	萘普生注射液	兽药典 2000 版
67	酚磺乙胺注射液	兽药典 2000 版
68	黄体酮注射液	兽药典 2000 版
69	氯化胆碱溶液	部颁标准
70	氯化钙注射液	兽药典 2000 版
71	氯化钙葡萄糖注射液	兽药典 2000 版
72	氯化氨甲酰甲胆碱注射液	兽药典 2000 版
73	氯化钾注射液	兽药典 2000 版
74	氯化琥珀胆碱注射液	兽药典 2000 版
75	氯甲酚溶液	部颁标准
76	硫代硫酸钠注射液	兽药典 2000 版
77	硫酸新霉素软膏	兽药规范 1978 版
78	硫酸镁注射液	兽药典 2000 版
79	葡萄糖酸钙注射液	兽药典 2000 版
80	溴化钙注射液	兽药规范 1978 版
81	碘化钾片	兽药典 2000 版
82	碱式碳酸铋片	兽药典 2000 版

续表

序号	兽药名称	标准来源
83	碳酸氢钠片	兽药典 2000 版
84	碳酸氢钠注射液	兽药典 2000 版
85	醋酸泼尼松眼膏	兽药典 2000 版
86	醋酸氟轻松软膏	兽药典 2000 版
87	硼葡萄糖酸钙注射液	部颁标准
88	输血用枸橼酸钠注射液	兽药规范 1978 版
89	硝酸士的宁注射液	兽药典 2000 版
90	醋酸可的松注射液	兽药典 2000 版
91	碘解磷定注射液	兽药典 2000 版
92	中药及中药成分制剂、维生素类、微量元素类、兽用消毒剂、生物制品类等五类产品（产品质量标准中有除外）	

七　农业部公告第 560 号《兽药地方标准废止目录》

为加强兽药标准管理，保证兽药安全有效、质量可控和动物性食品安全，根据《兽药管理条例》和农业部第 426 号公告规定，现公布首批《兽药地方标准废止目录》（见附件，以下简称《废止目录》），并就有关事项公告如下：

一、经兽药评审后确认，以下兽药地方标准不符合安全有效审批原则，予以废止。一是沙丁胺醇、呋喃西林、呋喃妥因和替硝唑，属于我部明文（农业部第 193 号公告）禁用品种；卡巴氧因安全性问题、万古霉素因耐药性问题会影响我国动物性食品安全、公共卫生以及动物性食品出口。二是金刚烷胺类等人用抗病毒药移植兽用，缺乏科学规范、安全有效实验数据，用于动物病毒性疫病不但给动物疫病控制带来不良后果，而且影响国家动物疫病防控政策的实施。三是头孢哌酮等人医临床控制使用的最新抗菌药物用于食品动物，会产生耐药性问题，影响动物疫病控制、食品安全和人类健康。四是代森铵等农用杀虫剂、抗菌药用作兽药，缺乏安全有效数据，对动物和动物性食品安全构成威胁。五是人用抗疟药和解热镇痛、胃肠道药品用于食品动物，缺乏残留检测试验数据，会增加动物性食品中药物残留危害。六是组方不合理、疗效不确切的复方制剂，增加了用药风险和不安全因素。

二、本公告发布之日，凡含有《废止目录》序号 1～4 药物成分的所有兽用原料药及其制剂地方质量标准，属于《废止目录》序号 5 的复方制剂地方质量标准均予同时废止。

三、列入《废止目录》序号 1 的兽药品种为农业部第 193 号公告的补充，自本公告发布之日起，停止生产、经营和使用，违者按照《兽药管理条例》实施处罚，并依法追究有关责任人的责任。企业所在地兽医行政管理部门应自本公告发布之日起 15 个工作日内完成该类产品批准文号的注销、库存产品的清查和销毁工作，并于 12 月底将上述情况及数据上报我部。

四、对列入《废止目录》序号2～5的产品，企业所在地兽医行政管理部门应自本公告发布之日起30个工作日内完成产品批准文号注销工作，并对生产企业库存产品进行核查、统计，于12月底前将产品批准文号注销情况（包括企业名称、批准文号、产品名称及商品名）及产品库存详细情况上报我部，我部将于年底前汇总公布。

五、列入《废止目录》序号2～5的产品自注销文号之日起停止生产，自本公告发布之日起6个月后，不得再经营和使用，违者按生产、经营和使用假劣兽药处理。对伪造、变更生产日期继续从事生产的，依法严厉处罚，并吊销其所有产品批准文号。

六、阿散酸、洛克沙胂等产品属农业部严格限制定点生产的产品，自本公告发布之日起，地方审批的洛克沙胂及其预混剂，氨苯胂酸及其预混剂不得生产、经营和使用。企业所在地兽医行政管理部门应在12月底前完成该类产品批准文号注销工作，并将有关情况上报我部。

七、为满足动物疫病防控用药需要并保障用药安全，促进新兽药研发工作，在保证兽药安全有效、维护人体健康和生态环境安全的前提下，各相关单位可在规定时期内对《废止目录》中的部分品种履行兽药注册申报手续。其中，列入《废止目录》序号3的品种5年后可受理注册申报，列入序号2、4、5的品种自本公告发布之日起可受理注册申报。

二〇〇五年十月二十八日

附件：兽药地方标准废止目录

兽药地方标准废止目录

序号	类别	名称/组方
1	禁用兽药	β-兴奋剂类：沙丁胺醇及其盐、酯及制剂 硝基呋喃类：呋喃西林、呋喃妥因及其盐、酯及制剂 硝基咪唑类：替硝唑及其盐、酯及制剂 喹噁啉类：卡巴氧及其盐、酯及制剂 抗生素类：万古霉素及其盐、酯及制剂
2	抗病毒药物	金刚烷胺、金刚乙胺、阿昔洛韦、吗啉（双）胍（病毒灵）、利巴韦林等及其盐、酯及单、复方制剂
3	抗生素、合成抗菌药及农药	抗生素、合成抗菌药：头孢哌酮、头孢噻肟、头孢曲松（头孢三嗪）、头孢噻吩、头孢拉啶、头孢唑啉、头孢噻啶、罗红霉素、克拉霉素、阿奇霉素、磷霉素、硫酸奈替米星（netilmicin）、氟罗沙星、司帕沙星、甲替沙星、克林霉素（氯林可霉素、氯洁霉素）、妥布霉素、胍哌甲基四环素、盐酸甲烯土霉素（美他环素）、两性霉素、利福霉素等及其盐、酯及单、复方制剂 农药：井冈霉素、浏阳霉素、赤霉素及其盐、酯及单、复方制剂
4	解热镇痛类等其他药物	双嘧达莫（dipyridamole 预防血栓栓塞性疾病）、聚肌胞、氟胞嘧啶、代森铵（农用杀虫菌剂）、磷酸伯氨喹、磷酸氯喹（抗疟药）、异噻唑啉酮（防腐杀菌）、盐酸地酚诺酯（解热镇痛）、盐酸溴己新（祛痰）、西咪替丁（抑制人胃酸分泌）、盐酸甲氧氯普胺、甲氧氯普胺（盐酸胃复安）、比沙可啶（bisacodyl 泻药）、二羟丙茶碱（平喘药）、白细胞介素-2、别嘌醇、多抗甲素（α-甘露聚糖肽）等及其盐、酯及制剂
5	复方制剂	1. 注射用的抗生素与安乃近、氟喹诺酮类等化学合成药物的复方制剂； 2. 镇静类药物与解热镇痛药等治疗药物组成的复方制剂

八　农业部公告第 1218 号《关于饲料中三聚氰胺的限量值》

三聚氰胺是一种化工原料，广泛应用于塑料、涂料、黏合剂、食品包装材料生产。我部已明令禁止在饲料中人为添加三聚氰胺，对非法在饲料中添加三聚氰胺的，依法追究法律责任。三聚氰胺污染源调查显示，三聚氰胺可能通过环境、饲料包装材料等途径进入到饲料中，但含量极低。大量动物验证试验及风险评估表明，饲料中三聚氰胺含量低于 2.5mg/kg 时，不会通过动物产品残留对食用者健康产生危害。为确保饲料产品质量安全，保证养殖动物及其产品安全，现将饲料原料和饲料产品中三聚氰胺限量值定为 2.5mg/kg，高于 2.5mg/kg 的饲料原料和饲料产品一律不得销售。

上述规定自发布之日起实施。

特此公告

二〇〇九年六月八日

九　农业部公告第 1519 号《禁止在饲料和动物饮水中使用的物质》

为加强饲料及养殖环节质量安全监管，保障饲料及畜产品质量安全，根据《饲料和饲料添加剂管理条例》有关规定，禁止在饲料和动物饮水中使用苯乙醇胺 A 等物质（见附件）。各级畜牧饲料管理部门要加强日常监管和监督检测，严肃查处在饲料生产、经营、使用和动物饮水中违禁添加苯乙醇胺 A 等物质的违法行为。

特此公告。

附件：禁止在饲料和动物饮水中使用的物质

二〇一〇年十二月二十七日

附件：禁止在饲料和动物饮水中使用的物质

序号	药物名称	类别
1	苯乙醇胺 A(Phenylethanolamine A)	β-肾上腺素受体激动剂
2	班布特罗(Bambuterol)	β-肾上腺素受体激动剂
3	盐酸齐帕特罗(Zilpaterol Hydrochloride)	β-肾上腺素受体激动剂
4	盐酸氯丙那林(Clorprenaline Hydrochloride)	β-肾上腺素受体激动剂
5	马布特罗(Mabuterol)	β-肾上腺素受体激动剂
6	西布特罗(Cimbuterol)	β-肾上腺素受体激动剂
7	溴布特罗(Brombuterol)	β-肾上腺素受体激动剂

续表

序号	药物名称	类别
8	酒石酸阿福特罗(Arformoterol Tartrate)	长效型 β-肾上腺素受体激动剂
9	富马酸福莫特罗(Formoterol Fumatrate)	长效型 β-肾上腺素受体激动剂
10	盐酸可乐定(Clonidine Hydrochloride)	抗高血压药
11	盐酸赛庚啶(Cyproheptadine Hydrochloride)	抗组胺药

十 农业部公告第2292号《食品动物中停止使用洛美沙星、培氟沙星、氧氟沙星、诺氟沙星4种兽药，撤销相关兽药产品批准文号》

为保障动物产品质量安全和公共卫生安全，我部组织开展了部分兽药的安全性评价工作。经评价，认为洛美沙星、培氟沙星、氧氟沙星、诺氟沙星4种原料药的各种盐、酯及其各种制剂可能对养殖业、人体健康造成危害或者存在潜在风险。根据《兽药管理条例》第六十九条规定，我部决定在食品动物中停止使用洛美沙星、培氟沙星、氧氟沙星、诺氟沙星4种兽药，撤销相关兽药产品批准文号。现将有关事项公告如下。

一、自本公告发布之日起，除用于非食品动物的产品外，停止受理洛美沙星、培氟沙星、氧氟沙星、诺氟沙星4种原料药的各种盐、酯及其各种制剂的兽药产品批准文号的申请。

二、自2015年12月31日起，停止生产用于食品动物的洛美沙星、培氟沙星、氧氟沙星、诺氟沙星4种原料药的各种盐、酯及其各种制剂，涉及的相关企业的兽药产品批准文号同时撤销。2015年12月31日前生产的产品，可以在2016年12月31日前流通使用。

三、自2016年12月31日起，停止经营、使用用于食品动物的洛美沙星、培氟沙星、氧氟沙星、诺氟沙星4种原料药的各种盐、酯及其各种制剂。

农业部

2015年9月1日

十一 中华人民共和国农业农村部公告第250号

为进一步规范养殖用药行为，保障动物源性食品安全，根据《兽药管理条例》有关规定，我部修订了食品动物中禁止使用的药品及其他化合物清单，现予以发布，自发布之日起施行。食品动物中禁止使用的药品及其他化合物以本清单为准，原农业部公告第193号、235号、560号等文件中的相关内容同时废止。

附件：食品动物中禁止使用的药品及其他化合物清单

农业农村部

2019年12月27日

附件

食品动物中禁止使用的药品及其他化合物清单

序号	药品及其他化合物名称
1	酒石酸锑钾(Antimony potassium tartrate)
2	β-兴奋剂(β-agonists)类及其盐、酯
3	汞制剂:氯化亚汞(甘汞)(Calomel)、醋酸汞(Mercurous acetate)、硝酸亚汞(Mercurous nitrate)、吡啶基醋酸汞(Pyridyl mercurous acetate)
4	毒杀芬(氯化烯)(Camahechlor)
5	卡巴氧(Carbadox)及其盐、酯
6	呋喃丹(克百威)(Carbofuran)
7	氯霉素(Chloramphenicol)及其盐、酯
8	杀虫脒(克死螨)(Chlordimeform)
9	氨苯砜(Dapsone)
10	硝基呋喃类:呋喃西林(Furacilinum)、呋喃妥因(Furadantin)、呋喃它酮(Furaltadone)、呋喃唑酮(Furazolidone)、呋喃苯烯酸钠(Nifurstyrenate sodium)
11	林丹(Lindane)
12	孔雀石绿(Malachite green)
13	类固醇激素:醋酸美仑孕酮(Melengestrol Acetate)、甲基睾丸酮(Methyltestosterone)、群勃龙(去甲雄三烯醇酮)(Trenbolone)、玉米赤霉醇(Zeranal)
14	安眠酮(Methaqualone)
15	硝呋烯腙(Nitrovin)
16	五氯酚酸钠(Pentachlorophenol sodium)
17	硝基咪唑类:洛硝达唑(Ronidazole)、替硝唑(Tinidazole)
18	硝基酚钠(Sodium nitrophenolate)
19	己二烯雌酚(Dienoestrol)、己烯雌酚(Diethylstilbestrol)、己烷雌酚(Hexoestrol)及其盐、酯
20	锥虫砷胺(Tryparsamile)
21	万古霉素(Vancomycin)及其盐、酯